新广州站工程总结

（下册）

中国铁路广州局集团有限公司广州工程建设指挥部　编

第四篇　　工程施工（Ⅱ）
第五篇　　科研与技术创新

中国建筑工业出版社

目　录

上　册

001	第一篇　综述
003	第1章　综述
007	1.1　建设目的和意义
008	1.2　建设项目总体目标
009	1.3　建设程序与决策
011	附录A　《关于加快广东省铁路建设等问题的会议纪要》（铁办函〔2003〕539号）
015	附录B　《印发国家发展改革委关于审批广州铁路枢纽新广州客站及相关工程项目建议书的请示的通知》（发改交运〔2004〕1502号）
021	附录C　《国家发展改革委关于审批广州铁路枢纽新广州站及相关工程可行性研究报告的请示的通知》（发改交运〔2004〕2356号）
029	第2章　工程概况
030	2.1　主要自然特征和地质概况
030	一、主要自然特征
031	二、地质概况
033	2.2　主要技术标准
033	一、站前工程
033	二、站房工程
034	2.3　主要工程特点和工程数量
034	一、主要工程特点
055	二、主要工程数量
059	第3章　建设概况
060	3.1　参建单位及任务划分

060		一、建设单位
060		二、勘察设计单位
061		三、咨询单位
062		四、监理单位
062		五、施工单位
064	3.2	建设过程
064		一、立项决策（2003~2006年建设过程事项）
064		二、勘察设计
066		三、工程实施
103		四、竣工验收
104	附录D	《武广铁路客运专线新广州站及相关工程委托建设管理协议》
115	第4章	综合评价
116	4.1	总体情况
117	4.2	经验和体会
117		一、现代化大型综合性交通枢纽必须体现功能性和实用性原则
117		二、多种高新技术集成体现了系统性和科学性原则
119		三、站房建筑方案采用国际招标体现了先进性和前瞻性原则
119		四、极富岭南特色芭蕉叶建筑造型体现了文化性和标志性原则
120		五、15台28线的规模体现了经济性和合理性原则
120		六、站桥合一的大跨度结构营造了开敞舒适的室内大空间独具匠心
120		七、取消高架候车层采光井增大高架候车区面积切合客观要求
121		八、南北咽喉区路改桥变更设计效益明显
122		九、土建施工总承包及监理采用联合体招标是项目建设的需要
122		十、施工组织科学、合理、针对性强
124	4.3	建设性意见
124		一、高铁车站应尽可能靠近城市中心区
124		二、大型标志性枢纽客站站房应尽可能坐落在南北朝向
124		三、铁路大型枢纽客站站场应设置反向发车线
125		四、铁路大型枢纽客站应考虑和重视物的运输
125		五、铁路大型枢纽客站建设工期应科学合理

126		六、玻璃幕墙应设置玻璃防坠落安全装置
126		七、铁路站房应高度重视防水渗漏措施
126		八、屋面抗强风设计应有足够的冗余度
126		九、铁路大型枢纽客站电梯数量应有或预留一定超前量
127		十、铁路大型枢纽客站应设置设备夹层
128	附录E	新广州站建设大事记
156	附录F	项目批复等重要文件目录
159	第二篇	建设管理
161	第1章	建设管理模式
163	第2章	建设管理机构
164	2.1	建设管理机构的设置
165	2.2	部门职能
165		一、综合管理部（党群工作部）
166		二、工程管理部工作职责
167		三、安全质量部工作职责
167		四、计划财务部工作职责
168		五、物资设备部工作职责
169	第3章	标准化管理体系
170	3.1	管理制度
173	3.2	人员配备
173		一、领导班子（7人）
173		二、综合管理部（8人）
173		三、工程管理部（13人）
173		四、安全质量部（9人）
173		五、计划财务部（7人）
174		六、物资设备部（2人）
175	3.3	现场管理
177	3.4	过程控制
179	3.5	"四化"支撑
179		一、机械化

180		二、工厂化
180		三、专业化
181		四、信息化
183	**第4章**	**设计管理**
185	4.1	预可研与可研阶段
185		一、优化站址方案
185		二、优化建筑方案
188	4.2	初步设计阶段
189	4.3	施工图设计阶段
189		一、在科学研究的基础上开展施工设计
189		二、局部设计方案优化
191		三、施工图审查
193		四、加强施工图审查管理
193		五、设计技术交底
194	4.4	项目实施阶段
194		一、设计现场配合
203		二、变更设计管理
205	**第5章**	**质量与安全**
206	5.1	质量体系的建立与运行
206		一、质量体系的建立
206		二、质量保证体系
210		三、质量体系的运行
221	5.2	质量事故的处理与闭合
223	5.3	安全体系的建立与运行
223		一、安全体系的建立
223		二、安全保证体系
226		三、安全体系的运行
232	5.4	安全事故的调查与处理
233	5.5	安全质量事故教训及建议
233		一、贯彻落实"安全第一、预防为主、综合治理"的安全生产方针

233	二、坚持"百年大计、质量第一"的质量方针
233	三、全面推行铁路建设项目标准化管理
233	四、进一步加强铁路建设工程安全风险管理
234	五、加强监理工作
234	六、加强过程控制
234	七、加强施工现场安全质量检查和对发现问题的整改落实
234	八、严格落实各项考核制度
235	**第6章 施工组织**
236	6.1 施工组织设计管理
236	一、组织机构及职责
236	二、施工组织设计的编制
237	三、施工组织设计的审批和归档
238	四、施工组织设计的执行和检查
238	五、施工组织设计的调整
239	六、施工组织设计的考核
240	6.2 指导性施工组织设计的特点与重大调整
240	一、指导性施工组织设计的特点
251	二、重大调整
252	6.3 工期控制与节点工期
252	一、科学编制施组
254	二、钢结构安装
255	三、V构轨道梁（共14联）
256	四、3×32m连续梁
257	五、21m高架候车层大跨度混凝土结构
258	六、站台层
258	七、基本站台及东西落客平台
259	八、房屋装修及设备安装
260	九、与地铁工程交叉施工及衔接
262	十、与市政工程交叉施工及衔接
266	十一、工期控制与节点工期

280	6.4	重点控制工程工期控制
280		一、⑦～⑨轴64mV构拱组合箱梁
281		二、钢结构安装
284		三、21m高架候车层大跨度混凝土结构
289	**第7章**	**投资控制**
291	7.1	项目资金筹措
292	7.2	技术标准与规模的确定
293	7.3	合同管理
293		一、招标情况
294		二、合同管理
296	7.4	验工计价的管理
296		一、文件依据
296		二、验工计价情况
298	7.5	财务管理
298		一、建立健全制度、规范资金管理
298		二、积极筹措资金、确保工程用款
299		三、通过银企合作，加强资金监管
299		四、优先保障农民工工资支付，确保项目稳定
300	7.6	变更设计管理
300		一、Ⅰ类变更设计
301		二、Ⅱ类变更设计
303	**第8章**	**征地拆迁**
307	8.1	管理方式
307		一、管理方式
307		二、省部协议
308	8.2	用地报批
308		一、用地预审
308		二、建设用地规划批复
309		三、建设用地报批
310	8.3	征地拆迁实施

310		一、补充耕地
310		二、征地拆迁实施
311		三、全力推进征地拆迁
312		四、征地拆迁数量
312		五、征地拆迁补偿及股比审查确认
312		六、征地红线与车站建筑的关系
312		七、改河用地
312		八、征地拆迁工作的问题与体会
317	8.4	"三电"迁改
320	8.5	土地证领取
321	附录 G	广州市征地办《征地拆迁实施协议》
333	附录 H	佛山市国土资源局《征地拆迁实施协议》
345	**第 9 章**	**环境保护**
346	9.1	环评水保批复
347	9.2	环保水保实施
347		一、建立健全环境保护及水土保持管理体系
347		二、环境保护措施
352	9.3	环保水保验收
352		一、环保验收
352		二、水保验收
353	**第 10 章**	**工程监理**
356	10.1	监理制度
358	10.2	现场监理工作的实施
358		一、总体思路
358		二、施工准备阶段的监理工作
358		三、工程施工阶段的质量安全监理
361		四、各专业质量控制
391		五、施工过程安全控制
392		六、监理通知书及回复落实情况
398	10.3	监理结论

399	**第 11 章 工程咨询**
400	11.1 咨询方式
400	一、第三方咨询
400	二、专家咨询
405	11.2 主要咨询成果
409	**第 12 章 物资管理**
410	12.1 物资采购供应
410	一、甲供物资设备招标采购
417	二、乙供物资设备招标采购
419	三、甲供物资设备的供应
419	四、物资供应保证措施
421	五、高速道岔与钢轨的运输组织
421	六、物资设备应急采购
422	12.2 物资质量控制
422	一、甲供物资设备质量管理
422	二、甲控物资设备质量管理
423	**第 13 章 队伍管理**
424	13.1 专业队伍要求
424	一、建设管理单位
433	二、施工单位
434	三、设计单位
435	四、监理单位
436	13.2 岗位培训
436	一、严格执行先培训后上岗制度
436	二、培训内容针对性强
437	三、确保培训课时
438	13.3 劳务使用
438	一、架子队基本情况及措施
439	二、架子队成效及经验
440	三、劳务管理的主要措施

443	**第14章**	**文明施工**
444	14.1	优化工作环境
445	14.2	安全防护
447	**第15章**	**建设协调**
448		一、做好地方有关配套工程的协调
448		二、征地拆迁协调
450		三、设计协调
450		四、施工协调
451		五、与市政配套工程的设计协调
451		六、与地铁结构空间交叉的设计协调
452		七、后期施工每周固定时间现场协调各专业系统设计衔接
453	**第16章**	**工程验收**
454	16.1	验收方式
455	16.2	静态验收
455		一、第一阶段：1~7股道静态验收
455		二、第二阶段：8股道静态验收
455		三、第三阶段：9~19股道静态验收
455		四、第四阶段：20~28股道静态验收
457	16.3	动态验收
457		一、联调联试总体情况
457		二、联调联试具体项目
457		三、联调联试范围、设备、内容、安排及配合要求
462	16.4	初步验收
463	16.5	安全评估
464	16.6	初期运营
465	16.7	正式验收
467	**第17章**	**竣工决算**
468	17.1	工程概算
468		一、概算批复情况
469		二、概算执行情况

470	17.2 工程投资及完成情况
470	一、工程投资计划与完成情况
472	二、概算执行情况分析
474	三、历次审计、检查及整改情况
475	四、项目竣工实物、资产形成情况及主要技术经济指标的分析
476	五、基本建设项目管理经验、问题和建议
478	六、历年投资计划与完成情况
479	**第18章 经验体会和问题探讨**
480	18.1 经验体会
480	一、高标准、严要求是建设精品站房的重要准则
480	二、高素质的建设队伍是建设精品站房的重要保障
480	三、优秀的设计方案是建设精品站房的重要前提
481	四、样板引路是建设精品站房工程的重要步骤
481	五、标准化管理是建设精品站房的重要抓手
481	六、加强现场协调是建设精品站房的重要措施
482	七、新技术、新工艺、新材料、新设备是建设精品站房的重要支撑
482	八、路地良好的协调机制是建设精品站房的重要制度
482	九、择优选择设备和材料供应商是建设精品站房的重要环节
483	十、加强投资控制是建设精品站房的重要过程
483	十一、加强舆论宣传是建设精品站房的重要手段
484	18.2 问题探讨
484	一、问题探讨
484	二、建议

中 册

487	**第三篇 勘察设计**
489	**第1章 地质勘察**
490	一、工程地质特征
490	二、水文地质特征
491	**第2章 线路设计**

493	第3章	大型临时设施设计
495	第4章	路基设计
497	第5章	桥涵设计
498	5.1	桥涵工程概况与特点
498		一、桥梁概况
498		二、桥梁主要特征
500	5.2	设计原则与采用的主要技术标准
500		一、设计原则
500		二、采用的主要技术标准
502	5.3	基础工程设计
502		一、站房区桥梁基础
502		二、咽喉区桥梁基础
503	5.4	墩台设计
503		一、桥墩
504		二、支座
505	5.5	常用跨度桥梁设计
506	5.6	大跨度桥梁设计
507	5.7	特殊结构桥梁设计
507		一、主站房区域 $2\times32m+64m+2\times32mV$ 构连续梁
509		二、连续梁
512	5.8	公铁两用桥设计
513	5.9	桥面系工程设计
515	5.10	涵洞工程设计
516	5.11	沉降变形设计
516		一、沉降监测网的建立及测量技术要求
516		二、观测点的布置
516		三、观测精度
517		四、观测频次
519	第6章	隧道设计
521	第7章	轨道设计

522	7.1	轨道工程概况与特点
523	7.2	设计原则与采用的主要技术标准
523		一、正线轨道
524		二、站线轨道
526	7.3	有砟轨道结构设计
527	7.4	无砟轨道结构设计
528	7.5	跨区间无缝线路设计
530	7.6	道岔设计
531	**第8章**	**站场及运营设备设计**
532	8.1	站场工程概况与特点
533	8.2	设计原则与采用的主要技术标准
534	8.3	车站工程设计
535	8.4	引入枢纽工程设计
536	8.5	接轨站施工过渡设计
537	8.6	动车整备基地设计
537		一、概述
537		二、平面
537		三、纵断面
538		四、设计说明
539	8.7	主要客运设备配置
541	**第9章**	**房屋建筑及给排水设计**
542	9.1	站房工程概况与特点
542		一、工程概况
543		二、工程特点
545	9.2	设计原则与采用的主要技术标准
545		一、设计原则
547		二、采用的主要技术标准
549	9.3	一般站房设计
550	9.4	区域性枢纽站房设计
550		一、方案设计

584		二、规划设计
600		三、建筑设计
709		四、结构设计
725	9.5	采暖与通风设计
725		一、通风设计
727		二、空调系统
739		三、防排烟系统
740	9.6	给水排水工程设计
742	9.7	电气与照明
743	9.8	节能与环保
743		一、自然通风采光
744		二、节能与环保
749	第10章	通信设计
750		一、通信网构成原则
750		二、通信线路等级、类型
750		三、通信站分布、性质
750		四、主要通信设备选型
753	第11章	信号设计
754		一、信号系统主要设计原则
754		二、信号系统构成
754		三、列控系统设计
757		四、联锁系统
757		五、信号设备防护措施
761	第12章	信息设计
762		一、综合调度系统
763		二、综合信息系统设计
767	第13章	电力设计
768		一、设计概况
769		二、设计方案

771	**第 14 章　电气化设计**
772	一、牵引供电系统
772	二、牵引变电所、开闭所、分区所、电力调度所
775	三、接触网
776	四、供电段
777	五、电力线路影响电气化铁路的处理
779	**第 15 章　综合接地系统设计**
781	**第 16 章　防灾安全监控设计**
782	一、防灾安全监控概要
782	二、系统设置
783	三、信息流向与网络结构
784	四、监测信息的应用说明
785	**第 17 章　客运服务系统设计**
787	**第 18 章　工程接口设计**
788	18.1　专业间工程接口设计概述
792	18.2　接口设计原则与要点
793	**第 19 章　高性能混凝土及耐久性设计**
794	一、设计依据
794	二、高性能混凝土设计
801	**第 20 章　经验体会与问题探讨**
802	一、经验体会
806	二、问题探讨
809	**第四篇　工程施工（Ⅰ）**
811	**第 1 章　大型临时设施工程**
812	一、站前工程拌和站
813	二、站房工程拌和站
815	**第 2 章　路基工程**
817	**第 3 章　桥涵工程**
818	3.1　基础施工
818	一、工程概况

818		二、钻孔灌注桩
834		三、承台
845	3.2	墩台施工
845		一、工程概况
845		二、施工工艺流程
846		三、施工方法
851	3.3	T形简支梁的制运架
852	3.4	简支箱梁的制运架
853	3.5	简支梁、连续梁的桥位现浇
853		一、简支箱梁施工
873		二、咽喉区道岔连续箱梁桥位现浇
890		三、32m连续梁及挂孔连续梁桥位现浇
922		四、2×32m＋64m＋2×32m V构变截面连续箱梁桥位现浇
940		五、梁体表面涂饰
943	3.6	大跨度桥梁施工
944	3.7	特殊结构桥梁施工
945	3.8	公铁两用桥施工
946	3.9	桥面系工程施工
946		一、工程概况
946		二、施工工艺方法
948		三、施工注意事项及体会
949	3.10	涵洞工程施工
950	3.11	沉降变形控制与评估
950		一、桥梁沉降与变形控制
950		二、连续梁徐变上拱的控制
950		三、桥梁基础沉降观测及评估
952	3.12	新工艺、新工法、新装备、新材料的应用及效果
952		一、V构连续梁施工技术措施
962		二、承台大体积混凝土施工技术措施
964		三、站房桥施工交通组织及材料运输

968	四、精密测量控制系统
971	**第 4 章　隧道工程**
973	**第 5 章　轨道工程**
974	5.1　有砟轨道道床施工
974	一、石砟的质量、供应及运输
974	二、正、站线现场铺砟
974	三、轨枕板区段的铺砟
975	四、有砟与无砟过渡段施工
982	五、石砟的压实度检测
983	5.2　无砟轨道施工
984	5.3　跨区间无缝线路施工
984	一、钢轨类型、数量及运输方式
984	二、钢轨的工厂焊接
984	三、长钢轨的运输及卸轨
984	四、轨枕及轨枕板的散布
984	五、钢轨的铺设及现场焊接
985	六、胶结绝缘接头
988	5.4　道岔施工
988	一、道岔的类型及要素
988	二、道岔的生产及运输
988	三、岔枕的运输及铺设
988	四、道岔现场铺设
990	5.5　轨道及道岔精调
990	一、施工流程
990	二、国产轨检小车使用简要说明
991	三、大机养护及精调
993	四、钢轨及道岔锁定
995	**第 6 章　站场及运营设备工程**
996	6.1　一般中间站施工
997	6.2　主要客运站施工

997	一、站台板"吊模法"施工
1008	二、车站垃圾收集系统工程
1010	6.3　引入枢纽工程施工
1011	6.4　接轨站过渡施工
1012	6.5　动车整备基地施工

下　册

1013	第四篇　工程施工（Ⅱ）
1015	第7章　房屋建筑及给排水工程
1016	7.1　一般站房施工
1017	7.2　区域性枢纽站房施工
1017	一、概述
1021	二、施工测量
1022	三、桩基础
1028	四、地下室及风道结构（钢筋混凝土）
1050	五、地面交通层钢筋混凝土结构
1055	六、东西广厅型钢及钢筋混凝土结构
1055	七、高架候车层预应力及型钢钢筋混凝土结构
1114	八、钢结构及钢管混凝土结构
1174	九、东西落客平台混凝土及钢管混凝土结构
1177	十、屋面
1242	十一、吊顶
1287	十二、幕墙
1323	十三、地面石材铺装
1327	十四、地下室油漆地面
1331	十五、东西落客平台清水混凝土漆涂饰
1333	十六、站房消防工程
1365	十七、垂直电梯安装工程
1374	十八、自动扶梯安装工程
1385	十九、防雷接地工程

1387		二十、楼宇自控工程
1405		二十一、动力照明工程
1421	7.3	采暖与通风施工
1421		一、工程概述
1439		二、施工组织架构
1439		三、施工总体安排
1445		四、主要施工方案
1464		五、施工进度保证措施
1466		六、质量管理及保证措施
1466		七、安全管理及保证措施
1467	7.4	给排水工程施工
1467		一、给水系统
1473		二、排水系统
1479		三、施工组织机构
1479		四、施工总体安排
1481		五、施工方案
1486		六、工期保证措施
1487		七、资源配置计划
1489		八、质量管理及保证措施
1489		九、安全管理及保证措施
1491	**第8章**	**通信工程**
1493	**第9章**	**信号工程**
1494		一、工程概况
1496		二、开竣工日期
1496		三、变更设计说明
1496		四、施工工艺流程及安全质量措施
1497		五、施工中的重点问题及处理结果
1497		六、工程质量评价
1499	**第10章**	**信息工程**
1501	**第11章**	**电力工程**

1502	一、工程简介
1503	二、高压配电及高低压变电系统
1508	三、低压配电设备安装
1508	四、电缆桥架及电力电缆敷设
1510	五、主要施工机具配置计划
1512	六、质量管理及保证措施
1514	七、安全管理及保证措施
1521	**第12章　电气化工程**
1523	**第13章　综合接地系统**
1525	**第14章　防灾安全监控工程**
1527	**第15章　客运服务系统**
1528	一、工程概况
1531	二、施工管理组织机构
1531	三、施工及设备安装
1543	**第16章　工程接口**
1544	一、概况
1544	二、接口管理
1546	三、桥梁与房建、四电接口管理
1547	四、房屋结构与机电、装修接口管理
1547	五、房建装饰装修各专业接口管理
1547	六、建筑接近限界各专业接口管理
1549	**第17章　高性能混凝土及耐久性施工**
1550	一、高性能混凝土与混凝土耐久性的关系
1550	二、混凝土原材料选择及控制
1550	三、混凝土配合比配制
1551	四、混凝土拌和控制
1551	五、混凝土运输控制
1551	六、混凝土浇筑控制
1552	七、混凝土振捣控制
1552	八、混凝土养护控制

1555	**第18章　经验体会与问题探讨**
1556	一、经验体会
1559	二、问题探讨
1561	**第五篇　科研与技术创新**
1563	**第1章　科研项目的立项与组织实施**
1565	**第2章　科研项目对工程的指导作用和成果的工程化应用**
1566	一、结构抗震性能研究
1577	二、大跨度结构研究
1583	三、高速列车对建筑结构的振动影响研究
1595	四、风洞试验和风环境数值模拟
1608	五、正线轨道结构形式研究
1615	**第3章　申报科研成果奖**
1617	**第4章　技术创新**

工程施工（Ⅱ）

第四篇

第 7 章 房屋建筑及给排水工程

7.1 一般站房施工

新建枢纽客站,一般站房施工不在新广州站工程范围内。

7.2 区域性枢纽站房施工

一、概述

(一) 工程概况

新广州站站房东西宽(垂直轨道方向)398m,南北长(顺轨道方向)448m,站房采用站桥共柱形式,上进下出。站房区由地下层、地面层、站台层和高架候车层组成,总建筑规模486474m²。地下层为现浇钢筋混凝土地下室,12.00m层为V构拱组合连续箱梁,21.00m高架候车室层为钢筋混凝土预应力梁板加大跨度钢桁架梁组合结构,站台层雨棚为大型钢结构无站台柱雨棚,屋顶采用索拱及网壳体系,地铁的站厅层和站台层设在新广州客站地下层。

整个站区占地面积约1167亩,包括南北咽喉区均采用高架桥梁,北接陈村特大桥,南连广州动车段走行线。车站共有15座站台,28条股道,站台区域由东向西依次布置了武广下行场、广深港车场、武广上行场、广珠城际及贵广线车场。

站房地下室为钢筋混凝土结构,地上层采用了大跨度预应力梁板混凝土,主体结构为钢结构,屋面采用预应力索拱和网壳体系,站台雨棚采用无站台柱预应力索拱结构雨棚,站房结构如图4-7-2-1所示。

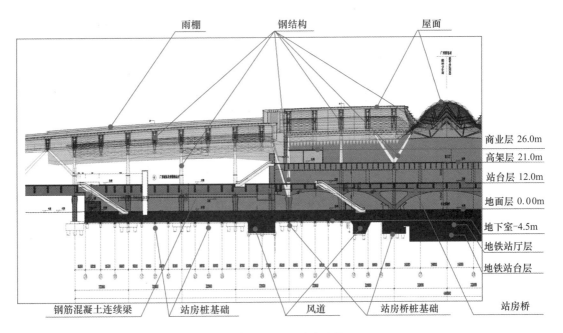

图4-7-2-1 主站房结构

(二) 主站房结构施工顺序(逆作法施工)

1. 施工顺序

新广州站主站房结构采用逆作法施工,施工顺序为:桩→地下室底板及风道结构施工→钢结构屋面吊装→12m站台层施工→21m层跳仓法施工(东西落客平台同时施工)→±0.00层结构施工,如图4-7-2-2所示。

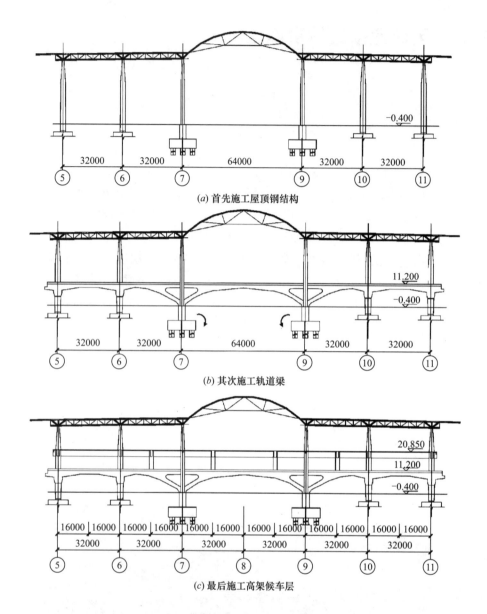

图 4-7-2-2 主站房结构逆作法施工示意

2. 逆作法分析

通过施工顺序可以看出,新广州站结构施工采用的是先屋面、后往下施工的逆作法,主要原因有以下几点:

(1) 钢结构单榀桁架重量大,如果按正常顺序先施工完 21m 层,再进行钢结构吊装,施工完成面无法满足吊装的荷载要求。

(2) 工期紧张,要求各层同时施工。

(3) 保证工程质量。

(三) 施工及验收标准

采用的国家、行业现行施工规范及验收标准,如表 4-7-2-1~表 4-7-2-3 所示。

国家、行业设计、施工规范及验收标准一览表　　表 4-7-2-1

序号	编号	名称
1	GB 50017—2003	钢结构设计规范
2	GB 50119—2003	混凝土外加剂应用技术规范
3	GB 50164—92	混凝土质量控制标准
4	GB 50150—2006	电气装置安装工程电气设备交接试验标准
5	GB 50203—2002	砌体工程施工质量验收规范
6	GB 50205—2001	钢结构工程施工质量验收规范
7	GB 50207—2002	屋面工程质量验收规范
8	GB 50208—2002	地下防水工程质量验收规范
9	GB 50209—2002	建筑地面工程质量验收规范
10	GB 50214—2001	组合钢模板技术规范
11	GB 50236—98	现场设备、工业管道焊接工程施工质量验收规范
12	GB 50274—98	制冷设备、空气分离设备安装工程施工验收规范
13	GB 50303—2002	建筑电气工程施工质量及验收规范
14	GB 50057—1994	建筑物防雷规范
15	GB 50366—2005	地源热泵系统工程技术规范
16	GB/T 50328—2001	建设工程文件归档整理规范
17	GB/T 50326—2001	建设工程项目管理规范
18	JGJ/T 23—2001	回弹法检测混凝土抗压强度技术规程
19	JGJ/T 27—2001	钢筋焊接接头试验方法标准
20	JGJ 107—2003	钢筋机械连接通用技术规程
21	JGJ 130—2001	建筑施工扣件式钢管脚手架安全技术规范
22	JGJ 33—2001	建筑机械使用安全技术规程
23	JGJ 46—2005	施工现场临时用电安全技术规程
24	JGJ 59—99	建筑施工安全检查标准
25	JGJ 133—2001	金属与石材幕墙工程技术规范
26	CECS 28：90	钢管混凝土结构设计与施工规程
27		建筑用钢筋标准与规范汇编
28		建设工程质量管理条例

国家、行业试验标准及规范一览表　　表 4-7-2-2

序号	编号	名称
1	GB/T 1345—2005	水泥细度检验方法
2	GB 8074—87	水泥比表面积测定法
3	GB/T 1346—2001	水泥标准稠度用水量、凝结时间、安定性检测方法
4	GB/T 17671—1999	水泥胶砂强度检验方法
5	GB/T 2419—94	水泥胶砂流动度测定方法
6	GB/T 208—1997	水泥密度测定方法
7	GB 176—1996	水泥化学分析方法
8	GB/T 14684—2001	建筑用砂
9	GB/T 14685—2001	建筑用碎石、卵石
10	GB/T 8077—2000	混凝土外加剂匀质性试验方法
11	GB 176—1996	水泥化学分析方法
12	GB 1596—2005	用于水泥和混凝土中的粉煤灰
13	GB/T 232—1999	金属材料弯曲试验方法

续表

序号	编号	名称
14	GB/T 228—2002	金属材料反复弯曲试验方法
15	GB/T 220.1—2004	金属洛氏硬度试验方法
16	GB/T 50080—2002	普通混凝土拌合物性能试验方法标准
17	GB/T 50081—2002	普通混凝土力学性能试验方法标准
18	GBJ 82—1985	普通混凝土长期性和耐久性试验方法
19	GB/T 2542—2003	砌墙砖试验方法
20	GB/T 4111—1997	混凝土小型空心砌块检验方法
21	GB/T 50266—1999	工程岩体试验方法
22	GB/T 50123—1999	土工试验方法标准
23	GB/T 328.1～7—89	沥青防水卷材试验方法
24	GB/T 1677—1997	建筑防水涂料试验方法
25	GB/T 13477.1～20—2002	建筑密封材料试验方法
26	GB 50204—2002	混凝土结构工程施工质量验收规范
27	GBJ 107—1987	混凝土强度检测评定标准
28	GB 50204—2002	混凝土结构工程施工质量验收规范
29	GB 50205—2001	钢结构工程施工质量验收规范
30	GB 50242—2002	建筑给水排水及保暖工程施工质量验收规范
31	GB 50303—2002	建筑电气工程施工质量验收规范
32	JGJ 56—1997	混凝土减水剂质量标准和试验方法
33	JGJ 55—2000	普通混凝土配合比设计规程
34	JGJ 98—2000	建筑砂浆配合比设计规程
35	JGJ 70—1990	建筑砂浆基本性能试验方法
36	JGJ 63—2006	混凝土拌物合用水标准
37	JGJ/T 23—2001	回弹法检测混凝土抗压强度技术规程
38	JG/T 3034.2—1996	螺栓球节点钢网架焊缝超声波探伤及质量分级法
39	JGJ 18—2003	钢筋焊接及验收规程
40	JC/T 603—1995	水泥胶砂干缩试验方法
41	JC/T 420—1991	水泥原材料中氯的化学分析方法
42	JC/T 478.1—1992	建筑石灰试验方法 物理试验方法

客运专线暂行规定、技术条件、技术指南表一览表　　　　表 4-7-2-3

序号	编号	名称
1	TZ 210—2005	铁路混凝土工程施工技术指南
2	TZ 211—2005	客运专线铁路轨道施工技术指南
3	TZ 212—2005	客运专线铁路路基工程施工指南
4	TZ 214—2005	客运专线铁路隧道工程施工技术指南
5	铁建设〔2005〕140号	新建时速200～250公里客运专线铁路设计暂行规定（上、下）
6	铁建设〔2005〕157号	铁路混凝土结构耐久性设计暂行规定
7	铁建设〔2005〕160号	铁路混凝土工程施工质量验收补充标准
8	铁建设〔2005〕160号	客运专线铁路隧道工程施工质量验收暂行标准
9	铁建设〔2005〕160号	客运专线铁路轨道工程施工质量验收暂行标准
10	经规标准〔2005〕110号	客运专线铁路桥涵工程施工技术指南
11	经规标准〔2005〕110号	客运专线铁路混凝土耐久性工程施工技术指南

续表

序号	编号	名称
12	科技基〔2005〕101号	客运专线桥梁盆式橡胶支座暂行技术条件
13	科技基〔2005〕101号	客运专线桥梁伸缩装置暂行技术条件
14	科技基〔2005〕101号	客运专线桥梁混凝土桥面防水层暂行技术条件
15	科技基〔2005〕101号	客运专线高性能混凝土暂行技术条件
16	铁科技函〔2006〕248号	客运专线扣件系统暂行技术条件
17	铁建设〔2004〕157号	京沪高速铁路设计暂行规定（上、下）
18	铁建设〔2005〕160号	客运专线铁路混凝土耐久性工程施工质量验收暂行标准
19		客运专线铁路桥涵工程施工质量验收暂行标准
20		铁路工程施工质量验收标准应用指南

二、施工测量

为了准确进行平面控制，必须建立施工控制网，同时必须从总体施工考虑，保证基础和主体工程施工的定位轴线均能应用所建立的施工控制网。在本工程施工中，为使用方便，保证施工测设精度，建立方格控制网。

1. 施测前的准备工作

熟悉图纸，拟定测量方案，根据现场实际情况及总平面图，布置建筑物外围方格控制网，设定合理的控制点并计算坐标值。控制点位置避开施工通道、堆场等施工用地。平面控制网的建立采用全站仪进行。

2. 定位放线

以施工图中的尺寸及控制点坐标为定位依据，进行定位放线工作

（1）定位前先对控制点间的角度和距离进行复核

确认各点的准确性无误后，根据现场情况按支导线的路线，采用极坐标方法进行放样。定出所有控制点后，再将仪器置于有关联的点上，进行相关点的距离和角度校核，待各点的精度达到定位要求后，用标桩将位置确定，埋设固定标桩，建立建筑物外围控制网，经复核后再根据定位图，采用直角坐标法定出各主要轴线及细部轴线，作为施工放样依据。

（2）主要轴线的定位

在进行基础施工前，必须对控制线和标高进行复核，其误差在允许范围内，方可进行基础正式施工。并将复查结果标于复查图上，作为交工资料。基础垫层施工完后，从建筑物外围控制标桩将基础主轴线投于垫层上，弹上墨线。最后将仪器置于各已投主轴线的交点上，对已投于垫层上的主轴线所构成的几何图形进行角度和距离的检查，符合要求后，再根据基础施工图中各轴线之间的相互关系将细部轴线一一投于垫层上，作为放线依据。

（3）竖向测量

在施工基础时，用常规经纬仪投测。

（4）标桩的埋设和保护

平面控制点的标桩采用永久性标桩，考虑到在施工和生产中能长期保存，不致发生下沉

和位移，标桩的埋设深度为 1.5m，标桩顶面宜高于地面设计高程 0.1m。标桩的形式要用钢筋桩，顶部磨平，在上面刻划十字丝作为标点。标桩固定后用灰砂砖、混凝土、盖板加以保护。

3. 沉降观测

(1) 沉降观测原点，需在相对稳定处（或其他建筑物上）留设四处以上。

(2) 每次沉降观测前需对原点进行两次以上复核。

(3) ±0.00 完成后，进行第一次沉降观测。

(4) 及时记录沉降观测数据，做好资料整理移交存档工作。

4. 垂直度观测

(1) 为了保证观测质量，采用内控进行垂直度观测。

(2) 利用楼层的控制点和楼层放线主控线，架设仪器观测。

(3) 利用各主控线及下层相应点的吊上点进行观测。

(4) 垂直度观测每两层进行一次。

(5) 认真做好测量记录，并计算出垂直度结果。

(6) 发现垂直度问题要及时调整，杜绝累计偏差。

5. 测量资料收集及整理

(1) 放线中必须坚持边放线边复核的作业程序，利用边角、对角等方式进行复核，主要控制线必须一次以上复核后才能进行下一步作业。

(2) 各种测量公差要求，严格按有关规范进行。

(3) 测量记录、资料必须及时签证，并符合有关规范的要求。

(4) 测量资料必须随测随记，并不得乱改原始测量数据。

(5) 收集资料必须及时进行整理、分类。

(6) 资料整理标准以规范和质检站、档案馆有关要求为准。

按照施工规范要求，测量工程质量检验评定表格按测绘标准填写、整理。

三、桩基础

(一) 工程概况

站房工程采用桩基础，桩身混凝土等级为 C30。总数为 3260 根，桩径分别为 ϕ1.0m、ϕ1.25m、ϕ1.6m。其中，人工挖孔桩 9~15 轴 379 根，1~7 轴共 11 根，总数为 390 根。桩身混凝土约 6 万 m³，钢筋 4500t。

抗拔桩单桩除满足抗压承载力要求外，还要满足抗拔承载力要求。

桩基施工原则如下：

1. 采用冲击成孔施工工艺，在地铁附近不能冲击成孔的桩采用人工挖孔桩。

2. 钢筋制作采取现场分节加工，平板车及履带吊运输及吊装到位，焊接接长。

3. 混凝土为搅拌站集中拌合，水下浇筑法施工。

4. 桩长必须满足进入持力层 4 (3) 层深度要求，如表 4-7-2-4 所示。当持力层中有中风化岩层，桩嵌岩深度必须从穿过该层后算起。在工程桩施工前必须进行试桩，南北两侧每侧试桩 9 根，进行单桩竖向抗压静载试验、单桩竖向抗拔静载试验、单桩水平静载试验。单桩所需承载力分类表，如表 4-7-2-5 所示。

钻孔灌注桩进入持力层 4 (3) 层深度要求　　　表 4-7-2-4

桩编号	进入持力层 4 (3) 层深度 (m)	桩编号	进入持力层 4 (3) 层深度 (m)
JZ-1，JZ-1a	3	JZ-11	4
JZ-2，JZ-22	3	JZ-12	3.5
JZ-2a	6	JZ-13	4
JZ-3	3	JZ-14	4
JZ-4	1.5	JZ-15	3
JZ-5	2.5	JZ-16	4
JZ-6	5	JZ-17	4
JZ-7	3	JZ-18	2.5
JZ-8	3.5	JZ-19	2.5
JZ-9	3	JZ-20	2.5
JZ-10	3	JZ-21	1.5
JZ-10a	6	JZ-21a	1.5

单桩承载力分类　　　表 4-7-2-5

桩编号	桩径 (mm)	桩顶标高 (m)	单桩抗压承载力特征值 (kN)	单桩抗拔承载力特征值 (kN)	桩编号	桩径 (mm)	桩顶标高 (m)	单桩抗压承载力特征值 (kN)	单桩抗拔承载力特征值 (kN)
JZ-1	1250	−5.700	5800	1540	JZ-10a	1250	−11.800	3200	2320
JZ-1a	1250	−5.700	6000	1400	JZ-11	1600	−11.800	8100	2030
JZ-2	1250	−10.800	4900	1370	JZ-12	1250	−6.900	3000	1570
JZ-2a	1250	−10.800	3600	2330	JZ-13	1600	−10.800	8700	1990
JZ-3	1000	−5.700	5000	1070	JZ-14	1600	−5.700	11300	920
JZ-4	1000	−5.300	2300	550	JZ-15	1250	−14.000	6500	580
JZ-5	1000	−7.750	3600	770	JZ-16	1600	−6.400	8500	—
JZ-6	1250	−12.800	4700	2300	JZ-17	1250	−13.500	5100	370
JZ-7	1250	−7.100	4600	1390	JZ-21	1250	−13.000	5400	350
JZ-8	1250	−6.300	4900	1560	JZ-21a	1250	−4.900	5400	—
JZ-9	1000	−6.300	2900	630	JZ-22	1250	−11.300	4800	1390
JZ-10	1250	−11.800	6400	1370					

桩编号	桩径 (mm)	桩顶标高 (m)	单桩抗压承载力特征值 (kN)	单桩抗拔承载力特征值 (kN)	单桩水平承载力特征值 (kN)
JZ-18	1250	−4.220	—	—	160
JZ-19	1250	−4.400	—	—	160
JZ-20	1250	−1.900	—	—	160

(二) 钻孔桩施工

钻孔灌注桩施工工艺流程，如图 4-7-2-3 所示。

1. 施工准备

制作护筒，焊接拼装钢筋骨架，制备泥浆，以及钻机准备、导管试拼、试压等。

2. 钻机定位

在测量定出孔位后，钻机按指定位置就位，并须在技术人员指导下，调整桅杆及钻杆的角度，钻机安装就位之后，精心调平，保证准、平、稳、牢，钻机对位安装偏差严格控制在

5cm 以内，用仪器复核定位后方可开钻。对孔位时，采用十字交叉法对中孔位。在对完孔位后，操作手启动定位系统，予以定位记忆。

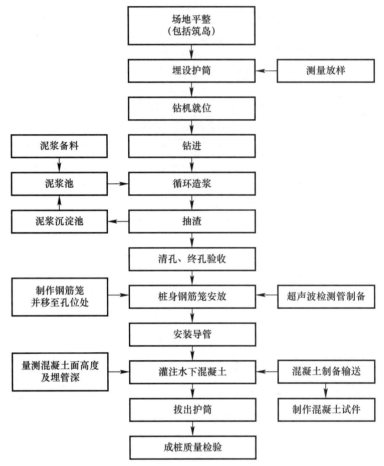

图 4-7-2-3 钻孔灌注桩施工工艺流程

新广州站工程桩桩径为 1000mm、1250mm、1600mm 三种，按桩位点埋设护筒，护筒于内径为 1400mm、1800mm、2000mm，其上部宜开设溢浆口，并高出地面 0.3m，护筒埋深 4m 左右，用仪器监测护筒的埋设，护筒中心与桩中心偏差＜5cm，护筒周围用黏土回填，并夯实，在护筒上用十字交叉法定出桩位中心点。

3. 埋设钢护筒

护筒采用 4mm 厚钢板加工制作。护筒内径比桩径大 200mm，护筒高度高出地面 0.3m，护筒埋置深度为 1.2m，护筒采用挖坑埋设法，底部和四周（50cm 左右）填黏质土，分层夯实。干处可实测定位，护筒中心竖直线必须与桩中心线重合，一般平面允许误差为 50mm，竖直线倾斜不大于 1%。

4. 钻孔

钻机就位时，底座铺设方木垫平，防止钻机失稳或产生位移、沉陷。钻杆中心线对准桩孔中心，其平面位置偏差和倾斜度符合规范要求。

钻孔必须连续进行。始终保持孔内泥浆稠度适当、水位稳定，以防坍孔。在地质不良部位或易坍孔地段，提高泥浆黏度及相对密度。钻孔达到标高后，对钻孔的中心位置、孔径、倾斜度、孔深进行检查，合格后清孔。

钻孔时须及时填写钻孔记录，在土层变化处捞取渣样，判明土层，以便与地质剖面图相核对。当与地质剖面图严重不符时，及时向监理工程师和勘察单位汇报。

5. 清孔、检查成孔

清孔采用换浆法。清孔时必须保持孔内水位，防止坍孔。清孔后，孔底沉淀物厚度等于或小于50mm。

清孔后采用等于钻孔桩钢筋笼直径加20mm（但不得大于钻头直径），长度不小于（4～6）D（D为桩径）的钢筋检孔器吊入钻孔内检测，检测结果报监理工程师复查。如发现有缺陷，例如中心线不符、超出垂直线、直径减小、椭圆截面、孔内有漂石等，就这些缺陷书面报告监理工程师，并采取适当措施予以改正。经检验确认成孔满足要求时，立即填写成孔检查单，并经监理工程师签认后，即可进行下道工序工作。

6. 安放钢筋骨架

清孔达到要求后，采用汽车起重机吊装钢筋骨架入孔。根据设计要求，每隔2m均匀焊4个定位环，呈90°间隔布置，以确保钢筋保护层厚度。

钢筋笼的制作允许偏差应符合下列规定：主筋间距±10mm。住螺旋筋螺距±20mm。钢筋笼直径±10mm。钢筋笼长度±50mm。主筋连接采用单面满焊，搭接长度为10d（d为钢筋直径），同一截面的接头≤50％总根数，接头错开不少于35d。

各段钢筋笼在孔口安装连接必须保证垂直，其措施是在焊接时，可先焊一组（2根）对称主筋然后轻吊带紧，再焊接其他主筋，拟采用20t吊车。

为防止下笼时碰撞孔壁，可将最下节笼的底端主筋向中心稍作收敛，徐徐放入孔内，达设计深度后，用吊筋固定在孔口。

灌注混凝土导管采用内径300mm的钢管，导管用高强螺栓与带垫圈的法兰盘连接，并经水密、承压和接头抗拉试验。导管在吊入孔内时，其位置必须居中、轴线顺直、稳步沉放，防止卡挂钢筋骨架和碰撞孔壁。

7. 灌注水下混凝土

钢筋骨架安放就位后、灌注水下混凝土前，再次检查孔内泥浆性能指标和孔底沉淀厚度，如超过规定，则进行第二次清孔。

灌注混凝土前将灌注机具与漏斗等准备好。漏斗容积以能满足首次封底混凝土用量为宜。

新广州站工程混凝土强度等级C30，混凝土为水下灌注，施工时混凝土必须具备良好的和易性，坍落度控制在18～22cm，水泥用量不低于360kg/m³，按规定每根桩留置两组试块，送标养室中养护。

灌注首批混凝土时，导管下口至孔底的距离控制在30～50cm，且使导管埋入混凝土的深度不小于1m。新广州站工程混凝土首灌量必须在2.0m以上。

混凝土应连续进行灌注，并尽可能缩短拆除导管的间隔时间。灌注过程中经常用测锤探测孔内混凝土面位置，及时调整导管埋深，导管的埋深宜控制在2～4m。当混凝土面接近钢筋骨架底部时，为防止钢筋骨架上浮，除其顶端采用定位钢筋和型钢予以支托外，还可采取以下措施：

（1）当灌注的混凝土顶面距钢筋骨架底部1m左右时，降低混凝土的灌注速度。

（2）当孔内混凝土面进入钢筋骨架1～2m后，适当提升导管，减小导管埋置深度，增大钢筋骨架下部的埋置深度。

为确保桩顶质量，混凝土的桩顶标高比设计高出1～1.5m，预加高度适时予以凿除。

钢护筒必须在灌注混凝土后立即拔出。

在浇灌施工过程中可能发生导管挂笼或导管埋深过大而导致钢筋笼上浮现象，为确保桩基质量，必须保证钢筋笼不上浮，通常可采取以下措施：

① 严格控制成孔垂直度在1‰范围内。

② 钢筋笼下入孔内后用吊筋将其悬垂于孔中，防止钢筋笼翘曲变形。

③ 钢筋笼连接处钢筋不可向内弯曲，以免挂住导管。

④ 经常检查导管接头，防止挂笼。

每根桩身混凝土浇筑完毕，立即清洗浇灌混凝土用具。

8. 成桩要求

桩充盈系数不大于1.10，桩径允许负偏差—50mm，桩垂直度允许偏差≤1‰，桩中心位允许偏差≤100+0.01Hmm。

(三) 挖孔桩施工

1. 施工部署

考虑到工期紧和现场其他施工的进展情况，避免相互干扰，优先安排B轴进行人工挖孔桩的试桩施工。

(1) 劳动力安排

人工挖孔：分8组，每组2人，每组负责3根桩。

钢筋笼制作：1组5人。

混凝土浇筑：1组8人。

(2) 工期

20天。

2. 施工工艺

测量放线→定桩位→挖第一节桩孔土方→支模浇筑第一节混凝土护壁→拆模后在护壁上头测标高及桩位十字线→安装活动井盖设置垂直运输架，安装卷扬机，出渣泥桶，潜水泵，鼓风机，照明设施等→挖第二节桩孔土方→清理桩孔上壁→校核桩孔混凝土护壁→支模、浇灌混凝土护壁→循环作业直至设计深度、检查持力层后进行扩底→清除虚土→排除积水、检查尺寸和持力层，并经监理核查→吊放钢筋笼就位→浇筑桩身混凝土。

3. 挖孔桩测量定位

(1) 根据设计提供的基准点（定位控制点和标高控制点）建立平面控制网，主轴控制网，标高控制网，并经监理复核签字，方能使用。

(2) 根据主轴控制网，测放桩位，经监理复核后方能开挖（即第一节成孔）。

(3) 第一节成孔后，安装护壁钢模，浇筑护壁混凝土，待拆模后，将桩中十字线用红油漆刻在护壁顶（或内侧），将标高引至护壁内侧，并做好标注，便于以后控制和复核桩的平面位置、垂直度、桩直径、桩长、桩顶标高等。

(4) 为了保证桩的垂直度，要求每浇灌完三节护壁须校核桩中心位置、垂直度一次。

(5) 挖孔时必须校核桩的扩大头尺寸是否符合设计要求，并办好隐蔽手续。

4. 挖孔桩施工要点

(1) 成孔

① 桩端须做扩大头处理，扩大部分一般不设护壁。

② 在成孔前须充分考虑到施工中可能遇到的困难（尤其在雨期），针对挖孔中可能会出现护壁错动、脱节、踏孔等情况，要准备短护筒，另还要准备好禾秆、竹片、钢筋等材料作应急临时支护孔壁用。

③ 每一节成孔，设横杆吊大线垂作中心线，用水平杆找圆周，检查成孔尺寸。

④ 施工的工序搭接必须紧凑，以减小塌孔的可能性。

⑤ 桩孔施工使用镐、锹等工具，遇坚土则使用锤、钎破碎，挖土次序为先中间后周边，扩底部分先挖桩身圆桩体，再按扩底尺寸从上到下凿岩修成扩底形。

⑥ 挖一段就浇筑护壁一节，在土质不利土层，节与节之间必须按要求插钢筋，以提高整体性。

⑦ 每天施工深度约1.0m，每天挖出的深度范围内必须在当天浇筑完混凝土护壁，当遇流砂或泉涌等现象时，必须加快挖进的速度，并将每节的深度缩小至0.3~0.5m，且对井下操作人员进行系安全带等防护措施。

⑧ 到达设计持力岩层位时，及时通知有关人员验孔，确认已满足设计要求并留取岩石样本，及时施工下道工序，持力岩层暴露时间不得超过24h。

（2）护壁施工

① 护壁模板由4块活动钢模组成。

② 浇筑护壁混凝土要振捣密实，当混凝土达到一定强度后拆除模板，再挖下一段成孔。

③ 护壁圈混凝土强度等为C20，采用现场搅拌。

④ 每节护壁高度为1m，当遇不利地段时，取0.3~0.5m高，插入钢筋加固，第一节护壁必须高出地面300mm，每隔一节护壁设置ϕ30泄水孔。

⑤ 护壁厚度、混凝土强度必须按设计要求施工。

⑥ 桩护壁施工期间要求每天做一组试件。

（3）钢筋笼制作及安装

① 按设计规格制作钢筋笼。

② 纵向钢筋采用搭接焊接形式，接口必须错开。

③ 水平钢筋（横向加劲筋、螺旋箍等）与纵向钢筋交接处均必须焊牢。

④ 钢筋笼外侧需设置60mm厚混凝土垫块，以保证钢筋保护层厚度。

⑤ 钢筋笼安装采用吊车吊装就位。

（4）混凝土浇筑

① 桩身混凝土采用C30商品混凝土，浇筑前必须清洗护壁。

② 有积水时，可先抽尽孔底积水，在积水深度未超过50mm时，按常规方法浇筑混凝土，若渗水量大于1m³/h必须采用水下混凝土。

③ 浇筑桩身混凝土时必须使用导管或串筒，出料口混凝土面不得大于2.0m，且连续浇筑，分层振捣密实。

④ 桩身混凝土坍落度要求13~18cm，目的是利用大坍落度下沉力使之密实。

⑤ 桩头浇水养护不小于7d。

⑥ 浇筑桩身混凝土时必须留置混凝土试块，每根桩不少于一组。

5. 安全措施

（1）井孔周边第一节护壁必须高出地面300mm以上，挖出的土必须及时运走，井孔周边

1m 范围内，禁止堆放土方余渣。

（2）井内作业人员必须戴好安全帽，系好安全带，安全带拴挂在自井口而下的专用保险绳上，井孔内设置应急使用的安全绳。井内人员必须乘坐专用安全吊笼上下，不得乘坐吊桶或脚踩护壁凸缘上下井孔。不得乘坐吊桶、土筐、土箕、吊绳等方式上下井。井孔内作业人员必须勤轮换，连续作业时间不得超过 4h。

（3）每次下井孔作业前必须先通风，作业过程中必须保持连续通风。为了预防有害气体中毒，每天下井开挖前及开挖过程中，采用小动物进行检测。

（4）井孔内上下递物和工具时，严禁抛掷，必须严格用吊索系牢传递。

（5）挖孔桩停止作业时，或已开挖好的成孔（无论其是否浇灌桩身混凝土），必须设置牢固的盖孔板（网）或封闭式围栏、安全警示标志，超出孔边 10cm 以上，夜间有红灯警示。

（6）井孔内照明采用矿灯或 36V 以下安全电压，使用橡胶护套电缆线，严禁使用硬质塑料线和花线。照明灯具须采用 100W 以上的防爆戴罩灯泡，井上照明可采用 36V 安全电压。

（7）电气设备和线路必须绝缘良好，电线不得与金属物绑在一起。按照三级配电，两级保护，"一机一闸一漏一箱"。遇有临时停电或停工休息时，必须拉闸加锁。

（8）当孔深超过 5m 后，在距井底 2m 处设置一道钢制弓形防护挡板，周边宽 30cm，并在护壁上固定牢固。吊运物料时，井下人员紧贴护壁，站在弓形护板下，以防物体打击。弓形护板的设置高度与孔进尺深度同步。

（9）挖孔抽水时，作业人员必须离开井孔。抽水完成后，确定已断开电源，再恢复井内作业。

（10）井下作业时，必须设井上监护。监护人员不得擅自离开岗位，密切注意井下情况，发现异常情况立即帮助井下作业人员撤离井底回到地面，向施工负责人报告发生的真实情况。

四、地下室及风道结构（钢筋混凝土）

（一）深基坑支护

1. 概述

风道在地下室下面，根据现场实际情况及风道分布位置，将风道分成 8 段施工，每一段根据开挖的深度、周边环境、工期要求，以及与桥梁施工的关系，针对不同的部位设计了不同形式的支护体系。竖向风道（1～4 号）采取放坡加钢板桩支护，横向风道（5～8 号）采取钢筋混凝土灌注桩加一道水平钢筋混凝土支撑的支护结构。

（1）竖向风道

6～7 轴、9～10 轴间的 2 号、3 号风道长 325m，分高低两区，高区底板面标高为 -4.1m，低区为 -9.6m，局部 -11.1m，加上承台地梁的高度，需开挖的深度在 -11m 和 -12.5m，设计采用放坡加两层钢板桩支护的形式，支护深度 2～3.5m。钢板桩要求穿过透水砂层到达不透水层，故采用 6～9m 长的拉森 V 号钢板桩悬臂支护。由于该风道左侧是地铁的水泥搅拌桩挡土墙，只需要支护右侧。风道承台与 10 轴桥梁承台间的净距为 700～1500mm。分段施工时在每段基坑的两端也要打钢板桩支护止水。竖向风道基坑与横向风道接头处的场地不能放坡开挖，该处采用 12m 长钢板桩分区支护。

4～5 轴、11～12 轴间的 1 号、4 号风道长 325m，结构总宽 16m，底板面标高 -9.6m，顶板面标高 -6.1m，加上承台地梁的高度，需开挖的深度为 -11m，设计采用放坡加两层钢板桩支护的形式，支护深度为2m。加上桩承台施工面宽度，支护宽度达到19m。左侧壁承台边与11轴桥梁承台间的净距为700~1500mm，右侧壁承台边与12轴桥梁承台间的净距为700mm。采用6~9m长的拉森V号钢板桩支护。分段施工时在坑两端也要打钢板桩支护。由于横向风道支护灌注桩施工要晚且周期长，竖向风道基坑与横向风道接头处的场地不能放坡开挖，该处采用12m长钢板桩分区支护，并按图纸要求安装围檩和对顶支撑。

(2) 横向风道

东西侧5~8号风道各长178m，宽13.1和19m，考虑施工面的需要，支护结构净宽需16.35m和22.3m。底板面标高为－10.6m和－6.1m，最深开挖处达到－14.7m，支护深度达到10.2m。设计采用间距1.3m、φ1200钢筋混凝土灌注桩支护，桩顶设一道钢筋混凝土撑，主间距9m，截面尺寸为700mm×800mm和800mm×1000mm，八字撑截面尺寸为600mm×800mm。

2. 施工顺序

(1) 风道1区域支护施工顺序

主要施工内容及施工程序如下：

铁路工程桩基础→房建钻孔桩→风道钢板桩支护→风道土方开挖到桥梁承台底标高（－9.00m）→桥梁承台钢板桩→桥梁承台结构→风道土方继续开挖到风道区域底板底（－11.00m）→底板下排水系统→底板封底混凝土→人工挖孔桩→承台、地梁胎模及垫层→底板防水→底板钢筋混凝土→下段侧壁及顶板钢筋混凝土→下段侧壁防水→下段土方回填→拆除支护结构（拔出钢板桩）→上段侧壁钢筋混凝土→上段侧壁防水上段土方回填→继续－4.50m的底板混凝土结构施工。

(2) 风道2区域支护施工顺序

主要施工内容及施工程序同风道1。

(3) 风道3、风道4区域支护施工顺序

主要施工内容及施工程序如下：

铁路工程桩基础→铁路承台→房建钻孔桩→风道钢板桩支护（贝雷架及小钢板桩配合土方开挖同期施工）→风道土方一次开挖到风道底板底标高（－11.00m）→底板下排水系统→底板封底混凝土→承台、地梁胎模及垫层→底板防水→底板钢筋混凝土→下段侧壁及顶板钢筋混凝土→下段侧壁防水→下段土方回填→拆除支护结构（拔出钢板桩）→上段侧壁钢筋混凝土→上段侧壁防水上段土方回填→继续－4.50m的底板混凝土结构施工。

(4) 风道5、风道6、风道7、风道8区域支护施工顺序

主要施工内容及施工程序如下：

支护钻孔灌注桩→风道区域房建钻孔桩→土方开挖至冠梁底标高处→桩顶支撑冠梁（包括钢支撑）→风道土方一次开挖到风道底板底标高（最深－14.00m）→封底混凝土→底板下排水系统→承台、地梁胎模及垫层→底板防水→底板钢筋混凝土→下段侧壁及顶板钢筋混凝土→下段侧壁防水→上段侧壁钢筋混凝土→上段侧壁防水→土方回填→侧壁及墙板间的转换层施工（周边回填混凝土）→拆除混凝土支撑→继续－4.50m以上的结构施工。

3. 基坑支护结构施工工艺及质量要求

(1) 拉森钢板桩施工工艺及质量要求

拉森钢板桩施工顺序：放线定位→钢板桩定位→安装导向钢围檩→打设钢板桩→拆除钢

围檩→安装支撑装置→挖土→风道施工→完成后回填土→拆除支撑→拔除钢板桩。

采用自行振动式钢板桩专用机械插打。

第一根钢板桩插打：桩机前臂吊起钢板桩，打开桩机头夹板夹住桩头，垂直后在设计位置通过打桩机的液压振动锤将钢板桩插入至设计深度。

后续钢板桩插打：第一根桩打插完成以后，后续钢板桩沿前一根桩的扣槽插入至设计深度，直至形成封闭基坑的钢板桩围护体系。基坑转角处用大扣方式连接，使钢板桩连续。

质量要求：

① 钢板桩施工前必须按设计图放线，并且转角设控制点，打桩时拉线，钢板桩按线就位。对进场的钢板桩进行规格型号、外观表面缺陷、长度、平直度和锁口形状的检验，割去桩上影响施打的焊接件，修补多余的孔洞，对结构缺损进行补强。

② 钢板桩就位后，检测桩的垂直度，符合规范要求后，再插打。严格控制每段第一根桩下沉的垂直度，其后的桩即可靠桩的锁口互锁功能而保持垂直。

③ 钢板桩必须相互紧扣，地质层有少量流砂层，故二桩相互紧扣就位沉入，以防流砂流入坑内。

④ 钢板桩长度不宜过长，钢板桩在基坑内深入土层为桩长的 $1/2\sim2/3$。

⑤ 分段施工时，尤其要处理好基坑端部转角处桩的严密性，必要时需进行注浆止水。

(2) 风道基坑钢板桩施工

先用挖掘机沿要施工钢板桩的位置挖槽，然后由打桩机将钢板桩施打到位。为防止两边同时开挖可能造成的施工临时道路边坍塌，施工时可先施工一边，把挖出的另一边沟槽的土方回填以保证施工安全。

(3) 钻孔灌注桩施工工艺及质量要求

同站房钻孔灌注桩。

(4) 冠梁和混凝土支撑的施工

支护灌注桩完成一段后即可进行该段冠梁和混凝土支撑的施工。开挖土方到支撑底面标高，清理桩头，铺支撑梁底木模，按 1/400 起拱。如果地基较软，还要处理，保证浇灌混凝土后不沉降。绑扎钢筋，立侧模，浇筑混凝土，养护。

(5) 钢板桩的拆除

根据工程实际情况选用合适的振动拔桩机械，钢板桩拆除的难易取决于打入时顺利与否，尤其是打入时咬口发生变形或垂直度偏差，则拔桩时会遇到较大的阻力。拔除时由于产生的空隙会引起土层扰动，使回填土和结构产生沉降，为此在拔除钢板桩时要采取措施，对拔桩造成的空隙及时回填。

钢板桩拔除需注意的事项：

① 按与钢板桩打设顺序相反的次序拔桩。

② 作业前详细了解土质及桩打入情况、基坑开挖后桩变形情况等，以此判断拔桩的难易。

③ 基坑内结构施工结束，要进行回填，尽量使钢板桩两侧的土压力平衡，有利于拔桩作业。

④ 拔桩设备有一定的重量，如压在土层上，由于地面荷载较大，需要时设备下放置路基箱或枕木。

⑤ 钢板桩拔出会形成孔隙，必须及时回填，否则会造成地面位移及沉降，宜用膨润土浆液填充。

钢板桩拔不出时，可采用以下措施：

① 用振动锤再复打一次，以克服与土的黏着力及咬口间的铁锈等产生的阻力。

② 钢板桩承受土压一侧的土较密，在其附近并列打入另一根钢板桩，可使原来的钢板桩顺利拔出。

③ 在钢板桩两侧开槽，放入膨润土浆液，拔桩时可减少阻力。

（二）垫层及防水层

地下室底板混凝土结构采用 S8 抗渗混凝土、底板外层卷材防水采用双面自粘型防水卷材 4mm 厚，侧壁和顶板采用 2mm 厚单面自粘型防水卷材及 2mm 厚高性能聚氨酯涂料一层，单面自粘型防水卷材中间膜材厚度采用 0.6mm，自粘面均在背面，地下室风道内侧、桥梁承台与地下室底板连接处等防水薄弱处涂刷渗透结晶型防水涂料，附加卷材同主材。

1. 地下室结构外防水措施

（1）地下室底板：C15 素混凝土垫层 100mm 厚，4mm 厚高分子复合双面自粘型防水卷材，C20 细石混凝土保护层 40mm 厚。

（2）外墙防水：1∶2.5 水泥砂浆找平层 20 厚，彩色高性能聚氨酯防水涂料 2mm 厚，2mm 厚高分子复合单面自粘型防水卷材一层，50mm 厚聚苯板保护层。

（3）地下室顶板：30mm 厚挤塑聚苯板，30mm 厚 C15 豆石混凝土，20mm 厚 1∶3 水泥砂浆找平层，彩色高性能聚氨酯防水涂料 2mm 厚，2mm 厚高分子复合单面自粘型防水卷材一层。

（4）风道内侧：渗透结晶型防水涂料一层。

2. 防水工程施工工艺流程

（1）底板防水

150mm 厚 C15 混凝土垫层随捣随抹平→基层清理→刷基层处理剂→节点处理→4mm 厚高分子复合双面自粘型防水卷材→C20 细石混凝土保护层 40mm 厚。

（2）侧墙防水

基层清理→1∶2.5 水泥砂浆找平层 20mm 厚→节点处理→2mm 厚彩色高性能聚氨酯涂料→2mm 厚高分子复合防水单面自粘型防水卷材→50mm 厚聚苯板保护层。

（3）顶板防水

基层清理→30mm 厚挤塑聚苯板→30mm 厚 C15 豆石混凝土→20mm 厚 1∶3 水泥砂浆找平层→节点处理→2mm 厚彩色高性能聚氨酯涂料→2mm 厚高分子复合防水单面自粘型防水卷材→地面层。

3. 防水工程施工工艺

（1）自粘防水卷材施工工艺

双面自粘防水卷材可以直接在潮湿的基面上施工，具有工艺简单、不受气候和施工条件限制的优点。

① 基层检验，清理基层上的杂物，对凹凸不平处修补平整。

② 配制基层处理剂，将配好的处理剂用长把滚刷涂刷在大面积基层上，厚薄一致，不得有漏刷和白底现象，阴阳角、管根部位可用毛刷涂刷。

③ 复杂部位节点增补处理（相当于附加层）：按设计要求对复杂部位进行节点密封加强处理，附加层材料同主材，待其施工完成验收合格后即可进行下道工序。

④ 试铺卷材防水层，铺贴前排好尺寸，弹出标准线。

⑤ 铺贴：铺贴卷材时先将卷材摊在干净、平整的基层上，将卷材穿入 ϕ30mm 长 1.5m 的铁管上，由二人抬起将卷材从一端粘结固定，然后沿弹好的标准线向另一端铺贴，操作时不能拉得过紧，不能出现皱褶。铺贴平面与立面相连的卷材按由远至近、由下向上的原则进行，使卷材紧贴阴阳角，不得有空鼓和粘接不牢的现象。注意卷材不要走偏。铺贴完后用 30kg、300mm 长外包橡皮铁辊滚压一遍排除气泡。

⑥ 卷材搭接接头处理：卷材接头用丁基粘结剂粘结，先将 A、B 两组份材料按 1∶1 配合搅拌均匀，翻开接头表面涂刷均匀，待其干燥约 30min 后即可进行粘结。粘结好后接头处不许有皱褶、气泡等缺陷，然后用铁辊滚压一遍。

⑦ 卷材末端收头：为使卷材收头粘接牢固，防止翘边渗漏，用聚氨酯嵌缝膏将收头处密封严密后，再刷一层聚氨酯防水涂料。

⑧ 保护层施工：卷材铺贴完成后及时组织检查验收，验收合格后立即进行保护层施工。

(2) 涂料防水

① 清理基面，将基面冲洗干净，对不平整的混凝土基面进行修补，除去钢筋头，并用手提砂轮机磨平。

② 聚氨酯防水涂料刷成膜层厚度为 2mm，用量约为 $2.6kg/m^2$，分 3 次涂刷成膜，依次序为底层→中层→面层，底层薄，中层稍厚。

③ 按聚氨酯防水涂料的产品说明书 A 料∶B 料（重量比）现场配料，采用搅拌器慢速搅拌，每次搅拌 2～3min，搅拌均匀方可使用。

④ 用刷子或刮板涂刷，涂刷要尽量均匀，不能有局部沉积，使涂料与基层之间不留气泡，粘结严实。

⑤ 涂刷依涂层次序进行，温度 25℃ 为宜，每遍刮涂间隔时间为 8h，温度高、空气干燥可缩短时间，反之则延长时间，以涂层固化结膜、不粘脚为准。

⑥ 涂刷施工完成后，即进行自检，若防水层局部厚度不够，可加涂一遍，确保厚度要求。

⑦ 涂刷完侧面的最后一遍后，在侧面的表面均匀地撒上细砂。

⑧ 防水涂料施工完成后，要对防水层进行检查和保护，严防人为破坏而造成防水层损坏，如发现有损伤，除进行修补外，还必须追查相关的责任。

(3) 节点施工

① 桩头及节点防水

土方开挖至设计标高后立即浇筑 C15 混凝土垫层，随捣随抹平，垫层硬化后，清理干净垫层上的杂物，对凹凸不平处进行修补。桩头表面必须凿毛，刷高渗透改性环氧防水涂料二遍。破桩部位，必须用水泥砂浆把破损部位批圆。防水卷材翻上垫层 100mm 收口，用不锈钢箍箍紧，密封胶密封。按设计桩头节点防水做法详图铺设防水卷材及节点处理后，再抹一道 20mm 厚的聚合物水泥砂浆防水层，最后浇筑承台混凝土。

② 底板与桥梁承台连接处防水措施

土方回填至承台内甩筋底 100mm 下处→浇筑承台甩筋下 100mm 厚 C15 垫层→浇筑承台内甩筋处混凝土→在承台侧面涂刷一层高渗透改性环氧防水材料，再铺贴防水卷材（要预留足够长度）、安装止水带及钢板压条，密封膏封堵严实，抹 20mm 厚聚合物水泥砂浆防水层至桥梁承台顶面→砌筑 120mm 厚非黏土砖保护墙至设计标高处→土方回填至设计底板垫层下标高处→浇筑底板垫层混凝土→在侧墙保护墙及拐角处垫层表面抹 20mm 厚聚合物水泥砂浆防水层，再把预留的防水卷材按要求铺贴好，涂刷一层高渗透改性环氧防水材料，安装底板与承台连接处 3mm 厚不锈钢止水钢板及止水条→浇筑底板混凝土。

③ 风道底板与地铁侧墙连接处防水措施

土方回填至设计标高→浇筑混凝土垫层→铺贴防水卷材、安装止水条→抹 20mm 厚聚合物水泥砂浆防水层→涂刷二遍高渗透改性环氧防水材料→浇筑底板混凝土。

④ 7、9 轴处风道侧墙与桥梁承台连接处防水措施

浇筑侧墙混凝土→抹 20mm 厚聚合物水泥砂浆找平层→涂刷 2mm 厚防水涂料→铺贴防水卷材、安装不锈钢压条，密封材料堵实→浇筑 100mm 厚 C20 细石混凝土保护层。

⑤ 外墙地角防水节点措施

底板与侧墙转角处以阴角为中线，通长布置 300mm 宽高分子复合双面自粘型防水卷材附加层一道，防水卷材附加层要粘贴于底板防水卷材上，防水卷材铺至转角处，在底板砖模上翻并预留自粘防水卷材 300mm，临时保护好，留作侧墙施工时搭接用。

⑥ 后浇带防水节点措施

地下室底板设有后浇带，后浇带宽 1m，在后浇带两侧中部各设置 3mm 厚不锈钢止水钢板及遇水膨胀橡胶止水条，底板大面积铺设完防水卷材后，按要求增加一道 4mm 厚 ECB 双面自粘防水卷材作附加增强层。

侧墙、顶板都设有后浇带，后浇带宽 1m，在后浇带两侧中部各设置 3mm 厚不锈钢止水钢板及遇水膨胀橡胶止水条。防水卷材铺至后浇带两侧各伸出 300mm 作预留用，待后浇补偿混凝土浇筑完毕后，涂刷 2mm 聚氨酯防水涂料，待聚氨酯防水涂料干固后，将预留卷材搭接在涂膜上。

⑦ 防水卷材的搭接

防水卷材搭接宽度为 100mm。高分子复合双面自粘型防水卷材搭接时，下层卷材边割下 100mm 宽的隔离膜，与上层卷材搭接，其余隔离膜待浇筑混凝土保护层时再撕开。高分子复合单面自粘型防水卷材搭接时，卷材收口处需用密封膏密封严密。

⑧ 地下室外墙穿墙螺栓及穿墙管节点防水措施

拆模后将模板螺钉锯断与侧壁齐平，沿螺钉 ϕ100mm 范围内刮涂两遍密封膏。

（三）钢筋混凝土底板及边墙

1. 钢筋工程

(1) 钢筋的加工

① 钢筋除锈

钢筋表面洁净。油渍、漆污和用锤敲击时能剥落的浮皮、铁锈等必须在使用前清除干净。

② 钢筋调直

A. 采用钢筋调直机施工，对钢筋仅做调直，不做拉伸。

B. 钢筋调直机必须严格按照说明书安装和使用，并安排专人操作。调直不同的钢筋时要及时调整机械的调直块、曳轮及转速，调整后要空载试运转，合格后方可正式使用。

C. 在调直块未固定、防护罩未盖好前不得送料。作业中严禁打开各部防护罩并调整间隙。

D. 当钢筋送入后，手和曳轮必须保持一定的距离，不得接近。

③ 钢筋切断

A. 采用钢筋切断机切断，直螺纹连接钢筋用无齿锯切断。

B. 将同规格的钢筋根据不同长度长短搭配，统筹排料。一般先断长料，后断短料，减少短头和损耗。断料时避免用短尺量长料，以免在量料中产生累计误差。同时宜在工作台上标出尺寸刻度线并设置控制断料尺寸用的挡板。

C. 钢筋切断机的刀片，按要求用工具钢热处理制成。

D. 钢筋的断口不得有马蹄形或起弯等现象。钢筋的长度力求准确，其允许偏差±10mm。

④ 钢筋的弯曲成型

A. 采用机械和手工弯曲成型。

B. 划线：钢筋弯曲前，对形状复杂的钢筋根据钢筋料牌上标明的尺寸，用石笔先将弯曲点位置划出，划线工作宜从钢筋中线向两边进行。两边不对称时，也可从一端开始，如划到另一端时有出入，则必须重新调整。

C. 弯曲成型，根据具体的机械按相应的规程操作。

D. 质量要求：钢筋形状正确，平面上没有翘曲不平的现象。钢筋弯曲点处不得有裂缝。钢筋弯曲成型后的允许偏差：全长±10mm，弯起钢筋起弯点位移±20mm，弯起钢筋的弯起高度±5mm，箍筋边长±5mm。

(2) 钢筋直螺纹机械连接

设计规定 $\phi22$ 以下钢筋连接可采用搭接连接，$\phi22$ 以上采用机械连接，为保证钢筋的可靠连接，机械连接采用直螺纹连接。

① 机械、套筒的选用及检查

新广州站工程钢筋接头采用钢筋直螺纹连接套（HRB400），机械选用 GH-400 型钢筋剥肋直螺纹机床，直螺纹套筒处钢筋接头要求达到Ⅰ级接头的规定。采用标准型和活连接型，前者适用于一般情况下钢筋连接，后者适用于钢筋不能转动而连接钢筋的场合。

连接套螺纹中径尺寸的检验用止、通规检查，止规旋入深度不小于或等于 $3P$（P 为螺距），通规必须全部旋入。

② 丝头加工、检验

A. 加工丝头的牙形、螺纹必须与连接套的牙形、螺距一致，有效丝扣段内的秃牙部分累计长度小于一扣周长的 1/2，并用相应的环规和丝头卡板检测合格。

B. 滚轧钢筋直螺纹时，按要求采用水溶性切削润滑液，不得用机油作切削润滑液或不加润滑液滚轧丝头。

C. 操作人员必须逐个检查丝头的质量，并及时填写检查记录。

D. 已检验合格的丝头按要求加以保护。钢筋一端丝头戴上保护帽，另一端拧上连接套，并按规格分类堆放整齐待用。

③ 连接

A. 钢筋连接时，钢筋的规格和连接套的规格必须一致，并确保丝头和连接套的丝扣干净、无损。

B. 采用预埋接头时，连接套的位置、规格和数量必须符合设计要求，带连接套的钢筋必须固牢，连接套的外露端按要求配有密封盖。

C. 被连接的两钢筋端面处于连接套的中间位置，偏差不大于 $1P$（P 为螺距），并用工作扳手拧紧，使两钢筋端面顶紧。

D. 接头施工现场检验与验收：接头的现场检验按验收批进行，同一施工条件下的同一批材料的同等级同规格接头，以500个为一个验收批进行检验与验收，不足500个也作为一个验收批。随机抽取同规格接头数的10%进行外观检查，钢筋与连接套规格一致，接头外露完整丝扣不大于1扣，并填写检查记录。

(3) 钢筋绑扎连接

① 准备工作

核对成品钢筋的钢号、直径、形状、尺寸和数量等是否与料单料牌相符；准备绑扎用的铁丝、绑扎工具和绑扎架等；准备好控制保护层用的水泥砂浆垫块或塑料卡。

划出钢筋位置线，进行绑扎。绑扎方式，如图4-7-2-4所示。质量标准为：绑扎牢固，横平竖直，无松扣、脱扣、顺扣现象。

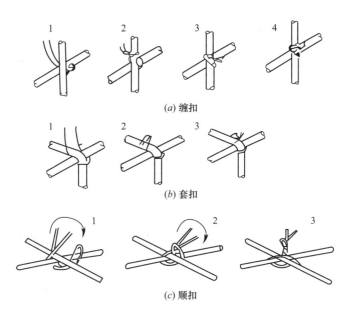

图 4-7-2-4　钢筋绑扎方式

② 绑扎要求

A. 在钢筋绑扎过程中，必须与各专业工种紧密配合，做好各类管线、埋件的预埋工作，保证钢筋隐检工作的顺利进行。

B. 双向板底筋的短向筋放置在底层，长向钢筋放置在短向筋上。

C. 板的底部钢筋伸入支座长度不小于$5d$，且必须伸入到支座中心线。

D. 洞口处理原则：洞口小于300mm时，钢筋绕过洞口，严禁断筋，洞边不再另加钢筋。洞口大于300mm时，按照设计图纸要求在洞口每侧增加加强钢筋。

③ 钢筋保护层控制

钢筋保护层采用塑料垫块控制，如图4-7-2-5所示。

(4) 主要施工方法

① 基础梁钢筋绑扎

A. 纵横梁同时配合进行，由于基础梁为下返梁，在绑扎时先用架管将梁抬起来，梁钢筋绑扎完毕再沉入砖模内。

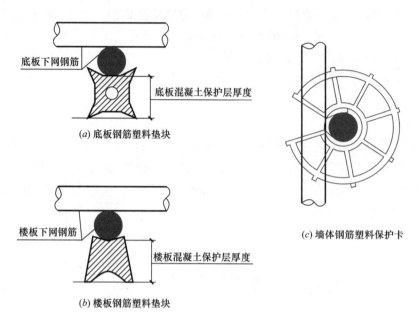

图 4-7-2-5　钢筋保护层塑料垫块

B. 梁主筋双排时，用短钢筋垫在两层钢筋之间，保证钢筋排间净距。基础梁箍筋开口向下并错开，错开位置须符合规范规定。

C. 桥梁承台上皮与基础底板表面平，基础梁钢筋要锚入桥梁承台。由于桥梁承台比基础底板先施工，故桥梁承台施工时需进行钢筋预埋工作。

② 底板钢筋绑扎

A. 钢筋绑扎工艺流程，如图 4-7-2-6 所示。

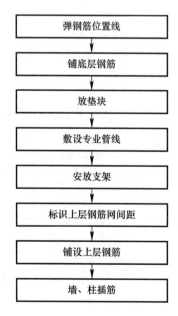

图 4-7-2-6　钢筋绑扎工艺流程

B. 板上层钢筋标高采用通长 φ20 钢筋马凳控制，间距 1.5m，高度为底板厚度－上下保护层－上下层钢筋直径，以保证上层水平钢筋的标高一致，底层钢筋标高及混凝土保护层厚度采用相同厚度的塑料垫块控制，呈梅花形间距 800mm 布置，如图 4-7-2-7 所示。

C. 底板钢筋绑扎完毕，确定墙柱插筋位置，为防止墙、柱插筋在浇筑混凝土工程中位移，在梁上层筋上绑扎定位筋用以固定柱插筋位置。在底板筋上绑扎通长钢筋用以固定墙插筋位置。

③ 墙体钢筋绑扎

A. 墙体施工时先立墙体竖筋，然后由下至上依次绑扎墙体水平筋，如图 4-7-2-8 所示。在墙两层钢筋网之间设置水平梯子筋，以固定钢筋间距，支撑铁用 φ12mm 钢筋制成，长度等于两层网片的净距，间距为 1m。墙体插筋与底板筋交接处要设定位筋，并与底板筋绑扎牢固，防止根部位移。

B. 墙体钢筋绑扎时，为防止墙体成型后钢筋绑丝外露，腐蚀结构内部钢筋，钢筋绑扣一律朝向墙壁里侧。

C. 墙体、门洞模板上口设钢筋定距框，控制钢筋变形、移位及保护层。

D. 对砂浆垫块易被压碎的部位，可用塑料卡来控制钢筋保护层。

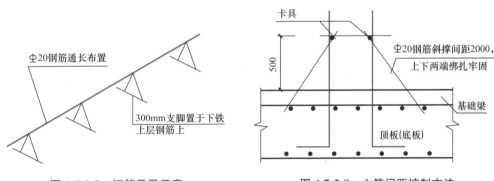

图 4-7-2-7　钢筋马凳示意　　　图 4-7-2-8　立筋间距控制方法

④ 梁钢筋绑扎

A. 纵横梁同时配合进行，在梁底模板上按图纸划好箍筋的间距，再摆放梁主筋，然后依次进行绑扎。梁端部箍筋加密区，其间距和加密区长度符合设计要求。

B. 梁主筋双排时，用短钢筋垫在两层钢筋之间，保证钢筋排间净距。基础梁箍筋开口向下并错开，框架梁开口向上并错开，错开位置须符合规范规定。

⑤ 顶板钢筋绑扎

A. 板筋绑扎按图纸网格布置，并注意其位置及方向，在楼面模板上做好标记，在绑扎楼面负筋时必须按铺设方向拉通长直线，做到位置准确。

B. 顶板筋施工时，先绑扎下层钢筋，在底层筋绑扎完后及时通知各专业工种配合进行预埋管线，然后再绑扎上层钢筋。钢筋搭接位置、搭接长度均须符合规范要求。板两层钢筋之间须加钢筋马凳，以保证上部钢筋的位置。马凳放在下层钢筋上，不得直接接触模板，如图 4-7-2-9 所示。

C. 施工中设钢筋凳（φ25），上铺脚手板作为临时人行通道，防止上筋被踩下。钢筋凳高度高于板顶标高 150mm 以上。

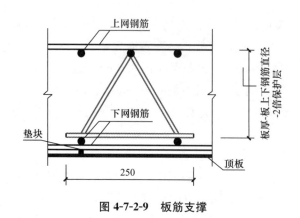

图 4-7-2-9　板筋支撑

⑥ 钢筋定位措施

A. 墙体竖向钢筋位置控制：墙体钢筋设双"F"形卡具，如图 4-7-2-10 所示，间距 800mm 梅花形布置。该种卡具可代替墙体拉筋及保护层垫块。现场施工时根据卡主筋的位置确定尺寸，先加工模具，在模具中焊接，保证卡子各部位尺寸正确。安装时，用 20 号绑丝固定。同时在模板上口 30cm 位置加设周转性水平梯子筋控制竖向筋位置。根据墙体长度，3m 以内墙体为一个整体，大于 4m 长的墙体用 3m 标准进行搭接。每道墙的梯子筋都要固定向上周转，严禁相互挪用。

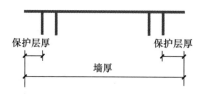

图 4-7-2-10　墙体钢筋双"F"形卡具

B. 墙体水平钢筋位置控制：采用一次性竖向梯子筋控制间距，如图 4-7-2-11 所示。施工时，上下层错开布置，间距按 2m 一道。

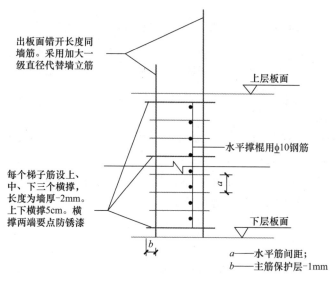

图 4-7-2-11　竖向梯子筋

C. 柱主筋位置控制：浇筑墙体混凝土时采用卡具控制主筋位置，如图 4-7-2-12 所示。

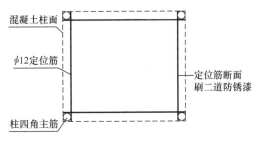

图 4-7-2-12　柱筋定位

D. 底板、楼板钢筋位置控制：采用架设马凳的方法控制上、下层钢筋位置。马凳净高 h＝板厚－2 保护层－板上下钢筋网的直径。马凳下腿横筋宽度 b 要大于板下层钢筋网的间距＋5cm。

（5）桥梁承台处钢筋预埋措施

桥梁承台处预埋钢筋分为底板钢筋、基础梁钢筋和坡道墙钢筋预埋。

① 底板钢筋预埋

基础底板钢筋根据桥梁承台形状不同采用如下两种方式：

A. 底板钢筋锚入墙内

在桥梁承台二级承台边做 500mm 厚剪力墙，剪力墙钢筋锚入承台内，承台施工时预留竖向插筋。基础底板钢筋锚入剪力墙内，剪力墙与基础底板同期施工。

B. 底板钢筋锚入二级承台内

单线桥承台东西两侧一级承台与二级承台间距只有 200mm，此部位不能做 500mm 厚剪力墙，为此底板钢筋必须锚入二级承台。此部分底板钢筋采用机械连接，预埋时要保证钢筋位置，并保证钢筋顺直便于今后连接。

② 坡道墙钢筋预埋

汽车坡道侧墙和坡脚根部在局部承台生根，为此在两承台施工时，仔细核对图纸，以免漏掉。

③ 基础梁钢筋预埋

基础梁钢筋预埋分为短柱预埋和直接预埋两种形式。

A. 为便于钢筋预埋和保证其准确性，便于后续钢筋绑扎，在桥梁一级承台上靠近二级承台处设 1.6m×2.0m 短柱，基础梁钢筋锚入短柱，短柱在底板施工时同期施工。

B. 单线桥承台东西两侧一、二级承台间距只有 200mm，无法设短柱，此部分基础梁钢筋必须直接在承台预埋。基础梁钢筋预埋时下层钢筋要比上层钢筋长，便于今后连接，同时要保证钢筋位置准确、顺直。

④ 钢筋绑扎的质量要求

A. 钢筋的品种和质量必须符合设计和有关标准要求。

B. 钢筋的规格、形状、尺寸、数量、间距、锚固长度、接头位置必须符合设计要求和规范规定。

C. 钢筋绑扎允许偏差值，必须符合表 4-7-2-6 的规定，合格率控制在 90％以上。

钢筋绑扎允许偏差值　　　　　表 4-7-2-6

项目		允许偏差值（mm）
钢筋骨架	宽、高	±5
	长	±10
受力主筋	间距	±10
	排距	±5
保护层厚度	基础	±10
	柱、梁	±5
	板、墙	±3
绑扎箍筋、横向钢筋间距		±20
梁板受力钢筋搭接锚固长度	入支座、节点搭接	+10、−5
	入支座、节点锚固	±5

（6）直螺纹连接

① 直螺纹接头连接工艺

A. 钢筋同径和异径普通接头：先用扳手将连接套筒与一端钢筋拧紧，再将另一端钢筋与连接套筒拧紧。

B. 调接头（用于弯曲钢筋、固定钢筋等不能移动钢筋的接头连接）：先将连接套筒和锁紧螺母全部拧入螺纹长度较长的一端钢筋内，再把螺纹长度较短的一端钢筋对准套筒，旋转套筒使其从长螺纹钢筋头逐渐退出，进入短螺纹钢筋头中，并与短螺纹钢筋头拧紧，然后将锁紧螺母也旋出，与连接套筒拧紧，如图 4-7-2-13 所示。

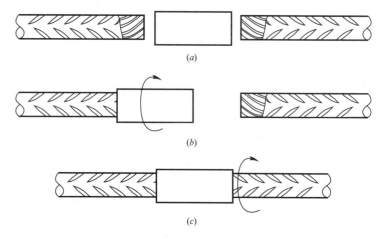

图 4-7-2-13　直螺纹套筒接头连接工艺

② 直螺纹接头连接操作要点

A. 钢筋在加工直螺纹丝扣前，要对钢筋的规格、下料长度、外观进行检验，如果发现两端有弯曲或端头不规整等现象时，须处理后方能使用。

B. 加工好的钢筋直螺纹头，由操作人员逐个用牙形规和卡规检查。对检验不合格的端头，必须切断重新加工。

C. 钢筋与连接套连接时，连接套必须是经过与钢筋规格相同的直螺纹塞检查的合格品。

D. 现场安装时，钢筋与连接套规格必须一致。安装前检查直螺纹完好无损方可使用。

E. 连接水平钢筋时，必须从一头往另一头依次连接，不许从两边往中间连接。连接前，要根据所连接钢筋直径，将力矩扳手上的游动标尺直径调定在手柄上的刻线位置（即规定的力矩值）。使力矩扳手钳头垂直钢筋轴线均匀加力，当听到力矩扳手发出"咔嗒"声响时即停止加力。随即在钢筋接头处做油漆标记以便检查。

F. 套筒须有检验报告、出厂合格证及抽检报告，钢筋套丝加工及接头连接须符合《钢筋直螺纹接头技术规程》。

G. 所有钢筋接头的错位符合《混凝土结构工程施工及验收规范》及设计要求。

H. 梁上层钢筋接头位置在跨中 1/3 轴跨范围内，下层钢筋接头在支座范围内。基础底板部位钢筋接头上层在支座，下层在跨中。连接水平钢筋时，从一头往另一头依次连接。

2. 模板工程

(1) 模板选型

① 底板部分模板：集水坑、外墙导墙等部位模板，均采用中钢模板，辅助 18mm 厚多层板做面板，次楞用木方，主楞用 φ48 钢管采取现场组装、散支散拆的方式进行施工。

② 基础梁、承台部分：基础梁为下返梁，凹进 600～700mm，承台底比底板底低 400～800mm，基础梁承台侧模采用砖胎模，砖墙厚度 180mm、240mm 至 360mm。

③ 剪力墙模板：采用双侧竹木胶合板，φ48 钢管支撑。

④ 顶板部分：面板采用 18mm 的多层板，次楞采用木方，主楞用 φ48 钢管，支撑采用碗扣式脚手架。

⑤ 混凝土柱模板：框架柱模板采用竹木组合模板，可加快施工进度，保证混凝土浇筑质量。

(2) 基础梁模板

防水底板、基础梁混凝土一次浇筑。防水底板采用 240mm 厚砖胎模（砖墙），从垫层开始到与底板平齐。为保证砖胎模在底板混凝土浇筑时不移位，浇筑混凝土之前，将肥槽回填至砖胎模高度。地下室外墙导墙、电梯井及集水井模板使用小钢模组拼，用双 φ48mm 钢管作为横向及竖向背楞。导墙上的对拉螺杆设置止水片。

(3) 剪力墙模板

① 竹木胶合板大模板制作

A. 竹胶合板采用双面覆膜 15mm 厚竹胶合板后配 100mm×100mm 木方，竹胶合板与木方之间用钉子连接。

B. 竹胶合板预制成大模板标准模数为 3.66m 宽，边角采用非模数竹木大模板，板间连接采用子母口加设海棉条。

C. 竹木大模板制作，如图 4-7-2-14 所示。

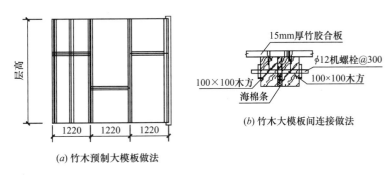

图 4-7-2-14　竹木大模板制作（一）

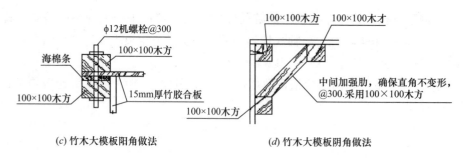

(c) 竹木大模板阳角做法　　(d) 竹木大模板阴角做法

图 4-7-2-14　竹木大模板制作（二）

D. 竹木模板制作时质量要求

（a）竹木胶合板厚度偏差不得大于 0.5mm。

（b）所有木方均需刨平，厚度偏差不得大于 0.5mm。

（c）竹木胶合板横缝需上下错开，下缝尽量少，所有接缝后面均需有 100mm×100mm 木方加强。

（d）100mm×100mm 竖向木方间隙不得大于 250mm。

（e）模板制作后对角线偏差不得大于 2mm。

② 竹木胶合板模板安装

A. 竹木胶合板采用穿墙螺栓后加固脚手架管固定，同时设斜支撑，如图 4-7-2-15 所示。

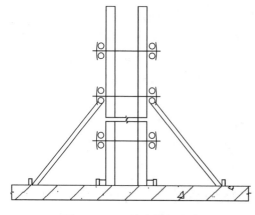

图 4-7-2-15　竹木模板安装

B. 底板混凝土浇筑时，提前用 $\phi 16$ 以上钢筋下好地锚，地锚为两排，第一排按墙体控制线锁好模板根部防止移位，第二排固定斜支撑确保垂直度。

C. 横板穿墙 $\phi 12$ 螺栓水平间方向@500，垂直方向 1.5m 以下为@300，1.5m 以上为@500。外墙穿墙螺栓需加设止水片，内墙人防要求的墙体穿墙螺栓不加设套管，其余内墙穿墙螺栓加设 $\phi 15$ 硬塑料套管。

D. 模板下口与底板连接处加设 2cm 海棉条。

E. 所有门窗洞口在安装时与一面竹木模板固定，防止移位，然后，再合另一侧模板。

F. 竹木模板安装允许偏差，必须符合表 4-7-2-7 的规定。

竹木模板安装允许偏差 表 4-7-2-7

项目	规范允许偏差	实控允许偏差（mm）
轴线位移	3	2
截面尺寸	3	2
垂直度	2	1
表面平整度	±2	±1

(4) 柱模板

新广州站工程单层面积大，层数少，为此框架柱模板采用 18mm 竹木组合模板，背面龙骨使用 100mm×100mm、50mm×100mm 木方，与板面用自攻螺丝连接牢固。柱箍使用双根 100mm×100mm 木方，加固柱箍纵向间距 600mm。为保证柱角不漏浆，模板阳角做成企口形式，并粘贴泡沫条。在柱顶的四个柱角向下斜拉 $\phi10$ 钢绞线，用于调整柱子的垂直和平整。具体木方大小、间距、脚手架间距根据计算书确定。

(5) 梁板模板

为了保证梁、板底面的平整、光洁度，日后装修时不再抹灰，梁板模板采用 18mm 厚覆膜多层板及 100mm×100mm 木龙骨，扣件式脚手架支撑体系，如图 4-7-2-16 所示。具体木方大小、间距、脚手架间距根据计算确定。

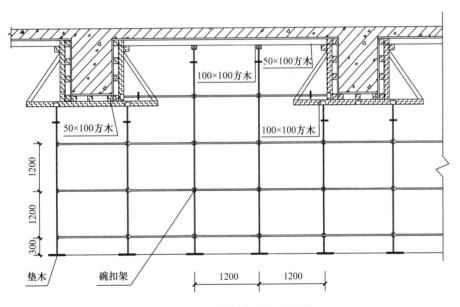

图 4-7-2-16 梁板支撑体系示意

① 梁板模板布置

面板采用 18mm 厚的覆膜多层板。主、次背楞为普通木方。次背楞间距 300mm，主背楞间距为 1200mm。支撑采用碗扣脚手架。

梁模板：梁底模采用木龙骨。梁侧模采用普通木方，面板均采用 18mm 的覆膜多层板。支撑利用板的碗扣架，普通钢管做主次龙骨加固。

② 梁、板模板搭设流程

梁底碗扣脚手架搭设→搭设梁底找平钢管→安放梁底龙骨→铺设梁底模→绑扎梁筋→安装梁侧模、木背楞、钢管卡具→搭设板底主次梁→铺设板底模板→绑板筋。

梁侧模用 50mm×100mm 木方与多层板定制角模,防止梁侧模损坏,如图 4-7-2-17 所示。

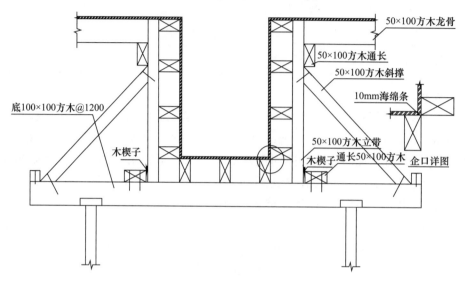

图 4-7-2-17　梁底模及侧模支设断面图

楼板面板拼接处下设置木方,防止在此处漏浆。

③ 梁、板模板拆除

A. 底模拆除时混凝土的强度,必须符合表 4-7-2-8 的规定。

拆除底模时混凝土强度要求　　　　表 4-7-2-8

构件类型	构件跨度（m）	达到设计的混凝土立方体抗压强度标注支标准值的百分率（%）
板	≤2	≥50
	>2, ≤8	≥75
	>8	≥100
梁	≤8	≥75
	>8	≥100

模板拆除时,保证混凝土墙表面及棱角不因拆模而受损坏,预埋件或外露钢筋插铁不因拆模碰扰而松动。

B. 遵循先支后拆,后支先拆,先非承重部位,后承重部位,严禁用大锤和撬棍硬砸硬碰。

C. 梁、板模板现场装拆时人工传递,严禁抛掷,避免不必要的浪费。

D. 梁侧模、板底模等模板,使用后有变形等损伤的要及时进行修补。

E. 拆下的模板和配件必须分类堆放整齐,现场要加强监督,严禁配件随意丢弃的现象出现。

(6) 门窗洞口模板

为保证门、窗洞口的位置及尺寸正确,洞口采用便于拆装的木模。角部设活动角,模板两侧设定位钢支撑,窗洞口下设 ϕ50 排气孔。

(7) 楼梯模板

楼梯模板均采用木模及扣件式钢管脚手架，墙体混凝土先浇，如图 4-7-2-18 所示。楼梯板筋先埋入墙内，墙模拆除后剔出扳直与梯板筋焊接，楼梯混凝土与上层梁板一同浇筑。

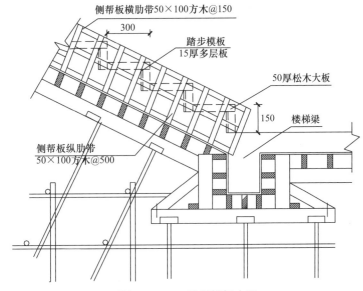

图 4-7-2-18　楼梯模板支设

(8) 模板允许偏差及质量要求

模板允许偏差及质量要求，必须符合表 4-7-2-9 的规定。

模板允许偏差　　　　　　　　　　　表 4-7-2-9

序号	项目		允许偏差值（mm）	检查方法
1	轴线位移	柱、墙、梁	3	尺量
2	底模上表面标高		±3	水准仪或拉线尺量
3	截面模内尺寸	基础	±5	尺量
		柱、墙、梁	±3	
4	层高垂制度	层高不大于5m	3	经纬仪或吊线、尺量
		大于5m	5	
5	相邻两板面高低差		2	尺量
6	表面平整度		2	靠尺、塞尺
7	阴阳角	方正	2	方尺、塞尺
		顺直	2	线尺
8	预埋铁件中心线位移		2	拉线、尺量
9	预埋管、螺栓	中心线位移	2	拉线、尺量
		螺栓外露长度	+5，-0	
10	预留孔洞	中心线位移	5	拉线、尺量
		尺寸	+5，-0	
11	门窗洞口	中心线位移	3	拉线、尺量
		宽、高	±5	
		对角线	6	
12	插筋	中心线位移	5	尺量
		外露长度	+10、0	

（9）安全技术措施及注意事项

① 安装拆卸模板上下必须有人接应，随拆随运转，并把活动部件固定牢靠，严禁堆放在脚手板上和抛掷。

② 高空作业人员严禁攀登模板上下，也不得在高空的墙顶及其模板上行走，高处作业人员必须挂上安全带。

③ 预拼模板的安装应边就位、边校正、边安设连接件，并加设临时支撑稳固。

3. 混凝土工程

（1）混凝土浇筑

浇筑前工程部牵头组织有关人员进行详细交底，同时检查机具、材料准备情况，掌握天气季节的变化，检查模板、钢筋、预留洞等的预检和隐蔽项目。检查安全设施、劳动力配备能否满足浇筑速度的要求。

① 模板牢固、稳定，标高尺寸符合要求，并办完预检手续。常温施工时，在混凝土浇筑前，对木模板必须提前适量浇水湿润，但不得有积水。

② 办理完钢筋隐检手续，支模后，复查支撑、垫块、保护层等，发现问题及时整改。核查水电线管、盒、槽、预埋孔洞的位置、数量及固定情况，办理完水电隐、预检。

③ 采用输送管输送混凝土时，由远而近浇筑。在同一区域的混凝土按先竖向结构后水平结构的顺序，分层连续浇筑。在不允许留施工缝区域之间、上下层之间的混凝土浇筑间歇时间不得超过混凝土初凝时间。当下层混凝土初凝后，浇筑上层混凝土时，必须先按留施工缝的有关规定处理。

④ 浇筑混凝土时，注意防止混凝土的分层离析。混凝土由吊斗、布料杆内卸出进行浇筑时，其自由倾落高度不超过 2m，否则必须采用串筒下料。

⑤ 振捣器选用 ZP50 型插入式振捣器和 EB11 型平板振捣器。

⑥ 混凝土浇筑层厚度：当采用插入式振捣时，为振捣器作用部分长度的 1.25 倍（即 450mm 厚）；当采用平板振捣器时为 200mm 厚。

⑦ 表面振捣器（平板式振捣器）在每一位置上必须连续振动一定时间，以表面均匀出现浆液。移动时成排依次振捣前进，前后位置和排与排间相互搭接 3～5cm，防止漏振。

⑧ 由于框架柱和梁板混凝土相差两个强度等级，混凝土浇筑时必须先浇筑框架柱核心区高等级混凝土，再浇筑梁板低等级混凝土，浇筑时要派专人，防止用错混凝土，如图 4-7-2-19 所示。

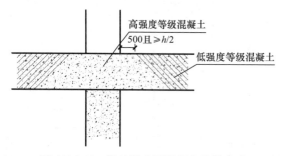

图 4-7-2-19 梁柱核心区混凝土浇筑方法

⑨ 混凝土浇筑时振捣手采用挂牌制。墙体混凝土浇筑时，配备看模人员，防止跑模，同时用小锤敲击模板检验是否漏振。

⑩ 混凝土浇筑间歇时间控制

浇筑混凝土必须连续进行，如必须间歇时，其间歇时间尽可能缩短，但不得超过表 4-7-2-10 的规定时间，并在前层混凝土凝结之前将次层混凝土浇筑完毕，否则按施工缝进行处理。

混凝土浇筑时间控制   表 4-7-2-10

混凝土强度等级	气温	
	不高于 25℃	高于 25℃
不高于 C30	210min	180min
高于 C30	180min	150min

（2）底板混凝土浇筑

底板混凝土浇灌，施工面积大、水化热不易控制，易造成混凝土开裂对结构防水及受力产生不利影响。针对以上不利因素，从以下几个方面严格控制：

① 材料选用

A. 选用低热、低碱硅酸盐水泥。

B. 选用合理的骨料级配，严格控制含泥量。针对广东地区粗骨料含活性物质不同的特性，砂子含泥量控制在 2% 以内，石子含泥量控制在 1% 以内。

C. 在混凝土中掺加微膨胀剂、缓凝剂、防裂剂和适量粉煤灰。掺入外加剂共同作用下，可以减少用水量，延长混凝土的凝结时间，延缓水泥的放热高峰，防止混凝土后期温度-收缩应力裂缝。掺入粉煤灰可代替部分水泥，降低水化热反应。

② 配合比要求

合理选择配合比，只要满足泵送要求，尽量减少用水量。

③ 混凝土输送

采用混凝土罐车运送到现场，地泵输送混凝土到各部位。泵送混凝土时必须保证混凝土泵连续工作，如果发生堵管故障，停歇时间超过 45min 或混凝土出现离析现象，必须立即用压力水或其他方法冲洗管内残留的混凝土。

④ 混凝土浇筑过程的控制

A. 每块底板混凝土要求连续浇筑，一次成型，不得间断。浇筑时采用蛇形退打法。浇筑方法采用"斜面分层、薄层浇筑、循序退打、一次到顶"的连续浇筑模式。

B. 浇筑前，在柱和边墙钢筋上标记高程控制点，纵、横向挂通线以控制底板表面标高。

C. 浇筑时，由结构一端开始，先低后高，利用混凝土自然流淌分层浇筑，倒退进行。浇筑上层混凝土前，使其尽可能多的向外界散发热量，降低混凝土的温升值，缩小混凝土的内外温差，减小温度应力。

D. 底板混凝土采用 $\phi 50$ 振捣棒，振捣时插点要均匀排列，采用"行列式"的次序移动，避免混乱而发生漏振。振动器移动间距不大于振捣作用半径的 1.5 倍，振捣时间视混凝土表面呈水平不再显著下沉，不再出现气泡，表面泛出灰浆为准。一般每点振捣不超过 30s。振捣时由坡脚和坡顶同时向坡中振捣，振捣棒必须插入下层内 50~100mm，使层间结合紧密成为一体，避免冷缝产生。

E. 混凝土浇筑完毕按标高拍打振实后用长刮尺刮平，赶走表面冲水，初凝后终凝前用木抹子搓平两遍以防产生收缩裂缝。

(3) 剪力墙混凝土浇筑

① 剪力墙混凝土浇筑时挂线控制浇筑高度。浇筑前，先在墙、柱底铺一层 3~5cm 与所浇混凝土同配合比的水泥砂浆，然后进行混凝土浇筑。浇筑过程中，分层进行，每层浇筑高度控制在 50cm 以内。振捣时，振捣棒插入下层混凝土 5~10cm，保证层间结合紧密。下料采用串筒下灰，保证混凝土自由下落高度不大于 2m，下灰口不得集中在一点，尽量分散，防止混凝土横向流淌，产生离析。混凝土连续浇筑，间隔时间不超过 2h。

② 墙体浇筑时必须注意混凝土管出口不得正对墙模，防止出现粘模现象。

(4) 施工缝处理

① 施工缝留设位置

A. 柱：柱的下部施工缝留在底板板面位置，柱的上部施工缝留在相应框架梁底面标高上返 30mm 处。

B. 墙：地下室外墙下部水平施工缝留在距底板顶面 300mm 高部位，地下室外墙上部水平施工缝留在相应楼板底面标高上返 30mm 处，施工缝处设钢板止水。内墙下部水平施工缝留在底板板面，内墙上部水平施工缝留在相应楼板底面标高上返 30mm 处。墙体竖向施工缝根据设计后浇带位置确定。

C. 梁、板施工缝留置以设计后浇带位置确定。

② 施工缝留设方法

A. 楼板水平施工缝

顶板施工缝和楼梯处施工缝：顶板上下皮采用 15mm 厚（即顶板保护层厚度）的木板。中间加紧 12mm 厚多层板，多层板遇钢筋裁豁，并钉在 50mm 的木板上。该木板与两边的木板用铁钉相连。整个模板用斜撑和 22 号铁丝与钢筋绑扎在一起，防止移动，如图 4-7-2-20 所示。

B. 墙体垂直施工缝节点处理

墙体垂直施工缝处理方法，如图 4-7-2-21 所示。

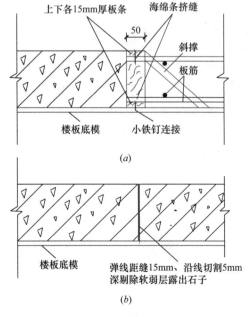

图 4-7-2-20 楼板施工缝节点

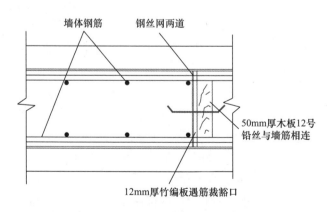

图 4-7-2-21 墙体垂直施工缝节点

③ 施工缝部位在混凝土继续浇筑前的要求

A. 所有施工缝都必须弹 15mm 线，沿线切割 5mm 深并剔凿。

B. 施工缝剔除松散石子和混凝土，露出密实石子。用水冲洗干净并充分润湿。

C. 在浇筑墙体混凝土时，先在墙体水平施工缝处浇筑 30~50mm 厚同成分去石子水泥砂浆。

（5）混凝土养护

① 底板混凝土表面搓毛，终凝 2h 后即浇水养护。现场派专人进行浇水，使混凝土表面始终保持潮湿。终凝 6h 后蓄水养护，养护时间不少于 14d。

② 混凝土墙体、柱的养护采用浇水养护，拆模后马上进行喷洒养护，对于柱必须包塑料薄膜，防止水分过快蒸发。顶板、梁养护采用浇水养护并进行覆盖，保证板面湿润，浇水养护必须在混凝土浇筑完 3~12h 内进行，对于地下结构抗渗浇水养护时间不少于 14d。

③ 楼板混凝土表面搓毛，采用洒水养护，养护时间不少于 7d，且必须保证板面湿润。混凝土强度达到 1.2MPa 以后，可以允许操作人员在上行走，进行一些轻便工作，但不得有冲击性操作。

（6）混凝土试块制作

① 常温条件施工的混凝土取样：同一工作班、同一配合比混凝土每 100m³ 为一取样单位，每取样单位留置试块三组，组分配形式如下：一组为 28d 标准养护试块、一组为同条件试块、一组为拆模备用试块。

② 对有抗渗要求的混凝土施工，另需增加留置抗渗试块，同一工作班、同一配合比混凝土每 100m³ 为一取样单位，每一取样单位留置两组试块：一组为同条件试块、一组为标准养护试块。

③ 所有同条件试块必须在下料口制作，在施工现场养护（为防止同条件试块意外破坏，制作钢筋笼保护试块），保证条件与实际混凝土条件相同。

（7）混凝土质量要求

① 混凝土强度必须符合设计和现行规范规定。

② 混凝土表面无蜂窝、孔洞、漏筋，施工缝无灰渣等现象。

③ 实测质量偏差，必须符合表 4-7-2-11 的规定。

混凝土几何尺寸允许偏差 表 4-7-2-11

项目			允许偏差（mm）		检验方法
			国家规范标准	结构长城杯标准	
轴线位置		基础	15	10	尺量检查
		墙、柱、梁	8	5	
垂直度	层高	≤5m	8	5	经纬仪或吊线、尺量检查
		>5m	10	8	
	全高（H）		H/1000 且≤30	H/1000 且≤30	
标高	层高		±10	±5	水准仪或拉线、尺量检查
	全高		±30	±30	
截面尺寸	基础宽、高		+8，-5	±5	尺量检查
	柱、墙、梁宽、高		+8，-5	±3	
表面平整度			8	3	2m 靠尺和塞尺检查
保护层厚度	基础		—	±5	尺量
	柱、梁、墙、板		—	+5，-3	
预埋螺栓	中心线位置		10	3	尺量检查
	螺栓外露长度		5	+5，-0	
预留洞中心线位置			15	10	尺量检查

（四）后浇带施工

1. 混凝土浇筑：新广州站单层面积大，为防止混凝土开裂，地下室设后浇带。

在后浇带两侧混凝土达到设计强度前，对其进行临时支撑，后浇带内钢筋不断开。根据实测沉降值并计算后期沉降差满足设计要求后（一般60d后）进行浇筑。首先将混凝土接槎表面加以处理：将后浇带部位积水、杂物清理干净，将混凝土表面钢筋网、软弱松动层剔凿干净，露出坚实混凝土表层。检查止水带是否有变形、破损等缺陷，发现问题及时修整，然后将钢筋接头施焊整理到位。采用提高一个强度等级的补偿收缩混凝土。后浇带施工节点，如图4-7-2-22所示。

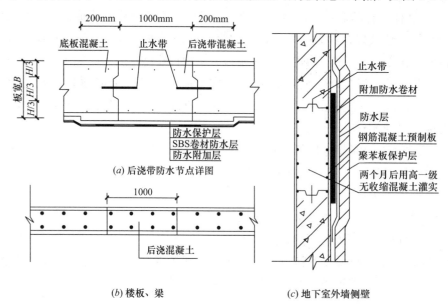

图 4-7-2-22　后浇带施工节点图

2. 在施工中必须对已形成的后浇带进行成品保护，顶部遮盖，四周临时围护，防止渣土掉入。

五、地面交通层钢筋混凝土结构

（一）基本概况

1. 结构形式

主体结构类型为框架及部分预应力梁结构。

2. 地基基础

坐落在地下室上。

（二）工期安排

工期安排，如表4-7-2-12所示。

工期安排表　　表 4-7-2-12

序号	项目名称	开始时间	结束时间	施工时间(d)	备注
1	武广场	2009-9-26	2009-12-7	73	
	5～11轴结构施工	2009-9-26	2009-11-24	60	含部分底板施工
	1～5轴、11～15轴结构施工	2009-10-20	2009-12-7	49	
2	广珠场	2010-1-10	2010-4-4	85	
	5～11轴结构施工	2010-1-10	2010-2-25	47	
	1～5轴、11～15轴结构施工	2010-2-25	2010-4-4	39	

(三) 施工方案

1. 施工部署

(1) 施工现状

地面交通层施工前,地下室底板除前期预留的南北两个站房区东西向各一条贯通的主要施工用通道正在施工外,已基本施工完成。南、北站房区内钢结构屋面主要构件吊装已接近后期,站房桥的桥墩已全部施工结束,站房桥12m层轨道梁部分仍在施工中,进入地下室墙、柱、梁、板等结构的施工阶段。

(2) 施工总体部署

① 根据新广州站工程自然划分的南北站房的特性,投入三个土建分部组织施工,一分部负责南站房区域施工,二、三分部共同负责北站房区域施工。

② 配备充足的施工用料和周转材料。

③ 结构工程的混凝土(包括垫层),全部采用现场集中搅拌混凝土。

④ 钢筋加工在施工现场外分区另设三个加工场,集中加工后由平板运输车直接拉到现场施工区域组织安装。

⑤ 由于整个站房场区内还在进行站房桥轨道梁施工,屋面钢构主架体已进入吊装安装后期,受多家单位在同一场区平面、立体交叉作业,无法在场区内设置固定式塔吊,采取汽车吊围绕施工片区解决垂直运输。

⑥ 模板制安由汽车直接运送至各仓区附近,现场制作加工。

(3) 站房区施工通道的部署

随着地下室底板全部施工的结束,地下室柱、墙、面板结构及21m高架层结构的施工全面展开,整个场区的施工通道需重新考虑布置,结合轨道梁施工的方向、顺序以及高架层施工的需要,施工通道本着"多条通道并存"的原则,沿轨道梁方向(南北向)设置主要干道,垂直于轨道梁方向(东西向)设置辅助通道。各种设备及材料通过主干道及辅助通道进入站房区,各施工点分片分块组织施工,通道设置具体位置布置如下:

① 主干道设置

沿轨道梁方向(南北向)每个大轴线附近,如表4-7-2-13所示。

站房区施工主干道设置表   表4-7-2-13

北站房		南站房区	
区域	通道宽度	区域	通道宽度
2-2/F~2/F	18.75m	2-2/F~2/F	18.75m
2-2/E~2/E	18.75m	2-2/E~2/E	18.75m
2-2/D~2/D	18.75m	2-2/D~2/D	18.75m
2-2/C~2/C	18.75m	2-2/C~2/C	18.75m
1-2/B~1/B	18.75m	1-2/B~1/B	18.75m

② 辅助通道设置

垂直于轨道梁方向(东西向)每个大轴线之间设置,如表4-7-2-14所示。

站房区施工辅助通道设置表 表 4-7-2-14

北站房区		南站房区	
区域	通道宽度	区域	通道宽度
2/1～2	16.5m	14～2/14	16.5m
1/3～3/3	16.5m	1/12～3/12	16.5m
1/5～3/5	16.5m	1/5～3/5	16.5m
1/7～1/8	32.0m	1/7～1/8	32.0m

施工现场通道平面布置，如图 4-7-2-23 所示。

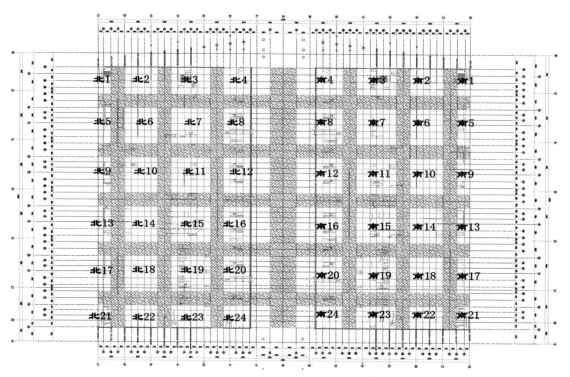

图 4-7-2-23 地下室施工通道平面布置图

③ 各施工片区汽车吊施工布置

各施工片区汽车吊施工布置，如图 4-7-2-24 所示。

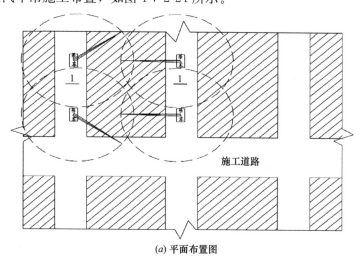

(a) 平面布置图

图 4-7-2-24 施工场地汽车吊布置示意（一）

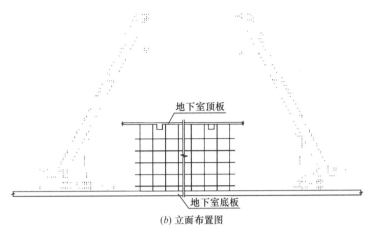

(b) 立面布置图

图 4-7-2-24 施工场地汽车吊布置示意（二）

(4) 施工片区划分

地下室结构外墙及顶板原设计均留置了后浇带，要求该后浇带在两边结构完成 60d 后才可封闭浇筑，若按这一原则无法完成地下室结构节点工期要求。根据施组要求和安排，站房区地下室结构、上部 21m 高架层、12m 站台层及站房桥轨道梁需立体作业同时施工，本着这一原则采用与 21m 高架层"跳仓"施工法的思路，结合地下室施工通道划分的片区，针对整个地下室底板以上结构采用"分仓分区"施工，利用各仓区不同结构施工的时间差，取代原结构设计的后浇带。片区划分后总的施工原则是：先施工通道外的各区（各区具体施工开始时间视现场施工条件灵活掌握），待这部分施工完成后，最终在高架层及站房桥轨道梁施工结束后再进行各条通道内的分仓逐块施工，分阶段分区域逐步封闭地下室顶板结构。

(5) 场区内垂直、水平运输

由于无站台柱雨棚钢结构及屋面均已施工结束，在地下室结构施工每一仓区时利用通道围绕各仓区布置 2~4 台 50t 汽车吊，将周转料、钢筋半成品等施工材料垂直吊运到施工作业面，在施工作业面吊车无法吊到的部位由人工辅助搬运。

水平运输由平面布置的通道用汽车或拖挂车将各种材料直接运送到施工片区，在地下室夹层 1 号、2 号风道（北站房）及 3 号、4 号风道（南站房）上通行时，风道内前期已进行了回顶加固工作，风道上还需架设钢栈桥平台或回填土方形成通道。

(6) 施工用水部署

根据现场提供用水点，引入 DN100 施工用水管，与施工图①轴平行铺设。

由于施工场地经常有大型载重车辆施工，所以管道在穿越场区内临时施工通道处铺设槽钢进行保护。在每个施工片区设置一个 DN20 的截止阀和一个 DN50 的消火栓，并配备 DN50 的消防水带（50m）和 19mm 水枪。具体布置详见《施工现场临时用水平面布置图》。

(7) 施工用电部署

配电线路的型式以变压器为首端形成放射式线路，在局部还采用链式配线，线路沿道路敷设，总配箱立于位于场地环形便道 5 号箱变门前，分配电箱、开关箱到设备的电缆采用钢管埋地敷设或架空（可根据现场实际情况稍做变动）。具体布置详见《施工现场临时用电平面布置图》。

2. 施工流程及施工组织与安排

(1) 施工流程

站房 V 构架及轨道梁支架拆除→地下室底板放线→地下室满堂脚手架搭设→地下室墙、

柱筋绑扎→地下室梁板底模、侧模安装→地下室梁、板钢筋绑扎→地下室墙、柱模板加固→钢筋、模板验收→浇筑混凝土，如图 4-7-2-25 所示。

各安装专业的预留、预埋施工随土建施工及时穿插作业。

（2）施工顺序

整个站房区分为武广场（D~H 轴）与广珠场（D~A 轴）两大区域，施工总体顺序是先施工武广场（D~H 轴）区域，再施工广珠场（D~A 轴）区域，如图 4-7-2-26 所示。

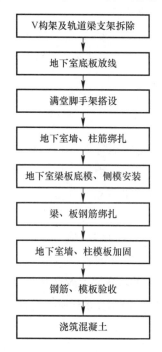

图 4-7-2-25　地面交通层钢筋混凝土结构施工流程

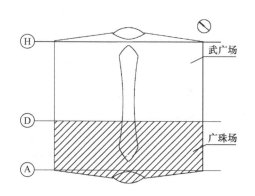

图 4-7-2-26　施工顺序示意

（3）施工组织与安排

根据施工片区划分及总体安排，施工区域划分为南、北两个站房区同时组织施工。每个站房区施工分两个大阶段，第一阶段主要施工非预留通道区，第二阶段再施工预留通道区。

① 第一阶段片区（非预留通道区）施工组织与安排

第一阶段根据片区划分块的数量，南、北站房各划分 24 块，工程数量如表 4-7-2-15 所示。

第一阶段南、北站房片区工程数量　　　　表 4-7-2-15

块区编号	施工面积	块区编号	施工面积
北1（南1）	约480m²	北13（南13）	约470m²
北2（南2）	约1500m²	北14（南14）	约1970m²
北3（南3）	约1780m²	北15（南15）	约2374m²
北4（南4）	约1220m²	北16（南16）	约1618m²
北5（南5）	约470m²	北17（南17）	约470m²
北6（南6）	约1970m²	北18（南18）	约1970m²
北7（南7）	约2374m²	北19（南19）	约2374m²
北8（南8）	约1618m²	北20（南20）	约1618m²
北9（南9）	约470m²	北21（南21）	约470m²
北10（南10）	约1970m²	北22（南22）	约1221m²
北11（南11）	约2374m²	北23（南23）	约1504m²
北12（南12）	约1618m²	北24（南24）	约1039m²

由于站房区轨道梁各条线施工进度不一，能提供以上各片区施工地下室结构的开始时间是需根据轨道梁的完成并拆除支架后的时间来确定的，因此，每个片区具体施工安排原则是分批次组织施工，每批次南、北站房同时施工约8块区域，这样分三个批次实施完成第一阶段片区的地下室结构，具体哪些片区先开始施工，应根据现场实际具备施工条件的情况灵活掌握组织实施。

② 第二阶段预留通道片区施工组织与安排

第二阶段片区以南北向通道为主干道，先施工东西向通道区域，再逐步后退施工南北向通道区域，如图4-7-2-27所示。

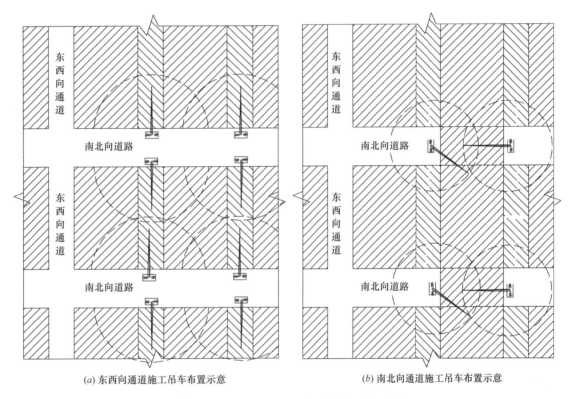

(a) 东西向通道施工吊车布置示意　　(b) 南北向通道施工吊车布置示意

图4-7-2-27　第二阶段预留通道片区施工顺序

六、东西广厅型钢及钢筋混凝土结构

东西广厅型钢及钢筋混凝土结构施工详见本节相关内容。

七、高架候车层预应力及型钢钢筋混凝土结构

（一）工程概况

高架候车层结构顶标高为（20.85m），结构平面位置详见高架候车层结构平面布置图。高架候车层混凝土结构建筑面积约为5万 m^2，采用大跨度预应力梁结构，梁的截面高度高，跨度大，最大梁截面达到1500mm×3200mm，梁最大跨度达到48m，柱采用钢骨柱及钢筋混凝土柱，结构层板的厚度为150～220mm，混凝土现浇板面。主要工程量，如表4-7-2-16所示。

高架候车层主要工程数量　　　　　　　　　　　　　　　　　　　　表 4-7-2-16

部位/名称	梁板柱混凝土（m³）	梁板柱模板（m²）	钢筋（t）	块面积（m²）
武广场	30939.543	117137.979	9804.050	45170.240
广珠场	13890.976	47689.220	3924.350	19906.240
合计	44830.520	164827.200	2728.400	65076.480

主要梁截面尺寸统计，如表 4-7-2-17 所示。

主要梁截面尺寸统计　　　　　　　　　　　　　　　　　　　　　　表 4-7-2-17

编号	构件	方向	梁编号	截面尺寸（mm×mm）	梁顶标高（m）
1	顶板梁	横向（桥梁线垂直方向）	主梁	1000×2600	+20.850
2			主梁	1000×3200	+20.850
3			主梁	1500×2600	+20.850
4			主梁	1500×3200	+20.850
5		横向（桥梁线方向）	次梁 CL1	650×2600	+20.850
6			次梁 CL2	600×2600	+20.850
7			主梁	1000×3200	+20.850
8			主梁	800×3200	+20.850
9			主梁	1500×3200	+20.850

（二）高架层框架柱预埋

房建工程±0.00 相当于铁建 3.586m（绝对标高），21m 高架柱预埋起始标高为+11.20m（相对标高）相当于铁建标高 14.786（绝对标高）。21m 高架层所有柱高均为 9.65m。

1. 主要工程量

5～11 轴轨道梁上需预埋的房建 21m 高架候车层柱的编号、位置分布和数量情况，如表 4-7-2-18 所示。

5～11 轴轨道梁预埋 21m 高架候车层柱位置分布和数量汇总　　　　表 4-7-2-18

序号	柱编号	柱标高及尺寸	数量	5～11 轴轨道梁 21m 高架候车层混凝土柱位置分布情况	桥梁类型
1	KZ9a	11.20～20.85m 2000×900 混凝土圆角柱	12个	D×2/6 轴×2个、D×2/9 轴×2个、E×2/6 轴×2个、E×2/9 轴×2个、G×2/6 轴×2个、G×2/9 轴×2个	单线桥
2	KZ9b	11.20～20.85m 2000×900 混凝土圆角柱	8个	C×2/6 轴×2个、C×2/9 轴×2个、F×2/6 轴×2个、F×2/9 轴×2个	单线桥
3	KZ9c	11.20～20.85m 2000×900 混凝土圆角柱	12个	D×1/7 轴×2个、D×1/8 轴×2个、E×1/7 轴×2个、E×1/8 轴×2个、G×1/7 轴×2个、G×2/8 轴×2个	单线桥
4	KZ9d	11.20～20.85m 2000×900 混凝土圆角柱	8个	C×2/7 轴×2个、C×2/8 轴×2个、F×2/7 轴×2个、F×2/8 轴×2个	单线桥
5	KZ10a	11.20～20.85m 2000×1400 混凝土矩形柱	8个	1/D×1/7 轴×1个、1/D×1/8 轴×1个、2/D×1/7 轴×1个、2/D×1/8 轴×1个、1/F×1/7 轴×1个、1/F×1/8 轴×1个、2/F×1/7 轴×1个、2/F×1/8 轴×1个	双线桥
6	KZ10b	11.20～20.85m 2000×1400 混凝土矩形柱	8个	1/D×5 轴×1个、1/D×11 轴×1个、2/D×5 轴×1个、2/D×11 轴×1个、1/F×5 轴×1个、1/F×11 轴×1个、2/F×5 轴×1个、2/F×11 轴×1个	双线桥
7	KZ10c	11.20～20.85m 2000×1400 混凝土矩形柱	8个	1/D×6 轴×1个、1/D×10 轴×1个、2/D×6 轴×1个、2/D×10 轴×1个、1/F×6 轴×1个、1/F×10 轴×1个、2/F×6 轴×1个、2/F×10 轴×1个	双线桥

续表

序号	柱编号	柱标高及尺寸	数量	5～11轴轨道梁21m高架候车层混凝土柱位置分布情况	桥梁类型
8	KZ10d	11.20～20.85m 2000×1400 混凝土矩形柱	8个	1/D×2/6轴×1个、1/D×2/9轴×1个、2/D×2/6轴×1个、2/D×2/9轴×1个、1/F×2/6轴×1个、1/F×2/9轴×1个、2/F×2/6轴×1个、2/F×2/9轴×1个	双线桥
9	KZ11a	11.20～20.85m 2000×1400 混凝土矩形柱	4个	2/C×1/7轴×1个、2/C×1/8轴×1个、1/E×1/7轴×1个、1/E×1/8轴×1个	双线桥
10	KZ11b	11.20～20.85m 2000×1400 混凝土矩形柱	4个	2/C×1轴×1个、2/C×11轴×1个、1/E×1轴×1个、1/E×11轴×1个	双线桥
11	KZ11c	11.20～20.85m 2000×1400 混凝土矩形柱	4个	2/C×1轴×1个、2/C×10轴×1个、1/E×1轴×1个、1/E×10轴×1个	双线桥
12	KZ11d	11.20～20.85m 2000×1400 混凝土矩形柱	4个	2/C×1/6轴×1个、2/C×1/9轴×1个、1/E×1/6轴×1个、1/E×1/9轴×1个	双线桥
13	KZ12a	11.20～20.85m 2000×1400 混凝土矩形柱	2个	1/B×1/7轴×1个、1/B×1/8轴×1个	双线桥
14	KZ12b	11.20～20.85m 2000×1400 混凝土矩形柱	2个	1/B×1轴×1个、1/B×11轴×1个	双线桥
15	KZ12c	11.20～20.85m 2000×1400 混凝土矩形柱	2个	1/B×1轴×1个、1/B×10轴×1个	双线桥
16	KZ12d	11.20～20.85m 2000×1400 混凝土矩形柱	2个	1/B×1/6轴×1个、1/B×1/9轴×1个	双线桥

2. 预埋钢筋设计

5～11轴轨道梁上需预埋房建21m高架候车层柱子类型及预埋配筋大样图，如图4-7-2-28所示。

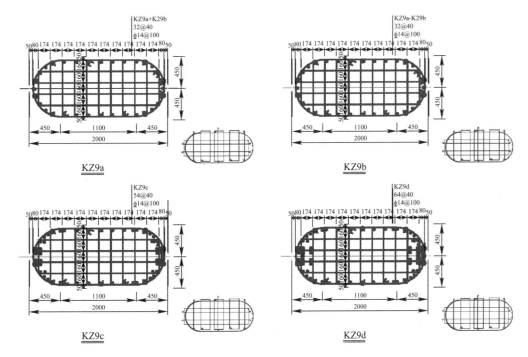

图 4-7-2-28 21m高架候车层柱子预埋配筋大样图（一）

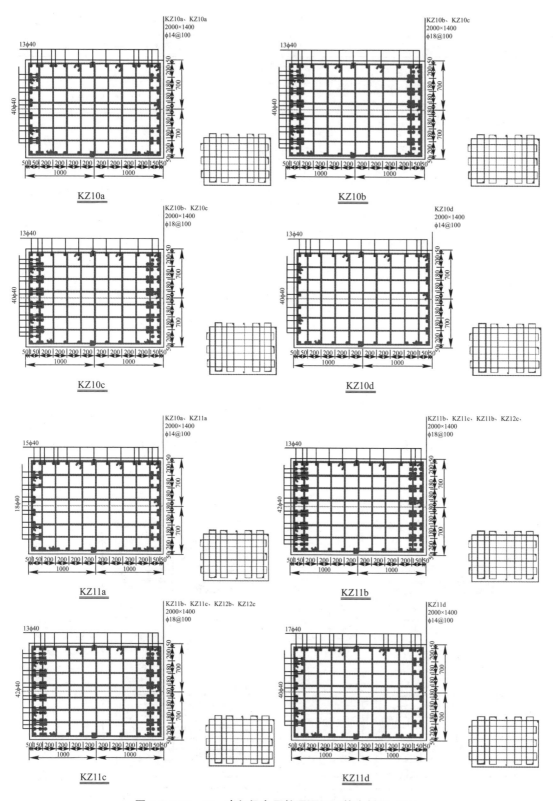

图 4-7-2-28 21m高架候车层柱子预埋配筋大样图（二）

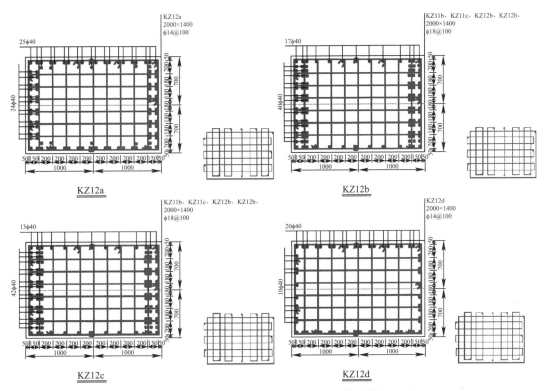

图 4-7-2-28　21m 高架候车层柱子预埋配筋大样图（三）

21m 高架候车层柱子测量定位需会同中铁二十二局共同测量和复合确认。

3. 钢筋预埋施工

（1）施工前施工员必须向操作人员做好班前技术和安全交底。

（2）柱插筋预埋在桥梁钢筋完成后及所有模板支设完成后开始施工。

（3）柱插筋采用直锚，钢筋锚固长度＞L_{ae}（35d），并要求柱钢筋支至桥梁底排钢筋之上。

（4）预埋柱插筋位置要准确，且保证主筋垂直，固定牢固。为保证主筋位置的准确，桥梁下部预埋可采用定位筋，上部柱筋可采用钢管搭"井"字架固定主筋，如图 4-7-2-29 所示。

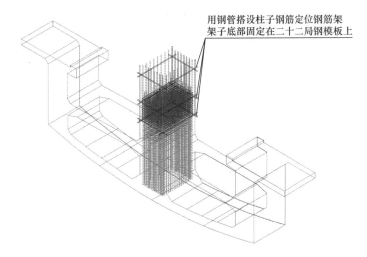

图 4-7-2-29　预埋钢筋固定

(5) 柱预埋插筋必须按照对角钢筋长度一样，接头位置分别错开50%连接，且在同一位置有多排钢筋的，相邻钢筋至少错开一个直螺纹套筒高度，对角两条钢筋也要错开一个直螺纹套筒高度，即分2批下料长度，4批安装高度。

(6) 预埋柱插筋如遇与预应力管束冲突，必须避让预应力管束，如遇与桥梁箍筋冲突，桥梁箍筋必须避让预埋插筋。

(7) 预埋柱插筋的固定可采用预埋部分与桥梁钢筋点焊固定、上面部分与定位管架固定的方式。

(8) 预埋柱插筋完成后必须进行联检，手续齐全才能移交下道工序施工。

4. 预埋钢筋的成品保护

(1) 钢筋在堆放及运输过程中必须注意检查钢筋丝保护帽有无损坏或脱落，钢筋搬运过程不允许把钢筋从高处抛落下地，以免损坏丝口。

(2) 预埋完成后的外露的钢筋必须有较好的保护措施，避免丝口生锈。

(三) 预应力筋节点处理

因为预应力混凝土梁的预应力孔道要穿过钢管混凝土柱，所以需在钢管混凝土柱浇筑混凝土之前，提前在钢管混凝土柱内预埋预应力孔道。钢管混凝土柱浇筑时，采用高抛注浆，普通预应力孔道成型材料（镀锌波纹管）不能满足浇筑过程中混凝土从高空落下时产生的冲击力，因此最终预埋管采用普通焊接钢管，钢管规格为$\phi 121\times 3.5$mm，数量为120根，每根6m。预埋的预应力套管伸出钢柱100~150mm，利于后面的施工。

根据图纸"广枢新广站施-（结）0201-S03-203"中预应力设计说明第9条：梁柱节点处钢骨开孔位置应保证预应力矢高位置准确，如遇影响预应力筋矢高的钢筋或线管等应避让预应力筋。根据此条规定，现场按照影响预应力筋矢高的钢筋或线管等均必须避让预应力筋套管的原则组织预埋施工。

(四) 钢筋工程

施工前节点进行足尺放样，确定施工工艺和措施。钢筋与钢板的焊接，单面焊$10d$，双面焊$5d$，并在正式施工前做焊接试验。

1. 钢筋加工

钢筋加工时，要将钢筋加工下料表与设计图复核，检查下料表是否有误和遗漏，对每种钢筋要按下料表检查是否达到要求，经过这两道检查后，再按下料表放出实样，试制合格后方可成批制作，加工好的钢筋要挂牌堆放整齐有序。

施工中如需要钢筋代换时，必须先充分了解设计意图和代换材料性能，严格遵守现行钢筋混凝土设计、施工规范的各种规定，并不得以等面积的高强度钢筋代换低强度的钢筋。凡重要部位的钢筋代换，须征得设计单位同意，并有书面通知时方可代换。

钢筋表面必须洁净，粘着的油污、泥土、浮锈使用前必须清理干净，可结合冷拉工艺除锈。

钢筋调直可用机械或人工调直。经调直后的钢筋不得有局部弯曲、死弯、小波浪形，其表面伤痕不得使钢筋截面减小5%。

钢筋切断必须根据钢筋号、直径、长度和数量，长短搭配，先断长料后断短料，减少和缩短钢筋短头，以节约钢材。

钢筋弯钩或弯曲：

(1) 钢筋弯钩

钢筋弯钩有三种形式，分别为半圆弯钩、直弯钩及斜弯钩。钢筋弯曲后，弯曲处内皮收缩，外皮延伸，轴线长度不变，弯曲处形成圆弧，弯起后尺寸不大于下料尺寸，必须考虑弯曲调整值。

钢筋弯心直径为 $2.5d$，平直部分为 $3d$。钢筋弯钩增加长度的理论计算值：对装半圆弯钩为 $6.25d$，对直弯钩为 $3.5d$，对斜弯钩为 $4.9d$。

(2) 弯起钢筋

弯起钢筋中间部位弯折处的弯曲直径 D，不小于钢筋直径的 5 倍。

(3) 箍筋

箍筋的末端按规定要求做弯钩，弯钩形式为 135°，$10d$ 长度。箍筋调整值，即为弯钩增加长度和弯曲调整值两项之差或和，根据箍筋量外包尺寸或内皮尺寸而定。

(4) 钢筋下料长度根据构件尺寸、混凝土保护层厚度、钢筋弯曲调整值和弯钩增加长度等规定综合考虑。

直钢筋下料长度＝构件长度－保护层厚度＋弯钩增加长度

弯起钢筋下料长度＝直段长度＋斜弯长度－弯曲调整值＋弯钩增加长度

箍筋下料长度＝箍筋内周长＋箍筋调整值＋弯钩增加长度。

2. 钢筋连接施工要点

钢筋直径大于 $\phi 22$ 时采用直螺纹套筒连接，钢柱节点部分钢筋与钢牛腿钢板采用单面电弧焊接连接，其余采用搭接连接。

(1) 钢筋直螺纹连接工艺

钢筋直螺纹连接工艺流程，如图 4-7-2-30 所示。

(2) 操作工艺

钢筋滚压直螺纹连接，是采用专门的滚压机床对钢筋端部进行滚压，螺纹一次成型。钢筋通过滚压螺纹，螺纹底部的材料没有被切削掉，而是被挤出来，加大了原有的直径。螺纹经滚压后材质发生硬化，强度约提高 6%～8%，使螺纹对母材的削弱大为减少，其抗拉强度是母材实际抗拉强度的 97%～100%，强度性能十分稳定。

① 加工要求

钢筋加工示意，如图 4-7-2-31 所示。

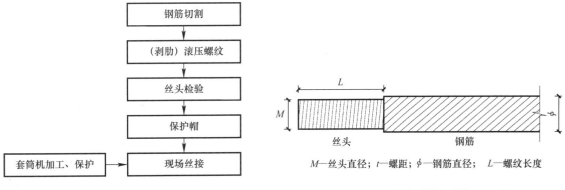

图 4-7-2-30 钢筋直螺纹连接工艺流程　　图 4-7-2-31 套筒连接钢筋加工示意

钢筋螺纹加工参数，如表 4-7-2-19 所示。

钢筋螺纹加工参数　　　　　表 4-7-2-19

ϕ	16	18	20	22	25	28	32	36
滚丝轮型号	A20	A20	A25	A25	A30	A30	A30	A30
t	2	2	2.5	2.5	3.0	3.0	3.0	3.0
剥肋尺寸	15.1±0.15	16.9±0.15	18.8±0.15	20.8±0.15	23.7±0.15	26.6±0.15	30.5±0.15	34.5±0.15
M	16.1~16.4	18.2~18.5	20.2~20.5	22.2~22.5	25.2~25.5	28.2~28.5	32.2~32.5	36.4~36.7
L	20~22.5	22.5~25	25~27.5	27~30	29.5~32.5	35~37.5	40~42.5	47.5~50
基本牙形	60°	60°	60°	60°	60°	60°	60°	60°

注：套筒拧紧后允许外露面 1~2 扣。

② 套筒质量要求

A. 套筒表面无裂纹，螺牙饱满，无其他缺陷。

B. 牙形规检查合格，用直螺纹塞规检查其尺寸精度。

C. 各种型号和规格的套筒外表面，必须有明显的钢筋级别及规格标记。若套筒为异径的则必须在两端分别标记出相应的钢筋级别和直径。

D. 套筒两端头的孔必须用塑料盖封上，以保持内部洁净，干燥防锈。

③ 直螺纹量规技术要求

牙形规、螺纹卡和直螺纹塞规，采用工具钢 T9（GB 1298—86）制成，其化学成分和硬度，如表 4-7-2-20 所示。

直螺纹量规技术要求　　　　　表 4-7-2-20

化学成分					淬火后硬度 HRC
C	Mn	Si	S	P	
0.85~0.94	≤0.40	≤0.35	≤0.30	≤0.035	62

④ 工艺操作要点

A. 钢筋切割

钢筋按规定要求先调直并用无齿锯切去端头 30mm，保证切口断面与钢筋轴线垂直。如钢筋头部弯曲过大，则不能使用机械加工，严禁用气割下料。

B. 钢筋螺纹加工

(a) 加工钢筋螺纹的丝头、牙形、螺距等必须与套筒牙形、螺距一致，且经配套的量规检验合格。

(b) 加工钢筋螺纹时，必须采用水溶性切削润滑液。当气温低于 0℃时，按规定要求掺入 15%~20%亚硝酸钠，不得用机油作润滑液或不加润滑液套丝。

(c) 操作工人按规定要求逐个检查钢筋丝头的外观质量并做出操作者标记。

(d) 经自检合格的钢筋丝头，按规定要求对每种规格加工批量随机抽检 10%，且不少于 10 个，并填写钢筋螺纹加工检验记录，如有一个丝头不合格，即必须对该加工批全数检查，不合格丝头必须重加工，经再次检验合格方可使用。

(e) 已检验合格的丝头，必须加以保护，加戴保护帽，按规格分类堆放整齐待用。

C. 钢筋连接

(a) 连接钢筋时，钢筋规格和套筒的规格必须一致，钢筋螺纹的形式、螺距、螺纹外径和套筒匹配，确保钢筋和套筒的丝扣干净、完好无损。

(b) 滚压直螺纹接头的连接，用管钳或扳手进行施工。

(c) 连接钢筋时，对准轴线将钢筋拧入套筒。

(d) 接头拼接完成后，必须使两个丝头在套筒中央位置互相顶紧，套筒每端不得有一扣以上的完整丝扣外露，加长型丝扣的外露丝扣数不受限制，但要有明显标记，以检查进入套筒的丝头长度是否满足要求。

(e) 接头、连接套筒分类及安装示意，如图 4-7-2-32 所示。

⑤ 质量要求

A. 钢筋的品种、规格必须符合设计要求，质量符合现行国家标准《钢筋混凝土用热轧带肋钢筋》GB/T 1499 和《钢筋混凝土用余热处理钢筋》GB 13014 的要求。

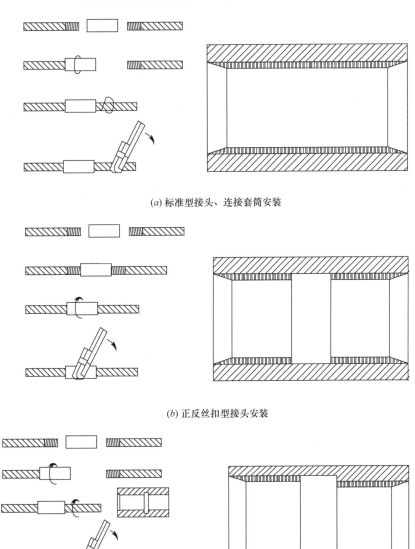

图 4-7-2-32 套筒连接分类及安装示意（一）

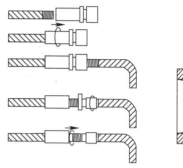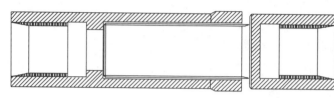

(d) 可调型接头安装

图 4-7-2-32 套筒连接分类及安装示意（二）

B. 套筒与索母材质符合 GB 699 的规定，且有质量检验单和合格证，几何尺寸要符合要求。

C. 钢筋接头型式检验：检验结果符合现行行业标准《钢筋机械连接通用技术规程》JGJ 107 中的各项规定。

D. 钢筋连接工程开始前，按照提供单位的技术文件、工艺标准等对不同规格的钢筋及接头进行工艺检验。

E. 钢筋接头强度检验：钢筋接头强度必须达到同类型钢材强度值，接头的现场检验按验收批进行，同一施工条件下采用同一批材料的同等级、同形式、同规格接头，以 500 个为一个验收批进行检验与验收，不足 500 个也作为一个验收批。在现场连续检验 10 个验收批，其全部单向拉伸试验一次抽样合格时，验收批接头数量可扩大一倍。对每一验收批，在工程结构中随机抽取 3 个试件做单向拉伸试验。当 3 个试件抗拉强度均不小于设计的强度要求时，该验收批判为合格。如有一个试件的抗拉强度不符合要求，则加倍取样复验。

F. 加工质量检验：

（a）钢筋丝头质量检验要求，如表 4-7-2-21 所示。

钢筋丝头质量检验要求　　　　表 4-7-2-21

序号	检验项目	检验要求
1	外观质量	牙形饱满，无断牙、秃牙缺陷，且与牙形规的牙形吻合，表面光洁完整丝扣圈数满足要求
2	外形尺寸	长度满足要求
3	螺纹尺寸	通规或套筒能顺利旋入螺纹
		允许止规与端部螺纹部分旋合，旋入量不超过 P（P 为螺距）

（b）套筒的质量检验要求，如表 4-7-2-22 所示。

套筒质量检验要求　　　　表 4-7-2-22

序号	检验项目	检验要求
1	外观质量	防锈处理，无锈蚀、油污、裂纹、黑皮等缺陷
2	外形尺寸	长度及外径满足尺寸公差要求
3	螺纹尺寸	通规能顺利旋入，止规从套筒端部旋入量不超过 $3P$

（c）套筒的基本参数，如表 4-7-2-23 所示。

套筒基本参数　　　　　　　表 4-7-2-23

规格	16	18	20	22	25	28	32	36	40
长度（mm）	45	50	55	60	65	75	85	100	105

对每种规格加工批量随机抽取 10%，且不少于 10 个，进行外观检查，钢筋丝头与套筒规格相匹配。并填写钢筋直螺纹加工检验记录，如有一个丝头不合格，即对该加工批全数检查，不合格丝头必须重加工，经再次检验合格方可使用。

G. 钢筋接头质量检验：

（a）梁、柱构件按接头数的 15%，且每个构件的接头抽检数不得少于一个接头，基础、墙、板构件每 100 个接头作为一个验收批，不足 100 个也作为一个验收批，每批抽检 3 个接头。抽检的接头必须全部合格。如有一个接头不合格，则该验收批接头按规定要求逐个检查，对查出的不合格接头进行补强，如无法补强必须弃置不用，并填写钢筋直螺纹接头质量检查记录。

（b）用扭力扳手按下表规定的接头拧紧力矩值抽检接头的施工质量。

（c）直螺纹钢筋接头拧紧力矩值，如表 4-7-2-24 所示。

直螺纹钢筋接头拧紧力矩值　　　　　　　表 4-7-2-24

钢筋直径（mm）	16～18	20～22	25	28	32	36～40
拧紧力矩（N·m）	100	200	250	280	320	350

扭力扳手由技术单位提供，且只能与同规格钢筋接头对应使用，使用过程中，扭力扳手发出清脆的响声时，即达到该规格接头的拧紧力矩值。

3. 手工电弧焊施工工艺

（1）施工准备

① 焊工必须持证上岗。

② 作业现场要有安全防护、防火、通风措施、防止发生触电、火灾、中毒及烧伤等事故。

③ 正式焊接前，各个电焊工按规定要求对其在工程中准备进行电弧焊的主要规格的钢筋各焊 3 个模拟试件，做拉伸试验。经试验合格后，方可参加施工作业。

（2）材质要求

① 钢材：钢板不得有裂纹锈蚀、变形。

② 焊条：焊条的牌号符合设计要求。如设计无规定时，必须符合表 4-7-2-25 的要求。

焊条牌号要求　　　　　　　表 4-7-2-25

钢筋级别	搭接焊	坡口焊
Ⅲ	E5003	E5503

A. 药皮无裂缝、气孔、凹凸不平等缺陷，并不得有肉眼看得出偏心度。

B. 焊接过程中，电弧必须燃烧稳定，药皮熔化均匀，无成块脱落现象。

C. 焊条必须根据要求烘干后再用。

（3）工器具

主要工器具有：电焊机、电缆、电焊钳、面罩等。

(4) 操作工艺

钢筋电弧焊包括帮条焊、搭接焊、坡口焊、窄间隙焊和熔槽帮条焊五种接头形式。焊接时必须符合下列要求：

① 根据钢筋级别、直径、接头形式和焊接位置，选择焊条、焊接工艺和焊接参数。
② 焊接时引弧必须在垫板、帮条或形成焊缝的部位进行，不得烧伤主筋。
③ 焊接地线与钢筋必须接触紧密。
④ 焊接过程中及时清渣，焊缝表面光滑，焊缝余高平缓过渡，弧坑饱满。

A. 工艺流程

选定焊接参数→焊定位焊缝→引弧、施焊、收弧→清渣→检查。

B. 搭接焊

(a) 搭接焊适用于Ⅰ、Ⅱ、Ⅲ级钢筋。根据现场实际施工条件采用单面焊。

(b) 焊缝长度必须符合表 4-7-2-26 的规定。

焊缝长度要求　　　　　　　　表 4-7-2-26

钢筋级别	焊缝形式	焊缝长度 L
Ⅱ级、Ⅲ级	单面焊	≥10d
	双面焊	≥5d

注：d 为主筋直径。

(c) 搭接焊的焊缝高度 h 不小于 0.3d，焊缝宽度 b 不小于 0.7d。

(d) 搭接焊时，先在离端部 20mm 以上部位焊接两个定位焊缝。

(e) 接焊时，引弧必须在搭接钢筋形成焊缝的一端开始，收弧必须在搭接钢筋的端头上，弧坑饱满。第一层焊缝必须有足够的熔深，主焊缝与定位焊缝熔合良好，不得烧伤主筋。

C. 钢筋与钢板搭接焊

钢筋与钢板搭接焊时，焊接接头符合下列要求：

Ⅰ级钢筋的搭接长度 L 不得小于 4 倍钢筋直径，Ⅱ级钢筋搭接长度 L 不得小于 5 倍钢筋直径，如图 4-7-2-33 所示。

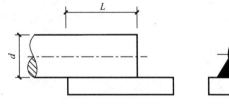
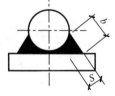

图 4-7-2-33　钢筋与钢板搭接焊接头

d—钢筋直径；L—接长度；b—焊缝宽度；s—焊缝厚度

宽度不得小于钢筋直径的 0.5 倍，焊缝厚度不得小于钢筋直径的 0.35 倍，如图 4-7-2-34 所示。

(5) 质量标准

① 钢筋电弧焊接头外观质量要求

A. 焊缝表面平整，不得有凹陷或焊瘤。

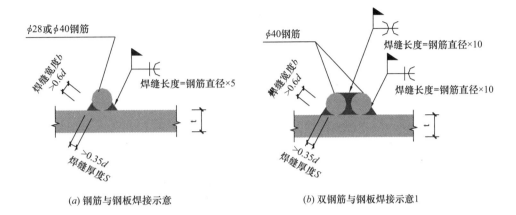

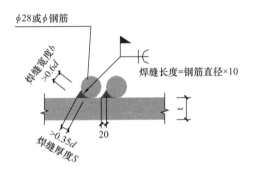

(c) 双钢筋与钢板焊接示意2
(用于与腹板处连接板焊接,操作不便时)

图 4-7-2-34 钢筋与钢板搭接焊示意

B. 接头区域不得有裂纹。

C. 横向咬边深度不大于 0.5mm,在长 $2d$ 焊缝表面上的气孔个数不多于 2 个、夹渣面积不大于 $6mm^2$。

D. 接头轴线偏移不大于 $0.1d$ 或 3mm,弯折角不大于 7/100(40)。

E. 外观检查不合格的接头,经修整或补强后可提交二次验收。

② 施工过程中钢筋电弧焊接头的力学性能检验

在现场安装条件下,每一至二层楼中以 300 个同接头形式、同钢筋级别的接头作为一个验收批。不足 300 个接头,仍作为一批。每批随机从成品中切取 3 个试件做拉伸试验。

(6) 成品保护

注意对已焊接好的钢筋骨架的保护,不乱踩乱拆,不粘油污,在施工中拆乱的骨架要认真修复,保证钢筋骨架中各种钢筋位置正确。

(7) 注意的质量问题

① 根据钢筋的级别、直径、接头形式,选择焊条、焊接工艺。焊接参数采用班前焊确定的参数。

② 焊接地线与钢筋必须接触紧密,休息期间要断开电源,以避免焊条接触钢筋发生电弧,烧伤钢筋。

③ 焊接过程中及时清渣,弧坑必须填满。

(8) 安全环保措施

① 电焊机外壳,必须接地良好,其电源的装拆必须由电工进行。

② 电焊机要设单独的开关。开关必须放在防雨的闸箱内，拉合时必须戴手套侧向操作。

③ 焊钳与把线必须绝缘良好。连接牢固，更换焊条必须戴手套。在潮湿的地点工作，必须站在绝缘胶板或木板上。

④ 严禁在带压力的容器或管道上施焊，焊接带电的设备必须先切断电源。

⑤ 焊接贮存过易燃、易爆、有毒物品的容器或管道，必须清除干净，并将所有孔口打开。

⑥ 在密闭金属容器内施焊时，容器必须可靠接地，通风良好，并派人监护。严禁向容器内输入氧气。

⑦ 雷雨时，必须停止露天焊接作业。

⑧ 施焊场地周围必须清除易燃易爆物品，或进行覆盖、隔离。

⑨ 工作结束，切断焊机电源并检查操作地点，确认无起火危险后，方可离开。

4．钢筋绑扎与安装

(1) 施工准备

① 钢筋：钢筋进场必须有出厂合格证或出厂检验报告，钢筋表面或每捆（每盘）钢筋均有标志。钢筋进场后按有关规定见证取样送检做力学性能复试。当加工过程中发生脆断等特殊情况，还需做化学成分检验。钢筋必须无老锈及油污。

② 铁丝：可采用20～22号铁丝（为烧丝）或镀锌铁丝（铅丝）。铁丝切断长度要满足使用要求。

③ 垫块：用水泥砂浆制成，50mm见方，强度等级同混凝土设计强度等级，厚度同保护层，垫块内预埋20～22号火烧丝，或用塑料卡、拉筋、支撑筋。

④ 机具：钢筋钩子、撬棍、扳子、绑扎架、钢丝刷子、手推车、粉笔、尺子等。

(2) 作业条件

① 按施工平面图中指定的位置，将钢筋堆放和加工场地进行清理、平整。按规格、使用部位、编号、钢筋绑扎顺序分类堆放，分别加垫木堆放。

② 钢筋绑扎前，必须检查有无锈蚀，除锈之后再运至绑扎部位。

③ 熟悉图纸、按设计要求检查已加工好的钢筋规格、形状、数量是否正确。

④ 做好抄平放线工作，弹好水平标高线，柱、墙外皮尺寸线。

⑤ 根据设计图纸及工艺标准要求，确定钢筋穿插就位顺序，并与有关工种作好配合工作，如支模、管线施工与绑扎钢筋的关系，确定施工方法，向班组进行技术交底，如图4-7-2-35所示。

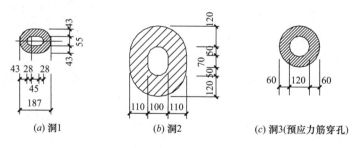

图 4-7-2-35　钢筋穿柱示意

(3) 柱钢筋绑扎工艺

新广州站工程柱高度高，因此柱钢筋的绑扎按柱混凝土的分段高度绑扎。

① 工艺流程：柱插筋预埋→竖向受力筋连接→画箍筋间距线→套柱箍筋→绑箍筋。

② 与受力钢筋的连接方式必须符合设计要求。

③ 画箍筋间距线：在立好的柱竖向钢筋上，按图纸要求用粉笔划箍筋间距线。

④ 柱箍筋：按图纸要求间距，计算好每根柱箍筋数量，先箍筋套在下层伸的搭接筋上，然后立柱钢筋，在搭接长度内，绑扣不少于3个，绑扣要向柱中心。如果柱主筋采用光圆钢筋搭接时，角部弯钩与模板成45°角，中间钢筋的弯钩与模板成90°角。

⑤ 箍筋绑扎：

A. 按已划好箍筋位置线，将已套好箍筋往上移动，由上往下，宜采用缠扣绑扎。

B. 箍筋与主筋要垂直，箍筋转角处与主筋交点均要绑扎，主筋与箍筋非转角部分的相交点成梅花交错绑扎。

C. 箍筋的弯钩叠合处沿柱子竖筋交错布置，并绑扎牢固。

D. 有抗震要求的地区，柱箍筋端头弯成135°，平直部分长度不小于$10d$（d为箍筋直径）。如箍筋采用90°搭接，搭接处必须焊接，焊缝长度单面焊缝不小于$5d$。

(4) 梁钢筋绑扎

21m高架层梁截面巨大，因此所有梁钢筋的绑扎都采用模内绑扎，先搭设梁底模，在梁钢筋绑扎完成后再封梁侧模。

① 工艺流程：

模内绑扎：画主次梁箍筋间距→放主梁次梁箍筋→穿主梁底层纵筋→穿次梁底层纵筋并与箍筋固定→穿主梁上层纵向架立筋→按箍筋间距绑扎→穿次梁上层纵向钢筋→按箍筋间距绑扎。

模外绑扎（先在梁模板上口绑扎成型后再入模内）：画箍筋间距→在主次梁模板上口铺横杆数根→穿主梁下层纵筋→穿次梁下层钢筋→穿主梁上层钢筋→按箍筋间距绑扎→穿次梁上层纵筋→按箍筋间距绑扎→抽出横杆落骨架于模板内。

② 在梁侧模板上画出箍筋间距，摆放箍筋。

③ 先穿主梁的下部纵向受力钢筋及弯起钢筋，将箍筋按已画好的间距逐个分开。穿次梁的下部纵向受力钢筋及弯起钢筋，并套好箍筋。放主次梁的架立筋。隔一定间距将架立筋与箍筋绑扎牢固。调整箍筋间距使间距符合设计要求，绑架立筋，再绑主筋，主次梁同时配合进行。

④ 框架梁上部纵向钢筋必须贯穿中间节点，梁下部纵向钢筋伸入中间节点锚固长度及伸过中心线的长度要符合设计要求。

⑤ 绑梁上部纵向筋的箍筋，宜用套扣法绑扎。

⑥ 箍筋在叠合处的弯钩，在梁中必须交错绑扎，箍筋弯钩为135°，平直部分长度为$10d$，如做成封闭箍时，单面焊缝长度为$5d$。

⑦ 梁端第一个箍筋设置在距离柱节点边缘50mm处。梁端与柱交接处箍筋必须加密，其间距与加密区长度均要符合设计要求。

⑧ 力筋为双排时，可用短钢筋垫在两层钢筋之间，钢筋排距符合设计要求。

(5) 板钢筋绑扎

① 工艺流程：清理模板→模板上画线→绑板下受力筋→绑负弯矩钢筋。

② 清理模板上面的杂物，用粉笔在模板上划好主筋，分布筋间距。

③ 按划好的间距，先摆放受力主筋、后放分布筋。预埋件、电线管、预留孔等及时配合安装。双向受力板，短方向钢筋在下，长方向钢筋在上。

④ 在现浇板中有板带梁时，先绑板带梁钢筋，再摆放板钢筋。

⑤ 绑扎板筋时一般用顺扣或八字扣，除外围两根筋的相交点必须全部绑扎外，其余各点可交错绑扎（双向板相交点须全部绑扎）。如板为双层钢筋，两层筋之间须加钢筋马凳，以确保上部钢筋的位置。负弯矩钢筋每个相交点均要绑扎。

⑥ 在钢筋的下面垫好砂浆垫块，间距1.5m。垫块的厚度等于保护层厚度，必须满足设计要求，如设计无要求时，板的保护层厚度为15mm，钢筋搭接长度与搭接位置的要求与前面所述梁相同。

5. 成品保护

(1) 柱子钢筋绑扎后，不准踩踏。

(2) 楼板的弯起钢筋、负弯矩钢筋绑好后，不准在上面踩踏行走。浇筑混凝土时派钢筋工专门负责修理，保证负弯矩筋位置的正确性。

(3) 绑扎钢筋时禁止碰动预埋件及洞口模板。

(4) 钢模板内面涂隔离剂时不要污染钢筋。

(5) 安装电线管、暖卫管线或其他设施时，不得任意切断和移动钢筋。

6. 注意的质量问题

(1) 浇筑混凝土前检查钢筋位置是否正确，振捣混凝土时防止碰动钢筋，浇完混凝土后立即整甩筋的位置，防止柱筋、墙筋位移。

(2) 梁钢筋骨架尺寸小于设计尺寸：配制箍筋时按内尺寸计算。

(3) 梁、柱核心区箍筋必须加密，熟悉图纸按要求施工。

(4) 箍筋末端弯成135°，平直部分长度为10d。

(5) 梁主筋进支座长度要符合设计要求，弯起钢筋位置必须准确。

(6) 板的弯起钢筋和负弯矩钢筋位置必须准确，施工时不得踩到下面。

(7) 绑板的钢筋时用尺杆划线，绑扎时随时找正调直，防止板筋不顺直，位置不准。

(8) 绑竖向受力筋时要吊正，搭接部位绑3个扣，绑扣不能用同一方向的顺扣。层高超过4m时，搭架子进行绑扎，并采取措施固定钢筋，防止柱、墙钢筋骨架不垂直。

(9) 在钢筋配料加工时要注意，端头有对焊接头时，要避开搭接范围，防止绑扎接头内混入对焊接头。

7. 质量记录

本工艺标准必须具备以下质量记录：

(1) 钢筋出厂质量证明或试验报告单。

(2) 钢筋机械性能试验报告。

(3) 进口钢筋必须有化学成分检验报告。国产钢筋在加工过程中发生脆断、焊接性能不良和机械性能显著不正常的，必须有化学成分检验报告。

(4) 钢筋隐蔽验收记录。

(五) 混凝土工程

1. 混凝土运输

混凝土在现场运输采用泵送、塔吊吊斗吊运、手推车运送等。柱子混凝土浇筑采用汽车泵（特殊地段汽车泵无法到达的地方采用25t汽车吊吊斗运输），梁板混凝土浇筑采用地泵，混凝土自搅拌车（机）中卸出后，必须及时运到浇筑地点，延续时间不能超过初凝时间。在运输过程中，要防止混凝土离析、水泥浆流失、坍落度变化以及生产初凝等现象。混凝土运输道路必须平整顺畅，若有凹凸不平，必须铺垫桥枋。在楼板施工时，按规定要求铺设专用桥道严禁手推车和人员踩踏钢筋。

2. 混凝土的浇筑

(1) 浇筑的一般要求

① 浇筑前对模板浇水湿润，墙、柱模板清除杂物及积水后再封闭。

② 混凝土自吊斗口下落的自由倾落高度不得超过2m，如超过2m时必须采取加串筒措施。

③ 浇筑竖向结构混凝土时，如浇筑高度超过3m时，必须采用串筒、导管、溜槽或在模板侧面开门子洞。

④ 浇筑混凝土时必须分段分层进行，每层浇筑高度根据结构特点、钢筋疏密决定。一般分层高度为插入式振动器作用部分长度的1.25倍，最大不超过50cm，平板振动器的分层厚度为200mm。

⑤ 使用插入式振动器必须快插慢拔，插点要均匀排列，逐点移动，按顺序进行，不得遗漏，做到均匀振实。移动间距不大于振动棒作用半径的1.5倍（一般为300~400mm）。振捣上一层时必须插入下层混凝土面50mm，以消除两层间的接缝。平板振动器的移动间距可保证振动器夹板覆盖已振实部分边缘。

⑥ 浇筑混凝土按规定要求连续进行。如必须间歇，其间歇时间尽量缩短。并在前层混凝土初凝之前，将次层混凝土浇筑完毕。间歇的最长时间按混凝土初凝条件确定，一般超过2h按施工缝处理。

⑦ 浇筑混凝土时派专人经常观察模板、钢筋、预留孔洞、预埋件、插筋等有无位移变形或堵塞情况，发现问题立即停止浇筑，并在已浇筑的混凝土初凝前整改完毕。

(2) 柱混凝土浇筑

① 柱混凝土单独浇筑，一次浇筑完毕，浇筑高度至主梁底10cm处。

② 柱浇筑前：底部填以5~10cm厚与浇筑混凝土同强度等级砂浆，以免根部产生不密实现象，浇筑时按规定要求分层浇筑，每层厚度不得大于500cm，柱高超过了3m时，在柱侧开不小于30cm高的浇筑孔装上斜溜槽分段浇筑，每段高度不得超过2m，浇筑后将洞封实，并用柱箍箍牢。

③ 为避免混凝土浇筑至一高度后，由于积大量浆水而可能产生混凝土强度不均匀现象，宜在浇筑到适当高度时，适量减小混凝土的坍落度。

(3) 梁板混凝土浇筑

① 梁柱接头位置混凝土浇筑

由于柱混凝土与梁板混凝土强度等级相差10以上，所以梁柱节点处按图4-7-2-36所示采用快易网分截，由于梁截面高，因此快易网分隔部位必须支设牢固。

此部位混凝土在梁板混凝土浇筑前先行浇筑。

② 梁板混凝土浇筑施工要点

由于浇筑的楼层板块面积较大，浇筑后易出现温度和收缩变形裂缝，因此在进行梁板混凝土的配比设计时，必须考虑到抗温度及收缩变形措施，必要时掺加微膨胀外加剂。

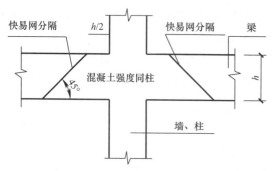

图 4-7-2-36　梁与柱混凝土强度等级不同节点大样图

在保证可泵送的前提条件下，尽量减少混凝土的水用量。在保证混凝土强度等级的情况下，尽量减少水泥用量。

混凝土的一次浇筑宽度根据混凝土的供应量计算，过宽会造成先浇部分发生初凝，影响与后浇部分混凝土的结合。

认真进行混凝土的振捣，不漏振、不过振。

控制好表面标高，在混凝土浇筑至标高后，采用滚筒进行滚压平整，而后木蟹打抹平整，剔除过厚水泥砂浆，并拍打密实。

做好板面混凝土的表面处理，由于板块长度较大，结构设计时采用加设后浇带等措施来达到防止裂缝的目的。但板面仍然较长，在混凝土的强度增长 14d 内，须通过加强混凝土的表面处理并加强养护来控制混凝土的初期裂缝。表水泌水与浮浆必须及时排除。采用混凝土真空吸浆机吸除表面浮浆与泌水，混凝土初凝前再用木蟹抹压平整一次，混凝土终凝前采用抹光机或铁板抹压光洁。尽量保证楼层混凝土表面质量达到水泥砂浆地坪质量标准。

在混凝土终凝后，做好梁板混凝土的洒水养护工作，并覆以湿草袋，洒水养护天数不少于 14d。在梁板混凝土未达 $1.2N/mm^2$ 前，不得在其上进行作业。同时在混凝土强度增长初期，必须注意控制施工荷载，严禁冲击荷载。

3. 混凝土施工对模板及钢筋的保护

泵送混凝土对模板要求：由于泵送施工使用的混凝土坍落度大，浇筑速度快，一次入模量大，且流动性大，特别是高柱和墙板等一次浇灌高度大的，对模板的侧压力剧增，因此必须考虑模板支撑的增强措施，防止模板变形。

现浇结构各节点部位的竖、横向钢筋，宜采用电焊进行定位、控制措施，以控制钢筋保护层和钢筋间距，对输送管道下面受泵送冲击较大部位，用拉条等牵拉牢固，施工过程中必须设专人检查校正。当混凝土压送困难，泵的压力升高，管路产生振动时，不得强行压送，必须对管路进行检查，并放慢压送速度或使泵反转，防止堵塞。

混凝土浇筑泵管必须牢固固定在下层梁板预留洞上，防止泵管左右前后摆动，并且泵管须与模板支撑脚手架相互脱开，不得连成一体。楼层浇筑混凝土，布料器摆放在专门支架上，并不对模板钢筋变形产生影响。

4. 混凝土的养护

混凝土浇灌完毕后、终凝前，表面覆盖湿草袋进行保湿养护。

防止混凝土表面出现曝晒现象。

在洒水养护时间内，混凝土必须保持湿润状态，开始洒水时，不得直接浇水冲击在混凝土表面。

混凝土养护时间不得少于 14 昼夜。

当混凝土强度大于 1.2MPa 后方可上人进行定位放线工作和下道工艺。

夏季天气炎热期施工混凝土，应根据环境变化，采取更有效的养护措施。

5. 混凝土试块的留置

（1）留置原则

每一施工层的每一施工段、不同施工台班、不同强度等级的混凝土每 100m³（包括不足 100m³）取样不得少于一组抗压试块，不得少于两组同条件试块（根据情况分别用于测定 3d、5d、7d、28d 抗压强度，为拆模提供依据）。

（2）后期处理

制作的标准抗压试块拆模后于当日（不超过一个工作日）即送往试验室进行标准养护，由试验员做好委托试验及试件交接手序。混凝土标准试块上书写内容为：工程名称、混凝土强度等级、成型时间、使用部位。同条件试块上书写内容为：工程名称、施工部位、混凝土强度等级、成型时间。同条件试块拆模后在试块上进行编号，然后放到预先制作好的指定的铁笼内并上锁，置于同一部位。铁笼制作式样（净尺寸为 500mm×200mm×200mm）。

（六）预应力混凝土结构工程

1. 工程概况

新广州站工程东、西落客平台及 21m 高架候车层大跨度梁采用后张有粘结、无粘结预应力体系，其中主梁采用有粘结预应力体系，部分次梁采用无粘结预应力体系。21m 高架候车层部分结构形式，如图 4-7-2-37 所示。

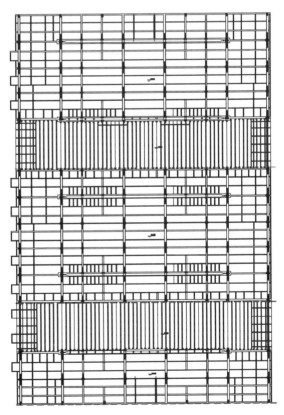

图 4-7-2-37　21m 高架候车层部分结构形式

预应力筋采用 $\phi^s15.2$ 高强 1860 级国家标准低松弛预应力钢绞线,其标准强度 $f_{ptk}=1860\text{N/mm}^2$,预应力筋张拉控制应力为钢绞线强度的 70%,即每束钢绞线张拉控制力为 1302N/mm²,施工时超张拉 3%。张拉端采用夹片式锚具,固定端采用挤压式锚具。

2. 资源配置

(1) 人员配置

预应力分项施工项目部由项目负责人、项目工程师、施工工长、质检员、安全员及材料员组成。工程师都具有多年的预应力施工经验。施工工长也具有 8 年以上的预应力施工经验,参与过东方广场、现代城、首都机场、中关村西区等大型项目的施工组织工作。施工作业人员全部经过严格的岗位培训,80%以上的工人至少从事预应力施工工作 3 年以上。

(2) 劳动力需用量

劳动力需用量,如表 4-7-2-27 所示。

劳动力需用量　　　　　　　　　　　　　　　　表 4-7-2-27

工程部位	施工内容	劳动力用量
中央站房高架候车层	铺筋	50
	下料、剔凿、切筋、整理材料	20
	张拉	20

(3) 材料和设备

① 预应力筋

预应力筋采用 $\phi^s15.2$ 高强 1860 级国家标准预应力钢绞线,其标准强度 $f_{yk}=1860\text{N/mm}^2$,如表 4-7-2-28 所示。

钢绞线尺寸及性能　　　　　　　　　　　　　　表 4-7-2-28

钢绞线结构	钢绞线公称直径(mm)	强度级别(N/mm²)	截面面积(mm²)	整根钢绞线的最大负荷(kN)	屈服负荷(kN)	伸长率(%)	无粘结塑皮厚度(mm)
1×7	$\phi15.2$	1860	139.98	259	220	3.5	0.8~1.2

② 锚具

张拉端为单孔夹片式锚具或群锚,由锚具、锚板(或喇叭管)、螺旋筋组成。固定端采用单束挤压锚,由挤压锚具、锚板、螺旋筋组成。

③ 张拉设备

张拉设备采用北京市建筑工程研究院生产的配套张拉产品,其产品为国家、住建部新技术推广产品。

主要施工机械,如表 4-7-2-29 所示。

投入新广州站工程的主要施工机械　　　　　　　　表 4-7-2-29

机械名称	规格型号	额定功率(kW)或容量(m³)或吨位(t)	数量(台/个)	备注
千斤顶	YCN-25	25t	6	须配套标定
千斤顶	YCWB-400	400t	6	须配套标定
灌浆机	JHP-20	2.2kW/380V	2	
电焊机	BX1-300	3kW	2	
配电箱	220V/380V	220V/380V	6	
提升捯链	HS-2	2t	10	

3. 施工进度

预应力的施工进度控制服从土建总的结构施工进度,做到在保证质量前提下,与同层的钢筋工程和水电工程同步穿插进行,尽量少占工期,要保证预应力筋、锚具、承压板、螺旋筋等材料供应充足、及时。预应力筋铺放不拖工期,不耽误混凝土的正常浇筑。混凝土达到设计强度要求的,立即张拉,不占用过多模板。

4. 有粘结预应力施工工艺

(1) 有粘结预应力梁施工工艺流程,如图 4-7-2-38 所示。

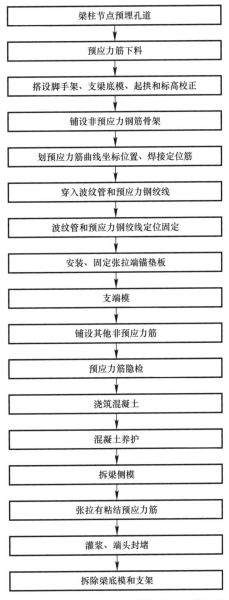

图 4-7-2-38 有粘结预应力梁施工工艺流程

(2) 预应力张拉端节点

预应力梁多为有粘结多跨连续梁,为了减小摩擦损失及张拉空间需要,预应力筋布置采用分段搭接、分段张拉的布置形式。有粘结预应力连续梁搭接时,采用梁侧加腋出张拉端的做法,如图 4-7-2-39 所示。

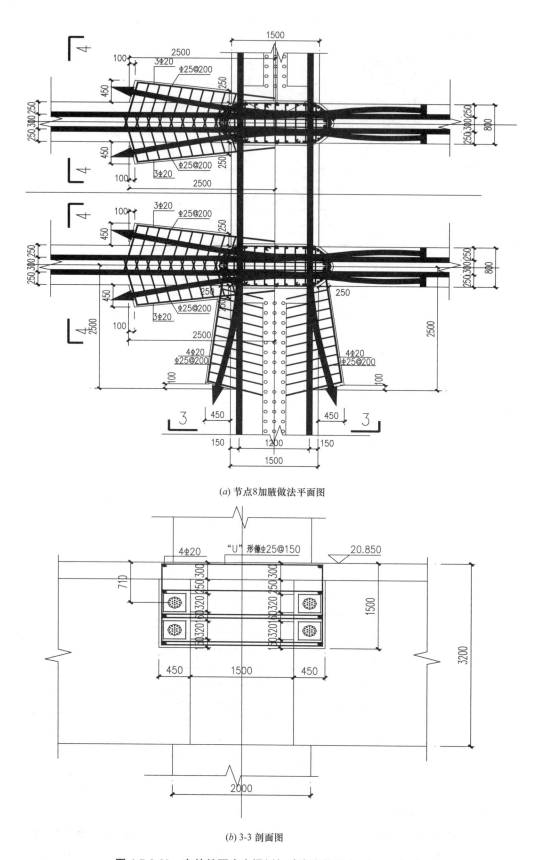

图 4-7-2-39 有粘结预应力梁侧加腋出张拉端布置示意（一）

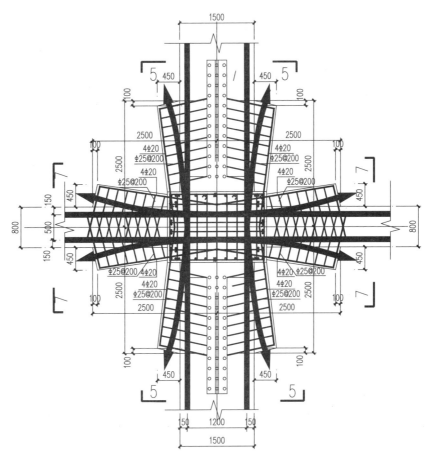

(c) 节点13加腋做法平面图

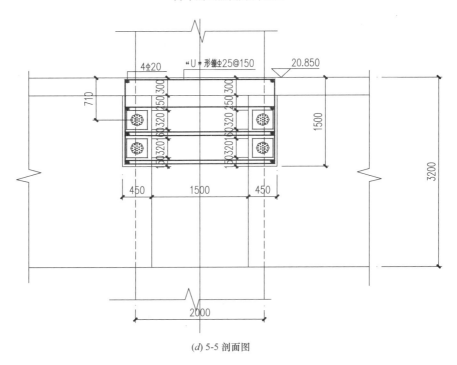

(d) 5-5 剖面图

图 4-7-2-39　有粘结预应力梁侧加腋出张拉端布置示意（二）

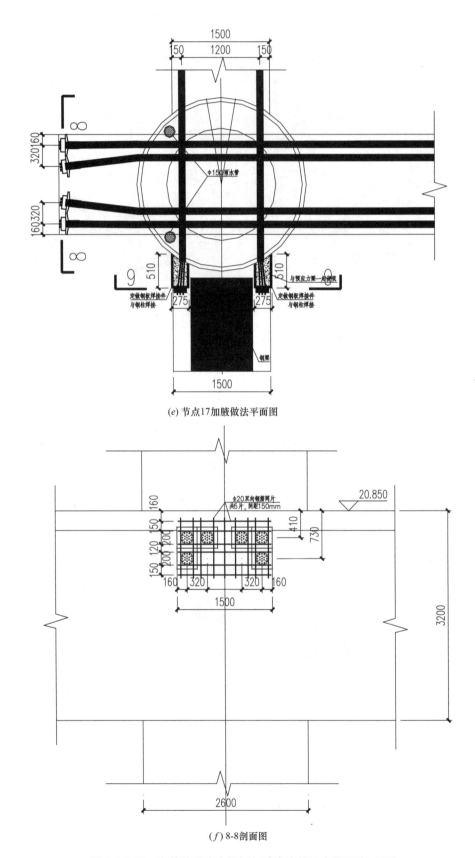

图 4-7-2-39 有粘结预应力梁侧加腋出张拉端布置示意（三）

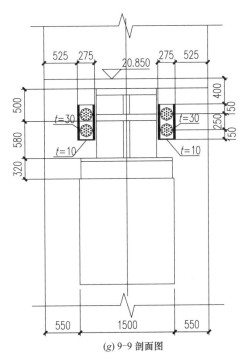

(g) 9-9 剖面图

图 4-7-2-39　有粘结预应力梁侧加腋出张拉端布置示意（四）

① 如节点 8 和 13，柱内钢筋配筋较密，钢筋净距小，19 孔波纹管直径约 105mm，故梁柱节点处波纹管从柱钢筋之间穿过较困难，且容易被柱钢筋挤扁，对以后的穿筋、灌浆都有后患。故在柱钢筋绑扎时，按规定要求提前避让预应力孔道，当无法避让时，采用波纹管外套薄壁钢管（$\phi 121 \times 3.5$mm）的方法处理。

② 如节点 17，柱为直径 2600 的钢管混凝土柱，Y 向 YKL-5-3 预应力配筋为 4-15ϕ^s15.2（4 个 15 孔波纹管），X 向 YKL-C-1 预应力配筋为 6-19ϕ^s15.2（6 个 19 孔波纹管），梁柱节点处张拉端、锚固端比较密集，张拉端处理难度较大。其中 X 向预应力梁 6 个张拉端设在悬挑梁端部，分两排布置，如图 4-7-2-39（f）所示。Y 向预应力梁在此处为锚固端，锚固端承压板采用定做加工的钢板焊接件，预应力梁混凝土浇筑时将钢板焊接件内一并浇筑混凝土，如图 4-7-2-39（g）所示。

（3）铺设前的准备工作

① 准备端模

梁、柱侧及核心筒内预应力筋张拉端处使用木模，在合模前将预埋喇叭管固定在端模上。要求事先准备好端模，其尺寸要准确。

② 准备架立筋

根据设计图纸，每隔 1～2m 设置架立筋，架立筋采用直径为 12mm 的螺纹钢筋，并与箍筋焊牢或绑扎牢固，以备在铺设预埋管时用。

③ 波纹管下料

下料时，管与管之间的接头长度不小于 30cm，两端分别全部拧入接头内，用胶带将接口密封好，如图 4-7-2-40 所示。

（4）波纹管的加工及端头安装

① 波纹管的现场加工

波纹管一般 4m 一根，现场进行拼接。波纹管尺寸视设计施工图中每束预应力筋的根数而定。

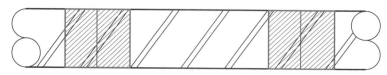

图 4-7-2-40 波纹管连接节点

② 安装端头

先将非预应力筋骨架铺设好后，按设计图纸所示位置将喇叭管安装在端模或非预应力筋骨架上。

③ 铺设波纹管

由于钢管混凝土柱浇筑时，采用高炮注浆，普通预应力孔道成型材料（镀锌波纹管）不能满足浇筑过程中混凝土从高空落下时产生的冲击力，此处采用普通薄壁钢管（钢管规格为 $\phi 121 \times 3.5$ mm）作为预埋管，如图 4-7-2-41 所示。

图 4-7-2-41 钢管混凝土柱内预埋预应力孔道

梁施工时，将波纹管与预埋薄壁钢管在柱外进行牢固对接，预应力梁范围内波纹管按如下方法进行铺放：

A. 按图纸位置铺设波纹管，每隔 1~2m 绑扎一道架立筋，图中所标为预应力筋集团束的中心线高度，定位筋上皮高度＝图中高度－波纹管半径。

B. 铺设波纹管用 4~5 人沿梁的两侧排开，从一端开始送入波纹管，待全部送入后，两端要插入已定位的喇叭管中，并用胶带将波纹管与喇叭管的连接处缠绕密封，避免漏浆。

④ 铺设波纹管的原则

A. 铺放时定位准确，线条顺直。喇叭管定位要准确，波纹管横向位置一定要沿中心线或对称于中心线，不准打 S 弯。

B. 在铺放中和铺放后及浇筑混凝土过程中，严禁碰扁和损坏波纹管，严禁在波纹管上用气焊。

(5) 穿预应力筋

① 钢绞线要定长下料，梁中预应力筋在下料时必须考虑不小于一倍结构高度的曲线增

量，预留张拉长度不小于 1000mm。钢绞线必须用砂轮锯切割，不得用电气焊切割。

$$下料长度 L = 梁内曲线长度 L_1 + 张拉端工作长度 L_2$$

② 如是多束，则采用分束多次穿入的方法。

③ 穿预应力筋由锚固端向张拉端穿，避免扭曲。若现场锚固端无穿筋位置，则波纹管与预应力筋先组装好，与非预应力筋同步安装。钢绞线穿入孔道后，不得使用电气焊，以避免造成预应力筋的强度降低。预应力筋的矢高按照施工矢高翻样图所示，严格控制最高点、最低点和反弯点的矢高，矢高的误差控制在±10mm 以内。

④ 灌浆孔设置在张拉端部（锚垫板的灌浆孔必须朝上），考虑到预应力筋较长，必要时也可将中部排气孔作为灌浆孔。在固定端处设置排气孔（兼泌水孔），排气孔用增强塑料管留设，并高出梁面 500mm，如图 4-7-2-42 所示。预应力筋为连续跨，在中间每个最高点两侧都要设置排气孔。

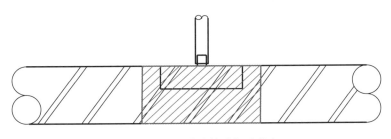

图 4-7-2-42　波纹管排气孔节点

⑤ 节点安装要求：

要求预应力筋伸出喇叭口长度（预留张拉长度）满足张拉要求。

喇叭口与波纹管，排气管与波纹管接口处用胶带密封牢固，避免漏浆。

预应力筋必须与喇叭口外表面垂直，其在承压板后有不小于 30cm 的直线段，安装大螺旋筋。

（6）浇筑混凝土

① 检查铺设情况：浇筑混凝土之前，再次检查管道位置、数量是否正确，各种接头密封情况及有无破损，引出管是否牢固，喇叭管是否端正，位置是否准确，如发现问题及时改正。

② 封堵孔洞：将排气口、喇叭管、灌浆管和波纹管端口临时封堵严密，避免漏浆。

③ 浇筑混凝土时要振捣密实，尤其在端部，严禁出现蜂窝麻面等情况。同时，禁止振捣棒直接碰撞波纹管。如果拆模后发现端部出现有蜂窝孔洞等缺陷，需要在张拉前进行修补。

④ 考虑到冬期施工或由于其他因素需要在混凝土中添加外加剂时，禁止使用含氯离子的外加剂，避免对预应力筋产生不利影响。

⑤ 如梁侧加腋张拉端节点 1、节点 2 及剖面图等所示，由于梁侧预应力张拉端均位于板底，预应力张拉时，需要在板上搭设吊架，然后吊架上挂捯链（葫芦），缓慢将千斤顶从板底拉到预应力筋张拉端位置，因此在板混凝土浇筑时需要在张拉端相应位置上留设后浇洞，如图 4-7-2-43 所示。待张拉、灌浆完毕后再行浇筑封口。

（7）预应力筋的张拉

① 张拉前的准备工作

A. 按照图纸要求，混凝土达到设计强度 100% 以上方可张拉。

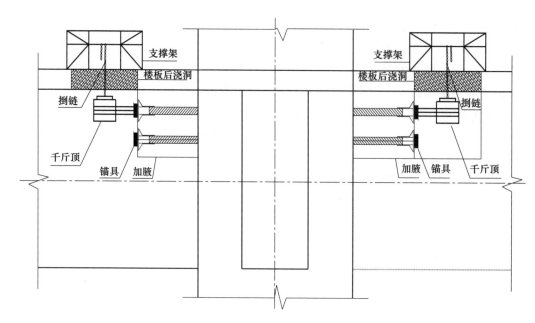

图 4-7-2-43 后浇洞示意

B. 张拉千斤顶与压力表配套标定、配套使用，有效期不超过半年。压力表宜用精度为 1.5 级的标准（精密）压力表，校验张拉设备用的试验机精度高于 ±2%。实际使用时，由此标定曲线上找到控制张拉力值相对应的值，并将其标在相应的泵顶标牌上，以方便操作和查验。

C. 张拉前要检查混凝土质量，尤其是端部混凝土，不得有孔洞等缺陷，如发现问题必须及时采取补救措施。

D. 在张拉端要准备操作平台，可以利用原有的脚手架，保证宽不小于 1.5m，原则上要求有足够摆放机具及张拉操作的空间，后面设防护挡板。

E. 根据设计要求和标定曲线确定每束预应力筋控制张拉力值，计算出其伸长值。张拉伸长值可根据下式进行计算：

$$\Delta L_p = \frac{\sigma_{pe} \times L_p}{E_p}$$

式中：ΔL_p——预应力筋理论伸长值；

σ_{pe}——预应力筋扣除摩擦损失后有效应力的平均值；

E_p——预应力筋的弹性模量；

L_p——预应力筋在混凝土构件的埋入长度。

F. 选取有代表性的孔道做摩阻试验。

② 张拉流程及要求

有粘结预应力筋群锚张拉流程：记录原始缸长→张拉至 10% 设计张拉力，持荷 1min，记录初始缸长→张拉至最终张拉力，持荷 2min，记录缸长（检查伸长量偏差）→锚固。如图 4-7-2-44 所示。

具体要求：

A. 张拉前将张拉端处影响张拉的杂物清理干净。

B. 预应力筋逐层、逐孔张拉即可。

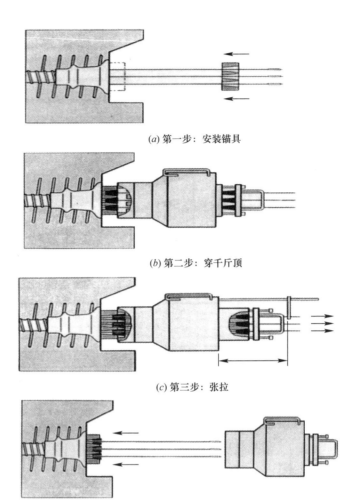

(a) 第一步：安装锚具

(b) 第二步：穿千斤顶

(c) 第三步：张拉

(d) 第四步：回缸

图 4-7-2-44 有粘结预应力筋群锚张拉流程

C. 根据设计要求张拉控制应力取值 $\sigma_{con}=0.70f_{ptk}=0.70\times1860=1302\text{N/mm}^2$，实际张拉力根据实际状况进行3%的超张拉（单束张拉力188kN）。

D. 张拉采用应力控制为主、校核伸长值为辅的双控方法进行。各束预应力筋实际伸长值与理论值的相对允许偏差为±6%。

E. 由北京市建筑工程研究院负责张拉并提供张拉记录。张拉过程中，该预应力筋两端及千斤顶后部不得站人。

③ 张拉操作要点

A. 安装锚具，尽量使锚具紧贴喇叭口表面，再装夹片。

B. 穿顶：将预应力筋从千斤顶的前端穿入，直至千斤顶的顶压器顶住锚具为止。

C. 安装工具锚时，使工具锚与千斤顶后部贴紧，并锁紧夹片。

D. 张拉：油泵启动供油正常后，开始加压，当压力达到2.5MPa时，停止加压。调整千斤顶的位置，继续加压，达到张拉力的10%时，持荷1min，记录初始缸长，继续加压，直至达到张拉力的103%时，持荷2min，记录最终缸长。当千斤顶行程满足不了所需伸长值时，中途可停止张拉，做临时锚固，倒回千斤顶行程，再进行第二次张拉。张拉时，要控制给油速度,给油时间不低于30s。

E. 测量记录:准确到毫米。

张拉测量记录分别记录10%设计张拉力、103%设计张拉力所对应的千斤顶缸长,计算出对应于各加载段预应力筋的伸长,回归出前10%设计张拉力对应的预应力筋的伸长,将两段加载时预应力筋对应伸长相加,所得之和即为实际伸长值,用以校核计算伸长值。计算张拉伸长值:

$$\Delta L = (最终缸长 L_2 - 初始缸长 L_1)/0.93$$

④ 如出现预应力筋断丝或断筋现象,且超出规范要求的处理步骤

首先停止张拉,分析事故原因。有必要时,对本批次的预应力筋及锚具做复检,检查是否材质本身的原因。检查张拉机具的标定记录是否正确,若有必要,再次标定张拉设备。若超张拉其余的预应力筋能够弥补断筋的损失,首先考虑超张拉,否则要更换预应力筋。换筋时要切除锚具,还必须将锚固端剔凿出来,将损伤的预应力筋抽出,将新的预应力筋锚固端加工好。重新穿好预应力筋,用高强膨胀混凝土修补好剔凿处。换好后再次张拉替换的预应力筋。

⑤ 质量控制方法和要求

A. 锚具要逐个进行外观检查,严禁使用锈蚀锚具。

B. 千斤顶安装位置与预应力筋在同一线上,并与承压板保持垂直,否则,采用变角器进行张拉。

C. 张拉中钢丝发生断裂,必须报告工程师,由工程师视具体情况决定处理。

D. 实测伸长值与计算伸长值相差超过+6%或-6%时,停止张拉,报告工程师进行分析处理,然后才能继续张拉。

(8) 灌浆及端部封堵

① 经张拉检验通过后,尽快灌浆。

② 用标号不低于P.032.5号的普通硅酸盐水泥制作素水泥浆,强度M30,水灰比为0.4～0.45。

③ 水泥浆中不能含有氯离子或其他对预应力筋有腐蚀作用的外加剂。

④ 浆料要充分搅拌均匀,由近至远逐个检查出气口,待出浆后逐一封闭。

⑤ 当最末出气孔封闭后继续加压30s,封闭灌浆孔,灌浆压力为0.5～0.6MPa,如超出,必须停机检查,采取措施后方可继续灌浆。

⑥ 孔道灌浆后,切除多余外露预应力筋,切除后预应力筋露出夹片不小于30mm,然后用不低于梁混凝土强度等级的细石微膨胀混凝土进行封锚,不得露筋。

⑦ 冬季施工时必须采取保温措施防止水泥浆在孔道内受冻。

5. 无粘结预应力施工工艺

(1) 预应力施工流程图

无粘结预应力梁施工工艺流程,如图4-7-2-45所示。

(2) 无粘结预应力筋制作及存放

无粘结筋按施工图上结构尺寸和数量,考虑预应力筋的曲线长度、张拉设备及不同形式的组装要求,每根预应力筋的每个张拉端预留出不小于30cm的张拉长度进行下料。

预应力筋下料必须用砂轮切割机切割,严禁使用电焊和气焊。

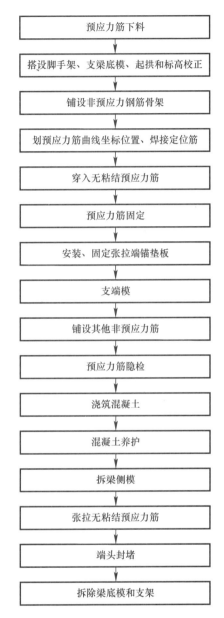

图 4-7-2-45　无粘结预应力梁施工工艺流程

当无粘结预应力筋、锚具及配件运到工地，铺放使用前，将其妥善保存放在干燥平整的地方，下边要有垫木，避免材料锈蚀。夏季施工时，无粘结预应力筋在工地堆放应尽量避免阳光曝晒，锚具、配件要存在室内，运输、存放时都要尽量避免预应力筋外皮破损。

（3）无粘结预应力筋铺设

① 铺筋前的准备工作

A. 准备端模

预应力梁端模采用木模，若施工工艺有特殊要求也可采用其他模板。根据预应力筋的平、剖面位置在端模上打孔，孔径 25～30mm。

B. 预应力筋矢高架立筋制作

预先在生产基地制作架立筋，要求架立筋采用直径 12mm 二级螺纹钢筋，高度按施工翻样图的预应力筋矢高控制点高度。

C. 支梁底模和端模

要求梁端模就位后其圆孔与预应力张拉端伸出位置相对应。

D. 预应力筋铺放

预应力筋铺放按其铺放的三个主要步骤进行。

② 节点安装

无粘结张拉端与锚固端大样,如图 4-7-2-46 所示。

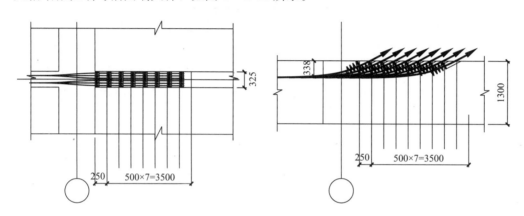

图 4-7-2-46　无粘结张拉端与锚固端大样

节点安装要求:

A. 要求预应力筋伸出承压板长度(预留张拉长度)≥30cm。

B. 将木端模固定好。

C. 凸出混凝土表面的张拉端承压板用钉子固定在端模上。

D. 螺旋筋固定在张拉端及锚固端的承压板后面,圈数不得少于 3～4 圈。

E. 各部位之间不得有缝隙。

F. 预应力筋必须与承压板面垂直,其在承压板后必须有不小于 30cm 的直线段。

③ 安放架立筋

按照施工图纸中预应力筋失高的要求,将编号的架立筋安放就位并固定。为保证预应力钢筋的矢高准确、曲线顺滑,要求每隔 1m 左右设置一个。

④ 铺放梁预应力筋

无粘结预应力筋必须按施工图纸的要求进行铺放,铺放过程中其平面位置及剖面位置按裁定要求定位准确。

剖面位置是根据施工图所要求的预应力筋曲线剖面位置,对其需支架立筋处和该位置处预应力筋重心线距板底的高度进行调整,并将预应力筋和架立筋绑扎牢固。

⑤ 预应力筋铺放原则及注意事项

A. 运到工地的预应力筋均带有编号标牌,预应力筋的铺放要与施工图所示的编号相对应。

B. 为保证预应力筋的矢高位置,要求先铺预应力筋,后铺水、电线道等。

C. 张拉端的承压板需有可靠固定,严防振捣混凝土时移动,并须保持张拉作用线与承压板垂直(绑扎时必须保持预应力筋与锚杯轴线重合)

D. 预应力筋的位置宜保持顺直,严禁相互扭绞。穿束时,如遇障碍,需调整后再穿。

E. 在预应力筋的张拉端和锚固端各装上一个螺旋筋,要求螺旋筋要紧靠承压板和锚板。

F. 无粘结筋外包塑料皮若有破损,必须用水密性胶带缠补好,尽量避免无粘结预应力筋的油脂对非预应力筋的污染。

G. 从预应力筋开始铺设直到混凝土浇筑,严禁踩踏碰撞预应力筋成品,避免在预应力筋周围使用电焊,以防预应力筋通电造成强度降低。

(4) 混凝土的浇筑及振捣

预应力筋铺放完成后,施工单位、质量检查部门、监理进行隐检验收,确认合格后,方可浇筑混凝土。

浇筑混凝土时必须严格振捣,保证混凝土的密实。尤其是承压板、锚板周围的混凝土严禁漏振,不得有蜂窝或孔洞。振捣时,避免踏压碰撞预应力筋以及端部预埋部件。

在混凝土初凝之后(浇筑后 2~3d),及时拆除端模,清理穴模。

(5) 预应力筋张拉

混凝土达到设计强度 100% 以上方可进行张拉。在张拉之前,梁底的支撑不能拆除,但是梁的侧模和板的支撑可以拆除。

① 张拉设备及机具

采用 YCN23~25 前卡液压式千斤顶,如图 4-7-2-47 所示。无粘结预应力筋张拉设备及仪表,由专人使用和管理,并定期维护和校验。

② 张拉前准备

A. 在张拉端要准备操作平台,可以利用原有的脚手架,保证宽度不小于 1m,原则上要有足够摆放机具及张拉操作空间,后面设防护挡板。

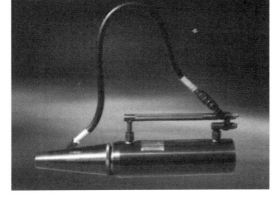

图 4-7-2-47 YCN23~25 前卡液压式千斤顶

B. 张拉端清理干净,将无粘结筋外露部分的塑料皮割掉,测量并记录预应力筋初始外露值。

C. 与承压板面不垂直的预应力筋,端部必须进行垫片处理,最终做到承压板面与张拉作用线垂直。

D. 根据设计要求确定单束预应力筋控制张拉力值,计算出其理论伸长值,张拉用千斤顶和油泵标定好。

③ 张拉过程

张拉流程,如图 4-7-2-48 所示。

根据《无粘结预应力混凝土结构技术规程》JGJ 92—2004 的规定,施工时一次性超张拉 3%。

④ 张拉注意事项

A. 张拉中,要随时检查张拉结果,理论伸长值与实测伸长值的误差不得超过施工验收规范允许范围。否则停止张拉,待查明原因,并采取措施后方可张拉。

B. 预应力筋张拉前严禁拆除板下的支撑,待该预应力筋全部张拉后方可拆除。

(6) 张拉工作完成后张拉端处理

张拉后,将锚具外露的预应力筋预留不少于 30mm 长度后,多余部分用机械方法切断,

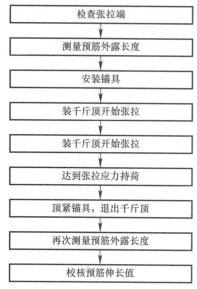

图 4-7-2-48 无粘结预应力张拉施工流程

将张拉端清理干净，再用与梁同强度等级的细石膨胀混凝土封堵。密封后钢筋不得外露。

6. 质量保证措施

(1) 加强技术管理，认真贯彻国家规定、规范、操作规程及各项管理制度。

(2) 建立完整的质量管理体系，项目管理部设置质量管理领导小组，由项目负责人和总工程师全权负责，选择精干、有丰富经验的专业质量检查员，对各工序进行质量检查监督和技术指导。

(3) 严格执行质量目标管理，把质量与效益严密挂钩，实行优质优价，质量目标责任制。质检员认真行使质量否决权，使质量管理始终处于受控状态。

(4) 项目部每天召开现场生产的质量碰头会，每周对工程进行全面检查，进行三分析活动，即：分析质量存在的问题，分析质量问题的原因，分析需要采取的措施，查出问题及时整改。

(5) 预应力张拉操作人员，必须经过培训，持证上岗。

(6) 严格执行"三按""三检"和"一控"，对质量问题要"三不放过"。

① "三检"：自检、互检、交接检。

② "一控"：自控准确率、一次验收合格率。

(7) 加强施工全过程中的质量预控，密切配合建设、监理、总包三方人员的检查与验收，按时做好隐蔽工程记录。

(8) 加强原材料的管理工作，严格执行各种材料的检验制度，对进场的材料和设备必须认真检验，并及时向总包单位和监理方提供材质证明、试验报告和设备报验单。

(9) 优化施工方案，认真做好图纸会审和技术交底。每层、段都要有明确和详细的技术交底。施工中随时检查施工措施的执行情况，做好施工记录。按时进行施工质量检查掌握施工情况。

(10) 张拉用千斤顶和油泵根据控制张拉力值事先标定好。张拉千斤顶与压力表配套标定、配套使用，有效期不超过 3 个月。当在使用过程中出现反常现象时或在千斤顶检修后，必须重新标定。张拉设备标定时，千斤顶活塞的运行方向与实际张拉工作状态一致。压力表的精度不低于 1.5 级，标定张拉设备用的试验机或测力计精度不低于±2%。

(11) 预应力筋符合国家规范《预应力混凝土用钢绞线》GB/T 5224 的要求，进场时提供产品合格证、出场检验报告和进场复验报告（需要提前做好进场复验）。

（12）预应力筋用群锚符合国家规范《预应力筋用锚具、夹具和连接器》GB/T 14370 的要求，进场时提供产品合格证、出场检验报告和进场复验报告（需要提前做好进场复验）。

（13）孔道灌浆用水泥采用普通硅酸盐水泥，外加剂进场时需要提供产品合格证和出场检验报告。

（14）预应力筋用金属波纹管符合国家规范《预应力混凝土用金属螺旋管》JG/T 3013 的要求，进场时需要提供产品合格证和出场检验报告。

（15）加强成品保护工作，铺设完毕到混凝土浇筑以前，避免踩踏、碰撞，防止破坏排气孔等配件的组装完好状态，影响预应力筋的矢高及平顺度。

（16）混凝土浇筑时：派专人监督防止振捣棒扰动预应力筋曲线及控制点。

（17）对无粘结预应力筋要采取保护措施，吊装时用专用吊绳，穿束时，如遇障碍，必须进行调整后再穿，发现破皮后必须及时用胶带缠补，尽量避免无粘结预应力筋的油脂对非预应力筋的污染。

（18）认真做好工程技术资料，及时、准确、完整收集和整理好各种资料，如合格证、试验报告、质检报告、隐蔽验收记录等，及时办理各种签证手续，由资料员负责各种资料的收发，由技术负责人负责资料的内涵管理、整理和保管等外延管理。

（19）预应力筋铺放须各自保持平行走向，严禁相互扭绞。无粘结筋外包塑料皮若有破损必须用水密性胶带缠补好。

（20）预应力筋开始铺放到混凝土浇筑，严禁在预应力筋周围使用电焊，以防预应力筋通电造成强度降低。预应力筋外露长度不小于 30cm。

（21）张拉端的承压板需有可靠固定，严防振捣混凝土时移动。张拉作用线必须与承压板面垂直，承压板后有不小于 30cm 的直线段。

（22）在预应力筋的张拉端和锚固端各装上一个螺旋筋，要求螺旋筋紧贴承压板和锚板。

（23）两端穿筋位置相互对应，所穿的预应力筋不要与已穿好的预应力筋发生缠绕，避免预应力筋之间发生纽结。

（24）张拉时穿筋必须注意，预应力筋从千斤顶的前端穿入，直至千斤顶的顶压器顶住锚具为止。如果需用斜垫片或变角器，则先将其穿入，再穿千斤顶。

（25）张拉时必须注意，油泵启动供油正常后，开始加压，当压力达到 2.5MPa 时，停止加压。调整千斤顶的位置，继续加压，直至达到设计要求的张拉力。当行程满足不了所需伸长值时，中途可停止张拉，作临时锚固千斤顶，倒回千斤顶行程，再进行第二次张拉。张拉时，要控制给油速度，给油时间不低于 30s。

（26）张拉时张拉力按标定的数值进行，用伸长值进行校核，即张拉质量采用应力应变双控方法。根据有关规范，张拉实际伸长值不超过理论伸长值的 106%，不小于理论伸长值的 94%。

7. 施工安全保证措施

（1）与总包单位安全生产管理体系挂钩，同时建立自身的安全保障体系，由项目负责人全面管理，每个班组设安全员一名，具体负责无粘结预应力施工的安全。

（2）施工作业员、特殊工种人员必须持证上岗。

（3）施工人员进场必须戴安全帽。

（4）在四外临空、高空作业时，必须搭设每 m^2 载重 100kg 的挑脚手架，并设有防身栏，操作面下 5m 左右设有 3m 宽的水平安全网，当结构脚手架局部作业面围护有缺陷及高空作业情况,操作人员必须戴安全带,安全带挂在结构内安全的立管上。

(5)张拉施工地点上下垂直方向禁止与其他工种同时施工,并在张拉施工地点设立警示标志。

(6)张拉作业时,放置保管好锚夹具、工具和机具,严防高空坠落伤人。在任何情况下,千斤顶油缸后部、预应力筋端部正后方位置严禁站人,油管接头处和张拉油缸端部严禁手触站人。在张拉过程中,施工作业人员不得离开岗位。设立无关人员禁止入内的作业标志牌,其他无关人员严禁围观。机电设备发生故障自己不得拆动,报告机电人员处理。

(7)油泵与千斤顶的操作者须紧密配合,只有在千斤顶就位妥当后方可开动油泵。油泵操作人员必须精神集中,平稳给油、回油,密切注视油压表读数,补张拉到位或缸体到最大行程时,需及时回油,以免油压力瞬间速度加大,造成缸体爆裂伤人。

(8)施工中必须有保护接地、防雨措施,注意防止漏电,接电由专业电工操作,电线箱内不得乱放杂物。

(9)现场施工作业人员必须遵守现场施工方和所内的安全管理规定和安全措施要求,作业符合《无粘结预应力结构施工作业指导书》《预应力张拉及切割机具安全操作手册》中的有关安全规定要求。

(10)电气焊必须由专业人员操作,其他人员不得使用。

(11)施工过程中,发现问题或遇到特殊情况,及时向安全员、施工队长汇报,消除事故隐患。

(12)办公室、库房及宿舍内不得随意乱接电线,不得使用明火电炉取暖。

(13)预应力施工人员进入现场必须遵守工地各项安全措施要求。

(七)高支模专项施工方案

高架层施工时V构已施工完毕,为保证轨道层桥面系、轨道工程、站台梁等工程与21m层同步施工,武广场高架层施工采用梁柱式支架,在支架上搭设钢管架,广珠场施工时在轨道梁之间搭设型钢支架,上部模板支架落在轨道梁或型钢支架上,两侧基本站台区域采用满堂红支架。由于混凝土梁板结构截面尺寸大,自重大,模板支架为高架层施工中的重点、难点。柱的类型及数量,如表4-7-2-30所示。

柱的类型及数量统计　　　　表4-7-2-30

序号	柱编号	柱型号	柱底标高	梁底标高	板底标高	数量	备注
1	KZ9a	900×2000	11.20	17.65	28.63	12	矩形加半圆
2	KZ9b	900×2000	11.20	17.65	28.63	8	矩形加半圆
3	KZ9c	900×2000	11.20	17.65	28.63	12	矩形加半圆
4	KZ9d	900×2000	11.20	17.65	28.63	8	矩形加半圆
5	KZ10a	1400×2000	11.20	17.65	28.63	8	矩形
6	KZ10b	1400×2000	11.20	17.65	28.63	8	矩形
7	KZ10c	1400×2000	11.20	17.65	28.63	8	矩形
8	KZ10d	1400×2000	11.20	17.65	28.63	8	矩形
9	KZ11a	1400×2000	11.20	17.65	28.63	4	矩形
10	KZ11b	1400×2000	11.20	17.65	28.63	4	矩形
11	KZ11c	1400×2000	11.20	17.65	28.63	4	矩形
12	KZ11d	1400×2000	11.20	17.65	28.63	4	矩形
13	KZ12a	1400×2000	11.20	17.65	28.63	2	矩形
14	KZ12b	1400×2000	11.20	17.65	28.63	2	矩形
15	KZ12c	1400×2000	11.20	17.65	28.63	2	矩形
16	KZ12d	1400×2000	11.20	17.65	28.63	2	矩形

高架层混凝土区板厚一般为220mm，钢结构区板厚为250mm。混凝土梁的截面尺寸，如表4-7-2-31所示。

高架层混凝土梁截面尺寸　　　　　　表 4-7-2-31

混凝土梁	截面尺寸（mm）
主梁	800×3200
主梁	1000×3200
主梁	1000×3200～1000×2600
主梁	1500×3200～1500×2600
主梁	1500×3200
次梁 CL1	650×2600
次梁 CL2	600×2600

1. 梁板支架设计

梁柱式支架柱间距沿轨道梁方向为500mm，架空支架柱间距为3000mm，基本站台上空，按4000mm间距布置，与下部的基本站台梁间距4000mm相同。基本站台位置上部的梁荷载过大，梁底需要加固。具体见梁柱式支架专项方案。

沿轨道梁方向钢梁支架间距为500mm，截面高度为3200mm的梁横、纵都有，因此，满堂支架采用500mm×400mm或者400mm×500mm，步距为1m，面板为18mm竹胶板，副檩支撑为100mm×100mm木方，主檩顶托梁为2根100mm×100mm的木方。

截面高度小于3200mm的梁支架采用500mm×500mm的间距，步距1m，面板为18mm竹胶板，副檩支撑为100mm×100mm木方，主檩顶托梁为2根100mm×100mm的木方。

层板支架脚手架采用1000mm×1000mm，步距为1m，面板为18mm胶合板，副檩支撑为100mm×100mm木方，主檩顶托梁为100mm×100mm的木方。

主要模板、支撑周转材料需要量，如表4-7-2-32所示。

主要模板、支撑周转材料需要量　　　　　　表 4-7-2-32

名称	单位	数量	名称	单位	数量
胶合板	m²	100000	扣件	万个	100
木枋材	m³	16000	U托	万只	1.9
钢管	t	5000	安全兜网	m²	20000
安全网	m²	80000	脚手板	m²	20000
工字钢及各种型钢支架	t	11000			

2. 支架施工工艺

支架具体的施工流程，如图4-7-2-49所示。

考虑到在高架层施工过程中，铁路工程需要同期施工及设备要调试，必须有足够的空间通行，故在V构梁区域采用梁柱式架空形式，基本站台区域直接在已施工基本站台上搭设满堂红脚手架。

支架搭设示意，如图4-7-2-50所示。

3. 支架搭设的要求

支架尽量利用柱作为连接件，增加其稳定性。扣件支架除了要遵守《扣件架规范》的相关要求外，还要考虑以下内容：

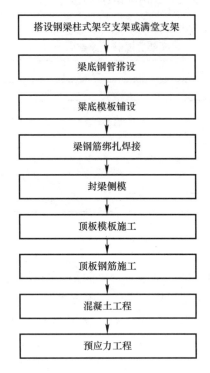

图 4-7-2-49 模板支架施工流程

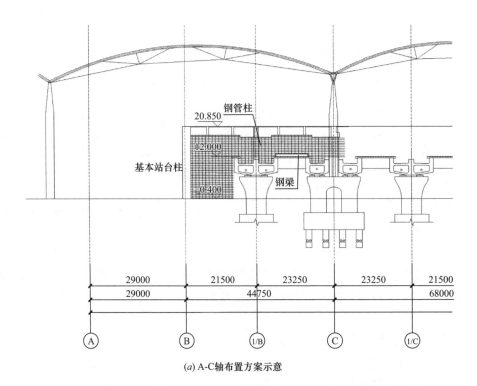

(a) A-C 轴布置方案示意

图 4-7-2-50 支架搭设示意（一）

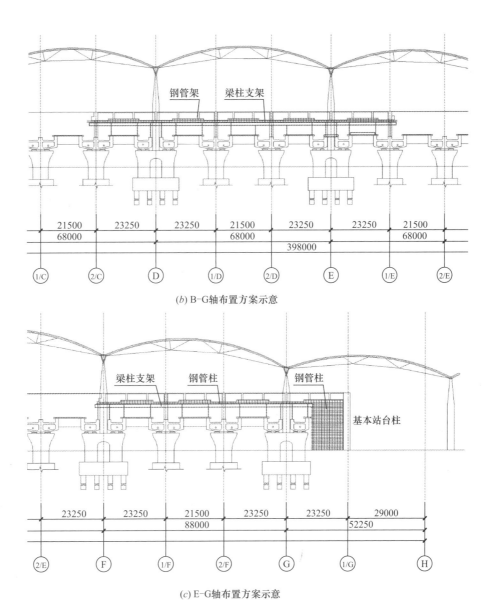

(b) B-G轴布置方案示意

(c) E-G轴布置方案示意

图 4-7-2-50 支架搭设示意（二）

注：为满足铁路施工桥面，轨顶至支架底部净空必须满足 5.5m 限高要求。

(1) 支架的构造要求

立杆之间必须按步距满设双向水平杆，确保两方向有足够的刚度。顶板间有荷载相差较大时，可以采用不同的立杆间距，但只宜在一个方向变距，而另一个方向不变。

(2) 立杆间距的设计

① 当支架体荷载在立杆不同高度轴力变化不大时，可以采用等间距设置。

② 当中部有加强层或支架很高，轴力沿高度分布变化较大，可采用下小上大的变间距设置，但变化不要过多。

③ 支撑架梁底立杆间距为 500mm×500mm，板底立杆间距为 1000mm×1000mm，水平杆步距为 1.5m。

(3) 整体性构造层的支架设计

① 当支撑架高度≥20m 或横向高宽比≥6 时，需要设置整体性单或双水平加强层。

② 单水平加强层可以每 4～6m 沿水平结构层设置水平斜杆或剪刀撑，且须与立杆连接，设置斜杆层数要大于水平框格总数的 1/3。

③ 双水平加强层在支撑架的顶部和中部每隔 10～15m 设置，四周和中部每 10～15m 设竖向斜杆，使其具有较大刚度和变形约束的空间结构层。

④ 在任何情况下，高支撑架的顶部和底部（扫地杆的设置层）必须设水平加强层。

(4) 剪刀撑的设计

① 沿支架四周外立面设剪刀撑，剪刀撑与里面夹角为 60°。

② 中部可根据需要并依构架框格的大小，每隔 3m 设置，梁底支架两侧也设置剪刀撑。

(5) 顶部支撑点的设计

① 在立杆顶部设置支托板，其距离支架顶层横杆的高度不宜大于 400mm。

② 顶部支撑点位于顶层横杆时，必须靠近立杆，且不宜大于 200mm。

③ 支撑横杆与立杆的连接扣件必须进行抗滑验算，当设计荷载 $N \leqslant 12kN$ 时，可用双扣件。大于 12kN 时必须用顶托方式。

(6) 支撑架搭设的要求

① 严格按照设计尺寸搭设，立杆和水平杆的接头均必须错开在不同的框格层中设置。

② 确保立杆的垂直偏差和横杆的水平偏差小于《扣件架规范》的要求。

③ 确保每个扣件和钢管的质量满足要求，每个扣件的拧紧力矩都控制在 45～60N·m，已发生变形的钢管不能选用。

(7) 施工使用的要求

① 精心设计混凝土浇筑方案，确保模板支架施工过程中均衡受载，采用由中部向两边扩展的浇筑方式。

② 严格控制实际施工荷载不超过设计荷载，对出现的超过最大荷载要有相应的控制措施，钢筋等材料不能在支架上方堆放。

③ 浇筑过程中，派人检查支架和支承情况，发现下沉、松动和变形情况及时处理。

4. 支架施工安全措施

(1) 支架的安装必须按模板的施工设计进行，严禁任意变动。

(2) 配件必须装插牢固，支柱和斜撑下的支承面必须平整垫实，并有足够的受力面积。

(3) 支架立杆竖直设置，下部严禁垫砖及其他易碎物，2m 高度的垂直允许偏差为 15mm。

(4) 登高作业时，各种配件放在工具箱内或工具袋内，严禁放在模板或脚手架上。

(5) 装拆施工时，上下有人接应，随拆随运转，并把活动部件固定牢靠，严禁堆放在脚手板上或抛掷。

(6) 支架安装时，采取触电保护措施，操作人员戴绝缘手套、穿绝缘鞋。支架安装就位后由专人将支架串起来，并按规定接地，防止漏电伤人。

(7) 吊装支架时，必须在就位后，方可脱钩，并严格遵守吊装机械使用安全有关规定。

(8) 支架系统在安装过程中，必须设置临时固定设施，严防倾覆。

(9) 雨及五级大风等天气情况禁止施工。

(10) 操作人员上下支架要设扶梯。上下口边缘 1m 以内不允许堆放构件和材料。

(11) 支架放置时不得压电线、气焊管线等。

(12) 支柱全部安装完毕后，及时沿横向和纵向加设水平撑和垂直剪刀撑，并与支柱固定牢靠，当支柱高度小于 4m 时，水平撑设上下两道，两道水平撑之间，在纵、横向加设剪刀撑，然后支柱每增高 2m 再增加一道水平撑，水平撑之间还需增加剪刀撑一道，支撑杆接长使用时，接头不能超过两个，且采用辅助支柱来保证接头的承力和稳定。

(13) 当梁底支架立杆采用单根立杆时，立杆设在梁模板中心线处，其偏心距不大于 25mm。

(14) 满堂支架四边与中间，每隔四排支架立杆设置一道纵向剪刀撑，由底至顶连续设置。

(15) 木方安装就位时，要在支架搭设稳固，板下横楞与支架连接牢固后进行。

(16) 支架安装完毕，必须进行检查验收后，方可在夹层板上支设轨道梁支撑系统。

(17) 设置避雷设施。

(18) 拆除支架时由专人指挥和切实可靠的安全措施，并在下面标出作业区，严禁非操作人员进入。操作人员配挂好安全带，禁止站在支架的横杆上操作，拆下的支架集中吊运，并多点捆牢，不准向下乱扔。拆支架间歇时，将活动的支撑等固定牢固，严防突然掉落、倒塌伤人。

(19) 支架拆除时严禁使用大杠或重锤敲击。拆除后的支架及时清理。

5. 支架拆除安全措施

(1) 支架拆除前必须向操作班组进行安全技术交底，在作业范围设安全警戒线并悬挂警示牌，拆除时派专人（监护人）看守，严禁非操作人员进入作业区。

(2) 支架拆除的顺序和方法：先支的后拆，后支的先拆，先拆不承重部分，后拆承重部分，按自上而下的原则进行。

(3) 作业前要事先检查所使用的工具是否牢固，扳手等工具必须用绳链系挂在身上，作业时思想要集中，防止钉子扎脚和从空中滑落。

(4) 拆除支架要用长撬杠时，严禁操作人员站在正拆除的支架上。

(5) 拆支架时要注意：

① 在拆除 2m 以上支架支撑木方时，要搭脚手架或操作平台，脚手板铺严，并设防护栏杆。

② 严禁在同一垂直面上操作。

③ 拆除时要逐块拆卸，不得成片松动和撬落、拉倒。

④ 严禁站在悬臂结构上面敲拆木方。

(6) 每人要有足够工作面，数人同时操作时要明确分工，统一信号和进行。

(八)"跳仓法"施工工法

由于 21m 高架候车层工期紧迫（仅 45d），原设计 21m 高架候车层按预留后浇带的做法进行施工，因后浇带必须在两侧板施工完成 45～60d 后再施工，无法实现工期要求，因此，经过充分研究和咨询专家意见，取消 21m 高架候车层后浇带，采用"跳仓法"施工技术施工。

1. 高架层分仓设置

(1) "跳仓法"分仓设置原则：结合 21m 高架候车层结构设计的实际情况，避开高应力区域设置，分仓长度不超过 50m。

(2) 21m 高架候车层"跳仓法"分仓共分成 45 仓，如图 4-7-2-51 所示，其中最大的仓块为 46.5m×44.5m，详细的分仓设置情况，如表 4-7-2-33 所示。

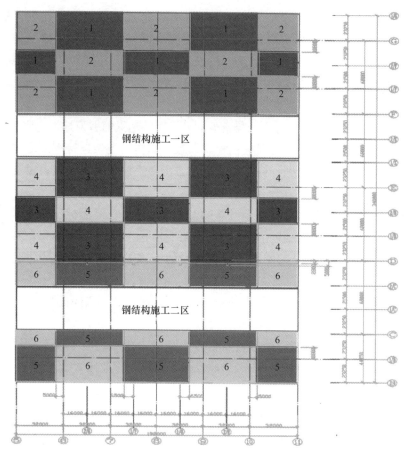

图 4-7-2-51 高架候车层钢筋混凝土楼板"跳仓法"分仓

21m 高架候车层"跳仓法"施工分仓   表 4-7-2-33

序号	分仓编号	钢筋（t）	混凝土（m³）	模板（m²）	钢支架（t）	面积（m²）	长（m）×宽（m）
1	2-1	137	484	1780	76	547	29.3×18.6
2	1-3	345	1215	4467	190	1373	44.5×29.3
3	2-6	225	793	2915	124	896	29.5×29.3
4	4-1	268	943	3468	147	1066	34.8×29.3
5	3-3	180	635	2336	99	718	29.3×23.2
6	4-6	300	1058	3891	165	1196	39.0×29.3
7	6-1	148	521	1916	81	589	29.3×19.0
8	6-4	202	712	2619	111	805	29.3×26.6
9	5-5	145	510	1874	80	576	29.3×19.4
10	1-1	217	763	2804	119	862	46.5×18.6
11	2-4	520	1830	6728	286	2068	46.5×44.5
12	1-6	356	1256	4616	196	1419	46.5×30.6
13	3-1	406	1432	5264	223	1618	46.5×34.8
14	4-4	271	956	3514	149	1080	46.5×23.2
15	3-6	455	1603	5895	250	1812	46.5×39.0
16	5-1	222	781	2873	122	883	46.5×19.0
17	5-3	323	1138	4184	178	1286	46.5×27.7
18	6-7	228	803	2951	125	907	46.5×19.4

续表

序号	分仓编号	钢筋（t）	混凝土（m³）	模板（m²）	钢支架（t）	面积（m²）	长（m）×宽（m）
19	2-2	210	739	2716	115	835	45.0×18.6
20	1-4	503	1771	6513	276	2002	45.0×44.5
21	2-7	346	1218	4477	190	1376	45.0×30.6
22	4-2	393	1386	5095	216	1566	45.0×34.8
23	3-4	263	925	3400	144	1045	45.0×23.2
24	4-7	441	1552	5706	242	1754	45.0×39.0
25	6-2	214	754	2772	118	852	45.0×19.0
26	6-5	314	1104	4060	172	1248	45.0×27.7
27	5-6	219	772	2840	121	873	45.0×19.4
28	1-2	217	763	2804	119	862	46.5×18.6
29	2-5	520	1830	6728	286	2068	46.5×44.5
30	1-7	356	1256	4616	196	1419	46.5×29.5
31	3-2	406	1432	5264	223	1618	46.5×34.8
32	4-5	271	956	3514	149	1080	46.5×23.2
33	3-7	455	1603	5895	250	1812	46.5×39.0
34	5-2	222	781	2873	122	883	46.5×19.0
35	5-4	323	1138	4184	178	1286	46.5×26.6
36	6-8	228	803	2951	125	907	46.5×19.4
37	2-3	137	484	1780	76	547	29.3×19.0
38	1-5	327	1153	4239	180	1303	44.5×29.3
39	2-8	217	764	2808	119	863	29.5×29.3
40	4-3	258	909	3341	142	1027	34.8×29.3
41	3-5	171	602	2212	94	680	29.3×23.2
42	4-8	287	1010	3715	158	1142	39.0×29.3
43	6-3	141	496	1825	77	561	29.3×19.0
44	6-6	196	689	2534	108	779	29.3×26.6
45	5-7	145	510	1874	80	576	29.3×19.4
合计		12728	44833	164831	6997	50665	

2. "跳仓法"施工

第一阶段：完成D～1/G轴各仓施工，混凝土浇筑日期从2009年10月1日开始，共有30块分仓区域，分4次"跳仓填仓"施工完成。

第二阶段：完成B～D轴各仓施工，混凝土浇筑日期从2010年1月20日开始，以轨道梁施工完成日期为准，共有15块分仓区域，分2次"跳仓填仓"施工完成。

"跳仓法"施工节奏≥7d，具体分仓填仓施工顺序及完成日期，如图4-7-2-52所示。

3. 分仓施工缝处加强构造钢筋设置

通过与设计单位协商，对分仓施工缝处设置加强构造钢筋，以控制施工缝处收缩裂缝。

根据其他类似工程施工经验，在施工缝处板面的钢筋间隔中增设1000mm×1000mm的钢筋网片（$\phi6$），网片钢筋间距同板面钢筋。

4. 分仓施工缝处理构造措施

（1）施工缝常见质量问题

较常见的施工缝质量问题，引起的原因有以下几点：

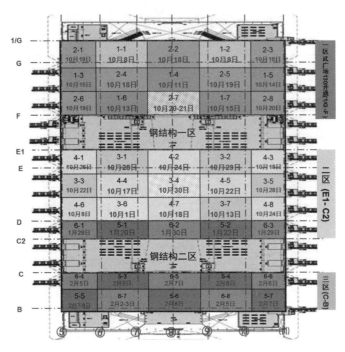

图 4-7-2-52 "跳仓法"施工顺序及完成日期

① 混凝土面没有凿毛，残渣没有冲洗干净，使新旧混凝土结合不牢。

② 在支模和绑扎钢筋过程中，锯末、铁钉等杂物掉入缝内没有及时清除掉，浇筑上层混凝土后，在新旧混凝土之间形成夹层。

③ 浇筑次层混凝土时，没有先在施工缝处铺一层水泥砂浆，新旧层混凝土不能牢固粘结。

④ 施工缝没有安装止水带。

⑤ 下料方法不当，使骨料集中于施工缝处。

⑥ 结构钢筋过密，振捣困难，混凝土不密实。

⑦ 没有采用补偿收缩混凝土，造成接槎部位产生收缩裂缝。

⑧ 施工缝的接缝形式选取不当。

(2) 预防施工缝出现问题的措施

21m 高架层设置施工缝必须严格按照规范规定，避免位置不当或处理不好而引发质量事故，主要从以下几方面入手：

① 严格控制施工缝的留设位置

施工缝位置设置在结构受剪力较小和便于施工的部位，21m 高架候车层混凝土分仓施工缝是根据上述原则，通过应力计算和现场实际施工条件所得，详细位置见分仓示意图。在施工过程中，施工缝的位置和施工顺序，不得随意改动。

② 施工缝的形式

施工缝的接缝形式有凹凸缝、高低缝、平缝、设止水带缝等多种。根据经验采用快易收口网的垂直平缝效果很好。一是施工方便，将快易收口网挂在施工缝处的钢筋上既可。二是不易变形且便于固定。三是施工缝便于处理，新旧混凝土之间结合效果较好。所以全部采用快易收口网的垂直平缝施工。

③ 施工缝的处理

A. 已浇筑混凝土的抗压强度不小于 1.2MPa。

B. 垂直施工缝必须拉线用切割机沿线切入混凝土面10mm，再用扁铲将混凝土表面水泥薄膜和松散石子剔除，露出密实层。在灌注混凝土前接缝处必须浇水充分湿润。

C. 浇筑前，在施工缝处宜先铺上10～15mm厚的水泥砂浆结合层，其配合比与混凝土内的砂浆成分相同。

D. 混凝土必须细致振捣密实，以保证新旧混凝土的紧密结合。

E. 高度大于2m的梁体，宜用串筒或振动溜管下料。

5. "跳仓法"混凝土浇筑控制措施

(1) 梁、板、柱不同强度等级混凝土控制措施

21m高架层的立柱、预应力梁和板混凝土强度等级分别为C50、C40、C30。因此，在施工中存在不同等级混凝土结构同时施工的问题，主要采取如下措施进行控制。

① 立柱混凝土先浇筑

为保证结构良好的整体性，21m高架层的立柱混凝土按规定要求一次浇筑完毕，不留施工缝。如必须间隙时，间隙时间尽量缩短，并在上一层混凝土初凝前，将次层混凝土浇筑完。

立柱浇筑混凝土前底部先填以5～10cm厚与混凝土配合比相同的石子砂浆，柱混凝土使用插入式振捣器分层振捣，每层厚度不大于500mm，振捣棒不得触动钢筋和预埋件。

立柱混凝土浇筑高度全部超过3m，必须使用软管或串桶分段浇筑。浇筑完后，随时将伸出的搭接钢筋整理到位。

立柱混凝土的浇筑高度要控制在梁底以上30mm标高处，待混凝土拆模后，在柱上口弹出梁底以上10mm线，然后人工沿线将上部高出混凝土剔掉，露出石子。如在2cm内仍未露出石子，需继续下凿直至露出石子为止。

② 梁柱节点处不同等级混凝土浇筑控制措施

采用柱头和梁混凝土同时浇筑柱施工。浇筑柱头前，在梁柱节点增加插筋，数量规格报设计单位审核，用高等级的（梁）混凝土浇筑柱头部位。

③ 预应力梁和板面不同等级混凝土施工

梁和板必须同时浇筑，不同等级的混凝土分别使用不同的泵车泵送到作业面，浇筑方向由一端开始用"赶浆法"，即先浇筑混凝土强度等级高的预应力梁，后浇筑板。在梁与板面相接的位置设置50mm高的钢丝网围挡，当浇到板底位置时继续用梁同等级的混凝土浇筑至钢丝网围挡内，再与板的混凝土一起浇筑，如图4-7-2-53所示。

混凝土浇筑与振捣必须紧密配合，第一层下料慢些，梁底充分振实后再下二层料，用"赶浆法"保持水泥浆沿梁底包裹石子向前推进，每层均必须振实后再下料，梁底及梁帮部位要注意振实，振捣时不得触动钢筋及预埋件。

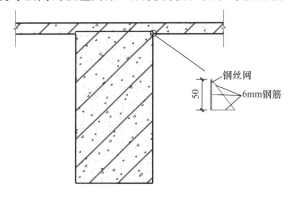

图 4-7-2-53　梁板接缝钢丝网围挡安装示意

梁柱节点钢筋较密，浇筑此处混凝土时宜用小粒径石子同强度等级的混凝土浇筑，并用小直径振捣棒振捣。

浇筑板混凝土的虚铺厚度略大于板厚，用平板振捣器垂直浇筑方向来回振捣，厚板可用

插入式振捣器顺浇筑方向拖拉振捣,并用铁插尺检查混凝土厚度,振捣完毕用长木抹子抹平。

(2) 混凝土浇筑过程质量控制措施

仓段内混凝土的浇筑方法可用分层连续浇筑或推移式连续浇筑,不得留施工缝,并符合下列规定:

① 混凝土的摊铺厚度应根据所用振捣器的作用深度及混凝土的和易性确定,当采用泵送混凝土时,混凝土的摊铺厚度不大于500mm。

② 分层连续浇筑或推移式连续浇筑,其层间的间隔时间应尽量缩短,必须在前层混凝土初凝之前,将次层混凝土浇筑完毕。层间最长的间隔时间不大于混凝土的初凝时间,当超过混凝土的初凝时间,层面应按施工缝处理。

③ 板混凝土振捣完毕后,先用2m长刮尺,按设计标高随打随抹平,待混凝土沉实后,用木抹子进一步搓压提浆找平,搓抹两遍,在混凝土初凝前再采用机械抹光机抹压一遍,使板面表面平整度控制在±5mm之内。

(3) 混凝土浇筑顺序控制

① 支架搭设要求

由于21m高架候车层模板支架体系是采用从12m层轨道梁的腹板上搭设梁柱式支架,并形成一个5.5m高的门洞,再在其上搭设满堂式钢管脚手架至21m层梁板底(另见详细的施工方案),因此,采用"跳仓法"施工21m高架层的混凝土时,分仓仓段的划分对轨道梁均匀承荷、支架的稳定,以及混凝土浇筑顺序对轨道梁、模板支架系统的稳定,必须认真分析,并采取如下措施控制:

A. 仓段间支架搭设要求:根据分仓设置及跳仓浇筑先后顺序,首先浇筑的仓段为:1-6、1-7、3-1、3-2、3-6、3-7,在搅捣这六块分仓仓段的混凝土前,必须完成G~F轴、1/E~2/C轴之间的全部模板支架体系,并连接成整体。

B. 搭设的模板支架已通过试压实验,确认满足承载力及稳定要求后再开始绑扎仓段内钢筋、浇筑混凝土。

② 仓段内混凝土浇筑顺序

A. 6~7轴、9~10轴B1、B2仓段混凝土浇捣顺序为从7、9轴分别同时向5、11轴方向浇筑,对称均恒加载。

B. 7~9轴A仓段混凝土浇捣顺序为从7、9轴同时向8轴方向浇筑,控制进度,两边均恒加载至中间合拢。

C. 5~6轴、10~11轴C1、C2仓段混凝土浇捣顺序为从6、10轴分别同时向5、11轴方向浇筑,对称均恒加载。如图4-7-2-54所示。

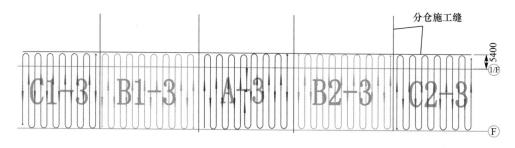

图4-7-2-54 "跳仓法"施工仓段内混凝土浇筑顺序示意

(4) 混凝土搅拌运输过程控制措施

混凝土的拌制、运输必须满足连续浇筑以及尽量降低混凝土出罐温度等方面的要求，并符合下列规定：

① 当炎热季节浇筑大体积混凝土时，搅拌场宜对砂、石骨料采取遮阳、降温措施、拌和水采用冷却水。

② 混凝土采用三一重工搅拌机集中搅拌，搅拌站共三条自动化生产线，其中两条 $3m^3$ 生产线、一条 $2m^3$ 生产线，生产能力满足混凝土连续浇筑的要求。

③ 混凝土搅拌运输车和输送泵的数量必须满足连续浇筑的要求。

(5) 混凝土表面泌水处理

在浇筑过程中，及时清除混凝土表面的泌水。泵送混凝土的水灰比一般较大，泌水现象也较严重，要做好赶浆和排浆处理，不及时清除，将会降低结构混凝土的质量。

6. "跳仓法"施工混凝土原材料及配合比控制措施

梁板混凝土裂纹控制的方法在于减少引发裂纹的各种因素，抑制混凝土在硬化阶段裂纹的发展趋势，使其不产生裂纹或裂纹宽度控制在允许范围内，从而提高混凝土的耐久性，达到预期的使用寿命。

原材料质量和配合比设计直接影响混凝土的性能和强度，是混凝土裂纹形成和控制不可忽略的因素。主要从以下几点加强预防措施：

减少混凝土表面水分，减少混凝土泌水率，从而减少新浇混凝土表面的塑性收缩。

(1) 配合比优化设计

为满足混凝土的耐久性和泵送性，提高混凝土的抗裂性能，选用低水胶比，大坍落度（140～180mm），粉煤灰掺量按水泥用量的 25%～30%，不掺矿粉。配合比在试验室条件下出机和易性良好，无泌水，无离析，一小时坍落度损失只有 10～20mm。C40 预应力混凝土在保证强度及各项指标的前提下尽量减少水泥用量，使水泥用量不大于 $300kg/m^3$，24h 强度宜控制在 8MPa 以内。

(2) 优选原材料

① 水泥：为尽可能地降低水化热及其释放速率，优先考虑采用早期水化热低、C_3A 含量低、细度适合的水泥并尽可能降低水泥用量。另外为了减少混凝土泌水现象，选用不掺石灰石粉的水泥。

② 掺合料：在胶凝材料总量中，提高粉煤灰等掺合料所占比例，可降低水化热、水胶比、延缓、推迟混凝土内部温度峰值出现时间，提高混凝土密实性及耐久性。严格控制粉煤灰的烧失量等技术指标。

③ 外加剂：实现低水胶比，低胶凝料用量，且强度、耐久性满足设计要求，高性能外加剂必不可少，采用减水率高、坍落度损失小、适量引气、质量稳定、能满足混凝土耐久性能的产品。通过试验优选外加剂品种。

④ 粗、细骨料：细骨料采用级配良好的中砂，细度模数为 2.4～2.8，含泥量为小于 2%。粗骨料采用级配、粒形好的碎石，为避免粗骨料生产、堆放、动输过程中级配分离，采用 5～16mm 和 5～25mm 两种级配碎石分级堆放、分级计量，如图 4-7-2-55 所示。级配良好、空隙率小的粗细骨料可以有效降低单方混凝土用水量和胶凝用量，从而降低混凝土水化热，减少裂纹产生。探讨采用最大粒径 31.5mm 骨料的可行性。

图 4-7-2-55 骨料分级堆放料仓

(3) 混凝土施工过程裂纹控制措施

① 严格按照施工配合比要求进行计量,最大允许偏差符合下列规定(按质量计):胶凝材料(水泥、掺合料)±1%。外加剂±1%。骨料±2%。拌合用水±1%。

② 搅拌混凝土前,用直接法测定粗细骨料的含水率,以校核拌合站自动检测系统,准确测定因天气变化而引起的粗细骨料含水量变化,以便及时调整施工配合比,含水率每班用直接测定不小于3次。

③ 减少砂石料中含泥和粉尘量,在输送皮带上加装洗料系统,有效地解决含泥量的问题。对采用低温水冷却骨料进行专题研究。

④ 混凝土搅拌时,先投入细骨料、水泥矿物掺合料,搅拌均匀后,再加入水和复合外加剂,待砂浆充分搅拌后再投入骨粗料,搅拌时间较普通混凝土稍微延长一些,一般控制在120s左右。进行加冰水或冰屑后加料顺序和搅拌时间的专题研究。

⑤ 采取在堆料场搭设遮阳棚、低温水拌和搅拌混凝土,并专门建有冷却塔等技术措施,如图 4-7-2-56 所示。对于胶凝材料(水泥、粉煤灰)储料罐,通过提前预留散热时间、对罐体喷洒冷水等措施降低胶凝材料进入搅拌机的温度。

图 4-7-2-56 搅拌站冷却水设备

⑥ 避免模板和钢筋直接受阳光照射，浇筑前进行洒水润湿，保证混凝土入模前模板和钢筋的温度以及附近的区域温度不超过 35℃。

⑦ 运输过程中对运输设施采取保温隔热措施，防止局部混凝土温度升高。运输、浇筑过程中禁止随意加水等不良习惯，任何微小的变化均有可能导致混凝土性能的变化，增加裂缝控制的难度。

⑧ 尽量减少混凝土的运输时间，从搅拌机出盘到浇筑完毕的延续时间以不影响混凝土的各项性能为限，罐车出料时，罐车高速旋转 20~30s。

⑨ 混凝土浇筑及完成后，要求对环境温度足够重视，避免模板和新浇混凝土受阳光直射，12h 内对混凝土进行覆盖和洒水。浇筑尽量选择夜晚和早晨环境温度较低时进行。

7. "跳仓法"施工混凝土养护措施

(1) 混凝土养护工艺流程

混凝土养护工艺流程：(混凝土浇筑振捣)→一次抹平→泌水处理→二次抹压（机械抹光机提浆抹光）→喷雾湿养护 24h→表面覆盖→蓄水湿养护 7~14d。如图 4-7-2-57 所示。

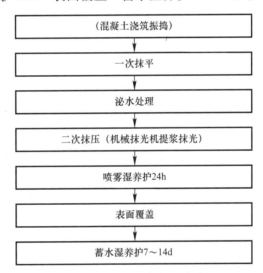

图 4-7-2-57 混凝土养护工艺流程图

(2) 混凝土二次抹压

混凝土浇筑振捣密实后，为了表面的平整度，必须用木抹子将表面抹平，称为"一次抹平"。一次抹平后至混凝土初凝前，必须至少再抹一次，这次不只是抹平，还要"压"，将混凝土表面抹压密实，称为"二次抹压"。二次抹压的主要作用有：

① 消除混凝土的表面缺陷及早期的塑性裂缝。

② 提高混凝土表层的密实度。

③ 表层密实度提高后，减缓混凝土内水分迁移蒸发的速度，提高抗裂能力。

从一次抹平至二次抹压，是混凝土逐渐初凝的过程，有较长一段时间，只要环境相对湿度低于 100%，混凝土就会失水，形成缺陷。这些缺陷不消除，在混凝土继续失水的情况下，孔道将进一步加深，裂缝进一步扩展，出现开裂。根据施工经验，在湿养不够及时、不够充分的情况下（例如传统湿养护），只有一次抹平而没有二次抹压，混凝土的开裂将很严重，实施二次抹压后，开裂程度大大减轻。因此，21m 高架层进行"跳仓法"施工混凝土时，必须实施二次抹压工艺。

在二次抹压时，往往习惯于抹刀手工抹压，不仅效率低，力度也不够，当缺陷由表往里发展较深时，很难消除。21m高架层混凝土二次抹压全部采用圆盘式抹光机，二次抹压后，必须立即对混凝土进行充分的湿养护，以避免混凝土再次失水。只有这样才能保证混凝土早期水化良好，提高硬化质量。

(3) 及时而充分的湿养护

所谓及时湿养护主要是在混凝土的表面没有失水前就进行养护，在实际操作过程中，要掌握及时养护有一定的困难，往往需要根据混凝土拌合物性能、气候等情况来确定（一般在混凝土刚初凝就要进行湿养护），如果在养护时表面已出现失水现象，则需要在养护前对表面因失水造成的缺陷先行处理再养护，以保证养护的效果。所谓充分养护主要是保证在整个规定的养护期间混凝土都不失水，养护越充分则混凝土存在的缺陷就少。

① 21m高架层为水平的混凝土表面采用滞水法养护，使其在规定之养护期间内保持浸于水中。

② 养护期间最初24h内，使用喷雾器对混凝土表面连续喷雾，使水呈雾状，不可形成水流，亦不得直接以水雾加压于混凝土面，以免造成剥损。喷雾器选用石家庄及时雨牌电动喷雾器，按梅花状布置，喷雾点之间相互覆盖形成雾状水幕，覆盖浇筑完成的混凝土表面。

③ 混凝土浇筑24h后在表面以覆盖材料如麻布、席、土工布及细砂等完全覆盖。覆盖材料直接铺盖于混凝土表面上，并随时保持湿润。如现场具备条件，可采用"蓄水法"养护。

④ 养护期间不得损害覆盖材料、防水养护布或混凝土表面。

⑤ 分仓施工缝的梁断面位置必须加强养护，避免该处水分损失过多，可采用草席等物塞入梁接头处，并充分湿水保湿养护。

(4) 湿养护期限及注意要点

根据试验资料，混凝土7d强度约为28d强度的65%～85%，因此规范要求湿养护7天，最好能保持14天都不失水。根据以往的混凝土施工经验，在混凝土浇筑完成后7天中，时间越靠前，混凝土越容易失水，防止失水也越重要。3d强度约为28d强度的45%～60%，所以前3天防止失水尤为关键。前3天若不失水，之后继续浇水保湿至7天，从工程实际来看，效果都不错。而第一天则更为关键，如果第一天失水过多，所造成的缺陷可能以后都很难弥补。若第一天不注意保养，第二天才开始蓄水养护，养护结束以后，板面还是有很多的裂缝，分析其原因，是因为第一天已经有了裂缝的产生，这说明第一天的不养护致使粗大的毛细孔已经形成，难于愈合。所以，对于采用"跳仓法"施工的21m高架层混凝土的湿养护必须达到14天，关键前3天，最关键是第1天。

8. 混凝土裂缝封堵预案

混凝土的裂缝是不可避免的，其微裂缝是本身物理力学性质决定的，但它的有害程度是可以控制的，目前世界各国的规定不完全一致，但大致相同。如从结构耐久性要求、承载力要求及正常使用要求，最严格的允许裂缝宽度为0.1mm。近年来，许多国家已根据大量试验与泵送混凝土的经验将其放宽到0.2mm。当结构所处的环境正常，保护层厚度满足设计要求，无侵蚀介质，钢筋混凝土裂缝宽度可放宽至0.4mm。21m高架层所处的外部环境正常，采取相应措施，并加强保护层厚度的管理，钢筋混凝土的裂缝允许宽度按照相应的验收规范要求实施。

混凝土裂缝原因分析在修补裂缝前必须全面考虑与之相关的各种影响因素，仔细研究产生裂缝的原因，裂缝是否已经稳定，若仍处于发展过程，要估计该裂缝发展的最终状态。根据裂缝产生的原因及裂缝发展的不同状况，有针对性地制订裂缝封堵预案。

(1) 开槽法修补裂缝

该法适合于修补较宽裂缝大于 0.5mm，采用环氧树脂：10，聚硫橡胶：3，水泥：12.5，砂：28。首先用人工将晒干筛后的砂、水泥按比例配好搅拌均匀后，将环氧树脂和聚硫橡胶也按配比拌匀，掺入已拌好的砂、水泥当中，再用人工继续搅拌。最后用少量的丙酮将已拌好的砂浆稀释到适中稠度（约 200g 丙酮就可以了）。及时将已拌好的改性环氧树脂砂浆用橡胶桶装到已凿好且洗净吹干后的混凝土凿槽内进行嵌入。从砂浆开始拌和到嵌入混凝土缝内，一组砂浆的整个施工过程需要 30min 左右。嵌入后的砂浆养护，即砂浆嵌入缝槽处理后 2h 内，及时用毛毡、麻袋进行覆盖，待完全初凝后，开始用水养护。

(2) 低压注浆法修补裂缝

低压注浆法适用于裂缝宽度为 0.2～0.3mm 的修补。修补工序如下：裂缝清理→试漏→配制注浆液→压力注浆→二次注浆→清理表面。

当裂缝数量较多时，先要在裂缝位置上贴医用白胶布，再用窄毛刷沾浆沿裂缝来回涂刷封缝，使裂缝封闭，大约 10min 后，揭去胶布条，露出小缝，粘贴注浆嘴用浆包严。固化后周边可能有裂口，必须反复用浆补上，以避免注浆漏浆。注浆操作一般在粘嘴的第二天进行，若气温高的话，半天就可注浆。操作时先用补缝器吸取注浆液，插入注浆嘴，用手推动补缝器活塞，使浆液通过注浆嘴压入裂缝，当相邻的嘴中流出浆液时，就可拔出补缝器，堵上铝铆钉。一般由上往下注浆，水平缝一般从一端到另一端逐个注浆。为了保证浆液充满，在注浆后约 30min 可以对每个注浆嘴再次补浆。

(3) 表面覆盖法修补裂缝

这是一种在微细裂缝（一般宽度小于 0.2mm）的表面上涂膜，以达到修补混凝土微细裂缝的目的，分为涂覆裂缝部分及全部涂覆两种方法。

表面覆盖法所用材料视修补目的及建筑物所处环境不同而异，通常采用弹性涂膜防水材料、聚合物水泥膏、聚合物薄膜（粘贴）等。施工时，首先用钢丝刷子将混凝土表面打毛，清除表面附着物，用水冲洗干净后充分干燥，然后用树脂充填混凝土表面的气孔，再用修补材料涂覆表面。

（九）21m 层型钢及钢筋混凝土楼板施工

1. 产品选型

21m 高架层组合楼板厚度为 150mm，采用 1.2mm 厚 YX90-340 闭口压型钢板，材质 Q345B，镀锌双面含量 275g/m²，如图 4-7-2-58 所示。

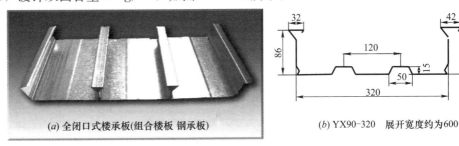

图 4-7-2-58　320 型闭口楼承板

2. 施工前的准备工作

(1) 技术准备

① 根据已经选定的板型宽度，根据结构设计的楼板承载要求及建筑分隔，在图纸上预先

排布压型钢板,从而确定板材的加工长度、数量,给出材料编号和采购清单,实际施工时据此安装压型钢板。压型钢板排板图应当包含以下内容:标准层/非标准层压型钢板排板图,标准节点做法详图,个别节点的做法详图,压型钢板编号,材料清单等。

② 根据设计文件、施工组织设计和压型钢板排版图的有关要求和内容,编制压型钢板施工作业指导书和有关安全、技术交底文件,根据责任范围和施工内容下发到有关班组和个人,进行严格的作业交底。

③ 在铺设压型钢板之前及时办理已经安装完毕的钢结构楼层梁、焊接、接点处防腐等工程的隐蔽验收,最好是整层施工。

④ 压型钢板按施工要求分区、分片吊装到施工楼层并放置稳妥,及时安装,不宜在高空过夜,必须过夜的要临时固定。

⑤ 压型钢板的几何尺寸、重量及允许偏差符合《建筑用压型钢板》GB/T 12755 的要求。

⑥ 高空施工的安全走道按施工组织设计的要求搭设完毕。

⑦ 压型钢板的切割采用冷作、空气等离子弧等方法,严禁用氧气乙炔焰切割。

(2) 材料准备

压型钢板所需的各种材料在高架层钢筋混凝土结构施工完成后,即利用轨道平板车和吊车调运至 21m 高架层混凝土结构板上,堆放整齐。

由于压型钢板厚度较小,为避免施工焊接固定时焊接击穿,故采用直径 $\phi 2.5$mm、$\phi 3.2$mm 等小直径的焊条。

用于局部切割的云石机锯片和手提式砂轮机砂轮片的半径宜大于所使用的压型钢板波形高度。

承板焊钉由国家认可的专业厂家生产,其厚度和长度严格按设计要求。

压型钢板进场后必须进行复验和有关试验鉴定。压型钢板的尺寸、形式、板厚允许偏差符合《建筑用压型钢板》GB/T 12755 的要求。几何尺寸在出厂前进行抽检,对用卷板压制的钢板每卷抽检不少于 3 块。压型钢板基材不得有裂纹,镀锌板不能有锈点。

(3) 人员机具准备

根据现场实际情况及工期要求,配备充足的人力资源和机械设备,如表 4-7-2-34、表 4-7-2-35 所示。

人力资源 表 4-7-2-34

序号	工种	人数	备注
1	安装工	140	负责材料倒运及安装
2	电焊工	12	
3	电工	4	
4	操作工	10	

机械设备 表 4-7-2-35

序号	名称	规格型号	数量	用途	备注
1	电焊机	400 直流	8	压型钢板焊接	
2	栓钉机	CD-2000	6	栓钉焊接	
3	空气等离子切割机	LG8-25、LG8-30K、LGK8-40	4	压型钢板切割	
4	手提式砂轮机		5	钢梁打磨	
5	钣金工剪刀		4	边角切割	
6	自攻丝电动机		3	铆钉	

(4) 作业条件

压型钢板施工前，21m 钢结构区的钢梁构安装、焊接、节点处高强度螺栓、油漆等工程的施工隐蔽验收已经完成。

根据施工组织设计要求的安全措施落实到位，高空行走马道绑扎稳妥、牢靠之后才可以开始压型板的施工。

安装压型钢板的相邻梁间距大于压型钢板允许承载的最大跨度时，根据施工组织设计的要求进行加固。

各种材料机械已经调运到 21m 高架候车层指定现场。

3. 工艺流程及操作要点

(1) 工艺流程

压型钢板及钢筋混凝土楼板施工工艺流程，如图 4-7-2-59 所示。

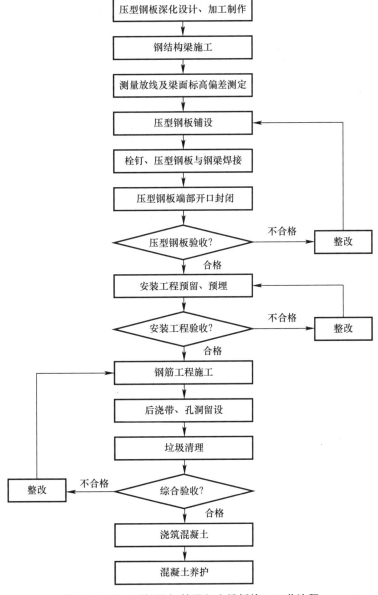

图 4-7-2-59　型钢及钢筋混凝土楼板施工工艺流程

(2) 操作要点

① 压型钢板的吊装、铺设

压型钢板在装、卸、安装中严禁用钢丝绳捆绑直接起吊,运输及堆放必须有足够支点,以防变形。

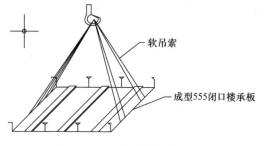

图 4-7-2-60 压型钢板起吊示意

吊运时必须使用软吊索,或在钢丝绳与板接触的转角处加胶皮,或钢板下使用垫木,但必须捆绑牢固,谨防垫木滑移,压型钢板倾斜滑落伤人。压型钢板吊运到已完成的 21m 高架层钢筋混凝土楼板上的指定地点。避免材料的运输和其他项目施工产生干扰。压型钢板起吊示意,如图 4-7-2-60 所示。

安装压型钢板前,先在梁上标出压型钢板铺放的位置线。铺放压型钢板时,相邻两排压型钢板端头的波形槽口必须对准。板吊装就位后,先从钢梁已弹出的起铺线开始,沿铺设方向单块就位,到控制线后适当调整板缝。

必须严格按照图纸和规范要求排板与调整位置,板的直线度为单跨最大偏差 10mm,板的错口要求<5mm,检验合格后方可与主梁连接。

不规则面板的铺设:根据现场钢梁的布置情况,以钢梁的中心线进行放线,得出实际要铺设压型钢板的面积,再根据压型钢板的宽度排版。之后对压型钢板进行放样,切割。将压型钢板在地面平台上进行预拼合,发现有咬合不紧和不严密的部位要及时调整。

② 临边包边板的安装

压型钢板楼层板临边及洞口采用镀锌钢板进行包边封堵,其规格一般为长 1.25m,厚 1.5mm,如图 4-7-2-61 所示。

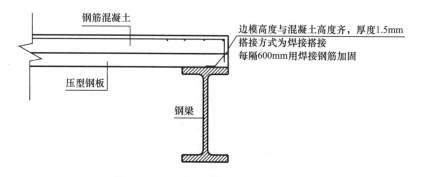

图 4-7-2-61 压型钢板临边包边板安装

每块封边板采用钢筋进行电焊焊接加以固定,保证包边板首尾连接,通长顺直,同时防止浇筑混凝土时包边板变形。

③ 压型钢板焊接、栓钉焊接

压型钢板铺设过程中,对于被压型钢板全部覆盖的支撑钢梁,先在压型板上标示钢梁的中心线,以便于栓钉焊接能准确到位。

焊接前严格检查压型钢板与钢梁之间的间隙是否控制在 1mm 之内,并保证焊接处干燥。

对于实际施工过程中遇到的引弧先熔穿 1.2mm 镀锌压型钢板而后与钢梁熔为一体的穿透型栓钉,要充分考虑压型钢板的厚度、表面镀锌层以及钢板与钢梁之间间隙的影响,每次施工前均要在试件上放置压型钢板,试打调整好工艺参数后,进行施工。施工的前10颗钉进行15°打弯试验合格后进行正常施工。

大面积焊接前,必须根据工艺评定报告中有关参数要求及调整后的工艺参数,按专人并对每个焊接工人逐一进行技术交底。每次焊接有阶段性的记录,综合每次调整的参数,列出表格。

铺设后的压型钢板调直后,为防止从钢梁滑脱或被大风掀起,必须及时点焊牢固或用栓钉固定。

压型钢板与支撑钢梁之间采用点焊或塞焊,焊点的平均最大间距为300mm,每波谷处点焊一处,焊接点直径不得小于1cm,侧点焊每900mm一处,如图4-7-2-62所示。

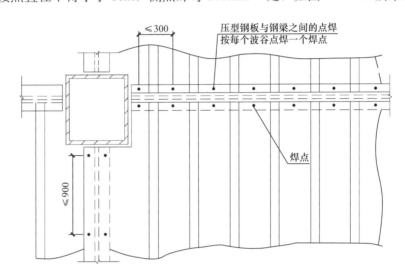

图4-7-2-62 压型钢板与钢梁固定焊接大样图

如果采用穿透式栓钉直接透过压型钢板植焊于钢梁上,则栓钉可以取代上述的部分焊点数量,如图4-7-2-63所示。但压型钢板铺设定位后,仍按上述原则被固定,熔焊直径可以改为8mm以上。

图4-7-2-63 栓钉焊接

点焊采用直流焊机手工电弧焊。

如果栓钉的焊接电流过大,造成压型钢板烧穿而松脱,必须在栓钉旁边补充焊点。

对钢梁由于截面厚度不一产生的高差,用锤击并实施点焊使其波谷底面与钢梁表面间隙控制在1mm以内,以便于栓钉焊接。

若梁的上翼缘标高与压型钢板铺设标高不一致,先在梁的上边垫钢板用来支承压型钢板(钢板与钢梁接触的四周采用满焊方式与梁焊接牢固),如图4-7-2-64所示。

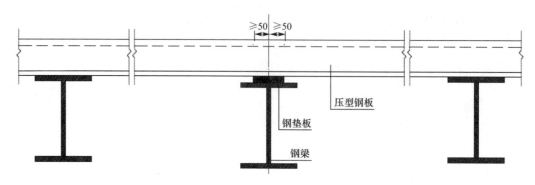

图 4-7-2-64　节点升高示意

④ 现场开孔及切割

压型钢板的切割工作，如斜边、切角、超长、留孔及一些不规则面等，均使用等离子切割机，避免破坏钢板表面镀层处理。如使用氧气乙炔切割，则必须于切割口边缘涂上富锌粉防锈漆，以免锈蚀。水电、通风管道施工时，由压型钢板施工人员进行切洞。切割后必须按要求进行洞口的防护。

在压型钢板定位后弹出切割线，并经核对后沿线切割。

如错误切割，造成压型钢板的毁坏，必须记录板型与板长度，并及时通知供货商补充。

一般孔洞尽可能留在混凝土浇筑后再切割，如垂直板肋方向的预开洞将损及压型钢板的沟肋时，必须按规定补强。补强措施详见开孔补强施工大样图。

圆形孔径小于等于 800mm，或长方形开孔任何一边的尺寸小于等于 800mm 者，可以先行围模，待楼板混凝土浇筑完成，并达到设计强度的 75% 以上再进行切割开孔，如图 4-7-2-65 所示。

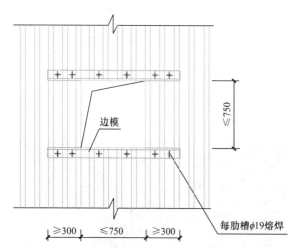

图 4-7-2-65　压型钢板开孔 300～750mm 加强措施图

当开孔直径或任何一边的尺寸大于 800mm 时，先于开孔四周添加围梁。压型钢板开孔 ≥800mm 的加强措施，如图 4-7-2-66 所示。

钢梁与柱相交处按图 4-7-2-67 所示，采取相应的加固措施。

4．钢筋工程

(1) 钢筋绑扎的注意事项

根据设计图纸，压型钢板上铺设单层双向的钢筋网，为保证钢筋受力，重点注意控制钢筋的保护层。

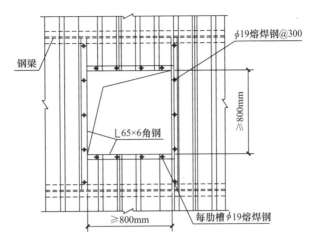

图 4-7-2-66　压型钢板开孔≥800mm 加强措施

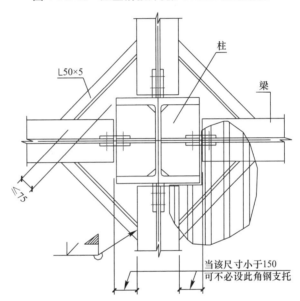

图 4-7-2-67　钢梁与柱相交处加固措施

采用模板铺设一条施工人员行走路线，钢筋绑扎完成后不允许其他人员（混凝土工除外）任意踩踏而造成钢筋变形、凌乱。

(2) 钢筋马凳的加工、放置方式

压型钢板厚度为 1.2mm，必须防止锐器或硬物局部撞击，造成肋与肋之间的钢板发生凹陷，甚至穿透。

马凳采用直径≥12mm 的钢筋进行加工，马凳的长度宜为 600mm，高度按具体板厚计算。马凳的支腿应放置在压型钢板的板肋上面，对压型钢板的整体受力有利，为防止在压型钢板板肋上滑动，将跟部钢筋两端打弯。放置的间距宜按 1.5m×1.5m 规格，如图 4-7-2-68 所示。

(3) 板底加强筋的保护层控制

如需要在压型钢板"波谷"部位沿平行板肋的方向加设加强钢筋，则要在钢筋套上 500mm 间距的塑料垫块，以保证加强筋的保护层。并每隔一段距离用一条短钢筋垂直于板肋放置，卡在板肋中间，以固定板底筋。

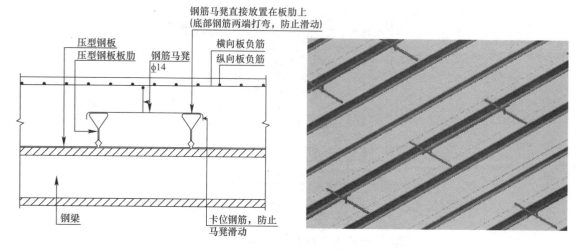

图 4-7-2-68　钢筋马凳放置方式

5. 混凝土工程

混凝土施工以构造缝为界限划分施工区域，同一区域内混凝土一次性浇筑，不留设施工缝、后浇带。

(1) 垃圾清理的基本要求

压型钢板安装完毕后以及混凝土施工前，必须把垃圾、灰尘等杂物清理干净，清理方式宜采用吸尘器。

采用扫把、吸布等方式排除压型钢板凹槽内积水，同时制定混凝土施工过程遭遇暴雨的对策，做好凹槽内雨水的及时处理方案。

(2) 混凝土施工的注意事项

① 混凝土施工前不能对压型钢板浇水湿润。

② 采用汽车混凝土输送泵、塔吊等空中方式进行混凝土输送。施工中注意倾倒混凝土点选择在钢梁的部位，避免倾倒混凝土时强大冲击力破坏压型钢板，从而造成压型钢板的变形，甚至塌陷。

③ 混凝土料必须均匀分布，不能在某个地方堆积料，对于已堆积较高的混凝土必须马上人工向四周扒平，分散受力。

④ 采用平板振动器振捣时不能长时间停留在同一个地方振动。初凝前必须对混凝土进行二次打磨压光。

(3) 混凝土养护的注意事项

采用浇水并在表面覆盖塑料薄膜的施工方法，加强养护时间的控制。

对预留孔洞的周边要进行围护处理，防止养护水从孔洞口或其他空隙往下漏，从而影响下方的其他工序施工或行人正常的行走路线。

6. 质量控制

(1) 质量控制标准

① 压型钢板加工、安装施工质量标准参照《钢结构工程施工质量验收规范》GB 50205—2001。

② 压型钢板进场验收主要查看其基板是否有裂纹，镀锌层是否有肉眼可见的裂纹、剥

落、擦痕等质量缺陷。

③ 压型钢板的尺寸允许偏差：波距偏差±2.0mm，波高偏差±1.5mm（截面高度≤70mm），侧向弯曲偏差20mm（长度≤7m）。

压型钢板的现场加工制作允许偏差，如表4-7-2-36所示。

压型钢板的现场加工制作允许偏差　　　　表4-7-2-36

序号	项目	特征要求	允许偏差（mm）
1	压型钢板的覆盖宽度	截面高度≤70mm	+7.0，−2.0
2	板长	—	±9.0
3	横向剪切偏差	—	6.0

④ 压型钢板与结构钢梁的锚固支承长度，除满足设计要求之外，应保证不小于50mm。

⑤ 压型钢板安装必须平整、顺直，相邻两块钢板之间的肋必须保证通线，偏差控制在5mm之内，以保证压型钢板底部完成面的美观效果。

⑥ 栓钉的外观检查。焊好的焊钉，在其根部周围有挤出的熔融金属（挤出焊脚），但焊钉挤出焊脚的立面可不熔合，水平面可为溢流，且允许在挤出焊脚的顶面有时形成与焊钉直线呈径向或纵向的少量小收缩裂纹或缺陷。

栓钉外观检验的质量标准，如表4-7-2-37所示。

栓钉外观检验的质量标准　　　　表4-7-2-37

序号	检查项目	判定标准与允许偏差	检验方法
1	焊肉形状	360°范围内，焊肉>1mm；焊肉宽度>0.5mm	目检
2	焊肉质量	无气泡和夹渣	目检
3	焊缝咬肉	咬肉深度<0.5mm；咬肉深度≤0.5mm并打磨掉咬肉处的锋锐部位	目检
4	栓钉焊后的高度	焊后高度偏差<±2mm	钢尺丈量

⑦ 栓钉的弯曲（敲击）检查。在外观检查合格之后，抽检栓钉总数的1%进行弯曲检查：用手锤敲击栓钉头部使其弯曲，偏离原垂直位置15°，被检栓钉的根部焊缝未出现裂纹和断裂者即为合格。

7. 安全措施

（1）压型钢板铺设前，对工人进行安全教育，提高安全意识。压型钢板的铺设顺序一般为散板、调整、铆固，铺设作业前必须在铺设压型钢板的下方事先满挂一层水平安全网。

（2）压型钢板吊运重量不能过大，过程中必须专人指挥，小心操作，以免操作失误而造成材料的损坏、变形、报废。

（3）压型钢板的堆放叠加不宜过高，随吊随用，以免堆积过高而跌落伤人。

（4）铆固人员及时将调整好的压型钢板铆固好，要求铆固与铺板同步，不得漏铆或跳板铆固，防止因漏铆而发生溜板现象，以防人员踩翻高空跌落。

（5）在压型钢板、钢筋施工过程中的电线、电缆必须采用绝缘措施挂起，以免线路漏电而造成大面积触电伤人。

（6）所留洞口的临边安全防护必须及时处理，压型钢板铺设后及时封闭洞口，设护栏并做明显标识。

(7) 在铺设压型钢板时，禁止无关人员进入施工部位。压型钢板施工楼层下方禁止人员穿行。

(8) 禁止在高空抛掷任何物品，物品用绳拴牢后传递。风力大于 5 级及雨天停止压型钢板安装作业。

(9) 安装移动压型钢板时要求注意风向，必须采用水平移动，避免压型钢板面迎风作业。

(十) 施工体会

新广州站高架层施工阶段正值大会战时期，众多施工队伍在现场穿插施工，互相干扰极大，立体交叉作业时应做到以下几点：

1. 良好的组织协调。高架层施工时，施工单位众多，指挥部每晚的协调会较好地协调了各单位之间的施工交叉，减少了干扰。

2. 合理的交通组织。高架层施工，工程量巨大，合理的交通组织，专人指挥，能有效避免堵塞，大量施工材料能准确及时地运送到指定地点。

3. 良好的施工准备。针对工期、质量及施工现场这一特殊环境，提前做好材料（所有周转材料，一次性投入、备齐）、人员、机械准备（人员、机械 24 小时轮班作业），考虑到施工干扰及其他施工降效，要配备较一般情况多的人力及机械设备。

4. 专业紧密配合。各施工单位及各专业做好沟通联系工作，提前交底，并在混凝土浇筑前做好各专业的联合会签工作，确保各专业的预留预埋不遗漏。

5. 根据整个车站的进度情况，统筹考虑楼板分区分块，合理安排施工顺序。

6. 技术上，吃透图纸，提前做好相关节点的技术交底工作，并在施工过程中全程跟进，过程中整改，过程中验收。

八、钢结构及钢管混凝土结构

(一) 工程概况

1. 工程概况

新广州站站房结构设计单位为铁道部第四勘察设计院和北京市建筑设计研究院，建筑设计单位为英国的泰瑞-法瑞设计公司。钢结构工程由中国航空港建设集团总承包暨江苏沪宁钢机股份有限公司专业分包制造和安装，其中铸钢件加工单位为江苏永益铸管股份有限公司，预应力钢结构拉索施工为北京建筑工程研究院。

新广州站站房东西宽 469.8m，南北长 576m，建筑标高最高点为 52m。站房共分两大部分，一是站房部分，二是站台雨棚部分，站房部分分为四层：地下一层为停车场和机房，层高为 4m。首层为出站层，层高 12m，主要是出站大厅及售票厅、商业厅。二层为站台层，层高为 9m，是铁路站线和站台。三层为候车层，标高为 21m，层高最高处为 29m。雨棚部分布置在南北两端，主要为站台层遮雨。钢柱布置在站台外，故又称无站台柱雨棚，由于无钢柱，站台空旷、大方、壮观。

钢结构工程量为 8.68 万 t，钢结构由钢柱、桁架、网壳、檩条、钢梯、电梯骨架、马道等组成，重要受力节点采用铸钢件，材质为：G20Mn5QT。桁架种类较多，分为 T 形桁架、预应力索拱桁架、三角桁架、半月拱采光桁架等，构件种类如表 4-7-2-38 所示。

构件种类 表 4-7-2-38

序号	构件名称	单位	数量	附注
1	钢柱（含复合柱）	根	150	
2	索拱桁架	榀	172	
3	采光桁架	个	8	
4	索壳片桁架	个	32	
5	东基本站台大桁架	个	1	
6	东屋檐网壳屋盖	个	1	
7	边桁架	个	8	
8	21m 高架层桁架	个	2	
9	钢楼梯	个	79	
10	商业夹层梁柱	个		
11	压型钢板	m²	37000	
12	T 形桁架	个	10	
13	三角桁架	个	10	
14	索壳桁架	个	13	
15	三向张弦梁	个	2	
16	西基本站台大桁架	个	1	
17	西屋檐网壳屋盖	个	1	
18	候车层出风口骨架	个	8	
19	电梯骨架	个	33	
20	马道1、马道2	个	14	
21	屋盖檩条及支撑	个		
22	油漆面积	m²	590000	

2. 钢结构工程结构特点

新广州站钢结构工程是大跨度单层空间结构（单层屋盖），南北向结构标准跨度为 32m（最大跨度为 64m），东西向结构标准跨度为 68m（最大跨度为 91m）。单层屋盖覆盖面积约为 21 万 m²，屋盖支撑在 150 根钢柱（含复合柱）上，钢柱柱脚坐落在桥墩基础承台或桥墩之上（内），基础承台下方是钻孔灌注桩。

由于站房结构有 4 层，顶层候车层楼板完成后，难以承受大型履带吊的自重，钢结构将很难进行吊装，因此，采用在基础承台和桥墩完成后先进行钢结构吊装这种逆作法施工方案。

部分钢柱上部分叉，形成 Y 形或树枝形柱，分叉处采用铸钢节点。柱上设置倒三角桁架或 T 形桁架形成纵联，三角桁架和 T 形桁架上设置预应力索拱桁架，预应力索拱桁架上布置檩条，檩条上布置屋面板，形成屋盖。

由于跨度较大，又是单层结构，故桁架弦杆采用的钢管规格壁厚较大，为 $\phi 240 \times 10 \sim \phi 850 \times 55$，材质为 Q345B，单榀重量大、外形尺寸也大。加之施工现场桥墩已经施工，交叉作业，场地狭小，道路状况差，履带式起重机辅以路基箱作为基础，施工难度非常大。

桁架种类中，预应力索拱桁架数量最多，网壳片桁架、索壳桁架吊装就位难度最大（连接点多）。预应力索拱施工工序比较多，且钢结构吊装是按照土建基础施工进度决定，预应力索拱的吊装顺序对结构整体影响较大，先吊装哪一跨必须进行计算机模拟试验，以保证整个结构安全。

三角桁架由于自身重量大，分段吊装。采光桁架由于外形尺寸大，必须分段吊装。网壳片桁架分 32 块进行吊装，钢柱分叉后形成斜柱的安装均需要采用临时支撑来协助吊装。特别是站房网壳，采用大范围的临时支撑，结构完成后必须拆除这些临时支撑，结构的受力体系由施工状态转变为竣工状态（设计状态），由多点支撑变为两端支撑，结构受力体系发生变化，需要进行计算机模拟试验，以保证结构安全。

(二) 主要制作、安装施工验收标准

新广州站钢结构工程规模大，构件种类多，因此，为了保证质量，统一验收标准，根据相关规范、标准和设计要求，特制订《新广州站工程钢结构施工质量验收标准》作为钢结构工程验收的依据。《新广州站工程钢结构施工质量验收标准》通过专家评审，与现行国家标准《建筑工程施工质量验收统一标准》GB 50300—2001 配套使用。《钢结构工程施工质量验收规范》GB 50205—2001 为强制性条文，必须严格执行。

1. 《钢结构设计规范》GB 50017—2003
2. 《高层民用建筑钢结构技术规程》JGJ 99—1998
3. 《钢结构工程施工质量验收规范》GB 50205—2001
4. 《建筑工程施工质量验收统一标准》GB 50300—2001
5. 《建筑钢结构焊接技术规程》JGJ 81—2002
6. 《低合金高强度结构钢》GB/T 1591—1994
7. 《碳素结构钢》GB/T 700—2006
8. 《建筑结构用钢板》GB/T 19879—2005
9. 《厚度方向性能钢板》GB/T 5313—1985
10. 《热轧钢板和钢带的尺寸、外形、重量及允许偏差》GB 709—2006
11. 《热轧钢板表面质量的一般要求》GB/T 14977—1994
12. 《钢的化学分析用试样取样法及成品化学成分允许偏差》GB 222—1984
13. 《直缝电焊钢管》GB 13793—2008
14. 《建筑结构用冷弯矩形钢管》JG/T 178—2005
15. 《冷弯薄壁型钢结构技术规程》GB 50018—2002
16. 《钢及钢产品交货一般技术要求》GB/T 17505—1998
17. 《网架结构设计与施工规程》JGJ 7—91
18. 《网架结构工程质量检验评定标准》JGJ 78—91
19. 《网壳结构技术规程》JGJ 61—2003
20. 《铸构件超声探伤及质量评定方法》GB 7233—1987
21. 《铸钢节点技术规程》CECS 235∶2008
22. 《钢熔化焊对接接头射线照相和质量分段》GB 3323—1987
23. 《中厚板超声波检验方法》GB/T 2970—2004
24. 《钢焊缝手工超声波探伤方法和探伤结果分级》GB 11345—1989
25. 《表面粗糙度比较样块铸造表面》GB/T 6060.1—1997
26. 《一般工程用铸造碳钢件》GB 11352
27. 《气焊、手工电弧焊及气体保护焊焊缝坡口的基本形式与尺寸》GB 985—1988
28. 《埋弧焊焊缝坡口的基本形式和尺寸》GB 986—1988
29. 《碳钢焊条》GB/T 5117—1995
30. 《低合金钢焊条》GB/T 5118—1995
31. 《焊接用二氧化碳》HG/T 2537—1993
32. 《埋弧焊用碳钢焊丝和焊剂》GB/T 5293—1999
33. 《低合金钢埋弧焊用焊剂》GB/T 12470—1990

34.《气体保护电弧焊用碳钢、低合金钢焊丝》GB 8110—1995

35.《碳钢药芯焊丝》GB/T 10045—2001

36.《低合金钢药芯焊丝》GB/T 17493—1998

37.《熔化焊用钢丝》GB/T 14957—1994

38.《气体保护焊用焊丝》GB/T 14958—1994

39.《工程建设施工现场焊接目视检验规范》CECS 71：90

40.《钢结构用高强度大六角头螺栓、大六角螺母、垫圈与技术条件》GB/T 1228～1231—1991

41.《六角头螺栓 C 级》GB/T 5780—2000

42.《六角头螺栓 全螺纹 C 级》GB/T 5781—2000

43.《电弧螺栓焊用圆柱头焊钉》GB/T 10433—2002

44.《钢结构用扭剪型高强度螺栓连接副》GB/T 3632—2008

45.《钢结构高强度螺栓连接的设计、施工及验收规程》JGJ 82—91

46.《钢拉杆》GB/T 20934—2007

47.《桥梁缆索用热镀锌钢丝》GB/T 17101

48.《建筑缆索用高密度乙烯塑料》CJ/T 3078—1998

49.《斜拉桥热桥梁乙烯高强钢丝拉索技术条件》GB/T 18365

50.《塑料护套半平行钢丝拉索》CJ 3058—1996

51.《涂装前钢材表面锈蚀等级和除锈等级》GB 8923—1988

52.《钢结构防火涂料》GB 14907—2002

53.《钢结构防火涂料应用技术规范》CECS 24：90

54.《建筑防火涂料（板）工程设计、施工与验收规程》CECS 70：90

55.《建筑防火涂料（板）工程设计、施工与验收规程》DBJ 01-616-2004

56.《建筑用压型钢板》GB/T 12755—91

57.《建筑施工扣件式钢管脚手架安全技术规范》JGJ 130—2001

58.《建筑施工高处作业安全技术规范》GB 50045—2002

59.《建筑施工安全检查标准》JGJ 59—99

除上述标准及规范外，必须严格执行国家和广东省相关标准及钢结构设计技术文件。

（三）钢结构制作及安装专项方案

1. 钢结构构件制作

（1）钢结构施工详图

钢结构设计图纸必须转化成施工图纸才方便加工和现场施工，施工图深化设计配置了20人，正常工作历时3个月。铸钢件和大桁架的深化设计采用CAD软件进行，21m候车层钢桁架、26.95m商业夹层框架钢结构、东/西基本站台大桁架、东/西落客平台钢结构采用X-steel软件进行设计。

（2）钢柱加工

钢柱分为9种类型，分别是KZ1、KZ2、KZ3、KZ4、KZ5、KZ6、KZ7及十字柱和箱形柱，前面7种柱均为钢管柱。钢管柱中重要节点采用铸钢件，形成组合柱。KZ1用于东西边跨，为长圆梭形柱，加工难度较大。KZ2为梭形柱，用于站房内部支撑三角桁架。KZ3位站房内部 7、9 轴,为组合柱,重要节点及上部端头均采用铸钢件。KZ4 位于雨棚边跨,为两根斜柱组成的组合柱。KZ5、KZ6 均位于雨棚区,上部分 2 叉或 3 叉,支撑雨棚 T 形桁架。KZ7 位于东西屋檐,支撑屋檐,在屋檐承受负压时也承受拉力。

① KZ1 钢柱加工

KZ1 为长圆梭形柱,即截面为长圆形,长度方向由下到上逐渐缩小。KZ1 柱共 16 根,东西落客平台各设置 8 根,东落客平台 KZ1 钢柱从 3.52m 标高起,西落客平台 KZ1 柱从 12.52m 起,柱顶上部标高不等,因此,呈东低西高姿势。

KZ1 柱分成 2 段,下段呈长圆直段,埋设在混凝土柱内。上段为长圆梭形,直接外露在落客平台上。外形尺寸为 $\phi2800\sim2000\times1800\times80$,如图 4-7-2-69 所示。

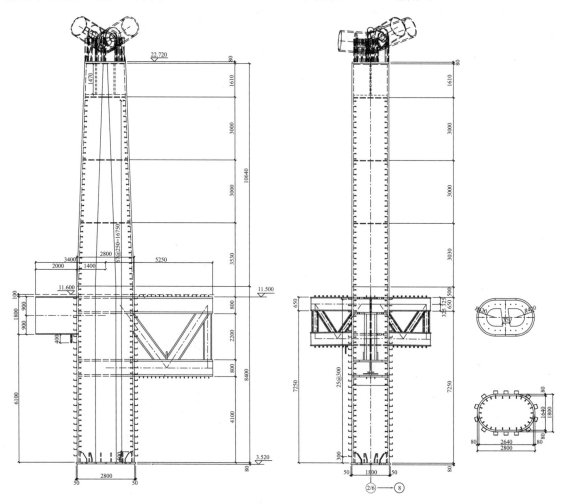

图 4-7-2-69 KZ1 柱

KZ1 下段加工:板厚为 80mm,圆柱段采用卷板机卷制成一个整圆构件,外径为 $\phi2800$,然后切割成 2 个半圆,与直段钢板焊接成长圆柱。根据卷板机的宽度来确定每节柱的长度,最后按照图纸的长度加工成型。成型后进行矫正,然后焊接内部筋板、栓钉、锚接件等。由于牛腿尺寸较大,在厂内安装焊接后,运输将超高、超宽,故牛腿安排在现场进行安装、焊接。

KZ1 上段板厚为 80mm,为长(扁)圆锥管,侧面看尺寸不变,正面看尺寸逐渐缩小。两侧为锥形圆管,中间加直段而成。因此,卷制锥管,切割成两半,然后与直段钢板焊接而成。同样受制于卷板机的宽度和钢板的宽度，分节焊接成柱体。成为柱体后，焊接内部的加劲板、栓钉等零部件。由于屋面虹吸雨水管设置在 KZ1 柱内部，故加劲板上的相应位置开设孔洞，以利于雨水管穿过，详见图纸具体尺寸。柱顶为铸钢件，由专业工厂加工。

需要说明的是：如果直接卷制成半圆或半锥圆，则每个半圆或半锥圆的端部均会出现一小段直段，需要专用的压头机压制成圆形。或者将一小段直段下料时直接加大尺寸，然后切割掉，不过这样比较浪费材料。

② KZ2 钢柱加工

KZ2 钢柱共 20 根，分别位于 5、6、10、11 轴交 C、D、E、F、G 轴处，柱形为圆管＋锥管，底标高为 5.65m，顶标高为 33.68m（不同位置稍有不同），标高 22m 以上为锥管柱，下部尺寸为 $\phi2600\times60$，上部尺寸为 $\phi2000\times60$。加工时分段，设计为扇形钢板下料，卷制成一节节锥管，然后连接锥管成为锥形柱。由于长度较长，厂内分段加工，运输到现场。如图 4-7-2-70 所示。

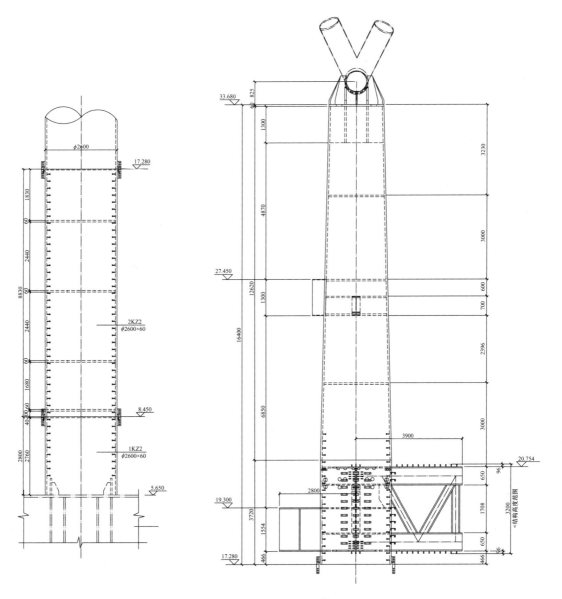

图 4-7-2-70　KZ2 柱

KZ2 柱分三段，第一段较短，主要与桥墩内的支架连接，为直筒段。第二段也为直筒段。第三段有一小截是直段，从标高 22m 处往上为锥管。顶部接三角桁架上的铸钢件。

加工程序与 KZ1 柱基本相同，卷制钢管和锥管，采用埋弧自动焊接，分节制作，分段焊接。柱体加工完毕后，焊接柱内加劲板、零部件、栓钉等。21m 层处的连接牛腿在现场焊接，否则影响运输。

③ KZ3 钢柱加工

KZ3 是最复杂的钢柱，其中铸钢件数量最多达到 4 件，截面变化也多，下部是箱形结构，从 10.19~21m 标高分成两个箱体，2 个箱体分别连接 2 个铸钢件，这 2 个铸钢件在 21m 标高形成分叉。分叉后，在另一方向在柱顶与三角桁架通过第 3、4 个铸钢件又结合成一体，如图 4-7-2-71 所示。

箱形柱体加工：采用直条多头切割机切割钢板成条状，并按照图纸开坡口，然后将栓钉采用栓钉机焊接完毕。将三块钢板组装成槽形，第四块钢板封盖成箱形。组成槽形柱体时，为了保证截面尺寸及垂直度，内部需加设隔板，隔板的四个边需要精加工（铣端），隔板中间开洞，以备后续的现场灌注混凝土。直段箱体分 2 节制作，加工完成后，组装柱脚板，连接耳板等零部件。

牛腿等连接件在工厂内加工完毕，运输到现场后在高空组装。

铸钢件加工：铸钢件在柱上一共有 4 件，在 21m 标高分叉处有 2 件，在柱顶与三角桁架相接处有 2 件。

(a) KZ3 钢柱现场安装及竣工后实景

图 4-7-2-71　KZ3 柱（一）

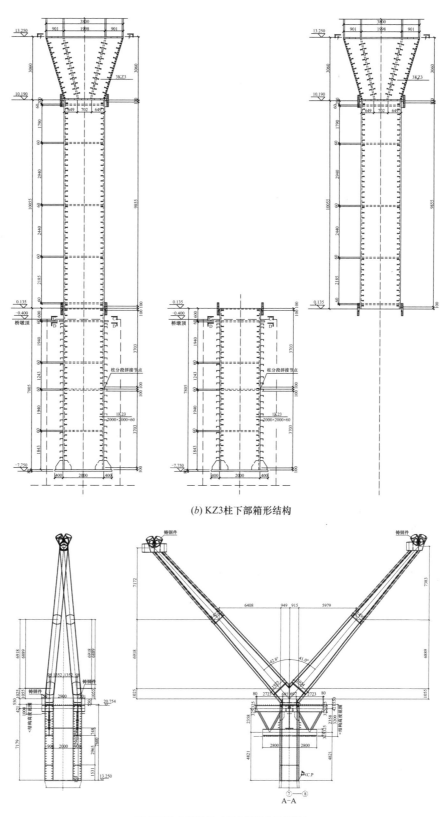

(b) KZ3柱下部箱形结构

(c) KZ3柱上部结构（黄色部分为铸钢件）

图 4-7-2-71　KZ3柱（二）

斜叉柱加工：斜叉柱共 4 根，两端均连接铸钢件，采用 Q390GJG 材料，截面如图 4-7-2-72 所示。

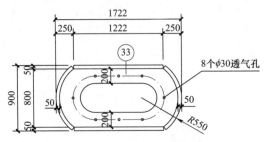

图 4-7-2-72　KZ3 斜叉柱截面图

由 2 块平板和 2 块圆弧板组成柱体。圆弧板采用卷板机卷制而成，然后与直板焊接，在长度方向上变截面，故圆弧板实际上展开是扇形，直板是梯形。最后组装成圆弧边锥体柱。

④ KZ4 钢柱加工

KZ4 柱位于雨棚边跨，由 2 根梭形钢柱组成，向外斜布置，以支撑索拱桁架在屋架体系中产生的水平力。如图 4-7-2-73 所示。

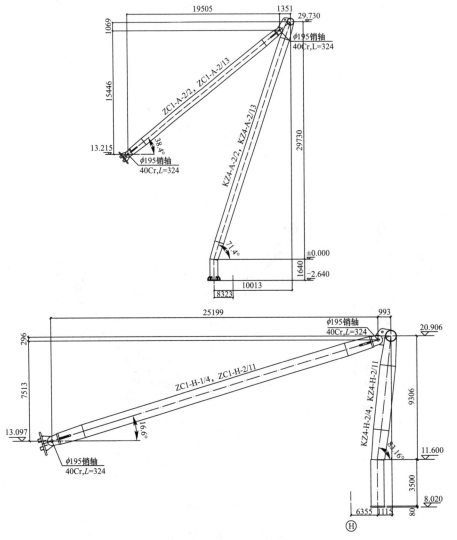

图 4-7-2-73　KZ4 柱

KZ4 柱东西两侧各布置 16 根，实际上是一个斜柱和一个斜撑组成的向外斜的组合柱。每个柱两端均为梭形，中间为直段。柱下段为柱脚板，上段靠销轴将 2 个杆件连接成组合柱。销轴材质为 40Cr。

KZ4 柱梭形段钢管采用扇形下料，然后卷制成锥管，根据不同尺寸，分别加工。直段钢管采用卷板机分段卷制，然后接长成图纸尺寸。卷制完毕后进行焊接，直缝和环缝均采用埋弧自动焊接，焊后 24 小时进行超声波探伤检验。柱体加工完毕后，装配各种零部件如柱脚板、筋板、连接板等，组成钢柱。由于构件较长，故分段加工，现场组装成整体构件。

⑤ KZ5、KZ6 钢柱加工

KZ5 及 KZ6 均为雨棚区域的钢管柱，设置于站台外的桥墩上，故又称为无站台柱雨棚。KZ5 柱下段是直钢管柱，上段是分二叉锥形柱，分叉处为铸钢件，如图 4-7-2-74 所示。KZ6 柱下段也是直钢管柱，上段是分三叉锥形钢管柱，分叉处为铸钢件，如图 4-7-2-75 所示。

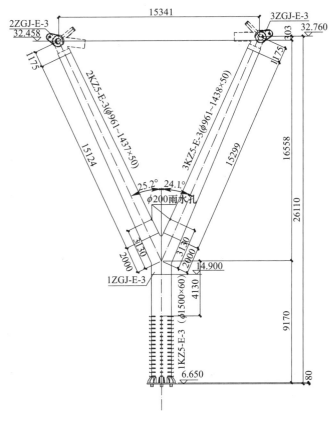

图 4-7-2-74　KZ5 柱

KZ5、KZ6 的加工基本程序相同，直段钢管分段卷制，然后分段焊接而成。上部锥形钢管则采用扇形下料，卷制成锥管，逐段接驳成钢柱。

⑥ KZ7 钢柱加工

KZ7 钢柱结构形式稍复杂，下段是格构柱，由 2 根圆钢管和 1 根方钢管组成。圆钢管规格 $\phi 750 \times 30$，方钢管规格为：□$600 \times 300 \times 30$。缀条采用方钢管，规格为□$500 \times 300 \times 30$，截面如图 4-7-2-76 所示。

上段为锥管，规格为 $\phi 750 \sim 600 \times 30$。

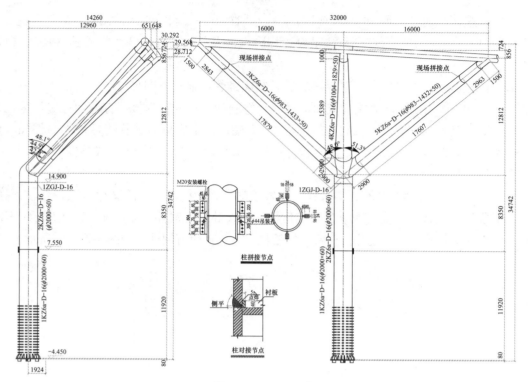

图 4-7-2-75 KZ6 柱

下段格构柱加工比较简单,由于截面相对较小,故安排在工厂内加工完毕,现场对接。上段柱为锥管,与下段的钢管相贯线连接。锥管需卷制加工,程序与前述锥管加工相同。KZ7 柱顶与屋檐采用销轴铰接。销轴车削加工,销轴材质为 40Cr,直径为 $\phi160$。

KZ7 柱立面简图,如图 4-7-2-77 所示。

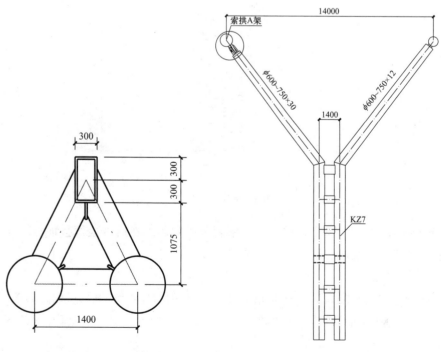

图 4-7-2-76　KZ7 柱截面图　　　图 4-7-2-77　KZ6 柱立面图

⑦ 十字柱加工

十字柱在新广州站工程应用较少，仅在东西落客平台处的大桁架下使用，且上段转换成箱形柱，该类型柱仅 6 根。十字柱截面，如图 4-7-2-78 所示。

十字柱加工：将钢板切割成直条，组装成 H 形和 T 形，焊接成型后，将 T 形组装到 H 形上，形成十字形。然后组装、焊接柱上的零部件，成为十字柱，如图 4-7-2-79 所示。

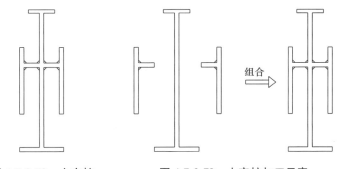

图 4-7-2-78　十字柱　　　图 4-7-2-79　十字柱加工示意

⑧ 箱形柱加工

箱形柱加工与十字柱加工类似，也是将钢板切割成直条，组装成 U 形，焊接成型后，组装内部加劲板，再将直条板盖到 U 形上，焊接成箱形柱。然后组装、焊接柱上的零部件，如图 4-7-2-80 所示。

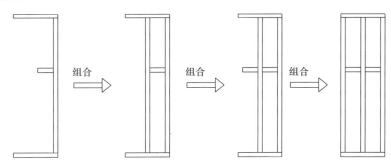

图 4-7-2-80　箱形柱加工示意

箱形构件的加工基本上都类似上述方式，只是在十字形转换成箱形需要加设内部过渡连接钢板。一般箱形构件内部仅设置加强勒板，即增强构件的承载力，也是防止变形的工艺措施。加强勒板垂直于 4 块翼缘板。

⑨ 十字柱转换成箱形柱的加工

大桁架下面的钢柱是由劲性十字柱转换成箱形柱，转换过程，如图 4-7-2-81 所示。

十字柱上的 4 块翼缘板采用圆弧过渡成箱形 4 块翼缘板的宽度，形成转换。图中深色为十字柱，浅色分界线以上部分转换成箱形柱。十字柱的外形尺寸与箱形柱的外形尺寸保持一致，对接的翼缘板板厚也一致。对接处的焊缝为全熔透 1 级焊

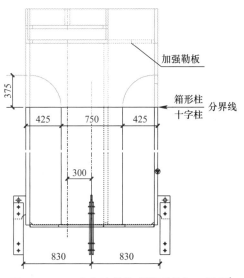

图 4-7-2-81　十字柱转换成箱形柱加工示意

缝，必须经过超声波检验合格。

（3）铸钢件加工

铸钢件的应用近年来逐渐增多，受力大、应力复杂处多采用铸钢件。新广州站工程的铸钢件主要应用于柱分叉处和柱顶，应用最多的是位于 7、9 轴的 KZ3 柱，每根 KZ3 柱上使用了 4 个铸钢件。铸钢件的材质为 G20mn5QT。

铸钢件生产工艺流程，如图 4-7-2-82 所示。

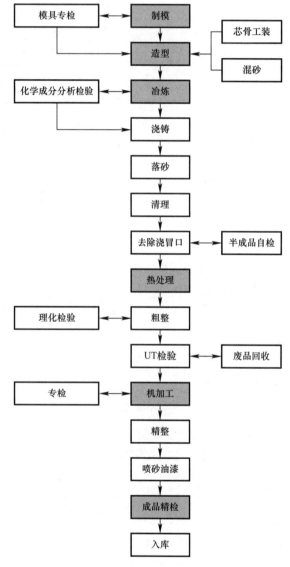

注：图中 ▨ 工序为质检控制点

图 4-7-2-82 铸钢件生产工艺流程

从图 4-7-2-82 中可以看出，造型工序是非常重要的。

铸钢件材质符合 CECS 235：2008 规定的 G20Mn5 材质，铸钢件化学成分含量，如表 4-7-2-39 所示。

铸钢件化学成分含量　　　　　表 4-7-2-39

铸钢牌号	C%	Si%	Mn%	P%	S%	Ni%
G20Mn5	0.17～0.23	≤0.6	1.0～1.6	≤0.02	≤0.02	≤0.80

铸钢件力学性能，如表 4-7-2-40 所示。

铸钢件力学性能　　　　　表 4-7-2-40

铸钢牌号	热处理状态	屈服强度	抗拉强度	伸长率	冲击功（室温）
G20Mn5	调质 QT	≥300MPa	500～600MPa	≥22%	≥60J

为确保具有良好的焊接性能，铸钢件的焊接碳当量按国际焊接协会（IIW）推荐公式确定：

$$C_{eq}(\%) = C + Mn/6 + (Cr+Mo+V)/5 + (Ni+Cu)/15(\%)$$

控制在 $C_{eq} \leq 0.42\%$。

碳当量指标主要用于控制铸钢件的可焊性。由于铸钢件与钢管焊接，其可焊性是一项重要的指标。

铸钢件热处理：调质处理，保证淬火温度控制在 900～980℃，回火温度 610～660℃。

铸钢件内部质量：不允许有影响铸钢件性能的裂纹、冷隔、缩松、缩孔等缺陷存在。铸钢件超声波探伤在铸钢件管口 150mm 范围以及耳板轴孔四周 150mm 区域按《铸钢件超声探伤及质量评级方法》GB/T 7233—1987 进行超声波检测，质量等级为 II 级。其他部位具备探伤条件的进行超声波探伤，质量等级为 III 级。无法用超声波探伤的部位如相贯部位、变界面或交接部分，采用磁粉检查，检验标准按《铸钢件磁粉探伤及质量评级方法》GB/T 9444，在铸钢件与其他构件连接的部位为 2 级，其他部位为 3 级。

铸钢件加工顺序：首先加工柱及柱顶节点的铸钢件，然后 T 形桁架、三角桁架上的铸钢件，最后加工索夹处的铸钢件。实际生产过程中的加工顺序是按照现场进度而定，即：南雨棚区钢柱及柱顶、T 形桁架铸钢件→南雨棚索拱索夹铸钢件→北雨棚区钢柱及柱顶→北雨棚索拱索夹铸钢件、T 形桁架铸钢件→7～9 轴 KZ3 钢柱柱身及柱顶铸钢件→三角桁架上的铸钢件→站房索拱、索壳铸钢件。

（4）管桁架相贯线加工

新广州站工程管桁架种类很多，都是相贯线连接，控制好相关线切割质量，问题就解决了一半。相贯线切割采用专用数控相贯线切割机，将相交的 2 管管径、壁厚、角度、相贯类型等数据输入到数控切割机电脑中，进行相贯线切割，切割的同时，相贯线的焊接坡口也一同切割完毕。

钢管的相贯面切割必须用圆管数控相贯线切割机切割，严禁用任何其他切割器械切割。下面为相贯线切割的主要步骤和方法：

第一步：打开专用的钢管数控相贯线切割程序，如图 4-7-2-83 所示。

第二步：进入相应的钢管切割类型界面，如图 4-7-2-84 所示。

第三步：输入相应的钢管切割参数，如图 4-7-2-85 所示。

第四步：根据程序自动生成杆件下料图，如图 4-7-2-86 所示。

第五步：生成的切割程序存盘后，输入相贯线切割机进行自动切割。切割过程界面，如图 4-7-2-87 所示。切割过程及成型相关杆件接头，如图 4-7-2-88 所示。

第六步：相贯线切割后的检查：圆管相贯面切割后将零件倒置水平平台上，进行质量检验。

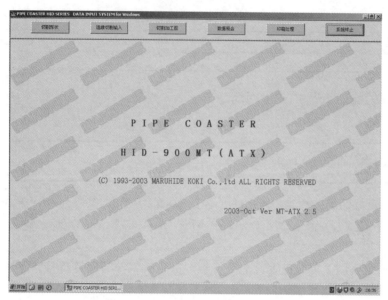

图 4-7-2-83　钢管数控相贯线切割程序

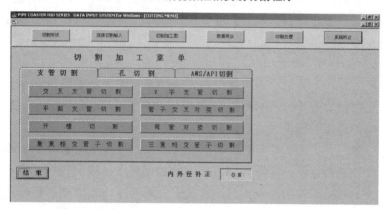

图 4-7-2-84　钢管数控相贯线切割界面

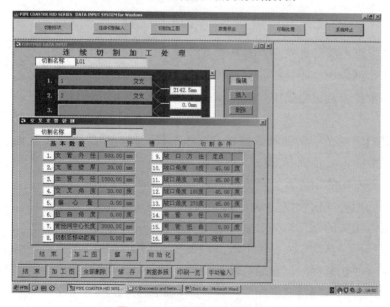

图 4-7-2-85　钢管切割类型界面

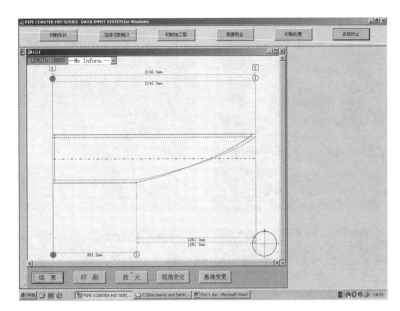

图 4-7-2-86 杆件下料图

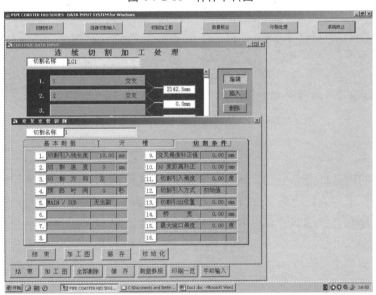

图 4-7-2-87 切割过程界面

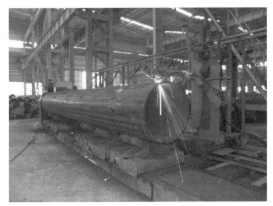

图 4-7-2-88 切割过程及成型相关杆件接头(一)

图 4-7-2-88　切割过程及成型相关杆件接头（二）

（5）钢管煨弯

站房结构中的桁架如采光桁架、索拱桁架等，其弦杆均为一定曲率半径的圆弧，故必须进行煨弯处理。在工厂内进行煨弯处理时一般为冷弯和热弯，新广州站工程构件弦杆壁厚较厚，直径较大，冷弯会造成钢管截面扁形，故采用热弯。热弯采用中频感应加热弯管机，线圈加热温度控制在 850～950℃，同时要求钢管在煨弯过程中事先调好设备数据，避免中途停顿，一次成型，如图 4-7-2-89 所示。

图 4-7-2-89　钢管煨弯图

(6) 型钢构件加工

H 型钢加工流程,如图 4-7-2-90 所示。

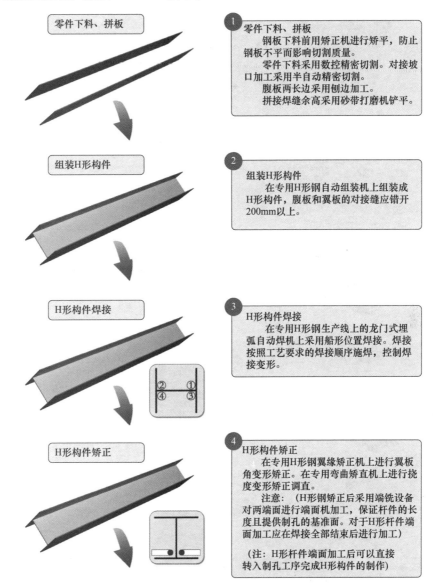

图 4-7-2-90　H 型钢加工流程

按照上述流程加工成 H 型钢,然后按照图纸组装零件成为 H 形构件。

(7) 卷管加工

① 卷管加工流程及工艺,如图 4-7-2-91 所示。

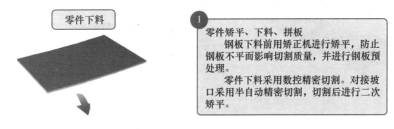

图 4-7-2-91　卷管加工流程及工艺(一)

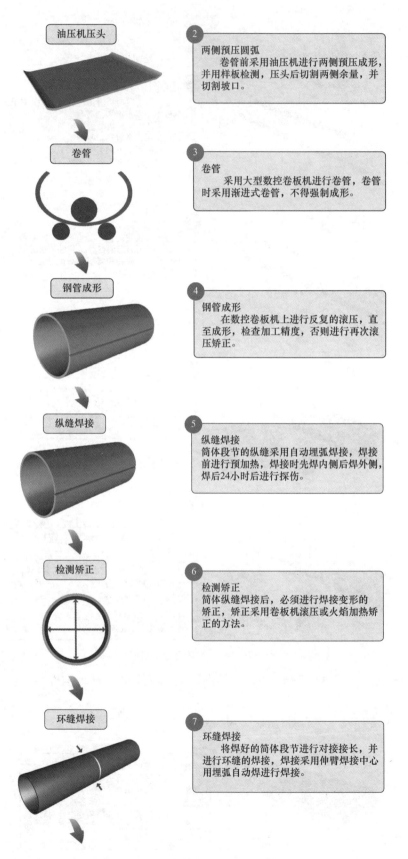

图 4-7-2-91 卷管加工流程及工艺（二）

图 4-7-2-91 卷管加工流程及工艺（三）

② 接管：环缝焊接实际上是将每节钢管接长成构件需要的长度，如图 4-7-2-92 所示。

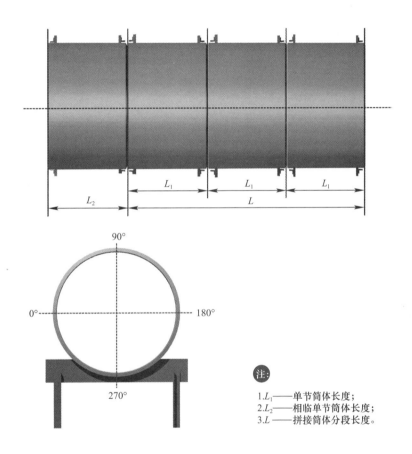

注：
1. L_1——单节筒体长度；
2. L_2——相临单节筒体长度；
3. L——拼接筒体分段长度。

图 4-7-2-92 接管

锥管加工流程与上述流程基本相同，只是下料成扇形，卷制出来的就是锥管，然后逐节焊接而成。扇形下料，如图 4-7-2-93 所示。

图 4-7-2-93 中，两个边为压头的范围，即，先将两头要压制成图纸中要求的曲率，卷制成一节节锥管后进行对接，成为锥管，然后焊接各种零部件成为锥形钢管柱。

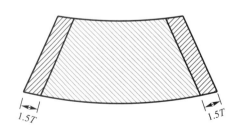

图 4-7-2-93 扇形下料

(8) 管桁架加工

相贯线切割完毕后，对于部分桁架外形尺寸相对较小的桁架，可以在工厂内组装焊接，如三角桁架，索拱桁架。大部分桁架由于外形尺寸较大，受运输限制，工厂内仅进行下料、相贯线切割、喷砂、油漆、编号，然后发运至现场，在现场进行拼装。如采光桁架、T 形桁架、索壳片桁架等。

(9) 喷砂油漆

喷砂除锈、油漆是钢结构加工非常重要的一项工序，如果除锈不彻底，涂装质量差，漆膜厚度达不到设计要求，将直接影响钢结构的使用寿命。因此，必须重点关注喷砂除锈及底漆的喷涂均匀性、漆膜厚度最小控制值。根据钢材的锈蚀等级，按照《涂装前钢材表面锈蚀等级和除锈等级》GB 8923 的规定，喷砂到钢材表面锈迹、氧化皮清除，露出铁青色的表面后，方能确定喷砂合格。喷砂结束后，视空气的湿度，尽快完成底漆喷涂，最迟不超过 4h，以防止喷砂后的二次锈蚀。

除锈等级为 Sa2.5，底漆为：环氧富锌 $75\mu m$，中层漆为：环氧云母氧化铁中间漆 $150\mu m$，面漆为：氟碳漆 $60\mu m$。有防火要求的部位刷涂 $0.5\sim2.5h$ 不等的防火涂层。

底漆在工厂油漆车间内喷涂，然后运输到现场。

2. 编号、运输

新广州站工程工程量为 8.68 万 t，构件数量多，种类也多。对于桁架而言，组成桁架的杆件大部分是在工厂内下好料，到现场拼装，特别是雨棚屋面和站房屋面檩条、檩条支撑，数量非常多，组成檩条、支撑的构件非常类似，构件截面相同，只是长度略有差异，故编号是非常重要的工序，编号要保持唯一性。

运输构件一定要按照施工现场的吊装顺序来发货，因为现场施工场地相对较小，运到现场的构件必须尽快进行吊装，否则占用场地。运输发运时的配套非常重要，组成桁架中的每根杆件都必须配套发运，否则，到现场的构件如果不配套，则先行运到的构件并不能组成完整的桁架，既占用场地，也影响吊装。装车运输过程中还需要根据构件的形状进行支垫，以防变形和保护好构件表面漆膜。

3. 钢结构安装施工顺序

首先安装预埋件和钢柱支撑、临时支撑，然后分节安装钢柱。局部钢柱安装完毕后，雨棚区域安装 T 形桁架、索拱桁架、檩条、檩条支撑等。站房区域中，安装临时支撑、三角桁架、索拱桁架。站房中央大厅采光区域安装临时支撑、采光桁架、网壳桁架、索壳桁架。

4. 主要吊装机具

大型钢结构吊装采用大型履带吊进行安装，根据不同施工阶段、不同道路先后采用 17 台履带吊进行吊装作业，如表 4-7-2-41 所示。

大型履带吊汇总　　　　表 4-7-2-41

序号	名称	规格及型号	单位	数量
1	德马格 500t 履带吊	CC2500-1	台	1
2	中联（浦沅）400t 履带吊	QUY400	台	1
3	三一重工 400t 履带吊	SCC4000	台	1
4	德马格 350t 履带吊	CC2200-1	台	1
5	三一重工 250t 履带吊	HCC2500	台	1
6	神钢 250t 履带吊	CKWE2500	台	1
7	神钢 250t 履带吊	CKE2500	台	1
8	德马格 500t 履带吊	CC2500-1	台	1
9	250t 履带吊	QUY250	台	1
10	250t 履带吊	CKE2500	台	1

续表

序号	名称	规格及型号	单位	数量
11	250t 履带吊	CKE2500	台	1
12	德马格 500t 履带吊	CC2500-1	台	1
13	德马格 500t 履带吊	CC2500-1	台	1
14	三一重工 350t 履带吊	SCC3500	台	1
15	三一重工 350t 履带吊	SCC3500	台	1
16	德马格 350t 履带吊	CC2200-1	台	1
17	德马格 350t 履带吊	CC2200-1	台	1

5. 钢结构安装总平面布置

钢结构施工的场地部署主要分为三个方面：成品及半成品堆放场地，构件（主要指大型桁架）拼装场地，构件转运道路和大型履带吊占位施工场地。

(1) 钢结构构件堆放场地

钢结构工程量为 8.68 万 t，主要是钢管半成品，尺寸最大的为 $\phi 2600 \times 60$。由于数量多，跨度大，需要大量的堆放、拼装场地。为此，根据现场的施工进度，分批进货，减少现场场地小的压力。堆场布置，如图 4-7-2-94 所示。

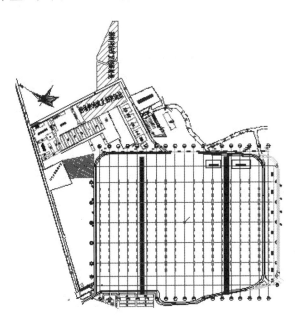

图 4-7-2-94 堆场布置图

图 4-7-2-94 所示为钢结构规划的堆放、拼装场地，当时计划 150m×200m=3 万 m²，实际上是分成 2 块，上面 1 块（简称为 A 块）主要作为构件堆放，约为 2 万 m²；下面这块（简称为 B 块）主要作为拼装场地，约为 1.2 万 m²。后期随着土建工程陆续完成，下面这块场地也逐渐扩大到约 2 万 m²，AB 块面积合计约 4 万 m²。除上述规划的场地如期实施外，在外环路两侧也堆放了大量的 T 形桁架、KZ1 柱及楼梯等半成品构件。由于当时的场地非常紧张，这些构件是随机就近堆放的。

原计划在此进行各种桁架的堆放和拼装，实际上，上述场地并不能满足拼装功能。原因是：拼装成分段的桁架，其外形尺寸仍较大，重量重，运输道路受限造成效率低下。因此实际上主要成型的桁架大多是在吊装现场就近拼装，一吊就位。

为了解决场地的困难，进货顺序就十分重要，进货的顺序为：

① 雨棚区域：预埋件、钢柱（含铸钢件）、T形桁架、索拱桁架、檩条。

② 站房区域：柱脚预埋件、钢柱（含铸钢件）、三角桁架、索拱桁架（含拉索）、檩条、采光桁架、网壳杆件（含钢拉杆、单索及杆件）、马道、钢楼梯、电梯钢骨架、21m高架层桁架梁、商业夹层框架结构柱、梁等。

按照实际土建基础完成情况，实际进货顺序还要分轴线来供应，即：

A. C～G/13～17之间的构件。

B. C～G/0'～3之间的构件。

C. 中央站房7～9/D～E之间的构件。

D. 中央站房5～11/D～E之间的构件。

E. 东屋檐之间的构件及东边跨G～H之间的构件。

F. 西屋檐之间的构件及A～C之间的构件。

G. 钢结构屋盖其余结构收口的构件。

H. 21m高架层E～F2之间的构件、E轴以东的钢楼梯、电梯骨架、27m商业框架梁柱构件等。

I. 21m高架层C～C2之间的构件、E轴以西的钢楼梯、电梯骨架、27m商业框架梁柱构件等。

实际构件供应中，钢柱及桁架节点上的铸钢件成为工程进度的瓶颈，经过多次努力，保证了工程进度。

(2) 钢结构构件拼装场地

拼装的原则是：减少转运，就近拼装，方便吊装。

① 雨棚拼装场地

设置在12～13轴主通道两侧及A～B～C～D～E～F～G轴桥梁之间的－4.5m层（当时的基坑面层）。

② 北雨棚拼装场地

设置在3～4轴主通道两侧及A～B～C～D～E～F～G轴桥梁之间的－4.5m层（当时的基坑面层）。

③ 站房构件拼装场地

设置在7、9轴两侧的A～B～C～D～E～F～G轴交5～7和9～11轴之间。部分网壳构件布置在2～3、14～15轴之间的桥梁间进行拼装。现场拼装场地，如图4-7-2-95所示。

钢柱根据位置、种类不同分成5～12段不等，直接在高空进行拼接。

T形桁架在B块场地拼装，同时将铸钢节点焊接在T形桁架上，然后将主弦杆和支杆运输到现场高空拼接成T形桁架。

T形桁架的单片拼装，如图4-7-2-96所示。

铸钢件焊接在T形桁架主弦杆上，如图4-7-2-97所示。

索拱桁架除个别端头在工厂或堆放场地拼装外，其余大部分均在现场拼装、安装拉索、吊装。索拱桁架数量最多，为172榀，占地面积最大及时间也最长。现场拼装索拱，如图4-7-2-98所示。

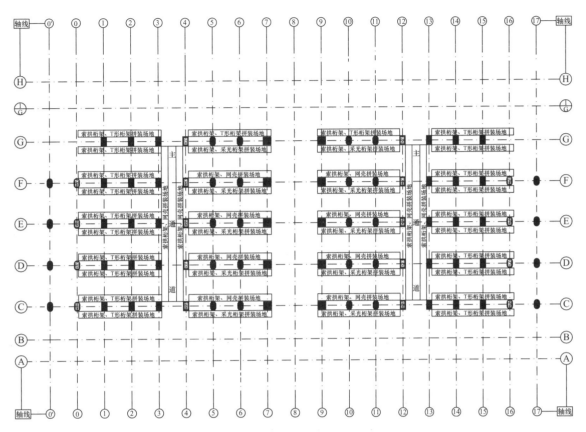

图例：■ 表示桥墩；● 表示桥墩；● 表示桥墩。

图 4-7-2-95　站房构件拼装场地布置图

图 4-7-2-96　T 形桁架单片拼装

图 4-7-2-97　焊接在 T 形桁架主弦杆上的铸钢件

三角桁架由于构件外形截面尺寸相对较小，故安排在工厂内分段制作，在高空进行拼装。典型三角桁架截面，如图 4-7-2-99 所示。

采光桁架是 7、9 轴之间的构件，故安排在距 7、9 轴最近的位置进行拼接，如图 4-7-2-100 所示，分成 2 节进行拼装，然后高空进行整装。

网壳是单片桁架，数量也较多，为 32 片。主要在 4～7、11～14 轴线间各桥墩之间拼装。除 E2 轴网壳采用整片外，其余均采用半片网壳。网壳拼装，如图 4-7-2-101 所示。

 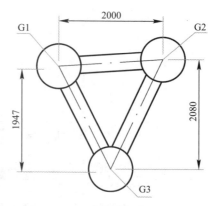

图 4-7-2-98　索拱桁架拼装　　　　图 4-7-2-99　典型三角桁架截面图

图 4-7-2-100　采光桁架预拼装

E2 轴网壳拼装成整榀网壳，如图 4-7-2-102 所示。

东西入口屋檐网壳也是分片拼装，主要安排在屋檐附近进行拼装。

21m 高架层桁架在工厂内分段制作，直接到现场进行高空对接。

6. 施工便道及便桥

（1）施工便道

施工便道，如图 4-7-2-103 所示，图中红色部分为 500t 和 400t 履带吊的吊装作业路线，主要吊装钢柱、三角桁架、采光桁架、网壳片桁架、索壳桁架。绿色为400t及350t履带吊行走路线，主要吊装钢柱、三角桁架、索拱桁架。蓝色为275t及350t履带吊行走路线，主要吊装钢柱、T形桁架、索拱桁架等。

图4-7-2-101 网壳拼装

图4-7-2-102 整榀网壳拼装

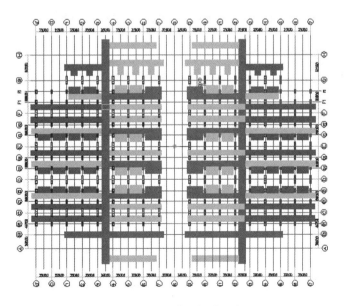

图4-7-2-103 施工便道示意

位于3~4轴、12~13轴之间的东西向贯通的道路，轴线间距为32m，净宽为28.7m，既是主通道，也是吊装道路。这两条道路是站房施工的生命线，材料、机具均是通过这两条道路运输到施工位置。实际施工过程中，这两条通道非常繁忙，既有钢结构的构件拼装、临时支撑，也有土建的桥梁支撑脚手架、模板等，还有土建施工的各种车辆运行，给钢结构大型履带吊正常运行带来不少的困难。

(2) 施工便桥

位于站房的1~8号地下风道以及8轴的地铁施工场地，将整个站房施工场地沿南北方向切割成6块，沿东西方向切割成3块，交叉切割成18块施工现场，严重影响整体施工。为此，架设了20座可以通行500t履带吊的钢栈桥，从而联通了整个施工现场。

钢栈桥平面布置，如图4-7-2-104所示，图中深色区域为过风道钢栈桥。

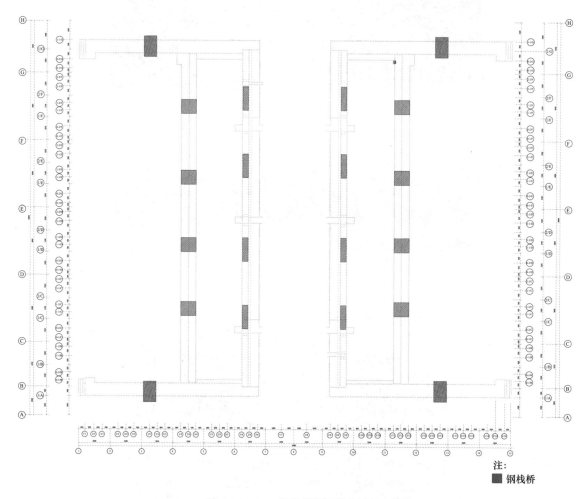

图 4-7-2-104 钢栈桥平面布置示意

由于部分桥墩已经施工，故在站房区域还必须预留一些区域进行钢结构吊装，如图4-7-2-105所示。

过风道钢栈桥采用贝雷架结构，安装、拆除较方便。

具体结构如下：钢栈桥支墩用3×7根$\phi 630 \times 8$钢管支承在风道下的抗拔桩上，上部是3

组，2 根/每组 40 号槽钢作为横梁，横梁上搭设贝雷桁架，最上部是满铺 2 号槽钢作为桥面，可以通行 500t 履带吊。

贝雷桁架桥示意图，如图 4-7-2-106 所示。

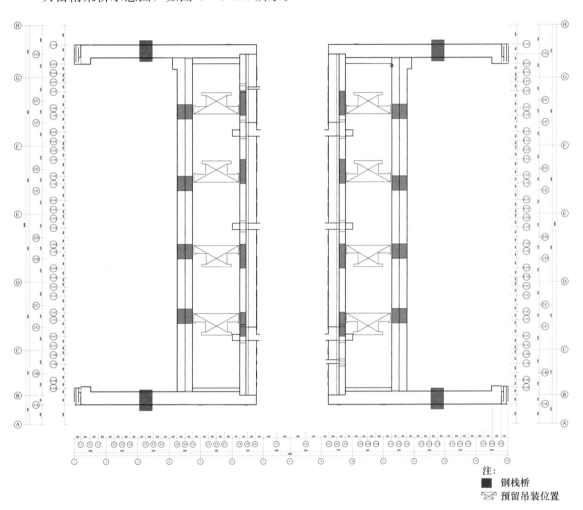

图 4-7-2-105　预留吊装位置平面示意图

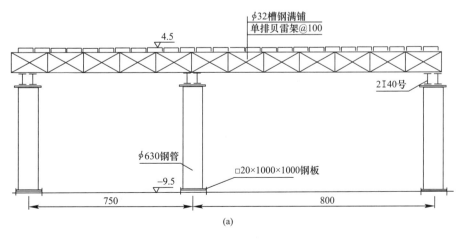

图 4-7-2-106　贝雷架桁架桥梁示意（一）

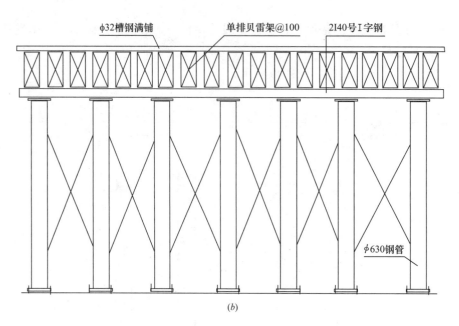

图 4-7-2-106 贝雷架桁架桥梁示意（二）

图 4-7-2-106 仅为示意图，不同风道位置，钢栈桥是稍有不同的。

（四）主站房屋盖钢结构安装

站房钢结构结构复杂，首先安装钢柱，然后在 KZ2、KZ3 钢柱上安装三角桁架，在三角桁架上安装索拱，索拱桁架上安装檩条及檩条支撑。在中心采光区域，则是安装采光异形桁架，采光异形桁架位于 7、9 轴，然后安装网壳桁架及索壳桁架，这两种桁架跨过 8 轴，分别与 7、9 轴上的采光异形桁架连接，形成中心采光带。

1. 各类钢管混凝土柱安装

（1）站房钢柱

分为 KZ1、KZ2、KZ3 三种类型，KZ1 位于东西两侧，各 8 根。KZ2 位于站房内 5、6、10、11 轴共计 20 根。KZ3 钢柱位于站房 7、9 轴，共计 10 根。以 KZ3 钢柱最为复杂，现以 KZ3 钢柱安装为例进行总结。

第一步：安装第一节柱，KZ3 柱承载很大，深埋在地下 −7.75m 标高处，分 7 节组成，第一节重量为 45.2t，长度为 7.885m，柱脚及柱身采用 Q390GJC，截面为 2000mm×2000mm×60mm 的箱形截面，内外均需要浇筑混凝土，内外设置栓钉及锚固件，采用 400t 履带吊近距离吊装。安装完毕后，柱标高达到 0.135m，如图 4-7-2-107 所示。检查合格后，浇筑柱内混凝土。柱外包混凝土采用立钢模板后浇筑。

第二步：安装第二节柱，重量为 45.7t，长度为 10.55m，也是 2000mm×2000mm×60mm 的箱形截面，采用 400t 履带吊近距离吊装。第二节内部需浇筑混凝土，柱内设置栓钉。安装完毕后，标高达到 10.19m，如图 4-7-2-108 所示。

第三步：安装第三节柱，这节钢柱为锥体，下部为 2000mm×2000mm 的正方形截面，上部为 3800mm×2000mm 的长方形截面。这节钢柱较短，长度为 3.06m，重量却达到 27.65t，安装完毕后，标高达到 13.25m，如图 4-7-2-109 所示。内部需要浇筑混凝土，设置栓钉，接头焊接质量要求很高。

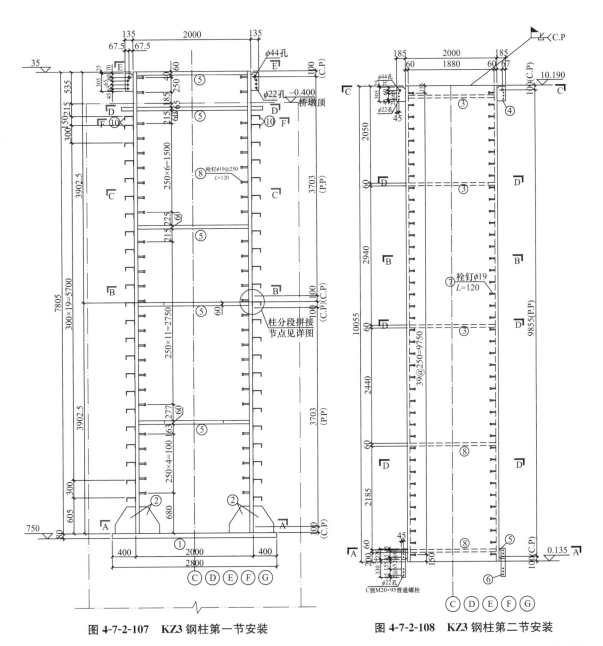

图 4-7-2-107 KZ3 钢柱第一节安装　　图 4-7-2-108 KZ3 钢柱第二节安装

吊装作业,如图 4-7-2-110 所示,设置安装、焊接工作平台,设置防风围护,保证焊接质量。

第四步:安装分体柱,从标高 13.25m 处的锥体上部到 21.754m,KZ3 柱分成 2 个立柱,在 20.754m 标高处,通过 H 型钢梁连接成一体,如图 4-7-2-111 所示。

分别吊装,然后安装连系梁及牛腿(与 21m 高架层混凝土楼板连接),如图 4-7-2-112 所示。由于履带吊的转移比较复杂,故仍采用 400t 履带吊进行吊装作业。同时在预留孔中穿入 21m 层的钢筋,待预留钢筋安装完毕、检查无误后,方可浇筑柱内混凝土。

第五步:安装铸钢件,铸钢件位于 21m 标高处,是受力比较复杂的区域,结构如图 4-7-2-113 所示,图中浅色部分为铸钢件。铸钢件为 2 件,分别安装在 2 个立柱上,其下部内空与立柱上部开洞处连接,使混凝土能顺利浇筑,并与下层混凝土结合成一体。铸钢件与立柱焊接必须预热,焊后必须保温,使其焊缝慢慢冷却下来。焊后检查完毕,方可浇筑混凝土。

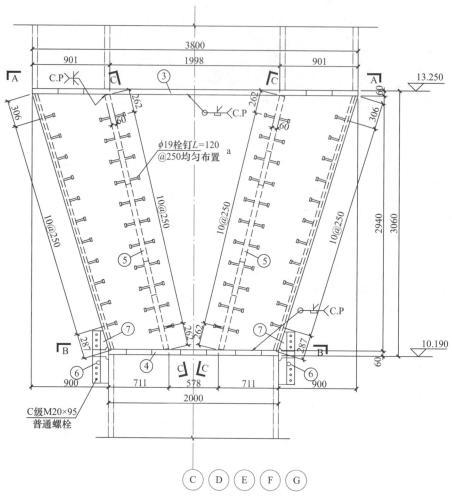

图 4-7-2-109 KZ3 钢柱第三节安装

图 4-7-2-110 KZ3 钢柱第三节安装作业

由于 KZ3 柱位于 7、9 轴与 C、D、E、F、G 相交处，各个位置不同，上部斜柱倾斜的角度不同，故铸钢件外形尺寸均不同（图中为 7D 柱）。

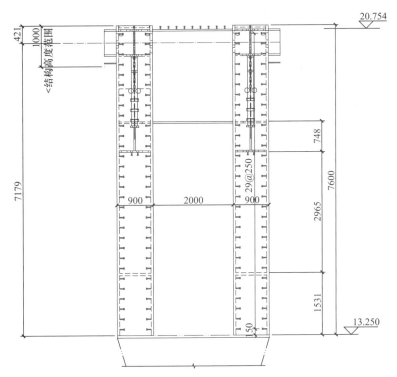

图 4-7-2-111　KZ3 钢柱分体柱安装

图 4-7-2-112　KZ3 钢柱分体柱安装作业

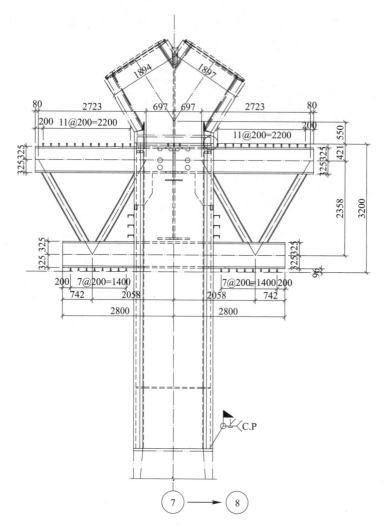

图 4-7-2-113 KZ3 钢柱铸钢件安装

第六步：安装斜柱，4 个斜柱采用 Q390GJC 制作，受力较大，应力复杂，斜柱内部设置栓钉，需浇筑混凝土。结构如图 4-7-2-114 所示，图中浅色部分为斜柱，连接在下部的铸钢件上。由于 KZ3 柱位于 7、9 轴与 C、D、E、F、G 相交处，各个位置不同，倾斜的角度不同，斜柱外形尺寸均不同（图中为 7D 柱）。

采用 400t 履带吊进行吊装，由于是斜柱，故采用临时支撑进行临时固定，如图 4-7-2-115 所示。焊接完毕后，浇筑混凝土，KZ3 柱内混凝土浇筑到此节柱内后，就完毕了。

第七步：安装铸钢斜柱，铸钢斜柱是 KZ3 柱最上部的钢柱，与三角桁架连接，结构如图 4-7-2-116 所示。

由于受力较大，应力复杂，此节钢柱全部采用铸钢材质组成，铸钢斜柱在上部是 2 根合并成为 1 根，故下部 4 个采用 Q390GJC 制作的斜柱到此合并成 2 根斜柱。铸钢斜柱，如图 4-7-2-117 所示。

铸钢斜柱与三角桁架下弦连接，为了安装方便，将三角桁架下弦一段（局部）在地面上与铸钢斜柱拼装、焊接成一体，如图 4-7-2-118 所示。

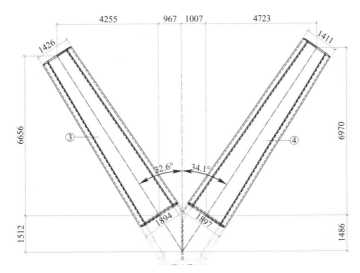

图 4-7-2-114　KZ3 钢柱斜柱安装

图 4-7-2-115　KZ3 钢柱斜柱安装作业

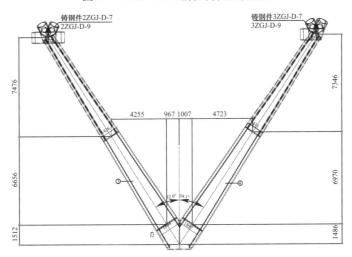

图 4-7-2-116　KZ3 钢柱铸钢斜柱安装

图 4-7-2-117　铸钢斜柱

图 4-7-2-118　铸钢斜柱与三角桁架下弦连接

焊接、探伤检验完毕后，进行吊装。如前所述，由于是斜柱，故采用临时支撑进行固定，待上部结构成为稳定的体系再拆除临时支撑。同时，在吊装前把工作平台固定在吊装柱上一起吊装，吊装就位后，工作平台也正好处于工作位置，方便焊接。吊装就位后进行测量记录，纠正误差，焊接、探伤合格后，至此，KZ3 钢柱安装完毕，如图 4-7-2-119 所示。KZ1、KZ2 柱均为直柱，相对 KZ3 柱比较简单，同样是柱内浇筑混凝土，不同的是柱内需穿入雨水管，使屋面的雨水通过柱内的雨水管直接排入地下雨水管道，整体结构简单明了，美观大方。

（2）雨棚钢柱

柱脚安装在桥墩内，由于钢柱重量大，柱上部多为斜柱，稳定性差，仅靠桥墩内的钢筋不能满足支撑条件，故需在桥墩内另外设置支架来固定钢柱柱脚，如图 4-7-2-120 所示，支架设置在桥墩内，与桥墩内钢筋成为一体，浇筑混凝土。

图 4-7-2-119　KZ3 钢柱铸钢斜柱安装作业

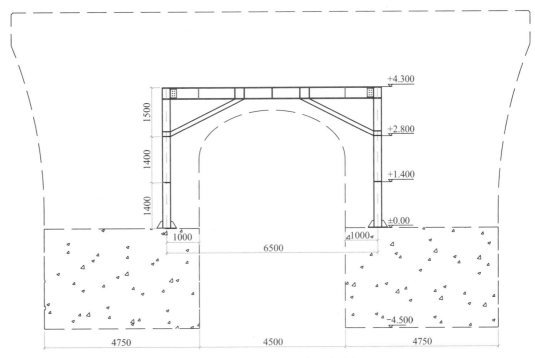

图 4-7-2-120　桥墩内雨棚钢柱支架

以上仅是桥墩内预埋柱支架的代表性示意，实际上根据钢柱的重量等因素，支架的结构形式及材料是不同的。

① 钢柱安装。钢柱分节安装，以 KZ6 柱为例，首先安装支架上的第一节柱，该柱的部分埋在混凝土内，采用履带吊就近吊装，柱脚与支架进行焊接、螺栓连接。

第一步：首先在支架上安装第一节柱，采用 250～350t 履带吊进行吊装，如图 4-7-2-121 所示。

第二步：在第一节柱上吊装铸钢件，并进行预热、焊接，如图 4-7-2-122 所示。

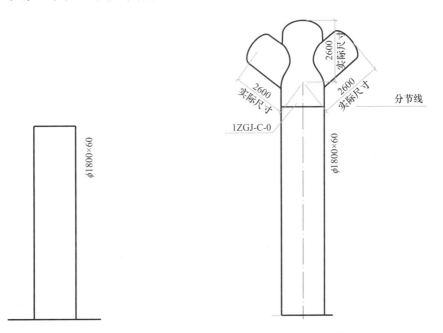

图 4-7-2-121　KZ6 雨棚钢柱第一节柱安装　　　图 4-7-2-122　KZ6 雨棚钢柱铸钢件安装

第三步：斜柱安装。搭设临时支撑，操作平台，吊装斜柱，如图 4-7-2-123 所示。

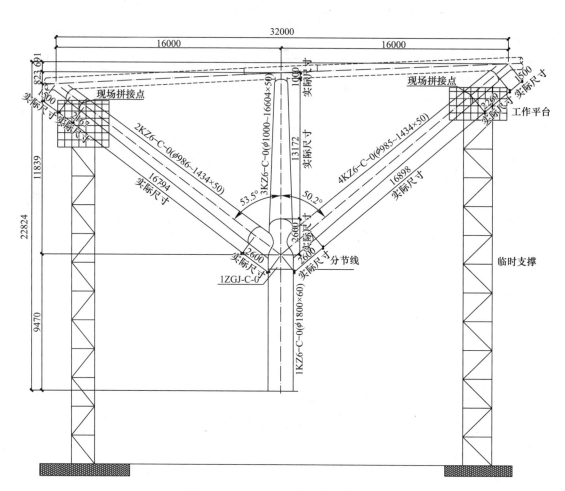

图 4-7-2-123 KZ6 雨棚钢柱斜柱安装

在铸钢件安装斜柱，三根斜柱均需要设置临时支撑（图中红色部分），临时支撑上设置工作平台，并设置爬梯，爬梯旁边设置止锁器（防止意外坠落）。

KZ5 柱安装与 KZ6 基本相同，只是 KZ5 柱上部为基本对称布置斜柱，故临时支撑布置稍有不同，如图 4-7-2-124 所示。

② 东西两侧边跨钢柱和索拱、檩条等构件。边跨柱为 KZ4 柱，均为斜柱，斜向外侧，每根斜柱配一根斜撑，组成三角形稳定体系，以支撑（抵抗）索拱拉索所产生的轴向应力。

首先安装柱脚，然后安装斜柱，斜柱安装后安装斜撑，再安装边桁架形成稳定的体系后，再安装索拱、檩条、檩撑等构件。

由于是斜柱、斜撑，故安装时仍需要采用临时支撑来稳定斜柱，如图 4-7-2-125 所示，上部为边桁架。

采用 350t、400t 履带吊吊装钢柱、索拱桁架，采用汽车吊安装檩条，最后形成稳定的屋面体系，如图 4-7-2-126 所示。

图 4-7-2-124 KZ5 雨棚钢柱斜柱安装作业

图 4-7-2-125 KZ4 雨棚钢柱（斜柱）安装

图 4-7-2-126 东西两侧边跨钢柱、索拱和檩条等构件安装作业

2. 三角桁架

（1）三角桁架安装。三角桁架设置在 KZ2、KZ3 钢柱上，结构呈倒三角形，壁厚较厚，重量大，跨度为 32m，位于 5、6、10、11 轴范围内的 C、D、E、F、G 正轴线上，呈南北向布置，长度 64m。钢材采用 Q345B-ϕ850×25 无缝钢管。三角桁架与钢柱连接处采用铸钢件过渡连接，增强节点间局部的强度。由于长度长，因此采用分段吊装，对接处设置临时支撑。待整体三角桁架与其上的索拱桁架连接成稳定的结构体系后再拆除临时支撑。三角桁架截面典型结构形式，如图 4-7-2-127 所示。

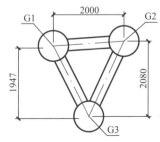
图 4-7-2-127 典型三角桁架截面结构形式

三角桁架与钢柱连接典型结构，如图 4-7-2-128 所示。

图 4-7-2-128　三角桁架与钢柱连接典型结构

（2）三角桁架拼装。三角桁架在工厂内加工制作，现场拼接成节段，在高空拼接成整体。现场分段拼接、涂装，如图 4-7-2-129 所示。

图 4-7-2-129　三角桁架现场拼接

（3）三角桁架吊装。由于长度长，分段吊装，故在悬空位置设置临时支撑，每根三角桁架根据位置不同，分段长度不同，典型三角桁架分段临时支撑设置，如图 4-7-2-130 所示，位于跨中位置的临时支撑。

图 4-7-2-130　典型三角桁架吊装

与 KZ2 柱连接三角桁架的吊装，如图 4-7-2-131 所示。

图 4-7-2-131　与 KZ2 柱连接三角桁架吊装

与 KZ3 柱连接三角桁架安装：该榀三角桁架下弦与 KZ3 钢柱连接，上弦与采光桁架连接，如图 4-7-2-132 所示。根据不同区域和现场场地状况，吊装采用 350t、400t 履带吊就近吊装。

图 4-7-2-132　与 KZ3 柱连接三角桁架吊装

分段吊装，直至整个三角桁架吊装完毕，如图 4-7-2-133 所示。

图 4-7-2-133　三角桁架分段吊装

三角桁架整体竣工效果图，如图 4-7-2-134 所示。

图 4-7-2-134　三角桁架整体竣工效果图（图为竣工后的三角桁架和候车层大厅）

3. T 形桁架

T 形桁架外形比较大，两侧的立桁架分别与钢柱连接，立桁架上下弦杆分别用钢管相贯线焊接连接，形成轴线上的平面 T 形桁架。T 形桁架的两侧立桁架在地面拼装，然后吊装到高空与柱顶连接，两侧立桁架之间的联系杆件（钢管）则分别进行散件吊装。两侧立桁架拼装，如图 4-7-2-135 所示。

图 4-7-2-135　T 形桁架侧立桁架地面拼装

T 形桁架吊装，如图 4-7-2-136 所示，两侧立桁架分别与柱顶连接。

连接两侧的立桁架，成为完整的 T 形桁架，如图 4-7-2-137 所示。

图 4-7-2-137 中，上端为立桁架，其余为联系杆件，有直杆、斜杆，使 T 形桁架形成稳定的结构体系。

4. 索拱桁架

索拱桁架是联系轴线上的 T 形桁架，因此，索拱桁架连接在 T 形桁架的下弦上，连接处均为铸钢件。

图 4-7-2-136　T 形桁架吊装作业

图 4-7-2-137　T 形桁架

索拱桁架的安装比较复杂，首先在就近的场地上进行拼装，然后进行预应力拉索安装，张紧拉索至约 50% 的张拉力，两端的孔（跨）距与两侧 T 形桁架的销轴孔距一致后（确保吊装就位后索拱桁架支点水平推力为零），方可进行吊装。吊装完毕后，进行预应力拉索张拉，张拉到约 80%~90% 的设计张拉力，待所有的屋面构件安装焊接完毕后，再进行最后的调整张拉，使张拉力接近设计张拉力。

索拱桁架拼装，如图 4-7-2-138 所示。

索拱桁架端头预应力拉索安装，如图 4-7-2-139 所示。

索拱桁架端头预应力拉索初张拉，如图 4-7-2-140 所示。

张拉采用液压千斤顶，固定在两端的销孔上，准备工作完毕后进行初张拉，初张拉完毕后进行吊装。索拱桁架的吊装，如图 4-7-2-141 所示。

图 4-7-2-138　索拱桁架拼装

图 4-7-2-139　索拱桁架端头预应力拉索安装

图 4-7-2-140　索拱桁架端头预应力拉索初张拉

索拱桁架吊装完毕，安装索拱桁架之间的联系梁、檩条及檩条支撑。如图 4-7-2-142 所示。

图 4-7-2-141 索拱桁架吊装

图 4-7-2-142 索拱桁架联系梁、檩条及檩条支撑安装

檩条安装采用汽车吊、卷扬机滑轮等措施，效率相对较低，但鉴于当时的施工条件，这些方法还是行之有效的。

站房索拱桁架与雨棚索拱桁架结构形式基本相同，不同的是站房索拱连接在三角桁架上，其节点全部是销轴连接。而雨棚索拱连接在T形桁架上，连接节点有销轴连接，也有相贯线焊接连接。其拼装、初张拉、吊装、二次张拉、终张拉等施工工艺与雨棚索拱基本相同，不再赘述。

5. 中央采光通廊索壳桁架

横跨8轴的中心网壳连接在7、9轴的采光桁架上，是单层结构，杆件为箱形截面，由4个箱形杆件组成一个个折线菱形（非平面菱形），再由一个个菱形组成单层屋面。菱形的对角线上设置钢拉杆，钢拉杆材质为GLG550。两端收口处设置钢管梁，钢管梁下设置三向张拉索。索壳结构与网壳结构基本相似，不同的是在其下设置了钢拉索（单索），因而称为索壳，索壳共计设置13个，均布在整个采光带结构中，其平面布置，如图4-7-2-143所示。

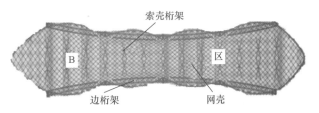

图 4-7-2-143 索壳桁架平面布置图

采光带实际上类似双曲面，似马鞍形，或称为不等半径的圆拱形，如图4-7-2-144所示。

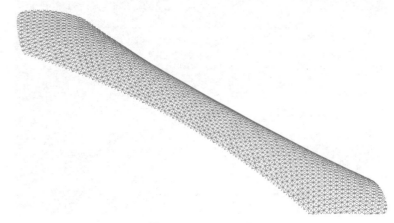

图4-7-2-144 采光带

① 拼装

加工厂运输到现场均为杆件，在现场拼装成单元，共计组成32个单元，如图4-7-2-145所示。

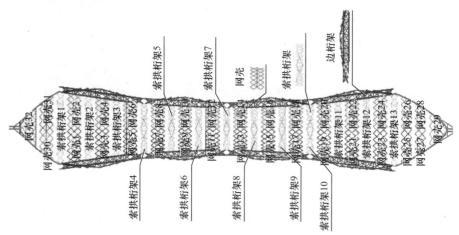

图4-7-2-145 索壳桁架拼装

网壳拼装单元，如图4-7-2-146所示。

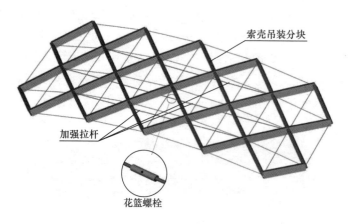

图4-7-2-146 网壳拼装单元

索壳拼装单元，如图 4-7-2-147 所示。

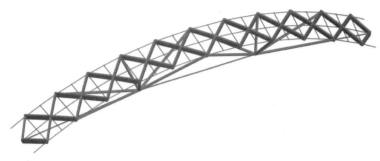

图 4-7-2-147 索壳拼装单元

现场拼装大部分是半榀拼装、吊装，仅 E2 轴由于桥梁施工，没有场地，因而采用整片拼装，如图 4-7-2-148 所示。

图 4-7-2-148 E2 轴索壳整片拼装

半片拼装，如图 4-7-2-149 所示。

图 4-7-2-149 索壳半片拼装

钢拉杆安装：在地面上安装就位，并预紧到 70%～80% 的设计预紧力，如图 4-7-2-150 所示。

图 4-7-2-150 钢拉杆安装

② 吊装

由于是半片拼装、半片吊装,故跨中采用临时支撑,如图 4-7-2-151 所示。又由于跨度比较大,采光桁架必须先安装就位,网壳、索壳才能安装到采光桁架上,故吊装必须跨过采光桁架,吊装回转半径较大,采用 400t、500t 的履带吊进行吊装。

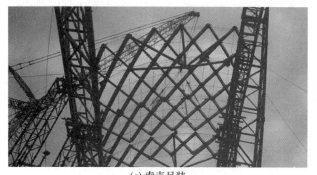 

(a) 索壳吊装　　　　　　　　　　　(b) 索壳吊装跨中临时支撑

图 4-7-2-151　索壳吊装及跨中临时支撑

由于跨中设有临时支撑,故索壳拉索基本上没有初拉力,待所有网壳、索壳安装完毕后再进行安装、张拉,张拉完毕后再拆除临时支撑。

6. 屋檐索壳桁架

东西屋檐结构形式基本相同,边梁为圆弧形钢管,分段安装,需设置临时支撑。期间的网壳构件采用分片或散件安装。东屋檐安装,如图 4-7-2-152 所示。

图 4-7-2-152　东屋檐索壳桁架安装

7. 采光桁架

采光桁架安装在 7、9 轴上的 C~D、D~E、E~F、F~G 之间，共 8 榀。采光桁架两端连接在三角桁架上，呈东西向布置。7 轴和 9 轴上的采光桁架之间设置单层网壳桁架和单层索壳桁架连接，网壳上设置 ETFE 双层透光张拉膜，形成中央采光带。

采光桁架呈半月状，异形，跨度 68m，单榀重量达到 48.4t。轴测图如图 4-7-2-153 所示。

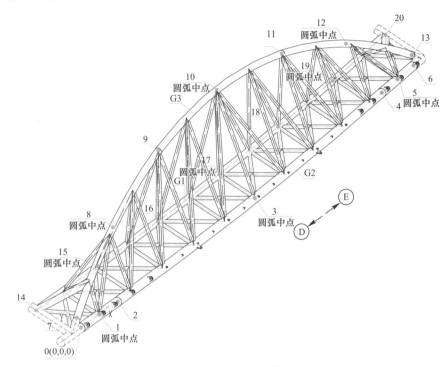

图 4-7-2-153　采光桁架轴测图

第一步：现场拼装，采用就近拼装的原则。由于长度较长，高度高，重心偏，故采用 2 段，高空对接，跨中设置临时支撑。采光桁架拼装，如图 4-7-2-154 所示。

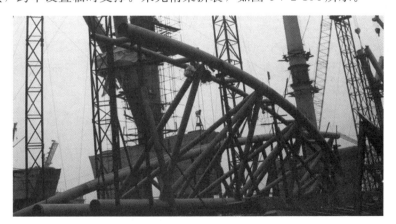

图 4-7-2-154　采光桁架拼装

第二步：地面预拼装，如图 4-7-2-155 所示。

第三步：设置临时支撑及吊装半榀采光桁架，如图 4-7-2-156 所示，在上下弦分别设置临时支撑，然后将半榀桁架吊装到三角桁架和临时支撑上。

第四步：安装另半榀桁架，实现空中对接，如图 4-7-2-157 所示。

图 4-7-2-155 采光桁架地面预拼装

图 4-7-2-156 采光桁架
临时支撑及半榀吊装

图 4-7-2-157 采光桁架吊装空中对接

采光桁架采用350t、400t、500t履带吊分别吊装，由于重心偏，故起吊时的绑扎点非常重要，需要事先设计好，并进行试吊，然后再进行正式吊装。

8. 三向张弦梁及格构柱等特殊结构

三向张弦梁位于采光带东西两侧，是采光带收口的位置，由于受力较大，故在下弦设置张拉索。三向张弦梁分段安装，如图4-7-2-158所示。

三向张弦梁，如图4-7-2-158中深色部分，另一端为索拱桁架，因为深色弧梁下弦为张拉索，而另一端的索拱其下弦也是张拉索，故在此位置实际上是三个方向设置张拉索，故这个位置的弧梁称为三向张弦梁。

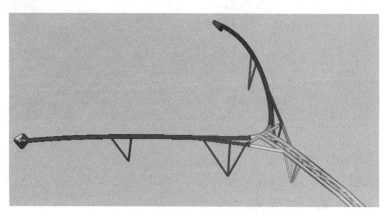

图 4-7-2-158 三向张弦梁分段安装

三向张弦梁的安装：分段安装，分段处设置临时支撑，分段焊接，待全部焊接完毕后再安装张拉索。张拉也是分为三步，即初张拉、过程张拉、终张拉。

三向张弦梁安装完成后，期间的网壳就可以陆续分片安装。

KZ7 柱安装：KZ7 柱安装比较特殊，由于土建结构无法上大型履带吊，故钢结构必须先安装，然后再进行下部土建结构施工，而 KZ7 柱的土建基础设置在 12m 的东落客平台基础上。由于柱基础尚无法施工，如果等基础施工完毕，钢结构的大型履带吊将无法站位，钢结构吊装将非常困难，因此，钢结构吊装需要采取特殊的方法，即采用支撑架将整个 KZ7 柱及其附属结构先架空支撑起来，然后待土建基础施工完毕，土建大梁形成稳定的框架体系且达到强度后再拆除支撑体系，转落在土建基础上。

KZ7 柱结构形式，如图 4-7-2-159 所示。

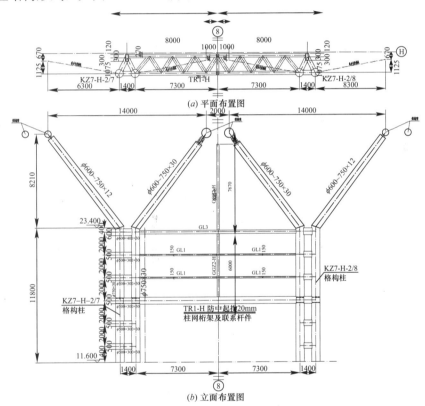

图 4-7-2-159　KZ7 柱结构形式

KZ7 柱的受力状态较复杂，既承受屋面部分的重力荷载，同时在屋面承受负压时，KZ7 柱又承受拉力，即当屋面承受风压时，KZ7 柱又要拉住屋面结构。当时施工季节天气情况也比较复杂，故 KZ7 柱的支撑体系需采取比较可靠的技术措施。

KZ7 柱的支撑是土建施工和钢结构施工的技术人员共同研究的结果，经钢结构施工单位进行施工验算后确定的。KZ7 柱的支撑体系采用大大缩短了钢结构在东落客的施工工期，如果按照土建基础施工完毕再进行吊装，则钢结构吊装必须穿插在土建施工过程中，而土建施工完成 KZ7 柱基础后还需要将柱基础附件的混凝土大梁浇筑完毕，且混凝土必须达到强度才能进行吊装。而上述施工工序完成后，钢结构吊装的大型履带吊将无位置可用，吊装将十分困难。且土建与钢结构交叉作业，两专业互相影响比较严重，工期将受到严重的影响。KZ7 柱的支撑体系，如图 4-7-2-160 所示。

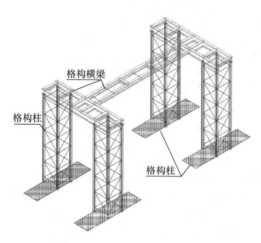

图 4-7-2-160　KZ7 柱支撑体系

KZ7 柱临时支撑体系不同于其他构件的临时支撑，承受的荷载也比较复杂，既承受钢结构自身的重量，也承受屋面可能产生的负压力，同时承受土建施工可能带来的施工荷载等，因此，设计支撑体系必须绝对可靠。支撑体系下部是地铁顶板，所能允许承受的荷载也是有限的，故还要考虑地铁顶板的加固。实际施工过程中将支撑设置在地铁顶板的反梁上，同时加大支撑体系的接触面积，加强地铁顶板的沉降观测。

KZ7 柱支撑体系及现场安装，如图 4-7-2-161 所示。

图 4-7-2-161　KZ7 柱支撑体系及现场安装

9. 檩条及檩条支撑

檩条及檩条支撑采用汽车吊进行吊装。檩条和檩撑相对重量比较小，数量比较多，规格也相类似，构件管理上难度比较大，吊装场地变化也比较快，采用汽车吊，场地转移相对简单，占地也相对较小。对于无法使用汽车吊的区域，则采用卷扬机、滑轮组等手段进行吊装，虽然效率较低，但鉴于当时的场地条件，各专业交叉作业，采用土法上马还是取得了效果，如图4-7-2-162所示。

图4-7-2-162　檩条及檩条支撑安装

10. 21m层桁架

(1) 跨V构轨道梁桁架施工

高架层位于21m标高处，桁架轴线范围是C～C2/5～11和E1～F/5～11，典型结构如图4-7-2-163所示。

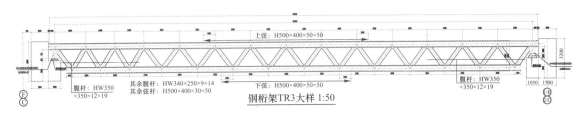

图4-7-2-163　21m层C1、E2轴典型桁架

桁架长41.60m，杆件大多由轧制H型钢组成，工厂内分段制作，现场分段安装，分段处设置临时支撑。当时的场地状况十分复杂，21m高架层土建结构已经施工了一部分，站台层也施工了一部分，具备安装条件，但是由于站台层（12m层）的施工，大型履带吊已经无法在地面进行21m层的安装。如采用滑移方案，则占用大量的场地，影响土建的施工。因此，建设指挥部提出履带吊上桥吊装的方案。

轨道梁设计荷载要大于履带吊的荷载，故总体上是可行的。轨道梁为U形结构，在U形槽上铺设路基箱，履带吊在路基箱上行走、作业。

构件在南北两端站房范围以外的区域吊装到12m层轨道梁上，然后用平板车将构件运输到吊装位置。

临时支撑布置：分两种情况，一般是分2段，如图4-7-2-164所示。5、11轴处构件太重，分成5段支撑，如图4-7-2-165所示。

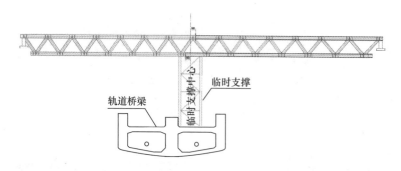

图 4-7-2-164 临时支撑一（分成两段的支撑）

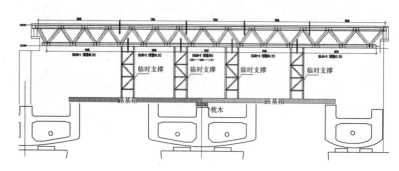

图 4-7-2-165 临时支撑二（分成 5 段的支撑）

履带吊工位布置，如图 4-7-2-166 所示。

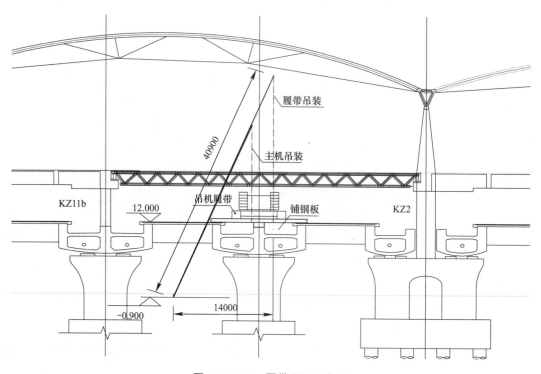

图 4-7-2-166 履带吊工位布置

路基箱设置及履带吊工位布置，如图 4-7-2-167、图 4-7-2-168 所示。

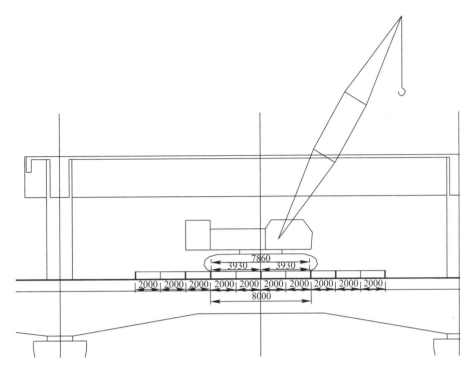

图 4-7-2-167 路基箱设置及履带吊工位布置

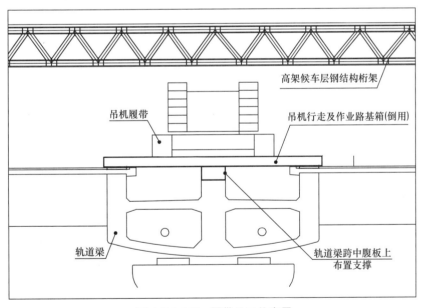

图 4-7-2-168 履带吊工位布置

高架层钢结构吊装：吊装顺序从中间开始，两头收尾，如图 4-7-2-169 所示。

(2) 东西落客平台大桁架施工

大桁架共 2 个，分别位于东西落客平台的 1/G 和 B 轴。长度为 5～11 轴计 198m。大桁架下弦与基本站台连接，上弦与候车大厅（21m 层）连接。下部分别支撑在 5、6、7、9、10、11 轴的钢柱上，钢柱分为 2 节组合而成，钢柱下端为劲性十字柱，上部过渡成箱形柱（在前面钢结构加工中已有详述）。上弦 8 轴两侧，下弦 7、9 两侧横梁内部浇筑混凝土，结构如图 4-7-2-170 所示。

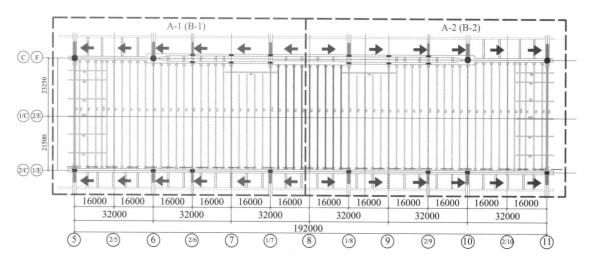

图 4-7-2-169 高架层钢结构吊装顺序

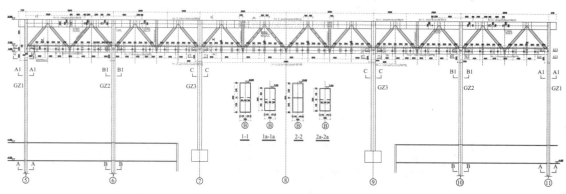

图 4-7-2-170 21m 层桁架支撑结构

安装：首先安装钢柱，然后分杆件安装大桁架，由于上部屋盖已经安装完成，只有调整大型履带吊的吊臂长度，分别就近进行吊装，如图 4-7-2-171 所示，图中临时支撑后面即为大桁架。

图 4-7-2-171 大桁架安装

（3）高架候车层夹层钢结构安装

夹层钢结构及楼梯、电梯骨架等附属钢结构，根据土建的进度而展开，夹层钢结构在 21m 层上设置 4 台 25t 汽车吊进行吊装。由于结构较简单，安装也比较顺利。楼梯钢结构分成几个部分，位于站台层的楼梯和位于高架层的楼梯等，有采用履带吊，也有采用大吨位汽车吊进行吊装的，但大部分是采用大吨位手动葫芦进行安装。电梯骨架钢结构相对简单，采用汽车吊和手动葫芦进行吊装。附属结构安装比较简单，困难是如何将楼梯等构件运输到位，实际基本上都是采用滑轮、滚杠、卷扬机等手段，非常消耗人工，劳动效率也较低，但是当时场地条件只能采用这些土法。

高架候车层夹层钢结构安装，如图 4-7-2-172 所示。

图 4-7-2-172 高架候车层夹层钢结构安装

(4) 压型钢板铺设

压型钢板分别设置在东西基本站台钢桁架上、21m 高架层钢桁架上、东西落客平台钢梁上、商业夹层钢梁上，贵宾室连廊局部钢梁上及电梯骨架局部层梁上。总计约 3.77 万 m²。

根据新广州站工程的特点、工程质量要求、承载力计算及人流量要求，选定 YX90-340 型闭口楼承板（商业夹层型号为 YX65-185-555）闭口型压型钢板，材质 Q345B，镀锌双面含量 275g/m²，其结构形式如图 4-7-2-173 所示，截面如图 4-7-2-174 所示。

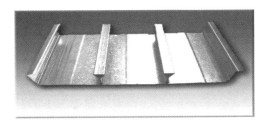

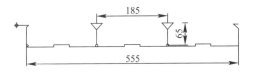

YX65-185-555型 展开宽度：1200mm

图 4-7-2-173 闭口型压型钢板结构形式　　图 4-7-2-174 闭口型压型钢板截面图

咬合前压型钢板，如图 4-7-2-175 所示。

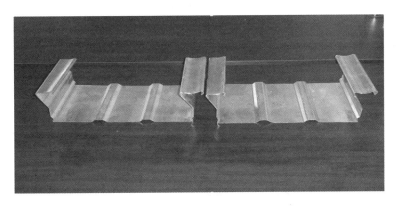

图 4-7-2-175 咬合前压型钢板

咬合后压型钢板，如图 4-7-2-176 所示。

图 4-7-2-176　咬合后压型钢板

① 压型钢板的分类

压型钢板分布在各个区域，型号均相同，由于所处位置的钢梁或桁架间距不同，采用的板厚也不同，如表 4-7-2-42 所示。

压型钢板分类　　表 4-7-2-42

序号	项目（位置）、规格、板厚	数量（m²）
1	26.85m 商业夹层，YX65-185-555 闭口型压型钢板，板厚 0.9mm。混凝土厚度 100mm	10740
2	20.85m 高架候车层，YX90-340 闭口型压型钢板，板厚 1.2mm，混凝土厚度 150mm	17184
3	11.85m 东西基本站台，YX90-340 闭口型压型钢板，板厚 2.2mm，混凝土厚度 300mm	5760
4	20.85m 东侧候车层楼梯突檐，YX90-340 闭口型压型钢板，板厚 2.2mm，混凝土厚度 300mm	948
5	11.85m 东广厅，YX90-340 闭口型压型钢板，板厚 2.2mm，混凝土厚度 120mm	1250
6	20.85m 西落客平台，YX90-340 闭口型压型钢板，板厚 1.5mm，混凝土厚度 120mm	1800
	合计	37682

② 压型钢板铺设

压型钢板铺设比较简单，钢结构钢梁、钢桁架安装完毕经检验合格后，即可铺设压型钢板。压型钢板铺设过程中还需要在其表面上布设栓钉，栓钉位置在钢梁或钢桁架上翼缘，采用栓钉焊机进行焊接。栓钉根部直接透过压型钢板焊接在钢梁或钢桁架上翼缘上。

20.85m 高架候车层压型钢板铺设，如图 4-7-2-177 所示。

图 4-7-2-177　高架候车层压型钢板铺设

11. 钢结构质量控制

(1) 焊接质量控制

① 焊接工艺控制。由焊接工艺评定确定焊接方法，优先选用 CO_2 自动和半自动焊的焊接方法，尽量采用背面贴陶质衬垫单面焊双面成型工艺。选用焊缝金属少、变形量小的坡口形式，规定焊接顺序、焊接方向，综合控制焊接变形。

② 焊接设备控制。保证电焊机、CO_2 流量计、烘干箱等设备的计量指示准确，保温筒保温良好。焊接电源前配备 SBW-225 稳压器，保证电源输入电压稳定。

③ 焊接材料控制。焊接材料必须进场复验合格后方可使用。焊条、焊剂必须按规定烘干后使用，严禁使用药皮脱落焊条、生锈焊丝和受潮结块焊剂。手工焊接时，必须随身携带保温筒，且不得敞口使用。CO_2 气瓶倒置存放，使用前放水，保证气体纯度99.5%以上。

④ 焊接人员控制。焊工必须持证上岗，从事其证书规定范围的焊接操作。焊工被发现焊接质量不稳定时，立即下岗培训，合格后再重新上岗。焊工不得疲劳作业。

⑤ 焊接过程控制。焊接前将待焊焊缝50mm范围进行打磨，不得带锈焊接。埋弧焊在引板上的起熄弧长度大于80mm，焊后切掉引板，不得用锤击落。有预热要求的焊缝，预热范围为焊缝两侧50～100mm，温度由工艺评定确定。

⑥ 施焊环境控制。要求焊接作业的环境温度在5℃以上，其相对湿度不大于80%。清理干净焊接区域的铁锈、杂物。

⑦ 焊接检查控制。外观检查、内部无损检验，严格按质量检验标准执行。检验前必须校对检验仪器的灵敏度，保证仪器正常使用。

(2) 拼装质量控制

根据设计图纸，在现场设置拼装胎架，胎架要稳定可靠。采用全站仪进行测点、放线，放好主弦杆、销轴、节点位置的点和线。拼装结束后点焊固定，然后焊接。焊接后进行复测，复核主弦杆及节点的位置和尺寸，以便后续吊装。对分节拼装、吊装的桁架构件，要复核各节尺寸的总和是否与图纸相符，同时测量空间坐标尺寸与拼装的构件是否相符，如有问题，则需研究处理。

(3) 安装质量控制

针对每个构件和每榀桁架设置起吊点、绑扎点，并进行漆膜保护。构件或桁架起吊就位后固定，然后测量构件或桁架的空间位置和尺寸，检查连接质量，如有不符则需调整，调整到图纸尺寸后方可进行固定焊接，随后正式焊接。

12. 预应力施工

(1) 索拱预应力施工（略）

(2) 索壳预应力施工（略）

(3) 屋檐预应力施工（略）

13. 卸载

钢结构安装过程中，由于斜柱、跨度大而分节安装的桁架，采用了大量临时支撑，因而结构自身的荷载在施工过程中有一部分是靠临时支撑来支撑的，这些临时支撑拆除后，荷载将逐级转移到永久支撑体系如钢柱上。待形成稳定的结构体系后，再拆除临时支撑，即卸载。

(1) 斜钢柱临时支撑卸载

钢柱中 KZ3、KZ4、KZ5、KZ6 均含有斜柱，斜柱上部结构桁架拼装、焊接完成，如索拱桁架、三角桁架、采光桁架完成焊接后，结构形成了稳定的体系，该斜柱临时支撑就可以拆除。拆除采用汽车吊、履带吊、卷扬机等方式进行。拆除步骤为：在临时支撑上首先设置千斤顶，顶起构件（如斜柱），将接触斜柱的临时支撑逐级切割掉或拆除垫块，然后将千斤顶逐渐释放，重复进行，直到千斤顶释放后，构件不再与临时支撑接触，卸载即告结束。

（2）卸载过程中的测量

随着临时支撑的逐级切割，斜柱端头有可能逐级出现微小的下沉。也可能由于柱头结构的焊接、索拱桁架的张拉等因素，斜柱端头出现微小的上翘，用全站仪测量其下沉、上翘的数据，并做好记录。

将测量记录结果与设计图纸及施工验算的数据进行比较，如果数据出入较大，则必须分析原因。实际卸载过程中的测量结果与施工验算的结果基本一致。

14. 钢结构防腐、防火涂料及涂装

防腐和防火是钢结构施工中非常重要的环节，防腐关系到钢结构的寿命，防火关系到结构的安全。

（1）钢结构防腐体系

① 喷砂除锈达到 Sa2.5 级，底漆采用环氧富锌漆 $75\mu m$，中间漆采用环氧云母氧化铁中间漆 $150\mu m$，面漆采用氟碳面漆。有防火要求的区域在中间漆上喷涂防火涂料，然后喷涂氟碳面漆。

② 防腐施工范围：除预埋进混凝土内的构件、高强螺栓摩擦面、柱脚板底面外，其余均需要按照防腐体系处理和施工。现场焊缝两侧各 100mm 范围工厂内不处理，现场焊接完成后再二次处理，并按照防腐体系施工。

（2）钢结构防火体系

防火体系比较复杂，由于结构高度不同，防火极限要求也不同，具体要求为：

① 无站台柱雨棚钢柱耐火极限为 2.5h。

注：站台雨棚柱仅距轨面 12m，即 24.00m 标高以下进行防火保护。

② 观光电梯耐火极限为 2.5h。

③ 全部钢楼梯耐火极限为 1.5h。

④ 高架候车室钢柱耐火极限不宜小于 3h。

注：高架层仅距楼面 13m，即 34.00m 标高以下进行防火保护。商业夹层部分仅距楼面 9m，即 36.00m 标高以下的柱进行防火保护。

⑤ 屋面钢拉索、拉杆、索拱、索壳、钢桁架、檩条等所有结构构件耐火极限均为 1.5h。但在图 4-7-2-178 所示粗线框内（含框），除以下 A、B 两条规定范围外可以不做防火保护：

A. 5、2/5、6、10、2/10、11 轴上的拉索做防火保护。

B. C、D、E、F 轴上的钢桁架做防火保护。

C. 原钢拉索表面的保护材料为不燃烧材料且无毒。

⑥ 其余钢结构及其他构件耐火极限

柱为 3h，梁为 2h，板为 1.5h。

（3）钢结构防腐和防火设计

① 不需要涂防火涂料的部位，如表 4-7-2-43 所示。

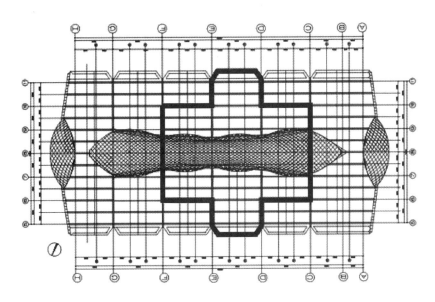

图 4-7-2-178 站房屋面钢结构耐火等级说明

不需要涂防火涂料的部位　　　　　　　　　　　　　　　　表 4-7-2-43

名称		厚度
底漆	水性无机富锌漆	75μm
中间漆	环氧云铁漆	150μm
面漆	氟碳面漆	80μm

② 需要涂防火涂料（薄型）的部位，如表 4-7-2-44 所示。

需要涂防火涂料（薄型）的部位　　　　　　　　　　　　表 4-7-2-44

名称		厚度
底漆	水性无机富锌漆	75μm
中间漆	环氧云铁漆	100μm
防火涂料	薄型防火涂料	根据耐火极限确定
面漆	氟碳面漆	80μm

钢结构表面的面漆颜色以白色（亚光）为主，详细做法、颜色及面漆等可根据试样效果再定。底漆、中间漆、防火涂料和面漆等必须相互匹配、有机结合、不得开裂。

③ 防火保护使用薄型防火涂料。所有防火材料需通过有关消防部门的认可。

（4）钢结构防火涂料机涂装施工

① 搭设脚手架

钢结构构件在工厂内进行喷砂处理，达到 Sa2.5 级要求后喷涂底漆。现场喷涂中间漆，高空处刷涂中间漆。高空焊接完毕后，处理焊缝，以砂轮机打磨为主，然后补涂底漆，待底漆完全干燥后，刷涂中间漆。

由于是高空作业，故需要搭设脚手架，根据不同的施工场所，也有采用升降机进行中间漆和面漆作业。

② 站房候车厅外露钢构件

钢柱、东西基本站台大桁架、电梯骨架等候车厅外露构件是在防火涂层上喷涂氟碳漆，故对防火涂层进行了磨光处理（局部抹腻子），这样氟碳喷涂就非常美观。同时，为了保证面漆质量和表面美观，钢柱等面漆采用了进口面漆。

15. 钢结构的变形监测

本工程中，利用施工方格控制网，按规范要求对钢结构进行变形监测。

16. 施工进度创纪录

整个钢结构安装工期非常紧张，自2008年12月1日开始吊装，至2009年9月30日完成主体工程，历时10个月，完成了主体约8万t钢结构的安装。为完成这艰巨的任务，投入了大量的设备、人力，甚至不计成本进行抢工。具体的施工阶段情况如下：

(1) 南雨棚 13~17/C~G：2008年12月1日~2009年2月19日。
(2) 北雨棚 0'~3/C~G：2009年2月15日~2009年3月17日。
(3) 中央站房 7~9/D~E：2009年3月15日~2009年4月30日。
(4) 中央站房 5~11/D~E：2009年4月30日~2009年5月3日。
(5) 东屋檐：2009年5月15日~2009年8月25日。
(6) 西屋檐：2009年7月15日~2009年9月20日。
(7) 钢结构屋盖其余结构收口：2009年7月16日~2009年9月30日。
(8) 附属钢结构施工时间跨度比较大，由于设计变更、土建基础施工等多因素的影响，干干停停，最后东南贵宾厅新增电梯骨架安装到2010年10月2日才完成。

值得一提的是：中央站房5~11/D~E钢结构，2009年3月15日~2009年5月3日的施工，是非常重要的关键点，当时钢结构专业昼夜施工、风雨无阻、不遗余力、不计成本地大投入，动用13台大型履带吊，650台焊机，投入约3400名技术工人，多层作业，完成了这几乎是不可能完成的艰巨任务。

九、东西落客平台混凝土及钢管混凝土结构

（一）工程概况

东西落客平台位于站房东西两侧，基础采用桩基础形式。其中东落客平台地坪标高−4.5m，平台面标高11.6m，结构大梁主要有0.8m×1.2m、0.8m×1.6m、0.8m×2.0m、1.0m×2.0m、1.0m×2.5~3.5m（变高）、1.2m×3.5~5.0m（变高）、1.5m×2.5m、1.5m×4.0m、2.0m×5.0m等形式，板厚30cm。西落客平台地坪标高−0.4m，平台面标高20.6m，结构大梁主要有0.8m×1.2m、0.8m×1.6m、0.8m×2.0m、1.0m×2.0m、1.0m×2.5~3.5m（变高）、1.2m×3.5~5.0m（变高）、1.5m×2.5m、1.5m×4.0m、2.0m×5.0m等形式，板厚30cm。两个平台在2/7~2/8轴间都有地铁结构，地铁施工完后可作支架基础。

1. 东落客平台结构标高为（−7.900~+11.600m），为大跨度预应力梁结构，结构柱梁的主要截面统计，如表4-7-2-45所示。

东落客平台结构柱梁主要截面统计　　表4-7-2-45

编号	梁编号	截面尺寸（mm）	梁顶标高
1	KL1	2000×5000	+11.600
2	KL2、KL3、KL4	2000×4000	+11.600
3	KL5	1500×4000	+11.600
4	KL6	1500×2500	+11.600

续表

编号	梁编号	截面尺寸（mm）	梁顶标高
5	KL7	1000×2500	+11.600
6	KL8	1000×1750	+11.600
7	YL1	1200×5000～4250	+11.600
8	YL2	1200×5000～3500	+11.600
9	YL3	1000×2500～3500	+11.600
10	YL4、YL5	800×1600	+11.600
11	YL6	800×2000	+11.600
12	YL7、YL9、YL10	1000×2500	+11.600
13	YL8	1500×2500	+11.600
14	CL1、CL6、CL8、CL11、CL13	800×2000	+11.600
15	CL2、CL7、CL12	800×1200	+11.600
16	CL3、CL4、CL5、CL9、CL10	800×1600	+11.600
17	CL4	800×1200	+11.600
18	CL5	800×2000	+11.600
19	CL6	800×2000	+11.600
20	CL14	2000×2500	+11.600

东落客平台11.6m结构层板为混凝土现浇板，厚度300mm。

2. 西落客平台结构标高为（-0.400～+20.600m），为大跨度预应力梁结构，结构柱梁的主要截面统计，如表4-7-2-46所示。

西落客平台结构柱梁主要截面统计　　　　表4-7-2-46

编号	梁编号	截面尺寸（mm）	梁顶标高
1	KL1	2000×5000	+20.600
2	KL2、KL3、KL4	2000×4000	+20.600
3	KL5	1500×4000	+20.600
4	KL7	1000×2500	+20.600
5	YL1	1200×5000～4250	+20.600
6	YL2	1200×5000～3500	+20.600
7	YL3	800×2000	+20.600
8	YL4	1000×3500～2500～5000	+20.600
9	YL5、YL7	1000×2500	+20.600
10	YL6	1000×2000	+20.600
11	CL1、CL5、CL8	800×2000	+20.600
12	CL2、CL6、CL9	800×1200	+20.600
13	CL3、CL4	800×1600	+20.600
14	CL7	1000×2000	+20.600
15	CL10	2000×2500	+20.600

西落客平台20.6m结构层板为混凝土现浇板，厚度300mm。

（二）桩基础

桩基础采用冲击成孔，根据现场情况部分区域采用人工挖孔桩施工（须办理确认手续），施工方法详见本节"三、桩基础"。

（三）承台

承台开挖采用钢板桩支护或放坡开挖加钢板桩支护，钢板桩长度，详见表4-7-2-47。

承台分类 表 4-7-2-47

承台编号	宽度×长度×高度（mm）	承台顶标高	承台垫层底标高	自然地面标高	数量（个）	支护形式
CT-1	14200×6200×5500	−7.900	−13.600	−11.500	2	在地铁支护内
CT-1a	10200×6200×4000	−7.900	−12.100	−11.500	12	在地铁支护内
CT-2	10200×6200×4000	−2.500	−6.700	−2.646	4	12m 钢板桩
CT-3	10200×10200×4000	−2.500	−6.700	−2.646	5	12m 钢板桩
CT-3a	10200×10200×4000	−7.900	−12.100	−3.036	1	放坡加12m 钢板桩
CT-4	6200×6200×2500	−2.500	−5.200	−2.646	2	9m 钢板桩
CT-5	6200×6200×3500	−2.500	−6.200	−2.646	14	12m 钢板桩
CT-5a	6200×6200×3500	−7.900	−11.600	−3.036	1	放坡加12m 钢板桩
CT-6	6200×6200×2500	−2.500	−5.200	−2.646	10	9m 钢板桩
CT-7	10200×6200×4000	−2.500	−6.700	−2.646	10	12m 钢板桩
CT-15	5050×5050×3500	−10.600	−14.260	−1.400	8	放坡加12m 钢板桩
CT-16	10200×6200×4000	−2.500	−6.760	−1.500	4	放坡加9m 钢板桩
CT-21	5050×5050×2500	−10.600	−13.260	−1.100	8	在地铁支护内
CT-21a	5050×5050×2500	−2.500	−5.200	−2.646	8	9m 钢板桩

混凝土按大体积混凝土施工，施工方法详见本书第四篇第3章3.1节"三、承台"及3.12节"二、承台大体积混凝土施工技术措施"。

（四）梁板预应力钢筋混凝土结构

东西落客平台柱模采用钢模板，其余采用木模板。支架采用满堂红钢管支撑，支撑架立杆间距1500mm，梁侧立杆加密至600mm，如图4-7-2-179所示。支架为高支模，需经专家评审。混凝土施工施工方法详见本节"七、高架候车层预应力及型钢钢筋混凝土结构 （九）21m 层型钢及钢筋混凝土楼板施工"。

图 4-7-2-179 满堂红钢管支架

第7章 房屋建筑及给排水工程

十、屋面

(一) 工程概况

新广州站屋面系统,如图 4-7-2-180 所示,其中金属屋面 15.60 万 m²,ETFE 屋面 2.54 万 m²,玻璃屋面 0.56 万 m²。主要材料品种及数量,如表 4-7-2-48 所示。

金属屋面工程制造和安装由上海精锐金属建筑系统有限公司专业分包。

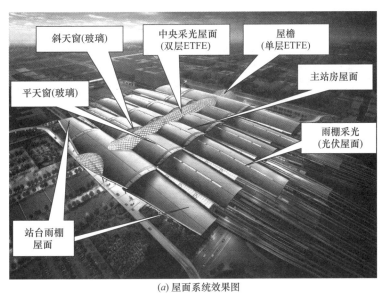

(a) 屋面系统效果图

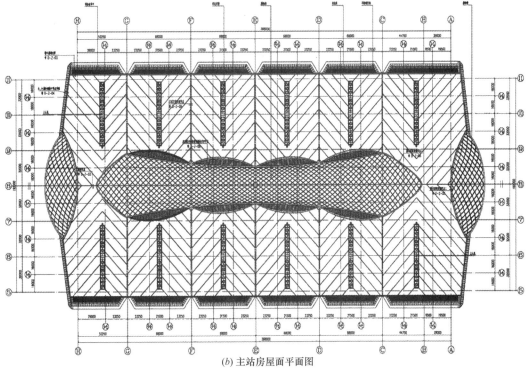

(b) 主站房屋面平面图

图 4-7-2-180 屋面系统 (一)

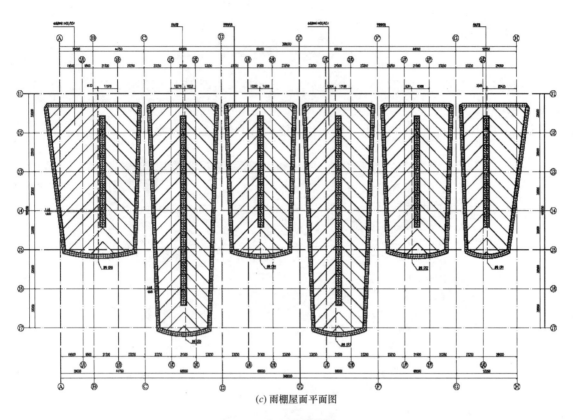

(c) 雨棚屋面平面图

图 4-7-2-180 屋面系统（二）

屋面主要材料数量　　　　表 4-7-2-48

序号	材料名称	单位	数量	备注
1	钢管骨架	t	6500	包括型材、构件、配件等全部钢材
2	屋面彩钢压型板	m²	156000	根据屋面曲线弯弧成型
3	玻璃纤维保温棉	m²	156000	卷装
4	玻璃纤维吸声棉	m²	156000	卷装
5	硅酸钙板	m²	156000	
6	不锈钢天沟	m²	30000	定尺折件成品
7	铝型材、铝百叶	m²	9500	定尺成品
8	铝单板、铝板装饰条	m²	75000	定尺成品
9	铝镁锰金属屋面板	m²	156000	成型压型板，最长70m，平均长度40m
10	天窗玻璃	m²	5600	易碎定尺成品
11	晶体硅光伏屋面板	m²	3200	
12	室内吊顶板、侧封板	m²	15000	定尺成品
13	膜结构	m²	25400	定尺易破产品
14	其他材料			自攻钉、胶、铝支座、拔热膜、Z型支撑、泛水板等小件零星材料

1. 主站房金属屋面

主站房金属屋面系统包括调差檩条、钢底板、保温棉等功能性填充材料及屋面板等，如表 4-7-2-49 所示。具体构造层次图，如图 4-7-2-181 所示。

主站房金属屋面构造材料
表 4-7-2-49

层次	材料名称	规格及性能要求	防腐要求
1	金属屋面板	1.0mm 厚铝镁锰合金板（400/65）AA3004H44	PVDF 涂层≥25μm
2	拔热防水膜	不可燃，反射率符合 ASTMC 标准≥±0.95	
3	玻璃纤维保温棉	48kg/m³ 厚 100mm	
4	硅酸钙板	厚 10mm	
5	玻璃纤维保温棉	48kg/m³ 厚 50mm	
6	屋面支座		
7	几字形衬檩	Q235B	镀锌量≥180g/m²
8	气密层	不可燃，水汽渗透率≤0.09g/m²day	
9	玻璃纤维吸声棉	24kg/m³ 填充在钢承板穿孔腹板区域	
10	镀锌压型钢底板	厚 1.2mm，板宽 768mm，肋高 113mm，屈服强度≥235N/mm²	镀锌量≥125g/m²
11	吊顶龙骨及吊杆	Q235B，屈服强度≥235N/mm²	镀锌量≥180g/m²
12	铝吊顶板	板宽 160mm，厚度≥0.7mm，缝宽 50mm，合金状态：AA3000	PVDF 涂层≥25μm

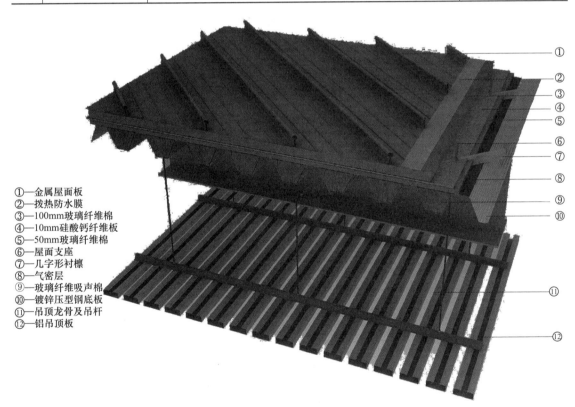

①—金属屋面板
②—拔热防水膜
③—100mm玻璃纤维棉
④—10mm硅酸钙纤维板
⑤—50mm玻璃纤维棉
⑥—屋面支座
⑦—几字形衬檩
⑧—气密层
⑨—玻璃纤维吸声棉
⑩—镀锌压型钢底板
⑪—吊顶龙骨及吊杆
⑫—铝吊顶板

图 4-7-2-181 主站房金属屋面构造层次图

2．雨棚金属屋面

雨棚金属屋面系统包括调差檩条、钢底板、保温棉等功能性填充材料及屋面板等，如表 4-7-2-50 所示。具体构造层次图，如图 4-7-2-182 所示。

雨棚金属屋面构造材料

表 4-7-2-50

层次	材料名称	规格及性能要求	防腐要求
1	金属屋面板	1.0mm 厚铝镁锰合金板（400/65）AA3004H44	PVDF 涂层≥25μm
2	拔热防水膜	不可燃，反射率符合 ASTMC 标准≥±0.95	
3	玻璃纤维保温棉	48kg/m³ 厚 50mm	
4	气密层	不可燃，水汽渗透率≤0.09g/m²day	
5	屋面支座		
6	几字形衬檩	Q235B	镀锌量≥180g/m²
7	镀锌压型钢底板	厚 1.2mm，板宽 768mm，肋高 113mm，屈服强度≥235N/mm²	镀锌量≥125g/m²
8	吊顶龙骨及吊杆	Q235B，屈服强度≥235N/mm²	镀锌量≥180g/m²
9	铝吊顶板	板宽 180mm，厚度 0.7mm，缝宽 180mm，合金状态：AA3000	PVDF 涂层≥25μm

①—金属屋面板
②—拔热防水膜
③—玻璃纤维保温棉
④—气密层
⑤—屋面支座
⑥—几字形衬檩
⑦—镀锌压型钢底板
⑧—吊顶龙骨及吊杆
⑨—铝吊顶板

图 4-7-2-182　雨棚金属屋面构造层次图

3. 膜结构屋面

新型 ETFE 膜结构屋面约 25400m²，如图 4-7-2-183 所示。

(a) 双层ETFE膜结构屋面

图 4-7-2-183　金属屋面檐口构造图（一）

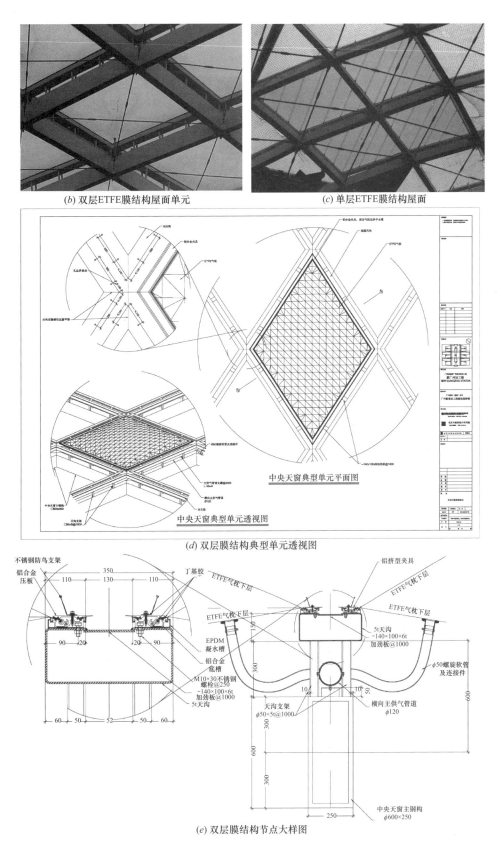

(b) 双层ETFE膜结构屋面单元　　(c) 单层ETFE膜结构屋面

(d) 双层膜结构典型单元透视图

(e) 双层膜结构节点大样图

图 4-7-2-183　金属屋面檐口构造图（二）

4. 玻璃平天窗

玻璃平天窗，如图 4-7-2-184 所示。

图 4-7-2-184　玻璃平天窗构造图

5. 檐口

金属屋面檐口由铝单板、4mm 厚不锈钢钢带、3mm 厚铝单板（仅用于檐口弯弧处）、铝合金百叶、聚碳酸酯阳光板、钢骨架、主钢梁连接件及其附件等组成，如图 4-7-2-185 所示。

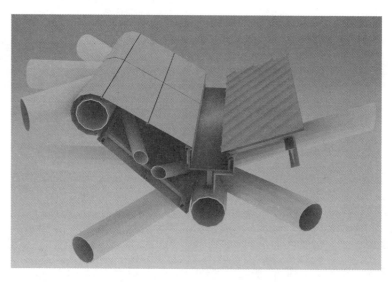

图 4-7-2-185　金属屋面檐口构造图

（二）运输通道及临时施工作业平台

1. 新广州站屋面工程施工面积大、工期短、材料堆放场地有限、道路拥挤，影响金属屋面材料正常运输的因素主要体现在以下几点：

（1）施工面积大，且地面道路错综复杂，施工区无统一围护。

（2）施工工期短。

（3）施工单位多、平行作业多。

（4）运输道路窄、不平整、运输路线长且各施工单位承运不同材料的车辆多。

（5）金属屋面工程离地面高度高（最高点离地面约 50m）。

(6) 施工区域无固定材料堆放场地。

(7) 屋面工程材料在同一施工周期内，需同时进场的材料品种多、规格多且数量多、体积大。

(8) 工程所在地气候特色为多雨且又正值炎夏，天气炎热。

综合以上对金属屋面材料运输需要克服的众多不利因素，为确保屋面工程材料供应在有限的工期内满足施工进度的要求，材料运输方案尤为重要。

2. 现场材料堆放的平面布置与运输路线

由于该项目工程面积大，同时作业的施工单位多，再加上工期紧迫，施工区域留给金属屋面材料可长期堆放的场地少之又少，且不固定，无法满足材料供给进度要求的，必须另行设法解决。

经多次现场踏勘、研究和商讨，最终确定施工现场材料堆放按照"二主八副"的方法设置，即二个长期、固定的主仓库（其中一个附带构件加工区功能）和八个施工区域的临时材料堆放场地。

由于施工区域无固定材料堆放场地可使用，故主仓库设置在远离施工作业区的项目部附近，主要储备一些不立即使用的到场材料。八个现场临时辅助仓库主要设置在现场屋面八个固定上料口下方的附近，便于材料垂直运输，如图 4-7-2-186 所示。

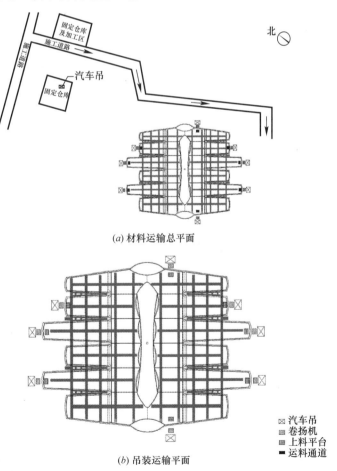

图 4-7-2-186 材料堆放、运输总平面布置图

3. 运输机械设备的要求

屋面材料进场后，先将材料卸在长期堆放材料的固定仓库内。因金属屋面材料多为钢材，为方便进场材料的卸货和材料的二次搬运，仓库内长期配置25t汽车吊2辆，运输平板车8辆，叉车4辆。

为合理地将材料及时运至各屋面施工区域，并减少人力在屋面上长距离的搬运，结合站房的平面布置形状，在施工区域内分别设置8辆固定的汽车吊及相对应的上料平台。其中主站房东西两侧各配置1辆汽车吊（1辆100t，1辆50t）。南、北雨棚各对称布置3辆汽车吊，共计6辆（2辆100t，4辆50t）。为满足特殊材料的运输及应付特殊情况的发生，各吊机上料口还需相应配置1台卷扬机，吊装设备的布置，详见图4-7-2-186（b）所示。

同时为便于屋面小件材料的运输与吊运，还需另行配置24只特制吊篮和20辆手推车。

4. 屋面通道与脚手架的布置与要求

在施工区域固定位置配置的8辆汽车吊处，屋面上方相应地搭设8处上料平台，并通过屋面上搭设的脚手架通道把屋面材料运输到各个施工作业面，主站房与雨棚交接处则采用排架的形式搭设。

由于屋面上料平台及各运输通道所承运的为重型钢材，脚手架必须满足运输材料产生的最大荷载，确保频繁往复运输所产生的移动荷载，对通道脚手架的稳定性、耐久性、安全性的要求很高，具体搭设要求详见图4-7-2-187。同时为达到屋面上料平台、运输通道底板的平整与承载能力，要求铺设两层模板，并固定在脚手架钢管上，以防松动。通道的两侧设置200mm高的挡脚板，1500mm高的围护栏杆，并张挂安全网，防止材料意外坠落，具体搭设要求如图4-7-2-187所示。南、北雨棚各配置1名安全员进行专项检查，发现损毁的及时更换，并要求每隔1个月统一更换通道模板1次，保证通道的安全。

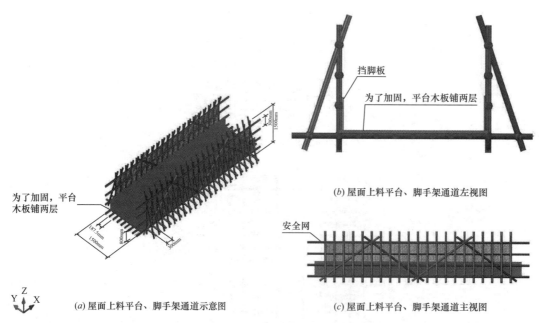

图 4-7-2-187 屋面上料平台、脚手架通道示意图及剖面图

注：1. 钢管长度6m、4m、2m不等，钢管半径29mm，钢管厚度3mm；2. 木板长1.5m，宽0.8m，厚15mm。

5. 材料管理及运输过程的控制

由于该工程作业面大，交通道路复杂却没有一个封闭的围护系统，为确保材料的安全，每处材料堆放场地专门配置 2 名工人进行 24 小时不间断地看管,并做好每次材料的调运记录。

材料运输必须保证屋面成品材料的完整性,避免成品材料的损毁和划痕,易碎及表面易划痕的成品必须做好充分的保护措施后方可进行运输,材料摆放必须平稳、不摇晃。运送到屋面后必须及时分散到各施工作业面上。

材料利用吊机进行作业时,必须严格遵守吊装规范,屋面垂直吊装运输时必须在地面及屋面各配置一名指挥人员。二次搬运使用的运输车辆作业人员必须持证上岗,严格服从道路交通规则。

屋面上料平台处严禁上吊材料长时间堆放或集中超荷载堆放,每个上料平台处配置 4 名管理人员,负责材料的吊装、配合、协调工作及指挥上料平台处材料的疏散,检查材料在屋面通道处的堆放情况和脚手架通道的安全情况。

6. 保证二次运输投入的综合措施

为确保屋面材料按时运至各屋面施工作业面,根据现场实际施工要求,编制吊装和运输的施工机具及设备需用量,如表 4-7-2-51 所示。

屋面材料运输、垂直运输和二次搬运主要机械设备 表 4-7-2-51

序号	机械或设备名称	规格型号	数量	用于生产部位	备注
1	汽车吊	QY100	3	屋面	租赁
2	汽车吊	QY50	5	屋面	租赁
3	汽车吊	QY25	2	仓库	租赁
4	卷扬机	JK5	8	屋面	自有
5	叉车	FG25	4	仓库	租赁
6	运输车辆	东风汽车	8	道路运输	租赁
7	吊篮		24	垂直运输	自有
8	手推车		30	水平运输	自有

(三)镁铝锰金属面板的现场制作

1. 铝镁锰合金防水屋面板介绍

新广州站金属屋面板采用本色铝镁锰合金板,板型为 400/65 型,屋面板厚度为 1.0mm,如图 4-7-2-188 所示。

该款屋面板属于德国 BEmO 的直立锁边咬合系统,表面无穿孔、无穿刺的隐蔽式安装设计,从而使整个屋面系统形成一种"耐候性"。

固定屋面板的铝支座采用铸压铝合金固定座与檩条固定,再将屋面板与铝支座的梅花头用锁边机扣合,如图 4-7-2-189 所示。

另外在固定座下加装硬性 PVC 塑料法兰垫,以螺丝予以固定,可以防止由于铝构件与钢材之间产生的电化学反应,并有效控制冷桥效应。

屋面板采用板宽为 400mm,板肋高为 65mm 的金属铝镁锰合金压型板,具体板材截面尺寸,如图 4-7-2-190 所示。

该板型截面参数合理,计算数据可靠,获得了德国建筑业协会的产品认证及美国的 Fm 产品质量认证,完全满足工程的需要,而且可以顺应屋面造型要求,进行正弯、反弯、变截面处理,从而最大程度地展现建筑的设计效果。

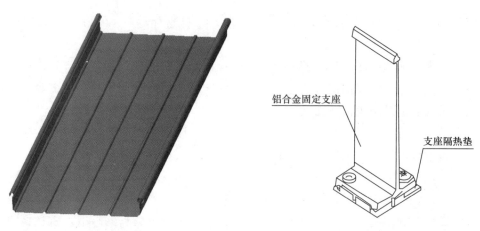

图 4-7-2-188　本色铝镁锰合金金属屋面板　　图 4-7-2-189　屋面板铸压铝合金固定支座

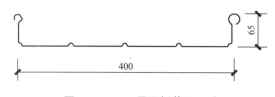

图 4-7-2-190　屋面板截面尺寸

本屋面板的最大特点为可以按工程造型要求，制作出各种正弯、反弯、变截面板。

屋面板采用专门的锁边机械将屋面板与支架连接成为一个防水及抗风的整体，又无需用螺钉穿透屋面板，且在温度变化下整个屋面板系统可自由滑动、伸缩，避免了由于温度变化，屋面板热胀冷缩引起的屋面板与板之间咬合缝错位，从而导致屋面渗漏的现象。

2. 设备介绍

（1）屋面板压型机，如图 4-7-2-191 所示。

BEMO 屋面板压型机器，整体固定于可移动的集装箱内。

① 设备型号：mobile panel former

② 出产地：德国 BEMO

③ 设备构成：端部发电机系统、进料操作区、板材加工成型操作区

④ 滚轮组成：13 排

⑤ 操作系统：数码电控

⑥ 正常电流：90/95Am，连接电压：60kVa，频率：50Hz

⑦ 工作速度：10～15m/min

⑧ 尺寸大小：2.5m×11.5m

⑨ 机械自重：集装箱＋内部成型轮共计 22t

（2）屋面板咬口机，如图 4-7-2-192 所示。

① 设备型号：MB101

② 出产地：德国 BEMO

③ 正常电流：35Am，额定电压：220V

④ 收口处直径为 22mm，误差范围为 2mm

⑤ 工作速度：15～20m/min

图 4-7-2-191　屋面板压型机　　　　图 4-7-2-192　屋面板咬口机

（3）屋面板弯弧机，如图 4-7-2-193 所示。

① 设备型号：BMC400/65

② 出产地：德国 BEMO

③ 正常电流：90/95Am，连接电压：60kVa

④ 尺寸大小：1250mm×1000mm

⑤ 工作速度：8～12m/min

图 4-7-2-193　屋面板弯弧机

3. 加工设备、场地及人员安排

屋面板成型机 2 台，屋面板弯弧机 1 台，叉车 1 台、方木垫块等。

因新广州站工程特殊性，屋面板地面加工没有场地，且轨道梁间距较窄，屋面板无法垂直运输，所以屋面板加工考虑在屋面压板。

制作人员：压型机操作手 1 名、弯弧机操作手 1 名，抬板工人若干（人数根据现场工作量及板的长度决定）。

压型加工过程，如图 4-7-2-194 所示。

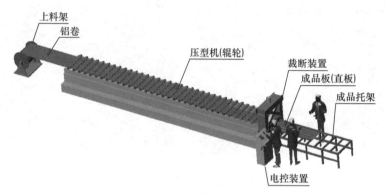

(a) 屋面板压型示意

(b) 屋面板弯弧

图 4-7-2-194 屋面板加工

一套屋面板压型机的日生产能力（单班 8 小时）为 3000m^2，屋面板弯弧机日产 2000～5000m^2，弯弧半径最小为 1.8m。

4. 加工工艺及质量控制

（1）加工方案

加工前按施工组织设计编制屋面板加工、检测要求细化方案。

(2) 屋面板尺寸的确定

屋面板的长度、弯弧半径确定是屋面板制作成败的关键。

屋面板按规定要求在钢结构偏差（可能存在）调整后的尺寸的基础上通过三维建模或实测，得出每块板材的加工尺寸。在正式生产以前，可在部分已安装钢结构进行试拼装，验收认可后，方可大批量制作。

(3) 首块板材的确认

在板材箱式压型机进场后进行设备的调试，并进行首件产品的加工，使其外形尺寸、压型后的涂装质量等情况符合设计要求。

(4) 加工流程

上料→定尺寸→输入数据参数→压制成型→出板→裁切→搬移→检验→堆放，如图 4-7-2-195 所示。

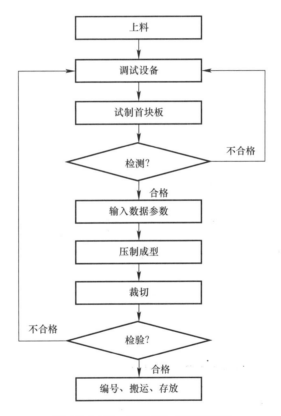

图 4-7-2-195 屋面板加工工艺流程

(5) 板材的压型

板材在加工前需对铝卷的打卷质量进行检查，对不齐，或卷孔太大的重新打卷，并符合铝卷上料的要求。

压型板材时，将铝卷平板伸入主机上，由滚动轮进行渐变式轧制成型。全机采用电脑制作，当板材达到一定长度后，由切断装置自动切断，送入成品托架。

板材从压型机的辊轴出来后，必须有足够的成品托架，以防止板材折坏。在板刚压出时，必须由抬板人员抬着板引导沿着辊轴往前行走，而后可由板自动沿辊轴往前行走。

当生产出的屋面板超过 10m 时，须由屋面抬板人员抬着向前走，直至生产出足够长的铝板，当铝板长度达到设计的板长时，停止压板并切割。

面板长度宜比设计略长 100mm，便于板端切割调整。

在设备的出板方向处必须有足够长的空地，以保证按图纸要求生产出通长的板。为保证屋面板的质量，要求对生产出的屋面板板宽和大小肋进行严格检查，如发现不合格的屋面板，不能安装。

(6) 屋面板弯弧

新广州站屋面，基本均为弧形板，除曲率半径在 20m 以外的以直板自然成弧外，其余弧形板需进行各种程度的弯弧作业。

屋面板弯弧工艺流程：

压制成型后的屋面板检验及弯弧工艺方案确定→根据板材的编号定出板材的正反圆度转折点并标记→输入弧度→进板→进板端部弯弧→反方向后撤出板→检验→堆放。

弯弧时，由一个机械操作工人操作弯弧机，安排几个抬板工人进行抬板作业，抬板工人的人数根据板的长度确定，如图 4-7-2-196 所示。屋面板的弧度根据设计深化图纸及现场实测确定，弧度确定后，将数据输入电脑，进行数字化操作弯弧处理，直接由电脑操作控制弯曲弧度。

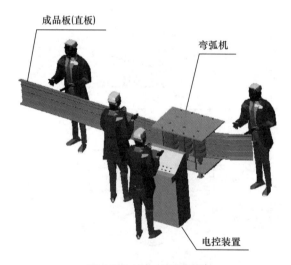

图 4-7-2-196　弯弧示意

(7) 板材的编号

屋面板在深化设计时根据板材所在安装位置进行编号，加工时用记号笔在每块板材的两端进行编号记录，以便加快安装进度。

(8) 板材的堆放

对于小部分较短板材，在集中加工后进行临时堆放，以便及时将压型机投入另一编号的加工。

在堆放过程中必须有足够的支撑，同时堆放高度不宜过高，以防止板材的变形，并有一定的防雨措施及排水坡度。

(9) 加工质量控制

为保证屋面板的质量，要求对生产出的屋面板板宽和大小肋进行严格检查，如发现不合格的屋面板，必须将不合格品另外存放并重新调试机器，直到生产出合格产品为止。

面板加工宽度允许误差：±1.0mm。

压板机就位调试，试生产上料出板。

面板大小肋高度允许误差：±1.0mm。

调试、试生产面板大小肋卷边直径允许误差：±0.5mm。

5. 屋面板压制

为保证屋面的完整性，屋面板不考虑搭接施工，需保持通长加工。由于场地受限，无法在地面压制，必须考虑在屋面压制。需将压型设备吊装到预设平台上，屋面搭设上料台和出料台具体方案，如图 4-7-2-197 所示，新广州站工程屋面面积大，共设四个加工台。

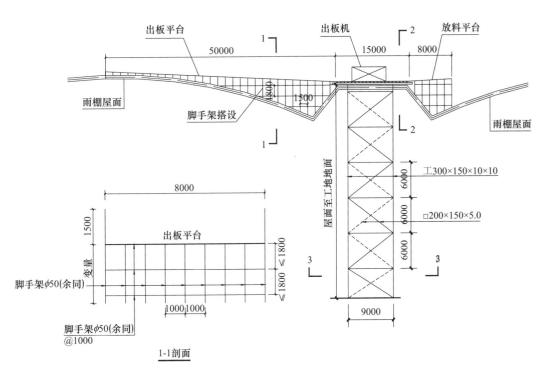

(a) 下料平台剖视图(屋面至工地地面高度，约为46m)

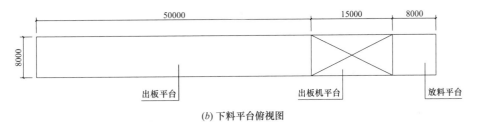

(b) 下料平台俯视图

图 4-7-2-197 屋面上料平台和出料平台（一）

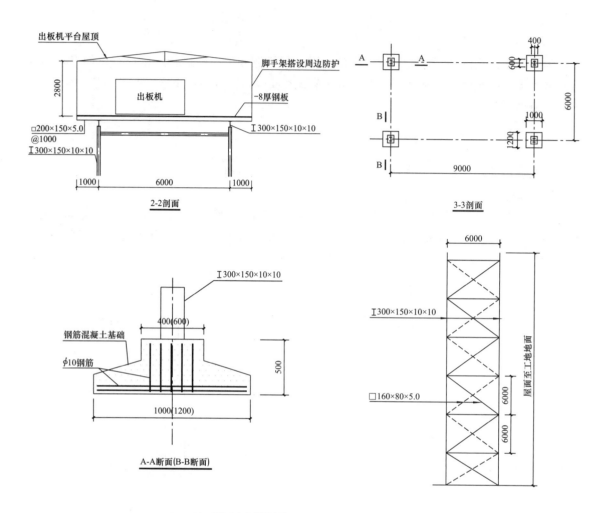

(c) 下料平台支撑柱侧视图(屋面至工地地面高度，约为46m)

图 4-7-2-197 屋面上料平台和出料平台（二）

所需辅助材料及人力，如表 4-7-2-52 所示。

辅助材料及人力 表 4-7-2-52

序号	主要材料	单位	数量
1	平台主钢结构	t	232
2	上料台出料台脚手架	m³	4000
3	平台混凝土基础	m³	16
4	人力	工日	1660

（四）金属屋面安装

新广州站金属屋面工程包含主站房和无站台柱雨棚金属屋面系统两部分，屋面构造层次拆分，如图 4-7-2-198 所示。

1. 金属屋面安装

（1）金属屋面系统采取"先结构后屋面、先主后次、先下后上"的施工流程，即：压型钢板→天沟→无纺布→玻璃纤维吸声棉→玻璃纤维保温棉→几字形衬檩→固定支座→硅酸钙板→二道气密防水层→玻璃纤维保温棉→热辐射反射膜→1.0mm厚铝镁锰合金胶条板→檐口屋面泛水、收边处理→屋面清理→报验，如图4-7-2-199所示。

（2）调差工程

新广州站屋面檩条上表面非同一平面，因此檩条需调差。调差材料选用5mm镀锌自折槽钢，调差立柱选用200mm×100mm×5mm镀锌矩形管，连接选用焊接。

① 调差施工流程

施工准备→调差放线→调差檩条下料定位→复测调整→焊接→自检、整改、报验

② 具体施工方法

A. 施工准备

施工前查看施工现场，确定施工切入点，根据现场情况确定施工方法，搭设生命线，准备堆料平台。做好施工前技术交底。

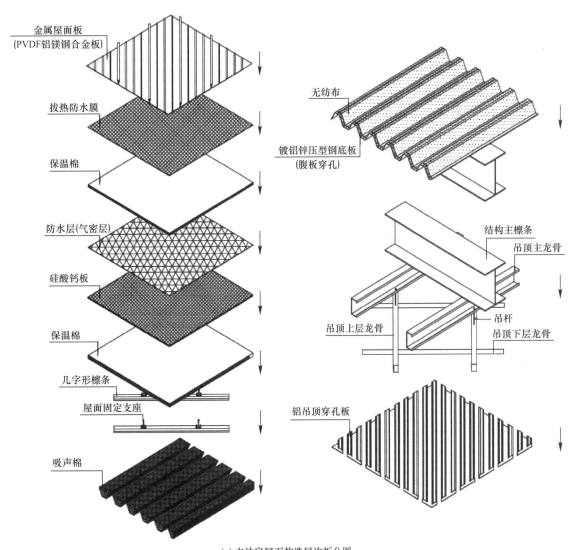

(a) 主站房屋面构造层次拆分图

图4-7-2-198 金属屋面构造层次拆分图（一）

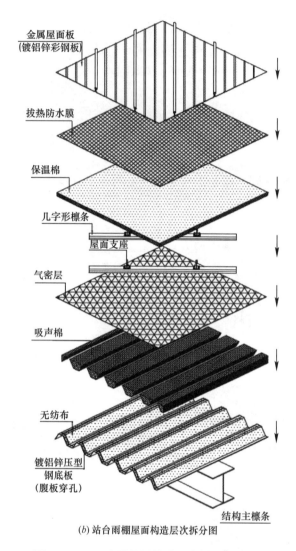

(b) 站台雨棚屋面构造层次拆分图

图 4-7-2-198 金属屋面构造层次拆分图（二）

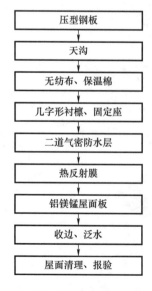

图 4-7-2-199 金属屋面施工工艺流程

B. 坐标测量

C. 调差放线

调差坐标点测量出来后,在各坐标点注明编号,根据实测坐标换算出各坐标点相应调差位置及需调整的标高。

D. 调差檩条下料定位

根据调差坐标编号及调整标高,用等离子切割机下料,做好构件编号,然后根据相应编号焊接定位。

E. 复测调整

调差檩条定位后,根据原设计坐标对实际施工坐标进行复测,复测后对超过控制误差的坐标进行修正,转入下一道工序。

F. 焊接

焊接时,需注意焊接材料的选择,根据母材的材质选用各种不同的焊接材料,焊接施工方法需满足焊接施工工艺。焊角尺寸需达到设计及规范要求。

G. 自检、整改、报验

各工序完成后进行仔细检查,对不满足要求的地方进行整改后报验。

③ 调差安全措施

屋面调差难度大,危险性比较大,因此在施工前需要做好完整的施工预案及安全措施。

生命线安全网搭设:生命线搭设具体如图4-7-2-200所示,安全网为满铺。

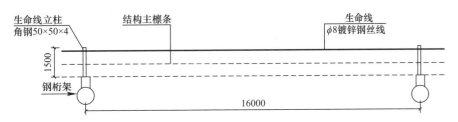

图 4-7-2-200 生命线详图

注:生命线立柱采用 50×50×40 的角钢,总用量为 4890m;
生命线采用 φ8 镀锌钢丝线,总用量为 44312m

所需辅助材料及人力,如表4-7-2-53所示。

辅助材料及人力　　　　表4-7-2-53

序号	主要材料	单位	数量
1	生命线短柱 50×4 方管	m	9780
2	D8 钢丝绳	m	88624
3	安全网	m²	320000
4	人力	工日	17000

(3) 压型钢板及中间构造层施工

① 压型钢板说明

主站房压型钢板基板采用1.2mm厚的镀铝锌穿孔彩钢板,穿孔率21%～23%,腹板穿孔孔径≤4mm,材质为Q235,表面采用PE聚酯涂层。站台雨棚压型钢板基板采用1.2mm

厚的镀铝锌非穿孔彩钢板，材质为 Q235，表面采用 PE 聚酯涂层。

该板有效覆盖宽度为 768mm，波高为 113mm，波距为 256mm，波峰整齐，外形美观，如图 4-7-2-201 所示。

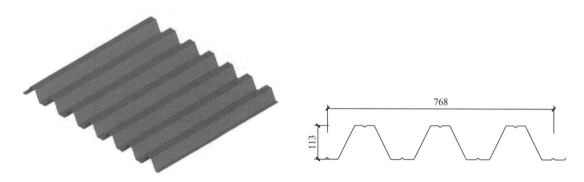

图 4-7-2-201　金属屋面压型钢板

压型钢板安装于主檩条调差上部，主站房为达到特定的消声功能效果，在压型钢板上铺无纺布、吸声棉等特殊功能性材料。

② 压型钢板施工流程

压型钢板安装时，先确定基准线，从基准线开始安装。

其安装流程为：安装准备→屋面底板运输（运至安装作业面）→放基准线和控制线→首块板安装→后续板安装→复核调整→自检、整改、报验，如图 4-7-2-202 所示。

③ 压型钢板运输

A. 垂直运输。用吊机直接吊到屋面（或较近平台），采用专用吊具吊装，如图 4-7-2-203 所示。

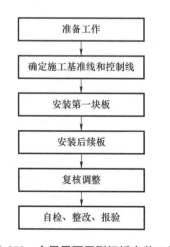

图 4-7-2-202　金属屋面压型钢板安装工艺流程　　图 4-7-2-203　压型钢板垂直运输

B. 水平运输。在地面，采用机械运输到垂直吊装区域。

已经吊运到屋面的压型钢板，用人力通过专用运输通道运输到安装位置。

④ 施工工艺

A. 压型钢板部分采用 X-ENP 钢钉与主檩条连接，部分采用自攻自钻与主檩调差槽钢连接。

B. 安装前，利用水准仪和经纬仪在安装好的檩条上先测放出第一列板的安装基准线，以此线为基础，每二十块板宽为一组距，在整个安装区域测放出底板的整个安装测控网。

C. 当第一块板固定就位后，在板端与板顶各拉一根连续的准线，这两根线和第一块板将成为引导线，便于后续板的快速固定。

D. 在安装一段区域后要定段检查，方法是测量已固定好的压型板宽度，在其顶部与底部各测一次，以保证按排版图布板。

E. 压型钢板通过 X-ENP 钢钉及自攻自钻与主檩条连接，X-ENP 钢钉及自攻自钻间距：横向为一波的距离，在波谷处与檩条连接。

F. 压型钢板的安装顺序为由低处至高处、由边缘至中间，搭接为高处搭低处。

G. 安装到下一放线标志点处，复查板材安装偏差，当满足设计要求后进行板材的全面紧固。不能满足要求时，必须在下一标志段内调正，当在本标志段内可调正时，可在调正本标志段后再全面紧固。

H. 安装完后的底板必须及时检查有无遗漏紧固点，对于压型钢板安装边角位置，其空隙处用保温材料填满。

⑤ 压型钢板安装的质量控制

A. 安装质量要求

压型钢板安装时注意底的平整度，跨中挠度不得超过 1/200。

横向间相互搭接一个波峰，如相互接触不严产生较大缝隙时就用 $\phi 5$ 铝拉钉适当紧固。

锚固可靠，安装平整，板缝接触严密，板面干净。

B. 安装质量控制

第一块板材安装时根据已测设的控制线进行安装，安装过程随时检查板材的两端及中间的直线度和整体板材的平行度，防止整个板材出现扇形。

安装前必须根据檩条间距，在板材上用记号笔标出自攻螺栓的固定位置，防止出现螺栓间距不一，或未固定在檩条上。

板材在安装过程中随时检查纵横的搭接长度及接缝的情况，及时调整，在固定时对因自攻螺丝打错处要及时修补。

板材开孔时必须根据实际尺寸进行开孔，如开孔处不设包角，必须使用剪刀枪或手工剪刀开孔，不得使用无齿锯切割，因无齿锯切割开孔后的毛边或飞溅很容易出现锈斑。在开孔后用与板材同色油漆防腐。

安装过程中及时清理板材上的污杂物。

（4）无纺布、吸声棉、保温棉等构造层填充材料安装

在站台雨棚与主站房构造层填充材料中，站台雨棚为 100mm 厚保温棉和 12mm 厚硅酸钙板，对相同和相似的构造层填充材料安装进行统一表述，其余的加以补充。

① 材料进场验收

检查规格、数量、厚度、包装、受潮情况，对不合格的，特别为已受雨淋材料必须进行清退或处理。

② 材料存放

存放场地必须在仓库，保持干燥，有防风、防雨、防火设施，现场临时堆放时表面用防火布覆盖，并设灭火器材。

③ 材料垂直运输

通过在屋面安装定滑轮将材料提升至屋面。运至屋面的无纺布、保温、吸声材料等当次用完,避免大量堆放。

④ 施工工艺流程

A. 保温棉、吸声棉说明

新广州站保温层采用超细离心玻璃棉材料,其厚度为 100mm(主站房)、50mm(主站房、站台雨棚)两种,密度均为 48kg/m³,导热系数小于等于 0.05W/m·℃,不燃性为 A 级,符合 GB 5480.40 标准,抗压强度大于等于 0.1MPa。

吸声棉材料采用超细玻璃纤维棉,其厚度为 50mm,密度为 24kg/m³,导热系数小于等于 0.05W/m·℃。

B. 安装流程

准备工作→设置安装控制线→铺设→洞口、边部处理→接缝处理→自检整改→清理工作面报验,如图 4-7-2-204 所示。

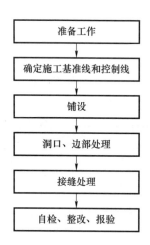

图 4-7-2-204　金属屋面构造层填充材料安装工艺流程

C. 安装前的准备

施工安装前,先在墙阴、阳角、洞口、变形缝、装饰线等必要部位设置控制线。在第一块施工玻璃棉板处,弹出施工控制线,控制施工时的直线度

施工前,压型钢板、檩条等必须通过验收,焊接、防锈符合设计和质量要求,配件安装完毕,有布线要求的,必须落实布线等工作。伸出底板的管卡,各种进户管线和其他设备的预埋件、连接件必须安装完毕,并留出一定间隙。卡件、支架四周必须用玻璃棉填平,做到无缝隙、无渗漏。

无纺布、二道防水层(气密层)、热辐射反射膜施工与玻璃棉同步。

D. 施工

安装材料吊运至施工区域后,按要求铺盖,覆盖要求贴紧,搭接、接口处要用胶带粘牢。要保证对齐和张紧,檐口、屋脊、洞口处多留出 20cm,用专用的夹具或双面胶带将其固定牢靠。

两卷棉之间通过在贴面飞边上用订书机装订的方法连接在一起。

安装屋面板,拆去两面屋檐处的专用固定支座,用预留的 20cm 贴面为玻璃棉收边以取得良好的防潮效果。

保温棉（热反射膜）必须与屋面板充分紧贴，不得与屋面板之间出现空气间层，充分紧贴可减小下雨时雨水对屋面的击打声，并防止屋面在加温后空气间层空气流动对保温效果降低的影响，如图 4-7-2-205 所示。

(a) 无纺布安装

(b) 吸声棉安装

(c) 保温棉安装

图 4-7-2-205　金属屋面构造层填充材料安装

E. 安装注意事项

为保证铺设不受天气的影响，尽量与屋面板平行施工。

浸水泡湿的玻璃棉不得直接使用，雨、雪或大风天气严禁施工。

在檐口、天窗窗口、洞口等处须做收边处理。

(5) 几字形衬檩安装

几字形衬檩用自攻螺丝固定在压型钢板的波峰上，每波两颗，双侧固定，相邻自攻螺丝间距要严格控制，不得大于设计要求，如图 4-7-2-206 所示。

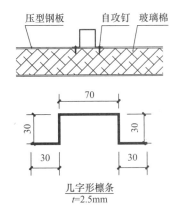

图 4-7-2-206　几字形衬檩安装

纵向相邻两几字形衬檩，其端头连续搭接，搭接长度 30～50mm。

衬檩的密度严格按设计掌控，直线度不得超标。

(6) 硅酸钙板安装

硅酸钙板安装的重点在于成品保护，安装后的硅酸钙板不得在上面堆放重物，施工人员禁止直接在其上行走，要搭设专门施工通道。

(7) 固定支座的安装工艺

① 安装流程

金属屋面板固定支座是将屋面风载传递到几字檩的受力配件，其安装质量直接影响到屋面板的抗风性能。

安装流程：安装前的测量放线→固定支座安装→安装完成后复查→支座安装精度调整，如图 4-7-2-207 所示。

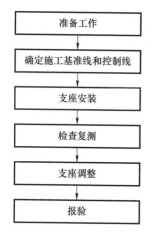

图 4-7-2-207　金属屋面固定支座的安装工艺流程

② 安装前的测量放线

首先，采用经纬仪，将轴线引测到檩条上表面，作为固定支座安装的纵向控制线。然后，根据全站仪投放关键部位的固定支座三维坐标，用于控制整体弧度及曲线度。根据屋面板材安装图进行固定支座位置控制点的测设同，以及对底板安装的控制线测设。屋面板固定座的主要控制线为屋面板的平行线。

控制点采用以下方法设置，如图 4-7-2-208 所示。

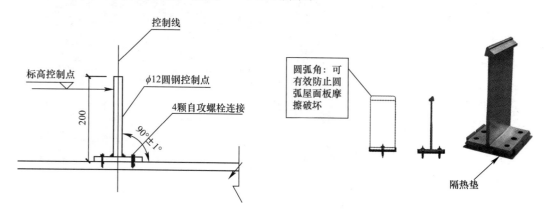

图 4-7-2-208　控制点设置

此方法可以使在屋面施工中不被破坏或出现无法识别,而且可以从标高、轴线位置两方面控制,并用墨斗弹出每个固定支座位置。

对第一排支座位置进行复核,其支座间距采用标尺确定。

③ 支座的安装

屋面板支座安装质量控制思路:屋面板安装后,因热胀冷缩过程中,可能使屋面板自由滑移,应防止出现因支座安装不正确在屋面板滑移的过程中将屋面板拉破。

安装支座时,先安装支座下方的隔热垫。支座的安装采用对称打四颗自攻螺钉,先打入一颗自攻螺钉,然后对支座进行校正,调整偏差,并注意支座端头安装方向与屋面板铺板方向一致。校正完毕后,再打入其他螺钉,将其固定。

施工时通过增加橡胶垫隔断介质防止电化学腐蚀。

使用螺丝,如图 4-7-2-209 所示。

安装好后,必须控制好螺钉的紧固程度,避免出现沉钉或浮钉。

④ 安装完成后的检查

在施工前,先检查屋面檩条的安装坡度,不符合要求的及时校正。在安装过程中及时将固定座的安装坡度、放正(与屋面板平行)进行调整。

固定座的安装精度如下:

先用目测检查每一列铝合金支座,看是否在一条直线上。铝合金支座如出现较大偏差,屋面板安装咬边后,会影响屋面板的自由伸缩,严重时板肋在温度作用下会被磨穿。因此,如发现有较大的偏差,必须进行纠正,直至满足安装要求。

在支座安装完成后进行全面检查,采用在固定座梅花头位置用拉线方式进行复查,对错位及坡度不符、与屋面板不平行的及时调整。

⑤ 铝支座的调差

细部的标高偏差,可以通过在屋面板固定支座下部,塞入一定厚度的 EPD_m 垫片,从而达到屋面板标高符合设计要求,如图 4-7-2-210 所示。

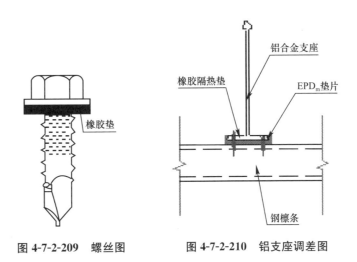

图 4-7-2-209 螺丝图　　图 4-7-2-210 铝支座调差图

⑥ 安装质量控制

高强度铝支座安装尺寸偏差要求,如表 4-7-2-54 所示。

高强度铝支座安装尺寸偏差   表 4-7-2-54

序号	项目内容	允许偏差
1	横向角度	<1°，屋面基准线
2	纵向角度	<1°，屋面基准线
3	纵向固定座高差	<d/200，屋面基准线
4	横向固定座高差	<5mm，屋面基准线
5	纵向轴线偏差	固定座轴线 <2mm

⑦ 支座安装安全控制

天窗、洞口、屋面临边位置必须设安全围护。

所需辅助材料及人力，如表 4-7-2-55 所示。

辅助材料及人力   表 4-7-2-55

序号	主要材料	单位	数量
1	天窗、洞口、临边围栏	m	19556
2	人力	工日	1980

（8）金属屋面板安装

① 板型介绍

本屋面防水屋面板采用厚度为 1.0mm 的氟碳涂层铝镁锰合金板。屋面板的固定方式为无孔锁扣式连接，板型规格为板宽 400mm，肋高 65mm（参见上节"屋面板的现场加工"）。

② 直立锁边机械咬合式点支撑构造优点

A. 采用机械咬合，没有任何螺钉外露，杜绝了传统屋面上成千上万个螺钉孔造成的漏水隐患。

B. 铝合金屋面板在长度方向可以不受限制地在铝合金固定支座上自由伸缩，不会产生温度应力，这样便有效解决了温度变形问题。

C. 结构轻巧，施工方便，采用自动控制机械施工，安装灵活、快速。

D. 整体结构性防水、排水功能强，水密性强，金属屋面板块的咬合方式为立边单向双重折边并依靠机械力量自动咬合。板块吻合紧密，能有效防止毛细雨入侵，无须化学嵌缝胶密封防水，免除胶体老化带来的污染和漏水问题。

E. 具有较强的柔韧性，整体效果好，屋面可做成各种造型，满足建筑美观要求，可做成超长板而无需断开，保证了屋面防水和抗风的可靠性。

F. 比较轻巧，减少屋面荷载。

G. 表面进行特殊防腐处理，有较强的耐腐蚀性能，使用寿命较长。

③ 安装要点

屋面板安装前，进行测试。

屋面板铺设完成后，尽快用咬边机咬合，以提高板的整体性和承载力。

屋面板铺设完毕，对完轴线后，先用人工将面板与支座对好，再将咬口机放在两块面板的接缝处上，由咬口机自带的双只脚支撑住，防止倾覆。

屋面板咬合时，先由两名工人在前沿着板与板咬合处的板肋走动。边走边用力将板的锁缝口与板下的支座踏实。后一人拉动咬口机的引绳，使其紧随人后，将屋面板咬合紧密。

④ 安装前的测试、调差

在屋面板安装前，需要对已经安装好的高强度支座进行测量。

其测量的主要内容为：

A. 各支座标高是否与设计标高一致。

由于屋面板是固定在高强度支座上，因此支座的标高是否与设计标高一致直接影响到整个屋面的造型以及整体的抗风、防水性能。

B. 支座的布置是否合理，数量是否符合要求。

屋面深化设计中充分考虑整个屋面的抗风性能，而支座的多少是保证整个屋面的抗风性的关键，因此在屋面板安装之前需要对已安装好的支座进行检查，不得少装、漏装。

⑤ 屋面板的安装流程

屋面板安装流程为：准备工作→放线→运输就位安装→咬合→板边修剪→收边泛水安装→洞口防水处理→屋面清理→自检整改→报验，如图 4-7-2-211 所示。

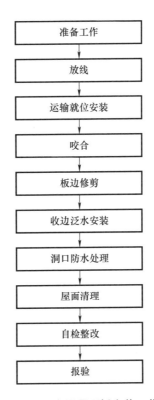

图 4-7-2-211　金属屋面板安装工艺流程

⑥ 屋面板安装工艺

A. 准备工作

屋面板安装前要对安装区域支座进行检查,安装好的支座如有变形、折断、缺失的,必须先整改。

安装区域下方不得有异物,特别是不得有可燃物。

B. 放线

屋面板的平面控制,一般以屋面板以下固定支座来定位完成。在屋面板固定支座安装合格后,只需设板端定位线。以板出排水沟边沿的距离为控制线,板块伸出排水沟边沿的长度以略大于设计为宜,以便于修剪。

C. 运输就位安装

施工人员将板抬到安装位置,就位时先对准板端控制线,然后将搭接边用力压入前一块板的搭接边,最后检查搭接边是否紧密接合,如图 4-7-2-212 所示。

图 4-7-2-212 屋面板就位安装

D. 咬合

屋面板位置调整好后,用专用电动锁边机进行锁边咬合,如图 4-7-2-213 所示。要求咬过的边连续、平整,不能出现扭曲和裂口。

在咬边机咬合爬行过程中,其前方 1m 范围内必须用力卡紧使搭接边接合紧密,这也是机械咬边的质量关键。

当天就位的屋面板必须当天完成咬边,以免被风吹坏或刮走。

⑦ 板边修剪

屋面板安装完成后,需对边缘处的板边需要修剪,以保证屋面板边缘整齐、美观,如图 4-7-2-214 所示。屋面板伸入天沟内的长度以不小于 80mm 为宜。

图 4-7-2-213　屋面板电动锁边机锁边咬合

图 4-7-2-214　屋面板修剪

⑧ 收边防水安装和洞口处理

A. 在收边和泛水安装前，要对屋面板上端进行翻边处理。即在屋面檐口部位屋面板的端头，利用专用夹具，将其板面向上翻起，角度控制在 45°左右，以保证檐口部位雨水向内侧下泻，不从堵头及泛水板一侧向室内渗入，如图 4-7-2-215 所示。

B. 收边泛水安装前要仔细核对构件型号，不得乱用。

C. 收边防水搭接要连续，搭接方向要严格遵守搭接层次。

D. 所有屋面洞口，必须按设计节点进行防水处理，特别是各种管线和人为原因造成的洞口，采用防水卷册或采用焊接方式进行闭合。

E. 在完成金属屋面板的安装后，必须对屋面进行彻底清理，并检查有无未封闭的孔洞和漏点，达到报验条件的及时报验。

图 4-7-2-215　屋面板檐口部位板面向上部翻起

⑨ 屋面固定点

金属屋面在夏天表面温度可达到 60℃，普通铝的热膨胀率为 1/1000，为了使其在热胀冷缩时沿预定的方向伸缩，在安装时必须设置固定点。同时，鉴于屋面板长度长，且屋面呈弧度，为防止屋面板的滑动，同样需要设置固定点。

固定点的设置与屋面板长度、坡度、板材宽度和屋面荷载有关。

固定点设置的方式有许多种。根据新广州站工程的实际情况，屋面板固定点将主要考虑采取如图 4-7-2-216 所示节点形式进行。

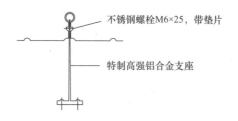

图 4-7-2-216　固定点节点

这样设置屋面板可以沿两个长度方向自由伸缩。

⑩ 其他相关收边收口施工工艺及标准

A. 屋面泛水板的安装

屋面泛水板采用工厂制作、现场连接的安装方式。根据安装部位的不同，屋面泛水板有多种连接方式。

（a）天沟处泛水板。其功能主要为天沟上部作为披水板，及天沟下部作为挡水用的密封板，其连接方式多采用螺钉及铆钉连接。

（b）天窗、屋面开孔处的泛水板。其根据周边的布置，有两种形式。一种是直接利用屋面板的一半上翻折。另一种是利用铝合金材料的可焊接，将泛水板与屋面板用氩弧焊焊接，如图 4-7-2-217 所示，从而确保下部连接处为一个整体，保证防水性能。

图 4-7-2-217　天窗、屋面开孔处泛水板

（c）屋脊处泛水板。常规统称屋脊盖板。其连接形式，多利用屋脊两侧的外堵头及屋面板的板肋作为依靠，用铆钉连接固定。

（d）山墙处泛水板。多利用山墙处紧固件（固定支座或山墙扣件），将泛水板与山墙部位用螺钉连接成型。

B. 屋面板堵头的安装

屋面板堵头分为两种，其一为内堵头，主要用于天沟处；另一为外堵头，主要用于屋脊及檐口部位。如图 4-7-2-218 所示。

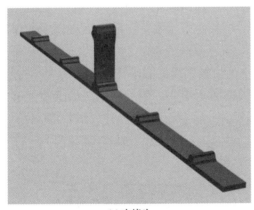

(a) 内堵头　　　　　　　　　　(b) 外堵头

图 4-7-2-218　屋面板堵头

堵头的安装于屋面板安装后进行。其中，内堵头沿两块屋面板交界处，其连接采用双面胶粘贴成型。外堵头直接以人工按于屋面板板面上，利用屋面板的两个板肋将其卡住连接。

C. 屋面山墙节点的处理

对于山墙节点，一般的做法是简单地将山墙盖板泛水与屋面板最边缘板肋用自攻螺钉连接固定，其钉孔必然贯穿屋面内外。一旦出现密封失效，即会产生漏水。

山墙做法为：首先将预制铝合金山墙扣槽扣于屋面板的板肋上，然后以另一铝合金搭件按实，将铝合金搭件用不锈钢螺栓固定于屋面板板肋。

通过山墙扣件扣住扣槽后与固定座固定，这样便将扣槽牢牢固定住。通过将预制丁字形可调扣槽卡在扣槽上，最后将山墙泛水用铆钉固定在丁字形可调扣槽上。如图 4-7-2-219 所示。

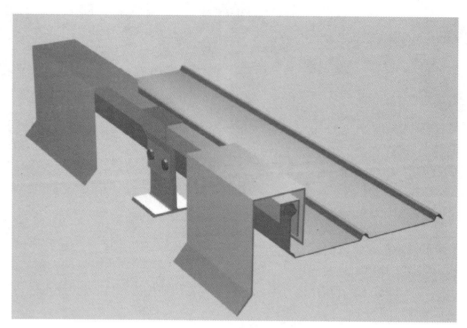

图 4-7-2-219　屋面山墙节点

D. 天沟节点的处理

对于任何形状的金属压型板来说，在板的端头部位，由于部位的关系，板肋的锁边将不如中间段一般可环环紧密相扣，在端头的板肋下有可能会出现缝隙。

同时，由于本身为防水板，雨水有可能通过板的端头向内渗水，引起屋面板以下的保温棉的浸水，影响屋面保温、防水性能。

因此，根据设计方案，一般均在天沟处等有滴水的位置，设置滴水片。

在滴水片与屋面板之间，塞入与屋面板板型一致的防水堵头，使板肋形成的缝隙能够被完全密封，防止因风吹灌入雨水，如图 4-7-2-220 所示。

图 4-7-2-220　天沟节点

⑪ 屋面避雷节点

新广州站建筑屋顶采用金属屋面，屋顶大部分为金属构架，故不设置独立的防雷系统，屋面施工时通过设置专用的避雷节点，将金属屋面板与下部钢结构上下连通，形成回路，使屋面电流通过金属物的上下传递，导入地面。

根据《建筑物防雷设计规范》GB 50057 第 4.1.4 条规定：当金属板下无易燃物品，板厚≥0.5mm 时，屋面板可作为接闪器。

屋面板为导电金属物体，其下钢檩条等与钢结构相连，可直接传导电流。由于铝合金与钢这两种材料的物理性能差异，为防止二者接触引起电化学反应，设计时，在二者连接处设置绝缘物，主要表现为铝合金支座下部的隔热垫片。

为使之上下连通，在屋面将布置避雷网线，通过镀锌钢带，将支座上的电流导入下部檩条，和钢结构连成一整体，如图 4-7-2-221 所示。

图 4-7-2-221　屋面避雷节点

避雷点的设置按照 10m×10m 网格布置，在整个屋面形成网状布设。

⑫ 施工注意事项

A. 金属屋面的保护与清洁

金属屋面的构件等必须制定保护措施，不得发生碰撞变形、变色、污染等现象。

施工中的金属屋面构件表面的粘附件必须及时清除。

金属屋面工程安装完毕后，必须制订清洗方案提交监理审批，并将屋面表面擦拭干净。清洗屋面必须采用中性清洁剂，并进行腐蚀性检验后方可使用。中性清洁剂清洁后及时用清水冲洗干净。

B. 屋面板施工质量控制

金属屋面的测量必须与主体结构的测量相结合，对于主体结构因制造和安装引起的误差，及时作相应的调整，确保加工的屋面符合现场实际情况。

测量必须在风力不大于 4 级的情况下进行，必须定时对金属屋面的位置进行校核。

防水屋面板施工质量应满足表 4-7-2-56 要求。

防水屋面板施工质量要求　　　　　　　　　　　　表 4-7-2-56

项目		允许偏差	检查方法
竖缝及墙面垂直度	$H\leqslant30$	$\leqslant10$	激光经纬仪或经纬仪
	$30<H\leqslant60$	$\leqslant15$	
	$60<H\leqslant90$	$\leqslant25$	
平整度		$\leqslant2.5$	2m 靠尺、钢板尺
竖缝直线度		$\leqslant2.5$	2m 靠尺、钢板尺
横缝直线度		$\leqslant2.5$	2m 靠尺、钢板尺
缝宽度（与设计值比较）		$\leqslant1$	卡尺
两相邻板面间接缝高低差		$\leqslant1.0$	深度尺

注：H 为高度，单位为 m。

金属屋面施工过程中必须进行分层抗雨渗漏性能检查。

⑬ 施工措施

A. 在屋面工程施工前进行屋面纵向安全通道的铺设，用于屋面板首板安装及材料的搬运通道，如图 4-7-2-222 所示，所需辅助材料及人力，详见表 4-7-2-57。

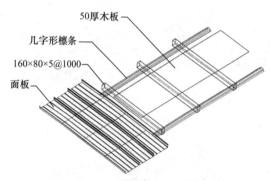

图 4-7-2-222　屋面纵向安全通道

所需辅助材料及人力　　　　　　　　　　　　表 4-7-2-57

序号	主要材料	单位	数量
1	160mm×80mm 方木	m	7000
2	50mm 厚木板	m²	6000
3	人力	工日	1200

B. 高空防护

在屋面四周的临边位置、洞口布置安全围护。能够铺设安全网的都必须铺设安全网。在檩条及底板作业的下方地面设置警戒线，并设醒目的安全警示。

对未进行作业面交接、未设安全措施的工作面不得施工。

在屋面上设置系挂安全带的生命绳。施工时施工人员必须时刻将双钩的安全带与之相连。安全带的生命绳主要布置在天窗的四周、屋面的临边及未设安全网部位。

安全带的生命绳主要采用 $\phi 8$ 钢丝绳及 50 钢管，在屋面板施工前可直接焊在钢结构上部（焊接前必须经有关单位同意，不破坏结构），在屋面施工中按屋面施工进度相应移置。

系挂安全带的生命绳在钢结构单位原有的基础上进行加密使用。

C. 焊接防护

所有焊接施工作业，在施工前必须有动火审批过程，焊接时必须有专人监护，在焊接作业区旁边要配灭火器材。

施工时必须协调各施工单位施工顺序，严禁在易燃材料上空进行焊接作业。在保温棉等施工后严禁进行焊接操作。

每处作业后必须检查焊后情况，确保无燃烧火星后才离开。

2. 天沟安装及伸缩缝

(1) 天沟情况介绍

新广州站屋面天沟，采用2.5mm厚奥氏体不锈钢板折弯成型，不锈钢的材质为304/2B。

天沟的制作在工厂内进行，根据设计详图，确定屋面天沟的展开尺寸，采用双联数控电液压大型折弯机上压制成型，以3m左右一段的形式，统一包装，运至现场焊接安装。

(2) 天沟安装工艺流程

测量放线→骨架制作安装→安装彩钢板及保温棉→天沟安装与焊接→伸缩缝及端头板安装→天沟盖板支撑安装→安装铝格栅→安装泛水板→内堵头滴水片安装→蓄水试验→开孔处理→天沟清理→溢流试验→缺陷修补→完工报验，如图4-7-2-223所示。

图4-7-2-223 金属屋面天沟安装工艺流程

上述流程为天窗部位天沟安装流程，屋面板中间部位天沟则取消安装天沟盖板支撑和天沟铝格栅两道工序，如图 4-7-2-224 所示。涉及 ETFE 膜结构部分天沟安装工艺流程与屋面板部位天沟安装流程相似。

图 4-7-2-224　屋面板中间部位天沟

（3）天沟安装方法

天沟的垂直运输采用汽车吊及人工吊装。

① 安装前的检测、调差

安装天沟支架前必须进行天沟测量，天沟放线必须与屋面板材在天沟位置标高、檐口铝板的骨架标高及位置测设时同步进行。

天沟安装的好坏影响到屋面的排水性能，由于屋面天沟骨架接在钢结构的骨架上，因此钢结构的安装精确度直接影响天沟的安装。

焊接屋面天沟骨架前，对各安装点位置处钢结构进行测量，保证骨架焊接的准确性。

确保天沟的水平度与直线度的同时，必须保证屋面固定座、檐口收边板的安装尺寸，防止天沟上口不直或天沟骨架在安装铝支座的位置坡度不一，造成天沟部分无法将板端位置固定，或檐口收边板不是直线。

② 天沟骨架的安装

因采用不锈钢板天沟，承重主要依靠其下部天沟支架。

天沟支架在工厂焊接成型，根据已测设的控制线进行安装，必须保证天沟底部的平整度及流水坡度方向。

天沟支架安装时，要求其顶面距底面深度相同，即天沟支架的标高必须保证每段天沟都能与支架完全接触，使天沟支架受力均匀。

天沟支架施工后，按要求进行彩钢板和保温棉安装。

天沟支架安装时，为保证施工人员在天沟行走时不出现变形，可在天沟内铺设木板，必要时进行天沟支架底部加密。

③ 天沟段的焊接、对接

两段天沟之间的连接为氩弧焊对接。

不锈钢板天沟对接前，将切割口打磨干净，打磨程度达到无缝表面的标准，采用轻度磨料、酸洗膏除去焊接的回火颜色，以保证饰面一致。

对接时注意对接缝间隙不超过 1mm，先每隔 10cm 点焊，确认满足焊接要求后方可焊接。焊条型号根据母材确定。

天沟焊接后不得出现变形现象而引起天沟积水，可在焊接两侧铺设湿毛巾，焊缝一遍成形。

焊缝的处理：需在天沟焊接处采用手动砂轮机打磨处理，打磨程度达到无缝表面的标准，采用轻度磨料、酸洗膏除去焊接的回火颜色，以保证饰面一致

天沟焊接时必须四周围焊，焊接完成后必须清除焊接部位焊渣，并刷防锈漆二道。

屋面排水有虹吸需要的，在安装时必须注意确定相应的落水孔位置，开设落水孔。

所有工序完成以后，统一修边处理，清理剪切边缘的毛刺与不平。

对天沟进行清理，清除屋面施工时的废弃物，特别是雨水口位置，要保证不积淤，确保流水的顺畅，如图4-7-2-225所示。

图4-7-2-225 屋面天沟

每条天沟安装好后，除对焊缝外观进行认真检查外，还必须在雨天检查焊缝是否有肉眼无法发现的气孔，如发现气孔渗水，则采用磨光机打磨该处，并重新焊接。

④ 雨虹吸排水口安装

安装好一段天沟后，先要在设计的落水孔位置中部钻虹吸排水孔，安装虹吸排水口，避免天沟存水，对施工造成影响。

⑤ 蓄水试验

天沟安装完成后，必须进行天沟的闭水试验。试验时天沟内部灌水必须达到天沟最大水量的2/3，且闭水达到48小时以上，天沟灌水后立即对天沟底部进行全面检查，直到48小时不漏水为止，如有漏水点，及时进行补焊处理。

⑥ 天沟安装安全控制

天沟焊接作业时，安全防护设施必须齐全，个人安防用品穿戴整齐、正确使用。

在焊接过程中有接火斗及灭火设备，有动火审批过程，并有专人在地面及屋面监督，电焊火花不得溅到其他物品上

（4）天沟安装措施

新广州站屋面面积大，天沟宽，天沟托架重，且两面悬空，安装难度大，危险性高。为确保安全，需在天沟两侧做临边保护及材料安全运输通道，具体做法如图4-7-2-226所示。所需辅助材料及人力，详见表4-7-2-58。

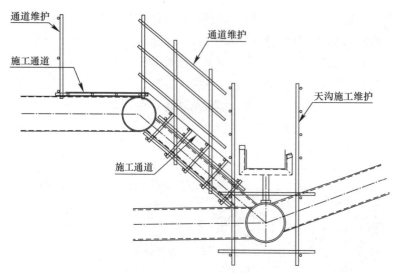

图 4-7-2-226　天沟两侧临边保护及材料安全运输通道

辅助材料及人力　　　　　　　　　　　表 4-7-2-58

序号	主要材料	单位	数量
1	临边保护脚手架	m	19712
2	材料运输通道	m²	1468.8
3	人力资源投入	工日	2264

3. 檐口安装

（1）施工流程

主结构复测放线→钢骨架安装→骨架检查\调整误差→放线→实测（加工）异形板→钢带安装→常规板安装→异形板安装→复调→固定/注胶→收边处理→清洁→检查验收，如图 4-7-2-227 所示。

图 4-7-2-227　金属屋面檐口安装工艺流程

(2) 檐口节点

檐口节点,如图 4-7-2-228 所示。

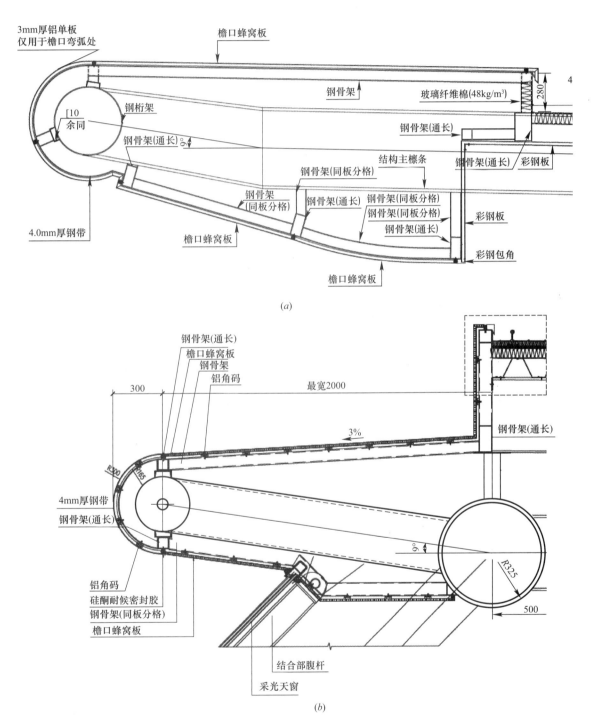

图 4-7-2-228 檐口节点（一）

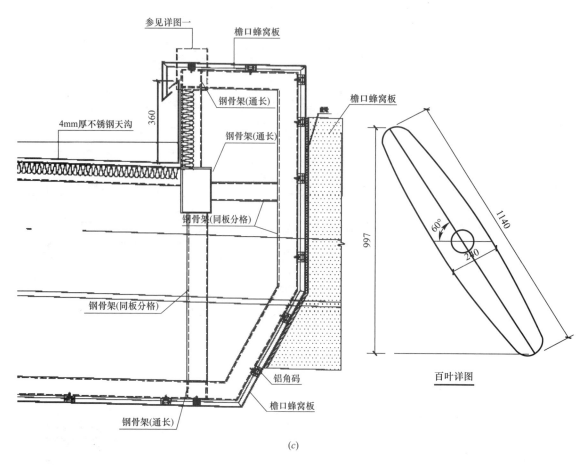

图 4-7-2-228　檐口节点（二）

(3) 主要部件

铝单板、4mm厚不锈钢钢带、3mm厚铝单板（仅用于檐口弯弧处）、铝合金百叶、聚碳酸酯阳光板、钢骨架、与主钢梁连接件及其附件等。

(4) 施工难点和控制点

檐口及百叶安装难点在于如何搭设施工作业平台，根据以往施工经验，采用搭设脚手架或采用空中移动作业平台。施工中必须控制测量放线、骨架直线度、圆滑度和异形板测量加工几个关键点。

(5) 主要施工工艺及标准

铝板（含不锈钢板、百叶）在加工厂制作成型后，整块板通过角码（或角铁）与龙骨连接，安装采用螺丝固定在龙骨上。在安装前将板缝中心线测设在钢龙骨上，以便控制安装位置。

板材安装前必须认真检查其编号、数量，分清安装方向、位置。

固定角码与主龙骨、次龙骨采用不锈钢自攻紧固螺钉紧固，不能漏钉或随意减少自攻螺丝的个数。

在挂装后固定前，必须认真调整，使相邻板块缝隙的尺寸达到设计要求，横平竖直，宽窄均匀，百叶角度与设计角度一致。

安装调整完成后，在需要密封部位注入耐候密封胶。施工中，准备好清洁剂、清洁布、纸胶带、聚丙乙烯泡沫棒、刮胶铲。

注胶工艺流程：清洁注胶缝→填塞垫杆→粘贴刮胶纸→注胶→清洁饰面层→检查验收。

板块安装固定完成后，在缝隙两侧先贴好保护胶带，然后将胶缝部位用规定溶剂，按工艺要求进行清洁，并及时按注胶工艺进行注胶。

注胶后使用专用的刮胶板刮掉多余的胶，并做适当的修整，撕掉保护胶带及清理胶缝，胶缝与基材粘结必须牢固无孔隙，胶缝平整光滑、表面清洁无污染。

胶缝的施工厚度大于 3.5mm，且施工宽度不得小于厚度的 2 倍，底部采用聚乙烯发泡材料填充。

（6）檐口施工措施

原来施工方案中使用的是吊篮施工方案，因吊篮方案较经济，但安全上有隐患、施工进度较慢、施工人数受限制、配合人员较多，另一方面，不能满足新广州站施工进度要求，所以改为檐口脚手架方案。檐口脚手架更为稳固安全、作业人员可来回移动、材料运输快捷、空间高度能满足施工要求。在工期紧时，可增加作业面，并确保檐口铝单板安装精度和上下施工人员安全，从施工质量、施工安全考虑必须设置较大容身度和承重度的脚手架。经过现场考量和方案分析，檐口脚手架高 6m，宽 7m，总长约 12000m。脚手架搭设，如图 4-7-2-229 所示，檐口脚手架搭设费用，详见表 4-7-2-59。

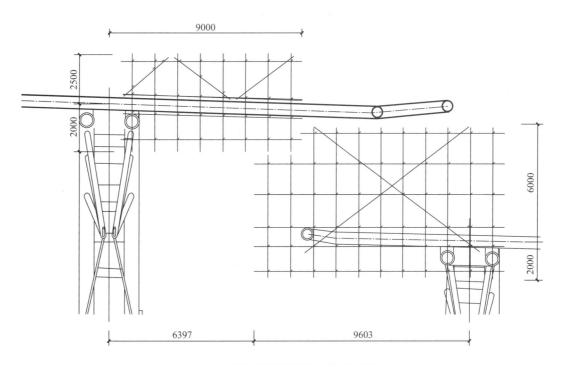

(a) 主站房与雨棚连接檐口脚手架剖面一

图 4-7-2-229　檐口脚手架搭设（一）

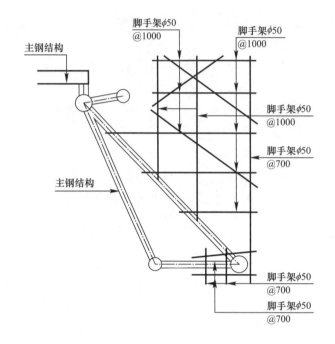

(b) 檐口脚手架剖面二

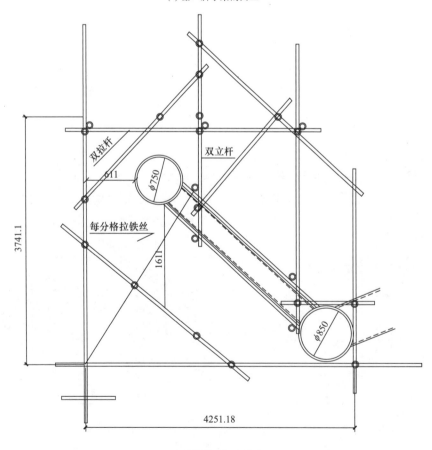

(c) 吊挂脚手架平面图

图 4-7-2-229 檐口脚手架搭设（二）

檐口脚手架搭设费用　　　　　　　　　表 4-7-2-59

序号	项目名称	单位	数量	单价（元）	合价（万元）
1	悬挑脚手架人工费	m³	612185	15	918
2	悬挑脚手架材料	m³	742185	20	1484
3	悬挑脚手架材料机械费	m³	502190	5	251
4	合计				2653

4. 施工图片节选

(a)

(b)

图 4-7-2-230　施工图片节选（一）

图 4-7-2-230 施工图片节选（二）

图 4-7-2-230　施工图片节选（三）

(i)

(j)

(k)

图 4-7-2-230　施工图片节选（四）

(l)

(m)

(n)

图 4-7-2-230　施工图片节选（五）

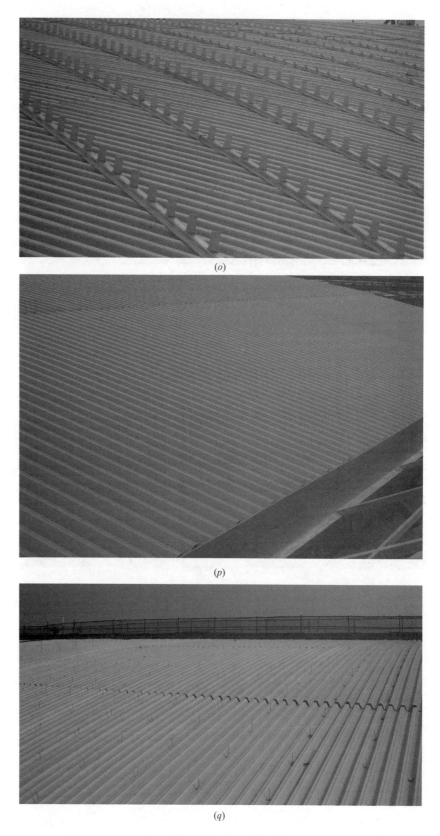

图 4-7-2-230 施工图片节选(六)

(r)

(s)

(t)

图 4-7-2-230 施工图片节选（七）

图 4-7-2-230　施工图片节选（八）

(x)

(y)

(z)

图 4-7-2-230 施工图片节选（九）

（五）屋面膜结构及附属钢构

新广州站屋面投影面积约 187000m²，其中膜结构约 25400m²，如图 4-7-2-231 所示，中间位置透明采光带即为屋面膜结构外观效果图。

图 4-7-2-231　新广州站屋面膜结构外观效果图

屋面膜结构及附属钢构工程由上海精锐金属建筑系统有限公司专业分包制造和安装。

1. 施工组织机构及人员配备

（1）施工组织管理机构

施工组织管理机构，如图 4-7-2-232 所示。

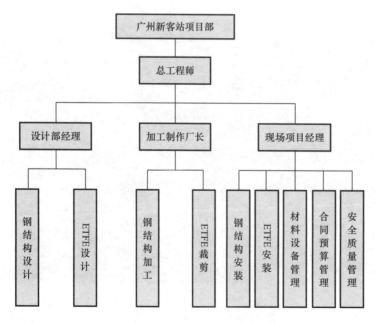

图 4-7-2-232　施工组织管理机构

(2) 人员配备

① 施工管理人员配备,详见表 4-7-2-60。

施工管理人员配备　　　　　　　　表 4-7-2-60

序号	项目管理人员	人数	管理职责
1	项目经理	1	全面职责
2	项目常务副经理	1	施工管理负责
3	项目工程师	1	技术负责
4	技术员	4	负责技术方案实施
5	质量员	4	全面监督施工质量
6	施工员	4	管理日常施工生产
7	预算员	1	成本控制
8	安全员	4	现场安全
9	材料员	4	材料采购、保管
10	综合办	4	文明施工、后勤

② 劳动力配备,详见表 4-7-2-61。

劳动力配备　　　　　　　　表 4-7-2-61

工种	设定班组	每组人数	各工种人数	备注
测量工	2	3	6	1. 实际投入人数由进度情况而定; 2. 若工期紧,二班交叉作业
安装工	4	5	20	
材料搬运工	4	10	40	
电工	4	1	4	
总人数			74	

2. 加工制作及运输

(1) 技术交底

由设计部项目设计负责人对图纸中必须注意的部分及特殊要求作详尽说明,并填写《制作技术交底记录》。

(2) 生产准备

① 制作方案:加工前,制作部经理需组织有关人员对设计图纸进行全面研究,制定出具体加工方案、工艺流程、工艺要求、质保措施。并根据任务,安排好生产进度,填写《生产进度表》。

② 量具校核:加工前,需由检验员对各工序使用的量具(裁剪车间地标尺、钢板尺、热合车卷尺、钢板尺)进行检验校核,确保其处于良好的使用状态。并对检验结果予以记录。

③ 设备认可:加工前,需由操作工对使用的设备进行检查、保养及试运转,确保其处于良好状态。对于关键设备,需由公司质检工程师确认其加工能力,以保证产品质量。设备的确认结果填入《制作设备维修保养记录》。

④ 设备热合试验:加工前,热合车间采用工程使用的膜材料,模拟工艺要求的各种热合层数和热合形式做出最佳热合结果,并填写《热合数据试验报告》。热合试样需做拉力试验,

试验结果填入《拉力数据试验记录》，经确认后，其参数作为热合生产依据。

（3）加工过程

① 材料检验：膜材料展开后，检验员必须对膜材料进行检验，并记录。

② 放样画线：裁剪领班主持放样画线工作，严格按照图纸放样，画好膜片需经自检、互检，填写《制作过程自检表》《制作过程互检表》。

③ 膜片编码：经检验合格的膜片，领班按照图纸标注膜片号，并登记。

④ 画线检验：检验员对登记的膜片进行复检。要求放样精确，标号醒目，膜片清洁。检验员填写《制作过程复检表》，并在《制作产品质量检验单》作合格记录。

⑤ 实际裁剪：经反复校核确认无误后，裁剪工方可下料，如图 4-7-2-233 所示。

图 4-7-2-233　膜片裁剪

⑥ 接片热合：如图 4-7-2-234 所示。热合领班负责领取膜片，按照图纸进行接片热合，操作中坚持自检、互检。所用的热合参数记入《高频热合机工作记录表》，工作内容登记《制作记录表》。

 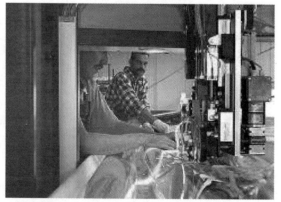

图 4-7-2-234　接片热合

⑦ 补强热合：热合领班进行补强热合操作，操作中坚持自检、互检，选用的热合参数记入《高频热合机工作记录表》，工作内容登记《制作记录表》。

⑧ 周边预处理：热合领班主持对合拢后的膜片进行测量，比照成品图对膜片周边及细节部分的加工误差进行调整，使之达到图纸标定尺寸。

⑨ 周边加工：热合领班进行周边加工热合操作，操作中坚持自检、互检。选用的热合参数记入《高频热合机工作记录表》，工作内容登记《制作记录表》。

（4）成品检验

已经热合加工完毕的膜片，由质检组做成品检验，需有项目设计负责人、制作部经理、车间质检员参加。检验中发现加工缺陷按照《制作、安装纠正和预防措施控制程序》办理。根据检验结果填写《制作产品质量检验单》，报送总经理，并交管理部存档。

（5）清洁

检验合格的膜片，由制作部进行最后清理，清洁剂需用中性，严禁使用含研磨成分的去污粉类物品。膜片正反面需逐次清理，不得留有粘胶痕迹、画线痕迹、污渍、尘土等。

（6）包装

成品膜按安装展开程序合理折叠（折叠需衬以软管），同时包装，如图 4-7-2-235 所示。产品编号用水性白板笔写于膜片零料上，制成标识。标识一式 2 个，分别拴牢于膜片及外包装醒目位置。

图 4-7-2-235　成品膜包装

（7）入库

包装好的产品办理入库，并取得入库单。

（8）重要过程控制

① 培训：公司管理部组织实施，对制作部关键岗位的操作人员进行技能培训，并进行考核。合格者取得公司签发的上岗证，方可上岗操作。

② 检验制度：裁剪工序逐片自检、互检，检验员逐片复检后方可实际裁剪。

③ 参数记录：热合工序领班，班前需比照试验报告的参数，做班前热合试验。观察热合满度及剥离状况，并予以记录。

④ 设备检验：施工前，质检工程师对关键设备的运行状态及加工能力进行鉴定，确保其达到保证产品质量所需的能力。

（9）质量保证措施

① 膜生产加工过程中，严格按照 ISO 9000 质量保证体系要求运行，严格按照国家标准

和招标文件技术要求进行制作和检验。

② 产品合格率为100%，优良率96%以上。

③ 严格进行进货检验，确保投入生产的材料都是合格产品。

④ 做好设备调整和检修工作，确保投入生产的设备处于良好的工作状态。

⑤ 保证对从事特殊工序作业人员进行技术岗位培训，经考核合格后方能上岗。

⑥ 设计部充分研究设计图纸和设计文件，将加工工艺、质量检查等技术资料交业主和监理工程师审查。

⑦ 制作过程中，执行"三检"制，做好质量记录。工序产品未经专职质检员签证不得转序。

⑧ 成品膜出厂前必须按规定进行检验，经检验合格后方能出厂。

(10) 膜包装

膜成品在制作完成后按下述要求进行包装：正面朝上，将膜按图示折叠成2m×1.5m的长方体包装，并使用保护膜将成品膜捆扎牢固放置在木托板上，做产品标识及方向标识，如图4-7-2-236所示。

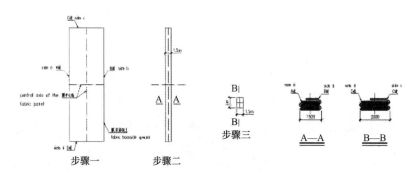

图 4-7-2-236　膜包装方案

(11) 运输方案

膜单元采用载重量10t长为10m的拖挂车进行运输，不得与其他货物混装。

3. 施工方案

(1) 屋面膜结构系统组成单元

屋面膜结构系统组成单元，如图4-7-2-237所示。

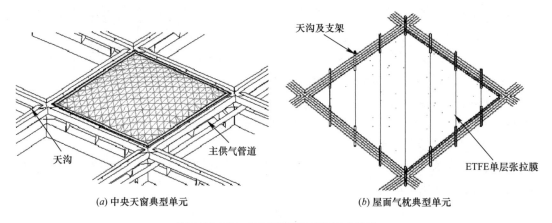

图 4-7-2-237　屋面膜结构系统组成单元

(2) 施工进度

整个设计施工可分为：设计阶段、材料供应阶段、生产加工阶段、现场安装阶段及验收阶段。

① ETFE膜结构安装安全网的铺设　　2009.08.14～2009.10.30
② 附属气管的安装　　　　　　　　2009.08.15～2009.09.14
③ ETFE膜的安装　　　　　　　　　2009.09.01～2009.11.30
④ 现场清理　　　　　　　　　　　2009.11.30～2009.12.15

(3) 施工人员安排

人员配备根据施工的调整，分为两个部分，一部分为ETFE附属气管安装人员，另一部分为ETFE安装人员。

按照分块作业、交叉施工的原则，适宜地安排人员，同时作业。人员安排如下：

① 附属气管安装人员配置

附属气管安装，使用两组安装人员，每组10人。

② ETFE安装的人员配置

ETFE安装投入四组安装人员，每安装组约10人，其中5人主要负责ETFE膜材以及附属配件的二次运输，5人负责ETFE安装。

(4) 施工机具

膜结构施工安装主要机具设备，详见表4-7-2-62。

膜结构施工安装主要机具设备　　　　表4-7-2-62

序号	设备名称	用途	数量	附注
1	全站仪	测量、放线	2台	
2	定滑轮	吊装	8个	
3	大力钳	固定压板螺栓	16把	
4	工具包	小工具	40只	
5	套筒扳手	紧固压板螺栓	40把	
6	开口扳手	拆装夹板	40把	
7	活络扳手	拆装夹板	40把	
8	钢锯	切割铝合金压条	8副	
9	切割机	切割铝合金压条	8台	
10	手枪钻	钻孔	32台	
11	对讲机	工程呼应	20只	
12	膜安装工装	气枕及单层安装	100套	
13	膜安装工具	气枕及单层张拉	50套	

(5) 施工准备

① 技术交底：由项目经理、工程主管设计员根据施工组织设计、设计图纸的内容和要求对安装队进行技术交底，明确工程的安装和技术。

② 技术培训：利用实体模型，组织安装人员进行安全、技术培训，熟悉图纸，掌握工程施工的工作内容，做好安全、技术培训记录。

③ 材料准备：主材钢材、铝合金型材等在公司生产中心制作，组装成型后送往工地。钢索配件、五金件、填充料等材料均由定点厂商送至工地。

④ 施工机具：根据施工现场情况确定施工机械用具。对施工中所需的工具、量检具进行全面系统检查，确保正常使用。进场后，首先按照平面布置图搭设上人马道，并在主结构上设置安全钢丝绳，安装吊装设备。

（6）施工顺序

根据工程特点，施工顺序如下：

① 搭设运输通道。

② 铺设安全网。

③ 现场对二次钢构进行实际测量。

④ 铝型材截面形式确定、试验、加工后，运至现场，在现场根据实际情况，对角部铝型材进行再加工。

⑤ 同时进行风管的加工及安装。

⑥ 交叉进行膜材加工。

⑦ 现场膜安装。

⑧ 檐口单层 ETFE 安装。

⑨ 工作面清理。

（7）运输通道

运输通道，如图 4-7-2-238 所示。

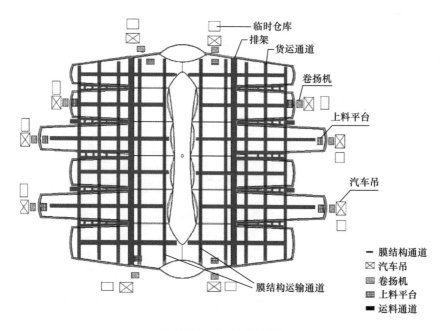

图 4-7-2-238 运输通道

（8）安全网铺设

分两种情况予以考虑，一种是屋面气枕部分的安全网铺设，另一种是入口雨棚处安全网铺设。

① 屋面气枕部分：屋面采用安全网和安全绳配合使用，在天沟底部加紧板位置固定边绳，绷紧安全网，便于人员在安全网上操作。安装完膜材后，将固定边绳用的绳索剪断，安全网取回重新使用。

铺设安全网时,首先利用已经搭设的运输通道,在通道固定生命绳,生命绳两端分别固定在通道上,横担在钢结构上,形成保护,工人可以利用生命绳配合安全带进入到施工区域铺设安全网,如图 4-7-2-239 所示。

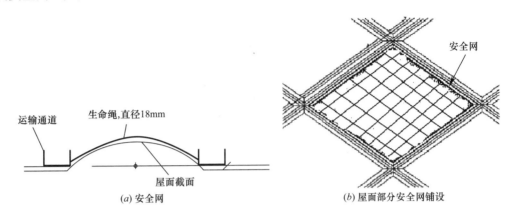

图 4-7-2-239　屋面部分安全网、生命绳示意

② 雨棚部分:采用安全绳与安全网配合使用,在天沟底部天沟支座下方的预留孔内穿入 $\phi 16$ 的绳索,围绕整个区块,将绳索头固定在另一侧的天沟支座或索支座上(绳索固定可以采用金属卡扣),作为安全网的挂点。用 $\phi 12$ 绳索一头捆扎安全网,另一头捆扎在固定 $\phi 16$ 绳索的位置。在完成安装后将 $\phi 16$ 的绳索固定头解开慢慢抽出,这样安全网就自然脱落,用 $\phi 12$ 绳索将其拉起便可重复利用,如图 4-7-2-240 所示。

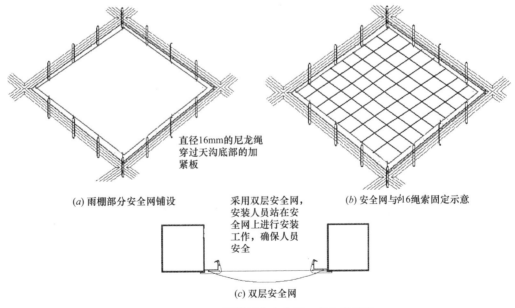

图 4-7-2-240　雨棚部分安全网、安全绳示意

(9) 二次钢结构实测

① 测量的目的

A. 安全网安装完毕后,开始测量工作,主要测量二次钢结构的控制点,作为膜裁剪设计的依据。结果反馈到设计部门,依据测量结果对加工图纸进行修正。

B. 测量雨棚二次结构的位置,从而确定钢索的加工长度。

② 测量前的准备工作

测量工具：瑞士进口莱卡 TCR-1202 型全站仪。

测量人员：挑选素质高的人员送莱卡服务公司进行专业培训，保证测量过程中对仪器进行正确操作及使用，保证仪器的最佳使用状态。

现场：需要主体钢结构全部，二次钢结构部分完成，即可进行相关的测量工作。

③ 测量内容

准确测量是膜结构加工及安装的保证，根据施工现场的二次钢结构制定详细的测量计划和方法，保证测量的准确性。测点为索支座中心点、天沟加紧板、单元角点。具体测点，如图 4-7-2-241 所示。

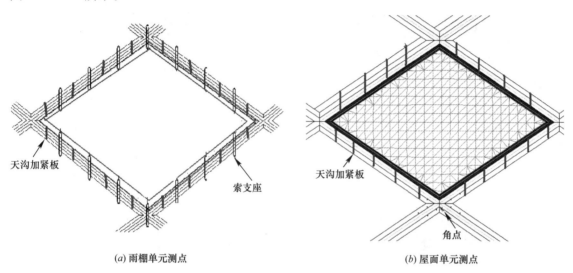

图 4-7-2-241　二次钢结构实测点

根据二次钢结构的实测结果及膜结构附件的布置情况，进行放样优化处理，制作膜材加工图以及钢索加工图。

(10) 铝型材加工

在进行测量的同时，开始铝型材现场加工。

措施：由于该项目特殊情况，对于单元角部铝型材无法在工厂一次加工成型，必须在现场根据每个膜单元情况对角部进行实际测量后切割加工。

① 屋面气枕铝型材加工

屋面天窗铝型材截面，如图 4-7-2-242 所示。

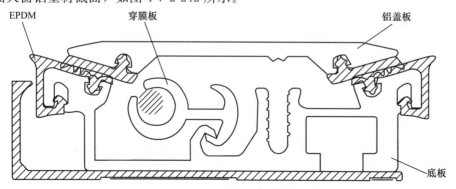

图 4-7-2-242　屋面天窗铝型材截面图

该项目情况复杂，膜单元形式较多，而且每个膜单元角部几乎均不同，因此，在工厂加工标准段，标准段长度为 2~3m，并在工厂开孔，铝型材标准段长度及开孔位置根据深化图纸确定。角部根据实际情况进行现场切割。如图 4-7-2-243 所示。

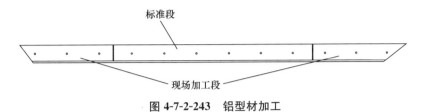

图 4-7-2-243　铝型材加工

切割后铝型材要进行打磨，主要打磨穿膜板，打磨光滑，不得有毛刺，以防破坏膜材。打磨光滑后即可准备施工。

② 雨棚铝型材加工

雨棚屋面膜结构为单层张拉结构。雨棚铝型材也采用工厂加工标准段，包括切割、打孔（打孔规则根据深化图纸确定）、端面打磨，加工后运至现场。角部加工在现场进行，根据每个区块实际情况，进行角部切割。

A. 角部采用分体铝型材，便于安装，截面如图 4-7-2-244 所示。

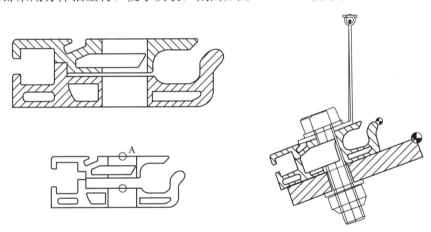

图 4-7-2-244　角部铝型材截面及装配

B. 标准段铝型材，截面如图 4-7-2-245 所示。

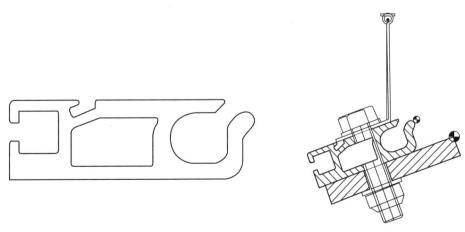

图 4-7-2-245　标准段铝型材截面及装配

③ 风管的加工和安装

安全网铺设完成后，在铝型材现场加工的同时，进行风管安装工作。

根据本项目气枕面积，采用四个充气泵，每个充气泵带一套主风管，由主风管分配次风管到每个气枕，如图 4-7-2-246 所示。

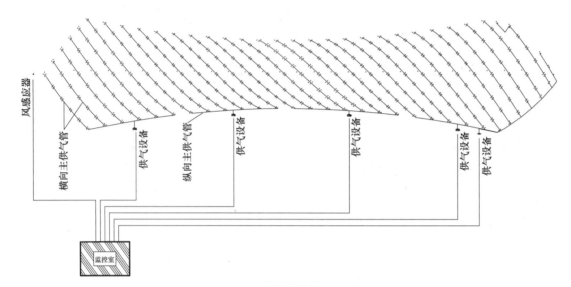

(a) 充气系统配置

(b) 气管安装现场

图 4-7-2-246　屋面膜结构充气系统

对于常规项目，可以将风管安装和气枕安装分别进行，即在没有安装风管和充气系统前，先安装气枕，对安装好的气枕进行临时充气，然后封堵，待充气系统安装调试完毕后，再将气枕和气管连接，使气枕正式充气。其前提条件是，在气枕安装封顶后，工人从钢结构下弦进入到气枕下方，进行上述操作。但是对于新广州站屋面膜结构，其结构形式特殊，为大跨度结构，在 ETFE 膜结构下方没有供工人进入的通道，如图 4-7-2-247 所示。

图 4-7-2-247　新广州站屋面膜结构效果图

所以，必须考虑在气枕安装前，完成该部分的气管安装并完成调试，这样在安装完气枕后，立即直接接通充气系统。充气管道分主管和分气管，主管采用镀锌钢板制作而成，分气管为透明软体材料，如图 4-7-2-248 所示。

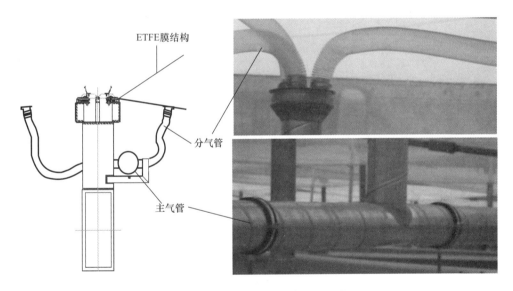

图 4-7-2-248　充气管道类型及位置

主气管在现场根据实际位置进行加工，分气管从专业生产厂家采购。

由于现场钢结构情况复杂，为保证气管安装的精确性，先进行实际测量后对主风管进行加工，主风管约为 2500m。

由于立体交叉作业，下方在进行轨道梁施工，风管加工后无法垂直运输到屋面，只能通过两侧用人工运输到屋面。

做完以上准备工作，ETFE 膜材进场后，即可进行膜结构安装工作。

（11）屋面天窗部分安装

充气结构要在该部分的充气系统调试完毕后进行安装。所有材料如：膜材、铝型材、五金配件等，通过屋面两侧通道人工搬运。

措施： 首先将铝型材底板安装到天沟上，底板孔间距 300～400mm。其次钢结构上也按照孔距 300～400mm 开孔，这样可以保证铝型材底板与二次结构的匹配。角部位置依照现场实际情况加工完毕，也可以保证底板的准确安装。

底板安装完毕后，固定 EPDM。在安全网上展开 ETFE，将 ETFE 膜边绳穿进穿膜板，使用张拉工具将穿膜板张拉就位，将 EPDM 密封条固定到盖板上，并将盖板通过自攻螺丝固定到铝型材底板上，完成安装。

将气枕上的进气口与分气管连接，并调试充气，完成一个单元的整体工作，拆除安全网，移到下一个单元重复以上过程进行安装。

(12) 雨棚单层张拉膜安装

① 膜张拉工具就位，如图 4-7-2-249 所示。

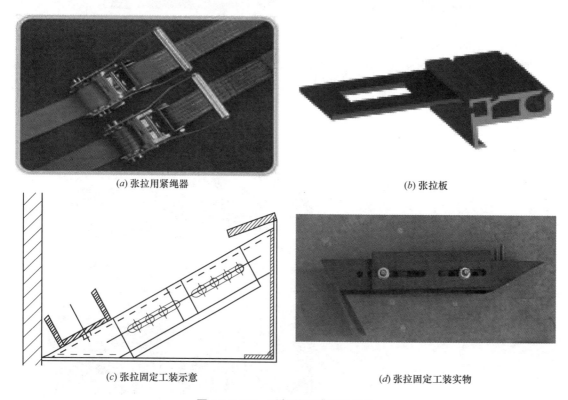

(a) 张拉用紧绳器　　　　　　　(b) 张拉板

(c) 张拉固定工装示意　　　　　(d) 张拉固定工装实物

图 4-7-2-249　雨棚单层膜张拉工具

张拉板可以根据实际需要灵活地穿进铝型材的外端，紧绳器的张拉带穿过张拉板，并与固定工装的槽钢连接在一起，槽钢起到支点的作用，可以实现紧绳器通过固定支点将铝型材拉动的过程。

② ETFE 安装

A. ETFE 膜以及附件由临时工作平台运输到区块，把放置到安装位置的 ETFE 膜沿折叠方向展开，如图 4-7-2-250 所示。

B. 安装支撑拉索，通过辅助绳把支撑拉索穿在 ETFE 膜下面的支撑膜袋内，把支撑拉索安装到主钢结构拉索固定支座上，利用螺栓固定，并张拉到设计值。

C. 在 ETFE 膜四周固定张拉铝合金型材。

D. ETFE 膜的张拉。

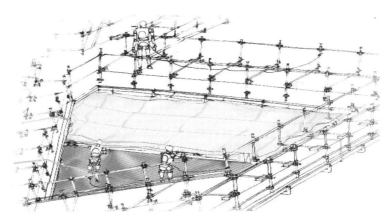

图 4-7-2-250　ETFE 膜展开示意

F. 最尖角安装：

最尖角最先安装，在这个位置使用分体铝型材，如图 4-7-2-251 所示。

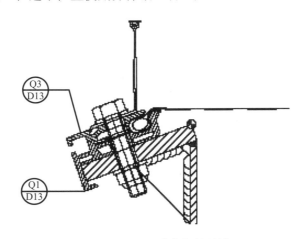

图 4-7-2-251　尖角部铝型材

如果此处不使用此型材，在张拉时，膜材会收缩从而产生皱褶。

角部安装之后，整个膜逐步张拉。

铝型材间间隙使用玻璃胶填充。

检查安装的 ETFE 膜组件，使之完全符合设计标准，完成安装。

(13) 竣工验收及清理

① 工程安装竣工前的最终检验内容及程序

A. 所有分项、分部工程全部完工并达到质量标准。

B. 有齐全的质量凭证、原始记录。如：分部工程验收单、安装质量检查记录表、隐蔽工程检查记录、工程报验单、材料报验单。

C. 技术质量问题已经得到处理，且手续完备。

D. 竣工检验所用的检验设备、量具、仪器、工装和仪表经检定合格，其精度满足规定的要求。

E. 自检完成并达到合格要求。

F. 遗留问题经复查要全部整改完毕。

② 竣工检验内容和要求

A. 按竣工图及有关技术文件、标准、合同要求等作为竣工验收的依据。

B. 按"分部、分项工程质量检验评定表"中内容，由工程项目经理组织自检，并按要求逐项填好，报质管部检验复查。

③ 工程使用功能的检验

A. 根据工程项目特点和使用功能要求，进行符合性和适用性验证，必要时可做补充试验验证。

B. 征求接管单位的意见，按照其合理要求进行整改，作为最终检验的内容之一。

4. 施工保障措施

该项目具有体量大，工期紧，现场立体交叉作业等特点，常规施工措施难以保障工程的实施，为此，在施工中采取特殊的施工保障措施，以确保该工程安全、高质地完成。具体措施如下：

（1）安全网：为特制安全网，网眼尺寸为 5mm×5mm，边绳直径 10mm，固定在膜单元边缘的加紧板上，安装人员站在此网上进行膜的安装。铺设方式为每个膜单元铺设一张安全网，每张 4m×6m，共计 1200 张。

（2）铝型材及风管现场加工：按照常规做法，铝型材和风管可以全部在工厂加工，即在工厂切割、打孔、角部加工后，运至现场。但是，考虑到该项目的特殊性，单元角部的角度各异，无法在工厂一次加工完毕，必须经过实际测量，所以在现场进行加工。

（3）由于项目立体交叉作业，下方在进行轨道梁施工，所有材料如安全网（1200 张规格）、风管（主风管总长 2500m，直径 150mm 镀锌铁管和次风管）、铝型材、膜材、无法垂直运输，只能通过两侧用人工运输到屋面。

（4）加工好的 ETFE 膜材需要特殊的储存环境，因此现场仓库必须按照要求特殊制作，着重注意防火、防鼠、防盗工作。

施工保障措施，详见表 4-7-2-63。

施工保障措施　　　　表 4-7-2-63

类别	名称	单位	数量
材料	安全网 4m×6m	张	1200
	安全通道 1m 宽带护栏	m	1000
	工人安保（安全帽，生命绳、双挂安全带）	套	50
库房	200m² ETFE 专用库房		
垂直运输	安全网垂直运输	kg	1500g
	风管垂直运输（直径 150mm 镀锌管）	m	2500
	铝型材垂直运输	t	50
	五金件垂直运输	t	10
	ETFE 膜材垂直运输	t	20

十一、吊顶

（一）工程概况

新广州站工程主要吊顶类型及数量，详见表 4-7-2-64。

主要吊顶形式及数量 表 4-7-2-64

序号	位置	类型	规格	单位	数量	备注
1	21m 主站房上方	铝合金平板	板宽160mm，单片长6.0m，缝宽50mm	m²	66000	
2	雨棚吊顶	铝合金蝶片	板宽180mm，单片长6.0m，缝宽180mm	m²	68000	
3	26m 商业层下方	铝合金垂片	高100mm，厚20mm，缝宽80mm	m²	9353	
4	21m 层下方站台上方	铝合金蝶片	板宽180mm，单片长6.0m，缝宽180mm	m²	17272	
5	21m 层下方股道上方	钢网格		m²	11108	
6	00 层上方站台下方	铝合金方通	高100mm×宽200mm，单片长6.0m，缝宽有灯300mm，无灯200mm	m²	21815	
7	00 层上方东西广厅下方	铝合金管材		m²	1456	
8	四角办公楼及室内功能房屋	硅酸钙板	60mm×60mm	m²	6873	

（二）主站房金属屋面下部平板吊顶

新广州站工程主站房南北位于5~11轴线间，长度为222m，东西位于A~H轴线间，宽度为468m，面积103896m²（包括中央ETEF膜采光带），其中吊顶面积66000m²，屋面最大标高为51m，主站房屋面平面如图4-7-2-252所示。站房吊顶位于钢结构主檩条下方，主站房吊顶采用U形铝合金烤漆板，吊顶板与钢结构索拱平行，如图4-7-2-253所示。作为装饰装修工程的一部分，整个吊顶工程施工完成后，色彩柔和，温馨自然，与其他装修浑然一体。主站房金属屋面下部平板吊顶工程由中国航空港建设集团有限公司广州新客站项目部装修一部及装修二部制造和安装。

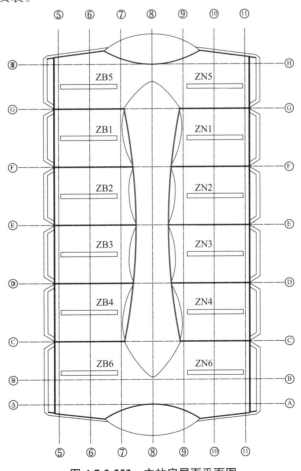

图 4-7-2-252 主站房屋面平面图

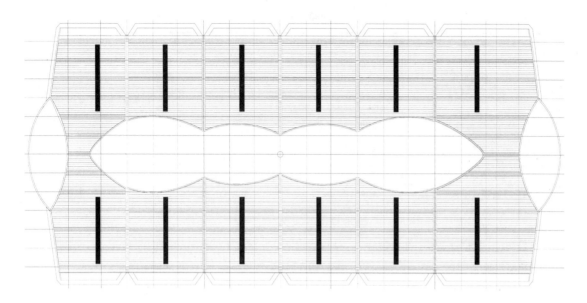

(a) 主站房吊顶平面图

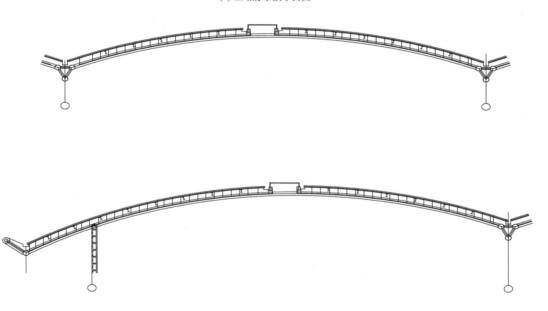

(b) 主站房吊顶剖面图

图 4-7-2-253　主站房吊顶布置

1. 材料选用

(1) 吊顶板：采用 0.7mm 厚蝶形铝面板，板宽 160mm，缝宽 80mm，表面涂层厚度大于 25μm。

(2) 吊顶龙骨：采用 0.7mm 厚吊顶板专用龙骨，板材 Q235B。

(3) 吊杆及配件：吊杆采用 ϕ8 全螺纹钢筋，材质 Q235B，表面镀锌处理。配件材质 Q235B，表面镀锌处理。吊杆间距≤1200mm。

(4) 吊顶骨架：采用镀锌角钢，材质 Q235B。

2. 主要施工工艺

(1) 施工工艺流程

主结构复测→吊杆安装→吊篮安装→放基准线和控制线→主龙骨安装→次龙骨安装→首块板安装→后续板安装→复核、调整、固定→自检、整改、报验,如图4-7-2-254所示。

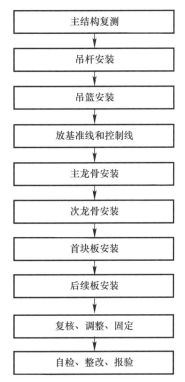

图 4-7-2-254　主站房吊顶施工工艺流程

(2) 主结构复测

根据每个安装区域大小,确定一定数量控制基准线,用全站仪测量控制基准线上主檩条三维坐标,然后与设计坐标相比较,如两者高程差超过50mm,记录下超差测点,在安装吊杆时对超差部分进行反向补偿。

(3) 吊杆安装

铝扣板吊杆选用8mm直径的螺杆为龙骨吊杆。根据设计及测量坐标要求,在底板上钻纵横向间距离不大于1200mm直径为9mm的穿杆孔,将吊杆穿入孔中,如图4-7-2-255所示。再根据测量标高,把吊杆初步调整到设计标高位置。

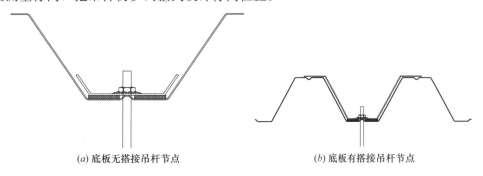

(a) 底板无搭接吊杆节点　　(b) 底板有搭接吊杆节点

图 4-7-2-255　吊杆安装

(4) 吊篮安装

因工期原因，站房吊顶必须和其他专业如地面工程作业同时进行，所以站房吊顶施工采用吊篮作为吊顶板安装高空作业平台。

① 施工吊篮的布置方式

A. 吊篮的长度为 5m，每个吊篮内安排施工人员不超过 3 人。

B. 以天窗中轴线为界，可以多次布置，同时作业。

C. 吊篮的长度方向与屋面主檩条长度方向垂直，吊篮移动方向与屋面主檩条长度方向平行，移动通过水平滑移完成。

D. 吊篮通过两根 $\phi16$ 钢丝绳固定在主钢结构索拱上，中间部位根据实际情况设置 2～3 处提升点，提升点固定在屋面主檩条或者钢结构主梁上。

② 施工吊篮的规格

为减少吊篮在安装后由于自重荷载过大，拉紧后的钢丝绳下挠严重的影响，采用自制轻式吊篮。吊篮主体采用 50×2.5 钢方管及 $\phi25×2.5$ 的钢管焊接而成。吊点采用 $\phi16$ 圆钢煨弯后焊接在 50×2.5 方管上。在吊篮底部采用 0.6mm 厚压型钢板与吊篮的底座用自攻螺栓连接。

为防止安装工人或工具在安装过程中出现高空坠落的危险，在吊篮的四周及底部采用安全网做围护。

施工吊篮的尺寸规格，如图 4-7-2-256 所示。

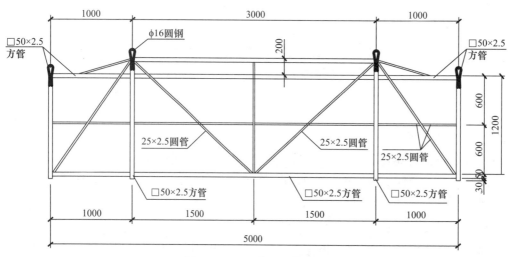

图 4-7-2-256 施工吊篮尺寸

③ 钢丝绳的布置方法

每只吊篮采用二根 $\phi16$ 钢丝绳，固定在主结构索拱骨架上，固定时一端采用钢丝绳编接成环形通过 $\phi20$ 卸扣与桁架钢管连接，钢丝绳编接长度不小于 300mm，另一端用 5t 手拉葫芦与桁架圆钢管连接后拉紧，再将钢丝绳连接在圆钢管上，做到双保险。

为防止吊篮安装后，由于吊篮自身重力出现过大的下挠度，使专业面与吊篮之间距离过大，影响施工作业，在每根钢丝绳上每间隔 10m 左右设固定点，固定点采用 $\phi12$ 短钢丝绳与主体结构的檩条连接后再与钢丝绳连接。

④ 施工吊篮的提升方法

因吊顶作业面离地面的高度在 20m 以上，采用在地面设置卷扬机，屋面安装定滑轮，将吊篮提升至屋面。

在提升过程中必须保证吊篮的平稳，卷扬机操作人员听指挥人员指挥，严格执行"十不吊"。

⑤ 施工吊篮与钢丝绳的连接方式

吊篮通过卷扬机提升到安装位置后，须与钢丝绳连接，考虑到吊篮的水平位置滑移方式，与钢丝绳的连接采用 $\phi 20$ 卸扣连接，如图 4-7-2-257 所示。

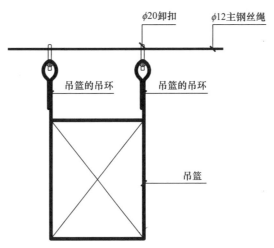

图 4-7-2-257　施工吊篮与钢丝绳连接方式

吊篮采用卸扣连接，一是为了使施工吊篮拆装方便，二是减少与钢丝绳水平滑移时的摩擦。

⑥ 保险绳

为防止悬挂吊篮的主钢绳万一出现断裂，在吊篮安装后用另一根钢丝绳与檩条连接作为保险绳，如图 4-7-2-258 所示。

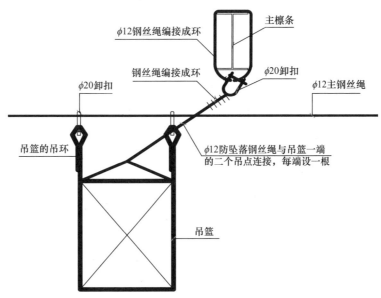

图 4-7-2-258　施工吊篮另一根钢丝绳与檩条连接

吊篮四边的四个吊点必须与钢丝连接，在全部连接后才能进行吊篮施工。

⑦ 施工吊篮的水平位移

当屋面施工完一个区域后需水平位移时，所有安装工人必须从吊篮内撤出，站在桁架上，通过系在吊篮上的两根棕绳牵拉，实现吊篮的水平位移。

⑧ 安全措施

吊篮施工前对操作人员进行一次全面的技术及安全交底。

吊篮施工作业面内的地面必须设警示牌及做必要的围护，非作业人员不得入内，不得在同一垂直面上施工。

钢丝绳使用前必须对钢丝绳全面检查，断股、表面磨损的不得使用。

每班吊篮施工前，对吊篮系统的钢丝绳、卸扣连接情况等做全面的检查，并做好检查记录。

将钢丝绳拉紧的手拉葫芦，吊钩必须有保险扣，在拉紧后检查手拉的受力情况，在手拉葫芦位置的钢丝绳必须与建筑连接，以防手拉葫芦的链条拉出或拉断的情况。

在吊篮与钢丝绳连接时，施工人员必须将安全带（而且为双钩）与生命线连接，只有将吊篮的全部吊点与钢丝绳连接后，才能开动卷扬机、下钩。

在吊篮的施工位置必须与吊篮平行方向设置 $\phi 8$ 钢丝绳作为生命绳、钢丝绳与建筑物连接固定。

吊篮内的所有人员必须将安全带（双钩）挂在生命绳上，不得与施工吊篮连接。

⑨ 施工吊篮的使用说明

吊篮内的施工人员不得超过三人，工具、材料重量不得大于 80kg。

在吊篮施工的人员不得在吊篮内嬉闹，不得左右晃动吊篮。

定时对吊篮与钢丝绳连接的卸扣加润滑油。

（5）龙骨施工

在起始主钢结构位置将第一排龙骨穿入吊杆，调整好标高，并将这排龙骨按设计要求固定在主钢结构桁架上。将第二排龙骨的吊杆的杆头勾到第一排吊杆位置，穿入龙骨后，将第二排龙骨放到位，调整标高后，横向与第一排龙骨固定，确保纵横各方向稳定。并铺设好施工平台木板，与龙骨固定，施工人员将生命线挂在预先设置的生命绳上，前行到第二排龙骨位置，将第三排龙骨吊杆勾到第二排位置，以此类推施工到下一个主钢结构桁架为止。后将该区域内所有龙骨，按控制标高调平。

（6）吊顶板安装

将成品吊顶板提升到安装标高，扣在龙骨的卡槽位置，做到接缝顺滑，无错缝现象，表面美观、清洁。

吊顶板安装时直接卡入专用龙骨的卡脚上。安装时将吊顶板托起，将板条的一端用力卡入卡脚，并顺势用推压方式将其余部分压入卡脚内。

安装完成后的吊顶板与节点吻合，如图 4-7-2-259 所示。

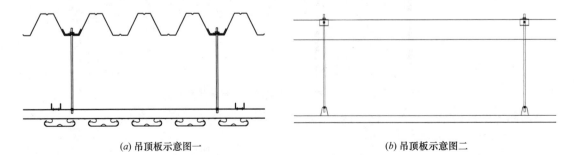

(a) 吊顶板示意图一　　　　(b) 吊顶板示意图二

图 4-7-2-259　吊顶板安装（一）

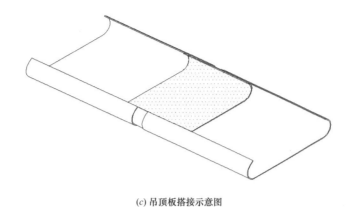

(c) 吊顶板搭接示意图

图 4-7-2-259　吊顶板安装（二）

(7) 收边工作

① 与管桁架交接部位，如图 4-7-2-260 所示。

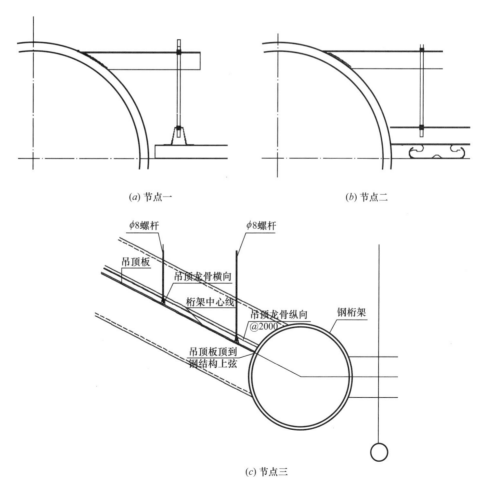

图 4-7-2-260　与管桁架交接节点

② 与侧天窗交接部位收边，如图 4-7-2-261 所示。

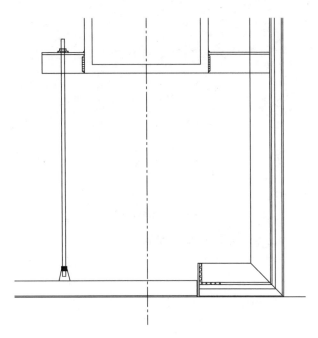

图 4-7-2-261　与侧天窗交接部位收边

③ 与天窗侧封板交接部位收边，如图 4-7-2-262 所示。

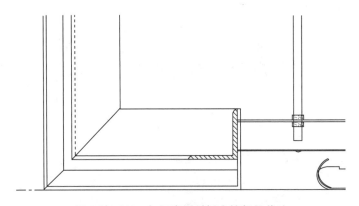

图 4-7-2-262　与天窗侧封板交接部位收边

3. 质量保证措施

(1) 质量标准

① 主控项目

A. 吊顶标高、尺寸、起拱和造型必须符合设计要求。

B. 吊顶板的材质、品种、规格、图案和颜色符合设计要求。

C. 吊杆、龙骨和吊顶板的安装必须牢固。

D. 吊杆、龙骨的材质、规格、安装间距及连接方式符合设计要求。金属吊杆、龙骨经过表面防腐处理。

② 一般项目

A. 吊顶板表面洁净、色泽一致，不得有翘曲、裂缝及缺损。

B. 金属吊杆、龙骨的接缝均匀一致，角缝必须吻合，表面平整，无翘曲、锤印。

C. 吊顶工程安装允许偏差，详见表4-7-2-65。

吊顶工程安装允许偏差 表4-7-2-65

序号	项目	允许偏差（mm）	检验方法
1	表面平直	2	用2m靠尺和楔形塞尺检查观感平整
2	接缝平直	<1.5	拉5m线检查，不足5m拉通线检查
3	接缝高低	1	钢尺

（2）质量控制措施

① 对龙骨、配件及吊顶板必须严格按标准进行检查验收、挑选，不合格产品必须退场。报验合格妥善保管，合理堆放，明确标识。

② 样板引路。

（3）成品保护

① 电气焊作业时，对周围已安装的成品必须采取可靠的保护后方可作业。

② 在吊顶板安装完后，其他专业需要再在吊顶板上作业时，必须通知屋面施工单位，不得擅自拆动吊顶板。

4. 施工图片节选

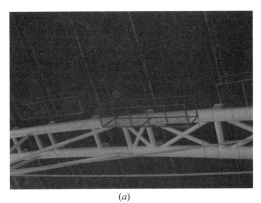
(a)

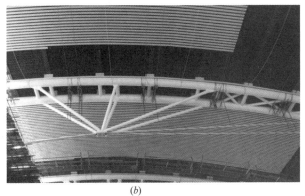
(b)

(c)

图4-7-2-263 平板吊顶施工图片节选

（三）无站台柱雨棚碟片吊顶

新广州站屋盖无站台柱雨棚建筑最高点36m，单体短站台长125m，长边192m，共由12座站台雨棚组成，成南北对称布置，总面积 83782m²。雨棚下单一区域吊顶跨度为 41m 渐变到 55.8m，雨棚吊顶距站台高度达 23.5m，部分区域高达 36.3m。雨棚吊顶设计，如图 4-7-2-264 所示。无站台柱雨棚碟片吊顶面积 68000m²，由中国航空港建设集团有限公司广州新客站项目部装修一部及装修二部制造和安装。

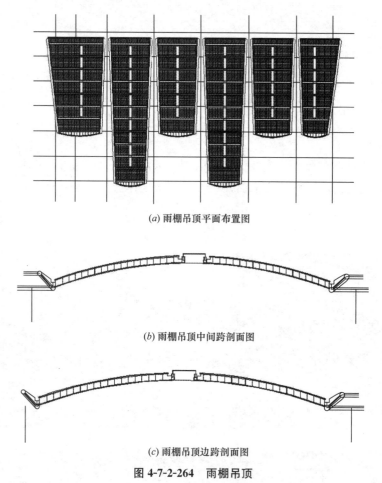

(a) 雨棚吊顶平面布置图

(b) 雨棚吊顶中间跨剖面图

(c) 雨棚吊顶边跨剖面图

图 4-7-2-264 雨棚吊顶

1. 材料选用

(1) 吊顶板：采用 0.7mm 厚蝶形铝面板，板宽 180mm，板高 70mm，缝宽 180mm，表面涂层厚度大于 25μm。

(2) 吊顶龙骨：采用 0.7mm 厚吊顶板专用龙骨，板材 Q235B。

(3) 吊杆及配件：吊杆采用 φ8 全螺纹钢筋，材质 Q235B，表面镀锌处理。配件材质 Q235B，表面镀锌处理。吊杆间距≤1200mm。

(4) 吊顶骨架：采用镀锌角钢，材质 Q235B。

2. 主要施工工艺

(1) 施工工艺流程

施工工艺，参见主站房金属屋面下部平板吊顶施工。

安装完成后的吊顶板与节点吻合，如图 4-7-2-265 所示。

(2) 收边工作

① 与管桁架交接部位，如图 4-7-2-266 所示。

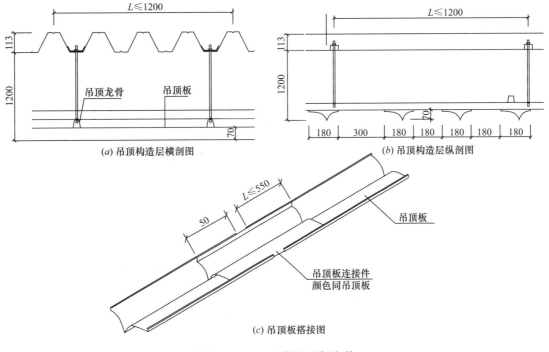

图 4-7-2-265 雨棚吊顶板安装

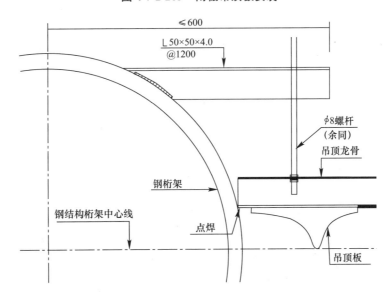

图 4-7-2-266 与管桁架交接部位

② 与天窗侧封板交接部位收边,如图 4-7-2-267 所示。

③ 与侧天窗交接部位收边,如图 4-7-2-268 所示。

3. 质量保证措施

质量保证措施,参见主站房金属屋面下部平板吊顶施工。

4. 施工平台

雨棚吊顶工程工期紧、施工面积大,与站台和轨道、电气化施工同步进行,无法采用吊篮施工,也无法采用满堂脚手架平台施工,根据雨棚吊顶构造特点和现场实际情况,采用木跳板作为吊顶施工作业平台。

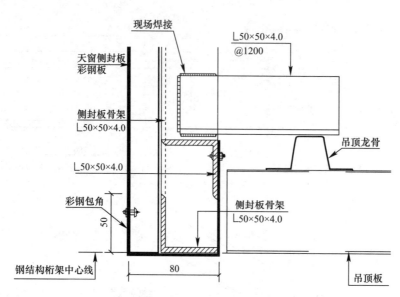

图 4-7-2-267 与天窗侧封板交接部位收边

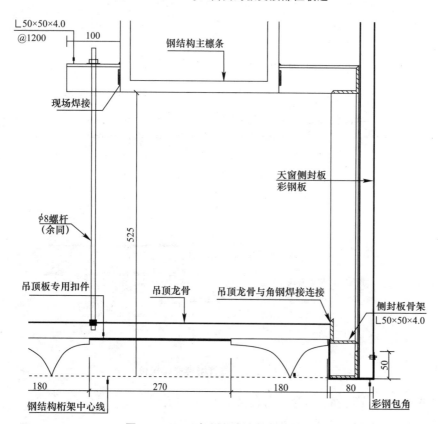

图 4-7-2-268 与侧天窗交接部位收边

首先，将靠近天窗或天沟部位主龙骨安装固定好，以主龙骨作为临时承重平台，在主龙骨上铺设 300mm×4000mm×60mm 规格木跳板，将木跳板固定在主龙骨上，施工人员直接坐在跳板上安装后续的主龙骨、次龙骨，木跳板随龙骨边安装边撤边铺。

其次，在相邻索拱中间所有主龙骨和次龙骨安装完成后，再采用与龙骨安装时跳板铺设办法，重新搭设施工专业平台，从天窗开始向天沟部位安装吊顶板。

5. 施工图片节选

图 4-7-2-269 雨棚碟片吊顶施工图片节选

（四）26m 商业夹层下部垂片吊顶

26m 商业夹层下部为售票厅、卫生间及疏散通廊，设计为铝合金垂片吊顶，工程量为 9353m²，由中国航空港建设集团有限公司广州新客站项目部装修一部及装修二部制造和安装。如图 4-7-2-270 所示。

图 4-7-2-270 26m 商业夹层下部铝合金垂片吊顶

1. 铝合金垂片

铝合金垂片吊顶由 100mm×20mm 垂片天花板、天花龙骨、C 形槽（38 不上人型主龙骨）、直径 8mm 吊杆组成，如图 4-7-2-271 所示。

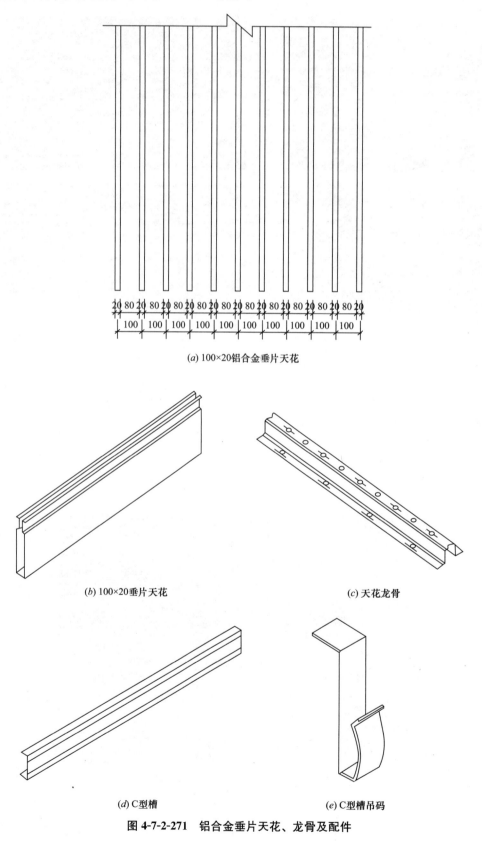

图 4-7-2-271 铝合金垂片天花、龙骨及配件

2. 施工流程

铝合金垂片天花吊顶施工流程：弹线→安装吊杆（机电配合）→安装C形槽（机电配合）→安装天花龙骨（机电配合）→隐蔽验收→安装垂片天花板，如图4-7-2-272所示。

图 4-7-2-272　26m商业夹层下部铝合金垂片天花吊顶施工工艺流程

（1）弹线。用水准仪在房间内每个墙（柱）角上抄出水平点（若墙体较长，中间也适当抄几个点），弹出水准线（水准线距地面一般为500mm），从水准线量至吊顶设计高度加上金属板的厚度和折边的高度，用粉线沿墙（柱）弹出水准线，即为吊顶次龙骨的下皮线同时，按吊顶平面图，在混凝土顶板弹出主龙骨的位置。主龙骨必须从吊顶中心向两边分，最大间距为1200mm，距墙最大间距为300mm，遇到梁和管道固定点大于设计和规程要求，必须增加吊杆的固定点。

（2）安装吊挂杆件。采用膨胀螺栓固定吊挂杆件。不上人的吊顶，吊杆长度采用$\phi 8$通丝镀锌吊杆，吊杆长度超过1500mm时必须设置反向支撑。吊杆的一端安装固定在顶板的内胀螺栓内，另一端连接C形槽吊码。制作好的吊杆必须做防锈处理。制作好的吊杆用膨胀螺栓固定在楼板上，用冲击电锤打孔，孔径稍大于膨胀螺栓的直径。机电施工同时配合进行。

（3）安装C形槽（主龙骨）。主龙骨必须吊挂在吊杆上。主龙骨间距不大于1200mm。主龙骨为C38主龙骨。主龙骨起拱高度为房间跨度的1/300～1/200。主龙骨的悬臂段不大于300mm，否则必须增加吊杆。主龙骨的接长采取对接，相邻龙骨的对接接头要相互错开。主龙骨挂好后必须基本调平。机电施工同时配合进行。

（4）安装天花龙骨（次龙骨）。次龙骨间距根据设计要求施工。用型钢做专用天花龙骨，通过调挂件与主龙骨连接，镀锌铁片连接件把次龙骨固定在主龙骨上时，次龙骨的两端搭在L形边龙骨的水平翼缘上。在通风、水电等洞口周围必须设附加龙骨，附加龙骨的连接用拉铆钉铆固。机电施工同时配合进行，经天花板所隐蔽的机电设备与管道线路，必须安装完成。

（5）隐蔽验收。天花龙骨安装完成，机电设备与管道线路已经安装完成，即进行隐蔽验收，合格后进入下一道工序。

（6）安装天花板。100mm×20mm铝合金垂片天花板（条）安装，直接吊挂在天花龙骨上，也可以增加主龙骨，条板净间距为80mm（中距为100mm），天花龙骨为暗装卡口，与天花板配套专用，天花条板卡扣在天还龙骨成品的卡口上，天花板对接不留缝。大于3kg重型灯具、电扇及其他重型设备严禁安装在吊顶工程的龙骨上。

3. 质量要求

本施工工艺目前没有对应的质量标准。施工质量要求：铝天花板表面漆膜颜色一致、无污染，天花板接缝无明显偏差，表面平整无松动脱落现象。

（五）21m层下方蝶片、钢网格吊顶

21m层下方站台及股道上方，设计为蝶形帘、钢网格吊顶，如图4-7-2-273所示。

图 4-7-2-273　21m层下面股道上方蝶形帘、钢网格吊顶

主要工程量：铝合金蝶片天花17272m^2，钢板网天花11108m^2，3mm氟碳喷涂穿孔铝合金单板天花306.96m^2，由中国航空港建设集团有限公司广州新客站项目部装修一部及装修二部制造和安装。

1. 施工准备

（1）技术资料：施工图纸，技术交底。

（2）施工机械：8000W电焊机4台，型钢切割机3台，铝合金切割机2台，手电钻12把，电锤6台，台钻、电动螺丝刀13把，其他工具若干。

（3）测量与检测工具：红外线投线仪3台，靠尺3台，卷尺、塞尺、量角器、通线等。

（4）脚手架：门式脚手架，满堂搭建。

2. 铝合金蝶形天花

主要面层由约1560mm×3740mm的单元组件组装成型，组件由钢组件、龙骨组件、180蝶片单元铝条组成，如图4-7-2-274所示。

通过悬挂吊壁、吊码、40×40×4角钢龙骨及角钢吊杆等固定，如图4-7-2-275～图4-7-2-279所示。

3. 钢板网天花

主要材料由约2000mm×1000mm面层单元组件，组件通过悬挂吊壁、吊码、40×40×4角钢龙骨及角钢吊杆吊挂件固定在钢架上，如图4-7-2-280～图4-7-2-282所示。

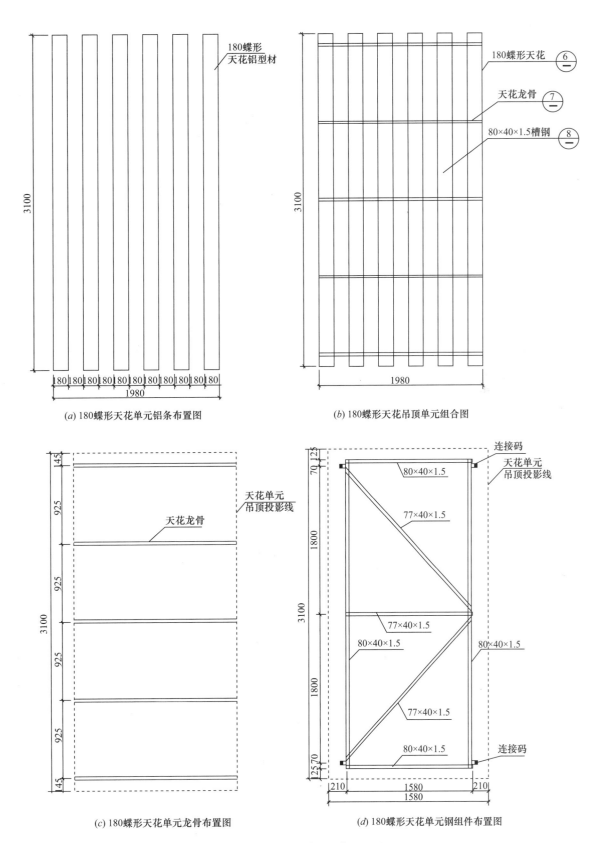

图 4-7-2-274 180蝶形天花吊顶（一）

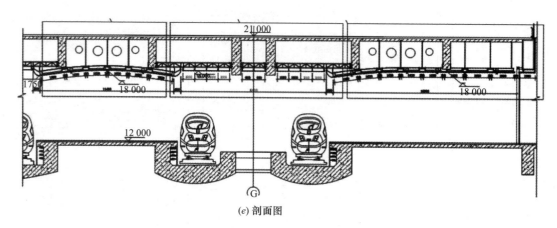

(e) 剖面图

图 4-7-2-274 180 蝶形天花吊顶（二）

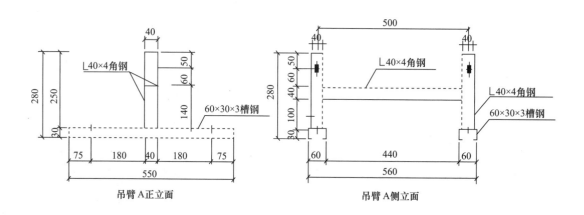

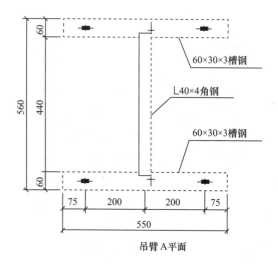

(a) 悬挂吊臂 A

图 4-7-2-275 主要吊挂材料（一）

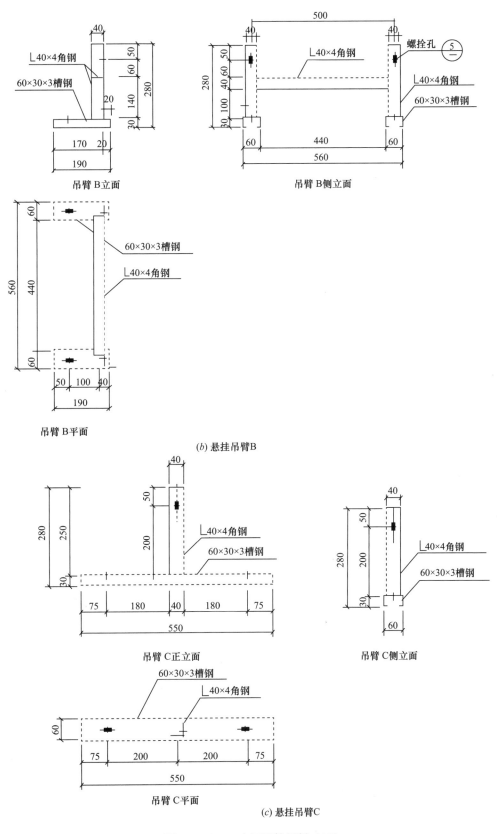

图 4-7-2-275　主要吊挂材料（二）

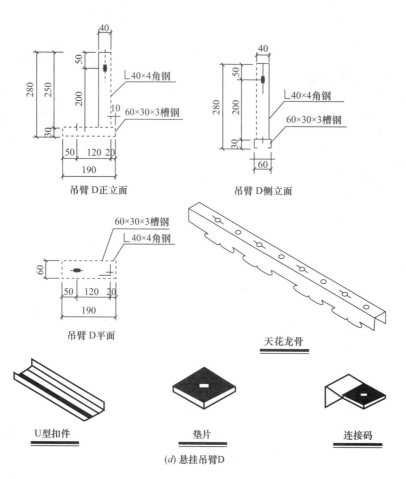

(d) 悬挂吊臂D

图 4-7-2-275　主要吊挂材料（三）

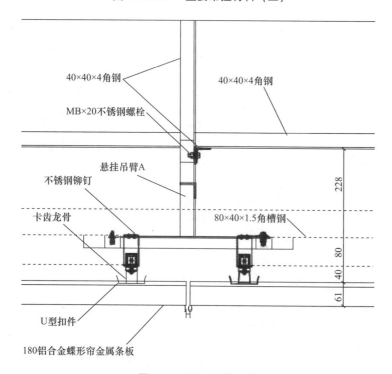

图 4-7-2-276　吊挂方式

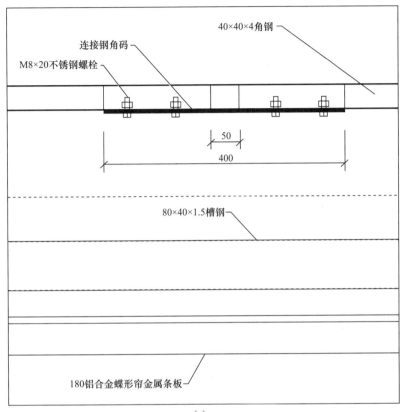
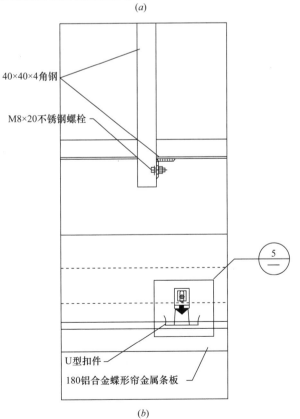

图 4-7-2-277 吊挂节点局部放大图（一）

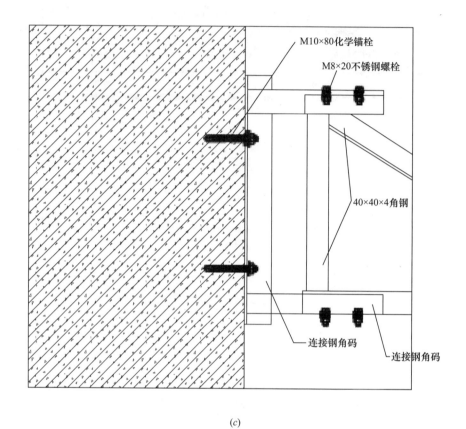

图 4-7-2-277 吊挂节点局部放大图（二）

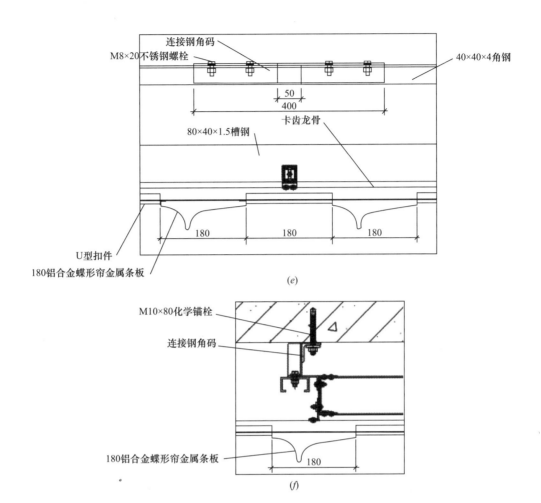

图 4-7-2-277 吊挂节点局部放大图（三）

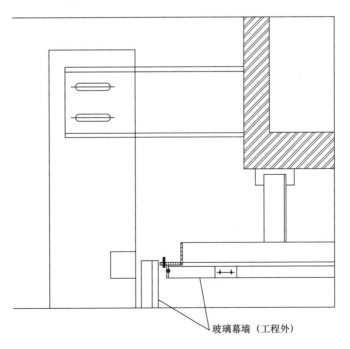

图 4-7-2-278 靠幕墙边收口

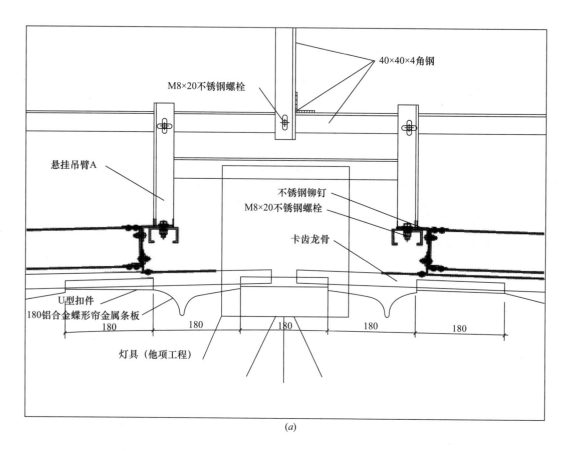

(a)

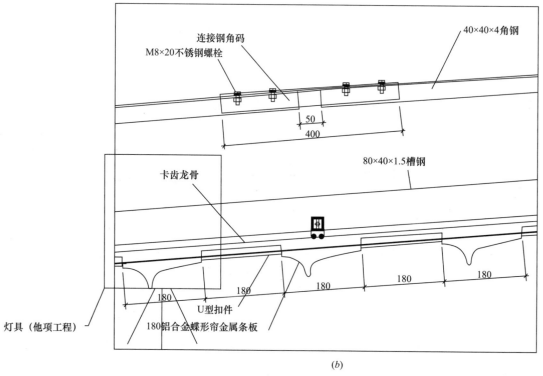

(b)

图 4-7-2-279 节点大样图（一）

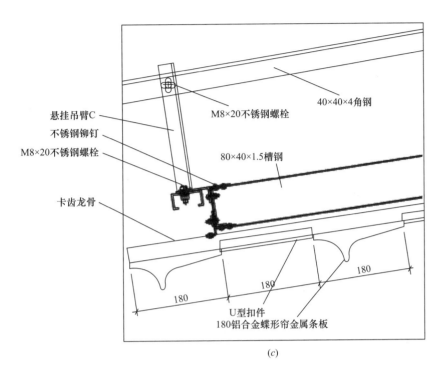

图 4-7-2-279 节点大样图（二）

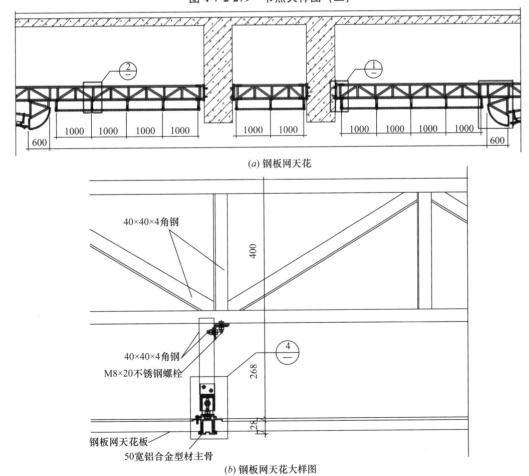

图 4-7-2-280 钢板网天花

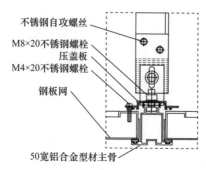

图 4-7-2-281　吊挂件连接节点

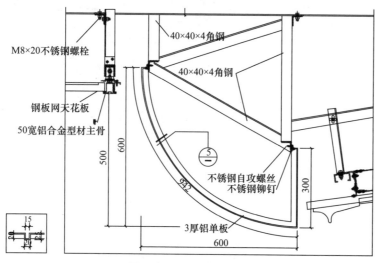

图 4-7-2-282　收口做法

4. 施工流程

21m 层下面股道上方蝶形帘、钢网格吊顶施工工艺流程：弹线、放样、下料→安装吊挂龙骨（机电配合）→安装吊臂组件龙骨、调平（机电配合）→隐蔽验收→安装蝶形帘（钢板网）天花，如图 4-7-2-283～图 4-7-2-285 所示。

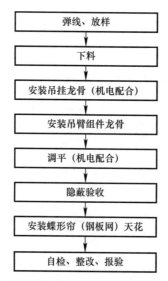

图 4-7-2-283　21m 层下面股道上方蝶形帘、钢网格吊顶施工工艺流程

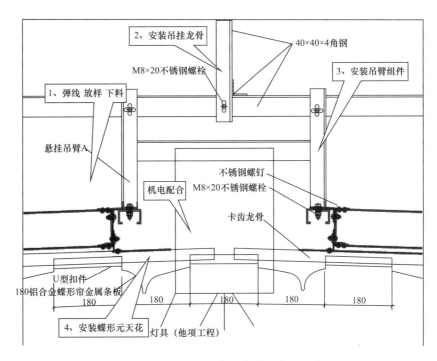

图 4-7-2-284 蝶形帘天花施工流程示意

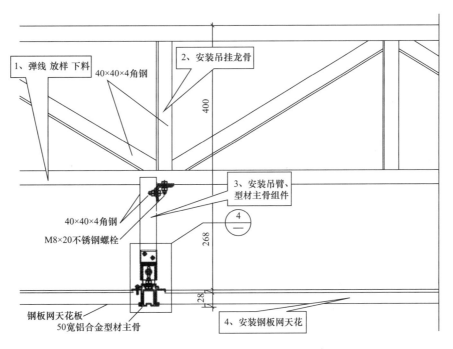

图 4-7-2-285 钢板网天花施工流程示意

(1) 弹线、放样、下料

按照施工图纸，采用激光投线仪，测出组件单元的天花板大小尺寸，绘制成平面加工图，提供给厂商加工。

（2）安装吊挂龙骨

根据现场放样确定的点位，按照图纸吊挂设计要求，安装吊挂龙骨和水平龙骨。水平龙骨由 40×40×4 角钢和悬挂吊壁组成，螺栓连接固定。沿墙用膨胀螺栓固定。主龙骨挂好后必须基本调平。机电施工同时配合进行。

（3）隐蔽验收

天花龙骨安装完成，机电设备与管道线路已经安装完成，即进行隐蔽验收，合格后进入下一道工序。

（4）安装组件单元天花板

安装天花板：蝶形帘天花板（或钢板网天花板），进场验收合格后，安装转换层架后，天花饰面板直接吊挂在龙骨上，天花板配套专用的连接码和螺丝固定。

5. 质量要求

铝天花板表面漆膜颜色一致、无污染，天花板接缝无明显偏差，表面平整无松动脱落现象。

（六）站台下方地面层上方方通吊顶

东落客平台下方，大巴、出租车停车场上方，站台下方地面层上方及东西广厅下面地面层上方，设计均为方通天花吊顶，工程量 21815m^2，由中国航空港建设集团有限公司广州新客站项目部装修一部及装修二部制造和安装。U200×100 铝合金方通天花，如图 4-7-2-286 所示。

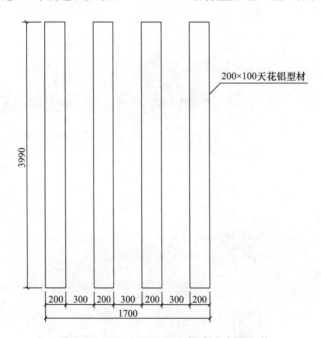

图 4-7-2-286　U200×100 铝合金方通天花

1. 方通天花

方通天花主要面层由约 1700mm×3990mm 的单元组件组装成型，组件由钢组件、龙骨组件、200×100 垂片单元天花板组成，如图 4-7-2-287 所示。通过悬挂吊壁、吊码、40×40×4 角钢龙骨及角钢吊杆等固定，如图 4-7-2-288～图 4-7-2-292 所示。

2. 施工流程

铝合金方通天花吊顶施工流程为：弹线、放样、下料→安装吊挂龙骨（机电配合）→安装水平龙骨（机电配合）→隐蔽验收→安装方通天花，如图 4-7-2-293、图 4-7-2-294 所示。

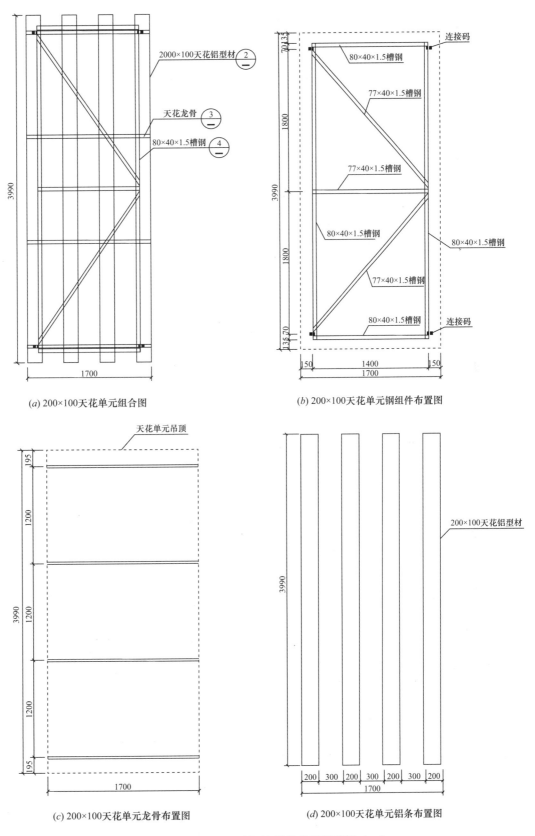

图 4-7-2-287　200×100 垂片单元天花板（一）

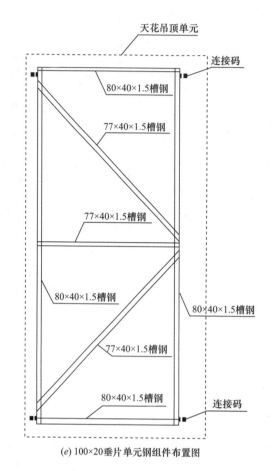

(e) 100×20垂片单元钢组件布置图

图 4-7-2-287　200×100 垂片单元天花板（二）

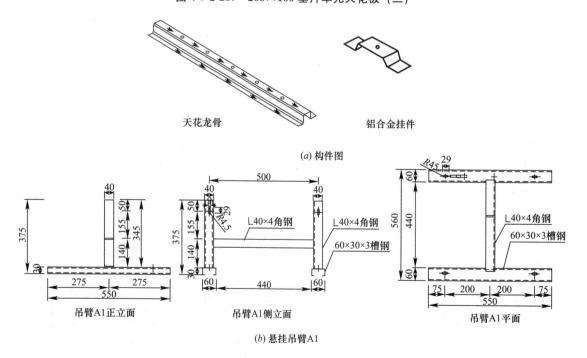

图 4-7-2-288　主要吊挂材料（一）

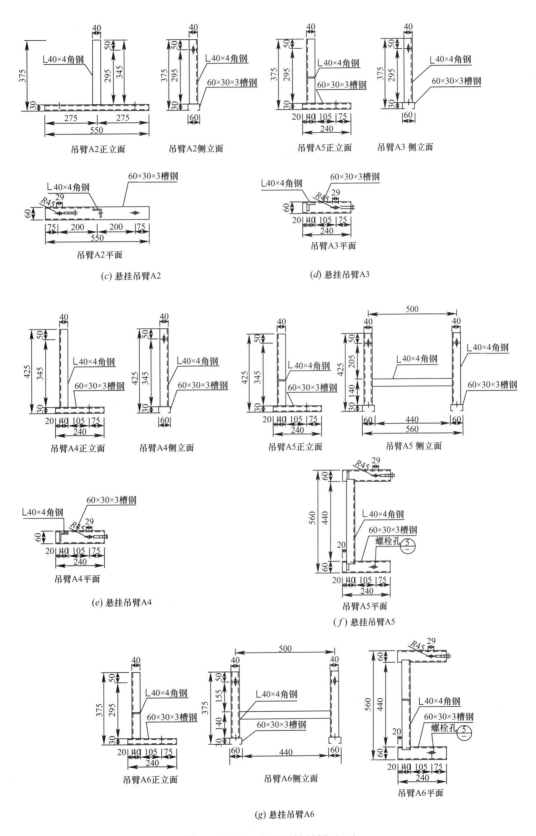

图 4-7-2-288 主要吊挂材料（二）

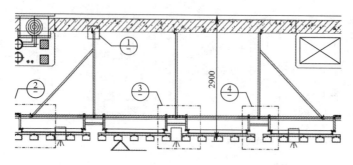

图 4-7-2-289 吊挂方式

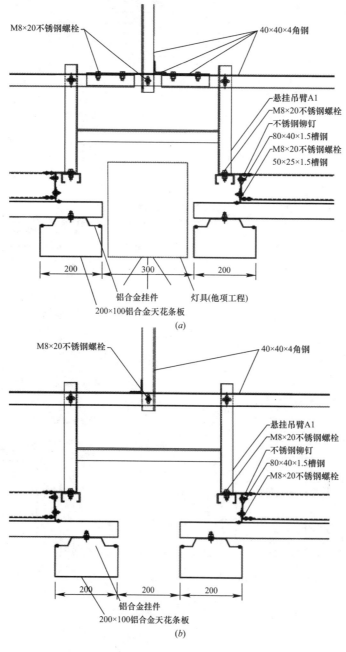

图 4-7-2-290 吊挂节点局部放大图

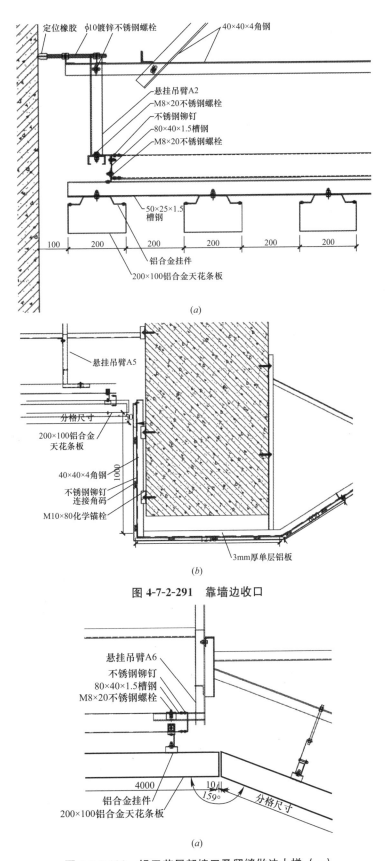

图 4-7-2-291 靠墙边收口

图 4-7-2-292 铝天花局部接口及留缝做法大样（一）

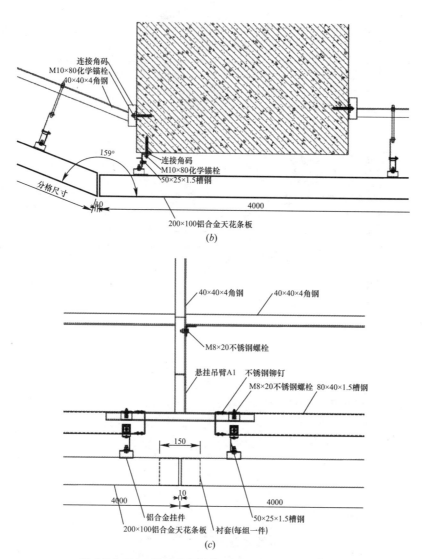

图 4-7-2-292 铝天花局部接口及留缝做法大样（二）

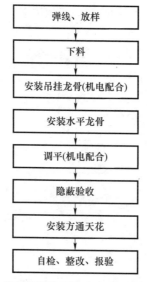

图 4-7-2-293 站台下部地面层上方方通吊顶施工工艺流程

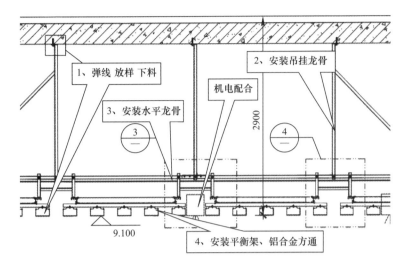

图 4-7-2-294 站台下部地面层上方方通吊顶施工流程示意

（1）放线

包括：标高线、造型位置线、吊挂点布局线、大中型灯位线。

① 标高线

通过标高线确定施工基准线，便于掌握施工位置，同时进行自检，不能按原标高施工的，及时进行技术更改。

A. 用水准仪定出地面的地平基准线。

B. 以地平基准线为基点，在柱或者梁底上量出顶棚吊顶的高度，并画出高度线。

② 造型位置线

A. 在柱或者梁底上量出吊顶位置距离，画出直线，形成造型位置外框线。

B. 根据造型外框线，逐步画出造型的各个局部。

（2）安装吊挂龙骨

根据现场放样确定的点位，按照图纸吊挂设计要求，安装吊挂龙骨和水平龙骨。水平龙骨由 40×40×4 角钢和悬挂吊壁组成，螺栓连接固定。沿墙用膨胀螺栓固定。主龙骨挂好后必须基本调平。机电施工同时配合进行。

① 吊点位置的确定

A. 平顶吊顶的吊点，一般按每米 21 个布置，要求在顶棚上均匀分布。

B. 有迭级造型的顶棚吊顶必须在迭线交界处布置吊点，两吊点间距 0.8~1.2m。

② 龙骨选材校正

对龙骨材料中因搬运而翘曲变形的部分进行校正，对一些严重变形的部分进行切除。

③ 吊件加工

上人吊件采用与龙骨配套的标准配件。用 30×30mm 角铁自制，加工时先在一条角铁的两边中心线上，对应钻出一排 ϕ10.5 的孔，孔距 55mm 左右，并将角铁分段切割。

不上人吊顶的吊件，可用小角铁或万能角铁制作，无主龙骨的不上人吊顶吊点间距为 800~1000mm。

④ 吊件固定方式

楼板或梁上有预留或预埋件时，吊件直接焊接在上面，或用螺栓固定在预埋件上。

用射钉固定铁件的，每个铁件必须用两个射钉来固定。在固定吊点时，要注意保护吊顶上部的设备与管道，防止损坏。

⑤ 吊杆选用与安装

A. 选用吊杆首先必须安全，其次是悬吊方便，调节灵活。吊顶本身的自重、是否上人、是否有其他活动荷载，是决定吊杆截面尺寸的主要因素。对于不上人的吊杆，用 $\phi 6mm$ 的钢筋作吊杆，上人吊杆用 $\phi 8mm$ 的钢筋。

B. 由于通风管道较宽较大，不允许将吊杆连接在风管支架及其他管线支架上，必须独立设支架。

C. 用吊杆将各条主龙骨吊到预定高度，并进行水平校正。

用数条木方将主龙骨按施工图中规定的间隔定位，并用铁钉卡住各主龙骨。长方木条的两端必须顶在两边的墙面上，如不够长度可以加接。

D. 用连接件把次龙骨安装在主龙骨上，进行固定。通常两条次龙骨的中心线间距为600mm。次龙骨的安装，一般是按预先弹好的位置，由一端依次安装到另一端。如有高低层次，则先装高跨部分，后装低跨部分。

E. 对于灯具位置、检修孔、空调口等吊顶上的设置必须预留安装位置，封边的横撑龙骨先安装好。

(3) 隐蔽验收

天花龙骨安装完成，机电设备与管道线路已安装完成，即进行隐蔽验收，合格后进入下一道工序。

(4) 安装铝合金方通

3. 质量要求

在施工中执行《建筑装饰工程施工及验收规范》，对其材质标准执行 GB/T 9775 标准中的要求。

根据吊顶的设计标高在四周墙上弹线。弹线清楚，位置准确，其水平允许偏差±5mm。

主龙骨吊点间距，按设计推荐系列选择，中间部分起拱，金属龙骨起拱高度不小于短向跨度的1/200，主龙骨安装后及时校正其位置和标高。

吊杆距主龙骨端部距离不得超过300mm，否则增设吊杆，以免主龙骨下坠。

吊杆必须通直并有足够的承载能力。当预埋的吊杆需接长时，必须搭接焊牢，焊缝均匀饱满。

次龙骨（中或小龙骨，下同）必须紧贴主龙骨安装。当用自攻螺钉安装板材时，板材的接缝处必须安装在宽度不小于40mm次龙骨上。

龙骨系列的横撑龙骨与通长次龙骨的间隙不得大于1mm。

全面校正主、次龙骨的位置及水平度。连接件必须错位安装。明龙骨必须目测无明显弯曲。通长次龙骨连接处的对接错位偏差不得超过2mm。校正后将龙骨的所有吊挂件、连接件拧夹紧。

安装好的吊顶骨架必须牢固可靠。

(七) 东西广厅下方地面层上方管帘吊顶

东西广厅下方地面层上方设计为管帘吊顶，共 $1456m^2$，由中国航空港建设集团有限公司广州新客站项目部装修一部及装修二部制造和安装。

1. 管帘天花

管帘天花由 $\phi 100$ 铝合金管帘天花板、L40×4 角钢、L50×4 角钢、M8×25 不锈钢螺栓、X—ENP 钢钉、不锈钢铆钉、80×40×1.5 镀锌龙骨、连接码、钢组件等组成，如图 4-7-2-295 所示。

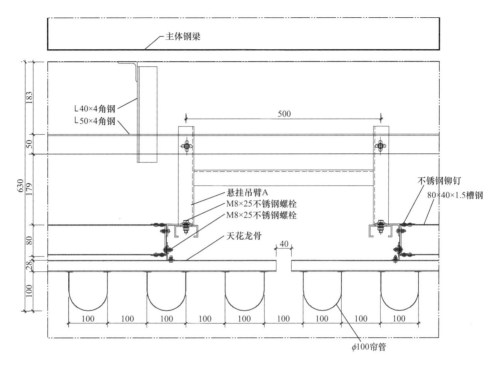

图 4-7-2-295　管帘天花安装

2. 施工流程

管帘天花吊顶施工流程为：弹线定位→吊臂及转换层制作→吊杆安装→转换层安装→转换层调平→单元龙骨安装→单元龙骨调平→钢组件安装→再次调平→φ100 管帘安装，如图 4-7-2-296 所示。

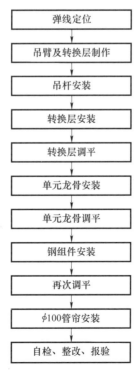

图 4-7-2-296　东西广厅下方地面层上方管帘吊顶施工工艺流程

3. 质量要求

(1) 材料控制

使用经检验合格的产品。

天花板材面漆无明显色差。

(2) 块板安装

按图纸设计要求四周找平。

安装时按照弹好的板块安排布置线,从一个方向开始依次安装。

在安装时必须轻拿轻放,保护板面不受碰伤或划伤。

条形板安装时直接卡入专用龙骨的卡脚上。

安装时将板条托起,一端用力压入卡脚,并顺势用推压方式将其余部分压入卡脚内。

(3) 检验标准

执行《建筑装饰工程施工及验收规范》的标准。

检查吊顶工程所用材料品种、规格、颜色以及基层构造、固定方式等是否符合设计要求。

所有金属件如无电镀层,必须先刷涂防锈漆二遍。

埋入楼板的膨胀螺丝与吊杆的焊接,必须牢固,膨胀螺丝按需要设置。

搁置的罩面板不得有漏、透、翘角现象。

(八) 四角办公楼及室内功能房屋吊顶

四角办公楼及室内功能房屋吊顶,清洁间、残卫等设计为 60×60 铝扣板天花,售票办公\辅助用房等设计 60×60 硅酸钙板天花。主要工程量为:

60×60 硅酸钙板天花:6873m^2

60×60 铝扣板天花:208m^2

由中国航空港建设集团有限公司广州新客站项目部装修一部及装修二部制造和安装。

1. 硅酸钙板吊顶

(1) 材料要求

硅酸钙板的规格、性能指标符合设计和相应的验收规范要求。

吊顶所需的龙骨、吊杆及配件满足设计和图集规范中的规定。

(2) 施工条件和相关环境

墙身四周弹好吊顶的+50cm 水平标高控制线,并核查完毕。

安装完顶棚内的各种管线及通风道,确定好灯位、通风口及各种露明孔口位置。并核对吊顶高度与其内设备标高是相互否影响。

检查所用材料和配件是否准备齐全。在上龙骨前必须完成墙面地面的湿作业项目,搭设好顶棚施工平台架子。

(3) 酸钙板吊顶施工工艺

① 施工工艺流程

弹线→划龙骨分格→安装龙骨→安装硅酸钙板,如图 4-7-2-297 所示。

② 施工方法

A. 弹线。根据楼层标高水平线,房间吊顶标高,沿墙四周弹顶棚底标高水平线,并沿顶棚的标高水平线在墙上划好龙骨分档位置线。

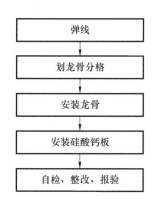

图 4-7-2-297　酸钙板吊顶施工工艺流程

B. 安装吊筋。选用 φ8 吊筋，一端与 L30×3×40（长）的角钢片焊接，另一端钢筋头套 50mm 长的丝扣，并用 φ8 膨胀螺栓固定到结构顶棚上，间距为 1200～1500mm，靠墙处离墙面的距离为 200～300mm，当遇到通风管道较大，超过吊杆的间距要求时采用角钢架做主龙骨。安装吊筋前必须刷好防锈漆。

C. 安装主龙骨。主龙骨选用 UC38 的轻钢龙骨，间距为 1200～1500mm，安装时采用龙骨配套的挂件与吊筋连接，挂件要与吊杆的套丝固定好，要求螺丝帽超出丝杆 10mm。必须拉线将主龙骨预先调整整齐、标高一致，检查无误后进入下道工序。

D. 安装边龙骨。按墙面上的标高线在墙四周用水泥钉固定 25×25 烤漆龙骨，固定间距不大于 300mm。安装边龙骨前需完成墙面腻子找平。

E. 安装次龙骨。根据硅酸钙板的规格尺寸，确定 T 形次龙骨间距为 600mm。当次龙骨长度需多根延续接长时，用次龙骨连接件。在吊挂次龙骨的同时，将相对端头相连接并且相邻次龙骨连接点必须相互错开。安装次龙骨时挂卡件要与主龙骨连接牢固，次龙骨在十字交叉点要求平整过度，不要出现错台或缝隙较大的情况。

F. 安装硅酸钙板。安装天花板时要按顺序依次安装，严禁野蛮装卸，不得污染面板。

G. 清理。硅酸钙板安装完后，用布把板面全部擦干净，不得有污物及手印等。

2. 铝方型扣板吊顶

(1) 材料的选用

① 铝方型扣板的型号、规格、和色泽必须符合实际要求，有产品合格证书。

② 铝方型扣板表面平整、不翘角、边缘平齐、无破损。

(2) 施工工艺

① 施工工艺流程

同硅酸钙板吊顶：弹线→划龙骨分格→安装龙骨→安装铝方型扣板。

② 施工方法

A. 根据吊顶的设计标高在四周墙上弹线，弹线必须清楚，位置准确，其水平允许偏差±5mm。

沿标高线固定角铝，角铝的作用是吊顶边缘部位的封口，角铝常用规格为 25mm×25mm，其色泽与铝合金面板相同，角铝多用水泥钉固定在墙柱上。

B. 确定龙骨位置线，因为每块铝合金块板都是已成型饰面板，一般不能再切割分块，为了保证吊顶饰面的完整性和安装可靠性，根据铝合金的尺寸规格（新广州站工程用的是

600mm×600mm 的规格），以及吊顶的面积尺寸来安排吊顶骨架的结构尺寸。对铝合金方块板饰面的基本布置是：板块组合要完整，四周留边时，留边的四周要对称均匀，将布置好的龙骨架位置线画在标高线的上边。

C. 主龙骨吊点间距，按设计推荐系列选择，中间部分必须起拱，龙骨起拱高度不小于房间面跨度的 1/200。主龙骨安装后及时校正位置及高度，控制龙骨架的平整，先拉出纵横向的标高控制线，从一端开始，一边安装一边调整吊杆的悬吊高度。待大面平整后，再对一些有弯曲翘边的单条龙骨进行调整，直至平整符合要求为止。

D. 吊杆必须通直并有足够的承载力。当吊杆需接长时，必须搭接焊牢，焊缝均匀饱满。进行防锈处理，吊杆距主龙骨端部不得超过 300mm，否则必须增设吊杆，以免主龙骨下坠，次龙骨（中龙骨或小龙骨下同）紧贴主龙骨安装。

E. 全面校正主、次龙骨的位置及水平度。连接件必须错位安装，安装好的吊顶骨架，牢固可靠，符合有关规范后方可进行下道工序。

F. 安装方形铝扣板时，必须把次骨调直。扣板必须平整，不得翘曲，吊顶平面平整误差不得超过 5mm。

3. 质量标准

(1) 主控项目

顶标高、尺寸、起拱和造型符合设计要求。

板的材质、品种、规格、图案和颜色符合设计要求。

面板安装必须牢固，吊杆、龙骨安装间距，连接方式符合设计要求。

(2) 一般项目

板表面洁净、色泽一致、没有翘曲、裂缝和缺损。压条平直、宽窄一致。

板上的机电末端位置合理美观，与金属板的交接吻合、严密。

金属吊杆、龙骨的接缝均匀一致，角缝吻合，表面平整、无翘曲。

(3) 允许偏差

吊顶安装允许偏差，详见表 4-7-2-66。

吊顶安装允许偏差　　　　表 4-7-2-66

项次	项目	允许偏差（mm）	检验方法
1	表面平整	2	用 2m 靠尺和塞尺检查
2	接缝直线度	1.5	拉 5m 线，不足 5m 拉通线，用钢尺检查
3	接缝高低差	1	用钢直尺和塞尺检查

4. 施工注意的质量问题

(1) 吊顶不平

原因分析：在于主龙骨安装时吊杆调平不认真，造成各吊杆点的标高不一致。

防治措施：施工时必须严格检查各吊点的紧挂程度，并拉线检查标高与平整度是否符合设计和施工规范要求

(2) 龙骨局部节点构造不合理

原因分析：在留洞口、灯具口、通风口等处构造节点不合理。

防治措施：施工前按照相应的图和规范确定方案，保证有利于构造要求。

(3) 骨架吊固不牢

原因分析：吊筋固定不牢，吊杆固定螺母未拧紧，其他设备固定在吊杆上。

防治措施：吊筋固定在结构上要拧紧螺丝，并控制好标高。顶棚内的管线、设备等不得固定在吊杆或龙骨骨架上。

(4) 罩面板分块间隙缝不直

防治措施：施工时注意板块的规格，拉线找正，安装固定时保证平正对直。

(5) 压缝条、压边条不严密平直

防治措施：施工时拉线控制，固定牢固。

(九) 马道张拉膜

马道张拉膜主要由 100×100×5 钢方管、50×50×3 钢方管、12 厚连接钢板、不锈钢高强螺栓、氟碳漆组成，其中弧形钢管在工厂加工成型后进场，由中国航空港建设集团有限公司广州新客站项目部装修一部及装修二部制造和安装。

1. 膜材安装

马道张拉膜施工工艺流程：放样→切割→焊接→涂装（刷漆）→铺设保护布料→展开膜材→连接固定→吊装膜材→调整索及膜收边→张拉成型→防水处理→清洗膜面，如图 4-7-2-298 所示。

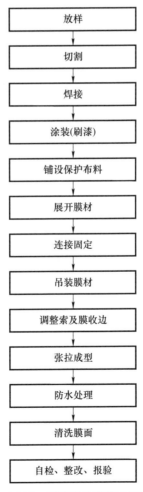

图 4-7-2-298 马道张拉膜施工工艺流程

(1) 放样

根据施工图纸,选择平整的空地,按 1:1 的比例放出大样,记录每件杆的数据,同时做好编号。

(2) 切割

按放样测出的数据,采用砂轮机进行切割,将型钢切割好,编上号,并进行试拼。

(3) 焊接

① 焊接参数的选择

A. 焊条直径的选择

焊条直径主要根据焊件厚度选择,焊条直径根据查表确定,选择 3.5 和 5 两种。

B. 焊接电流的选择主要根据焊条直径选择电流,以下近似的经验公式可供估算:

$$I = (30 \sim 55)\phi$$

式中 ϕ——焊条直径(mm)。

I——焊接电流(A)。

焊角缝时,电流要稍大些。打底焊时,特别是单面焊双面成形焊道时,使用的焊接电流要小。填充焊时,通常用较大的焊接电流。盖面焊时,为防止咬边和获得较美观的焊缝,使用的电流稍小些。碱性焊条选用的焊接电流比酸性焊条小 10% 左右。不锈钢条比碳钢焊条选用电流小 20% 左右。焊接电流初步选定后,要通过试焊调整。

C. 电弧电压主要取决于弧长。电弧长,则电压高。反之则低。在焊接过程中,一般希望弧长始终保持一致,并且尽量使用短弧焊接。所谓短弧是指弧长为焊条直径的 0.5~1.0 倍。

D. 焊接工艺参数的选择,必须在保证焊接质量条件下,采用大直径焊条和大电流焊接,以提高劳动生产率。

E. 在承受动载荷情况下,焊接接头的焊缝余高 C 必须趋于零,在其他工作条件下,C 值可在 0~3mm 范围内选取。

F. 焊缝在焊接接头每边的覆盖宽度一般为 2~4mm。

② 施焊

施焊前,焊工必须检查焊接部位的组装和表面清理情况,如不符合要求,必须修磨补焊合格后方能施焊。焊接坡口组装允许偏差值必须符合规定,坡口组装间隙超过允许偏差时,可在坡口单侧或两侧堆焊、修磨使其符合要求,但当坡口组装间隙超过较薄板厚度 2 倍或大于 20mm 时,不得采用堆焊方法增加构件长度和减少组装间隙。

③ T 形接头、十字形接头、角接接头和对接接头主焊缝两端,必须配置引弧板引出板,其材质与被焊母材相同,坡口形式与被焊焊缝相同,禁止使用其他材质的材料充当引弧板和引出板。

④ 手工电弧焊焊缝引出长度必须大于 25mm。其引弧板和引出板宽度大于 50mm,长度宜为板厚的 1.5 倍,且不小于 30mm,厚度不小于 6mm。

⑤ 焊接完成后,用火焰切割去除引弧板和引出板,并修磨平整。不得用锤击落引弧板和引出板。焊接时不得使用药皮脱落或焊芯生锈的焊条。

⑥ 焊条在使用前按产品说明书规定的烘焙时间和烘焙温度进行烘焙。低氢型焊条烘干后必须存放在保温箱(筒)内,随用随取。焊条由保温箱(筒)取出到施焊的时间不宜超过 2h(酸性焊条不宜超过 4h)。不符上述要求时,必须重新烘干后再用,但焊条烘干次数不宜超过 2 次。

⑦ 不得在焊缝以外的母材上打火引弧。

⑧ Ⅰ、Ⅱ类钢材匹配相应强度级别的低氢型焊接材料并采用中等热输入进行焊接时，板厚与最低预热温度要求宜符合规定。

⑨ 定位焊必须由持相应合格证的焊工施焊，所用焊接材料与正式施焊相当。定位焊焊缝与最终焊缝有相同的质量要求。钢衬垫的定位焊宜在接头坡口内焊接，定位焊焊缝厚度不宜超过设计焊缝厚度的 2/3，定位焊缝长度宜大于 40mm，间距 500～600mm，并填满弧坑。定位焊预热温度必须高于正式施焊预热温度。当定位焊焊缝上有气孔或裂纹时，必须清除后重焊。

⑩ 对于非密闭的隐蔽部位，按施工图的要求进行涂层处理后，方可进行组装。对刨平顶紧的部位，必须经质量部门检验合格后才能施焊。

⑪ 在组装好的构件上施焊，必须严格按焊接工艺规定的参数以及焊接顺序进行，以控制焊后构件变形。

A. 在约束焊道上施焊，必须连续进行。如因故中断，再焊时必须对已焊的焊缝局部做预热处理。

B. 采用多层焊时，必须将前一道焊缝表面清理干净后再继续施焊。

⑫ 因焊接而变形的构件，可用机械（冷矫）或在严格控制温度的条件下加热（热矫）的方法进行矫正。

A. 碳素结构钢在环境温度低于－16℃、低合金结构钢在环境温度低于－12℃时，不得进行冷矫正和冷弯曲。碳素结构钢和低合金结构钢在加热矫正时，加热温度不得超过 900℃。低合金结构钢在加热矫正后必须自然冷却。

B. 当零件采用热加工成型时，加热温度必须控制在 900～1000℃。碳素结构钢和低合金结构钢在温度分别下降到 700℃和 800℃之前，必须结束加工。低合金结构钢必须自然冷却。

(4) 涂装（刷漆）

① 基面清理

A. 建筑钢结构工程的油漆涂装必须在钢结构制作安装验收合格后进行。

B. 油漆涂刷前，采取适当的方法将需要涂装部位的铁锈、焊缝药皮、焊接飞溅物、油污、尘土等杂物清理干净。

C. 基面清理除锈质量的好坏，直接影响到涂层质量。因此基面除锈质量等级必须符合设计文件的规定要求。除锈质量等级分类执行《涂装前钢材表面锈蚀等级和除锈等级》GB 8923 标准规定。

D. 为了保证涂装质量，根据不同需要可以分别选用以下除锈工艺：油污的清除方法根据工件的材质、油污的种类等因素来决定，通常采用溶剂清洗或碱液清洗。清洗方法有槽内浸洗法、擦洗法、喷射清洗和蒸汽法等。钢构件表面除锈方法根据要求不同可采用手工除锈、机械除锈、喷射除锈、酸洗除锈等方法。

② 涂料涂装方法

合理的施工方法，对保证涂装质量、施工进度、节约材料和降低成本有很大的作用。所以正确选择涂装方法是涂装施工管理工作的主要组成部分。

A. 刷涂法工艺要求。油漆刷的选择：刷涂底漆、调和漆和磁漆时，选用扁形和歪脖形弹性大的硬毛刷；刷涂油性清漆时，选用刷毛较薄、弹性较好的猪鬃或羊毛等混合制作的板刷和圆刷；涂刷树脂漆时，选用弹性好，刷毛前端柔软的软毛板刷或歪脖形刷。使用油漆刷子，采用直握方法，用腕力进行操作。涂刷时，蘸少量涂料，刷毛浸入油漆的部分为毛长的

1/3~1/2。对干燥较慢的涂料，按涂敷、抹平和修饰三道工序进行。对于干燥较快的涂料，从被涂物一边按一定的顺序快速连续地刷平和修饰，不得反复刷涂。涂刷顺序，一般按自上而下、从左向右、先里后外、先斜后直、先难后易的原则，使漆膜均匀、致密、光滑和平整。刷涂的走向，刷涂垂直平面时，最后一道由上向下进行。刷涂水平表面时，最后一道按光线照射的方向进行。刷涂完毕后，油漆刷要妥善保管，若长期不使用，须用溶剂清洗干净，晾干后用塑料薄膜包好，存放在干燥的地方，以便再用。

B. 滚涂法工艺要求。涂料倒入装有滚涂板的容器内，将滚子的一半浸入涂料，然后提起在滚涂板上来回滚涂几次，使棍子全部均匀浸透涂料，并把多余的涂料滚压掉。把滚子按W形轻轻滚动，将涂料大致涂布于被涂物上，然后滚子上下密集滚动，将涂料均匀地分布开，最后使滚子按一定的方向滚平表面并修饰。滚动时，初始用力要轻，以防流淌，随后逐渐用力，使涂层均匀。滚子用后，尽量挤压掉残存的油漆涂料，或用涂料稀释剂清洗干净，晾干后保存好，以备后用。

C. 空气喷涂法工艺要求。空气喷涂法是利用压缩空气的气流将涂料带入喷枪，经喷嘴吹散成雾状，并喷涂到被涂物表面上的一种涂装方法。进行喷涂时，必须将空气压力、喷出量和喷雾幅度等参数调整到适当程度，以保证喷涂质量。喷涂距离控制：喷涂距离过大，油漆易落散，造成漆膜过薄而无光。喷涂距离过近，漆膜易产生流淌和橘皮现象。喷涂距离根据喷涂压力和喷嘴大小来确定，一般使用大口径喷枪的喷涂距离为200~300mm，使用小口径喷枪的喷涂距离为150~250mm。喷涂时，喷枪的运行速度控制在30~60cm/s，并运行稳定。喷枪垂直于被涂物表面。如喷枪角度倾斜，漆膜易产生条纹和斑痕。喷涂时，喷幅搭接宽度，一般为有效喷雾幅度的1/4~1/3并保持一致。暂停喷涂时，将喷枪端部浸泡在溶剂中，以防涂料干固堵塞喷嘴。喷枪使用完后，立即用溶剂清洗干净。枪体、喷嘴和空气帽用毛刷清洗。气孔和喷漆孔遇有堵塞，用木钎疏通，不准用金属丝或铁钉疏通，以防损伤喷嘴孔。

③ 涂装施工工艺及要求

A. 涂装施工环境条件要求。环境温度：必须按照涂料产品说明书规定执行。环境湿度：一般在相对湿度小于80%的条件下进行。具体按照涂料产品说明书规定执行。控制钢材表面温度与露点温度：钢材表面温度必须高于空气露点温度3℃以上，方可进行喷涂施工。在雨、雾、雪和较大灰尘的环境下，必须采取适当的防护措施，方可进行涂装施工。

B. 设计要求或钢结构施工工艺要求禁止涂装的部位，为防止误涂，在涂装前必须进行遮蔽保护，如地脚螺栓和底板、高强度螺栓结合面、与混凝土紧贴或埋入的部位等。

C. 涂料开桶前，必须充分摇匀。开桶后，原漆不存在结皮、结块、凝胶等现象，有沉淀能搅起，有漆皮必须除掉。

D. 涂装施工过程中，必须控制油漆的黏度、稠度、稀度，兑制时充分地搅拌，使油漆色泽、黏度均匀一致。调整黏度必须使用专用稀释剂，如需代用，必须经过试验。

E. 涂刷遍数及涂层厚度执行设计要求规定。

F. 涂装间隔时间根据各种涂料产品说明书确定。

G. 涂刷第一层底漆时，涂刷方向必须一致，接槎整齐。

H. 钢结构安装后，进行防腐涂料二次涂装。涂装前，首先用砂布、电动钢丝刷、空气压缩机等工具将钢构件表面处理干净，然后对涂层损坏部位和未涂部位进行补涂，最后按照设计要求进行二次涂装施工。

I. 涂装完成后，经自检和专业检并作记录。涂层有缺陷时，必须分析并确定缺陷原因，及时修补。修补的方法和要求与正式涂层部分相同。

(5) 张拉膜安装

① 准备工作

膜体进场安装前,组织项目有关人员对施工方案进行评审,确定详细安装作业与安全技术措施。先复核支承结构的各个尺寸,使每个控制点安装误差均在设计和规范允许范围内。对膜体及配件进行验收,检查膜体外观是否有破损、褶皱,热熔合缝是否有脱落,螺栓、铝合金压条、不锈钢压条有无拉伤或锈蚀,索和锚具涂层是否破坏。

② 安装流程

膜体安装包括膜体展开、连接固定、吊装到位和张拉成形四个部分。

A. 展开膜体前,在平台上铺设临时布料,以保护膜材不被损伤及膜材清洁,严格按确定的顺序展开膜体。打开包装前必须校对包装上的标记,确认安装部位,并按标记方向展开,尽量避免展开后的膜体在场内移动。在展开的膜面上行走时要穿软底鞋,不得佩带硬物,以防膜体受到刮伤。

B. 在平台上展开膜体后,用夹板将膜体与索连接固定。夹板的规格及间距均必须严格执行设计要求。对一次性吊装到位的膜体,必须一次将夹板螺栓、螺母拧紧到位。

C. 将膜用吊机吊起,起吊过程中控制各吊点的上升速度和距离,确保膜面的传力均匀。待所有膜体均到达设计高度后,即行张拉。在整个安装过程中要注意防止膜体在风荷载作用下产生过大的晃动。

D. 张拉成型是整个膜结构施工的重要环节,能否取得效果,取决于张拉是否满足设计要求。因膜的支承结构为刚性边界,预应力施加要通过特殊的构造来实施。整个张拉过程实际就是将各种索按照预定的应力张拉到位。张拉时必须确定分批张拉的顺序、量值及张拉速度,并根据材料的特性确定超张拉量值。张拉过程可以是分批、分级调整索的预应力,逐步张拉达到设计值,也可以对整体实施同步张拉。对有控制要求的张力值必须做施工记录,对无控制要求的也要做好记录。

2. 膜材安装注意事项

(1) 要安排好和主体钢结构安装的关系,协调相互间的进度。

(2) 必须注意天气预报,保证在整个安装过程中无四级以上大风和大雨。

(3) 膜面安装过程中发生膜面破损,必须立即进行修补。膜面应力张拉不可一次到位,必须分块逐步张拉到位,以防主体钢结构侧向失稳。

(4) 膜面张拉到位后,质检人员对膜面应力值、测试部位的膜面应力进行全面检查验收,同时检查压板螺栓有无漏装漏拧。

(5) 防水密封:在膜面与天沟、膜面与膜结构的结合部位较易发生漏水,及时检查发现泄漏点,配合设计对泄露部位提出整改方案,进行防水施工。

3. 安装质量要求

膜面无渗漏,无明显褶皱,不得有积水。膜面颜色均匀,无明显污染串色。连接固定节点牢固,排列整齐,缝线无脱落,无超张拉,膜面无大面积拉毛蹭伤。

十二、幕墙

(一) 工程概况

新广州站工程主要幕墙形式及数量,详见表 4-7-2-67。

主要幕墙形式及数量 表 4-7-2-67

序号	位置	编号	幕墙名称	单位	数量	备注
1	外立面	系统 A	立面明框玻璃幕墙	m²	56752	
2		系统 B	石材幕墙	m²	10665	
3		系统 C	铝板包柱	处	32	
4		系统 D	不锈钢玻璃栏杆	m²	13560	
5	屋面	系统 E	主站房屋面檐口铝板幕墙	m²	65000	含主站房及雨棚
6		系统 F	主站房屋面侧天窗	m²		
7		系统 G	主站房屋面遮阳百叶	m²		
8	室内	系统 H	室内贵宾候车室幕墙	m²		
9		系统 I	室内上人采光天窗	m²	12400	含 12m、21m 层
10		系统 J	室内观光电梯点式玻璃幕墙	m²	7328	
11		系统 K	站房内彩釉玻璃墙面	m²	6267	
12		系统 L	站房内铝合金饰面	m²		

（二）立面明框玻璃幕墙

框架式明框铝合金玻璃幕墙位于主站房东、西、南、北立面，如图 4-7-2-299 所示。主要受力构件采用钢结构桁架，钢横梁中间通过不锈钢拉杆连接，竖向和水平方向的铝合金型材与玻璃之间由三元乙丙胶条密封。典型分格尺寸：4000mm×2000mm，电动排烟窗分格尺寸：2000mm×1500mm。玻璃类型：8mm+12A+8mm 钢化中空 LOW-E 玻璃，铝型材表面处理外露型采用氟碳喷涂，非外露型采用银白色阳极氧化处理。

立面明框玻璃幕墙共 56752m²，制造和安装由北京江河幕墙工程有限公司专业分包。

图 4-7-2-299　站房立面玻璃幕墙效果图

主体结构横向跨度 32/16m，纵向跨度 68m，立柱与索拱组合体系，实现了站房超大空间。幕墙结构采用方管桁架，自成体系，大跨度横梁利用不锈钢拉杆承担幕墙自重，改善了受力性能，保证了与主体结构大空间的一致性，节省了材料用量。

立面明框玻璃幕墙为新广州站工程主要幕墙形式，单块玻璃面板达到 8m²，横向装饰扣盖距玻璃面为 200mm。每个立面附有开启扇，充分满足通风要求，如图 4-7-2-300 所示。

立面明框幕墙玻璃采用 8+12A+8 中空钢化双 Low-E 玻璃，全玻幕墙采 15+1.52PVB+15mm 钢化夹胶玻璃作玻璃肋。

(a) 玻璃幕墙立面一　　(b) 玻璃幕墙立面二

(c) 玻璃幕墙立面三

图 4-7-2-300　立面明框玻璃幕墙

主支撑采用钢桁架，副支撑宽度为 8m，采用不锈钢拉杆控制副支撑钢结构变形，整体结构力求简洁有序，同时又能保证结构安全受力合理，如图 4-7-2-301 所示。立面明框玻璃幕墙横、竖向节点，如图 4-7-2-302 所示。

图 4-7-2-301　幕墙钢结构

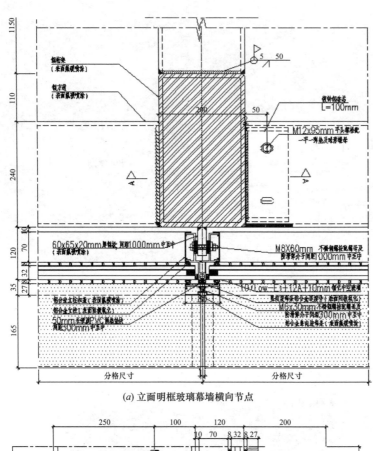

(a) 立面明框玻璃幕墙横向节点

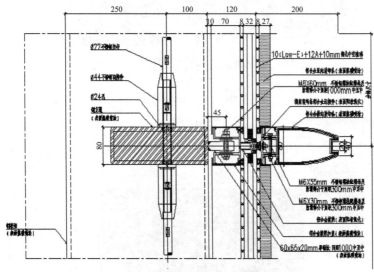

(b) 立面明框玻璃幕墙竖向节点

图 4-7-2-302　立面明框玻璃幕墙节点

1. 施工工艺流程

站房玻璃幕墙施工采用脚手架方案进行安装施工，桁架由汽车在地面运至起吊的位置处。幕墙铝型材、拉杆、玻璃由汽车通过高架路运至相应安装布置地。再人工或捯链运至安装脚手架上安装使用。

施工工艺流程：脚手架搭设→测量放线→钢桁架拼装→底部支座安装→顶部耳板焊接→钢桁架吊装→钢横梁安装→氟碳喷涂→拉杆固定件安装→拉杆安装→铝合金立柱安装→铝合金横梁安装→铝合金扣盖及装饰安装→玻璃板块安装→胶条及其他杂项安装，如图 4-7-2-303 所示。

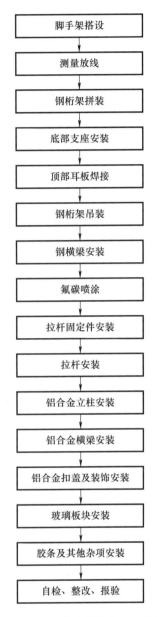

图 4-7-2-303 玻璃幕墙施工工艺流程

(1) 搭设室外脚手架

在室外搭设脚手架,以便测量放线、钢结构及幕墙的安装(具体搭设方法见脚手架专项方案)。

(2) 测量放线

脚手架搭设完成后,在安装钢结构之前,先进行测量放线。

(3) 支座位置检查

支撑座运到工地后必须进行检查,检查内容:支撑座的各项几何尺寸、焊缝。

(4) 桁架的运输、堆放

① 桁架运输

大部分幕墙桁架长度在 21m 以内,基本满足公路运输的有关要求。该部分桁架主要采用汽车运输，个别超长构件采取分段运输。

桁架在运输过程中采取必要的绑扎、捆绑，防止桁架的变形。同时采取必要的成品保护措施，防止桁架表面涂层在运输中磨损。

② 桁架装卸

装卸过程中要防止桁架的变形，依据设计吊点进行吊装。装卸桁架时要妥善保护涂装层。随运设标记牌，标明构件名称、编号、吨位。

③ 桁架堆放

桁架运到现场后，在预定的地点进行卸货。桁架按安装所需的顺序摆放在规定的位置，现场堆放场地必须坚实，桁架的下方垫道木，防止下沉及构件变形。

④ 超长桁架拼装

在地面上根据桁架的长度制作胎架，为保证桁架截面尺寸精度，桁架按整体卧式放置方式进行拼装。

⑤ 桁架吊装

桁架安装前，检查桁架安装位置及其他结构的定位线的精确度。如出现偏差缺陷，分析原因，采取措施，并经设计、监理允许后开始桁架的吊装。

(5) 横梁吊装

钢梁上挂 5t 电动葫芦，水平移动为手动。横梁吊装时由一台电动葫芦和两个捯链同时起吊完成。当完成一个分格的横梁安装后，再用同样方法安装下一分格，直至整个工程的安装完成。

① 起重设备选用 5tHS25 型手拉葫芦两个。

② 起重设备选用 5t63A 环链式电动葫芦一个。

钢横梁吊装方案，如图 4-7-2-304 所示。

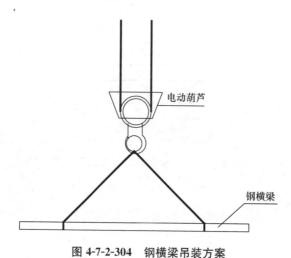

图 4-7-2-304　钢横梁吊装方案

③ 起吊注意事项

A. 为防止横梁摆动，在横梁的下端用白棕绳作为拖拉绳，控制横梁在吊装过程中在空中摆动。

B. 在起吊前先将连接插芯依据设计施工图焊接在钢桁架上。

C. 当起吊至快垂直于地面时收紧拖拉绳，缓慢放松，控制摆动，此时安装人员上前扶持横梁，离地面后找正安装点安装就位。

④ 横梁就位安装

A. 横梁起吊就位后,通过拉动拉绳使横梁就位,利用手拉葫芦进行定位。连接拉杆,调整位置后将横梁焊接在方钢支座上。

B. 横梁的横向连接,是通过在横梁的一端连接焊接插芯,另一端与桁架直接焊接连接的。

⑤ 安装质量技术措施

A. 准确测量横梁安装轴线,丈量横梁安装位置,控制找平安装标高,垫放好钢插芯,并点焊固定,最终与立柱桁架焊接牢固。

B. 横梁进场后检查各部位几何尺寸及变形量。

C. 横梁采取捆绑式两点吊装。捆扎前根据重心确定好吊点的距离和位置(吊点设在节点上),通过计算确定绳长,捆扎处垫放橡胶垫以防吊装时损坏构件漆层。

D. 横梁起吊必须缓慢而平稳,尽量减少冲击,对于倾斜构件,吊装前必须做好横梁低端端口的保护,以免端口碰撞损坏。

E. 水平和垂直运输中防止横梁弯曲变形,吊点要选择适当,采用多个吊点,使构件吊运平衡。不允许使用吊链和链扳钳。

⑥ 安全施工技术措施

A. 起重工必须持证上岗,上高空的作业人员要经身体检查合格,不得酒后上高空施工。

B. 高空作业要设置好爬梯、扶手绳,施工人员戴安全带、穿防滑胶鞋,在高空行走和作业时要挂好安全带。

C. 设置固定吊装点时必须捆绑牢固,不得窜动滑移,捆绑吊装构件卡环绳扣要收紧,地滑轮、转向滑轮导向设置位置必须正确。

D. 运输构件时必须相互呼应,选择好运输路线和钢方管停放位置,并合起吊安装。

E. 吊装时设有专人监护吊装设备和吊机运行,起重指挥在吊装中必须随时关注卷扬机、跑绳等工作是否正常。

F. 指挥吊装手势必须明确,指挥要果断,不得拖泥带水,举棋不定。

G. 高空不得坠落工具、连接耳板等构件。

H. 用电设备要有触电保护器,氧气瓶和乙炔瓶停放必须按规范要求保持安全距离。

(6) 拉杆的安装

拉杆从上至下安装,最上端中间分段与横梁上的不锈钢拉杆头相连,下端与埋件相连。

① 拉杆运至吊装部位,搁置在木板上,禁止与混凝土面接触,以免擦伤杆件,如图4-7-2-305所示。

图 4-7-2-305　拉杆现场摆放示意

② 拉杆上端索头与耳板连接,插入钢销轴。调节杆伸缩是有限的,考虑下部连接,在上部调节处,在确保连接牢靠的基础上,留最大的调节余量,如图4-7-2-306所示。

③ 拉杆上端就位安装好后,开始与中间横梁通过固定在横梁上的拉索头相连接,如图4-7-2-307所示。

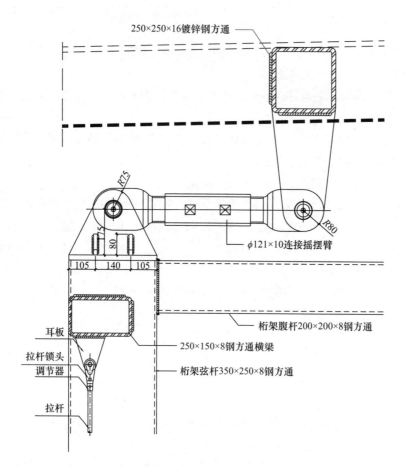

图 4-7-2-306　拉杆安装 1

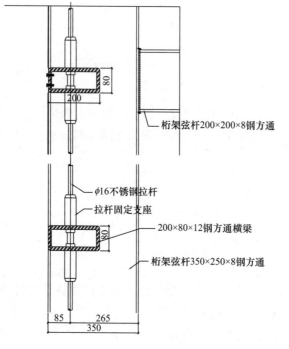

图 4-7-2-307　拉杆安装 2

④ 拉杆的调节

A. 根据设计计算出每一段拉杆的伸长量，按照预先设定的长度调整拉杆。使用扭力扳手进行调节，调节拉杆时主要调整横梁位置，调节采用扭矩控制吊杆内力，仔细观察横梁中心线偏移情况，防止出现偏差后调整困难。调节后横梁的位置比理论位置稍高，偏移量必须由设计提供。

B. 安装玻璃后调节

横梁调节水平且向上的偏移量达到设计要求后安装玻璃，然后对拉杆进行微调，保证横梁在玻璃自重作用下水平且位置落回理论位置，尺寸偏差控制在设计误差范围内，如图 4-7-2-308 所示。

（7）氟碳喷涂

① 工艺流程：现场准备→基材表面处理→刮原子灰打磨找平→中涂底漆→氟碳面层→清理验收，如图 4-7-2-309 所示。

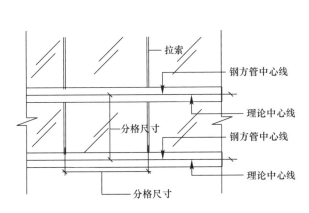

图 4-7-2-308 玻璃安装

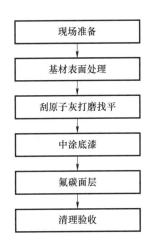

图 4-7-2-309 氟碳喷涂施工工艺流程

A. 批刮原子灰：利用金属腻子（原子灰）填充抹平表面缺陷，尤其是焊缝处需薄批满刮。

B. 打磨找平：依次利用 80 号、120 号或更细的砂纸将基材表面打磨平整，以满足涂装要求。

C. 中涂底漆：增强表面附着力，为涂装面漆做好准备，增加饰面效果。

D. 涂装面漆：须在底漆涂装完 24h 后进行，涂装时要保证漆膜均匀、平整，并做好成品保护。

② 注意事项：底漆容易沉淀，使用前充分搅拌，加入适当比例的固化剂后再充分搅拌，双组份混合后须在 5h 内完成。面漆的使用方法，按适当比例加入固化剂，再充分搅拌，双组份混合后须在 4h 内完成。

稀释时须采用专用稀释剂，涂装间隔至少 8h 以上。

尽管氟碳漆膜的表干时间不长，但实干需 24h，完全固化需 7d（25℃），所以特别要注意成品保护，防止搽刮。

注意不锈钢拉杆成品保护。

③ 安全措施：保证良好通风，如有油漆或稀料溅入眼睛，立即用清水清洗，并酌情就医。油漆为易燃品，使用和贮存必须隔绝火源。

(8) 铝合金立柱、横梁安装

① 立柱的安装借助搭设脚手架的办法,利用电动葫芦将立柱、横梁运输到位,工人站在脚手板上进行安装。

② 不同材质加防腐垫块。

③ 立柱、横梁采用不锈钢螺钉固定在钢桁架和横梁上。

④ 立柱、横梁安装进出位、标高、分格尺寸、相邻高差、对角线误差均必须控制在允许范围内。

(9) 铝合金压板安装

立柱、横梁安装完成后进行铝合金压板安装,将铝合金压板扣接在铝合金横梁上后,通过螺栓与横梁相连,如图 4-7-2-310 所示。

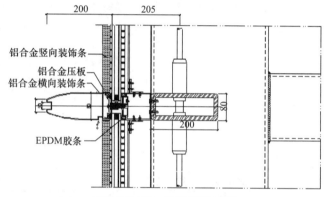

图 4-7-2-310 明框幕墙示意

(10) 玻璃面材安装

横梁位置满足设计要求,经监理检查同意后开始安装玻璃,玻璃安装顺序由上而下。安装前,先将玻璃托板、玻璃垫块按要求放入铝合金压板内。玻璃安装时,利用手动葫芦或电动葫芦将玻璃起吊到安装位,将玻璃上下固定在铝合金压板预留的槽口内。

玻璃安装时注意事项:

① 开箱时检查玻璃规格尺寸。有崩边、裂口、明显划伤等问题的玻璃,不允许安装。

② 玻璃板片依据板片编号图进行安装,不得将不同编号的板片进行互换。

③ 必须清洁玻璃与吸盘上的灰尘,以保证吸盘有足够的吸力。吸盘的个数根据玻璃重量确定,严禁使用吸附力不足的吸盘。

④ 吊运玻璃时,必须匀速将玻璃送到安装位置。当玻璃到位时,脚手架上人员尽早抓住吸盘,控制稳定玻璃,以免发生碰撞,出现意外事故。

⑤ 玻璃稳定后,上下人员注意保护玻璃。将玻璃慢慢放入槽中,随即塞上胶条,防止玻璃在槽内摆动造成意外破裂。

⑥ 玻璃安装好后,必须调整玻璃上下、左右、前后缝隙的大小。

⑦ 全部调整完毕后,进行整体立面平整度的检查,确认无误后,才能进行下一道工序,安装竖向铝合金压板及扣盖。

2. 质量保证措施

(1) 构件检查

① 安装前,按构件明细表核对进场的构件,查验产品合格证。工厂预拼装后的构件在现

场组装时，根据预拼装记录进行。

② 钢构件进场后必须进行质量检验，以确认在运输过程中有无变形、损坏和缺损，并会同有关部门及时处理。

③ 拼装前必须检查构件几何尺寸、焊缝坡口、起拱度、油漆等是否符合设计要求，发现问题后上报有关部门，必须在吊装前处理完毕。

（2）施工质量注意事项

① 每道工序认真填写质量数据，质量检验符合要求后方可进行下道工序。

② 钢结构焊接前由专业人员编制焊接工艺评定及指导书。焊接前进行交底，焊接时严格按照指导书的焊接工艺流程和施工规程进行。

③ 钢结构组装前对胎架的定位轴线、基础轴线和标高位置等进行检查，并进行基础检测。

④ 钢结构组装安装、校正时，必须根据风力、温差、日照等外界环境和焊接变形等因素的影响，采取相应的调整措施。

⑤ 钢构件吊装前必须清除其表面上的油污、泥沙等杂物。

⑥ 钢结构安装必须按施工组织设计进行。安装程序必须保证结构的稳定性和不导致永久性变形。

⑦ 钢结构安装就位后，立即进行校正、固定。当天安装的构件必须形成稳定的空间体系。

（三）石材幕墙

石材幕墙位于主站房东、西、南、北立面，如图 4-7-2-311 所示。采用干挂石材方式，通过双切面抗震型连接件将石材与骨架连接的一种石材幕墙固定方法。主要受力构件采用钢方管，板块竖向和水平方向之间采用退缝式体系。典型分格尺寸：1000mm×500mm，石材类型：30mm 厚花岗岩石材。钢材表面处理外露钢材采用氟碳喷涂，非外露钢材采用镀锌处理。

新广州站石材幕墙共 10665m²，制造和安装由北京江河幕墙股份有限公司专业分包。

石材幕墙节点，如图 4-7-2-312 所示。

图 4-7-2-311 地面层东立面石材幕墙

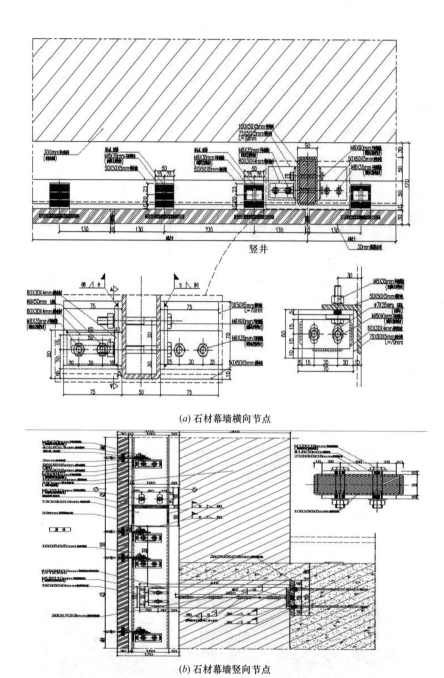

(a) 石材幕墙横向节点

(b) 石材幕墙竖向节点

图 4-7-2-312　石材幕墙节点

1. 施工总体安排

(1) 施工总体安排

① 第一阶段：2010 年 1 月 25 日前完成 1-1/G 轴交 1～5 轴和 1-1/G 轴交 11～15 轴。

② 第二阶段：2010 年 6 月 28 日前完成 1/A 轴交 1～5 轴和 1/A 轴交 11～15 轴施工。

③ 第三阶段：2010 年 9 月 28 日前完成 1/1 轴/3/14 轴交 0-1/B～0-2/G 轴，四角办公石材、南北面石材同时进行施工。

(2) 人、材、机安排

① 劳动力安排：本幕墙工程量大、质量高、工期紧，选择有经验的两个石材安装专业队

伍完成。

② 材料组织安排：工地交叉作业多，材料需要二次甚至多次倒运，石材部分钢材对应堆放在四角办公区域临时仓库。

③ 材料转运吊装机械投入安排：现场二次搬运、材料垂直运输主要机械设备投入，详见表4-7-2-68。

现场二次搬运、材料垂直运输主要机械设备投入　　　　表4-7-2-68

序号	机械或设备名称	规格型号	数量
1	汽车吊（租赁）	QY25	1
2	卷扬机（自买）	JK5	4
3	叉车（租赁）	FG25	2
4	运输板车（租赁）	长拖挂	6
5	液压手推车（自买）		6
6	钢索（自买）		200
7	滑轮		20

2. 施工工艺流程

石材幕墙施工工艺流程，如图4-7-2-313所示。

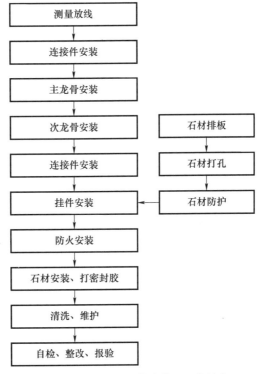

图4-7-2-313　石材幕墙施工工艺流程

3. 施工方法

（1）测量放线

首先测量出土建结构的偏差以及预埋件位置，并填写相应表格提供给设计部，确定分格数据。根据施工图，进行测量放线，把龙骨的三维尺寸定位在结构上。

（2）埋件偏差处理

根据现场埋件复核情况，首先，对漏埋的进行重补埋件处理。由于结构问题导致预埋件不能满足要求，进行补强，达到设计要求。

重补埋件工艺：先测量放线→根据埋件加工要求制作纸样板卡→在结构上画出重补埋件的规格→钻孔→清理灰尘→插入化学药剂→注入螺杆→安上埋件→固定螺母。

（3）主龙骨安装

根据分格及现场埋件安装情况，进行主龙骨下料。首先采用拉线法对龙骨的直线度进行检查，如图 4-7-2-314 所示。若不符合要求，经矫正后再上墙安装，将误差控制在允许范围内。

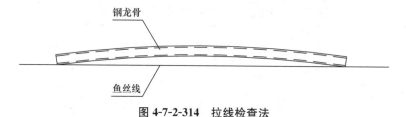

图 4-7-2-314　拉线检查法

然后对照施工图主龙骨的加工孔位，将连接件、芯套、防腐垫片等组装到主龙骨上，连接件与埋件点焊，依据测量所布置的钢丝线、综合施工图进行安装检查，各尺寸符合要求后，再对连接件与埋件进行满焊，敲掉焊渣、涂防锈漆，如图 4-7-2-315 所示。

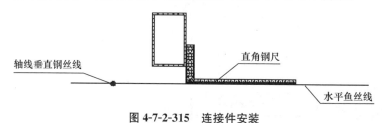

图 4-7-2-315　连接件安装

调整主梁的垂直度与水平度，上紧螺母，调整好整幅幕墙的垂直度、水平度后，加固支座。支座固定方法是用测力扳手按规定的力矩拧紧每一个螺栓。

钢龙骨的安装，竖向必须留伸缩缝，每个楼层间一处，竖向伸缩缝留 20mm 间隙，采用方钢套芯连接，如图 4-7-2-316 所示。

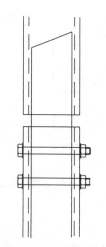

图 4-7-2-316　竖向留伸缩缝

（4）次龙骨安装

首先根据每个楼层的控制线采用水准仪和钢卷尺在立柱上用墨线弹出次龙骨的标高，然后将次龙骨两端的连接件与弹性橡胶垫安装在主梁的预定位置，要求安装牢固，接缝严密，同一层横梁安装由下向上进行，当安装完一层高度时，要进行检查、调整、校正、固定，使其符合质量要求。

(5) 防火层安装

防火层在安装前根据实际测量的尺寸对 1.5mm 防火铁皮进行切割下料，防火铁皮与结构面和石材面材背面的缝隙要用防火胶进行密封，主体结构与石材面板之间的缝隙填充防火岩棉、盖上防烟板再四周打上防火胶。

(6) 石材面板安装

首先进行定位划线，确定石材板块的水平、垂直位置。用钢丝拉出理论完成面便于控制石板安装的进出位，保证安装后石材在同一面上。并在框格平面内外设控制点，拉控制线控制安装的平面度和各组件的位置。

① 用靠尺检查并调整石材的垂直、水平、进出位置，使其符合立面控制线。

② 安装时，将挂件直接插入到横梁，再通过调整螺栓调节高低。充分体现出挂接式安装方式的快捷、方便的特点，如图 4-7-2-317 所示。

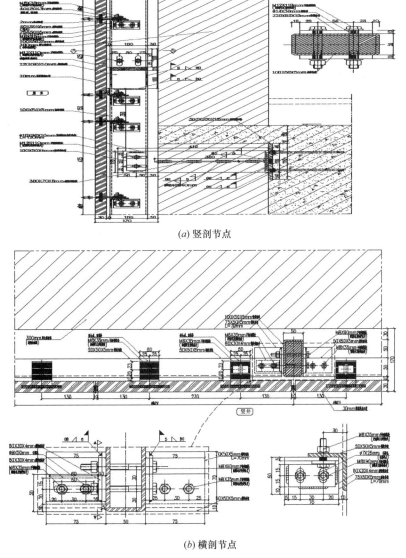

(a) 竖剖节点

(b) 横剖节点

图 4-7-2-317　节点剖面图

③ 石材安装由下向上进行，对挂好的每一块石板，均进行水平、垂直度检测并及时调整。

④ 窗边石材安装顺序：窗下石→窗台石→窗侧石→窗顶石→石材缝宽修理。

（7）打胶清理

石材幕墙接缝密封方式利用雨屏蔽原理采用湿式密封法，并靠密封胶进行接缝密封，主要施工步骤为：

① 注胶面清理干燥

对填充密封材料处勾缝的接触面清扫，要用干净的纱布进行，对特别脏污的地方使用溶剂清扫（甲苯、酒精等），此时特别注意不要让溶剂飞散到接缝以外的场所，纱布脏污后必须更换，以保证清扫效果。最后用干燥清洁的纱布将溶剂蒸发后的表面痕迹拭去，特别注意干燥。

② 泡沫条安装

支撑材料必须考虑到连接处尺寸的公差，同时检查安装状态，并以此为依据准备好支撑材料。在安装支撑材料时，以下列要求为基准进行操作，即：要使密封材料的填充深度在图纸要求的尺寸以内，装填一定要充分合适。

③ 贴美纹纸

为防止填充密封材料污染石材表面，使密封材料连接处两侧的边线清楚地显示出来，在接缝两侧张贴美纹纸进行保护。美纹纸必须在施工当日贴上并在当天揭下，绝不允许拖至次日。对美纹纸质量进行严格控制，绝不使用因溶剂或日晒软化并残留在施工处的品种。

④ 注胶

密封材料填充作业时，用喷嘴与接缝相一致的手动胶枪，并注意不要让空气从连接处底部进入填充处。需填充密封材料的连接处，交叉部分填充时先从一侧开始填充，在交叉部中心形成压力，使密封胶向另一侧溢出。当填充到拐角处时，要等到密封胶向另一侧流动时再移动罐。将喷嘴的前端插入交叉接缝与拐角的连接处，向其内部注入密封胶。挤压密封胶时防止气泡进入交叉部分。当一天的作业结束时或是中断填充时，必须用密封条将边缘覆好，使支撑材料露不出来。避免在交叉部的拐角部进行接缝连接，必须在直线的中间部施工作业。

⑤ 打磨修饰处理

打磨作业必须在填充后，使用与填充密封胶处相一致的竹铲或金属铲，沿填充方向用力施压直至底部，可用上述器具挤压4~5次，以使表面平整，特别是对交叉部和拐角部必须仔细施工。

⑥ 撕掉美纹纸

上述作业结束后，就直接去掉防护胶带。施工时注意不要让美纹纸上的密封胶粘到周围的材料上，同时撕下的废美纹纸必须在当天集中送往指定地点处理。

⑦ 接缝周围清理

填充密封胶及去除美纹纸时，用含有溶剂的纱布迅速清除粘在施工场所的密封胶。

⑧ 密封胶养护

当填充作业全过程结束至完全凝固，不能用手或别的东西触及密封胶表面，同时注意不要落上垃圾、灰尘等物。

⑨ 清扫

清扫时先用浸泡过中性溶剂（5%溶液）的纱布将污物等擦去，然后再用干纱布擦净。清扫灰浆、美纹纸等残留物时，可使用竹铲、合成树脂铲等仔细地刮去。

不可将钢丝刷、钢丝绒、金属铲作为清扫用具使用。另外清扫时如工具上粘有小石子、砂子、金属片等，很容易损伤铝制品，务必小心。酸性、碱性洗剂（如盐、硝酸、卫生瓷瓦清剂、活性大碱等）虽然在清扫时效果较为明显，但过后易引起腐蚀、变色等，所以不要使用。

4. 质量要求

（1）主控项目

① 所用材料质量、规格、品种、外观等符合设计及国家现行规范要求。

② 依据施工图，测量出石材幕墙的标高及分格尺寸，确定石材的安装位置，并在结构上做好标识，拉 $\phi 1mm$ 的钓鱼线，作为石材安装控制线，控制石材的进出、上下位置。

③ 各种螺栓连接要拧紧牢固，相应的平弹垫必须安装齐全。

④ 胶缝注胶要饱满，胶缝要平滑、顺直、无气泡，板缝宽度和厚度符合设计要求和技术标准的规定。

⑤ 进行100％检查，自检合格后报项目部检查，合格后方可进入下道工序。

⑥ 按照编号图进行施工，石材注意成品保护，避免摩擦损伤，影响石材的外观质量。

（2）一般项目

① 石材表面必须平整、洁净，无污染、缺损和裂痕，无明显色差。

② 石材接缝横平竖直、宽窄均匀，板边合缝必须顺直，窗台收口处理美观、边缘整齐。

③ 石材密封胶缝横平竖直、深浅一致、宽窄均匀、光滑顺直。

④ 石材安装的偏差在允许范围。

5. 安全措施

（1）进入现场要戴好安全帽，2m以上高空和临边作业必须系好安全带。

（2）不得带病及酒后作业，有恐高症禁止登高。

（3）尽量避免交叉作业，特殊情况下，必须设置隔离棚或其他防护措施。

（4）工具及材料必须选好位置存放，禁止沿结构边缘堆放工具及材料，避免高空坠落伤人。在施工之前，组织施工现场临时用电的布置，确保安全用电。

（5）现场材料要分类、分规格整齐堆放，并且设置明显标牌。

（6）特殊工种必须持证上岗。

（7）高空作业时，对使用的工具要采取防护措施，如：采用绳索将工具系套在手腕上，防止工具高空坠落伤人。

（8）根据现场实际情况，制定消防制度。

（9）配备消防器材、特殊地方制定专门消防预案。

（10）现场动火，必须经相关部门审批手续并且派专人看管。

（11）坚决执行现场防火"五不走"的规定。

（四）铝板包柱

铝板包柱位于主站房东、西立面及主站房内，共32处，如图4-7-2-318所示。采用铝单板幕墙。主要受力构件采用钢方管，板块竖向和水平方向之间采用耐候密封胶。铝板类型：3mm厚铝单板，钢材表面处理外露钢材采用氟碳喷涂，非外露钢材采用镀锌处理。

（五）不锈钢玻璃栏板

室内设计是建筑设计在室内的延伸，装修风格与建筑风格相呼应，形式上突出现代、简洁特征。为体现新广州站的建筑特色，站房内拦板设计主要为不锈钢玻璃栏板，共13560m^2。

不锈钢玻璃栏板主要受力构件采用不锈钢方管,板块竖向和水平方向之间采用耐候密封胶,典型分格尺寸:2000mm×900mm。玻璃类型:6+1.14PVB+6mm 钢化夹胶玻璃,如图 4-7-2-319 所示。

图 4-7-2-318　铝板包柱

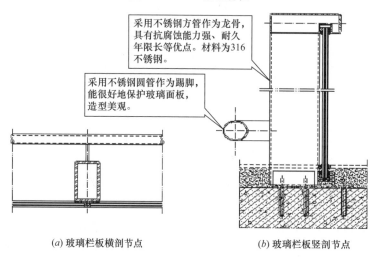

(a) 玻璃栏板横剖节点　　　(b) 玻璃栏板竖剖节点

图 4-7-2-319　玻璃栏板节点

由中国航空港建设集团有限公司广州新客站项目部装修一部及装修二部制造和安装。

1. 施工流程

站房内玻璃栏板施工工艺流程:定位放线→预埋件安装→立柱固定→夹槽安装→安装玻璃→防撞栏杆安装→硅酮胶封闭→清理→保护,如图 4-7-2-320 所示。

(1) 安装下基层夹槽框架

施工现场预埋阶段:配合建设、监理、设计等相关部门对玻璃隔断轴线部位进行定位放线,设定固定轴线基准点及地面装饰表面水平点,同时对每跨度尺寸进行交叉复核,经确认无误后根据图纸立柱水平间距分布预埋件(防锈处理),经核对符合要求后由膨胀螺丝进行固定。经轴线基准点引入玻璃隔断轴线并标识在预埋件上,以确保玻璃夹槽做到横平、竖直,复核后固定于预埋件上并做好防腐、防锈处理工作。

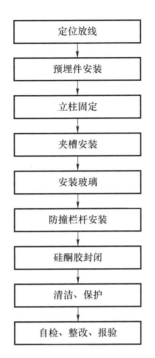

图 4-7-2-320 站房内玻璃栏板施工工艺流程

(2) 不锈钢板防撞杆的安装

防撞杆连接杆采用螺栓和立柱连接。

2. 质量要求

(1) 保证项目

① 玻璃隔墙工程所用材料的品种、规格、性能、图案和颜色符合设计要求。玻璃隔墙必须使用安全玻璃。检验方法：检查产品合格证书、进场验收记录和性能检测报告。

② 玻璃隔墙的安装必须牢固，玻璃隔墙胶垫安装正确。检验方法：观察，手推检查，检查施工记录。

(2) 基本项目

① 玻璃隔墙表面必须色泽一致、平整洁净、清晰美观。检验方法：观察。

② 玻璃隔墙接缝横平竖直，无裂痕、缺损和划痕。检验方法：观察。

③ 玻璃隔墙嵌缝及玻璃砖隔墙勾缝密实平整、均匀顺直、深浅一致。检验方法：观察。

(3) 允许偏差

玻璃栏板安装允许偏差，如表 4-7-2-69 所示。

玻璃栏板安装允许偏差　　　　表 4-7-2-69

序号	项目	允许偏差（mm）	检验方法
1	立面垂直	2	用2m垂直检测尺检查
2	表面平整度	2	用2m垂直检测尺检查
3	阴阳角方正	2	用直角检测尺检查
4	接缝直线度	2	拉5m线，用钢直尺检查
5	接缝高低差	2	用钢直尺和塞尺检查
6	接缝宽度	1	用钢直尺检查

(六）主站房屋面檐口铝板幕墙

主站房屋面檐口铝板幕墙采用铝单板幕墙，如图 4-7-2-321 所示。主要受力构件采用钢方管，板块竖向和水平方向之间采用耐候密封胶。典型分格尺寸：2022mm×1320mm，铝板类型：3mm 厚铝单板，钢材表面处理外露钢材采用氟碳喷涂，非外露钢材采用镀锌处理。

檐口铝板幕墙共 65000m²，由中国航空港建设集团有限公司广州新客站项目部装修一部及装修二部制造和安装。

(七）主站房屋面侧天窗

主站房屋面侧天窗位于主站房中央屋面，如图 4-7-2-322 所示。主要受力构件采用钢方管，板块竖向和水平方向之间采用耐候密封胶。典型分格尺寸：2837mm×1500mm，玻璃类型：10（LOW-E）+12A+8+1.52PVB+8mm 钢化中空夹胶玻璃，钢材表面处理外露钢材采用氟碳喷涂，非外露钢材采用镀锌处理。

图 4-7-2-321　主站房屋面檐口铝板幕墙

图 4-7-2-322　主站房屋面侧天窗

(八）主站房屋面遮阳百叶

主站房屋面遮阳百叶位于主站房屋面南、北侧，如图 4-7-2-323 所示。主要受力构件采用圆钢管，板块竖向和水平方向之间采用耐候密封胶。典型分格尺寸：4000mm×1140mm，百叶类型：1140mm×200mm 铝合金梭形百叶，钢材表面处理外露钢材采用氟碳喷涂，非外露钢材采用镀锌处理。

主站房屋面遮阳百叶，由中国航空港建设集团有限公司广州新客站项目部装修一部及装修二部制造和安装。

(九）室内贵宾候车室幕墙

室内贵宾候车室幕墙位于主站房室内四角大楼，采用框架式铜板幕墙及框架式玻璃幕墙，如图 4-7-2-324 所示。主要受力构件采用钢方管，板块竖向和水平方向之间采用耐候密封胶。典型分格尺寸：铜板：425mm×425mm，玻璃：2000mm×1500mm，面板类型：2mm 厚铜板，8mm 厚钢化玻璃，钢材表面处理外露钢材采用氟碳喷涂，非外露钢材采用镀锌处理。

贵宾候车室幕墙，由中国航空港建设集团有限公司广州新客站项目部装修一部及装修二部制造和安装。

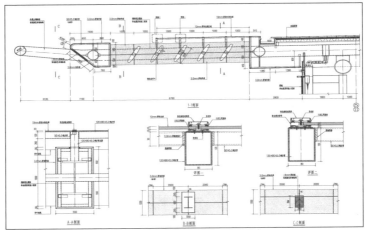

图 4-7-2-323　主站房屋面遮阳百叶

图 4-7-2-324　贵宾候车室幕墙

(十) 12m、21m 层采光天窗

采光天窗位于主站房站台层及高架候车层平面，采用框架式上人采光天窗。主要受力构件采用钢方管，板块竖向和水平方向之间采用耐候密封胶。典型分格尺寸：3000mm×1000mm，玻璃类型：12+2.28SGP+12+1.52SGP+12mm 钢化夹胶玻璃（内片磨砂，外片防滑处理），钢材表面处理外露钢材采用氟碳喷涂，非外露钢材采用镀锌处理。

1. 12m 层采光天窗

12m 采光天窗分上下 2 层（3/4~1/11 轴间为 2 层，其余区域无下部彩釉点驳吊顶），上层采用型钢支撑的隐框玻璃形式，玻璃采用 10+1.14PVB+10mm 钢化夹胶玻璃（外片铯钾防火），如图 4-7-2-325 所示。下层为点驳接形式，玻璃采用 8+1.14PVB+8mm 钢化夹胶彩釉玻璃，如图 4-7-2-326 所示。施工部位主要分布在 1~15 轴交 C~G 轴，标高为 12m，总面积为 15000m²，由北京江河幕墙股份有限公司专业分包制造和安装。

图 4-7-2-325　12m 上层采光天窗

图 4-7-2-326　12m 下层采光天窗

上层天窗施工工艺流程：测量放线→龙骨安装→氟碳喷涂→玻璃安装→玻璃打胶→防水胶皮安装、打胶→镀锌钢板安装、打胶→封边不锈钢板安装、打胶→淋水试验，如图 4-7-2-327 所示。

下层天窗吊顶玻璃安装流程：脚手架搭设→点式连接件安装→氟碳喷涂→玻璃安装、打胶→封边铝板安装、打胶→脚手架、围挡拆除→场地清理，如图 4-7-2-328 所示。

① 天窗钢材用汽车运至现场，在南北面 1 轴、15 轴通道位置作为吊点，使用 25t 吊机分别将钢材吊至 12m 层 1~16 站台南北两端，之后将材料下料切割，人工运至施工部位安装。1~14 站台南北两端作为材料堆放、材料加工场地，材料堆放时，在材料的下方加垫木方，堆放时不准集中码放在一处，防止压裂、损坏地面石材。材料加工区域，必须在地面石材上满铺木板，防止损坏地面石材。

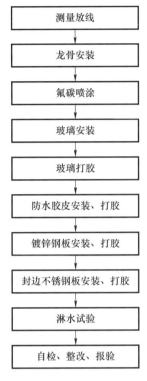

图 4-7-2-327　12m 上层天窗施工工艺流程

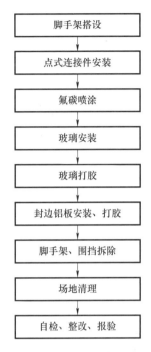

图 4-7-2-328　12m 下层天窗施工工艺流程

② 采光天窗施工顺序：先雨棚区域天窗施工，后站房区域天窗施工，站房天窗施工为先压顶玻璃安装，后下方吊顶玻璃安装，在 8 轴分别往两端进行安装。

③ 针对施工时间短、任务重特点，制定相应、可行的应急材料预案，及时快速解决施工过程中发生的玻璃破碎等问题，在对破碎玻璃统计中，做到当天统计、当天补料，及时与厂家联系材料的到场日期。

2. 21m 层采光天窗

（1）工程概况

21m 高架候车层采光天窗分布在 1～15 轴交 C～G 轴，标高为 21m，总面积为 4500m^2。为钢筋混凝土及钢梁结构、钢龙骨钢架上人天窗。天窗玻璃为：12＋1.14PVB＋12mm＋1.14PVB＋12mm 三层钢化夹胶玻璃，上片玻璃为艳钾防火、防滑玻璃，下片玻璃表面贴有磨砂纸，玻璃之间采用不锈钢包边收口，由北京江河幕墙股份有限公司专业分包制造和安装。如图 4-7-2-329 所示。

（2）施工流程

21m 高架候车层采光天窗施工工艺流程：预埋件清理→测量放线→后置埋板→钢龙骨安装→玻璃安装、固定→不锈钢衬板安装→不锈钢面板安装、打胶→天窗卫生清理，如图 4-7-2-330 所示。

① 采光天窗钢材用汽车运至现场，50t 吊机将钢材吊至 21m 层楼板面，之后将材料下料切割，人工运至施工部位安装。

② 采光天窗的施工顺序：先 F、G 轴 1～4 号天窗安装，后续 5～10 号天窗紧跟土建结构工期进行安装。

图 4-7-2-329　21m 上人天窗

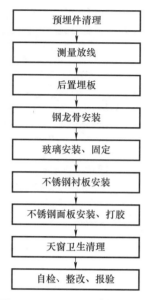

图 4-7-2-330　21m 高架候车层采光天窗施工工艺流程

③ 针对施工时间短、任务重特点，制定相应、可行的应急材料预案，及时快速解决施工过程中发生的玻璃破碎等问题，在对破碎玻璃统计中，做到当天统计、当天补料，及时与厂家联系材料的到场日期，并提前做好材料到场后的施工安排。

3. 施工总体安排

（1）施工人员部署

12m 站台层天窗施工人员投入 180 人，21m 高架层天窗施工人员投入 80 人，共计 260 人。

（2）施工机械设备

投入施工机械设备，如表 4-7-2-70 所示。

施工机械设备　　　　表 4-7-2-70

序号	机械名称	型号	单位	数量	性能
1	经纬仪	TDJ6E	台	4	相对全站仪来说精度较差，水平方向测量-测回方向中误差不大于±6S，用于精度较大的分度垂直检查
2	水平仪	DS3-1	台	4	用于水平测量每公里往返测高差，偶然中误差不大于±3mm/km
3	电焊机	DX-500A	台	18	交流焊机，功率大，可长时期焊接
4	冲击钻	DX1-250A	把	8	用于埋件偏移，打孔补埋用，机械性能好，冲击力大，有标尺，能控制深度
5	对讲机	GP88	台	12	5km 范围内可进行通话
6	3t 链式电动葫芦	G10ASF	套	6	固定吊点后有较大的起重量，移动方便，性能可靠
7	1t 手拉葫芦	PHSE	套	12	比较轻巧，移动方便，用于少量吊重
8	手电钻	2X705	把	30	有倒顺转，配上十字头或套筒能电动紧栓，又能钻孔
9	金属切割机	400RE	台	4	用于切割黑色金属，能提高工效，马达转速四级
10	角向磨光机	42-40	台	8	用于金属打磨表面或较难打磨地方
11	配电箱	HS	个	30	移动电位箱，有安全限位器，防止触电事故
12	气割工具	PD66380	套	6	用于现场的黑色金属的火焰切割加工，性能稳定
13	铆钉枪	301	把	8	力臂长，施工较省力
14	射钉枪	老兵牌	把	4	冲击力大，较高强度等级混凝土，能牢固固定射钉

4. 安全措施

(1) 施工人员施工人员必须持证作业，禁止无证及闲杂人员进入作业面。由专职安全员检查核实，无证不准上岗。特殊工种作业人员必须持有《特殊作业操作证》（如：电工、起重工、电焊工等）。

(2) 进场前必须对施工人员进行三级安全教育，经教育考试合格者才能准许进入施工岗位，并填写三级教育安全卡。

(3) 对现场的吊装设备、机械设备、电气设备和脚手架制定安全技术规程（由项目专职安全员制定），由安全员带队定期检查，并制定完善齐全的安全台账。

(4) 站台层12m天窗施工时，必须将一条安全大绳系于天窗间的结构钢柱上，大绳捆绑要牢固。施工时工人将安全带挂在安全大绳上，防止工人天窗施工时发生坠落事故。

(5) 高架层候车大厅21m天窗玻璃安装玻璃施工时，围闭护栏管架作为安全绳的悬挂点，工人施工时将安全绳挂在围闭护栏管架上，防止工人天窗施工时发生坠落事故。

(6) 天窗的施工区域必须进行围闭、隔离，并悬挂醒目的施工警示标识、张拉警戒线等，并有专人看守，防止旅客等闲杂人员进入施工区域内。

(7) 施工脚手架搭设符合要求，脚手架设工人上下马道，脚手架有预留门洞的，必须设安全防护棚，防护棚上方必须铺设两道木板、竹排等，防止施工坠物掉落伤人。脚手架的外立面满挂安全细目网、悬挂施工警示标识、张拉警戒线等。

(8) 施工人员必须戴好安全帽，并系好安全帽带，高空检查作业时，必须将安全带系于登高车操作台的防护栏上。禁止违章作业。

(9) 工具及材料必须选好位置存放，禁止临结构边沿放置，材料码放要整齐。

(10) 在施工之前，必须对电缆及漏电开关进行检查，要保证连接正确并不漏电。

(11) 作业前严格检查登高车的工作状态，确认机械正常后方可登车施工作业。

(12) 施工现场严禁吸烟、嬉戏打闹以及随地小便。

(13) 施工过程中，必须做到工完场清，责任到人。

(14) 施工过程中必须保护好地面石材，不得损坏。

(15) 打胶过程中必须将胶袋、余胶、美纹胶带等废弃物放入废物收集箱，工完后统一带离现场，禁止将余胶随意涂抹在结构等物体表面，做到工完场清。

5. 质量要求

(1) 所用材料质量、规格、品种、外观等符合设计及国家现行规范要求。

(2) 严格按图施工，水平标高和进出必须符合设计图纸要求。

(3) 龙骨焊缝要符合图纸要求，无夹渣、漏焊现象。

(4) 玻璃安装后，保证表面平整度，相邻玻璃的阶差控制在±2mm。

(5) 各种螺栓连接要拧紧牢固，相应的平弹垫必须安装齐全。

(6) 胶缝注胶要饱满、平滑、顺直，无气泡、无夹渣等现象。

(7) 不锈钢外装饰板安装后，连接要平顺，接差控制在±1mm以内，不锈钢表面无明显的凹凸不平现象。

(8) 各道工序施工之前必须对施工人员进行质量技术交底。

(9) 12m站台层天窗玻璃安装完毕后，必须做淋水试验，检查天窗的安装防水性能。

(十一) 室内观光电梯玻璃幕墙

新广州站共有观光电梯33部，主要类型的标高有 0.000m～26.180m，12.000m～

26.180m，21.000m～31.930m，主要装饰形式为点式玻璃幕墙，主要受力构件采用钢方管，板块竖向和水平方向之间采用耐候密封胶，玻璃类型：19+2.28PVB+19mm 钢化夹胶玻璃，钢材表面处理外露钢材采用氟碳喷涂，非外露钢材采用镀锌处理，如图 4-7-2-331 所示。

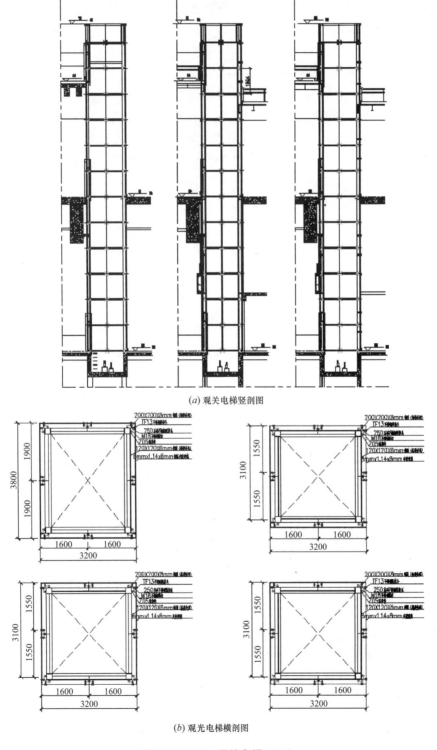

(a) 观关电梯竖剖图

(b) 观光电梯横剖图

图 4-7-2-331 观关电梯（一）

(c) 观光电梯玻璃幕墙

图 4-7-2-331 观光电梯（二）

1. 施工流程

观光电梯玻璃安装施工流程：测量放线→支座焊接→打磨焊缝、刷防锈漆→不锈钢连接接爪件、玻璃安装→调整玻璃平整度与垂直度→玻璃打胶→铝板龙骨安装→铝板安装、打胶→清理，如图 4-7-2-332 所示。

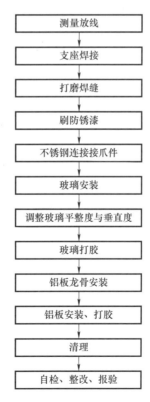

图 4-7-2-332 观光电梯玻璃安装施工工艺流程

2. 施工总体安排

（1）每部观光电梯施工材料分批进场，材料到场后采用25t吊机将玻璃吊到12m层与21m层后，再人工运至施工地点进行安装。

（2）施工机械设备

投入的施工机械设备，如表4-7-2-71所示。

施工机械设备　　　　　　表4-7-2-71

序号	机械名称	型号	单位	数量	性能
1	经纬仪	TDJ6E	台	1	相对全站仪来说精度较差，水平方向测量-测回方向中误差不大于±6S，用于精度较大的分度垂直检查
2	水平仪	DS3-1	台	1	用于水平测量每公里往返测高差，偶然中误差不大于±3mm/km
3	电焊机	DX-500A	台	4	交流焊机，功率大，可长时期焊接
4	冲击钻	DX1-250A	把	3	用于埋件偏移，打孔补埋用，机械性能好，冲击力大，有标尺，能控制深度
5	对讲机	GP88	台	4	5km范围内可进行通话
6	3t链式电动葫芦	G10ASF	套	2	固定吊点后有较大的起重量，移动方便，性能可靠
7	1t手拉葫芦	PHSE	套	3	比较轻巧，移动方便，用于少量吊重
8	手电钻	2X705	把	2	有倒顺转，配上十字头或套筒电动紧栓，又能钻孔
9	金属切割机	400RE	台	2	用于切割黑色金属，能提高工效，马达转速四级
10	角向磨光机	42-40	台	2	用于金属打磨表面或较难打磨地方
11	配电箱	HS	个	5	移动电位箱，有安全限位器，防止触电事故
12	气割工具	PD66380	套	2	用于现场的黑色金属的火焰切割加工，性能稳定
13	射钉枪	老兵牌	把	3	冲击力大，较高强度等级混凝土，能牢固固定射钉

（3）针对施工时间短、任务重等特点，制定相应、可行的应急材料预案，及时快速解决施工过程中发生的玻璃破碎等问题，在对破碎玻璃统计中，做到当天统计、当天补料，及时与厂家联系材料的到场日期。

3. 安全措施

（1）施工人员施工人员必须持证作业，禁止无证及闲杂人员进入作业面。由专职安全员检查核实，无证不准上岗。特殊工种作业人员必须持有《特殊作业操作证》（如：电工、起重工、电焊工等）。

（2）进场前必须对施工人员进行三级安全教育，经教育考试合格者才能准许进入施工岗位，并填写三级教育安全卡。

（3）对现场的吊装设备、机械设备、电气设备和脚手架制定安全技术规程（由项目专职安全员制定），由安全员带队定期检查，并制定完善齐全的安全台账。

（4）电梯玻璃安装时必须佩戴好安全带，防止工人玻璃安装时发生坠落事故。

（5）电梯施工区域必须进行围闭、隔离，并悬挂醒目的施工警示标识、张拉警戒线等，并设有专人看守，防止等闲杂人员进入施工区域内。

（6）施工脚手架搭设要符合要求，必须设安全防护棚，防护棚上方必须铺设两道木板、竹排等，防止施工坠物掉落伤人。脚手架的外立面满挂安全细目网、悬挂施工警示标识、张拉警戒线等。

（7）施工人员必须戴好安全帽，并系好安全带，高空检查作业时，必须将安全带系于防护栏上。禁止违章作业。

（8）工具及材料必须选好位置存放，禁止临结构边沿放置，材料码放要整齐。

(9) 在施工之前，必须对电缆及漏电开关进行检查，要保证连接正确并不漏电。

(10) 施工现场严禁吸烟、嬉戏打闹以及随地小便。

(11) 施工现场电焊区域必须放置灭火器。

(12) 打胶过程中必须将胶袋、余胶、美纹胶带等废弃物放入废物收集箱，工完后统一带离现场，禁止将余胶随意涂抹在结构等物体表面，做到工完场清。

4. 质量控制

(1) 所用材料的质量、规格、品种、外观等符合设计及国家现行规范要求。

(2) 严格按图施工，水平标高和进出必须符合设计图纸要求。

(3) 龙骨焊缝要符合图纸要求，无夹渣、漏焊现象。

(4) 玻璃安装后，保证玻璃的表面平整度，相邻玻璃的阶差控制在＋2mm。

(5) 必须严格按图施工，各种螺栓连接要拧紧牢固，相应的平弹垫必须安装齐全。

(6) 胶缝注胶要饱满、平滑、顺直，无气泡、无夹渣等现象。

(7) 各道工序施工之前必须对施工人员进行质量技术交底。

(十二) 站房内彩釉玻璃墙面

新广州站室内内部功能用房墙全部采用内幕墙设计，由中国航空港建设集团有限公司广州新客站项目部装修一部及装修二部制造和安装，具有以下特点：

1. 标准化、模数化

墙面设计目的是在地面和顶棚间建立起对应的空间联系，因此墙面遵循整体控制模数。实体墙横向、竖向分格与建筑控制格网一致。实体墙面上门洞、设备位置服从格网控制，尽量居中或位于格网一侧。

标准化、模数化将大部分切割加工和组装作业安排在工厂车间完成，最大程度地采用工厂预制现场安装的方式。在保证室内空间的通透、视觉连续、导向清晰以及基本功能和技术要求的前提下，有效加快施工进度和保证施工质量。

2. 可拆卸性

新广州站建成后预计年发送旅客量近期可达到7800万人次，长远规划则为11600万人次。如此高强度运营的公共建筑其维修必须迅速。室内彩釉玻璃墙面易于更换，可以分块单独安装和拆卸，便于机电、空调管道等的检修。

室内彩釉玻璃墙面为内幕墙的一种，具有可拆卸性、清洁、耐久、构件可以工业化生产等特点。

彩釉玻璃的模数为1100×2500，80%按这一规格尺寸订购，为消除施工误差，在安装时以轴线为控制基准，分区控制，局部误差利用玻璃间隙调整，玻璃间隙足以消除局部加工误差。

新广州站出站层出站大厅、高架层候车大厅设计为室内彩釉玻璃墙面。室内彩釉玻璃墙面为6267m^2，室内彩釉玻璃百叶为235m^2。

3. 标准节点

标准节点，如图4-7-2-333所示。

墙身饰面板的支撑结构有两种形式：剪力墙或砖砌体，在剪力墙上可直接用膨胀螺钉固定，而对于砖砌体，则采用通关螺钉进行连接，通关螺钉间隔1.5m。

玻璃采用轻钢龙骨作为骨架，玻璃用结构胶与铝框连接，做成若干个玻璃组件，铝框直接在龙骨上固定。

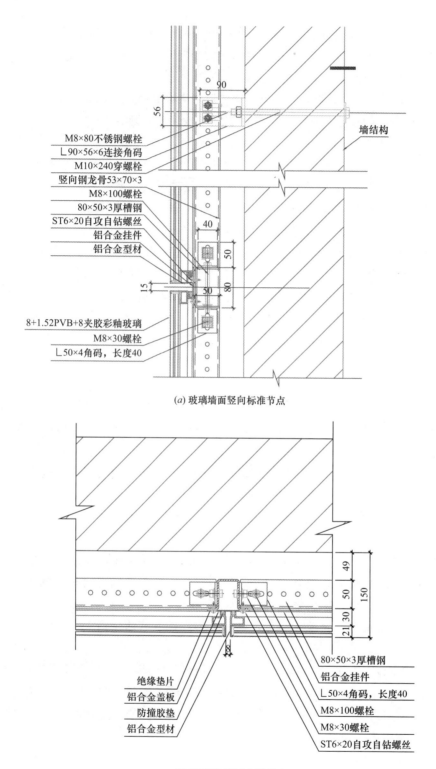

(a) 玻璃墙面竖向标准节点

(b) 玻璃墙面横向标准节点

图 4-7-2-333　标准节点

由于砖砌体上的固定点不能确定，在骨架上预先开孔，对应于合适的位置，直接安装螺钉。

4. 施工流程

站房内彩釉玻璃墙面施工工艺流程，如图 4-7-2-334 所示。

(1) 测量放线

① 建立墙上控制点。

② 建立楼内轴线控制点。

③ 建立水平和垂直视准线以及特殊位置幕墙龙骨的定位放样。

(2) 连接件与立柱安装

采用 15×60M10 后切式锚栓将∟40×50×4 角码固定在地面，再通过 M8×30 螺栓连接立柱，如图 4-7-2-335 所示。

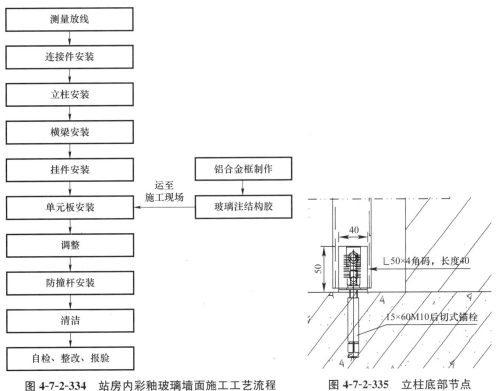

图 4-7-2-334　站房内彩釉玻璃墙面施工工艺流程　　图 4-7-2-335　立柱底部节点

(3) 砌体墙与立柱的连接

∟90×56×6 角码通过 M12×240 穿墙不锈钢螺栓与墙体连接，再通过 M8×30 螺栓连接立柱，如图 4-7-2-336 所示。

(4) 立柱与轻钢龙骨的连接

彩釉玻璃墙上方为 A 级不燃条形木饰面吸音板，与彩釉玻璃墙在同一个立面上，共用同一个骨架。值得一提的是轻钢龙骨墙的顶部采用可伸缩的软性支座，有效适应轨道的震动和变形，如图 4-7-2-337 所示。

(5) 立柱安装

① 立柱是通过固定件和连接钢码与主体结构连接固定。立柱夹在两连接钢码之间，在立柱与连接钢码之间加防腐隔离垫片，立柱之间连接采用铝衬芯连接。

② 连接钢码开有椭圆形孔，因而通过三维调整，可得到立柱的准确定位。

③ 立柱得到准确定位后要进行连接钢码的临时固定（点焊）。

④ 立柱安装后，对照上步工序测量定位线，对三维方向进行初调，安装标高误差<3mm，轴线前后误差<2mm，左右误差<3mm，误差不得积累。

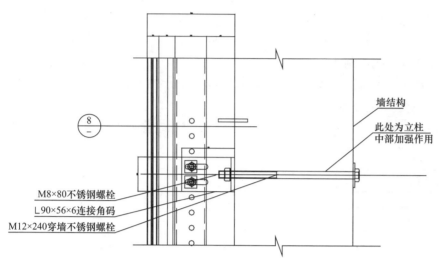

图 4-7-2-336 墙体与立柱的连接节点

⑤ 立柱经全面调整后,连接钢码采用三面围焊即"]"形焊接,将钢码焊接在预埋件上,然后用小锤对焊缝进行敲击检查是否存在虚焊,若存在虚焊,需进行补焊。

(6) 横梁安装

① 横梁按设计要求安装,其接缝要平整并密封涂胶。

② 相邻两根横梁的水平标高偏差不大于1mm。

③ 当整个立面横梁安装完后,对整个框架作总体调整,并对连接件进行焊接固定。

(7) 铝合金挂件安装

经测量放线精确定位后,把铝合金挂件用自攻自钻螺丝固定在横梁上,如图 4-7-2-338 所示。

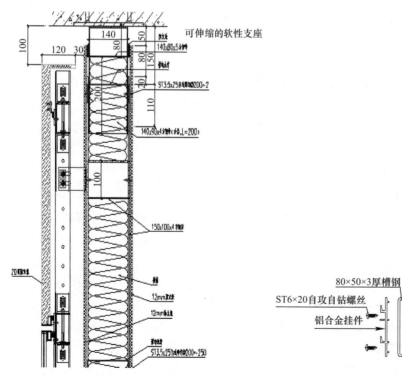

图 4-7-2-337 立柱顶部节点　　图 4-7-2-338 铝合金挂件安装

(8) 玻璃铝合金框制作与注胶
① 清洁净化

A. 注胶前用二甲苯溶剂按照"三块抹布法"进行清洁净化，将待注胶的玻璃及铝框表面的油污、灰尘、水分、指纹等各种污染物彻底清除，以保证结构胶与基材表面达到良好的粘结。

B. 先用第一块抹布擦去基材表面浮尘污物，再将溶剂倒在第二块抹布上（不能直接将抹布浸入溶剂中而污染整瓶溶剂导致净化失效），用它擦拭材料表面，使其润湿而将表面上的污物浸泡起来。

C. 检查抹布是否擦下污渍，如已粘上污渍，马上翻到另一干净面，重复擦拭，直到干净为止。

D. 在溶剂蒸发前再用第三块洁净的抹布用力将材料表面彻底擦拭干净，得到干净的净化表面。

② 组装定位

A. 先往铝框上粘贴双面不干胶垫条，撕去胶条一面的保护纸，按节点图纸设计尺寸要求，将双面胶垫条粘贴在铝框四周表面上。

B. 将玻璃待注胶面（镀膜面）朝上平放，撕去已粘在铝框上的双面胶条的另一面保护纸，再将铝框与玻璃四周对齐摆正粘在玻璃上并压平粘牢，从而完成玻璃与铝框架的组装定位，形成注胶槽口空间。

③ 填缝注胶

A. 基材表面清洗净化后尽快注胶，时间间隔不能超过 1h，要确保注胶前已净化表面不被再次污染。

B. 注胶时仔细操作，确保胶槽内充满粘胶并凸出胶口而隆起时才可移动胶枪，要从胶缝一头向另一头注胶，不能从两头往中间填胶。

④ 刮胶压平

A. 在注胶后 5～10min 内即胶表面凝固前进行，用适当的凹形刮胶工具将隆起的结构胶压实抹平，消除胶缝中的空隙，确保结构胶与基材表面完全接触。

B. 压平工作必须做得整齐干净，一次完成，不能重复。

⑤ 清理胶口

A. 注胶或压平胶时遗留在胶槽口周围多余的胶料，必须及时在其凝固之前用工具刮除，并用沾有溶剂的抹布清洁干净。

B. 如注胶和压平修整时在胶槽口周围粘贴有掩盖胶带，必须在刮胶压平工作完成后立即除去，并做好清洁工作。

⑥ 养护固化

A. 双组分结构胶注胶施工完成后，将单块玻璃装配单元单层架放在专门的格板架等器材上静置养护固化，不得重叠压放在一起。

B. 结构胶固化，必须按照胶种特性要求的固化条件，使其在一定的温度、湿度和通风环境下尽快完成。双组分结构胶一般在 21～25℃，相对湿度 50% 条件下，需 7d 才能完全固化而达到结构胶的粘结强度。实际施工时必须掌握好具体固化时间，在结构胶未完全彻底固化前，不能拆除养护架放玻璃的格板，不得搬动玻璃框架，以免破坏胶接效果。

⑦ 结构胶施工质量检验

A. 注胶前对双组分胶进行蝴蝶试验和小杯试验。

B. 注胶后的外观质量检验：对注胶施工完毕的每块玻璃立即进行目测，认真观察胶缝外观质量，发现有漏填、不饱满等缺陷部位，必须及时修补注胶。

C. 完全固化后的外观质量检测：对完全固化状态的每块玻璃的胶缝，进行外观质量目测和手试按压检验，发现有缺陷处，可用洁净的工具切除不合格部位，再补注新胶。

D. 完全固化后的粘结性能手拉试验：对每批玻璃块抽取三件进行现场手拉试验，以检测真实的净化及注胶操作，结构胶本身内聚性能以及其下基材的相容性和粘结性能，试验通过为批量合格，才可上墙安装。

（a）将胶缝垂直于玻璃面割一横切口至胶层底部，再从该口处没玻璃和铝框两侧割两个50mm长的垂直切口，用手拉住起出的胶带端头向后做大于胶缝方向90°的拉扯。

（b）如胶已完全固化并粘结良好，则向外拉扯胶带很费力，并且是在胶体本身之间撕裂断开，而结构胶与基材表面的粘结并不脱离。

（c）手拉试验如合格，则在检测部位保持原有结构胶的断开，表面洁净不被污染情况下，再直接修补注胶并压实抹平，即可以保证原已固化的胶体与新注胶的粘结强度。

（9）玻璃、玻璃百页单元板块挂装

安装彩釉玻璃单元板块前必须检查铝合金挂件是否连接可靠。其高度和平整度是否符合要求。检查机电等隐蔽工程是否已经完工。

特殊部位的玻璃单元板安装时要按编号准确定位，防止返工。同时，安装过程中要在横缝15mm、竖缝8mm的位置拉控制线，按线施工，调整玻璃铝框装饰单元板的平整度。玻璃单元板块挂装流程为：

① 在立柱和横梁上安装紧压块。

② 由两名安装工人持玻璃吸提起玻璃，将横向玻璃小框挂在横梁上，然后将玻璃小框套入立柱的挂钩内。

③ 调整左右相邻的两块玻璃。

（10）安装防撞杆和不锈钢踢脚线

防撞杆连接杆采用螺栓和立柱连接，如图4-7-2-339所示。安装完防撞杆后，再按照相邻的玻璃单元板块，扣上不锈钢踢脚线。

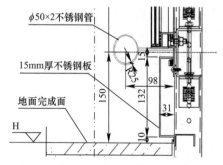

图4-7-2-339 防撞杆和不锈钢踢脚线

（11）清洁

玻璃板装饰工程完后，用棉纱和清洁剂清洁面层的胶迹和污痕。为防止成品损伤，对饰面做必要的保护。

5. 质量要求

（1）玻璃墙面表面必须平整、洁净，整幅玻璃的色泽必须均匀一致，不得有污染和明显刮痕。

（2）玻璃墙表面平整度≤2mm。

（3）相邻板材板角错位≤1mm。

（4）接缝直线度≤3mm（拉线5m），接缝高低差≤2mm。

（十三）站房内铝合金饰面

新广州站采光棚周边、三角桁架设计为铝合金饰面。饰面为3mm单铝板、3mm冲孔单铝板，表面氟碳喷涂。骨架采用100×50×4镀锌钢方通、L50×5及L40×4镀锌角钢。要求钢骨架安装时尽量避开电气、空调等其他专业的管道，铝板要在各个其他配合专业隐蔽验收签字后安装。

铝合金饰面由中国航空港建设集团有限公司广州新客站项目部装修一部及装修二部制造和安装。

铝合金饰面大小构件龙骨均选用镀锌钢材，接口铝压条，螺丝采用不锈钢制品，采用3mm单层铝板，由厂家加工成半成品，现场组合。施工工艺流程：复尺→放线→材料送样确认→排版放样→钢构件安装→铝板安装→安装压条→拆除保护膜、清洗，如图4-7-2-340所示。

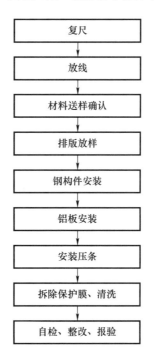

图 4-7-2-340 站房内铝合金饰面施工工艺流程

1. 复尺、放线：

（1）利用精密仪器，如红外线透线仪、铅垂仪等，对钢结构网架、桁梁进行精密复尺。

（2）用水准仪测量各对称部位的水平线及标高点，并校正误差。

（3）对现场进行测量放线放样，将主体结构的投影轮廓投放到地面上，测出不同曲线的标高，做好记录，用纸板或木板按图样制作成模板，做好编号标记，进行试拼，符合设计形体要求后，正式下定购单。

2. 按排版分格依次安装钢构件龙骨，采用焊接方式与桁架连接。

3. 安装铝板：铝板（3mm 氟碳喷涂铝板）安装前必须将尘土和污物擦拭干净，然后对照设计分格图把该位置的铝板肋通过连接组件安装在钢骨架上。在安装过程中，做好产品保护，杜绝因划伤、破裂等原因造成返工。具体步骤如下：

（1）将铝板板块上的尘土和污物擦拭干净。

（2）对照设计分格图，取水平方向按从左到右、垂直方向从下到上施工顺序组织施工安装，把该位置的铝板通过连接组件固定在钢骨架上，调整好"三度"。

（3）在铝板缝之间安装装饰压条。

要保证这样施工顺序的实现，必须与板材供应商达成默契，在板材开始加工前派 1～2 名技术人员到铝板供应公司驻场，同时铝板供应公司也必须安排技术人员到现场负责指挥板材的供应、调度工作，确保工程按期保质保量完成。

4. 周围相关作业施工全部完成后拆除保护膜、清洁。

（十四）主楼大柱、风柱难点解决方案

1. 主楼大柱横截面是梯形截面，而且上、下部横截面为变截面，因此，在施工中要考虑施工的难度和符合施工的技术和质量要求。

2. 在施工前，将在地面按梯形柱侧面放大样，并根据大样图准确计算每根镀锌龙骨和每块铝合金板的实际安装几何尺寸，然后编号，对号安装。放大样的具体做法如下：首先以每排柱位的轴线中心为开线基准，由中心线两边均分，根据柱的完成尺寸，在地面上反映柱面完成线和龙骨线位，检验柱地线后，再以地线为基准测出柱面四角的垂直线

3. 按柱编号，每根柱按现场实际尺寸和铝板分块规格，重新以图表达，反馈给铝板加工厂家（放样加工），从而达到准确度。

4. 施工前，以每排风柱位的轴线中心为开线基准，开出中心十字线，再由十字中线四面均分，从而取得柱面完成线和空调风道保温层完成线。

5. 由于此项目涉及与空调专业的交叉施工，施工前双方技术员就此项工作进行技术性研究。

6. 按常规做法，空调施工单位先做铁皮风道及保温层（含静压箱，防火调节阀），工作完成后再由装修单位做柱面外装饰。

7. 问题重点：以 1 号、2 号、3 号、6 号、7 号、8 号、9 号风柱为例：柱面完成尺寸 1400mm×1400mm，空调静压箱尺寸 1300mm×1300mm，四面离柱面完成线空隙位置，只有 50mm。除去外装饰骨架和外包铝板饰面，实际空隙位只有 10mm 左右，由于内置静压箱的尺寸限制，空调施工要考虑在做风道和保温层施工中柱面四角垂直度和尺寸一定要准确，避免影响外装饰的施工，或出现无法施工的局面。

8. 质量要求

（1）铝板墙面采用背后加强肋设置，保证板面在自然负荷状态下以及受到人的撞击时保持好的平整度。

（2）饰面铝板必须具有足够的强度、刚度和表面平整度。

（3）饰面板的安装必须牢固、平整、拼缝通顺。

（4）墙板安装系统设计必须充分考虑现场施工操作简单，精度易保证，且要考虑将来板受到损坏时方便更换维修。

十三、地面石材铺装

（一）工程概况

新广州站工程地面石材铺装主要类型及数量，详见表 4-7-2-72。

地面石材铺装主要类型及数量　　　　表 4-7-2-72

序号	楼层	位置	类型	规格（mm）	单位	数量	备注
1	21m候车层	候车厅西广厅	623、655灰白麻花岗岩	1000×1000×25	m²	70000	福建
2		东广厅	623、655灰白麻花岗岩	1000×1000×25	m²	1700	福建
3	12m站台层	站台帽	天山红花岗岩	1000×750×50	m²		新疆
4		安全线	白色大理石	750×100×25	m²		
5		盲道砖	瓷砖	375×375×80	m²		明黄色
6		基本站台	海沧白麻花岗岩	750×750×50	m²	10800	福建
7		中间站台	海沧白麻花岗岩	750×750×30	m²	75500	福建
8	地面层	大厅、售票厅	樱花红花岗岩	1000×1000×25	m²	120000	福建
9	东西落客平台	人行道石材地面	花岗岩	1000×500×50	m²	8000	福建
10	东西室外广场	室外广场	花岗岩	1000×500×80	m²	50000	福建
11	停车场	大巴及出租车停车场	花岗岩	1000×500×80、600×300×80	m²	10000	福建

（二）21m 高架候车大厅及西广厅

21m 高架候车层为新广州站旅客进站候车区，人流密集，地面动荷载大，变化频繁。地面设计采用高标准 A 类装饰花岗石材料，石材铺装工程量达 7 万 m²，由中国航空港建设集团有限公司广州新客站项目部装修一部及装修二部铺装。

1. 材料规格及标准

（1）精选 100% 合格率的凤山 G623 光面花岗石材，符合国家建筑材料工业石材质量监督检验测试标准。

（2）设计石材规格：1000mm×1000mm×25mm。

2. 深化设计

超大面积室内地面石材铺装，采用常规的施工工艺和流程将难以消弥累积的石材缝隙误差，从而造成与设计尺寸不一致的问题。新广州站室内地面石材的设计模板为 1000×1000×25，此项工程深化设计模板为施工模式加施工缝隙即（999+1）×（999+1）×25，有效地控制施工误差。

3. 施工方案

对于超大面积地面石材铺装，为确保质量和进度控制到位，必须合理扩大施工作业面，采取分区分段交叉作业、流水施工的实施方案，预留施工通道，每一区段制定严谨可行的样板工序流程表，各工序交接必须经"三检"合格，再进行下一道工序，如有偏差必须在 2 小时之内整改完毕，重新"三检"再实施下一段流水作业。

4. 细部

（1）石材地面分格缝间距为 8m×8m，分格缝用 10mm×10mm 不锈钢线材严密镶缝。

（2）石材地面地墙柱相接处，石材开口切割确保闪线（留出定位划线），使墙柱边细部密缝。

(3) 规定须留缝处采用结构胶密封。防水胶盖缝并严格保护地墙柱成品面清洁，防止施工刮痕。

5. 施工流程

严格执行住建部发布的石材地面施工工艺和施工程序，同时，全面推行"场外加工、现场安装"的环保施工方式，扩大了作业面，施工现场无噪声，无粉尘，无气味，无污染。

地面石材铺装施工工艺流程：基层处理→找平、弹线→试拼→铺设→成品、半成品保护，如图4-7-2-341所示。

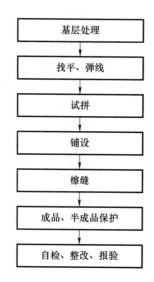

图4-7-2-341 地面石材铺装施工工艺流程

(1) 基层处理

先检查基层平整度和标高，清理地面、高凿低补，直至达到要求。

(2) 找平、弹线

用1:2.5水泥砂浆找平或用C20混凝土找平，有防水要求的如卫生间，需再涂2mm厚防水材料，然后第二次找平，将线弹在立面墙上，或拉线固定。

(3) 试拼

根据标准线确定铺砌顺序，选定位置，按图案、颜色、纹理试拼，试拼成功后按两个方向编号排列，然后按编号码放整齐。

(4) 铺设

用1:2.5比例调配的干硬性水泥砂浆作粘结层，厚度按不同材质确定，虚铺厚度以比标准线高出3～5mm为宜，然后用大杆刮平、拍实，用木抹找平。贴铺石板前，在找平层上均匀散一层干水泥粉，并用刷子蘸水弹一遍，同时将浸过的板材，背面刷水，按顺序铺放，再用木锤（或橡皮锤）敲压挤实，并用水平尺找平。

(5) 擦缝

待石材干硬后，再用白水泥稠浆擦缝填缝，表面用干布或棉纱布擦试干净。

(6) 成品、半成品保护

① 板块要立放、光面相对，板块下面必须支垫木方。

② 施工人员要穿软底鞋，并做到石材随砌随擦干净。

③ 如石材因供货不到位，地面铺砌尚未完成时，为了防止其边缘的石板被碰撞松脱，在边缘石板上加铺一块边料石加以保护。

④ 地面已铺砌好的地方必须临时封闭，并做好铺砌保护。

6. 材料检验

(1) 按照《天然花岗石建筑材料》GB/T 18601、《天然花岗石荒料》JC 204、《天然花岗石建筑板材》JC 205 中的优等品标准和封存的样品，对进场的石材进行二次验收。

(2) 对合格产品因批次供应和施工产生的质差、量差，在场外加工基地对每批进场材料按复试的规定进行二次复检查验。

7. 施工总体安排

(1) 按交叉作业面大小确定人员调配，必须由经过岗前和现场样板培训的持证人员上岗，技术安全交底，执行"三过程管理"（一般、关键、特殊三过程）。

(2) 按工序施工精度和难度合理调配技术工、熟练工，并以现场样板协调、规范施工人员操作行为。

(3) 采用"场外加工、现场安装"的施工方式，80%以上的现场机具在施工场地外加工，现场除少量匀石机外都使用手工工具。

8. 施工和验收标准

(1) 严格按照 ISO 9001 质量保证体系的要求，按石材施工规程施工。

(2) 严格按《建筑装饰装修工程质量验收规范》GB 50210 标准验收。

9. 质量要求

(1) 饰面板的品种、规格、颜色和图案必须符合设计要求。

(2) 饰面板表面必须平整、洁净，色泽协调，无变色、泛碱、污洁和显著的光泽受损处。

(3) 饰面板接缝必须填嵌密实、平直、宽窄均匀、颜色一致。阴阳角处的板搭接方向正确，非整块使用部位适宜。

(4) 材料磨光面平滑，纹理排列要统一，所有外切口要平直，不能崩角崩边，平面不能有裂纹，色泽要均匀。

(5) 铺贴质量牢固稳定、平整。

(6) 质量允许偏差必须符合以下要求：

① 表面平整度≤1mm。

② 接缝平直度≤2mm。

③ 接缝高低≤0.5mm。接缝宽度≤1mm。

10. 质量保证措施

(1) 所有进入现场施工材料除采购验收以外，必须在现场基地经二次复检消除材料批次色差、质差、确保全部石材达标。

(2) 在推行施工安全质量的三过程管理（一般、关键、特殊三过程）中：

① 不同工序交接时严格执行分项分部施工项目检验制度。

② 同一工序的工程创建性地推行下列方法和"三检制度"：

A. 实行样板作业法和首检制度，样板经项目经理部、工程部、业主、监理、设计首检鉴定后才能展开作业面施工。

B. 上、下班组项目交接前，上一班组长严格执行自检，工长监证记录存案。

C. 施工面交接时由总工长组织各工段交接检查,发现问题 2 小时内解决后才能交班。

③ 分区段组织超大面积地面石材施工作业面,设置安全合理的人流、物流通道。

④ 改设计模板为施工模板,实现施工的精细化。

⑤ 严格石材的养护和保护:

A. 严格铺贴板材的成品保护,保持石层清洁,砂浆抗压强度达 1.2MPa 时,方可上人作业。

B. 除用晶硬处理方法对石材保护处理外,每日维护使用 JS(石材专用清洗剂养护),推行"场外加工、现场安装"的施工作业方式,营造环保的作业环境。

11. 安全保证措施

(1) 参与工程的所有人员必须经安全质量专业技术培训,取得资格证书才能进场。

(2) 落实施工机械设备"操作证"制度,"人机固定"制度,"技术保养"制度,"安全使用"制度,"设备检查"制度和"交接班"制度等。

(三) 12m 标高层东广厅石材地面

12m 层是武广高铁通往候车大厅的广厅,上下人员流动频繁,相当于二次候车区。12m 层地面采用正方形高标准 A 类花岗石石材铺设,石材面积 1700m^2,由中国航空港建设集团有限公司广州新客站项目部装修一部及装修二部铺装。

1. 材料规格及标准:

(1) 石材精选凤山 G623 光面花岗石,符合国家建筑材料相关标准。

(2) 工业石材质量检验测试标准,合格率为 100%。

(3) 设计石材规格 1000mm×1000mm×25mm。

2. 施工方案、细部做法、工艺流程、材料检验、施工验收标准、人员和机具的安排、安全质量控制要点及控制措施等与 21m 层地面石材施工同。

(四) 基本站台及中间站台石材地面

高铁站台属于半开敞场地,受大气环境影响,地面石材必须具有一定的耐气候性,承受相应的地面动荷载。基本站台和中间站地面分别采用 A 类海沧白麻火烧面,方形花岗石和 A 类海沧白麻亚光面方形花岗石,石材面积为 7.5 万 m^2,由中国航空港建设集团有限公司广州新客站项目部装修一部及装修二部铺装。

1. 材料规格及标准:

(1) 选用海沧白麻花岗石,符合国家建筑材料工业石材质量监督检验测试标准。

(2) 石材规格分别为 750mm×750mm×50mm 和 750mm×750mm×30mm。

2. 施工方案、细部做法、工艺流程、材料检验、施工验收标准、人员机具安排、安全质量控制措施要点及控制措施等参见 21m 层地面石材施工做法。

(五) 地面层(含疏松通道)及售票厅石材地面

±0.00 地面层为武广高铁旅客出站层及售票厅等公共活动区,人流量集中,人员进出地面使用频繁。地面层采用凤山樱花红优质花岗石,石材铺设面积达 12 万 m^2,由中国航空港建设集团有限公司广州新客站项目部装修一部及装修二部铺装。

1. 材料规格及标准:

(1) 石材精选凤山 G623 光面花岗石,符合国家建筑材料相关标准。

(2) 工业石材质量检验测试标准,合格率为 100%。

(3) 设计石材规格 1000mm×1000mm×25mm。

2. 施工方案、细部做法、工艺流程、材料检验、施工验收标准、人员机具安排、安全质量控制措施要点及控制措施等与 21m 层地面石材施工做法同。

(六) 东西广场石材地面

新广州站两侧东西广场是大型客运站室外集散场地，长期受大气环境影响，石材表面容易受风化侵蚀，石材地面采用高标准 A 类结构花岗石材料，细部设 5~8mm 工字缝，地面石材面积 5 万 m^2，由中国航空港建设集团有限公司广州新客站项目部装修一部及装修二部铺装。

1. 材料规格及标准：

(1) 石材采用长方形凤山 G623 火烧面花岗石料，符合国家建筑材料工业石材质量监督检验测试标准，合格率 100%。

(2) 设计石材规格：1000mm×500mm×80mm。

2. 施工方案、细部做法、工艺流程、材料检验、施工验收标准、人员机具安排、安全质量控制措施要点及控制措施等与 21m 层地面石材施工做法同。

(七) 大巴停车场，出租车停车场及南北人行道石材地面

新广州站为室外机动车营运场地，地面动荷载大，长期显露于大气环境中，受风化影响。地面石材采用 A 类结构用花岗石材料，细部设 5~8mm 工字缝，石材面积 1 万 m^2，由中国航空港建设集团有限公司广州新客站项目部装修一部及装修二部铺装。

1. 材料规格及标准：

(1) 石材选用凤山 G623 火烧面花岗石，符合国家建筑材料工业石材质量监督检验测试标准。

(2) 石材两种规格为 1000mm×500mm×80mm 和 600mm×300mm×80mm。

2. 施工方案、细部做法、工艺流程、材料检验、施工验收标准、人员机具安排、安全质量控制措施要点及控制措施等内容参见 21m 层地面石材施工做法。

(八) 东西落客平台人行道石材地面

东西落客平台，为进站旅客集中通道，选用石材须具有耐气候性。地面采用 A 类长方形花岗石石材，块材铺装细部设 5~8mm 工字缝，地面面积为 8000m^2，由中国航空港建设集团有限公司广州新客站项目部装修一部及装修二部铺装。

1. 材料规格及标准：

(1) 石材选用凤山 G623 火烧面花岗石，符合国家建筑材料工业石材质量监督检验测试标准。

(2) 石材规格尺寸：1000mm×500mm×50mm。

2. 施工方案、细部做法、工艺流程、材料检验、施工验收标准、人员机具安排、安全质量控制措施要点及控制措施等内容参见 21m 层地面石材施工做法。

十四、地下室油漆地面

(一) 工程概况

新广州站-4.15m 层南边地下停车场采用水性聚氨酯地坪，工程量约为 45000m^2，由中国航空港建设集团有限公司广州新客站项目部装修一部及装修二部涂装。

水性聚氨酯地面涂料是以水为载体，由聚氨酯和水泥等无机骨料合成的无溶剂、环保、

能快速施工和投入使用的专业耐磨抗滑地坪材料。因其为水性材料，不受地下水汽和地表水的影响。水性聚氨酯涂料耐磨地坪为三组份（水载体和有颜色基料、固化剂、水泥等骨料）、彩色的聚合物砂浆层技术，适用于单独面层材料。本品具有极佳的耐化学性、耐磨性、耐机械损伤性等耐用性。其优点是无底油系统，优异的施工和易性，提高施工效率；优异的耐磨性能、经济性产品、具有长期耐用性；耐受各种有机、无机酸、碱、胺、盐与溶剂；表面摩擦系数高，汽车轮胎能获得较好的抓附力；与基层粘结强度高；柔韧性好，耐冲击；环保产品，无污点无异味。

材料主要性能如下：
(1) 抗拉强度＞10MPa
(2) 抗折强度＞20MPa
(3) 粘结强度＞1.75MPa（基底破裂）
(4) 硬度/肖氏硬度（80）
(5) 耐冲击性（2.27J/mm）
(6) 耐磨度（－1.57g）
(7) 摩擦系数：钢为0.3，橡胶为0.5
(8) 耐化学性：耐各种酸碱盐

（二）施工流程

油漆地面施工工艺流程：基层处理→找平、弹线→涂料涂装→成品保护，如图4-7-2-342所示。

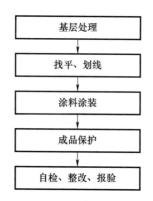

图 4-7-2-342　油漆地面铺装施工工艺流程

1. 基层处理

旧地面脱层部分用铲刀去除，然后打磨、清扫、吸尘，潮湿处需烘干，以确保混凝土表面干净、干燥、平整、完好无损。去除表面所有灰尘、现有漆层、风化物及分泌物、浮浆、模板油、液压油与燃油、制动液、油脂、菌类、霉菌、生物残留物，或可影响良好粘结性的其他污物。采用适当的机械方法进行表面处理，新浇混凝土地面使用机械压光机压光，得到平整、光洁的表面。混凝土基底面的修复、气孔的填充、不规则面的平整等，使用适当的修补砂浆。

2. 找平、划线

用1:2.5水泥砂浆进行找平，在找平层上划线。

3. 涂料涂装

（1）使用限制

当温度低于9℃或高于31℃，最高相对湿度达到85%时，不宜施用本品。不能用于未经强化的水泥砂浆地面、沥青基地、镀膜瓷砖或无孔砖、瓷砖及碳酸镁、铜、铝、软木或尿烷复合物、人造橡胶膜、纤维增强聚酯复合物。当湿度大于10%时，不得在潮湿或新浇筑混凝土或改性聚合物上使用本品。当气温或基底温度介于3℃露点内时，不得在混凝土上施用本品。施用期间保护基底，使其免受管道冷凝或上方泄漏的影响。不得手动混合材料，仅允许使用机械混合。不得在有缝或不牢固的基地表面施用本品。施用期间不得再次搅拌。不得在因湿气产生冷凝及冷冻的表层施用本品。

由于材料是分批生产，无法完全保证颜色一致。因此在使用时，必须注意按批号顺序取用，另外，请勿在同一地面区域使用不同批号产品。

（2）环境要求

需在封闭环境下施工（用彩条布和警示牌围蔽，禁止人车通行），不可交叉施工。地表面含水率小于8%，施工时空气相对湿度不大于85%。施工完毕，24~48小时后可步行、7~10天后完全固化，可正常使用。

（3）细部施工处理

油漆地面施工细部处理，如图4-7-2-343所示。

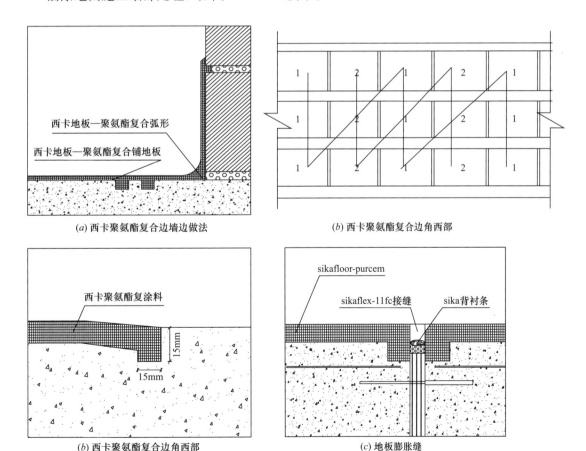

图4-7-2-343 油漆地面施工细部处理（一）

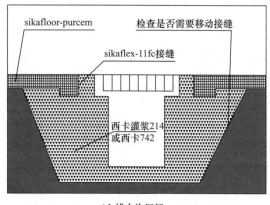
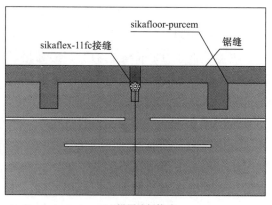

(d) 排水沟细部　　　　　　　　　　　(e) 设置地板接缝

图 4-7-2-343　油漆地面施工细部处理（二）

（4）施工机具

水性聚氨酯地坪施工机具，详见表 4-7-2-73。

施工机具　　　　　　　　　　　　表 4-7-2-73

项目	单位	数量	备注
钻石打磨机	台	4	
吸尘吸水机	台	4	
风干机	台		
搅拌机	台	4	
镘刀、刮刀	把	若干把	
滚筒	个	若干个	

4. 成品保护

施工人员进入施工范围必须穿着平底鞋。涂料涂装完后，面漆通常需要固化 24 小时，在此期间现场必须围蔽，禁止任何人进入施工现场。并防止灰尘、杂物、飞虫等沾在未固化的涂层上。不得持任何硬物在完成面上拖行，不得堆放重物、硬物。防止坚硬尖锐的物品直接摩擦地面。对泼到地面的强腐蚀性的化学品、溶剂和油脂等，必须立刻彻底地清除。地面需定期维护清洁，须加强通风设备及防火措施。工作器具须有固定专用车架安放，严禁带有锐角的金属零件等物件碰撞地面，造成地面涂料损坏。地坪上安装设备等重大物件须用起重机械时，在接触地面的支撑点必须有厚橡皮等软件材料垫妥。地坪上进行电焊等高温作业时，在电焊火花飞溅到的地方必须用石棉布等耐火材料铺垫好，以防烧坏涂料。一旦地坪有损坏，及时使用涂料修补，以免油污通过损坏处渗透到水泥，造成大面积涂料脱落。大面积清洗地面时，不用强化学溶剂（二甲苯、香蕉水等），一般使用洗涤剂、肥皂液、清水等，用清洗机进行。在没有清洗机的情况下，可用锯木粉撒上后再清扫干净。

（三）施工安全措施

1. 严格遵守工地的安全规章制度，进场必须参加安全操作知识教育。
2. 专人检查和定期检查，发现隐患及时采取措施排除。
3. 进入现场必须戴安全帽及胸卡，不准随意从高空乱扔物品。
4. 电线必须由专人架接，机器开关必须加箱加锁，现场电动机械必须装接地线及防漏电开关，电线不能直接拴在金属管架上。

5. 水性聚氨酯耐磨地坪涂料中，成分A：如频繁或长期与皮肤接触，会导致局部皮肤出现短时间皮肤刺激，应避免其进入眼中。成分B：吸入致伤，会对眼睛、呼吸系统及皮肤产生刺激，吸入与皮肤接触会导致过敏。施工时必须带安全手套、护目镜和防护工作服，如不慎入口，请立即就医。

6. 不得在施工时进食、吸烟，不要靠近明火。

（四）质量要求

质量验收按设计文件和《建筑地面工程施工质量验收规范》GB 50209 有关规定执行。

十五、东西落客平台清水混凝土漆涂饰

（一）工程概况

东西落客平台混凝土结构设计为清水混凝土，为修复施工过程中产生的瑕疵，对清水混凝土表面增加一道混凝土漆涂饰，由中国航空港建设集团有限公司广州新客站项目部装修一部及装修二部涂装。

（二）施工流程

清水混凝土漆施工流程：清理基面→瑕疵修复→涂刷渗透型防水底漆→纹理修饰→透明保护→清理场地，如图 4-7-2-344 所示。

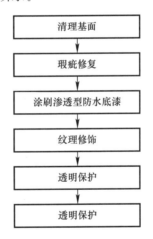

图 4-7-2-344 清水混凝土漆施工工艺流程

1. 基面处理

用刷子将基面上的杂物、土砂、油分、灰尘等除去。当混凝土上残留有脱膜剂时，用溶剂（香蕉水）洗净。如有模板木纹用网丝刷子或打磨去除，如有锈迹需用含草酸清洗剂洗净。基面必须干燥良好，使其含水率10%以下，pH值在10以下。

2. 瑕疵修复

混凝土脱模后，须用修孔器等专业工具及时将螺栓孔洞填实，并修补完整、光滑。

3. 涂刷渗透型防水底漆

清水混凝土保护底漆是一种新型水性浸透型吸水防止型底漆，可以渗透到混凝土基面深层，形成特殊防水结构，产生渗透性吸水防止效果，同时起到封固作用，抑制混凝土基面吸收不均匀，防止出现光泽不均匀而影响美观，使混凝土避免由于暴露在空气中而产生氧化、老化及中性化等不良反应。

(1) 工具：油漆喷枪或滚筒
(2) 材料：清水混凝土保护底漆
(3) 用量：视基面须修补情况而定
(4) 要点：边角要刷到、整体要均匀

4. 清水混凝土纹理修饰

当清水混凝土需要进行整体性修复时，需要混合 ART POWER（无机矿物色粉）和 AC-RLY 60，用专用工具制作清水纹理，使之恢复清水混凝土自然效果。

当清水混凝土需要进行局部性修复时，需混合 ART POWER 和 ACRLY 60 后采用局部修补工艺。

(1) 工具：无泡滚筒，特殊工具
(2) 材料：清水混凝土保护中层
(3) 用量：视基面须修补情况而定
(4) 要点：须根据混凝土大面色进行修补调色

5. 清水混凝土透明保护面漆涂装

采用性能卓越的"水性氟碳透明漆"，能使基面形成微导电层、憎水层、致密层，能有效地防治水泥墙体因紫外线及酸雨的腐蚀而产生破坏，从而长年保护建筑物的外观。

(1) 工具：油漆喷枪或滚筒
(2) 材料：清水混凝土保护氟碳面漆
(3) 要点：边角要刷到、整体要均匀

6. 清理保护

养护期过后进行清理保护。

(三) 效果要求

1. 整体上要求表面平整，阴阳角的棱角整齐平直，对混凝土表面油迹、锈斑、超过 3mm 的裂缝、污染痕迹及超过 4mm 的蜂窝、麻面和孔洞等明显缺陷进行处理，明缝处的明显缺陷做适当修补，禅缝原则上尽量少做修补。在整个修补和调整施工中，色差调整要尽量做得少，尽可能体现混凝土本身的自然颜色、花纹。

2. 螺栓孔眼的修补要达到排列整齐，颜色同墙面基本一致。

3. 所有修补工艺保持混凝土的原貌，无明显处理痕迹。

4. 在透明保护涂料施工前，要对同一立面的混凝土基层处理进行检查，处理未达到要求的须重新处理，然后才能进行涂料施工。

5. 清水混凝土透明保护涂料施工过程中，必须保证涂料全面覆盖清水混凝土，不留遗漏，否则容易引起墙面渗水导致涂膜耐久性下降。

6. 清水混凝土透明保护涂料须达到涂装均匀，涂装后混凝土墙面形成稳定均匀的一定厚度的保护膜，呈现哑光效果。

7. 清水混凝土原有的表面机理效果依稀可见，远观效果近似于刚刚拆膜后的清水效果，雨淋或泼水时墙面不渗水、不发黑，整体上平整、洁净、无明显色差。

8. 中层处理：滚刷着色薄而均匀，无明显接痕、流挂、透底现象。

9. 拍花修饰层：采用专用工具（按样板）的纹理效果拍花套色。充分体现混凝土浇筑的机理效果并用细砂纸打磨光滑。

10. 保护层要求：按照一中一面，涂刷均匀到位，不得有接痕流挂现象。

（四）质量控制

1. 裂缝、空鼓通病防止措施

（1）对建筑结构及使用功能作切实了解，制定预防措施。在易于产生裂缝的表面涂刷高渗透型底漆。

（2）施工前对当日施工柱和梁的含水率进行测试，严格按照产品说明和湿度要求进行施工。

2. 色差通病防治措施

（1）工程原料整批采购，派员驻厂检验材料，进入施工现场进行复检，施工前再次检验，确保色泽一致，杜绝色差。

（2）对原料在施工前均匀搅拌，由专人负责及时将搅拌均匀的材料交给施工人员。

（3）在封底漆施工前，对柱和梁表层进行平整处理。消除钢模、脚手架节点水泥浆块，对蜂窝、孔洞处用抗裂腻子修补平整。

十六、站房消防工程

（一）工程概况

新广州站站房消防工程包括：消防自动报警及联动控制系统、消防水系统（包括消防栓、自动喷淋灭火以及智能水炮系统）、气体灭火系统、防排烟系统、光截面报警系统、视频报警系统、消防疏散指示系统、消防广播系统、防火分隔及防火卷帘系统和漏电火灾报警系统，由广东百安机电消防安装工程有限公司专业分包制造和安装。新广州站站房消防工程具有工程量大、配合面广、技术要求高、施工难度大等特点。

1. 工程特点

（1）项目重要：新广州站是华南地区非常重要的交通枢纽中心，建筑结构新颖，超出一般的民用建筑的概念，消防系统的设置独具一格。

（2）工程量大：整个项目消防系统多而齐全，各专业交叉作业多。

（3）施工现场范围广且复杂，高空作业多。施工安全防护设施要求严格。

（4）消防管线预埋工作量大，且受控于土建施工进度，必须紧密配合。

（5）工期紧：因土建施工滞后，留给消防系统安装的实际时间有限，能全面铺开施工时间只有120天左右。

（6）各系统控制功能多，联动功能复杂，各专业接口多。

2. 工程主要内容和施工范围

（1）消防自动报警及联动系统主要由烟感、温感、各种输入/输出模块、手报、消火栓报警按钮、电话分机、声光报警器、报警主机和电话主机等组成。系统主要用于火灾报警，同时启动相关的联动设备进行联动灭火。系统隐蔽工程施工包括线管的预埋、线缆敷设等工程。在线缆敷设施工时，充分考虑用户以后维修的方便性，在线缆的头尾部都做一个永久的回路标识。所有线缆在接线时都先挂焊锡，以保证连接的可靠性。

（2）消火栓系统主要由消火栓、消火栓加压泵、稳压泵、稳压罐、消防水箱、压力表、水泵接合器和各种阀门以及管道组成。系统主要为火灾发生时为灭火提供水源。系统隐蔽工程施工包括顶棚内的管道和墙体内的管道，以及送风单元的送风管道安装等工程。管道在隐蔽前全部做管道试压和冲洗，埋地的管道还必须做防腐处理，管道试压、冲洗和防腐处理合格后方可隐蔽。

（3）自动喷淋灭火系统主要由喷淋加压泵、稳压泵、稳压罐、喷头、压力表、湿式报警阀、水流指示器、水泵接合器、末端试水装置、信号闸阀和各种其他阀门以及管道组成。系统主要在火灾发生时喷水灭火。

（4）智能水炮系统主要由水炮、水炮加压泵、稳压泵、稳压罐、水炮现场控制箱、水炮控制主机、压力表、水流指示器、水泵接合器、末端试水装置、电磁阀、信号闸阀和各种其他阀门以及管道组成。系统主要为火灾发生时自动对准着火点喷水灭火。

（5）气体灭火系统分管网式气体灭火系统和预置式气体灭火系统，管网式有8个气灭区，预置式有22个气灭区，系统主要由喷头、储气装置、单向阀、安全阀、选择阀及驱动装置、压力信号器、柜式灭火装置、警铃、放气指示灯、声光报警器、手/自动转换器、紧急启动/停止装置、烟感、温感和气体控制盘组成，主要在变配电房、开闭站和信号机房区域的机房发生火灾时喷出六氟丙烷气体灭火。在线缆敷设施工时，充分考虑用户以后维修的方便性，在线缆的头尾部都做一个永久的回路标识。在线缆两头全部采用焊接接驳，保证了系统的可靠性。气体管道在隐蔽前全部做管道试压和吹扫，合格后方可隐蔽。设备安装跟进装修进度施工，其中信号机房区域属于整个车站的指挥中心，需要提前交付电气化局和客服进行指挥系统设备安装。

（6）防排烟系统由排烟风机、排烟补风机、正压送风机、静压箱、消声器、防火阀、多叶排烟口和风口及风管等组成，主要在收到报警联动信号后启动相关防火分区排烟风机进行排烟，启动补风机和正压送风机进行送风，平时停车场区域的排烟风机兼排风功能。系统隐蔽工程施工包括顶棚内的风管安装、风管保温等工程。在风管保温施工前必须进行透光试验，试验合格后方可进行保温。

（7）光截面系统主要由光截面发射器、接收器、防火探测模块、视频切换器、防火并行处理器、信息处理主机、立安控制器和24V电源等组成。系统主要用于探测轨道梁下的火灾探测，同时启动相关的联动设备进行联动灭火。在线缆敷设施工时，所有线缆在接线时都先挂焊锡，以保证连接的可靠性。

（8）视频报警系统主要由可视烟雾探测主机、视频采集卡、视频切换器、摄像机、电源、红外灯、机柜和光端机等组成。系统主要用于火灾时报警，同时启动相关的联动设备进行联动灭火。在线缆敷设施工时，所有线缆在接线时都先挂焊锡，BNC插头全部采用焊接接驳，以保证连接的可靠性。光纤敷设过程中尽量采用分段敷设的方式，避免使用过大的拉力导致光纤变形，光纤敷设完成后在线槽内每50cm进行轻微绑扎，同时将光纤尽量放置在线槽角落或边缘的地方，光纤敷设完毕后做好标识。

（9）智能疏散系统主要由智能安全出口、智能单向指示、智能双向指示、智能三向指示、智能疏散主机、智能疏散控制箱、普通单向指示、普通双向指示、普通安全出口、应急灯和报警器警示灯等组成，系统主要用于火灾报警时，为人群疏散指引方向。所有线缆在接线时都先挂焊锡，以保证连接的可靠性。

（10）消防广播系统主要由广播切换箱、扬声器（消防工程只在停车场区域配置扬声器，其他区域与客服系统共用扬声器）和消防广播主机（含音源、功放等）等组成。系统主要用于火灾报警后指挥人群疏散。所有线缆在接线时都先挂焊锡，以保证连接的可靠性。

（11）防火分隔及防火卷帘系统主要由防火门、防火卷帘（含电动装置）和挡烟垂壁（含电动装置）等组成。系统主要用于火灾发生时，启动相关防火分区的防火分隔设备，用以阻挡火灾的蔓延。系统隐蔽工程施工包括顶棚上挡烟垂壁安装等工程。挡烟垂壁安装在装修吊顶前安装，安装完成后先模拟测试合格。

（12）漏电报警系统主要由漏电探测器（含探测模块和互感器）、总线隔离器、漏电监控主机和漏电监控图形显示系统（含接口卡）等组成。系统主要用于电源短路和过流时报警，同时启动相关的联动设备进行联动。所有线缆在接线时都先挂焊锡，以保证连接的可靠性。

（13）按照施工总体规划及部署，遵循合理分区原则，依据设计图将站房划为九个施工作业区，如图 4-7-2-345 所示。

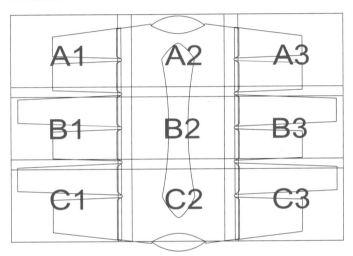

图 4-7-2-345　站房消防工程施工作业区示意

每个区安装的项目均有消防栓系统、自动喷淋系统、火灾自动报警系统、大空间智能型主动喷水灭火系统（即水炮灭火系统）和通风防排烟系统。

站房消防工程主要设备安装工程量，详见表 4-7-2-74。

消防工程主要设备安装工程量　　　表 4-7-2-74

序号	名称	数量	序号	名称	数量	备注
1	各类消防水泵	12 台	16	消防中心主机	32 台	
2	接合器、消防栓箱	857 个	17	电脑工作站	1 套	
3	智能水炮、箱	176 台	18	报警器、电源	356 处	
4	自动喷淋头	34670 个	19	消防模块、箱	8047 个	
5	高位消防水箱	1 个	20	烟感	3370 个	
6	气压罐稳压装置	3 套	21	温感	10577 个	
7	消防水阀、压力表	1437 只	22	光截面、视频探测	1190 处	
8	信号阀、报警阀	55 个	23	手报、按钮	1693	
9	气灭中心装置	172 套	24	消防电话、广播	460 处	
10	气灭柜	91 个	25	漏电感应线圈	1318 个	
11	防火卷帘 7025m²	260 处	26	漏电报警装置	90 处	
12	放气灯	64 只	27	消防警灯、铃	82 处	
13	消声器、静压箱	242 个	28	风口	858 处	
14	排烟阀、防火阀	917 个				
15	排烟风机	191 台				

(二) 施工管理组织架构

根据新广州站站房消防工程质量标准要求高、施工难度大、工期紧等特点，采用部门控制式管理组织模式，实行项目经理负责制，以项目经理为代表，全面履行承包合同，负责本工程的施工管理工作。用动态控制管理等科学的方法，实施质量控制、进度控制、安全控制和成本控制，以求达到最佳效果，确保工程按照预定的目标优质、高速、低耗地全面完成。

站房消防工程施工管理组织架构，如图 4-7-2-346 所示。

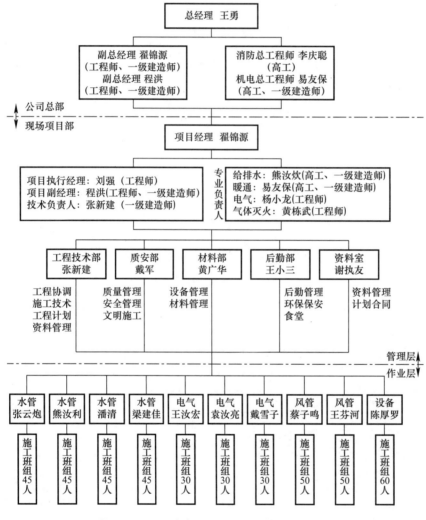

图 4-7-2-346 站房消防工程施工管理组织架构

(三) 施工总体安排

1. 施工人员部署

站房消防工程按要求分两期进行，加上施工工作面大不能全面铺开，以及高空作业和火灾危险性高等特点，专业施工队伍分期分批进场，并根据具体情况随时增减施工人员，人员配置详见表 4-7-2-75。

施工人员配置　　　　　　　　　　　　　　　　表 4-7-2-75

人员类别	人数	备注
管理人员	49	
管工	260	
焊工	48	
电工	120	
油漆工	15	
板金工	30	
钳工	30	
仓管	6	
其他人员	12	
合计	570	

2. 施工机械设备

投入的施工机械设备，详见表 4-7-2-76。

施工机械设备　　　　　　　　　　　　　　　　表 4-7-2-76

序号	设备名称	型号规格	单位	数量	备注
一	消防给水施工机具				
1	交流电焊机	20kVA	台	20	
2	手提电焊机		台	12	
3	电动试压泵	SY-350	台	5	
4	套丝机	DN15-80	台	6	
5	套丝机	DN15-100	台	30	
6	卡箍压槽机	DN32-150	台	15	
7	压力表	0～1.6MPa	个	10	
8	手电钻	$\phi7$	台	9	
9	砂轮切割机	$\phi300\sim400$	台	18	
10	风焊机具		套	24	
11	链钳		把	12	
12	铝合金人字梯	5～13横	把	50	
13	喉闸	3″	台	48	
14	开孔机		台	24	
15	深度尺		把	15	
16	游标卡尺		把	15	
17	液压弯管器	1/2″～4″	台	3	
18	手提磨光机	$\phi100\sim125mm$	台	12	
19	台式钻机	0.5～13mm	台	12	
20	两用钻		台	9	
21	冲击钻	TE42	台	24	
22	空气压缩机		台	3	
23	力矩扳手		套	12	
24	环链手拉葫芦	3t	个	4	
25	水平仪	3t	个	2	
26	卷尺	5m	把	30	
27	汽车	面包车	辆	1	
28	汽车	5t 货车	辆	1	
29	全自动风管生产线		套	2	
二	电气施工机具				
1	套丝机	DN15-80	台	6	
2	手提套丝器	DN15-32	把	24	
3	手提电焊机	3～5kVA	台	12	
4	砂轮切割机	$\phi300\sim400$	台	12	

续表

序号	设备名称	型号规格	单位	数量	备注
5	三脚喉闸	3″	台	24	
6	铁皮剪刀		把	6	
7	手枪钻	φ6	把	12	
8	两用钻		把	12	
9	冲击钻	TE22	把	24	
10	冲击钻	TE42	把	24	
11	接地电阻测试仪		台	6	
12	力矩扳手		套	10	
13	压线钳	1.5~10mm²	把	16	
14	手提磨光机	φ100~125mm²	台	12	
15	喉钳		把	12	
16	报警系统测试工具箱		套	2	
17	对讲机		台	20	
18	手动煨管器	15~32mm	台	60	
19	行灯变压器	380V/12~36V	台	15	
20	钳形电流表		个	4	
21	万用表		个	30	
22	兆欧表	500V	个	5	
23	放线架		台	10	
24	电烙铁	2kW	个	20	
25	电工工具		套	120	
26	铝合金人字梯	5~13横	把	40	
27	钢卷尺	5m	把	60	

3. 材料设备

需要的材料设备，详见表4-7-2-77。

材料设备　　　　　　表4-7-2-77

序号	材料设备名称	规格型号	单位	数量
一	开工前材料设备			
1	镀锌钢管		m	19500
2	电线管		m	50000
3	角铁		t	28
4	卡箍		套	3000
5	卡箍管件		10件	30
二	施工初期材料设备			
1	镀锌钢管		m	38800
2	电线管		m	50000
3	无缝钢管		m	1500
4	角铁		t	30
5	卡箍		套	3000
6	法兰管件		10件	162
7	闸阀		个	42
8	湿式报警阀		个	18
9	水泵接合器		套	40
10	消火栓及栓箱		套	300
11	信号阀		个	58
12	蝶阀		个	24
13	水幕、水喷淋喷头		10个	3490
14	感烟、感温探测器		个	47

续表

序号	材料设备名称	规格型号	单位	数量
15	模块		个	119
16	警笛、警铃、声光报警器		个	194
17	按钮		个	847
18	电线		100m	1500
19	电缆		100m	154
三	施工中期（高峰期）材料设备			
1	镀锌钢管		m	52000
2	电线管		m	200000
3	角铁		m	45
4	扁铁		m	450
5	卡箍		套	4000
6	卡箍管件		10件	52
7	闸阀		个	48
8	湿式报警阀		个	34
9	消防水炮		个	44
10	水泵接合器		套	72
11	消火栓及栓箱		套	530
12	信号阀		个	92
13	蝶阀		个	30
14	气体灭火瓶组		套	39
15	气体喷头		只	168
16	火灾视频探测器		个	76
17	放气指示灯		个	18
18	按钮		个	100
19	电线		100m	2300
20	联动接口箱		台	12
四	施工后期材料设备			
1	感烟、感温探头、模块		个	全部
2	火灾报警控制器		台	全部
3	气体灭火控制器		套	全部
4	联动控制柜		台	全部
五	通风防排烟主要材料设备			
（一）	设备			
	排烟兼排风机	$L=12000\sim48000m^3/h$	台	143
	加压送风机	$L=12000\sim25000m^3/h$	台	56
	送风机	$L=12000\sim153000m^3/h$	台	103
	排风机	$L=550\sim13000m^3/h$	台	82
	排气扇	$L=200\sim400m^3/h$	台	47
（二）	设备安装配件			
	防火软接		m²	671
	防火箱		个	86
	吊架弹簧减振器	$P=100\sim400kg$	个	1248
	设备支架	10号槽钢	kg	102912
	静压箱	2050×800×2000	个	104

续表

序号	材料设备名称	规格型号	单位	数量
（三）	风阀		个	1504
（四）	风口		个	1637
（五）	风管		m²	1126968

4. 施工前准备阶段部署

(1) 做好施工图纸"三审"工作（即自审、复审、会审）。

① 组织施工员审阅、研究施工图纸，熟悉图纸的表达方式、图例及符号，熟悉有关设计说明和要求，了解设计意图。同时做好图纸审阅记录并签名，在审阅图纸过程中也将发现的问题记录下来。即做好图纸"自审"工作。

② 将有关记录送交总工程师，由总工组织工程部进一步"复审"，将复审后的意见和问题整理好，并在建设单位组织会审时提前送交建设和设计单位。

③ 派代表参加"会审"，在会审中听取设计单位解决有关问题的意见。

(2) 参加设计单位或建设单位组织的技术交底，进一步领会设计意图，明确安装要求。项目部在技术交底会完善工程施工组织设计方案后定稿，送监理和建设单位审批后作为施工依据。

(3) 协助建设单位办理消防工程的报建手续。

(4) 根据本工程特点，进行内部技术交底和安全文明施工交底。对新技术、新要求或首次从事的安装项目，在开工前要组织调查，学习和培训。

(5) 组织员工学习有关标准、规定、法律、法规以及建设单位的管理制度和要求，做好上岗培训工作。

(6) 材料部联系好供货商，做好供货商的评审工作，择优选取，备好货源。

(7) 根据现场的实际情况，提出施工面的要求，填写好单位工程开工报告送建设单位批准。

(8) 按照进场机具计划要求调集好进场的必需工具、机具及劳动保护用品。

(9) 按照施工进场人员安排计划的要求，调齐各专业施工技术人员进场。

5. 施工阶段部署

(1) 材料、机具、人员提前介入，进场后做好材料、机具、施工用电、用水等施工准备工作，同时进行搭脚手架工作。

(2) 消防系统施工最大部分都集中在地下车库、地面出站层、高架候车层等消防喷淋管网、及火灾自动报警管线的安装，由于面积大，施工难度大，根据现场情况作如下部署：

① 将整个站房划分为9个施工作业区，参见图4-7-2-345。

进场安装时，每个区依次由下层往上逐层施工（区域分步施工可根据总体施工安排进行调整）。在有条件的情况下，增派人力、物力，安排多个施工区同步进行施工。

② 每个施工区的施工采用平行搭接法和内部流水施工法，平衡工作量。在施工区内从搭脚手架第二天开始，安排四支管道施工队（每队45人），每支队中安排1个小组（每个小组5人）进行放线安装支吊架。安排2个小组（10人）安装主干管。安排1个小组（5人）在屋顶连接支管。安排1组（5人）在地面装配支管。安排2组（10人）进行开料、滚槽、套丝、钻孔工作。安排2组（10人）场内运输。部署三支电气施工队（每队30人），紧跟土建

工程进行管线预埋。通风防排烟部署两支风管施工队（每队50人），一支设备安装施工队（60人）。

(3) 按照整个施工进度规划，消防工程分两阶段进行。

① 第一阶段

重点施工对象为A1、A2、A3、B1、B2、B3区的消防系统，以喷淋灭火系统、火灾自动报警系统、主动喷水灭火系统的安装为主（因布置在其屋顶而又称为屋顶消防设备安装），加上站房消火栓系统的主干管敷设和给水加压泵站内监控中心（不含水泵及其控制柜）的安装。施工面积约30万 m^2。

主要机具投放2台全自动风管生产线（一次成型风管）、10台电动套丝机、15台卡箍滚槽机、30台交流电焊机、18台切割机、18台台式钻机、24台开孔机、40台冲击钻、9台手电钻等，基本上可满足要求。当情况有变时，可根据实际情况随时增减机具。同时，设置专人专职维修保养机具。

材料、设备的采购按材料设备进场计划进行，设专人专项负责，提前选购，及时进场，不允许有停工待料现象。

② 第二阶段

重点施工对象为C1、C2、C3区的消防系统，以喷淋灭火系统、火灾自动报警系统、消防栓管网、大空间智能主动喷水灭火系统的安装为主。

本阶段的施工任务较重，施工面较分散、专业要求高。有利因素是可以齐头并举，同步施工，不利因素是机具、人员过于分散，难于集中管理和调控。

每个区安排4队，每队（20人）分别对C1、C2、C3A区进行消防设施安装。

主要施工机具投放12台电动套丝机、12台卡箍滚槽机、20台交流电焊机、13台切割机、15台台式钻机、20台开孔机、30台冲击钻、8台手电钻等，可满足施工要求。

材料、设备的采购、进场同样按材料设备进场计划进行。

(4) 由于每个区现场人员密集，施工材料多，环境复杂，易燃、易爆物多，故另安排一支小分队，专门负责防护保护工作，安排专人看守现场，负责设置各种宣传、警告标语。

(5) 在各阶段施工过程中，各施工队伍除了完成本身的工作任务外，还必须紧密联系、互相配合、互相支援。

6. 施工收尾、工程调试阶段部署

(1) 各队安排一部分人员进行设备安装，一部分人员对已施工完毕的工作全面检查，清理好现场。

(2) 当全部工程安装完毕后，立即安排专业调试工作。调试完毕待验收期间，安排人员做好工程的防护、防尘、防腐、防损、防盗等工作。

(四) 火灾自动报警系统

执行国标《火灾自动报警系统施工及验收规范》GB 50166和《电气装置安装工程施工及验收规范》，如图4-7-2-347所示。

1. 电线配管施工工艺流程

电线配管主要有镀锌电线管、镀锌钢管。工艺流程：施工准备→支吊架制作→定位→支吊架安装→管路敷设，如图4-7-2-348所示。

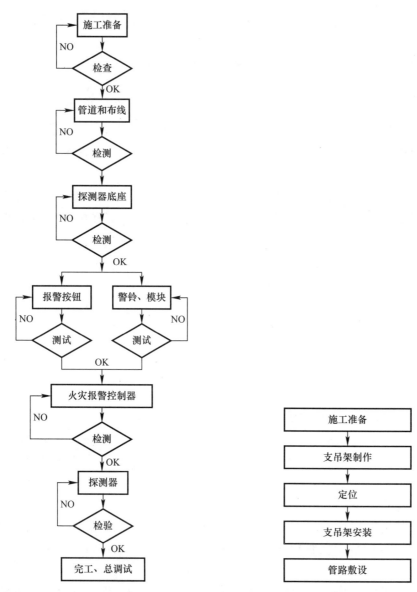

图 4-7-2-347 火灾自动报警系统施工工艺流程　　图 4-7-2-348 电线配管施工工艺流程

2. 施工准备

电线管安装前必须对管道内部进行清理，电线管在量取所需长度切断后用杨氏锉刀将断口锉平刮光。电线管弯头用弯管器制作，管径≤50mm 时，用手柄弯管器制作，管内不需灌沙。管径≥50mm 时，用滑轮弯管器制作，管内必须充实细砂，确保弯管不会出现偏差程度大于管径的 10% 的现象，弯曲半径≥10 倍管径，弯曲管道必须先进行调直后才可以使用。

3. 支吊架制作

在施工前必须按设计要求制作支吊架等金属支持件。支吊架一般采用钢板、角钢制作，下料时用型钢切割机下料，严禁使用电、气焊。钻孔时使用手枪钻或台钻钻孔，不得使用气焊或电焊吹孔。

4. 测量定位

在配管前按设计图纸确定配电设备，各种箱、盒及用电设备的位置，并将其固定牢固。

然后根据横平竖直的原则，顺线路的垂直和水平位置进行弹线定位，并注意与其他管线的位置及最小距离。

5. 支吊架安装

支架安装时先固定两端支架，再拉通线固定中间的支架。吊架安装时先固定好两端吊架，再拉通线固定中间吊架。

6. 管路敷设

(1) 电线管之间的连接采用丝扣连接或套管紧固螺钉连接，不允许采用熔焊连接，管端套丝长度不小于管接头长度的1/2，连接后螺纹外露不得大于2～4扣，螺纹表面光滑无缺损。在管接头两端必须焊跨接接地线。

(2) 电管与接线盒采用螺母连接。先在管子上旋上一个锁紧螺母，然后将盒上的敲落孔打掉，将管子穿入孔内，用手旋内螺母，最后用手扳把盒外螺母旋紧，钢管进入灯头盒、开关盒、接线盒及配电箱时，露出锁紧螺母的丝扣2～3扣，施工大样，如图4-7-2-349所示。

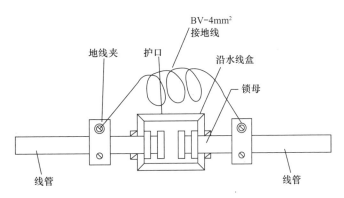

图 4-7-2-349 施工大样示意

(3) 钢管连接，采用丝扣连接，管端套丝长度不小于管接头长度的1/2，管内毛刺及尖锐口要磨掉，在管接头两端必须跨接地线。

(4) 在敷设暗管时，与土建施工密切配合，将管用铁丝固定在底筋上，管口堵上木塞或废纸，开关盒、灯头盒及其他接线盒内填满废纸或木屑，防止水泥及其他杂物进入，在土建浇筑混凝土时，派人值班检查，及时修好移位或松脱的管线，以免留下隐患。

(5) 在明敷电管时，所有明配管必须排列整齐、美观，固定点间距均匀，具体如表4-7-2-78所示。

固定点最大间距　　　　　　　表 4-7-2-78

管径（mm）	15～20	25～32	40～50	≥65
管卡间距（m）	≤1	≤1.5	≤2	≤3.5

(6) 电线管与电气设备之间，使用金属软管过渡，金属软管不得退铰、松散，中间不得有接头，连接处必须密封、可靠。

(7) 潮湿场所和直埋于土层的电线保护管，必须采用厚壁钢管或防液型可挠金属电线保护管。

(8) 直埋于土层内的钢管外壁刷二道防腐沥青。镀锌管接头处防腐处理，如设计有特殊要求时按设计规定进行防腐处理。

(9) 当电线管较长时，中间增设接线盒或过渡箱，且接线盒或过渡箱安放在便于穿线处。

(10) 不同的系统、不同的电压等级、不同的电流类别的导线分别穿不同的独立的线管内。

(11) 明配管敷设前用防火漆涂刷两次，晾干待用，同时采用机械加工的方法加工各种支、吊架等金属构架，并刷防锈漆一遍、红漆一遍，晾干待用。

(12) 根据设计图纸、标准图集规定的敷设方式，按横平竖直的原则顺管路的垂直和水平方向进行弹线定位，按照探测器、模块、按钮等设备的位置确定管路的最佳敷设走向和部位，固定安装。

(13) 明配管的管与管的连接采用丝扣连接，并在接头两端设置跨接线，使用专用的跨接线卡固定，跨接铜芯线截面积不小于 $4.0mm^2$。严禁采用焊接跨接。

(14) 管子入盒（箱）时，外侧套锁母，内侧装护嘴固定。

(15) 明配管经过建筑物变形缝处时，加装过渡盒等补偿措施。

(16) 导线在穿管前，用压缩空气或其他有效办法将管内的积水或杂物清除干净，穿线时一同放入滑石粉。

(17) 导线穿管时，其曳拉铁丝按电线截面积及管径大小选取，避免曳拉过程中断开，导线穿入管时，管口处装设护线套保护导线。

(18) 导线在穿管前，按图纸要求做好标记。穿线前或穿线完毕马上用 500V 摇表测试线间绝缘电阻和对地绝缘强度，其绝缘强度必须符合要求，否则要查明原因进行处理，直至合格，并做好记录。

7. 线槽安装和放线

(1) 镀锌金属线槽安装前刷防火漆两遍，晾干待用。同时按上述方法加工各种规格支架待用。

(2) 线槽安装前检查有无扭曲变形、有无毛刺、内壁是否光滑、连接件是否齐备。

(3) 线槽安装时拉线平直，水平或垂直允许偏差控制在其长度的 2‰。线槽开孔使用专用开孔工具。

(4) 线槽采用无间断连接，跨接线接地或接零采用 $\geqslant 4.0mm^2$ 的铜软线。

(5) 线槽支、吊架的安装采用膨胀螺栓的固定方法。直线每隔 1.0~1.5m 设支（吊）点。在接头处，距接线盒 0.2m 处，走向改变或转角处，均设置支（吊）点。

(6) 在线槽放线前清除槽内所有杂物和积水，同时核验导线的型号、规格、绝缘强度等。

(7) 根据导线的不同用途确定导线的颜色，并且将同一起始点的导线绑扎成束和编号后敷设到金属线槽内，敷设在垂直线槽内的导线每隔 1.0m 距离固定好。

8. 系统组件安装

组件安装前确认各产品型号规格是否符合要求，产品质量合格证书和使用说明书是否齐全，无误后方可进行安装。

(1) 探测器底座牢靠固定，在接线盒上周围 0.5m 以内不得有遮挡物。距空调送风口的距离不小于 1.5m，至多孔送风顶棚口的水平距离不小于 0.5m。

(2) 探测器的确认灯，按面向便于人员观察的主要入口方向安装，安装好的探测器加装防尘外罩作防护，调试完毕时拆除。

(3) 火灾视频探测器为挂墙式安装,用膨胀螺栓固定在墙上或钢构架上,然后调整好角度,对准保护区。

(4) 按钮、警铃用垂线校正安装牢固不倾斜,按钮安装高度为 1.5m,警铃安装高度为 1.8～2.0m。

(5) 接线端子箱安装高度为距地面 1.5m,用垂线或用水平仪校正后用 4 个 ϕ8mm 膨胀螺栓固定在墙上。箱内穿线用扎带成组编扎,有序编号,监测模块和控制模块尽量集中成排安装在端子箱内,并按地址编码表的顺序安装就位并编好码。

9. 报警控制器、联动控制柜等设备

安装前检查其型号、规格是否符合要求,然后用水平仪校正就位,用地脚螺栓固定牢靠。单列布置对盘前操作距离不小于 1.5m,控制器的主电源引入线,直接与消防电源连接,严禁使用电源插头。主电源必须有明显标志。

10. 防爆场所的施工

(1) 所有设备、材料选用防爆型。钢管配线的电气线路做好隔离密封。

(2) 导线采用加厚镀锌钢管作保护,管道连接用密封接头旋入 5 扣以上,并在接口处涂上铅油或磷化膏做防腐处理。

(3) 管道与隔爆型接线盒直接旋入 6 扣以上连接。

(4) 管道穿墙处的孔洞,采用非燃性材料严密封堵。

(5) 管道接地采用两处以上的重复接地。

(6) 管道直线段每隔 1.0～1.5m 用角铁支架固定牢靠,在接头两侧、接线盒两侧 0.2m 处均设置支(吊)点。走向改变或转角处,也设置支(吊)架固定。

(7) 导线穿线方法与上述相同。

11. 系统调试

(1) 由元件到部件、由区机到总机、由单功能到综合功能,按顺序由简单到复杂逐步进行。

(2) 调试前对线路重新试一遍,确认无误时,按顺序逐一进行开通调试。

(3) 先对回路卡、备用电源、功放回路、执行机构、警铃、破玻按钮等元、部件进行测试。

(4) 元、部件测试合格后进行单机空载通电检查,确认正常后接通整个系统全面测试各项功能,如自检功能、消音、复位功能、故障报警功能、火警优先功能、电源自动切换功能、备用电源的欠压和过压报警功能等。

(5) 功能测试:

使用专用加烟或加温试验器对安装的每一只烟感或温感探测器进行模拟加烟(或加温)试验,在 30s 内探测器确认点亮,报警控制器必须能接收到地址位置正确的火警信号,并完成指定联动功能。

使用专用测试钥匙分别插入每个手动报警器进行测试,报警控制器同样能接收到地址位置正确的火警信号,并能完成指定的联动功能才算合格。

12. 总体调试

待其他消防系统和与消防有关的其他专业完工后一并调试。检验和测试各消防系统控制程序有无错误,联动功能、联动信号是否正确,有无漏控。联动设备的反应速度必须在允许的范围内,反应动作必须准确无误。最后,全部项目调试合格后才能报验收。

(五)自动喷淋系统

自动喷水灭火系统施工执行《自动喷水灭火系统施工及验收规范》GB 50261等相关国家规范。

1. 施工工艺流程

自动喷水灭火系统施工工艺流程,如图4-7-2-350所示。

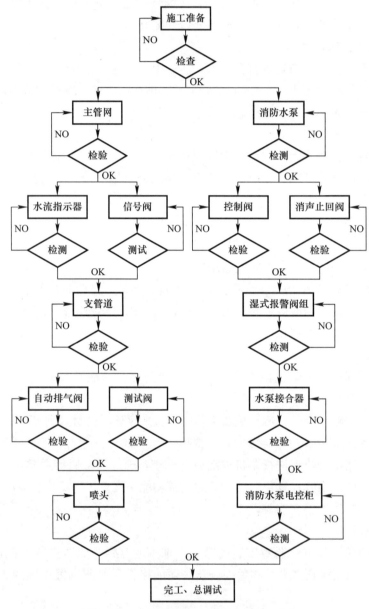

图4-7-2-350 自动喷水灭火系统施工工艺流程

2. 镀锌钢管的安装

(1)钢管全部采用国标镀锌钢管,先按平面图核对其敷设走向,是否与其他专业的管线相矛盾,如果不明确时,请监理工程师会同设计代表现场确认解决方法,变动较大时,必须在接到设计变更通知后方可实施,变更较小时,则可三方在施工图纸上签字认可后施工。

(2)钢管施工在确认后即可下料,安排专人负责采用机械下料,下料好的钢管按不同规格、长度分开有序堆放,做到下料、套丝、堆放连续进行。

(3) 管道小于 DN65 的采用螺纹连接,填料选用聚四氟乙烯生料带与麻根配合使用。管道大于或等于 DN65 的采用沟槽式连接。

(4) 管道套丝分 2~3 次起牙,保证螺纹端正,光滑完整无毛刺,断丝、缺丝长度不超过螺纹总长度的 10%。连接时,在管端螺纹外面顺时针敷上填料后再用聚四氟乙烯生料带包上,用手拧入 2~3 扣,再用管子钳一次装紧。不能倒回,装紧后留有螺尾,管道连接后,将挤到螺纹外面的填料清除掉。

(5) 当管道采用法兰连接时,在焊接后进行内外涂防锈漆一遍、银油两遍做防腐处理。

(6) 管道采用沟槽式连接时,先用滚槽机滚好槽,用游标卡尺和深度尺检查沟槽深度和宽度尺寸,确认符合标准后才连接。然后将卡箍的橡胶密封圈取出,套上需连接的其中一根钢管端部(套时在周边涂上洗洁精或肥皂水作为润滑剂),将另一根钢管靠近,两端稍留一定空隙,再将橡胶密封圈移动到另一根钢管端部,使橡胶密封圈位于接口中间部位,最后在接口位置上用卡箍将其紧固。用木榔头槌紧接头凸缘处,均匀拧紧螺母,用适当的力矩收紧,防止橡胶密封起皱或脱落。

(7) 管道在穿过墙体和楼板时加设套管,套管长度与墙体或楼板相同,空隙处用不燃材料填充。穿越变形缝时,安装金属柔性波纹管进行过渡。水平管网按 2‰~5‰ 的坡度,坡向排水管安装。

3. 支吊架制作安装

(1) 管道采用 U 形管卡固定在吊架中。支、吊架采用角钢或槽钢参照给水排水标准图集中的制作方式制作安装。制作完毕后,其表面进行除锈,再涂防锈漆两遍。

(2) 吊架安装前先按设计图纸要求确定出支、吊架位置及高度,在两端高差点拉一根直线来定位。然后按表 4-7-2-79 选定各支、吊架之间的距离,用螺栓固定在指定的位置上。

(3) 管道支(吊)架之间、与墙(柱)的距离要求,如表 4-7-2-79 所示。

管道支(吊)架之间、与墙(柱)的距离要求　　　表 4-7-2-79

管公称直径(mm)	25	32	40	50	70	80	100	125	150	200	250
距离(m)	3.5	4.0	4.5	5.0	6.0	6.0	6.5	7.0	8.0	9.5	11.0

(4) 管道的公称直径大于或等于 50mm 的,每段配水干管或配水管安装 1~2 个防晃支架作加固,管道改变方向或转角处,同样加装防晃支架加固。

(5) DN≥100mm 的阀门,加装专用支架增固。

4. 阀门安装

消防工程要安装的阀门主要有止回阀、信号阀和各类闸阀。阀门进场后检查各阀门的规格、型号和主要功能均必须符合设计要求。检查阀体内清洁无杂物、无堵塞、无渗漏,转动部位灵活。填料密封完好严密,阀体外观无损伤、无裂缝。各类阀门进场同时进行壳体压力试验和密封试验,阀门的壳体试验压力不得小于公称压力的 1.5 倍,试验时间不得少于 5min,以壳体填料无渗漏为合格。密封试验以公称压力进行,以阀瓣密封面不漏为合格。

止回阀安装时认清规格、型号,按箭头标记顺水流方向安装。

信号阀安装在水流指示器前的管道上,与水流指示器之间的距离保持在 300mm 以上。

信号阀、闸阀安装时要注意手轮必须在利于操作位置,法兰焊缝必须做防腐处理。法兰

连接采用 $\delta=3\sim4mm$ 的石棉垫圈或橡胶垫圈。

5. 喷头安装

(1) 喷头安装前检查喷头的型号、规格及使用场所必须符合设计和规范要求。

(2) 在系统试压、冲洗合格后进行喷头安装，采用专用扳手进行安装。如安装点在易受机械碰伤处时，加装喷头防护罩保护。

(3) 喷头溅水盘高于附近梁底或高于宽度小于 1.2m 的通风管道腹面时，最大垂直距离，如表 4-7-2-80 所示。

喷头测水盘高于梁底、通风管道腹面的最大垂直距离　　　表 4-7-2-80

喷头与梁、通风管道的水平距离（mm）	喷头测水盘高于梁底、通风管道腹面的最大垂直距离（mm）
300～600	25
600～750	75
750～900	75
900～1050	100
1050～1200	150
1200～1350	180
1350～1500	230
1500～1680	280
1680～1830	360

(4) 通风管道宽度大于 1.2m 的，喷头安装在其腹面以下部位。

6. 报警阀组安装

(1) 报警阀进场后检查各阀门的规格、型号均必须符合设计要求。同时进行壳体压力试验和密封试验，阀门的壳体试验压力不得小于公称压力的 1.5 倍，试验时间不得少于 5min，以壳体填料无渗漏为合格。密封试验以公称压力进行，以阀瓣密封面不漏为合格。

(2) 报警阀组安装，如图 4-7-2-351 所示，按顺序先装水泵控制阀、报警阀，然后安装阀组辅件和辅件的管道连接。阀组按设计要求或规范要求，距室内地面高度 1.2m，两侧与墙距离不小于 0.5m，正面与墙的距离大于 1.2m 的位置，顺水流方向安装，正面不允许有任何障碍物。水力警铃距报警阀的高度不能超 5m，长度不大于 20m。

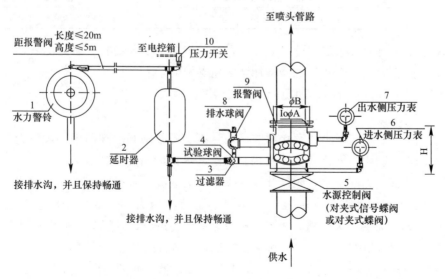

图 4-7-2-351　报警阀组安装

(3) 湿式报警阀、雨淋阀安装前先检查阀瓣的密封状况，有无损伤，转动是否灵活，阀体内外金属部位有无锈蚀、裂缝等缺陷。

(4) 水源控制阀安装好后保持常开状态，挂上明显的开闭状态标志，用链锁可靠锁定。

(5) 在报警阀与管网之间的供水干管上，安装由控制阀、压力表和流量计组成的系统流量压力检测装置，其过水能力与系统过水能力一致，所有仪表要面向操作者，便于观察。

(6) 湿式报警阀前后的管道必须能顺利充满水，压力波动时水力警铃不得发生误报警。报警水流通路上的过滤器必须安装在延迟器前。

(7) 压力开关竖直安装在通向水力警铃的管道上。水力警铃安装固定好本体后，用手转动转轮，无卡滞现象后再安装铃盖。

7. 其他组件安装

(1) 在管道试压冲洗合格后进行安装水流指示器，竖直安装在水平管道上侧，其动作方向和水流方向要一致，安装后的水流指示器浆片、膜片必须动作灵活，不允许与管壁发生碰擦。

(2) 消防水泵接合器在管网试压冲洗合格后进行安装，安装前检查水泵接合器的规格、型号和主要功能均必须符合设计要求，然后按接口、本体及连接管、止回阀、安全阀的顺序组装，组装后进行单向通水检测，保证止回阀的方向为水流从水泵接合器进入管网系统，最后加置一个易于辨别的标志。

(3) 自动排气阀进场后必须进行壳体压力试验和密封试验，抽检10%但不得少于1个，当不合格时，加倍抽查，仍不合格时，该批阀门全部检查。阀门的壳体试验压力不得小于公称压力的1.5倍，试验时间不得少于5min，以壳体填料无渗漏为合格。密封试验以公称压力进行，以阀瓣密封面不漏为合格。排气阀安装必须在系统管网试压、冲洗合格后进行，用直通连接在配水干管顶部或配水支管的末端，且必须确保无渗漏。

(4) 倒角扩口型减压孔板安装在栓前直管段上，方向不能相反，用法兰将其加固。

(5) 末端试水装置安装在系统管网末端或分区管网末端。

8. 加压水泵组安装

(1) 施工流程

站房消防工程选用的水泵为整体式水泵，整体安装，施工流程，如图4-7-2-352所示。

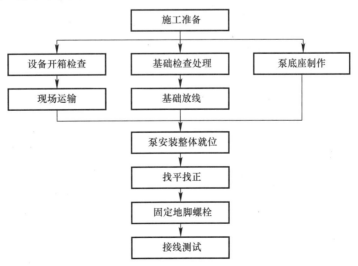

图 4-7-2-352 加压水泵安装施工工艺流程

(2) 水泵运输

水泵通过地下室车道出入口运入地下室，再使用手动叉车水平运输至设备安装位置。

(3) 基础检查放线

按照设计图纸放出纵横向安装基准线。由基础的几何尺寸定出基础中心线，核对安装基准线与基础中心线的偏差，确定最后的安装基准线。若安装基准线与基础中心线的偏差很少，则按基础中心线作安装基准线安装。若偏差较大，则修改设备基础以达到安装基准线要求。

安装基准线确定后，定出设备底座和减震装置的位置。

(4) 水泵安装

将水泵放于基础上，然后整体就位，用三脚架将设备抬起，安装橡胶减震垫，将设备放下，置于减振垫上，调整弹簧支座来调整泵的水平度。

水泵安装允许偏差：与建筑轴线距离为±20mm，与设备平面位置为±10mm。标高：+20mm，-10mm。

9. 喷淋管道试压冲洗

(1) 喷淋管网最庞大，位置多，接口多。为确保百分百成功，根据现场实际情况进行强度和严密性度试验。首先进行强度试验，试验压力为1.6MPa，先向管网注水，同时将最高处放气阀打开把管网内的空气排净后关闭，注水灌满后立即检查各管接头有无漏水。无漏水后开动试压泵向管段加压，当达到工作压力时，暂停片刻，再逐一进行检查，没问题后继续缓慢升压到试验压力，稳压30min，作最后的检查，目测管网无泄漏、无变形，且压力降不大于0.05MPa为初步合格。初步合格后随即进行严密性试验，将管网缓慢放水，把压力降至设计工作压力1.2MPa，稳压24h，无泄漏才判定全部合格，各方代表确认签证。

(2) 试验合格后，渐渐放水降压，防止突然猛降，然后进行管网冲洗。

管网水冲洗流量，具体如表4-7-2-81所示。

管网水冲洗流量　　　　　表4-7-2-81

管径 DN(mm)	300	250	200	150	125	100	80	65	50	40
Q(L/s)	220	154	98	58	38	25	15	10	6	4

(3) 水冲洗时的水流方向必须与火灾时系统运行的水流方向一致，连续冲洗，直至出口处的水色、透明度与入口处的目测基本一致为合格。

10. 系统管道刷漆防腐及涂色标注

(1) 埋地的管段刷冷底子油两道，热沥青两道，总厚度不大于3mm，管道防腐时必须在安装前进行除锈，面漆和色环按照设计图纸的要求进行。

(2) 管道刷油漆及色环刷油漆必须做到油漆涂刷均匀，不流挂。

(3) 水流指示器、水泵接合器、减压阀和止回阀必须涂上水流方向的永久性标志。

(六) 消火栓系统

消火栓系统施工执行《自动喷水灭火系统施工及验收规范》GB 50261等相关国家规范。

(1) 工艺流程：

消火栓系统安装工艺流程，如图4-7-2-353所示。

(2) 消火栓系统施工的镀锌钢管的安装、支吊架制作安装、阀门安装、加压水泵安装等施工方法和注意事项，与自动喷水灭火系统所述的内容一致，不再复述。

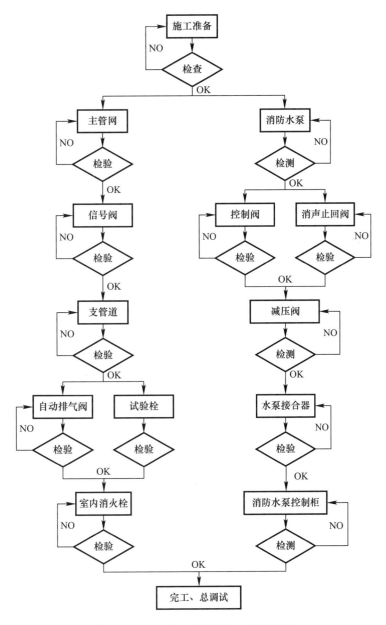

图 4-7-2-353 消火栓系统施工工艺流程

(3) 室内消火栓箱安装：

① 标准消火栓箱，用水平仪校正就位，用角铁支架固定在墙上。栓口中心线距地面高度为 1.1m。

② 带灭火器箱的组合式消防箱同样用水平仪校正就位，收紧地脚螺栓固定好。然后检查卷盘转动情况，门开启是否转动灵活。

③ 消火栓箱在安装时，要注意门的开启方向。

(4) 消火栓试压冲洗：

室内消火栓管道强度试验压力为 0.98MPa，测试点选择在最不利点，灌水时将最高处放气阀打开排气，灌满水后关闭停放 12h 检查各接头及消火栓口有无漏水。无漏水后开动试压泵向管段加压，当达到工作压力时，暂停片刻，再次进行检查，没问题后继续缓慢升压至试验压力，稳压 30min 后作最后检查，目测管网无泄漏无变形，且压力降水不大于 0.05MPa 为合格，各方代表确认后填表签证。试验合格签认后，泄压、放水步骤和管网冲洗方法步骤与上述相同。

(5) 敷设电线电缆的工艺和要求，与火灾自动报警系统所述相同，本处略。

(七) 主动喷水系统（水炮）

水炮系统施工执行《自动喷水灭火系统施工及验收规范》GB 50261 等相关国家规范。

(1) 工艺流程：

消防水炮系统安装工艺流程，如图 4-7-2-354 所示。

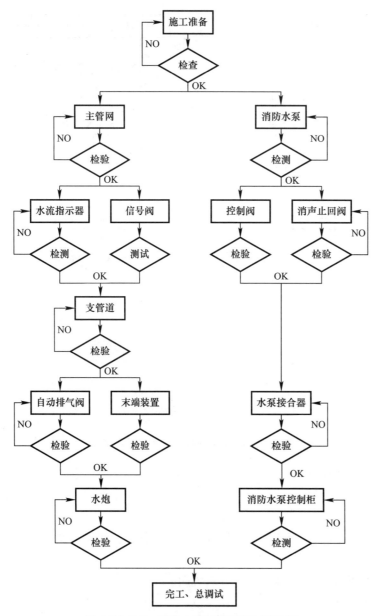

图 4-7-2-354 消防水炮系统安装工艺流程

(2) 水炮系统施工的镀锌钢管的安装、支吊架制作安装、阀门安装、加压水泵、各组件安装、管道试压冲洗等施工方法和注意事项，与本章 7.2 节所述内容一致，不再复述。

(3) 电控炮的安装必须符合以下要求：

① 电控炮底座必须牢固可靠，满足炮体喷水时重力要求。

② 电控炮保护范围内，不得有遮挡物。

③ 电控炮保护范围内任一点发生火灾，必须保证一台或一台以上的炮体对准火灾点，保护范围内不得有火灾盲点。

④ 电控炮宜水平安装，当必须倾斜安装时，要保证炮体转动自由度，不可出现机械卡死现象，以防损坏炮体。

⑤ 炮体上红外摄像头必须与炮体轴线平行，不可交叉倾斜，防止图像与炮口水流偏移过大。

(4) 火灾探测摄像机的底座必须固定牢靠，其导线连接必须可靠压接或焊接。当采用焊接时，不得使用带腐蚀性的助焊剂。

(5) 火灾探测摄像机的电源"＋"线为红色，"－"线为黑色，视频线采用监控系统视频线缆并符合相关国家标准，其余线根据不同用途采用其他颜色区分。但同一工程中相同用途的导线颜色必须一致。

(6) 火灾探测摄像机底座的外接导线，必须留有不小于15cm的余量，入端处有明显标志。火灾探测摄像机的穿线孔宜封堵，安装完毕后的探测器底座必须采取保护措施。

(7) 火灾探测摄像机图像保护范围必须是均匀布置，使整个保护区没有盲点。

(8) 火灾探测摄像机在调试前方可安装，在安装前必须妥善保管，并采取防尘、防潮、防腐蚀措施。

(9) 现场手动操作盘，必须安装在墙上距地（楼）面高度1.5m处。安装牢固可靠，并不得倾斜。

(八) 气体灭火系统

气体灭火系统工程施工执行国家标准《气体灭火系统施工及验收规范》GB 50263 和《工业金属管道工程施工及验收规范》GB 50184。

1. 工艺流程

气体灭火系统的安装工艺流程，如图4-7-2-355所示。

2. 系统管网安装

(1) 系统管网采用镀锌高压钢管，管件（包括三通、弯头、变径管）采用不锈钢材料定制，管道连接采用丝扣连接。

(2) 当管道采用法兰连接时，在焊接后进行内外镀锌处理。并对被焊接而损坏的镀锌层做防腐处理。

(3) 系统管道穿墙壁时，安装套管，套管长度与墙厚相等，间隙采用柔性不燃材料填塞。

(4) 系统三通管接头的分流出口水平安装。

(5) 管道末端喷嘴处采用支架固定，支架与喷嘴间的管道长度为500mm。

(6) 对于公称直径大于或等于50mm的主干管道，垂直方向和水平方向各安装一个防晃支架，当水平管道改变方向时，加设一个防晃支架。

(7) 系统管道支、吊架设置时的最大间距，具体如表4-7-2-82所示。

(8) 系统管道外表涂深红色油漆作消防标志。

3. 系统管网的吹扫、试压

(1) 在系统管网试压前，进行吹扫，吹扫采用压缩空气或氮气。吹扫时，管道末端的气体流速不小于 20m/s，采用白布检查，直至无铁锈、尘土、水渍及其他脏物出现为合格。

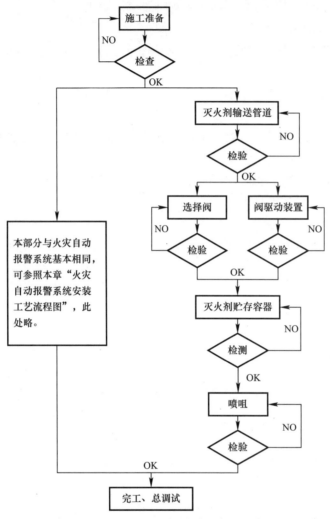

图 4-7-2-355　气体灭火系统的安装工艺流程

系统管道支、吊架最大间距 (m)　　　　　　　　表 4-7-2-82

管道公称直径（mm）	20	25	32	40	50	65	80	100
最大间距（m）	1.8	2.1	2.4	2.7	3.4	3.5	3.7	4.3

（2）吹扫合格后进行气压强度试验，本工程采用高压氮气作试验介质，试验压力为 5MPa，在此压力下保压 5min，用涂刷肥皂水检查管道各连接处，无气泡产生为合格。

（3）在气压强度试验合格后马上进行气密性试验，将试验压力调降至 4.2MPa，保压 3min，管道内压力降不得超过试验压力的 10%，且用肥皂水检查各连接处，无气泡产生为合格。

4. 选择阀、阀驱动装置安装

（1）阀门进场后检查阀门的规格、型号符合设计要求。填料密封完好严密，阀体外观无损伤、无裂缝。阀门安装前进行壳体压力试验和密封试验，阀门的壳体试验压力不得小于公称压力的 1.5 倍，试验时间不得少于 5min，以壳体填料无渗漏为合格。密封试验以公称压力进行，以阀瓣密封面不漏为合格。

（2）选择阀的操作手柄安装在操作面一侧，当安装高度超过 1.7m 时加装辅助手柄或其他便于操作的措施。在选择阀上设置标明防护区名称或编号的永久性标志牌，并将标志牌固定在操作手柄附近。

（3）电磁阀驱动装置在安装前必须进行检查并符合如下规定：通电检查电磁铁芯的行程必须满足系统启动要求，且动作灵活无卡阻现象。电磁驱动装置的电气连接线沿固定灭火剂贮存容器的支、框架或墙面固定。

（4）气动驱动装置的单向阀芯必须启闭灵活，无卡阻现象。气动驱动装置的支、框架用地脚螺栓固定牢靠，且做好防腐处理。驱动气瓶正面要标明驱动介质的名称和对应防护区名称的编号。

5．灭火剂贮存器及系统组件安装

（1）贮存容器的操作面距离或操作面之间的距离控制在 1m 以上。

（2）贮存容器的压力表要朝向操作面，方向高度要一致。

（3）贮存容器正面标明设计规定的灭火剂名称和贮存容器的容量。

（4）集流管由厂家定制并做内外镀锌防腐处理，在安装前清洗好内腔并封闭进出口才施工。集流管上的泄压装置的泄压口方向不得朝向操作面。

6．喷嘴安装

（1）喷嘴安装时必须逐个核对其型号、规格和喷孔大小，检查有无碰撞变形及其他机械性损伤和喷孔有无堵塞。

（2）喷嘴安装采用力矩扳手紧固。

7．系统调试

气体灭火系统施工完成后进行系统调试，调试前编制具体的调试方案，并经业主、设计及监理审批后进行。

气体灭火系统调试主要包括：模拟喷气实验、控制系统调试。

（1）调试准备

① 审阅施工图纸，熟悉气体灭火设备供货商提供的有关技术资料。

② 检查管道安装质量，并核对管道连接及走向的准确性和可靠性。

③ 与气体灭火设备供货商积极配合，做好配合调试工作。

（2）调试原则

① 调试负责人必须由有资格的专业技术人员担任，所有参加调试人员必须职责明确。

② 系统调试的项目及要求按国家标准《火灾自动报警系统施工及验收规范》和《气体灭火系统施工及验收规范》的要求进行。

（3）调试要求

① 模拟喷气试验

气源采用 2.5MPa 的氮气瓶两个，试验气体能进入设定防护区，并从该区的各喷嘴喷出，相关控制阀门工作正常，相关声光、报警信号正确，气体灭火系统设备、管道无明显晃动，无机械性损伤。

② 控制系统调试

将一次火警模拟信号给到火灾报警主机，火灾报警主机收到报警信号后，首先进行预警准备，再将二次火警模拟信号给到火灾报警主机，火灾报警主机收到二次报警信号后，经过延时输出联动控制信号启动电磁阀，同时发出声光报警。

（4）系统调试完毕后，及时做好系统调试记录和系统联动试验记录，并经业主、设计和监理签字认可。

（九）通风防排烟系统

镀锌钢板风管采用现场集中加工，再运至各层进行安装。

1. 工艺流程

镀锌钢板风管施工工艺流程，如图 4-7-2-356 所示。

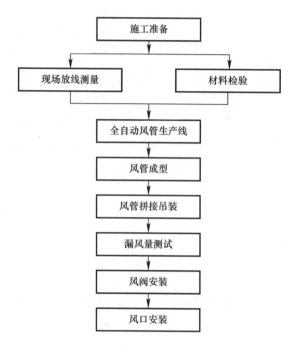

图 4-7-2-356　镀锌钢板风管施工工艺流程

2. 全自动风管生产线

风管生产线包括料架、调平、压筋、冲口冲角、液压折边、液压剪板、升降辘骨机、双联法兰机、液压折边机和控制系统。采用直线型生产，占地面积少，工作效率高。如图 4-7-2-357 所示。

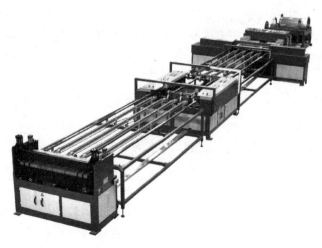

图 4-7-2-357　全自动风管生产线

3. 镀锌钢板风管制作

经检验合格后的镀锌钢板,按表 4-7-2-83 的要求,对不同规格的风管采用不同厚度的板材。在熟悉风管的尺寸和布局的基础上,由风管生产线开料,保证风管的外观尺寸及管道的规范化。

矩形风管板材厚度(mm) 表 4-7-2-83

矩形风管大边长 b	通风空调	排烟	矩形风管大边长 b	通风空调	排烟
$b\leqslant320$	0.5	0.75	$1000<b\leqslant1250$	1.0	1.0
$320<b\leqslant450$	0.6	0.75	$1250<b\leqslant2000$	1.0	1.2
$450<b\leqslant630$	0.6	0.75	$2000<b\leqslant4000$	1.2	1.6
$630<b\leqslant1000$	0.75	1.0			

4. 镀锌钢板自带法兰风管

无法兰连接风管段面尺寸误差严格按 GB 50243 的要求,并在组装完后填封密封胶。

5. 镀锌钢板风管安装

(1) 支吊架制作安装

根据规范的要求,对不同规格的风管采用不同大小的支吊架。吊杆的长度根据风管的尺寸和安装高度,以及楼层梁的高度来下料加工。吊杆的吊码用角钢加工,吊杆的末端螺纹丝牙要满足调节风管标高的要求,吊杆的顶部与角钢码焊接固定,吊杆刷防锈漆和面漆各两遍。

吊杆制作好后,根据风管的布置方位进行安装,用膨胀螺栓将吊杆固定在楼板或梁上。风管的吊架间距按施工及验收规范要求,不同规格的风管分别设置,风管水平安装时,当最大边长 $B<400$mm,吊架的间距不超过 4m;当最大边长 $B\geqslant400$mm,吊架的间距不超过 3m。吊架安装时必须避开测量口、调节阀及防火阀的操作手柄等,以免影响阀门的操作。防火阀必须单独设置支吊架。

(2) 风管吊装

风管安装前,做好组装件的清洁工作,根据风管各系统的分布,按照制作好的风管编号进行排列、组合,8~10m 为一段,核对风管尺寸、轴线位置符合要求后,方可吊装。法兰连接风管,法兰与法兰之间选用防火垫料。

吊装用手/电动葫芦,注意吊装时风管的平衡升降,以防侧滑或倾倒。风管用角钢横担固定于支吊架上。风管吊装后,可用拉线检查整段风管的标高,调整吊杆螺丝进行水平度调整。

风管上的防火调节阀如果安装在间墙上,需用普通薄钢板或镀锌钢板 $\delta=1.2$mm 制作保护罩保护调节手柄部位。如果不是安装在间墙上,则过墙处用 $\delta=1.2$mm 以上的薄钢板或镀锌钢板制作短管与风管连接。防火阀安装前先检查其外观、加工质量及动作的灵敏性、可靠性等,安装位置按施工图要求的位置,安装方向与气流一致。防火阀要用固定支架。

风管安装好后,检查风管的安装高度、水平、垂直度是否符合要求,支架是否垂直,支架间距是否符合要求。

6. 风管的漏风量测试

风管的严密程度是反映安装质量的一个重要指标,经测试合格的风管系统,可保证使用功能,节省能源。风管漏风量测试采用漏光法,它是运用光线对小孔的强穿透性,对系统风管严密性进行检测的一种方法。检测在晚上进行,保证四周环境较暗,将 100W 带保护罩的低压 24V 照明灯置于风管内侧或外侧,沿检测部位与接缝缓慢移动,在另一侧进行观察,当发现有光线射出,则为明显漏风部位,并做好记录。

本工程空调通风系统都属于低压系统。低压系统（工作压力≤500Pa 为低压系统）抽查 5%，每 10m 接缝漏光点不得多于 2 处，且 100m 接缝平均不多于 16 处。

7. 风口安装

风口安装必须配合装饰天花进行，在装修龙骨调平后，进行风口安装，要求风口的装饰面与天花面平。风口与风管连接要严密，风口布置根据设计图纸，尽量成行成列，风口外观平直美观，与装饰面紧贴，表面无凹凸和翘角。

明装风口要求统一整齐，间距一致，标高相同。

8. 风机安装

（1）风机安装工艺流程：基础验收→设备开箱检查→搬运→安装→找平找正→试运转，如图 4-7-2-358 所示。

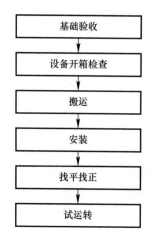

图 4-7-2-358　风机安装工艺流程

（2）风机设备安装就位前，按设计图纸并依据建筑物的轴线、边线及标高线放出安装基准线。

（3）风机设备的吊装视其重量分别考虑吊架的形式。对重量较小的机组采用 A 型吊架，重量较大的采用 B 型吊架，如图 4-7-2-359 所示。

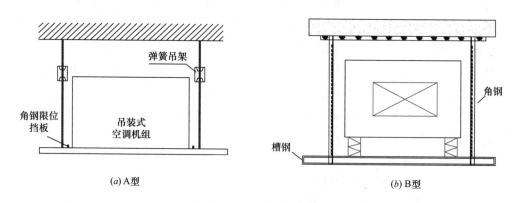

图 4-7-2-359　吊架示意图

（4）风机试运转

风机安装完后，需进行试运转。经过全面检查手动盘车，供应电源相序正确后方可送电试运转，运转前必须加上适度的润滑油，并检查各项安全措施，叶轮旋转方向必须正确。在额定转速下试运转时间不得少于2h。运转后，再检查风机减震基础有无移位和损坏现象，做好记录。

(十) 质量保证体系及质量保证措施

1. 质量目标

(1) 杜绝重大质量事故。

(2) 工程合格率100%，争创样板工程。

(3) 故障返修率低于0.5%。

(4) 顺利通过公安消防主管部门的验收。

2. 质量管理措施

(1) 建立质量保证体系，在项目部管理机构的基础上建立质量管理机构，如图4-7-2-360所示。

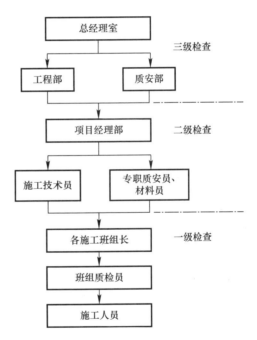

图 4-7-2-360 质量管理保证体系

(2) 质量保证体系建立三级质量检查制度，实行三级质量检查管理，层层把关。第一级由各施工队进行包干负责，每完成一个工序或一项工作均要进行质量自检和互检，并待班组质检员验收合格后才进入下一道工序施工。第二级由施工部负责，每周进行一次全面大检查，对检查结果做好记录和通报，并上报公司（除执行经常性的巡检外）。对施工质量好的班组和施工人员进行鼓励或奖励，对施工质量差的班组和施工人员进行批评或处罚，对纠正不力的做调整处理。第三级由现场项目部负责，每月复查监督1~2次，对复查结果做好记录备案，在检查过程中发现质量通病时，要分析原因，寻找解决办法，并对项目部发出质量指引。

(3) 质量体系要素

质量体系要素，如图4-7-2-361所示。

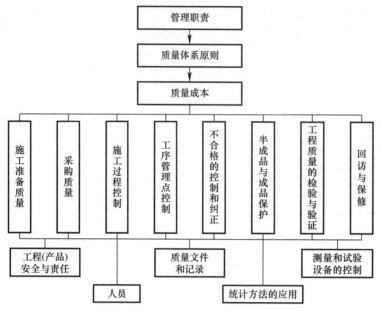

图 4-7-2-361 质量体系要素

（4）施工质量控制程序

对工序、分项工程、分部工程到单位工程实行全过程的质量控制，项目的各级质量管理人员严格按照分工，对影响工程质量的各个环节进行严格的控制，按规定做好和保存好质量记录、质量审核，用于分析项目质量的图表等。施工质量控制程序，如图 4-7-2-362 所示。

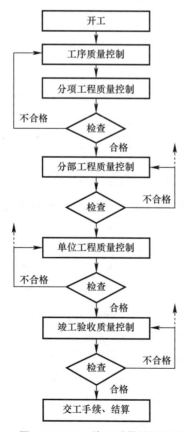

图 4-7-2-362 施工质量控制程序

(5) 一旦发生质量缺陷或事故，按质量事故处理程序，停止有质量缺陷部位和与其有关联的部位及下道工序的施工，以最快的速度进行质量事故的调查，分析事故原因，制定事故处理方案，并予实施，确定质量事故责任人并进行处理。

3. 质量目标控制的依据

(1)《中华人民共和国消防法》
(2)《火灾自动报警系统施工及验收规范》GB 50166—2007
(3)《自动喷水灭火系统施工及验收规范》GB 50261—2005
(4)《气体灭火系统施工及验收规范》GB 50263—2007
(5)《电气装置安装工程施工及验收规范》GB 50254/50257—96
(6)《电气装置安装工程电缆线路施工及验收规范》GB 50168—2006
(7)《电气装置工程接地装置施工及验收规范》GB 50169—2006
(8)《建筑电气工程施工质量验收规范》GB 50303—2002
(9)《质量手册》、《程序文件》、《作业指导书》、合同、施工组织设计

4. 文件和资料控制

本工程涉及的文件和资料，均按《程序文件》的规定进行控制，保证所使用文件资料的有效性，防止使用失效或作废的文件和资料。

5. 施工准备阶段的质量控制

(1) 在工程项目合同签订后，项目经理即收集合同副本、施工图纸、技术说明书及有关技术资料等作为质量控制的重要依据，指定专人管理并公布有效文件清单。在项目质量计划编制前，由项目技术负责人主持图纸审核工作。

(2) 主要的材料设备供应商须是经国家认证的消防设备供应商。对评价为合格的供应商即建立档案，作为选用、采购的依据。

(3) 项目经理部根据本工程施工需要对各类人员进行有针对性的培训，进一步加强全体施工人员质量知识、专业知识、管理知识和技能的教育。

6. 施工阶段的质量控制

(1) 在图纸会审的基础上进行施工技术交底。项目经理部按施工组织设计，由项目经理部主管工程师向参加施工的技术负责人和项目有关技术人员进行交底。子项目技术负责人在施工前根据进度，按部位和操作项目向施工队长及班组长进行技术交底。

(2) 材料采购的质量控制

材料、设备采购执行《采购控制程序》，确保现场使用的材料符合合同和设计图纸的要求。

① 按评价合格的供应商名录作为选用、采购的依据。
② 按所制订材料运输、贮存管理制度进行运输和保管。避免材料损失、变质。
③ 材料、半成品、构配件的标识要标明其来源，加工过程，安装交付后的分布和场所。
④ 确保不符合要求的材料、半成品、构配件、工程设备得到识别和控制，防止其投入到工程安装中。
⑤ 按有关规定的材料质量抽样和检验方法，加强对材料质量的检查验收。

(3) 产品标识和可追溯性

产品的标识和追溯性控制执行《产品标识和可追溯性控制程序》。

① 设备材料的标识

设备、材料的标识由工地仓管员负责，标识牌分四种状态——合格品、不合格品、待检品和待处理品。这四种状态的物品必须分开堆放。

② 施工过程的标识

施工过程的标识主要通过文字、符号、编号、颜色、标牌、铭牌等形式来实现。

设备铭牌上没有设备位号或设备名称时，必须在设备上用硬质 PVC 标志牌标定位号或名称。

工艺管道现场的标识主要包括管道的工作介质、介质流向和管道编号，阀门的控制范围，同时也按甲方的要求进行。

管道上的主要阀门必须挂标志牌，标明阀门功能，开启状态。

(4) 施工设备的质量控制

① 本工程基本上采用通用的施工设备和机具。根据施工现场条件、施工设备性能、施工工艺和方法、施工组织与管理、技术经济等因素，合理配置现场施工机械的使用。

② 施工设备操作人员，经过资格认证和专业技能培训考核合格后，持证上岗，对所操作的施工设备的合理使用、维护保养负责。

(5) 计量员严格按施工安装所需的计量器具使用、保管、维修、检验的有关规定执行，以确保工程计量符合规定要求。

(6) 工序质量控制

① 施工人员持证上岗，严格按施工工艺、操作规程、作业指导书和技术交底的要求进行施工。

② 严格按各消防系统检验和试验的规定，对工序进行检验和试验。对不符合要求的工序进行标识和控制，并立即采取措施予以纠正，经再次验证合格后方进入下一道工序施工。

(7) 施工质量控制点

根据各消防系统施工安装工序质量控制的重点，建立本工程施工质量控制点。

① 火灾自动报警系统安装的质量控制

A. 电气设备、材料质量控制

设备、材料入场必须检验内外包装标识、产品合格证、有关技术资料、说明书等，其材料、设备实物必须和设计图及装箱单一致。对于电线、电缆、消防报警电子产品、VESDA 产品还要具消防部门的许可证、消防检测报告，并按要求复检。

B. 配管工程质量控制

审核施工图时，重点标出管道多的部位和交叉作业部位，尽量避免因设计考虑不周而造成电线管与水暖、煤气等的碰撞问题。

砌体结构施工中，及时配合砌体进行暗配管和手报按钮、警铃底盒的预埋。

电线管中必须严格控制配管弯曲半径及埋入深度。其保护层大于 30mm，并防止错埋、漏埋、管道闭塞，重点控制踢脚与地面的接合处。

电线管进入盒、箱控制在 5mm 内为宜。电线管进盒、箱必须使用锁紧螺母固定平直，电线管露出不大于 5mm。箱四周用水泥砂浆填实、抹平，安装要牢固端正。进管要一管一孔，排列整齐。

C. 配线工程质量控制

导线连接采用可靠压接、帽压接或焊接，多股铜线要理顺直刷锡，严禁接头处虚接或未用绝缘胶布包孔，只用黑胶布缠绕的做法。

D. 探头、模块等设备安装质量控制

探头、报警按钮、模块安装接线时留出不小于 15cm 导线的余量。为了以后系统维修保养的方便，各防火分区的模块采用集中安装的方式。设备安装前后要和装修单位密切配合，要注意双方的成品保护。

② 消火栓、雨淋、喷淋系统安装的质量控制

A. 加强图纸会审，多和土建单位沟通，敦促土建做好各专业的预留孔洞，以减少剔凿。

B. 材料和设备质量控制：

对管材、管件、消火栓箱及喷头设备等，要选用生产工艺设备先进、通过 ISO 质量认证体系的厂家产品。

进场的原材料和设备必须有出厂质量合格证，规格、型号、材质和性能符合国家有关标准和设计要求。

材料和设备进场后进行验收、复试，防止管材壁厚薄不均、镀锌管内部未镀锌、管件丝扣不正或有砂眼、闸阀关不严或不灵活等。

加强对材料和设备搬运、储存的管理，保持其质量的原始状态。

C. 消防管网安装质量控制

螺纹连接的管道安装前注意套丝操作，防止断丝、乱丝过长。连接时缠麻抹铅油，防止渗漏。法兰连接要使两法兰与管道中心垂直。

卡箍连接的管道滚槽时一定要用游标卡尺和深度尺检查沟槽深度和宽度尺寸，确认符合标准后才能连接。卡箍紧固时，必须用木榔头槌紧接头凸缘处，均匀拧紧螺母，用适当的力矩收紧，防止橡胶密封起皱或脱落。

在管道安装中要注意管道的坡道、变径等做法。要防止出现倒坡、气阻或水阻，在管道容易产生水锤的地方考虑加装消除水锤的装置，防止管道振动。

管道安装后要做水压试验，达到设计或规范规定的耐压强度不渗漏，才能进行下道工序。

D. 消防箱、喷头等设备安装质量控制

保证先清理管内和设备内的杂物、后安装。消防箱的安装高度要一致整齐。

③ 六氟丙烷灭火系统安装质量控制

A. 气体输送管道安装质量控制

螺纹连接的管道在安装前套丝分 2~3 次起牙，螺纹要光滑完整，断丝、缺丝长度不得超过螺纹总长度的 10%。连接使用管子钳或链钳紧固好，不能倒回。

当管道采用法兰连接时，在焊接后必须进行内外镀锌处理。

B. 材料、设备质量控制

管道必须采用镀锌高压无缝钢管，厚度要符合要求。

管件要采用不锈钢材料定制，尺寸、规格符合设计要求。

C. 支架安装的质量控制

支架制作严格按设计要求加工，支架安装距离要按规范标准要求，安装要牢靠。

D. 气瓶组安装质量控制

固定气瓶组的支架必须用拉爆螺栓固定牢靠。气瓶正面标明设计规定的灭火剂名称和容量。

E. 风机设备安装质量控制

整体安装的通风机、搬运和吊装的绳索不能捆绑在机壳和轴承盖的吊环上，与机壳边接触的绳索，在棱角处必须垫好柔软的材料，防止磨损机壳及绳索被切断。

解体安装的通风机，绳索捆绑不能损坏主轴、轴衬的表面和机壳、叶轮等部件。

风机搬动时，不得将叶轮和齿轮轴直接放在地上滚动或移动。

通风机的进排气管、阀件、调节装置设有单独的支撑。各种管路与通风机连接时，法兰面必须对中贴平，不得硬拉使设备受力。风机安装后，不得承受其他机件的重量。

（8）半成品、成品保护

按各类半成品、成品不同的特点采取护、包、盖、封等措施，保护免受损伤、污染和堵塞。

7. 竣工验收阶段质量控制

（1）项目部技术负责人按编制竣工资料要求收集和整理材料、设备、构件等质量合格证明材料、各种材料的试验检验资料，隐蔽工程记录、施工记录，安装调试检测记录等质量记录。

（2）每个消防系统工程完成后，项目技术负责人组织项目的技术、质量、施工等有关专业技术人员按各消防系统最终检验和试验规定及合同要求，到现场进行全面验证和质量检验评定。评定结束后，送交工程建设质量部门接受核定质量等级。

（3）对查出的施工质量缺陷即按不合格控制程序进行处理，采取措施予以纠正，并在纠正后再次进行验证，直到验证合格。

（4）对施工过程收集和积累的各项竣工资料进行整理，编制"工程竣工文件"送监理审查，签证。做好工程移交准备。

（5）对最终检验合格成品采取相应的防护措施。

（6）工程交工后，项目经理编制符合文明施工和环境保护要求的撤场计划。

（十一）安全生产保证措施

1. 项目安全目标工作环境特点分析

（1）施工面大，交叉、同步作业施工队伍多，且本工程大部分属于高空作业。

（2）用电作业多，大量使用电动工具和施工现场中的带电设备和电线电缆多，均存在触电的威胁。

（3）调试期间，各电器设备均处于带电状态，有触电的危险性。

（4）不少施工需动火作业，存在引发火灾的危险性。

2. 作业安全技术保证措施

高空作业、防触电、防火灾和其他安全技术措施，按规定要求执行。

3. 事故应急救援预案

根据本工程特点，施工中可能发生的安全事故有：高空坠落、物体打击、坍塌、火灾、触电、机械伤害、爆炸、中毒及台风水灾等，主要针对这几类事故制定应急预案。

（十二）与其他单位的配合协作

本工程施工分别由土建安装施工单位、设备安装单位、消防设施系统安装单位等多家承担。在施工过程中还会与设计、监理、咨询、检测、质监、监督和主要设备供应商等多家单位发生直接或间接的关系。

为确保消防设施系统安装工程及整体工程的顺利完成，由建设单位牵头组织成立领导、协调工作小组，协调解决施工中相互间存在的问题。

在施工期间，采取以下措施：

1. 召开见面会，明确有关事宜：

(1) 提报各方现场管理架构，对口工作的联系人、联系电话等。

(2) 各方介绍自己的工作任务、施工范围，提出需要其他方协调配合的事项。

(3) 建设单位阐述工作要求，明确工作程序，包括进场必须办理的各项手续及其申办程序。

2. 由建设单位牵头，各参建单位参加进行统一部署：

(1) 各方介绍工程进度计划、工作安排、工期、施工方法、施工技术、工艺要求和其他特殊配合方案。

(2) 确定首期各自的施工工作面。

(3) 确定首期各自的施工用水、用电的驳接点和驳接方式以及材料堆放点。

3. 每周一由建设单位或土建总承包单位主持召开施工例会，汇报上周工作完成落实情况和本周工作进度安排，了解施工中存在的需进一步相互配合的问题，商定解决问题的具体办法。

4. 在有交叉施工及工作面较复杂的施工面，消防专业主动提交消防系统管线布置相关安装数据，并配合总包单位综合协调其他专业确定管线综合布置安排，以避免造成日后施工的困难、各专业间的矛盾和不必要的返工。

5. 施工过程中，当发现与事先商定的工作要求有出入时，相互告知，共同协商解决后，再继续施工。

6. 配合土建预埋管线的安装及管口封好，避免掉进杂物。

7. 配合业主或土建总包单位组织各有关主管部门的检查和验收。

8. 与土建（总包）单位共同配合协调的主要内容如下：

(1) 土建（总包）单位配合消防安装单位准确预留各种消防管道孔洞及消火栓箱墙上留洞。在消防系统安装完成后，对管道周边孔隙和消火栓箱边空隙用混凝土或砂浆填补密实。

(2) 互相配合搞好消防系统安装后的修补、成品、半成品保护。

(3) 互相提供方便，互相配合搞好竣工资料。

9. 项目经理部与各单位相互配合协作关系：

项目经理部与各单位相互配合协作关系，如图 4-7-2-363 所示。

十七、垂直电梯安装工程

（一）工程概况

新广州站共安装 44 部垂直电梯，除广深港客运专线车场 2 座 550m×12.5m×1.25m 旅客站台各设 2 部外，其余站台只设 1 部垂直电梯。东西广厅各设 2 部垂直电梯，连通高架层、站台及出站层。高架层至高架商业夹层设 4 部电梯。贵宾及商务候车到高架层设 4 部。出站厅到地下车库及四角办公共设 11 部电梯。垂直电梯均选用无机房电梯，除连接首层及地库的 14 部电梯及 2 部贵宾室电梯外，垂直电梯井壁均为透明防火玻璃井壁，如图 4-7-2-364 所示。垂直电梯数量及类型，详见表 4-7-2-84、表 4-7-2-85。

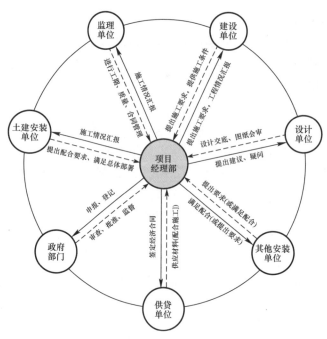

图 4-7-2-363 项目经理部与各单位相互配合协作关系

图 4-7-2-364 东广厅透明防火玻璃井壁垂直电梯

垂直电梯工程数量汇总　　　　　　　　　表 4-7-2-84

序号	位置	提升高度（m）	数量（台）	备注
1	00层广厅～12m广厅～21m候车层	21	4	东西各2台
2	00交通层～12m站台～21m候车层	21	17	第1～15站台南端1台，第5、6长站台北端各1台
3	贵宾室电梯	9	4	
4	商业层电梯	6	8	

续表

序号	位置	提升高度（m）	数量（台）	备注
5	四角办公楼消防电梯	21	7	东北、东南、西北角四角办公楼各2台，西南角1台
6	地下室～00层消防电梯	4.5	4	
合计			44	供应商：上海三菱电梯公司

垂直电梯类型汇总　　　　表 4-7-2-85

序号	梯种/名称	数量	层/门	服务楼层	速度（m/s）	载重（kg）	备注
1	ELENESSA	6	3/3	1B、1、1A	1	1350	
2	ELENESSA	5	2/2	1B、1	1	1350	
3	ELE-NZ31S	15	3	1、2、3	1.6	1350	
4	ELE-NZ31S	14	2/2、2/3	2、3（3、3A）	1	1050/1350	
5	LEHR-MRL	4	3/3	1、2、3	1.75	2000	
合计				44			

新广州站垂直电梯供货商为上海三菱电梯有限公司，由上海三菱电梯有限公司广东分公司负责现场安装。

产品规格及标准如下：

1.《电梯制造与安全规范》GB 7588—2003
2.《电梯技术条件》GB/T 10058—1997
3.《电梯实验方法》GB/T 10058—1997
4.《电梯安装验收规范》GB 10060—93
5.《电梯主参数及轿厢、井道、机房的型式与尺寸》GB/T 7025.1～7025.3—1997
6.《电梯工程施工质量验收规范》GB 50310—2002

（二）施工管理组织机构

施工现场管理组织机构，如图 4-7-2-365 所示。

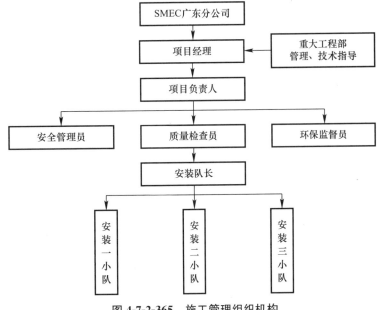

图 4-7-2-365　施工管理组织机构

（三）施工工艺流程

为了满足新广州站建筑物对外观的特殊要求，本工程 ELENESSA 系列无机房观光电梯采用最新永磁同步电机驱动的薄型无齿轮曳引机，省去了体积较大的减速装置，大大节省了空间，改进了电梯井道内布置方式。在节省空间降低成本的同时，该型号电梯采取了一系列相应的安全措施，拥有完善的安全保护功能，电梯运行可靠性强，安全性更好。在停电的情况下可使用系统配置的应急电梯进行救援。曳引机配置双机-电式制动器，突发情况时具有足够的制动力使满载的轿厢减速制停。由机-电式制动器与限速器组成上行超速保护装置，有效地防止了电梯上行超速，给电梯乘客又增加了一道安全保障。

在电梯安装前必须对电梯土建做初步勘测，并同用户商定相关事宜，完善设计图纸、工作联系单、电梯井道勘测记录等技术文件。对消防电梯，根据电梯机房平面尺寸要求，测量和查看机房尺寸、机房高度、机房预留孔位置和大小、承重吊钩的位置和承重载荷、通风设施、机房门窗等。根据电梯井道平面图和剖面图，查看有无牛腿、牛腿宽度，测量底坑深度，有无渗水现象、有无影响电梯安装的垃圾和杂物，测量顶层高度、提升高度、井道结构、井道预埋件、圈梁（钢梁）位置及尺寸大小等。根据层门预留孔图，测量层门预留孔位置、高度和宽度，检查预留钢筋埋设情况，门洞周围是否有渗水现象。测量层站消防开关预留孔、召唤盒预留孔、层楼显示预留孔等的大小及位置，并将门洞周围有影响施工的垃圾及杂物清理干净。查看预留层站数与合同是否一致。

参加现场开箱检查验收。按发货单和装箱单进行清点检查，主要检查内容为：有无损坏、变形、浸水等情况；部件种类和数量是否错、缺；零部件是否损坏或锈蚀；零部件原产地是否符合产品供货合同规定；随机附件及资料是否齐全完整等。开验完成后，运至指定地点，加以安全保管与防护，以备安装。

每项工程设专职或兼职质量检查员一名，在每个安装小队内设兼职质量员一名，建立自检和互检制度。小队质量检查员按"安装与验收标准"要求，对各安装工位和工步进行检查，并记录。现场专业负责人、质检工程师按规定巡视安装现场，现场的质量员监督安装全过程，对每个安装阶段都必须进行检查，并对相应的"安装质量记录"加以认可。安全员对施工现场安全生产状况进行巡检和监控，对发现的安全隐患及违章作业现象立即制止。垂直电梯安装施工工艺流程，如图 4-7-2-366 所示。

设备安装完成后必须对设备进行全面检查、调试、检测、调整和试运行，同时填写《调试记录》。调试由专职调试员主持完成。调试完成后，各安装小队进行自验与互验，合格后由现场质检员（可进行项目抽检）认可再报监理对每台电梯的每个安装项目进行全面检查，提出检查意见。会签结果填写于《电梯安装检验报告》，作为设备档案保存。验收合格的电梯，及时向当地技术监督机构报验并取得准用证，方可移交用户、投入使用。

（四）施工安全管理

1. 安全管理

(1) 根据现场的实际情况，建立现场安全管理网络（现场专职安全员、小队兼职安全员）。

(2) 根据规定与总包签订安全协议，明确双方的责任义务。参加总包组织的安全巡检工作。

(3) 对参与施工的每位作业人员必须进行安全教育并填写安全教育表，由安全员存档备查。

(4) 安全员定期或不定期地对施工现场安全生产状况进行巡检，对发现的安全隐患及违章作业现象，必须立即勒令责任人进行整改，并视情况予以处罚。

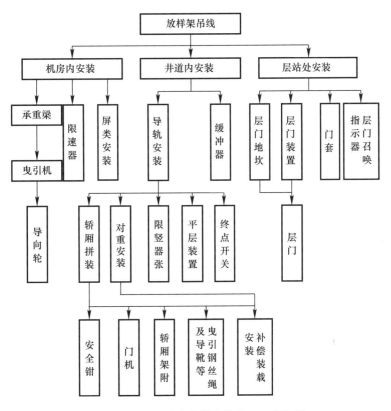

图 4-7-2-366　垂直电梯安装施工工艺流程

(5) 施工现场的安全值日人员必须佩戴安全值日标志,并按规定在班前会时填写安全台账。

(6) 在现场临时办公室中必须有安全告示板,写明作业指挥者及安全负责人姓名和联络地点,并将最近的急救医院所在地确认后予以注明。

(7) 现场必须有安全管理表、人员统计表,建立安全检查制度及定期召开安全会。

(8) 作业人员必须严格遵守各项安全操作规范(详见《SMEC安全操作总则》)。特殊工种的作业必须由受过专业培训的人员进行操作。

2. 安全操作总则

(1) 安全生产,人人有责。所有职工必须认真贯彻执行"安全第一、预防为主"的方针,严格遵守安全操作规程和各项安全生产规章制度。

(2) 凡发现不符合安全要求的,职工有权向上级报告。遇有严重危及生命安全的情况,职工有权停止操作,并及时报告领导处理。

(3) 操作人员未经三级安全教育或考试不合格者,不得参加工作或独立操作。电梯安装维修、电气、焊接(割)等特种作业人员,均必须经安全技术培训并考试合格,持有特种作业安全操作证方可操作。

(4) 进入作业场所,必须按规定穿戴好劳动防护用品。

(5) 操作前,检查设备或工作场所,排除故障和隐患。确保安全防护、信号联锁装置齐全、灵敏、可靠。设备必须定人、定岗操作。对本工种以外的设备,须经有关部门批准,并经培训后方可操作。

(6) 工作中,必须集中精力,坚守岗位,不准擅自把自己的工作交给他人。二人以上共同工作时,必须有主有从,统一指挥。工作场所不准打闹、睡觉和做与本职工作无关的事。严禁酗酒者进入工作场所。

(7) 凡运转的设备,不准跨越或横跨运转部位传递物件,不准触及运转部件。不准超限使用设备机具。工作完毕或中途停电,必须切断电源,才准离岗。

(8) 修理机械、电气设备前,必须在动力开关处挂上"作业中,严禁合闸"的警示牌。必要时设专人监护或采取防止意外接通的技术措施。警示牌必须谁挂谁摘,非工作人员禁止摘牌合闸。一切动力开关在合闸前必须仔细检查,确认无人检修时方准合闸。

(9) 一切电气、机械设备及装置的外露可导电部分,除另有规定外,必须有可靠的接零(地)装置并保持其连续性。非电气工作人员不准装修电气设备和线路。

(10) 行人要走指定通道,注意警示标志。严禁跨越危险区。严禁攀登吊运中的物件,以及在吊物、吊臂下通过或停留。在施工场所要设安全遮拦和标记。

(11) 高空作业、带电作业、动火作业或其他危险作业必须向安保部门和有关部门申请和办理危险作业审批手续,并采取可靠的安全防护措施。

(12) 安全、防护、监测、照明、警戒标志、防雷接地等装置,不得随意拆除或非法占用。消防器材、灭火工具不准随便动用,其放置点周围,不得堆放无关物品。

(13) 对易燃、易爆、有毒、放射和腐蚀等物品,必须分类妥善存放,并设专人管理。易燃、易爆等危险场所,严禁吸烟和明火作业。

(14) 变配电室、空压站、锅炉房、油库、危险品库等要害部位,非岗位人员未经批准不得入内。在封闭厂房(空调、净化间)作业或夜间加班作业时,必须安排两人一起工作。

(15) 生产过程发生有害气体、液体、粉尘的场所,必须采取相应的安全保护措施。

(16) 搞好生产作业环境卫生。保持作业场所的安全通道畅通。现场物料堆放整齐、稳妥、不超高。及时清除作业场所的废物和工业垃圾。

(17) 严格交接班制度,重大隐患必须记入施工记录。下班必须断开电源、气源、熄灭火种并检查、清理场所。

(18) 新安装的设备、新作业场所及经过大修或改造后的设施,需经安全验收后再进行生产作业。

(19) 发生重大事故,要及时抢救伤员,保护现场,并立即报告主管领导和上级主管部门。

(20) 各类操作人员除遵守本总则外,还必须遵守其他相应工种的安全操作规程。

3. 电梯安装维修安全操作规程

(1) 为了加强安全技术管理,确保安装/维修人员在施工中的健康和安全,防止事故发生,特制定本规程。

(2) 本规程适用于升降梯、自动扶梯、自动人行道的安装/维修安全操作。委托安装/维修单位参照执行本规程。

(3) 施工人员资格条件:

① 安装维修工必须身体健康,凡是视觉(双目视力矫正以后在0.8以下、色盲)、听觉障碍,高、低血压病,心脏病,癫痫病,神经官能症,精神分裂症,恐高症,严重口吃等疾病,不能从事电梯安装、维修工作。

② 必须经技术培训和安全操作培训,并经主管部门考核合格,取得特殊工种安全操作

证，方可独立操作，严禁无证作业。

③ 必须熟悉和掌握起重、电工、钳工、电梯驾驶方面的理论知识和实际操作技术，熟悉高处作业、电焊、气焊、防火等安全知识。

④ 必须熟悉各种型号的升降梯和自动扶梯结构原理，安装、维修工艺以及电气、机械安全装置的作用。

（4）在吊装起重设备和材料时，必须严格遵守起重工的安全操作规程。

（5）作业过程中需要使用移动工具时，必须使用漏电保护器，以保证施工安全，防止触电事故发生。

（6）必须遵守施工现场的管理条例的要求。

（7）对违反操作规程人员，必须根据违章性质、后果，确定其所承担的责任，并给予相应的经济和行政处罚。

（8）一般作业知识：

① 进入施工现场必须穿绝缘鞋。进入工地或井道必须戴安全帽。

② 在高度超过 2m 的场所作业时，必须正确使用安全带。

③ 不得赤身或卷起上衣袖口作业。搬运带锋利边缘和毛刺的物件必须戴好手套。

④ 现场使用的电气插头、插座必须完好无损。

⑤ 行灯灯头的露出部分要有隔离保护装置，以免接触身体。

⑥ 在使用磨削砂轮机前，要试机 1min 以上，严禁用砂轮侧面磨削。磨削、开膨胀螺丝孔等作业时，必须戴保护镜。

⑦ 重物的移动或起吊必须严格执行相关的安全操作规程。

⑧ 原则上不得进行带电作业，在不得已情况下一定要进行带电作业时，必须设立监护人，并采取可靠的安全防护措施后方可进行。

⑨ 进行焊接时，要采取可靠的防火措施，配备适用的消防器材。在高处进行焊接、气割作业时，下方不得有人。焊接作业应使用面罩和焊接手套。

⑩ 工作结束，必须仔细检查作业现场，确认无隐患后方可离开。

4. 施工现场注意事项

（1）进场后，首先要了解并遵守业主、总包方对安全生产的有关规定，定期参加业主、总包方的安全例会，及时解决施工中所遇到的不安全因素和事故隐患。

（2）作业人员须在安全通道内行走。凡有警示标志的地方，一定要遵守相关规定。

（3）使用施工电梯时，要严格遵守现场的施工梯使用规定，严禁超载、抢载和自行启动、使用。

（4）在平地搬运大型物件时，要注意配合，以防压伤手脚。在高处或井道内搬运物件时，小物件需装入专用袋内，大物件需两人以上共同搬运。跨空递送物品时，必须注意作业人员的重心位置，谨防由于失去重心而导致人员坠落。传递物件或工具时要确认下方无人。

（5）施工现场夜间作业，须向主管部门申报，并在施工现场配备充足的照明。

（6）节假日施工，需上报主管部门。

（7）井道层门预留口处严禁堆积易燃易爆物品和设加工场地，并设安全屏障，防止人员坠落。

5. 施工前的安全防护

(1) 施工前必须认真检查起重设备、电气设备、压力容器、手拉葫芦、吊装用钢丝绳等的完好程度,移动电具的绝缘电阻不得小于 0.5MΩ,检验合格后方可使用。

(2) 接到施工合同或任务单后,会同业主、总包单位负责人到施工现场,根据合同或任务单的要求和现场实际情况,采取切实可行的安全措施后,方可进行施工。

(3) 作业时,必须穿戴规定的劳防用品(安全帽、绝缘鞋、安全带等),并检查其完好程度后正确使用。

(4) 施工前需先做好安全标记及井道和机房孔洞的防护设施,以防有人或物件从孔洞中坠落,发生事故。

(5) 安装、维修电梯时,坚决做到"四不"作业(不酒后作业,不违章作业,不冒险作业,不野蛮作业)。

(6) 施工现场的办公室、机房、库房要做好"三关一锁"工作。

(7) 每日开始作业前,作业组长必须对全体施工人员进行作业任务安全交底,直到大家充分理解后再作业,会议内容须记录在安全台账上。

6. 井道及机房内作业安全要求

(1) 井道内必须有足够的照明。移动照明行灯必须用 36V 以下的低压安全灯,严禁使用 220V 电压照明。线路、插头、插座绝缘层均不得破损,防止漏电。

(2) 在井道脚手架上从事电焊、气割时,必须事先办好动火手续,清除现场油类等可燃物品,并避开电线,操作时必须派人监护,备有必需的防火、灭火器材。乙炔发生器(瓶)、氧气瓶均按安全规定放置。电焊要戴电焊防护手套,防止触电、灼伤。工作完毕,严格检查现场,消除隐患。

(3) 电源进入机房必须通知所有安装、维修人员,并进行认真检查。送电前必须通知所有有关人员,必要时放置相应警告牌,然后按工艺规定要求实施送电。

(4) 在井道内作业,上下人员必须协调统一(高层用对讲机联系)。工具、设备严禁随意放置,严禁向下抛物。在施工进度条件允许下,实行上下层交叉作业方法。多层作业时,必须采取有效防范措施后方能施工。

(5) 竖导轨前,需对脚手架进行清扫和检查。导轨搬入井道需拆除部分脚手架时,必须由脚手架搭建单位进行拆除,施工人员不得私自拆除,脚手架拆除部位要采取加固措施。导轨搬入井道后,脚手架要立即复原。导轨竖立施工中要防止导轨坠落,必须有可靠的安全引吊装置。

(6) 轿厢架拼装时,严格检查脚手架牢固情况,必要时进行加固,即下梁下面放置枕木或槽钢(一端插入井道壁内,另一端放在层楼上),防止脚手架倒塌和轿厢架击伤人。在工作面以下的部位视情况放置安全网。起吊轿厢时,挂钩的钢丝绳与轿厢角相接触部分用衬垫物进行保护。

(7) 安全钳、限速器装置未装妥之前,严禁人工松闸移动轿厢,以防止轿厢坠落或冲顶。

(8) 施工中严禁骑跨在电梯门内外进行操作或触动电钮开关,以防轿厢移动发生意外。

(9) 电梯层门拆除或安装前,必须在层门外设置安全遮拦,并挂上"严禁入内,谨防坠落"等警示牌。

(10) 井道内放置对重铁时,必须用手拉葫芦等设备进行吊装,当用人力搬装时必须二人共同配合，防止对重铁坠落伤人。

7. 整机调试作业安全

（1）电梯安装或修理完毕，必须进行全面检查和调整。

（2）试运行前清除一切不需要物品，尤其要注意清除井道壁上有可能妨碍运行的凸出部分。

（3）动车前必须确认机械、电气安全装置的工作状态良好，同时进行必要的清洁、润滑和调整工作。

（4）试车时，由专人负责，统一指挥。

（5）电梯调试时，先慢速运行，确认状态良好后才能正常运行。试车中发现的问题要逐项调整，发现有重大问题和事故隐患时，要立即停车整改直至安全可靠。

（6）未经政府部门验收合格及办理移交手续之前，一切与电梯安装、维修无关人员不得启动和操作电梯。

（7）电梯调试阶段，进入轿厢的工作人员，必须看清轿厢所处的楼层位置，不准一开层门，就往里走。轿厢在停妥之前，严禁从轿厢或轿顶跳进跳出（本项适用于维修人员）。

（8）电梯调试过程中，工作人员欲离开机房时，必须随手锁门。离开轿厢时必须关好层门轿门，严禁与安装无关的其他人员启动电梯。

（9）同一井道内，并列安装电梯时，必须注意相邻电梯的运行。在试运转过程中，禁止从一台电梯的轿厢上跨越至另一台电梯上。

（10）调试运行作业原则上要两人以上一组进行。调试运行中要有一人处于可以随时操纵停止运行开关的状态。层门、轿门联锁原则上不得短接，特别注意使用短接线后要恢复原状态（拆除短接线）。

（11）安全回路，原则上不许短接，但是在作业进行过程中因工艺要求而需要短接时，要用容易判别的方法来进行，作业结束后马上恢复。另外，跨接状态的运行必须以检修速度来进行。

（12）更换钢丝绳时使用安全钳。电梯钢丝绳要定期进行检测，发现不符合要求及时更换。

（13）进行安装、调试、维修，需切断电源时，必须在电源箱上挂上"作业中，严禁合闸"的警示牌。

8. 三角钥匙的安全使用与管理

（1）三角钥匙的持有者必须是具有政府部门颁发的安全操作证的人员。

（2）三角钥匙严禁借出。移交业主必须在工程结束后并以书面形式交待注意事项。

（3）电梯运行中，严禁用三角钥匙开启层门。

（4）开启层门时，要看清轿厢是否停在此层。切勿用力过猛，失去平衡，致使发生意外。

9. 跨接线管理规定

（1）跨接线的规格：SMEC安装维修作业时配备的跨接线有三种：两端插针式、一端插针一端鱼叉式、两端鱼叉式。每根跨接线为长度500mm（两端鱼叉式的长度为900mm）、$0.12mm^2$的红色软线，电线上串黄色三角警示标记，该标记可在电线上移动后固定。每根跨接线上必须有唯一的编号。

（2）跨接线的保管：跨接线由项目部工具仓库统一管理和发放，领用人原则上为上海三菱电梯有限公司广东分公司及各分公司调试人员、急修人员，上述人员在跨接线使用规定上签字后，每人领用三种不同规格的跨接线各一根，工具仓库管理员在跨接线发放台账上做好登记，跨接线由领用人员负责保管，万一遗失及时与工具仓库联系，并在跨接线遗失声明上签字。对于违反跨接线使用规定和遗失跨接线的人员，必须根据不同情况给予当事人相应处罚。如工作岗位变更，不再从事调试或急修工作，及时交还跨接线。

10. 跨接线使用规定

跨接线是安装调试、维修作业时在特定情况下使用的特殊工具（原则上建议不进行跨接操作），其使用必须受到严格的约束，跨接线的使用和保管实行领用人负责制并按下列规定执行：

（1）安装调试、维修工作在特定情况下需要跨接电梯的轿门或层门门锁电气回路时，必须按照电气原理图确认所需跨接的位置后，使用 SMEC 受控的专用跨接线，其他电气回路严禁跨接。

（2）门锁回路跨接前，必须在所有层门入口显著位置处设置检修警示牌，并将该台电梯控制柜检修开关设置到检修状态。

（3）门锁回路实施跨接后，必须将部分跨接线和黄色三角警示牌置于屏（柜）显著处，严禁盖上控制屏外盖，同时该处始终处于监控状态，以免外人改变电梯状态。

（4）在同一时间、同一台电梯只能使用一根跨接线，跨接过程中必须保证电梯始终处于检修状态。

（5）只跨接有故障的回路部分，禁止同时跨接轿门、层门回路。

（6）调试或修理结束后，必须及时拆下跨接线。

（7）操作中工作人员如需暂时离开机房，必须及时拆下跨接线，随身携带。

（8）每次收工时，必须确认所有跨接线均已收齐，并随工作人员带离现场。

（五）施工质量管理

1. 每项工程设专职或兼职质检员一名，建立自检和互检制度。小队长填写质量过程记录。

2. 安装严格按工艺、工序进行。现场质检员监督安装全过程，并对相应的施工工艺加以认可，如前一工序未达到要求，不能进行下一步工作。

3. 现场项目负责人、质检员按规定巡视安装现场，组织必要的质量现场会，进行经常的质量教育。

4. 电梯调试完成，各安装小队进行自验与互验工作，完成后报现场质检员，现场质检员（可进行项目抽检）认可后由现场质检员报质检部门，对每台电梯的每个安装项目进行全面检查提出整改指令，在安装队全部整改合格后，将结果填写于《电梯安装检验报告》，交监理签认后作为设备档案保存（一式二份，双方会签后各持一份）。

5. 通过专检，验收合格的电梯，向当地政府机构报验，通过检验并取得准用证的电梯，方可移交用户、投入使用。

十八、自动扶梯安装工程

（一）工程概况

新广州站共安装了91部自动扶梯，每座站台设2~4部，东西广厅共设18部扶梯连通三层功能区，东广厅高架落客平台设2部室外扶梯，如图4-7-2-367所示。自动扶梯数量，详见表4-7-2-86。

(a) 12m东广厅～21m高架候车层三并联自动扶梯　　　　(b) 00层东广厅～12m东广厅双并联自动扶梯

图 4-7-2-367　东广厅自动扶梯

自动扶梯工程数量汇总　　　　表 4-7-2-86

序号	位置	提升高度（m）	数量（台）	备注
1	主站房东侧门外	12	2	室外扶梯，南北各1台
2	00层东广厅～12m东广厅（双并联）	12	4	南北各2台
3	12m东广厅～21m候车层（三并联）	9	6	南北各3台
4	21m候车层～东基本站台	9	1	南端出站
5	东基本站台～00层出站层	12	2	南、北端出站各1
6	21m候车层～第2-14站台	9	26	南、北端出站各1
7	第2-14站台～00层出站层	12	26	南、北端出站各1
8	21m候车层～西基本站台	9	1	南端出站
9	西基本站台～00层出站层	12	3	南端2台，北端1台
10	第5、6、11、12、13、14站台广深、广珠城际进站	12	12	每站台南北各1台
11	00层西广厅～12m西广厅转换平台（双并联）	12	4	南北各2台
12	12m西广厅转换平台～21m候车层（双并联）	9	4	南北各2台
合计			91	供应商：杭州西子奥的斯公司

自动扶梯采用的XO21NP系列公交型，优选人机工程学成果，融合先进节能技术，适合大型公共设施等客流量大的场所，能够很好地解决城市中大流量人群输送问题，能够减轻城市交通枢纽人员流动压力，促进人员流动效率，具有安全性能高、技术领先、大流量输送等优点。自动扶梯类型，详见表4-7-2-87。

自动扶梯类型汇总　　　　表 4-7-2-87

序号	梯种/名称	数量	提升高度（m）	额定速度（m/s）	护壁板	倾角	使用环境
1	XO21NP-S	43	12	0.65	玻璃	27.3	半室外型
2	XO21NP-S	8	12	0.65	玻璃	30	室内型
3	XO21NP-S	2	12	0.65	不锈钢	30	半室外型
4	XO21NP-S	28	9	0.65	不锈钢	27.3	半室外型
5	XO21NP-S	10	9	0.65	玻璃	27.3	室内型
合计		91					

新广州站自动扶梯供货商为西子奥的斯电梯有限公司,由西子奥的斯电梯有限公司广州分公司负责现场安装。

产品规格及标准如下:

1. 《自动扶梯和自动人行道的制造与安装安全规范》GB 16899—1997
2. 《电梯制造与安装安全规范》GB 7588—2003
3. 《电梯安装验收规范》GB 10060—1993
4. 《电梯工程施工质量验收规范》GB 50310—2002
5. 《特种设备安全监察条例》(国务院 373 号令)
6. 《特种设备质量监督与安全监察规定》(国家监督局 13 号令)
7. 《中华人民共和国固体废物污染环境防治法》
8. 《环境体系规范及使用指南》GB/T 24001—ISO 14001
9. 《EHS00100-WWJSSS-全球工地工作安全标准》

(二) 施工管理组织机构

施工现场管理组织机构,如图 4-7-2-368 所示。

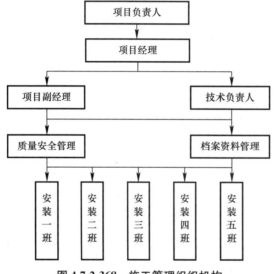

图 4-7-2-368 施工管理组织机构

(三) 施工工艺流程

在扶梯安装前必须对扶梯土建进行初步勘测,复核牛腿宽度、深度及长度,测量上下层牛腿间的水平距离,查看井道平面内有无影响扶梯安装净空尺寸的土建问题。测量上下两层装修标高间的垂直距离,测量底坑深度、宽度及长度。查看有无渗水现象、有无影响扶梯安装的垃圾和杂物等。并充分考虑大型设备进场时与其他施工间的交叉作业问题和运输路线,安排好进场时间和运输路线。

参加设备开箱验收,并做好验收记录。加强运输、保管与防护等安全工作。

扶梯设备起吊和就位由有资质的专业单位完成,就位前安装人员先确定扶梯安装的机头、机尾标高线和中心轴线,必须定位正确。

扶梯安装完成后,先由班组自检,合格后申请专检,专检合格后要进行调试和试运行。

调试合格后,申请技术监督部门特种设备检测机构予以终检。取得准用证后方可办理移交与投用。

自动扶梯安装施工工艺流程，如图 4-7-2-369 所示。

1. **吊装施工**

(1) 采用汽车吊卸车，根据现场条件及扶梯运行方向选择卸车最佳摆车位置。卸车时，吊机将扶梯吊起，通过旋转吊臂将扶梯一头放在站台指定地点，再往里牵引，配合牵引放松吊钩绳，使扶梯进入车站。

(2) 卸车后，采用人工搬运、卷扬机牵引的办法将扶梯运至扶梯吊装口。

(3) 设置吊装警示防护栏。

(4) 先用千斤顶顶起桁架下端，设置枕木、滚杠后，用同样方式设置上端，如图 4-7-2-370 所示。

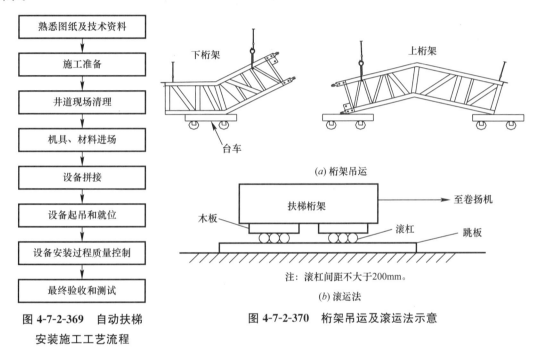

图 4-7-2-369　自动扶梯安装施工工艺流程

图 4-7-2-370　桁架吊运及滚运法示意

(5) 吊点法

根据现场实际情况，可以采用扶梯头部起吊法。在楼顶上设一吊点，利用卷扬机起吊，如图 4-7-2-371 所示。

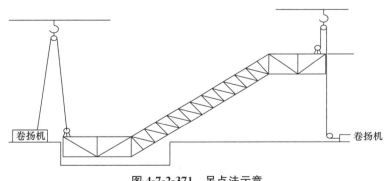

图 4-7-2-371　吊点法示意

(6) 分段吊装方法

采用分节吊装，利用固定点和龙门架吊点，借助底托、滚械的滑动，使扶梯分节顺利吊装到设计位置。

① 在吊装扶梯上方，根据现场条件与吊装点对应位置，设若干个吊装点。

② 吊装点的制作采用在混凝土上打孔安装膨胀螺栓，每个吊装点由四个 $\phi16$ 膨胀螺栓，将一块 200mm×300mm×12mm 厚带吊钩的钢板固定住。

③ 在扶梯吊装位置设置吊装架。吊装架上设滑轮组，滑轮上穿钢丝绳，用卷扬机为动力挪动吊装扶梯。

④ 根据车站的具体环境在站内（或站外）设置锚点（锚点可采用混凝土螺栓，也可采用地面安装膨胀螺栓固定铁板作为地锚），将卷扬机固定在地锚上。

⑤ 用上方吊点上的吊链和吊装架上的滑轮组吊起扶梯，利用底托和滚杠使扶梯向前方移动，当扶梯向上或向下处放时，须缓慢移动，一边移动，一边升降，因此需要采用多处吊点，倒几次钢丝绳，同时几台吊链也要配合好，动作一致。通过扶梯吊点的吊链和吊装架滑轮组的吊点释放，逐步将扶梯放置到位。

（7）整体吊装方法

① 首先将木板铺在通道上，以便保护地面。

② 将扶梯按整机，运到吊装现场。

③ 在井道上方设置承重点，如上方无承重主梁作为承重点，可在上方楼板打一 50mm 圆孔作为吊点，注意楼板强度不够时，必须采取分散吊点。

④ 在梯头层地面斜向搭设脚手架，用于将定滑轮挂于吊钩上。

⑤ 在扶梯的上端、下端用卷扬机提起以调整扶梯纵位置。卷扬机固定处必须用木块在混凝土柱四周加以保护。

⑥ 桁架的吊点和托点，如图 4-7-2-372 所示，不允许用桁架其他处作为吊点、托点，以免造成桁架受力不均而变形。

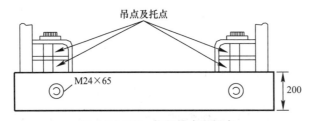

图 4-7-2-372　桁架吊点和托点

⑦ 将扶梯桁架拖至井道起吊处，注意扶梯上下头部方向设置与图纸相符。

⑧ 将卷扬机（或加长链型的手拉葫芦）设置妥当，检查钢丝绳牢固情况。

⑨ 先将扶梯上头部吊起，整个成 35°左右时，用两台卷扬机缓慢吊起，起吊时注意扶梯上下头部的水平度，以及起吊速度，避免两侧受力不均造成桁架扭曲，影响内部尺寸。

⑩ 扶梯起吊接近就位处，先将扶梯上头部吊至搁置面上方，再吊下头部于搁置面处，用手拉葫芦牵引进行各段的连接，最后将扶梯轻轻放于指定位置。

（8）吊装安全措施

① 吊装方案必须经现场领导小组讨论认定后才能执行，要有防停电、防滑动、防倾倒、防游动、防坠落的措施。

② 所有吊装工具、设备、吊链、吊架、吊点、钢丝绳、卡子、卡环、顶镐及地锚，必须由吊装指挥人员和安全负责人员在吊装前亲自检查。

③ 吊装过程中，必须统一指挥，明确指挥口号、手势或哨声。

④ 重物不得长期悬挂，当日不能完成的吊装工作，次日开始工作前，要再次检查，否则不得进行吊装工作。

⑤ 吊装工作过程中，所有人员必须遵守高空作业安全规定，不得在吊物下方行走停留。

2. 安装过程控制

(1) 扶梯设备起吊和就位

扶梯设备起吊和就位委托有资质的专业起吊运输单位完成，运输前要勘测工地的情况和运输路线。就位前安装人员要确定扶梯安装的机头、机尾标高线和中心轴线，定位必须正确。

(2) 设备拼接及控制要点

大提升的扶梯分段运输，现场拼接，拼接时要注意分段的标号。对于大提升的扶梯要求在现场拼接后再就位，拼接时注意链条的拼接、导轨（要保证导轨的接头平面度不大于0.2mm）及桁架的拼接接头螺栓的拧紧力矩。

(3) 围裙板安装及控制要点

围裙板必须垂直，上缘与梯级、踏板或胶带踏面之间的垂直距离不得小于25mm。围裙板必须坚固、平滑、对接缝良好。底部护板搭接顺序为先上后下，以免机内油污渗漏到底部护板下面。

(4) 内外盖板安装及控制要点

内外盖板依照盖板上的编号顺序，从下往上安装。安装顺序依次为下曲线段内外盖板、下部水平段内外盖板、中间倾斜直线段内外盖板、上曲线段内外盖板、上部水平段内外盖板。内外盖板的接头间隙要求小于0.3mm，接头处平整，内盖板与围裙板，外盖板与装饰板贴合。

(5) 护壁板安装及控制要点

玻璃护壁板的安装按由下而上的顺序安装。安装时将玻璃夹衬放入玻璃夹紧型材靠近夹紧座的地方，用玻璃吸盘将玻璃板慢慢插入预先放好的夹衬中，调整玻璃板的位置使间隙上下一致，并使两相邻玻璃板的间隙一致，然后紧固夹紧座。注意在用扳手拧紧夹紧座螺栓时，用力不能过猛以免损坏玻璃。

金属护壁板的安装要注意朝向梯级踏板和胶带一侧扶手装置部分必须是光滑的。压条或镶条的不平度不得超过3mm，且应坚固，并有圆角和倒角的边缘。护壁板之间的空隙不得大于1mm，且在连接处呈圆角和倒角状。

(6) 扶手带安装及注意要点

扶手带是扶梯上价格比较高的部件之一，并直接影响扶梯外观。扶手带是橡胶制品，质地较软，容易划伤，所以在安装时一定要认真细致防止扶手带划伤。在动车前，仔细检查扶手出入口、下托轮下边的支撑板有无与扶手带表面相碰擦，若有，则处理好后再动车，以避免扶手带表面被划伤。扶手驱动部分是整个扶手部分扶手带运动的驱动力产生部分，该驱动力的大小决定于两个方面：扶手带内部滑动层和摩擦轮的摩擦系数，以及扶手带驱动的压紧力。扶手带在运行过程中，扶手驱动力不宜过大，也不宜过小，调节时是靠调节压紧弹簧的压紧力来实现。张紧轮张紧扶手带，张紧力不宜过紧，也不宜太松，调整扶手带的张紧，使扶手带在两间距1200mm托辊轮之间的垂直方向下垂量在7~10mm。扶手带良好运行的特征：

① 扶手带无论在向上或向下运行时都不得跑偏。

② 扶手带表面必须清洁，在安装好后，对扶手带的外表面用清洁剂擦洗干净，内表的灰尘及时清除。

③ 扶手带运行时与扶手导轨型材要有间隙，中心对齐。
④ 扶手带运行时的松紧度适中，不宜过松，亦不宜过紧，并无明显噪声。

(7) 电气部分安装

扶梯的电源应有建筑物配电间送到扶梯的总开关，扶梯的电源需专用，每台都有单独的配电开关，并给予梯子和开关唯一标识，供电的电压波动不大于±7%，且电源要有足够的容量，线路的电压损失满足要求。扶梯应有良好的接地，电缆各接头处的绝缘电阻不应小于下列值：

① 动力电路和电器安全装置为 0.5MΩ。
② 其他电路（控制、照明、信号等）为 0.25MΩ。

控制回路采用微机控制器。对于普通的控制主要有：Y-Δ、检修控制、正常运转。扩展的功能有主机的防逆转、主机测速保护、扶手带与梯级同步检测。辅助服务功能还有：运行前的启动警铃、出入口梯级间隙照明、链条的自动润滑、运行状态和故障显示服务功能。

安全回路主要组成部分：扶梯本体安全保护开关、急停开关、曳引机热敏开关、马达风帽保护开关、制动保护开关等。

安全保护的代号与名称是：急停按钮和钥匙开关、扶手出入口保护开关、梯级链断链保护开关、围裙板保护开关、梯级断裂保护开关、梯级链滚轮保护、马达热敏保护、制动器保护开关、检修盒保护开关本体接地保护、梳齿板安全保护开关等。

(8) 机械部分安装

在扶梯主驱动和张紧打水平前，检查扶梯左右主轮进出切向导轨面是否等高，若不等高，可调节驱动支座下部的支撑螺钉，以使两边主轮等高。驱动及张紧的水平，通过调节桁架上的调节螺栓，以达到调节驱动及张紧的水平，要求水平小于 0.2/1000。扶梯张紧部分和补给链条能否自由运转，将直接影响到梯路的跑偏和舒适感，在调节过程中应注意：

① 交叉导轨处侧板两边间隙相等。
② 张紧弹簧的压紧量两边调节到一致。

(9) 扶梯围裙板的调整

注意围裙板和梯级的间隙，两边间隙应上下一致，大小相等，单边间隙不大于 1mm，双边间隙之和小于 7mm，围裙板固定 C 型材与主轮间隙不小于 2mm。在主轮及副轮导轨工作面上，由于安装工地现场灰尘较大，在调试好扶梯或人行道后，一定要对扶梯或人行道导轨工作面进行清洁，可采用以下办法：

① 用干毛巾将所有导轨导轨的工作面擦干净。
② 用棉毛巾沾油将导轨工作面再擦一遍。
③ 运转扶梯约半小时。
④ 再用毛巾沾油将导轨工作面擦洗一遍即可。

3. 扶梯调试

(1) 调试前的准备

扶梯调试前必须将机械部分的扶手系统和梯路系统的所有部件安装完毕，调试必须在机房、底坑设备安装合格后，动力电源三相五线引进合格。调试前物料、调试仪器、调试工具、调试用辅料等准备好后才能进入调试。

(2) 配合车站设备联合调试

与扶梯有关的联合调试工作主要有：

① 与车站低压配电系统的接口。

② 与车站 BAS 系统的接口。

③ 车站控制室急停开关功能

④ 扶梯底部空间处消防装置的调试等。

(四) 施工安全管理

1. 重要安全规则

(1) 永远确保任何时候只要存在坠落危险就要使用坠落保护。

(2) 永远确保遵守锁闭警示程序。

(3) 永远使用检修控制来运转或移动梯级链。

(4) 永远检查急停开关是否正常工作。

(5) 永远使用有效的防护栏和警示标语，当梯级被拆除后并且在没有人看管时需要机械地和电能地锁闭扶梯。

(6) 永远通过两种独立的方式机械地锁闭扶梯。

(7) 绝不将身体的任何部位处在未防护的移动（旋转）部分或电路板附近。

(8) 绝不在梯级轴上行走。

(9) 绝不在拆除梯级的状态下运行扶梯。

2. 现场施工安全规定

(1) 自觉遵章守纪，牢固树立安全第一的思想，不违章指挥，不违章施工。

(2) 注意文明施工，安全通道及现场禁止乱堆乱放机具物品，禁止乱设电缆和配电箱，不准大声喧哗打闹，不准猛跑跳跃，不准甩抛接工具。注意相互协调、相互提醒、相互保护。

(3) 施工人员进入工作场地必须按劳保着装，遵守工地的一切规章制度，服从安排，听从指挥，严格遵守各项操作程序。

(4) 主要机具必须经过安全技术检查后才能投入使用。必须严格遵守各类技术标准和安全操作规程，严禁违章使用，接触钢丝绳时要戴手套。

(5) 各劳保用品的购买要符合国家规定，并有产品合格证和产品检验证。

(6) 施工所用的手持电动工具、电焊机、电动吊链等在使用前检测绝缘性能良好。

(7) 当施工要停、送电工作时，必须按操作规程执行停送电制度。

(8) 指定专人负责现场用电管理，严格办理停送电手续，严格用电的挂牌上锁制度。施工现场要有足够的照明，使用配电箱必须装有合格的漏电保护器。临时供电的电源必须采用 TN-S 或 TN-6-S 供电系统。

(9) 严禁在潮湿区域设置电器设备，施工现场必须配备良好的应急灯。

(10) 电器焊工操作必须按电气焊安全操作规程作业，严禁燃烧各类物品和乱扔烟头。

(11) 严格遵守高空作业规范，凡从事高处作业的人员，必须使用全身式安全带。

(12) 在有坑、井、沟或高于 1m 以上的场合作业时，需做好防坠落保护。

(13) 搬运机具物品时，要小心地面突出物绊脚摔倒，搬运大件物品时要遵守章程，明确统一行动的程序和号令，并设专人保护，专人监护，专人指挥。

(14) 施工中上、下监护要协调配合好，禁止垂直上、下层同时作业和投递工具物品。

(15) 各队负责人和安全员在起重工作前要认真检查吊链各部件，转动和制动要安全可靠。吊链要垂直悬挂，防止造成卡环受力过重。必须坚持试吊制度，确认无误后才能开始工作。

(16) 坚持动用明火、电气焊提前申报制度，安全员负责施工前、后的检查工作，清除易燃、可燃物品，做好氧气、乙炔、油类危险品的专人保管工作，并配备灭火器材，以防万一。

(17) 临时库房的物品存放要按仓库防火标准要求执行。

(18) 施工现场除工作照明外，在潮湿和金属物堆放、易造成划/撞的现场必须使用安全低压照明，防止造成触电伤害事故。

(19) 车辆运输和吊装时注意人员配合，物件要捆绑牢固，并指定专人负责带车工作，在车辆启动前再次检查捆绑情况。

(20) 电梯试运行前的检查，必须坚持断电、挂牌上锁程序。人员撤离机房或危险地区，安全员负责清点人员到齐后方可开始试运行。

(21) 在发生紧急情况时，现场负责人要保持头脑清醒，及时处理并通报相关人员。

3. 现场的安全管理

(1) 工程施工前的安全管理

① 施工工具的检查实施：检查合格后方可使用。

② 劳保防护用品的检查实施：安全帽、安全带、工作服、工作鞋等必须配备齐全并正确穿戴。

③ 资格证的确认实施：上岗证、特殊工作操作证等各安装资格证必须齐全并备案。

(2) 日常作业前的安全检查

① 现场安全员的安全点检

A. 安全帽、安全带、工作服、工作鞋统一穿戴，检查完好程度。

B. 对全体施工人员进行本工程的安全交底。

C. 明确指定危险品的堆放地点和灭火器具的放置地点。

② 作业工具的安全点检

A. 对各电动工具漏电情况进行检查。

B. 对机械工具的完好及磨损程度进行检查。

(3) 日常作业中的安全检查

① 现场安全员的安全点检

A. 对安全帽、安全带、工作服、工作鞋的穿戴情况进行检查。

B. 施工过程中临时用电，电缆线的规格、完好程度及架设情况的检查。

C. 动火过程中，防火措施的检查。

D. 对压力容器、阀门、仪表及安全附件的完好进行检查。

② 作业工具的安全点检

对施工所使用的电动工具、漏电保护装置进行检查。

(4) 日常作业结束后的安全点检

① 现场安全员的安全点检

A. 施工结束后，对施工区域的火源进行检查。

B. 对施工区域的施工用电切断情况进行检查。

C. 对施工区域的施工场所的清理情况进行检查。

D. 对施工区域的安全防护栏的齐全及复位情况进行检查。

② 作业工具的安全点检

对施工所使用的工具的归还情况及完好程度进行检查。

4. 劳保防护安全措施

(1) 进入施工现场,必须戴安全帽,穿安全鞋。

(2) 从事机电、机加工工作,必须按劳保着装,穿安全鞋、工作服,系好衣扣、鞋带,长发需盘起系好。

(3) 触摸钢丝绳、粗糙工件、木料及搬运薄板时需戴手套。

(4) 触摸转动、滚动件及工件时,严禁戴手套。

(5) 钻、磨、凿、切割加工,电气焊、使用化学品或溶剂,或在空气污浊的场所工作时,必须戴眼镜和口罩。

(6) 从事高空作业时,必须使用安全带。

5. 用电安全

下列要求适用于所有涉及电路及用电设备的操作:

(1) 一般防护

① 任何员工如在接近电源线路的地方操作都必须避免触电事故的发生。一名员工处在以下位置就被认为"过于接近":带电回路 1.5m 以内,或在他/她的正常工作位置,四肢不经意的移动就能引起触电。

② 必须设置及保持合适的警示标志,以消除任何与暴露或隐藏的电源线路接触的可能性。

③ 提供合适的防护栏或其他保护手段,防止意外接触暴露或隐蔽的电流回路。

④ 所有外接线须有插头,并另有一根电线专用作接地,所有外接线具有适当的额定电流量,并适用于使用的条件和位置。所有经过改动的、用旧的或磨损的电线不得使用。

⑤ 使用适当尺寸、种类和容量的保险丝,切勿以电线代替保险丝。

(2) 对电路进行锁闭/警示

① 为保证被切断电源的用电设备和电路不起作用,必须在这些电器设备和电路的所有能通电处上锁并设置标记。

② 任何时候都必须遵守安全上锁及设标签程序。

③ 当主电源被切断并上锁和设置标签后,如设备仍有可能带电,这种情况必须标明。

(3) 漏电保护器

① 在使用便携式电动工具和其他用电器材时,必须配备漏电保护器(GFCI)

② 所使用的漏电保护器的名义动作电流必须为 6mA,并且动作时间不得超过 300ms。依照有效性和地方标准,10mA 漏电保护器(GFCI)是可接受的选择。

③ 所有 GFCI 必须按照制造商的建议定期测试以确保正确操作。

④ 便携式的漏电保护器需要放置在与电源盒连接的一端。对于安装工作,如果现场条件不容许,则漏电保护器可以与延长线的负载端相连,但是需要增加针对电缆线的保护措施。

(4) 接地

使用便携式电动工具和固定式用电设备时,不带电的金属部分必须有接地装置。

(5) 临时用电管理

① 电器设备的设置、安装、防护、使用、维修必须符合《施工现场临时用电安全技术规范》。

② 每台用电设备具有各自专用的开关箱,必须实行"一机一闸一漏一箱"制,严禁同一个开关电器直接控制两台及两台以上用电设备(含插座)。

③ 配电箱周围 2m 内不得堆放杂物,电工要经常巡视检查开关、熔断器的接点处是否过

热,各接点是否牢固,配线绝缘有无破损,仪表指示是否正常等,发现隐患立即排除,配电箱要经常清扫除尘。

④ 配电箱和开关箱的进出线口,要设在箱体的下部,并加护套保护。进出线要分路成束,不得承受外力,并做好防水弯。导线束不得与箱体进出线口直接接触。

⑤ 专人负责制,做到有序规范设置电线电缆和配电盘,收工清场断电。现场用电管理严格办理停送电手续,严格用电挂牌制度。

⑥ 施工现场临时使用电器设备、机具和手提电动工具,必须安装漏电保护装置,保持灵敏有效。

⑦ 施工现场用电设备安装用线路走向,按施工现场临时用电技术规范架空或穿管、埋地敷设(严禁使用塑料线)。

⑧ 所有配电箱、开关箱必须坚固防雨,一机一闸表明用途,用后加锁,非正式电工严禁从事电气工作,严禁私拉乱接。所有用电机械必须采用两极保护,做好机械操作安全交底。

⑨ 停电的电气设备,必须拉闸上锁,设备维修保养必须断电挂牌后方可作业,不准带电维修或保养设备。

⑩ 对现场用电设备配电线路要认真执行日检制度,发现隐患及时整改。定期和不定期对临时用电工程的接触、设备绝缘和漏电保护开关进行检测、维修,发现隐患及时消除。

6. 施工现场消防管理制度

(1) 施工人员必须遵守消防安全的相关法律法规。

(2) 施工现场必须设有专职消防安全员,消防器材齐全可靠,消防通道保持畅通,安全标志正确醒目。

(3) 施工现场严禁吸烟,对易燃易爆物品要有专人管理。

(4) 施工人员必须严格遵守安全生产的规章制度,严禁违章操作。

(5) 发生事故必须立即组织抢救,保护现场,通报上级主管单位。

(6) 施工现场存放易燃品必须对油漆、机油分开存放,存放点必须配备消防器材。

(7) 施工照明设备必须是低压(36V)或在电源处安装漏电保护器,接线要按安装工艺要求和安全要求,电线不允许有接头,电线必须架空并固定可靠,施工结束前要拉闸断电。

(8) 施工过程中所使用的电器设备,使用前必须进行认真检查,防止漏电起火。

(9) 施工过程中使用明火,现场必须配备相应的灭火工具和消防器材,动火结束后,施工人员必须彻底清查现场,消除一切隐患。

7. 其他

(1) 施工过程中,严格按照相关安全管理制度及现场总包单位制定的安全文明生产管理制度执行。

(2) 项目安全负责人做好施工过程中现场安全抽查记录,对施工现场要每日全天候进行巡查。对违反安全规定的操作,及时责令整改。

(3) 项目安全负责人要经常组织召开安全例会,阐明施工中所存在的安全隐患及防范措施,对各施工阶段要注意的安全要点及注意事项进行培训。

(4) 项目经理必须对项目安全负责人的工作进行监督。

(5) 如发生伤亡、火灾等事故,项目经理、安全负责人要组织人员进行现场抢救,及时通知相关单位。火警电话:119,医疗急救电话:120。

(6) 各工种安全操作规范：
① 钳工安全操作规范
② 电工安全操作规范
③ 焊工安全操作规范
④ 电梯安装维修工安全操作规范

(五) 施工质量管理

1. 开工前熟悉图纸和现场情况，对施工所需设备和材料进行检查。
2. 做好开箱点件工作，发现错缺件及时补发更换。
3. 安装前对每个部件进行质量检查，发现问题及时更换。
4. 严格按《电梯安装验收规范》GB 10060、《电梯工程施工质量验收规范》GB 50310 进行分项工程检验，主要检验分项内容：设备进场验收、土建交接验收、驱动主机、电气装置、整机安装验收。
5. 根据上述各分项工程，做好施工过程记录，按验收规范进行分项自检。
6. 隐蔽工程在自检合格后，通知监理检查验收，验收合格后进入下一道工序。
7. 填写"施工日志""安装过程记录"等质量记录，由项目质量负责人进行抽检。
8. 严格执行验收制度，对检查结果详细记录，电梯总体验收时，根据"电梯安装验收报告"内容逐项验收。
9. 定期检查安装工具，班组和检查人员的工具配置型号统一化。

十九、防雷接地工程

(一) 工程概况

新广州站属于超大型公共建筑，所在地区年平均雷暴日为 80.3 天/年，属于 2 类防雷建筑。广州市防雷设施检测所对新广州站防雷接地设计图纸进行审核及规定相关验收标准。防雷接地工程施工单位：广州市宇田气象科技服务有限公司。

1. 规程与规范
(1)《建筑电气工程施工质量验收规范》GB 50303—2002
(2)《电气装置安装工程母线装置施工及验收规范》GBJ 149—90
(3)《电气装置安装工程接地装置施工及验收规范》GB 50169—2006
(4)《建筑物防雷设计规范》GB 50057—94
(5)《防雷与接地安装标准图集》03 D501-1～4
(6)《建筑电气工程施工工艺标准》

2. 工程范围
(1) 地下车库层等电位及防雷接地安装
(2) 地面出站层等电位及防雷接地安装
(3) 站台层等电位及防雷接地安装
(4) 高架候车层等电位及防雷接地安装
(5) 高架候车层及无柱雨棚屋顶防雷接地安装
(6) 室外环状人工接地体安装

3. 协调配合
协调配合是本工程的重要环节，防雷接地施工必须密切配合土建施工，关注土建施工进度，在结构层钢筋绑扎过程中穿插防雷接地施工，防雷接地隐蔽部分必须在浇筑混凝土前完成安装。

（二）施工管理组织机构

防雷接地工程施工现场管理组织机构，如图 4-7-2-373 所示。

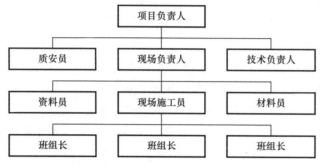

图 4-7-2-373　防雷接地工程施工现场管理组织机构

（三）施工工艺流程

基础接地体和地网安装→引下线焊接→均压环、设备接地、门窗及栏杆接地、等电位端子盒和测试端子安装→避雷网格安装→天面金属物及管道接地→屏蔽接地、等电位连接、其他附属区域防雷接地→系统自检与接地电阻检测→报防雷检测所检测验收→竣工验收与移交使用。

将地梁水平钢筋焊通，使之成为水平接地体，作为雷电流散流导体。引下线利用桥墩内对角两条钢筋焊接连通并与钢结构柱焊通作为雷电流引向地面的导体，上与接闪器，下与接地体可靠焊接，并使整个建筑物内钢筋连成整体。设备接地端子为建筑物内需接地设备或未来添加设备提供接地端连接点，测试端子为建筑物防雷接地电阻测试和年检用，等电位端子盒为需做等电位联结的金属物提供连接点。接闪器利用建筑物屋面直接接闪，用不锈钢垫片和镀锌扁钢连接成避雷网格，用作分散雷电接闪的金属构件。

防雷接地安装施工工艺流程，如图 4-7-2-374 所示。

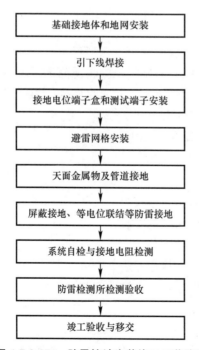

图 4-7-2-374　防雷接地安装施工工艺流程

1. 接地装置安装

利用桥梁柱承台及承台下的桩内钢筋作为自然体接地体，施工方法参照《防雷与接地安装标准图集》03D 501-3 第 19 页，利用室外的 60×6 环状接地热镀锌扁钢作为人工接地体，并在±0.00 层板内用 40×4 热镀锌扁钢将防雷引下线与自然接地体、人工接地体可靠连接，共同组成接地装置。施工方法：在承台钢筋绑扎时，采用钢筋（≥ϕ12 圆钢）将桩筋与承台面筋、引下线钢筋可靠焊接，在相应位置焊接引出 40×4 热镀锌扁钢作为接地预留端子。焊接长度：双面焊≥6D，单面焊≥12D，扁钢间焊接长度≥2b（b 为扁钢宽度）。

2. 防雷引下线施工

±12.00m 层以下利用桥梁柱内两条≥ϕ16 钢筋作为引下线，在±12.00m 以上利用落在桥墩上的钢柱及暗敷在玻璃幕墙外围龙骨内的 40×4 热镀锌扁钢作引下线，利用钢柱作防雷引下线时，钢柱与桥墩内两根不小于 ϕ16 圆钢可靠焊接，将引下线与接地装置、楼层均压环可靠焊接。

3. 接闪器安装

利用金属屋面作接闪器，金属屋面满足《建筑物防雷设计规范》第 4.1.4 条的要求，防雷做法参照《防雷与接地安装标准图集》，金属屋面下的结构钢梁及引下线可靠焊接，所形成的网格不大于 10m×10m 或 12m×8m，不满足要求时补设 40×4 热镀锌扁钢。

4. 均压环及门窗接地施工

二、三层楼板利用建筑物外围板内钢筋≥ϕ12 焊接连通成环状作均压环，与所经过作为防雷引下线的钢筋可靠焊接，从均压环引出的 40×4 热镀锌扁钢作为接地预留与室外玻璃幕墙、金属门窗、栏杆等金属物可靠焊接。

5. 等电位箱安装及接地干线敷设

利用 4×40 镀锌扁钢、BV（1×25）作为接地干线，接地干线一端与桥梁柱的接地预留板连接，另一端引到厕所、变配电房、空调机房等相关设备房的等电位箱可靠连接，等电位箱供房间内的金属设备接地用，变电室距地 0.5m 处利用－100×10 扁铜安装等电位接线母排。等电位箱在室内隔墙装修抹灰前安装并做好产品保护。

6. 金属管道、金属设备接地施工

室内外设备及进出建筑物的管道接地采用 4×40 热镀锌扁钢或 12mm 热镀锌圆钢作连接线，就近从接地干线预留或钢柱引至设备及管道处，干线与设备、管道的连接采用钢筋直接焊接或用 10mm² 以上软线采用螺丝连接。

二十、楼宇自控工程

（一）工程概况

新广州站站房楼宇自控（BA）工程共分五个分部工程，各分部工程施工范围如下：

1. 中央监控站：包括工作站、服务器、打印机、电子值班、操作台、服务器机柜、电源柜、通信柜、大屏幕投影、IP 电话、操作系统、监控软件安装调试等。

2. 通信、集中供电系统：包括干网通信电源柜、BAS 通信箱安装，电源线敷设、光缆敷设和熔接等。

3. 变配电监控：包括十座 10/0.4kV 变电所，高压柴油发电机组，太阳能发电系统，以及一级负荷供电的 EPS、UPS 等应急电源设备监控装置的安装与调试。

4. 机电设备监控：包括空调机组、新风机组、通风机、排烟机、管道阀门、冷水机组、冷却水泵、冷却塔、热交换器、热循环泵、生活水泵、清水池、生活水箱、排水泵、集水井、污水泵、污水井、电梯、自动扶梯等各类机电设备监控装置的安装与调试。

5. 智能照明监控：包括室内照明、站台照明、地道照明、广告照明、景观照明、路灯及航空障碍标志灯等的监控装置安装与调试。

智能照明采用了Sysliht-2000先进的控制系统，实现如下功能：

(1) 场景控制功能：Sysliht-2000照明系统可以通过综合考虑和分析与站房照明密切相关的时间、区域、环境照度、客流量和列车到出站时间等因素，按照预设的控制策略，对站房照明进行动态智能化管理，控制照明灯具在不同情况下以不同状态工作，实现多样化的站房照明场景，从而在提高照明质量的同时获得最佳的节能效果。

(2) 继电器过零开断技术：消除继电器触点电弧，延长寿命。

(3) 继电器机械自锁，特别适合大空间金卤灯等的控制。

(4) 继电器模块内置电源，提高供电可靠性。

(5) 继电器模块自带消防干节点接口，实现与FAS的联动。

(6) 抗干扰能力强。

(7) 总线自愈功能。

(8) 超静音技术。

(9) 坏灯检测功能。

楼宇自控（BA）工程施工单位：成都四为电子信息股份有限公司。

楼宇自控（BA）工程自控设备数量，如表4-7-2-88所示。

楼宇自控设备数量汇总　　　　　　　表 4-7-2-88

序号	名称	数量	备注
1	智能照明控制柜	91	
2	机电设备DDC监控箱	226	
3	机电设备通信箱	65	
4	UPS通信电源柜	5	
5	通信柜、服务器机柜	2	
6	PLC控制柜	14	
7	工作站	6	
8	操作台	1	
9	打印机	2	
10	可视对讲	6	

（二）施工组织机构

施工管理组织机构，如图4-7-2-375所示。

（三）施工工艺流程

楼宇自控工程施工工艺流程，如图4-7-2-376所示。

1. 环网光纤的敷设

要组成光纤环网，就必须将光纤以"手拉手"的方式敷设到每一台通信设备，使整个监控系统网络实现冗余功能，以保证整个监控网络不因个别通信设备的故障而造成数据传输丢失，如图4-7-2-377所示。

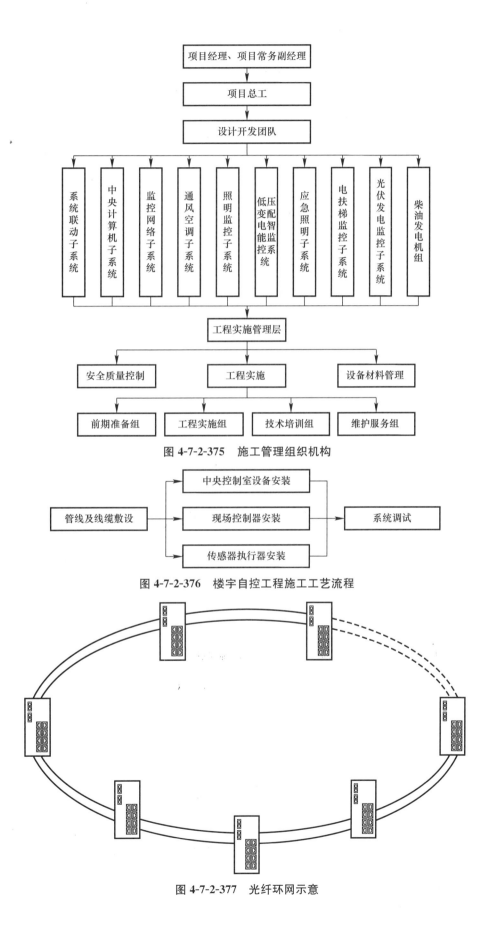

图 4-7-2-375 施工管理组织机构

图 4-7-2-376 楼宇自控工程施工工艺流程

图 4-7-2-377 光纤环网示意

而实际施工中,首尾两处通信设备之间不需敷设光纤(如图4-7-2-377中虚线所示),亦可以通过多芯光纤对熔的办法实现环网敷设。这样,在保证环网冗余功能的前提下,大大减少了施工作业量,降低了成本,节省了材料。

(1) 布管

传输线路采用绝缘导线时,必须采取穿金属管、普利卡金属套管、硬质塑料管、硬质PVC管或封闭式线槽保护方式布线,优选穿钢管或电线管。布线使用的非金属管材、线槽及其附件必须采用不燃或阻燃性材料制成。

不同系数、不同电压等级、不同电流类别的线路,不得穿在同一管内或线槽的同一槽孔内。

导线在管内或线槽内,不得有接头或扭结。导线的接头,必须在接线盒内焊接或用端子连接。(小截面导线连接时可以绞接,绞接匝数必须在5匝以上,然后搪锡,用绝缘胶带包扎。)

管路超过下列长度时,必须在便于接线处装设接线盒:

① 管子长度每超过45m,无弯曲时。
② 管子长度每超过30m,有1个弯曲时。
③ 管子长度每超过20m,有2个弯曲时。
④ 管子长度每超过12m,有3个弯曲时。

弯制保护管时,必须符合下列规定:保护管的弯成角度不得小于90°;当穿无铠装的电缆且明敷设时,弯曲半径不得小于保护管外径的6倍;当穿铠装电缆及埋设于地下混凝土内时,弯曲半径不得小于保护管外径的10倍。

管内或线槽的穿线,要在建筑抹灰及地面工程结束后进行,在穿线前,要将管内或线槽内的积水及杂物清除干净,管内无铁屑及毛刺,切断口要挫平,管口要刮光。

敷设在多尘或潮湿场所管路的管口和管子连接处,必须做密封处理(加橡胶垫等)。

弱电线路的电缆竖井宜与强电电缆竖井分别设置,如受条件限制必须合用时,弱电和强电线路必须分别布置在竖井两侧。

镀锌钢管采用套接紧定式连接。套接紧定式镀锌钢管由于连接件安装方式的特殊性,管件之间连接快捷、导电性能良好,无需加装跨接地线,省工省时省材料,如图4-7-2-378所示。

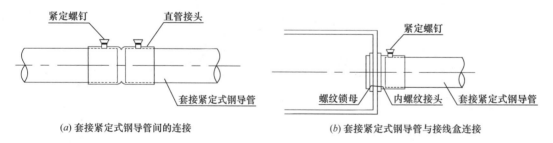

图 4-7-2-378 套接紧定式钢导管连接示意

钢管暗敷要选最短途径敷设,埋入墙或混凝土内时,离表面的净距离不得小于30mm。

暗敷的保护管引入地面时,管口宜高出地面200mm。当从地下引入落地仪式盘(箱)时,宜高出盘(箱)内地面50mm。

接线盒和分线盒必须密封,分线箱必须标明编号。钢管入盒时,盒外侧要套锁母,内侧要装护口。在吊顶内敷设时,盒内外侧必须套锁母。

管线经过建筑物变形缝(包括沉降缝、伸缩缝、抗震缝等)处,要采取补偿措施。导线跨越变形缝的两侧要固定,并留有适当余量。

过路箱一般做暗配线时电缆管线的转接或接续用,箱内不得有管线穿过。

分线箱(盒)暗设时,一般要预留墙洞。墙洞大小按分箱尺寸留有一定余量,即墙洞上、下边尺寸增加20~30mm,左、右边尺寸增加10~20mm。分线箱(盒)安装高度要满足底边距地、距顶0.3m。

为确保用电安全,室内管线与其他管道最小距离,如表4-7-2-89所示。

室内管线与其他管道最小距离　　　　表4-7-2-89

序号	管道名称	管内穿线(m)	明敷导线(m)	附注
平行敷设时				
1	煤气管	0.1	1	
2	乙炔管	0.1	1	
3	氧气管	0.1	0.5	
4	蒸汽管	1/0.5	1/0.5	电线管在上面/电线管在下面
5	暖水管	0.3/0.2	0.3/0.2	电线管在上面/电线管在下面
交叉敷设时				
6	煤气管	0.1	0.3	
7	乙炔管	0.1	0.5	
8	氧气管	0.1	0.3	
9	蒸汽管	0.3	0.3	
10	暖水管	0.1	0.1	

建筑物内横向布放的暗管管径不宜大于G25,天棚里或墙内水平、垂直敷设管路的管径不宜大于G40。

在户外和潮湿场所敷设的保护管,引入分线箱或仪表盘(箱)时,宜从底部进入。

敷设在电缆沟道内的保护管,不得紧靠沟壁。

在吊顶内敷设各内管路和线槽时,要采用单独的卡具吊装或用支撑物固定。

线槽必须平整,内部光洁、无毛刺,加工尺寸准确。线槽采用螺栓连接或固定时,宜采用平滑的半圆头螺栓,螺母要在线槽的外侧,固定必须牢固。

线槽的安装要横平竖直,排列整齐,其上部与顶棚(或楼板)之间要留有便于操作的空间。垂直排列的线槽拐弯时,其弯曲弧度要一致。

线槽的直线段每隔1.0~1.5m设置吊点或支点,吊装线槽的吊杆直径,不得小于6mm。在下列部位必须设置吊点或支点:

① 线槽接头处。

② 距接线盒0.2m处。

③ 线槽走向改变或转角处。

线槽安装在工艺管道上时,宜在工艺管道的侧面或上方(高温管道,不得在其上方)。

线槽拐直角弯时,宜用专用弯头。其最小的弯曲半径不得小于槽内最粗电缆外径的10倍。

(2) 穿线

穿线工作在土建工程基本完工,墙面、地面抹灰工程完成后进行。

楼宇自控系统中常用的线缆有耐压300/500V聚氯乙烯绝缘铜芯线,同轴电缆,双绞线、光纤。

穿线绝缘导线或电缆的总截面积不得超过管内截面积的40%。敷设于封闭或线槽内的绝缘导体或电缆的总截面积不得大于线槽净截面积的50%。

多芯电缆的弯曲半径，不得小于其外径的6倍。

信号电缆（线）与电力电缆（线）交叉敷设时，宜成直角。当平行敷设时，其相互间的距离必须符合设计规定。

电缆沿支架或在线槽内敷设时必须在下列各处固定牢固：

① 当电缆倾斜坡度超过45°或垂直排列时，在每一个支架上。

② 当电缆倾斜坡度不超过45°且水平排列时，在每隔1～2个支架上。

③ 在线路拐弯处和补偿余度两侧以及保护管两端的第1、2两个支架上。

④ 在引入各表盘（箱）前300～400nm处。

⑤ 在引入接线盒及分线箱前150～300nm处。

室外电缆线路的路径选择以现有地形、地貌、建筑设施为依据，并按以下原则确定：

① 线路宜短直，安全稳定，施工、维修方便。

② 线路宜避开易受机械或化学损伤的路段，减少与其他管线等障碍物的交叉。

③ 视频与射频信号的传输宜用特性阻抗为75Ω的同轴电缆，必要时也可选用光缆。

④ 具有可供利用的架空线路时，可用杆架空敷设，但与电力线（1kV）的间距不得小于1.5m，与广播线间距不得小于1m，与通信线的间距不得小于0.6m。

⑤ 架空电缆时，同轴电缆不能承受大的拉力，要用钢丝绳把同轴电缆吊起，方法与电话电缆的施工方法相似。室外电线杆的埋设一般按间距40m考虑，杆长6m，杆埋深1m。室外电缆进入室内时，预埋钢管要做防雨水处理。

⑥ 需要钢索布线时，钢索布线最大跨度不要超过30m，如超过30m要在中间加支撑点或采用地下敷设的方式。跨距大于20m，用直径4.6～6mm的钢绞线；跨距20m以下时，可用3条直径4mm的镀锌铁丝绞合。

2. 中央控制室设备安装

设备安装前必须进行检验，并应符合下列要求：

(1) 设备外形完好无损，内外表面漆层完好。

(2) 设备外形尺寸、设备内主板及接线端口的型号、规格符合设计要求，备品备件齐全。

(3) 按图纸连接主机、不间断电源、打印机、网络控制器等设备。

(4) 设备底座位与设备相符，其上表面必须保持水平。

中央控制室及网络控制器等设备的安装要符合下列规定：

(1) 控制室、网络控制器必须按设计要求进行排列，根据柜的固定孔在基础槽钢上钻孔，安装时从一端开始逐台就位，用螺栓固定，用小线找平找直后再将各螺栓紧固。

(2) 对引入的电缆或导线进行校线，按图纸要求编号。

(3) 标志编号与图纸一致，字迹清晰，不易褪色。配线要整齐，避免交叉，固定牢固。

(4) 交流供电设备的外壳及基础必须可靠接地。

(5) 中央控制室根据设计要求设置接地装置。当采用联合接地时，接地电阻不得大于1Ω。

3. 现场控制器DDC安装

(1) DDC可安装在被控设备机房中（如冷冻站、热交换站、水泵房、空调机房等）。可在设备附近墙上距地1500mm用膨胀螺栓安装。

(2) DDC与被监控设备就近安装。

(3) DDC安装必须远离强电磁干扰。

(4) DDC的数字输出宜采用继电器隔离，不允许用DDC数字输出的无源触点直接控制强回电路。

(5) DDC的输入、输出接线必须有易于辨别的标记。

(6) DDC安装必须有良好接地。

(7) DDC电源容量要满足传感器、驱动器的用电需要。

4. 传感器设备安装

(1) 温度传感器安装

温度传感器用于测量室内、室外、风管、水管的温度。温度传感器包括风管、水管温度传感器，室内、室外温度传感器。按传感器使用的敏感材料又分$1k\Omega$镍薄膜、$1k\Omega$铂薄膜、$1k\Omega$和100Ω铂等效平均值及$20k\Omega$NTC非线性热敏电阻等类型。

温度传感器输出按温度变化的电阻值变化或再由放大单元转换成与温度变化成比例的$0\sim10V$ DC或$4\sim20mA$的输出信号。选择温度传感器需与DDC模拟输入通道的特性相匹配。

通常根据被测介质的性质、温度范围、传感器的安装长度、精度和价格选用适合于监控要求的传感器。

(2) 室内/室外温度传感器安装

① 室内温度传感器不得安装在阳光直射的地方，必须远离室内冷/热源，如暖气片、空调机出风口。远离窗、门直接通风的位置。如无法避开则与之距离不得小于2m。

② 室内温度传感器安装要求美观，多个传感器安装距地高度必须一致，高差不得大于1mm，同一区域内高差不得大于5mm。

③ 室外温度传感器必须具有遮阳罩，避免阳光直射，具有防风雨防护罩，远离风口、过道。避免过高的风速对室外温度检测的影响。

④ 选用RVV或RVVP2×1.0线缆连接现场DDC。

(3) 水管温度传感器安装

① 水管型温度传感器不宜在焊缝及其边缘上开孔和焊接安装。水管温度传感器的开孔与焊接必须在工艺管道安装时同时进行。必须在工艺管道的防腐和试压前进行。

② 水管型温度传感器的感温段宜大于管道口径的二分之一，要安装在管道的顶部和便于调试、维修的地方。

③ 水管型温度传感器的安装不宜选择在阀门等阻力件附近、水流流束死角和振动较大的位置。

④ 选用RVV或RVVP2×1.0线缆连接现场DDC。

(4) 风管温度传感器安装

① 传感器必须安装在风速平稳，能反映风温的位置。

② 传感器的安装要在风管保温层完成后，安装在风管直管段或避开风管死角的位置和便于调试、维修的地方。

③ 选用RVV或RVVP2×1.0线缆连接现场DDC。

温度传感器至DDC间要尽量减少因接线电阻引起的误差，对于$1k\Omega$铂温度传感器的接线总电阻小于 1Ω。对于 NTC 非线性热敏电阻传感器的接线总电阻小于 3Ω。

(5) 湿度传感器安装

湿度传感器用于测量室内、室外和风管的相对湿度。

湿度传感器在不同的相对湿度的情况下，由于不同的精度，必须根据不同的需要选用不同的湿度传感器，通常根据被测介质的湿度范围、场所、精度和价格进行选择，以满足 BAS 监控的要求。其输出信号通常为 4～20mA 或 0～10V DC，要注意与 DDC 模拟输入通道的特性相匹配。

(6) 室内/外湿度传感器安装

① 室内湿度传感器不得安装在阳光直射的地方，必须远离室内冷/源，如暖气片、空调机出风口。远离窗、门直接通风位置。如无法避开则与之距离不得小于 2m。

② 室内湿度传感器安装要求美观，多个传感器安装距地高度必须一致，高差不得大于 1mm，同一区域内高差不得大于 5mm。

③ 室外湿度传感器必须有遮阳罩，避免阳光直射，要有防风雨防护罩，远离风口、过道。避免过高的风速对室外湿度检测的影响。

④ 选用 RVV 或 RVVP3×1.0 线缆连接现场 DDC。

(7) 风管湿度传感器安装

① 传感器必须安装在风速平稳，能反映风温的位置。

② 传感器的安装必须在风管保温层完成后，安装在风管直管段或要避开风管死角的位置和便于调试、维修的地方。

③ 选用 RVV 或 RVVP3×1.0 线缆连接现场 DDC。

(8) 压差开关安装

风压压差开关用来检测空调机过滤网堵塞、空调机风机运行状态。安装时要注意以下几点：

① 风压压差开关安装时，要注意安装位置，宜将压差开关的受压薄膜处于垂直位置。如需要，可使用"L"形托架进行安装，托架可用铁板制成。

② 风压压差开关安装时，要注意压力的高、低。过滤网前端接高压端，过滤网后端接低压端。空调机风机的出口接高压端、空调机风机的进风口接低压端，如图 4-7-2-379 所示。

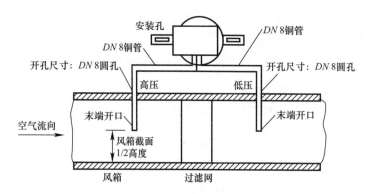

图 4-7-2-379 风压压差开关安装示意

③ 风压压差开关要安装在便于调试、维修的地方。

④ 风压压差开关不得影响空调器本体的密封性。

⑤ 导线敷设可选用 DG20 电线管及接线盒，并用金属软管与压差开关连接。

⑥ 选用 RVV 或 RVVP2×1.0 线缆连接现场 DDC。

（9）水压压差开关安装

水压压差开关通常用来检测管道水压差，如测量分、集水器之间的水压差，用其压力差来控制旁通阀的开度。安装时注意以下几点：

① 水压压差开关必须安装在管道顶部，便于调试、维修的位置。

② 水压压差开关不宜在焊缝及其边缘上开孔和焊接安装。水压压差开关的开孔与焊接必须与工艺管道安装同时进行，并在工艺管道的防腐和试压前进行。

③ 水压压差开关宜选在管道直管部分，不宜选在管道弯头、阀门等阻力部件的附近、水流流束死角和振动较大的位置。水压压差开关安装必须具有缓冲弯管和截止阀，最好加装旁通阀。

④ 选用 RVV 或 RVVP3×1.0 线缆连接现场 DDC。

（10）压力传感器安装

压力传感器通常用来测量室内、室外、风管、水管的空气或水的压力。安装时注意以下几点：

① 压力传感器必须安装在便于调试、维修的位置。

② 室内、室外压力传感器宜安装在远离风口、过道的地方，以免高速流动的空气影响测量精度。

③ 风管型压力传感器安装必须在风管保温层完成之后进行，必须安装在风管的直管端，即避开风管内通风死角和弯头。

④ 水管压力传感器不宜在焊缝及其边缘上开孔和焊接安装。水管压力传感器的开孔与焊接要与工艺管道安装同时进行，且必须在工艺管道的防腐和试压前进行。

⑤ 水管压力传感器宜在管道直管部分，不宜选在管道弯头、阀门等阻力部件的附近、水流流束死角和振动较大的位置。

⑥ 水管压力传感器必须加接缓冲弯管和截止阀，如图 4-7-2-380 所示。

⑦ 选用 RVV 或 RVVP3×1.0 线缆连接现场 DDC。

（11）水流开关安装

水流开关通常用来检测水管中水流状态。安装时注意以下几点：

① 水流开关必须安装在便于调试、维修的地方。

② 水流开关要在水平管段上垂直安装，不得安装在垂直管段上，如图 4-7-2-381 所示。

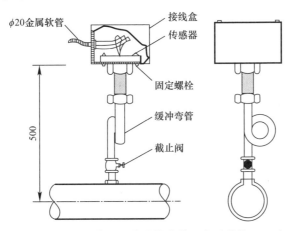

图 4-7-2-380　水管压力传感器安装示意（单位：mm）

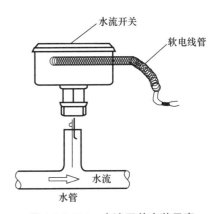

图 4-7-2-381　水流开关安装示意

③ 水流开关不宜在焊缝及其边缘上开孔和焊接安装。水流开关的开孔与焊接必须与工艺管道安装同时进行，并在工艺管道的防腐和试压前进行。

④ 水流开关安装要注意水叶子与水流方向。水流叶片的长度必须大于管径的 1/2。

⑤ 选用 RVV 或 RVVP2×1.0 线缆连接现场 DDC。

(12) 流量传感器安装

流量传感器用来测量系统流量，配合系统温度的变化，换算出系统的冷/热负荷。常用的流量传感器有电磁式和涡轮式两种。电磁式流量传感器是基于电磁感应定律的流量测量仪表，涡轮式流量传感器是基于涡轮转速的流量测量仪表。

电磁流量计的安装：

① 电磁流量计必须安装在无电磁场干扰的场所。

② 电磁流量计要安装在直管段，流量计的前端要有长度为 $10D$（D 为管径）的直管，后端要有长度为 $5D$ 的直管段。如传感器前后的管道中安装有阀门和弯头等影响流量平稳的设备，则直管段的长度还需相应增加。

③ 系统如有流量调节阀，电磁流量计必须安装在流量调节阀的前端。

④ 用 RVV 或 RVVP3×1.0 线缆连接现场 DDC。

涡轮式流量计的安装：

① 涡轮式流量计必须水平安装，流体流动方向必须与流量计所示的流向标志一致。

② 涡轮式流量计必须安装在直管段，流量计的前端要有长度为 $10D$（D 为管径）的直管，后端要有长度为 $5D$ 的直管段。如传感器前后的管道中安装有阀门和弯头等影响流量平稳的设备，则直管段的长度还需相应增加。

③ 涡轮式流量变速器要安装在便于维修并避免管道振动的场所。

④ 选用 RVV 或 RVVP3×1.0 线缆连接现场 DDC。

(13) 电量变送器安装

电量变送器把电压、电流、频率、有功功率、无功功率、功率因数和有功电能等电量转换成 4～20mA 或 0～10mA 输出。安装时要注意以下几点：

① 被测回路加装电流互感器，互感器输出电流范围必须符合电流变送器的电流输入范围。

② 变送器接线时，要严防电压输入端短路和电流输入端开路。

③ 变送器的输出要与现场 DDC 输入通道的特征相匹配。

(14) 电动风阀安装

电动风阀用来调节控制系统风量、风压，由风阀和风阀驱动器组成。风阀驱动器根据风阀的大小来选择。电动风阀提供辅助开关和反馈电位器，能实时显示风阀的开度。安装时注意以下几点。

① 电动风阀与风发驱动器连接的轴杆要伸出风阀体 80mm 以上，风阀驱动器与风阀轴的连接必须牢固。

② 风阀驱动器上的开闭箭头的方向与风门开闭方向一致。

③ 风阀驱动器与风阀轴垂直安装。风发驱动器的输出力矩必须满足风阀转动的需要。

④ 风阀驱动器的工作电压、输出电压与 DDC 的输出相匹配。

⑤ 选用 RVV 或 RVVP3×1.0 线缆连接现场 DDC。

5. 设备安装常见错误

水流开关是中央空调系统中常用的监控设备，如图 4-7-2-382 所示，用于监控空调循环水管中的流动情况。由于设备本身为单向机构，所以一定要在被监控水管中尚未充水时弄清楚水流方向，并按照正确的方向安装水流开关。如若安装反向，则要在水管中循环水没有流动时，进行调整。

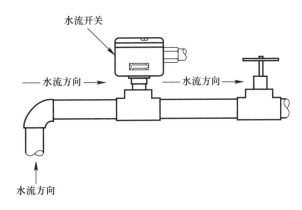

图 4-7-2-382　水流开关示意

6. 施工难点

对施工图深化设计是整个工程的重要一环。新广州站工程涉及专业多，而且由几个设计单位联合设计，其中难免在某些方面不能满足综合要求。同时，楼宇自控系统又是所有监控系统中涉及专业最多的系统之一，需要跟暖通、建筑、电力、消防、信号等各个专业密切配合。因此，在施工前需根据设计要求进行施工图深化设计，以满足施工需要。施工图深化设计要做到：

① 与土建、装修单位紧密配合，综合考虑各种机电设备的安装位置、走线方式，对线缆沟、槽以及墙体洞室等整体考虑，以保证预留、预埋质量和施工、装修效果。

② 要进行各种设备监控接口的确认，这需要与各专业设计人员、设备供应厂家进行沟通，明确各设备的监控接口是硬接线还是通信接口，在明确监控接口的基础上，仔细核查各种控制线缆的型号是否正确，预埋数量是否足够。

③ 机电工程各种管线众多，根据各类管线的具体情况，综合平衡考虑配制支吊架，以减少预埋件位置误差和防止错埋、漏埋，在土建工程施工期间，安排专人配合土建施工队伍及时跟踪、检查，发现预埋位置有误时，及时联系相关单位协调处理。

7. 检测、调试及验收

楼宇自控系统的检测、调试分为两个阶段进行：

第一阶段为设备级检测、调试（又称一级调试），本阶段主要是针对设备预定功能的检测和调试。在现场用 DDC 控制器监测与 DDC 相连的监控点参数和状态，通过改变这些参数和位置状态，检测执行器的可靠性和准确性。

第二阶段为系统级检测、调试（又称二级调试），本阶段主要是在中央监控工作站进行楼宇自控系统设备联锁、联动功能检测和调试。

每个阶段的调试工作展开前，都必须按照楼宇自控工程的分项子工程分别编制具体的调试及试运行方案，并呈报建设单位、监理单位审核，审核通过后方能进行相应的调试工作，并做好详细的调试及试运行记录，及时整理归档。

在现场调试前，必须向总包单位、监理、业主提供调试计划、调试方法和调试要求报告，经总包单位、监理、业主同意后可进行调试。

（1）调试前准备

BA 系统的调试必须在所有设备（楼宇机电设备、自控设备）安装完毕，楼宇机电设备试运行工作状态良好，而且满足各自系统工艺要求的情况下进行。

BA 系统的调试要全面了解整个系统的功能和性能指标，待全部设备安装完成后进行。各设备按系统文件进行检查，单机运行必须正常，与各系统的联动、信息传输和线路敷设满足设计要求。

（2）传感器、DDC、驱动器检测

传感器、DDC 作为 BA 系统的基础单元，其性能的好坏直接影响到系统的性能。要确保系统稳定、可靠、高质量地运行，必须加强对传感器、DDC 性能检测。

数字量传感器检测：常用数字量传感器有压差开关、防霜冻开关等。

① 按设备和设计要求输入相应气压、水压，检查相应的压差传感器输出是否符合要求。

② 按设备和设计要求输入相应空气温度，检查防霜冻开关输出是否符合要求。

模拟量传感器检测：常用模拟量传感器有温度传感器、湿度传感器、压力传感器、压差传感器及流量传感器等。

① 按设计说明书要求输入相应温度空气，检查室内、风管空气温度传感器的输出是否满足要求。

② 按设计说明书要求输入相应温度水，检查水管温度传感器的输出是否满足要求。

③ 按设备说明书要求输入相应湿度的空气，检查湿度传感器的输出是否满足要求。

④ 按设备说明书要求输入相应液体流量，检查流量传感器的输出是否满足要求。

⑤ 按设备说明书要求输入相应电压、电流、频率、功率因数和电量，检查相应变送器的输出是否满足要求。注意严防电压型传感器的电压输入端短路和电流型传感器的输入段开路。

上述检测可以在现场进行也可以在实验室完成。

（3）DDC 输入输出检测

① 开关量输入检测（运行、故障状态）。模拟开关量输入，检测现场 DDC 输出并在上位机记录。检测开关量输入的次数、时间、地址是否准确。

② 脉冲信号输入检测。按设备和设计要求模拟输入相应脉冲宽度、相应脉冲幅度、相应脉冲频率的开关量信号，检查现场 DDC 输出并在上位机记录。检查上位机记录与实际输入是否一致。

③ 现场 DDC 开关量输入检测。连接现场被控设备干触点，改变干触点状态，检查上位机显示、记录与实际输入是否一致。

④ 现场 DDC 开关量输出检测。在上位机用程序方式或手动方式设置数字量输出点，检查被设置 DDC 数字输出点的输出状态是否准确。检测接口电压、电流是否满足要求。

⑤ 模拟量输入检测。按设备说明书要求输入相应（0～10V，0～20mA，1K RTD），检查 DDC 输出端的电压和电流是否符合要求。

⑥ 现场 DDC 模拟量输出检测。在系统中变化温度、湿度、压力、压差、流量，逐个检查 DDC 输出的电压和电流是否符合要求。

(4) 驱动器的检测

驱动器检测前，首先用手动方式检查驱动器工作是否正常，机械转动是否灵活，是否满行程可调。手动方式检查驱动器工作正常后，连接电动水阀、电动风阀、电动蒸汽阀，手动方式通过驱动器的传动检查阀门运动状况是否符合要求。

根据驱动器驱动的要求，输入相应的电压或电流，检测电动水阀、电动风阀、电动蒸汽阀的开度是否符合要求。

在系统中变化温度、湿度、压力、压差、流量逐个检查相应的电动水阀、电动风阀、电动蒸汽阀的开度是否符合要求。

(5) 直接数字控制器 DDC 调试

① 数字量输入调试

A. 信号电平的检查，包括干接点输入、信号、电压、电流等，按设备说明书和设计进行确认。

B. 按不同信号的要求，用程序的方法或手动的方法对全部测试点进行测试并做好记录，特殊功能的检查按规定的功能进行检查及正常、报警、线路开路、线路短路的检测等。

② 数字量输出调试

A. 信号电平的检查，包括继电器开、关量的输出等，按设备说明书和设计进行确认。检查输出电压和电流开关的特性，检查输出电压和电流是否符合要求。

B. 用程序的方法或手动的方法对全部数字量输出测试点进行测试并做好记录，受电设备运行要正常。

③ 模拟量输入调试

按说明书和设计要求，确认有源和无源的模拟量的类型、容量、设定值是否符合要求，对全部传感器进行检查（包括输入和输出信号值）。

④ 模拟量输出调试

A. 按说明书和设计要求，确认模拟量的类型、容量、设定值是否符合要求。

B. 检查各风门、电动阀驱动器的电压、驱动范围、驱动动作是否正常，对全部测试点的数值与要求一致进行检查。

C. 用程序的方法或手动的方法对全部测试点进行扫描测试，观察受试设备工作运行是否正常。

(6) 控制器功能调试

① 用程序的方法或手动的方法对全部数 DDC 功能测试，关闭主机确认全部 DDC 和受控设备运行正常，接通主机系统运行正常。

② DDC 软件功能用手提电脑测定，被控设备运行状态的返回信号时间必须符合要求。在现场模拟一个报警信号，在电脑显示器上测定触发蜂鸣器发出报警信号的时间是否符合要求。在控制室开启一台空调机测试电动机阀门的开度。

(7) 机房冷热源设备调试

机房冷热源设备的调试必须在冷水机组、冷水泵、热水泵、冷却塔等设备都能正常工作的情况下进行。

① 检查机房冷热源设备所有检测点 DI、AI、DO、AO 是否符合设计点表的要求。

② 检查所有检测点 DI、AI、DO、AO 接口设备是否符合 DDC 接口要求。

③ 检查所有检测点 DI、AI、DO、AO 的接线是否符合设计图纸的要求。

④ 检查所有传感器、执行器、水阀的安装、接线是否正确。

⑤ 手动启/停每一台冷水泵、热水泵、冷却水泵、冷却塔风机，检查上位机显示、记录与实际工作状态是否一致。

⑥ 手动输入每一台冷水泵、热水泵、冷却水泵、冷却塔风机故障信号，检查上位机显示、记录与实际工作状态是否一致。

⑦ 在上位机控制每台冷水泵、热水泵、冷却水泵、冷却塔风机的启/停，检查上位机的控制是否有效。

⑧ 模拟一台冷水泵、热水泵、冷却水泵、冷却塔风机故障，故障设备必须停止运行，备用水泵、风机必须能自动启动投入运行。

⑨ 关闭分水器输出部分阀门，检测分水器、集水器的压力差，检测旁通阀门的开度是否符合设计要求。检测流量计的流量变化、检测冷、热机组的运行变化是否满足设计要求。

⑩ 模拟冷却水的回水温度变化，检测冷却塔风机的运行状态是否符合设计要求。

⑪ 检测机房冷热源设备是否按设计和工艺要求顺序自动投入运行和自动关闭。

(8) 新风、空调机机组调试

① 新风、空调机机组的调试要在新风、空调机机组单机运行正常的情况下运行。

② 检查新风、空调机机组的所有检测点 DI、AI、DO、AO 是否符合设计点表的要求。

③ 检查所有检测点 DI、AI、DO、AO 接口设备是否符合 DDC 接口要求。

④ 检查所有检测 DI、AI、DO、AO 的接线是否符合设计要求。

⑤ 检查所有传感器、执行器、水阀的安装、接线是否正确。

⑥ 手动启/停新风、空调机机组，检查上位机显示、记录与实际工作状态是否一致。

⑦ 手动输入新风、空调机机组的故障信号，检查上位机显示、记录与实际工作状态是否一致。

⑧ 在上位机控制新风、空调机机组的启/停，检查上位机的控制是否有效。

⑨ 模拟回风温、湿度变化（新风机无此项），检测电动水阀、电动加湿阀、电动风阀的开度变化是否符合设计要求。

⑩ 模拟压差开关两端压力变化，上位机要有过滤网堵塞报警。

⑪ 模拟低温空气输入、防霜冻开关要有信号输出，上位机要有低温报警，并具有相关的联动控制。

⑫ 检测新风、空调机机组是否按设计和工艺要求的顺序自动投入运行和自动关闭。

(9) 给排水系统调试

给排水系统的调试必须在所有供水泵、排水泵、污水泵等设备都能正常工作的情况下进行。

① 检查给排水系统的所有检测点 DI、AI、DO、AO 是否符合设计点表的要求。

② 检查所有检测点 DI、AI、DO、AO 接口设备是否符合 DDC 接口要求。

③ 检查所有检测点 DI、AI、DO、AO 的接线是否符合设计要求

④ 检查所有传感器、执行器、水阀的安装、接线是否正确。

⑤ 手动启/停系统每一台水泵，检查上位机显示、记录与实际工作状态是否一致。

⑥ 手动输入系统每一台水泵的故障信号，检查上位机显示、记录与实际工作状态是否

一致。

⑦ 在上位机控制每台水泵的启/停，检查上位机的控制是否有效。

⑧ 模拟一台水泵故障，停止运行，检查备用水泵能否自动启动投入运行。

⑨ 模拟供水管道出水压力，检测变频器输出是否符合设计要求。

⑩ 模拟水箱、污水池液位变化，检测水泵运行变化是否满足设计要求。

(10) 变配电系统调试

① 检查变配电系统所有检测点 DI、AI 是否符合设计点表的要求。

② 检查所有检测点 DI 接口是否符合 DDC 接口要求。

③ 检查所有检测点 AI 的量程（电压、电流）与变送器的量程范围是否相符，接线是否正确。

④ 比较上位机电压、电流、有功功率、功率因数、电能显示读数与现场仪表显示读数，检测是否符合设计要求。

⑤ 检查柴油发电机组所有检测点 DI、AI、DO 是否符合设计点表的要求。

⑥ 检查柴油发电机组 DI、AI、DO 接口是否符合 DDC 接口要求。

⑦ 手动启/停柴油发电机组，检查上位机显示、记录与实际工作状态是否一致。

⑧ 手动输入柴油发电机组故障信号，检查上位机显示、记录与实际工作状态是否一致。

⑨ 在上位机控制柴油发电机的启/停，检查上位机的控制是否有效。

⑩ 模拟主电路断电情况，在上位机监视柴油发电机组自启动的时间、开关设备动作、输出电压等指标是否符合设计要求。

(11) 电梯系统调试

① 检查电梯系统所有检测点 DI、DO 是否符合设计点表的要求。

② 检查所有检测点 DI、DO 接口是否符合 DDC 接口要求。

③ 启/停、上/下运行电梯，检查上位机显示、记录与实际工作状态是否一致。

④ 在上位机控制电梯系统的每一部电梯启/停、上/下运行，检查上位机的控制是否有效。

(12) 中央控制设备和系统软件调试

连接电脑工作站，打印机，数据解码器，UPS 不间断电源，MBC，然后从 DDC 中收回已下载的数据，并将完成的各系统平面图放入电脑中并联，取得动态图，从动态图中便可控制设备，监测设备的运行状态、故障报警、温度变化等实时数据，并可根据不同要求修改启停时间、数据参数和观察趋势图。从电脑中分别测试每个点，并从现场确认每个点的动作是否有误。

系统软件调试必须按各机电子系统逐个调试，要根据工艺要求进行调试。具体需完成如下各项调试工作：

① 系统功能设置调试。改变系统功能设置，相应机电设备必须满足设计和使用要求。

② 数据交换调试。实时测量数据、报警数据和设备开关状态信息等必须以数据文件的格式存储，同一环境下运行的其他软件能共享数据文件。

③ 图形编辑功能调试。人机界面软件是否具有丰富的图库，包含空调通风、给排水、变配电、动力及照明、电梯系统、空调冷热源、换热器、VAV 末端装置、风机盘管、空调水二次泵和建筑结构平面等图形，是否具有灵活的图形创建和编辑功能。

④ 报表及数据显示功能调试。按日、周、月、年生成报表。对于模拟量数据，能用数据

趋势曲线图、棒图等形式来表示，并且时间刻度和数据幅值可任意设置。

⑤ 报警功能调试。将报警点进行人工设置，监控工作站要能立即弹出报警信号所在系统的模拟图或建筑平面图，声光报警按要求动作，同时能打印相关报警信息。

⑥ 程序下载功能调试。在工作站上编制一个机电控制程序，并下载到相应的 DDC 控制器上，DDC 控制器要能按程序要求运行。

⑦ 控制参数设置功能调试。在工作站上将空调机组的送风温度设定值降低，空调机组要能调整到相应的设置值。在工作站设备模拟图上启动和关闭某个设备，该设备要能立即执行。

⑧ 冷热源顺序控制功能调试。水泵、冷却塔、冷水机组、换热器等必须按照设计的顺序启停。

⑨ 人机界面功能调试。人机接口界面必须简捷、汉化、图形化，图形切换流程清晰，响应时间小于设计要求。不同等级的操作权限对应不同的操作内容，能拒绝非法、越权等操作。

⑩ 在工作站上按监控点表的要求，对 DI、DO、AI、AO 进行检查核对。

⑪ 人为模拟故障，检查热备份系统是否能正确、可靠运行，且参数不丢失。

⑫ 根据调试记录整理数据，如实填写试验报告。

（四）质量保证措施

1. 保证材料设备质量

（1）对所采购的设备材料进行验证或复检，检验工作结束后，必须填写进货检验记录表，由项目经理审核。

（2）进货检验期间和检验结束后，按检验和试验状态控制程序进行标识。

（3）所有检验和试验记录按文件与资料档案管理办法整理、编目、归档、备查。

（4）全部材料进场均按照规定向监理公司报验，报验合格通过后方可进场使用。

（5）仓管员根据规定对全部产品的贮存、保管、领用、维护进行管理。对进入仓库全部材料均要求进行产品标识，对施工班组领用材料均要求有施工员开出的领料单，防止施工班组领错材料。

2. 施工机具正常及计量器具的有效性

（1）按照各部门提出的计划提供经检验合格的计量器具。

（2）对所持有的计量器具建立使用台账，必须记录各计量器具的检验有效期，防止计量器具过期使用。

（3）向各施工班组提供完好的施工机具。

（4）负责对所持有的全部机具进行保养维修，保证机具的良好运行状况。

（5）施工机具的调配保持相对使用固定性，并保留一定的机具作为备用。

3. 施工人员的技术素质

（1）全体管理人员和特种专业人员（如电工、焊工等）必须持证上岗，做好上岗前培训教育，消除人的不稳定因素。

（2）制定工程负责人、施工员、质安员、材料员、班组长的岗位职责，做到职责分明、层层落实、责任到人。

（3）对关键工序实行考核，引入竞争上岗制度，保证施工人员的质量责任心。

4. 施工及验收标准、规程、规范

（1）《建筑物电气装置　电器设备的选择和安装　通用规则》GB/T 16895.18—2002

(2)《建筑物电气装置 电器设备的选择和安装 信息技术装置的接地配置和等电位联结》GB/T 16895.17—2002

(3)《建筑物电气装置 安全防护 过电压保护 建筑物电气装置电磁干扰（EMI）防护》GB/T 16895.16—2002

(4)《智能建筑设计标准》GB/T 50314—2000

(5)《民用建筑电气设计规范》JGJ/T 16—92

(6)《高层建筑设计防火规范》GB/T 50045—95（2001版）

(7)《建筑及建筑群综合布线系统工程设计规范》GB/T 50311—2000

(8)《商用建筑线缆标准》EIA/TIA—568B

(9)《通信光缆的一般要求》GB 7424—87

(10)《电气装置安装工程施工及验收规范》GB 50254～50257

(11)《高层民用建筑设计防火规范》GB 50045

(12)《采暖通风与空气调节设计规范》GB 50019

(13)《建筑给水排水设计规范》GB 50015

(14)《工业企业通信设计规范》GBJ 42—81

(15)《工业企业通信接地设计规范》GBJ 79—85

(16)《建筑物防雷设计规范》GB 50057—2000

(17)《商业建筑通迅接地连接要求》ANS/EIA/TIA-607

(18)《非屏蔽双绞线电缆特性追加条款》EIA/TIA TSB-36

(19)《非屏蔽双绞线连接硬件传输特性追加条款》EIA/TIA TSB-40A

(20)《非屏蔽双绞线布线系统传输特性现场测试标准》EIA/TIA TSB-67

(21)《简明光纤布线指导》EIA/TIA TSB-72

(22) ISO 9001《质量标准》

(23) IEC 1131-2《可编导程控制器软硬件标准》

(24) IEC 61000-4-2《静电放电条款》

(25) IEC 61000-4-3《电磁场条款》

(26) IEC 61000-4-4《高频干扰条款》

(27) IEC 61000-4-12《电磁阻尼振荡条款》

(28) IEC 60068-2-2《振动测试条款》

(29) IEC 60068-2-27《打击测试条款》

(30) EIA RS-485/422《通讯协议》

5. 严格执行三级质量检验制度

安装工程的质量检验是自下而上按施工程序、分阶段进行。其流程如下：先由分项工程主管操作人员（班组长）组织自检、互检（第三级）→质安组及专业技术负责人（施工员）检验（第二级）→质安管理检定（第一级）。重要部位及关键工序的检验，除分区负责人和质安组及专业技术负责人参与外，还由质安管理共同检定，最后会同甲方、监理、总承包商等进行验收。

6. 坚持施工全过程的质量监控

(1) 施工前进行图纸会审。项目经理组织技术人员对施工文件进行内部审核及参加业主组织的图纸会审。

（2）编制施工组织设计及质量计划。项目经理部负责按照ISO9001质量保证体系文件要求进行编制、报批《施工组织设计》、《质量计划》。并负责将审批后的《施工组织设计》、《质量计划》对各负责人进行交底，由各负责人对专业施工组进行交底。

（3）保证施工依据的有效性。工程资料组负责工程所需的标准、规程、规范、图纸、工艺等文件符合国家标准及本工程要求，并负责对所有施工中用到的文件（包括施工图纸设计修改等外来文件）按文件和资料控制程序的规定办好登记、发放、回收手续。

（4）制定施工方案。各专业施工组制定关键工艺、关键工序的施工方案作业指导书，并报批。

（5）质量技术交底。施工员对班组长交付工作任务前，必须编写《单位工程施工质量技术交底卡》，报批后，对班组长进行质量技术、安全要求交底，并对其负责区域的配合情况等现场要求进行交底，同时要求施工员对班组长进行现场交底。

（6）开展班前活动。班组长必须坚持每天的班前活动，上班开工前对本组成员进行施工内容、质量要求、现场安全注意事项交底。

（7）定期和不定期监督检查。由项目经理会同质安管理等人员，按照分区的形式，组织该区全体专业施工管理人员、质量员、安全员对施工质量进行定期及不定期检查，及时指出存在的质量隐患，从早从快解决问题。

（8）召开质量安全会议。每个分区每周召开质量安全会议，指出现场施工质量存在的问题，落实责任人及整改期限，同时检查落实上一次会议提出的整改情况。

（9）检查验收。各专业负责施工的分部、分项工程完工后，经自查自检，确认符合设计要求、国家标准后，通知业主、监理和总承包商验收。

7. 成品及设备部件保护措施

（1）施工人员要认真遵守现场成品保护制度，注意爱护建筑物内的装修成品设备等设施。

（2）设备安装前要由有关人员检查进入现场的重要设备，拆箱点件并做好记录，发现缺损及丢失情况，及时向有关部门反映，在参加人员不全时，不得随意拆箱。

（3）设备开箱点件后对于易丢、易损部件必须指定专人负责入库妥善保管。各类小型仪表及进口零部件，在安装前不要拆包装，设备搬运时必须防止碰撞。

（4）配合土建预埋的保护管及管口要封好，各设备的管道接口也要封好，以免掉进杂物。

（5）各专业遇有交叉"打架"现象发生时，不得擅自拆改，需经设计、各专业、监理等有关部门协商解决后方可施工。

（6）对于贵重、易损的仪表、零部件，尽量在调试之前再进行安装，必须提前安装的要采取妥善的保护措施，以防丢失损坏。

（五）施工安全保证措施

1. 施工安全保证措施

（1）安全生产工作要严肃法规，落实责任，消灭违章，以强化管理为中心，努力提高企业的安全技术管理水平，确保全体施工人员的安全健康。

（2）参加该工程施工人员必须坚持"安全第一、预防为主"的方针。层层建立岗位责任制，遵守国家和企业的安全规程，在任何情况下不得违章指挥或违章操作。

（3）编制安全技术措施，书面向施工人员交底。

(4) 进入现场必须严格遵守现场各项规章制度，工长对施工人员要做好现场安全教育，进入现场必须戴好安全帽。

(5) 安装使用的脚手架，使用前必须认真检查架子有无糟朽现象，有无探头板，施工周围要及时清理障碍物，防止钉子扎脚或其他磕碰工伤事故。

(6) 施工地点及附近的孔洞必须加盖牢固，管道竖井其预留钢筋按需要孔径切割开洞，防止人员高空坠落和物体坠落伤人等事故的发生。

(7) 暂设用电必须符合安全用电规定，凡使用手持电动工具的必须有漏电保护装置，施工照明用电要低于36V低电压，潮湿地点作业要穿绝缘胶靴。

(8) 生产班组每周要进行一次班组安全活动，并有记录，查隐患、查漏洞、查麻痹思想，要经常不断地进行安全教育。

2. 消防安全保证措施

(1) 建立健全消防组织，负责消防的人员要时常进行现场巡回检查，如有特殊情况及时与有关部门联系。

(2) 严格执行现场用火制度，主动接受总包消防员的检查，电、气焊用火前必须先办理用火手续，并设专人看火。同时电、气焊工要经常检查电、气焊工具是否漏气、漏电，以防易燃易爆等不安全因素的产生，遇到五级以上大风天气时，禁止使用明火作业。

(3) 施工中如消防管道、设备等设施和其他工程发生冲突时，施工人员不得擅自处理更改，要及时报请甲方和设计单位，经批准后方可更改。

(4) 仓库、料场必须配备足够的消防器材，对易燃材料要集中管理，并设有明显标志，严禁在消火栓周围堆放设备材料，以确保消防设施道路的畅通。

(5) 冬季严禁用电炉取暖。

(6) 施工人员要严格执行现场消防制度及上级有关规定。

二十一、动力照明工程

(一) 工程概况

1. 用电负荷分类

新广州站为特大型铁路站房，分别设置一、二、三级负荷，其中一级负荷主要包括通信、信号、综合调度系统的用电设备，站房、站台等重要场合的照明，车站旅客客运广播，应急照明，消防用电设备，机电设备监控中心，消防值班室，疏散用电梯，消防用电设备及铁路信息用电等。二级负荷主要包括空调及通风设备电源、给排水电源、普通办公照明电源。三级负荷包括广告照明、餐厅厨房动力等除一、二级负荷以外的其他负荷。

2. 动力系统

动力系统主要包括消防动力和普通动力。消防动力采用双电源供电，主要控制设备有排风机、排烟风机、加压风机、消防栓泵、喷淋泵、控制箱等。普通动力采用单电源供电，主要控制设备有高/低压冷水机组、水泵、冷却塔、热交换器、新风机组、空调机组、风机盘管、控制箱、动力箱等。

3. 照明系统

照明按系统划分为正常照明和非正常照明，分别由独立的配电箱控制。事故照明采用双电源供电。插座支路由照明配电箱分支路供电，采用单项三线制，并设漏电开关保护，要求安装高度低于2.4m的灯具增加一根PE保护接地线。照明控制分为就地控制、集中控制和移动监测器进行控制。站房各层均有照明配电箱，且均为非标。

4. 电缆敷设

照明干线、普通动力干线及支线电缆采用ZR-YJV无卤阻燃型交联聚乙烯绝缘铜芯电缆，其导体工作温度均为90℃。应急照明干线、消防用动力干线及支线等采用NH-YJV无卤耐火型交联聚乙烯绝缘铜芯电缆，其导体工作温度均为90℃。

5. 电缆桥架

根据设计要求，地下车库层低压配电电缆桥架为耐火1h以上封闭式金属电缆桥架。地面出站层低压配电为热镀锌封闭式金属电缆桥架，车库、停车场部分采用耐火1h以上封闭式金属电缆桥架。高架候车层采用热镀锌电缆桥架敷设于高架设备夹层内，电缆桥架需要穿越结构与预应力梁，留洞高度及位置参照电力专业梁上留洞图及结构专业相关图纸。

6. 工程施工范围

动力、照明工程主要施工内容：

(1) 动力系统

包括：动力箱、柜安装；金属封闭式电缆桥架安装；动力配管、配线；电力电缆敷设；电机检查接线；设备送电调试；各系统联合调试；联合试运行及验收等。

(2) 照明系统

包括：照明配电箱、柜的安装；照明系统的配管、配线；开关插座安装；室内照明灯具安装；事故照明灯具安装；景观照明灯具安装；路灯安装；系统调试及运行等。

动力照明工程系统工程施工单位：湖南省工业设备安装有限公司。

动力照明工程系统设备数量，如表4-7-2-90所示。

动力照明工程系统设备数量汇总　　　　表4-7-2-90

序号	名称	单位	数量	备注
1	低压配电箱	个	433	
2	照明配电箱	个	274	
3	商业配电箱、柜	个	96	
4	冷冻机启动柜	个	8	
5	EPS应急电源柜	个	90	
6	金卤投光灯、筒灯	只	10070	
7	节能筒灯、荧光灯	只	31510	
8	LED灯、指示灯	处	2110	
9	开关、插座	处	1650	
10	等电位箱	个	365	

(二) 施工工艺及要求

1. 设备、材料运输

(1) 为确保设备二次运输过程完好无损，设备开箱检查后，立即进行设备电气、机械性能检查，合格后恢复包装，再进行运输。运输时要避免设备外壳凸出部分受力。

(2) 设备材料地面水平运输：在工地场区内设备水平运输采用3~5t机动叉车，将电气设备、电缆分别从设备仓库运至站房安装位置或吊装机具的起吊范围。

(3) 一般材料运输：人力板车运输。

(4) 站房内水平运输采用 2t 液压手推叉车辅以人工运至安装位置。

(5) 楼面层设备利用吊车垂直运送至各安装楼层。

2. 电缆桥架安装

(1) 桥架由厂家按要求加工好后，按照规定的时间进场，并经现场专业人员会同监理检验合格后方可使用。

(2) 作业条件：桥架安装在其安装部位的装修工程完成后，即可进行。吊顶内桥架安装要在吊顶之前进行。

(3) 工艺流程：设备进场检查→弹线定位→支、吊架安装→桥架安装与调整→保护地线安装。

电缆桥架安装工艺流程，如图 4-7-2-383 所示。

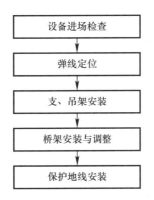

图 4-7-2-383　电缆桥架安装工艺流程

(4) 桥架安装进度对动力、照明安装工期影响较大，在总体施工中要将电缆沟、电气室等处的施工尽量提前安排。

(5) 安装前进行各专业会审，以确定桥架的安装位置和走向，要注意与工艺管道的避让。

(6) 桥架立柱间距符合设计和规范要求，在转弯处及立上、立下处适当增加立柱，以增加桥架承载力。立柱安装必须垂直，偏差小于 2‰。

(7) 托臂安装要一致。在同一平面上的高低偏差不大于 ±5mm，并与立柱垂直，不得有左右倾斜或上翘下塌现象。

(8) 桥架与托臂连接紧固，中心线左右偏差不大于 ±10mm，高低偏差不大于 ±5mm。

(9) 桥架的延续接缝一般放在立柱间的 1/4 处，避免在 1/2 处做头，连接螺帽要放在桥架外侧，连接板的尺寸要与桥架配套。

(10) 桥架接头间隙不大于 12mm，在沉降缝、伸缩缝处桥架要断开，断缝在 15～20mm。

(11) 桥架接地必须符合设计要求，各层间每隔 30～50m 做一次电气连接，两端与接地干线连通。接地线过伸缩缝时要留有余量（做成 Ω 形）。接地干线采用 35mm² 裸铜线通长设置，每隔 40m 与桥架连接一次。

(12) 成品保护。桥架的运输和堆放符合有关规定，注意防潮防污。对于易发生受污生锈部位的桥架，要注意检查，发现后及时处理，补刷防锈漆。

3. 电缆敷设

(1) 作业条件：变配电室内全部电气设备及用电设备配电箱、柜安装完毕，电缆桥架安装完毕，且检验合格，电缆检测合格后，即可进行电缆敷设工作。

(2) 根据设计图要求选择电缆。施工前要对电缆进行详细检查，并做绝缘摇测。用1kV摇表摇测，线间及对地的绝缘电阻不低于10MΩ。

(3) 电缆敷设前，先把电缆排列图画出来，防止电缆交叉，拐弯处以最大截面电缆允许半径为准，同等级电压的电缆支架敷设时水平净距不得小于35mm，标志牌要注明电缆编号、规格、型号及电压等级，沿支架桥架敷设电缆，在其两端、拐弯处、交叉处要挂标志牌。

(4) 本工程的电缆既有沿桥架敷设的，也有穿保护钢管明敷设的，做法参照电气规范及相关工艺标准中电缆敷设相关要求。

(5) 根据电缆敷设顺序排列图，确定每种规格电缆的堆放场地，并根据到货电缆清单和长度，对电缆进行分割，确保每盘电缆使用率达到最优化。

(6) 检查电缆的外观有无破损、扭曲、压扁现象，高压电缆必须按规范要求做直流泄漏试验、低压电缆用1000V兆欧表测量其绝缘情况，合格后方可敷设。

(7) 根据本标段工程情况，电缆敷设拟采用人力敷设。电缆运输到达目的地后，不允许将电缆从车辆上推下，要使用吊车或将其沿着斜板渐渐滚下。

(8) 电缆排列要整齐，尽量避免交叉，动力、控制电缆要分层放置。在桥架或支架上每隔1.5~2m用尼龙扎带固定一次，在终端及转弯处要留有余量，弯曲半径要符合规范要求。

(9) 电缆敷设后及时挂上标志牌，标志牌上注明线路编号、规格、型号及电压等级，并联使用的电缆要有顺序号，字迹清楚，不易脱落。

(10) 电缆穿管前对钢管进行清扫，清除管内积水或杂物，并用引线器牵引电缆，电缆敷设完，管口要及时封堵。

4. 电线导管、电缆导管敷设

(1) 工艺流程：加工吊架、钢管套丝、刷漆→弹线定位→安装吊架→吊顶内钢管敷设及调整，如图4-7-2-384所示。

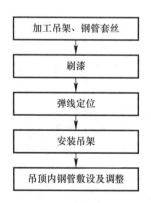

图4-7-2-384　电线导管、电缆导管敷设工艺流程

(2) 电气预埋配管，要求管口标高及坐标准确。

(3) 根据设计图纸要求及图纸会审记录，配合土建主体工程作好暗管敷设。

有吊顶的房间管线为钢管明设，采用热镀锌扁钢作吊架，紧密配合装修工程进行施工。管路的连接、防腐（防火）、弯扁度、弯曲半径、跨接地线、保护层、管盒固定、标高、管口处理等要求必须符合规范要求。

在施工中必须加强看护，保证管路畅通，做好自检、隐检、预检工作，并及时报验监理，保证施工符合实际和规范要求。

（4）吊顶内敷设管路的固定方式均采用膨胀螺栓及吊架固定在楼板上，具体做法按照《建筑电气通用图集》（92DQ）操作。

（5）钢管煨弯一般采用液压（电动）弯管器，明配管弯曲半径大于直径的6倍，暗配管大于直径的10倍，煨扁度小于10%。

（6）钢管连接采用螺纹连接或套接紧定式连接（明配）或套接（暗配），明配管要求整齐美观，并用金属卡固定。

（7）连接暗配管，套管长度为连接管径的1.5～3倍。连接管口的对口处要在套管中心，接口必须牢固严密。

管路超过下列长度，要加装接线盒，其位置要便于穿线：无弯时，30m；有一个弯时，20m；有两个弯时，15m；有三个弯时，8m。

盒、箱开孔要整齐，并与管径相吻合。要求一管一孔，不得开长孔。管口入盒、箱，管口露出盒、箱要小于5mm。多根管进入配电箱时排列间距必须均匀。

（8）所有钢管都需与接地系统可靠连通，金属管两端采用钢筋作接地跨接线。

5. 管内配线工程

（1）管内配线在配管工程配合土建结构施工完毕并通过验收合格后进行。在穿线前首先将管内积水和杂物清理干净，穿线完成后及时对其加以保护。

（2）按照施工规范要求，相线、零线及保护地线颜色要加以区分：

相线——黄、绿、红色。

零线——淡蓝色。

保护地线——黄绿双色线。

（3）穿线完毕后，选用500V，0～1000MΩ的绝缘电阻表对每条线路做绝缘摇测，并做好测试记录，照明线路绝缘电阻值不小于0.5MΩ，动力线路绝缘电阻不小于1MΩ。

6. 成套配电箱、柜安装

（1）成套配电箱、柜安装工艺流程：设备进场检验→设备搬运→柜体安装→柜内母排连接→柜二次回路配线→柜试验调整→送电试运行验收，如图4-7-2-385所示。

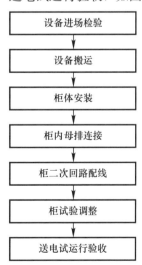

图4-7-2-385　配电箱、柜安装工艺流程

(2) 配电箱包括明装箱和暗装箱，根据设计要求加工订货。暗装配电箱根据预留洞尺寸，找好标高、水平、竖直，并将箱体用砂浆填实周边。明装箱量好尺寸，用膨胀螺栓（$\phi 10$）固定，不破坏箱面油漆，水平端正不歪斜。

(3) 配电箱、柜进场时，设备必须有铭牌，并注明厂家名称，附备件及资料齐全，设备开箱检查由业主、监理、施工单位及供货单位共同进行，并做好检查记录。

(4) 基础型钢安装时，必须将型钢调直，然后按图纸要求预制加工基础型钢架，并刷好防锈漆，按图示位置把基础型钢架设在预留铁件上，用水平尺找正，电焊固定，将接地扁钢与基础型钢两端焊牢，焊接长度为扁钢宽度的2倍。

(5) 柜体安装必须稳放，就位后先找正两端的柜体，再在柜高2/3处绷小线找正，采用0.5mm铁片调整，最后用M12镀锌螺栓固定。柜体与柜体，柜体与挡板，均用镀锌螺丝连接，每台柜必须单独与接地干线连接。

(6) 按图纸敷设柜与柜之间控制电缆连线、柜顶母线、柜内二次连接线。送电空载运行24h，无异常现象，办理验收手续。

7. 电缆防火措施

电缆敷设完毕，需采取防火措施，杜绝火灾事故。重点注意阻火墙电缆孔洞的封堵，电缆防火材料涂刷等。现场施工时必须注意以下事项：

(1) 所有埋管在穿好电缆后，用防火涂料将两端口封堵，要求均匀密实地包裹在电缆周围，防火堵料变硬时，可将其放入40℃左右热水中，使其变软后再安装，严禁使用明火或电炉加热。

(2) 防火包施工时要交叉堆叠，基本封严，个别缝隙可用有机防火涂料封堵，同时还要保持防火包完好无损。

8. 灯具、开关、插座安装

(1) 作业条件：灯具、开关、插座的型号、规格、质量符合要求，土建装修工程基本完成后进行。

(2) 工艺流程：灯具、开关、插座安装工艺流程，如图4-7-2-386所示。

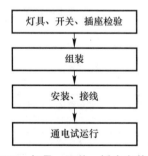

图4-7-2-386 灯具、开关、插座安装工艺流程

(3) 灯具安装前，必须对灯具进行外观检查，完好无损的灯具方可使用。

(4) 根据灯具的安装场所，检查灯具是否符合要求，灯内配线是否符合设计工艺标准，检查标志灯的指示方向是否正确，应急灯是否灵敏可靠。

(5) 3kg以上的灯具须埋吊钩或螺栓，预埋件必须牢固可靠。走廊的吊顶低于2.4m处，灯具金属外壳要做好接地处理。

(6) 灯具安装牢固、端正，位置正确。

(7) 开关、插座规格、型号符合设计要求，产品必须有合格证，进场检验合格。

(8) 所有开关的切断位置一致，电器灯具的相线必须经开关控制，翘板开关距地面 1.4m，距门口为 15~20cm，开关不得放在门后。

(9) 单相插座必须左零右火，三孔或三相插座接地保护均在上方。

(10) 成排安装的开关、插座高度必须一致，高低差不大于 2mm，同一室内安装的插座高低差不大于 5mm。

(11) 钢架上的灯具安装应根据现场实际情况，制定具体的实施方案，报设计、监理审批后才进行安装。

9. 电气调试

(1) 调试准备：首先要充分熟悉电气原理图、设备技术文件，并根据设计要求及规范规程，编制专项调试方案，准备调试仪表，成立调试小组。

(2) 按设计要求进行元器件整定。

(3) 电缆、电机等预防性试验，按《电气装置安装工程电气设备交接试验标准》GB 50150—91 进行。

(4) 回路检查，回路接线必须正确。

送电前对配电箱、柜内进行吹扫并确保箱、柜内清洁无杂物，开关、螺栓无松动现象。检查回路的绝缘电阻值要符合送电条件。断开主回路，对控制回路单独送电，观察信号、灯光、音响及动作程序，必须符合原理图要求。

(5) 单机空负荷试车：

① 准备好送电用的安全用具、必备的调试仪器及通信联络工具。

② 由主管技术人员会同质检员对该工序前试验记录进行检查，并再次对各回路进行检查，螺栓无松动，箱内无异物，系统各回路绝缘电阻值符合规定要求，无关人员一律撤离现场。

③ 配合机械试车人员进行空负荷试车，送电前要征得机械试车负责人同意，一般先手动盘车，灵活无卡阻。

④ 首次起动采用点动，起动时观察设备运转方向要正确（否则必须调整正确）。然后再正式起动，试车人员要分工负责，注意观察设备的转速、温升、声音等，若有异常必须采取紧急停车措施，停车时开关断电的先后顺序要正确，以免引起事故。

(6) 联动空负荷试车：

联动空负荷试车一般以施工单位为主，业主、监理、设计院共同参加。调试时，以机械试车人员为主，电气配合进行，根据工艺流程反复试车直至满足联动负荷试车要求及设计要求为止。

(7) 做好调试过程中数据的记录整理工作。

(三) 质量管理及保证措施

1. 质量管理组织机构

各综合作业队（组）设专职质检员，各操作班组设兼职质检员，具体对施工质量、安全进行管理、监督检查。专业队长是分部工程的质量、安全第一责任人，电气动力、照明工程质量、安全管理组织机构如图 4-7-2-387 所示。

2. 质量管理目标

(1) 质量总目标

工程质量目标：全面达到国家和行业相应施工规范要求的标准，并符合设计规定的标准，创优质工程，达标投产。

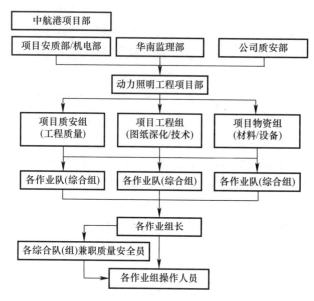

图 4-7-2-387 质量安全管理组织机构

① 杜绝重大质量事故和设备事故。
② 工程合格率100%，争创样板工程。
③ 故障返修率低于0.5%。
④ 一次调试成功，顺利通过各级相关部门、监理公司、业主、项目部检查验收。

（2）各分部分项工程质量目标

按照国家和行业相关工程质量检验评定标准进行检查评定，各分部分项工程质量目标：

① 安装工程质量合格率：　　　　100%
② 安装工程质量优良率：　　　　>95%
③ 分部工程合格率：　　　　　　100%
④ 分部工程优良率：　　　　　　>95%
⑤ 分项工程合格率：　　　　　　100%
⑥ 分项工程优良率：　　　　　　>95%
⑦ 重大人为质量事故：　　　　　0
⑧ 合同履约率：　　　　　　　　100%

3. 质量管理

（1）质量管理原则

① 根据公司岗位责任制，质量责任分解到相关人员，各质量控制点落实到人，及时考核各专业工作质量和工程质量。

② 开工前，对参与工程施工的全体员工，进行有针对性的安全、质量培训教育，培训完后进行考试，不合格者不予上岗。

③ 机电部按照项目部的质量管理要求，组织相关人员，定期或不定期地进行安全、质量检查。

④ 隐蔽工程在施工班组自检合格，并经专业队检查合格后，报机电部检查验收，由机电

部及时报监理工程师,保证提前48小时通知监理工程师到现场检查确认,并对施工安装记录予以签认,以保证工程的可追溯性。

⑤ 坚持以自检、互检、专业检查及共同检相结合的质量"四检一评"制度和工前试验、工中检查、工后检验的工作制度。每一分项、分部工程均由班组质检员自检,下道工序确认,队部质量员终检后报机电部,请监理工程师验收、签认,确保各工序、各分部、各分项工程质量达标。

⑥ 实行"三个服从、五个不施工、二个坚持"制度。

三个服从:进度服从计划,计量支付服从工程质量,质量否决服从监理工程师。

五个不施工:施工图没有会审不施工,现场没有技术交底、重难点项目没有《作业指导书》不施工,施工方案和质量保证措施未完善不施工,施工准备不充分不施工,监理工程师未下达指令不施工。

二个坚持:坚持质量一票否决制,坚持不合格工程坚决返工。

(2) 施工过程中的质量控制程序

质量控制程序,如图4-7-2-388所示。

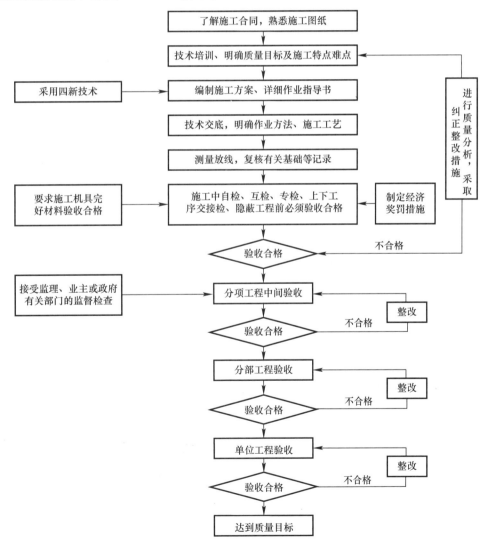

图 4-7-2-388 质量控制程序

① 在每道工序施工前，使作业人员做到"五个清楚"：作业内容清楚，分工清楚，施工流程清楚，施工配合清楚，操作安全注意事项清楚。

② 重点、难点工序施工前，要编制《作业指导书》，并组织技术交底和样板施工，然后全面施工。

③ 施工工程中，严格实行"四检一评及工序交接卡"制度，每道工序必须经监理工程师检验签证后，才能进行下道工序的施工。

④ 建立完善的物资采购和管理措施，自购材料、零配件及设备要保证符合规定要求。对有特殊仓储或保养要求的设备，必须按产品规定的条件妥善管理。

⑤ 按公司《过程检验和试验程序》和国家相关质量标准对工程进行检查验收，并及时填写分项、分部、单位工程质量记录表。

⑥ 对不合格品，安全质量工程师严格执行《不合格品的控制程序》，填写不合格品报告通知单和纠正预防措施，并督促各专业队和施工班组及时予以纠正。

(3) 工程质量文件的管理

① 质量记录资料

各专业技术主管负责工程质量记录资料的积累整理和管理工作。在施工过程中，随时、如实地填写各种质量记录，以及分部、分项、单位工程质量评定表和各种安全、质量检查记录等，妥善保存，以备业主和工程监理查阅。

② 竣工文件

各专业技术员按其所管范围负责收集有关文件资料和试验报告，编制竣工资料，对竣工图按设计变更单予以修改，必要时重新绘制，形成竣工图。该项工作应符合省质监站的相关规定。

(4) 质量管理及验评标准

① 规程和规范

各系统在施工及竣工验收中要遵守国家现行相关规程规范，具体采用的标准和规程规范详见各分部工程的施工方案。

② 标准的执行

A. 当规范和检验标准、招标文件、施工图、设备说明书等技术文件之间有矛盾时，原则上执行较高标准。当安装施工单位认为需要采用较低标准时，必须事先征得业主、设计院、监理工程师的共同书面确认，方可执行。施工验收规范及验评标准以最新版本为准。

B. 其他标准：目前国家发行的建筑标准图或地方发行的有关标准图有效版本，以及相关行业标准。在各类标准间，原则上执行最高标准。

(5) 质量保证措施

① 落实管理职责，强化基础管理

A. 在项目机电部的领导下，充分发挥专业队伍的技术优势，实行规范化、程序化、标准化施工，创建优质工程。队长、分部工程技术主管、专业队质量安全主管和各专业工程师一级抓一级，一级保一级，逐级责任到人。

B. 逐级做好施工技术交底工作，特别是各作业队的技术交底要具体详细。定期检查各作业队对操作工艺及技术标准的执行情况，及时解决施工中存在的技术问题。

C. 严格执行《文件和资料控制程序》和《质量记录控制程序》，做好施工现场技术资料的收集、整理、保管工作。

② 质量检验

由专业队质量、安全主管负责主持按公司《检验和试验工作程序》及施工图和相关规范的要求编制工程检测大纲，并组织实施。

③ 抓好三个"中心"、一个"制度"

A. 施工前期以施工技术准备为中心，抓好各项准备工作，保证施工顺利进行，做到"开工必优"。

B. 施工中以施工进度和网络计划为中心，抓好进度和网络计划的落实，重点抓住工序间的衔接和相关专业间的配合，以保证网络计划的实现。

C. 施工后期以设备测试、系统试验、交验及整改为中心，抓好收尾工程和工程缺陷的修复，做好各专业最终检验和试验前的准备工作，保证系统试验和交验工作顺利进行，以确保工程按期完工。

D. 各专业严格执行"首件定标、样板引路"制度。对开工后的每个项目，班组要严格按工艺标准组织样板示范，做到"项项有示范、件件有样板"，确保创省、部优工程。

4. 成品保护措施

根据公司相关规定的要求，并结合工程特点对已完工程项目制定具体保护措施，明确下道工序对上道工序的结果进行有效防护，施工现场由项目部指派专人进行成品保护和保卫工作。在施工过程中要与其他施工单位紧密协调配合，进行成品保护工作。

（1）制定成品、半成品防护和保护专项措施

① 禁止踩踏安装好的管道、灯具、桥架、设备等。

② 涂刷油漆时必须对下面的成品进行隔离，防止油漆溅落到成品上，影响美观。

③ 施工用电焊机地线必须搭在焊接工件上，严禁乱搭，以免烧坏设备或引起火灾。

（2）设备、材料保护要点

① 使用汽车或叉车运输设备时，捆绑必须牢固可靠。

② 设备开箱后吊装时，必须采用尼龙吊带吊装，防止勒坏设备表面的油漆。

③ 使用拖排、滚杠搬运设备时，如需环绕设备需用帆布将钢丝绳隔开。

④ 重要设备安装后要用彩条布进行包裹。

（3）桥架、灯具及设备安装成品保护要点

本工程对环境的清洁度要求较高，因此在设备安装过程中要求特别注意表面层的保护和清洁。设备制作安装现场必须清洁，配专人打扫卫生。防火桥架、热镀锌桥架及各种灯具等设备必须擦拭干净后再进行安装。

（4）与其他单位配合做好成品保护工作

① 水电预留、预埋管件要做好标记，牢牢固定于附着物上，土建施工时派专人监护，混凝土浇捣时，振动棒不能接触预埋件，避免其产生移位。

② 线管、线盒预埋完成后临时封堵，并采取其他必要的保护措施。

③ 安装接地及预埋采用焊接时，不得烧伤钢筋。不得在混凝土成品面随意开槽打洞，要在混凝土浇筑前做好预埋预留。

④ 对于其他单位已做好的装修表面、墙面、地面、装饰物等，施工时均采取覆盖物予以保护，地面运输时均铺设木板予以保护。

⑤ 对于已安装就位的设备、管道或已运进安装现场暂未安装的设备，均采取覆盖措施予以保护。

(四) 安全管理及保证措施

1. 安全管理目标

安全管理是项目管理重要组成部分，贯穿于施工的全过程，关系着现场施工全体人员的人身安全。本工程安全管理目标是：

(1) 人身死亡、重伤事故：　　　　　　　　　　0
(2) 一般轻伤事故频率：　　　　　　　　　　＜0.40‰
(3) 职业病发病率：　　　　　　　　　　　　0
(4) 火灾爆炸及食物中毒事故：　　　　　　　　0
(5) 重大机械和交通事故频率　　　　　　　　　0
(6) 人为责任的重大事故频率：　　　　　　　　0

2. 建立安全保证体系

为了把安全工作落到实处，在项目安全管理体系的基础上，动力、照明工程建立健全以项目负责人为首的安全保证体系。项目负责人为工程安全生产的第一责任人，配备专职安全员，同时，各专业技术人员为兼职安全员。

实行项目负责人安全责任制，电气动力、照明安装工程安全消防管理体系隶属总承包工程。从项目负责人到现场安装作业人员，层层落实安全消防责任体系，各尽其职，各负其责。

电气动力、照明工程安全管理组织机构，参见图 4-7-2-387。

3. 安全保证措施

(1) 设备安装施工过程的安全控制

① 大型设备的转运与吊装：统一思想、统一指挥，特别要注意滚杠滚动时，脚不得在滚杠的前方或靠近滚杠，以避免产生伤害。

② 其他小型设备（如：配电柜、水泵、柜式空调器、清洗过滤器等）的现场转运过程中，当设备无包装箱时，吊装用钢丝绳要套装橡胶保护套管，装车后必须将设备绑扎固定好，以避免发生倾倒和相互碰撞及滑移。

③ 设备吊装就位时，不得随意在楼板上打孔，确需打孔时，要事先征得业主、监理工程师的同意，工作完成后及时将孔眼封堵。

④ 在利用站内的墙柱作为固定卷扬机和固定转向开口滑轮时，围抱墙柱的钢丝绳与墙柱之间要加保护垫板，不得损伤墙柱。

⑤ 吊装用的起重工机具，在吊装使用前必须经质量工程师和吊装工程师仔细检查确认合格，并贴有"合格"。

(2) 施工安全规定

严格执行《建筑安装工程安全技术规定》和《建筑安装工人安全操作规程》以及项目部的各项安全管理规定。

(3) 员工安全消防培训教育

① 凡进入施工现场人员必须进行安全消防意识、安全消防操作规程、安全消防常识方面的教育，讲授人身保护设施使用方法。同时进行关于安全消防设施的培训，包括安全消防设施的正确使用方法，以增加全员的自我保护意识，使全体员工自觉、认真、严格地按规程施

工。培训教育时间每人不少于4小时,并做好培训内容、地点、时间、人数、次数方面的记录。

② 进场作业人员必须进行安全消防规章制度方面的学习,包括国家、广州市、本公司的有关规定、标准,使全员自觉遵守项目施工现场的各项安全消防规章制度。

③ 专业技术人员在班组作业前,根据现场具体情况及专业特点进行施工组织设计、施工方案、作业指导书中的安全技术措施相对应的安全消防技术交底,使每位作业人员心中警钟长鸣,确保在安全消防技术指导下施工。

④ 开展特殊季节施工的安全教育。冬季、雨季变化等特殊季节,对每位现场施工人员进行安全消防交底,搞好特殊季节的安全施工生产。

⑤ 安全教育的内容,如表4-7-2-91所示。

安全教育内容　　　　　　表4-7-2-91

类别	安全教育的重要性	内容
安全思想教育	安全生产的思想基础	尊重人、关心人、爱护人的思想教育,国家安全生产劳动保护方针,政策安全与生产辩证关系教育,协作风格教育、职业道德教育
安全知识教育	安全生产的重点内容	施工生产一般流程,环境,区域概括介绍,安全生产一般注意事项,企业内外典型事故案例简介与分析,工种岗位安全生产知识
安全技术教育		安全生产技术,安全技术操作规程
安全法制教育	安全生产的必备知识	安全生产法规和责任制度,法律上有关条文,安全生产规章制度,摘要介绍受处分的先例
安全纪律教育		职工守则,劳动纪律,安全生产奖惩制度

⑥ 施工现场安全教育程序,如图4-7-2-389所示。

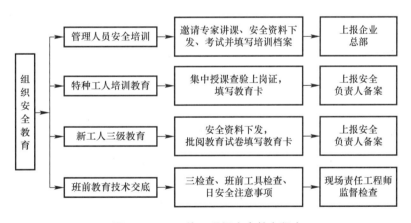

图4-7-2-389　施工现场安全教育程序

(4) 有效实施安全消防管理制度

① 通过对进场员工的培训与教育,使员工产生安全意识,并具有一定的自我保护能力。规范员工的日常行为,变被动管安全为人人主动遵守安全,有效实施安全消防的各项管理制度。

② 对电工、电焊工、起重工等特种作业人员,必须经过本工种的安全消防技术培训,经考试合格,持有劳动部门核发的操作许可证后,方可持证上岗,严禁无证操作。

③ 安全消防检查制度:

施工过程中,施工班组每日进行检查,安全员每日进行巡检。区域施工段每周进行一次安全检查，项目部每半月进行一次安全检查，对查出的安全消防隐患立即下发整改通知单，并及时组织有关人员进行整改。

接受业主、现场监理、总承包管理部、上级有关部门及广州市安检站以及消防大队对本工程安全消防生产定期或不定期指导、监督和检查。

④ 安全消防例会制度：

区域施工段每周召开一次安全消防例会，项目部每半月组织召开一次安全消防例会，听取安全消防汇报，通报安全消防情况，分析近期的安全消防状况，布置下期的安全工作，针对出现的安全消防隐患，采取预防措施，并做好记录。

⑤ 班前安全活动制度：

施工班组每天进行安全消防活动，时间不少于15分钟。班组长组织班组成员进行安全学习、日常安全教育，检查个人劳保用品的穿戴是否齐全，是否符合要求。查找安全消防隐患，进行规范、规程的学习等。

(5) 伤亡事故的调查和处理制度

调查处理伤亡事故，要做到"四不放过"，即事故原因没有查清不放过，事故责任者没有严肃处理不放过，广大职工没有受到教育不放过，防范措施没有落实不放过。

(6) 配置各种安全消防设施

安全工作放到首位，就必须把安全消防设施配置工作做到前面，所有安全消防设施必须按照有关规范规定执行。

① 施工现场入口处及危险作业区，必须挂有安全生产宣传画、大型标语和安全色标，随时提醒职工注意安全生产。

② 现场施工人员一律配发安全帽、劳保鞋、防护眼镜。电焊工、电工等特殊工种必须配备齐安全防护用品，一旦发现防护用品破损要及时更换。

③ 高空作业必须系安全带，设立防护栏杆，脚手架、安全网的架设必须符合标准。从事高空作业人员定期进行体检。

④ 配电箱、开关箱处悬挂安全用电警示牌及安全危险标志，禁止他人随意开、合闸和动用带电设施。所有用电施工设备传动部位要设防护罩，配电箱内装漏电保护器，并做保护接地，保证用电设备一机一闸等。机械设备、配电箱等采用雨篷等遮盖措施，确保设备正常运转。

⑤ 施工中，在楼梯口、电梯井口、机电井口设置临时护身栏、工具防护门或挂立网。在预留洞口设固定盖板。建立洞口防护的管理办法。

⑥ 防腐作业要在通风和光线良好的区域进行，操作人员必须穿戴好胶皮手套、胶鞋和口罩。

⑦ 施工现场的临时设施、仓库、木材、油类、易燃易爆物品存放及加工场地，包括需动火作业上下周围，悬挂安全标志牌，设置消防设备，配备兼职消防人员，以防止或控制火灾。

⑧ 施工现场设消防栓，备有足够的灭火器材，消防栓周围5m范围内不准堆放物料。

4. 安全技术措施

(1) 高空作业

本工程的施工存在较多的高空作业，在按照各专业方案所选择的施工工艺进行施工的同时，必须从以下几方面进行安全管理工作：

① 高空作业人员必须严格按施工技术交底和安全技术交底进行施工，同时必须先进行安

全防护，认为安全可靠时，再进行作业。

② 从事高空作业人员要先进行身体健康状况检查，符合条件时，才允许从事高空作业。

③ "三宝"防护，进入高空作业区必须戴安全帽、系安全带，在主体外侧施工，必须设置安全网。"三宝"的质量须经专业人员检查合格后方可使用。

④ 登高用爬梯底部必须有防滑措施，有专人在地面保护。人字梯必须有拉索。

(2) 洞口临边作业

① 所有洞口临边均需进行围挡，并挂有警示标记。

② 所有洞口上面均需用木板铺盖。

③ 洞口临边作业均需有两人以上方能作业。

④ 洞口临边作业人员有条件均需挂好安全带。

(3) 施工设备

① 所有设备操作人员必须进行专门培训，特殊设备的操作人员必须持证上岗，这样方可操作施工设备及起重机械，并在进场前向业主现场经理部提供操作证复印件。

② 进入施工现场的机械设备（包括工机具）必须有出厂合格证，同时进行安全状况的检查，严禁使用无安全防护装置的机械设备。

③ 施工现场的起重机械必须对其性能进行检查鉴定，经过当地劳动部门鉴定合格后方可使用。

④ 严禁不按产品说明书、设备操作规程，超负荷违章使用、操作施工机械设备。

⑤ 施工设备与起重机械必须按规定进行维修、保养。

⑥ 氧气、乙炔瓶必须相距10m，且各自存放在氧气、乙炔瓶车内，距明火25m以上，同时有防爆、防晒措施及防火安全装置。

⑦ 安全管理部门要定期对施工现场的机械设备进行运行状态的安全检查，发现存在问题，及时整改，杜绝安全事故的发生。

(4) 吊装作业

① 根据施工图纸及施工方案选择匹配的起重设备及机具等，禁止超载吊装。

② 吊车的站位及支脚支撑必须严格按施工方案中计算说明书的规定进行，切勿因站位不正、支撑不足而造成歪拉斜吊，违章作业。

③ 设备起吊前要找准吊物的重心和吊点，并对起吊物的捆绑绳索，按要求严格检查，各捆绑点不得有松动、打滑现象。对贵重和精密设备，吊运绳索使用尼龙带或在钢丝绳外面套上胶皮套管，防止损伤设备表面。

④ 起重作业的卷扬机在使用时要严格检查刹车装置、联锁装置，并专人操作、专人维护，确保安全可靠。

⑤ 大风和雨天等恶劣天气不准进行吊装作业。雨天过后，重新检查并加固地锚、钢丝绳、地基等，保证吊装作业的安全。

⑥ 起吊时起重机臂必须先伸至合适位置，角度、回转半径等要符合施工方案及操作规程的要求，严禁超负荷起吊。

⑦ 正式吊装前要先进行试吊装，将起吊物吊离地面10～15cm，停滞5～10分钟，检查所有捆绑点及吊索具工作状况，确认无误后，进行正式吊装。

⑧ 在吊装区域内必须设安全警戒线，非工作人员严禁入内，同时起吊过程必须专人指

挥，统一行动。起重臂下严禁站人。

⑨ 起重机驾驶员，起重工等必须持证上岗，严禁无证操作。

(5) 防火措施

① 实行动火证制度。施工后期装修进场后，在需要动火的部位由施工班组提出申请，经专业工程师确认，由质安部经理批示报监理审批后，呈报业主和总承包管理部备案，在周围设立必要的防范措施，配备足够的灭火器材，并在专人监护下动火作业，动火完毕，认真检查，彻底清除隐患。

② 施工现场和生活区内的电源，必须采取控制分级管理的方法，确保无电器起火。办公生活区内严禁私拉电线和灯头。

③ 施工班组长对其负责施工的作业范围内的潜在火灾因素保持高度警惕，发现火灾险情，要立即排除，做到预防为主，杜绝火灾隐患。

④ 施工现场配消防接头及灭火器，生活、办公区配灭火器。

5. 安全应急措施

(1) 一旦发生事故，现场人员要进行紧急抢救，同时立即通知项目领导，并在4小时内汇报上级有关主管部门。

(2) 现场设一医务急救站，配备医务人员1名，负责一般轻伤的处理。遇有重伤人员由现场目击者或医生根据伤员的不同伤势分别采用人工呼吸、心脏按压、外伤急救、止血、包扎直至护送医院等急救措施。

(3) 立即拨打"120"进行紧急呼救，同时迅速弄清事故和现场情况，采取相应措施，防止伤害进一步扩大。

(4) 当现场危险或伤害将进一步扩大时，要及时稳妥地安排伤员脱离危险区，并请医生立即检查伤情及救护。

(5) 事故发生后，必须严格按国家颁发的有关文件规定进行程序报告。

(6) 成立现场事故调查领导小组，查清事故原因及事故责任。

(7) 对其他施工人员进行教育，召开各种形式的事故分析会，组织有关人员参观事故现场，了解事故经过及原因，使大家受到教育。

(8) 事后对事故责任者进行严肃查处。

6. 防洪与防台风应急措施

(1) 遇到四级风时，建筑工地一律停止大型设备拆装作业。六级风或暴雨时，一律停止大型垂直运输设备作业，保证大型机械设备安全。遇到暴雨、六级以上强风，一律禁止进行攀登、悬空露天作业，确保人员安全。必须安排专人收看气象部门发布的天气预报，当气象部门发布红色、黑色暴雨信号或台风预警信号时，立即停止施工。

(2) 成立防汛防台风工作领导小组，组织开展对深基坑（高边坡）、脚手架、大型机械设备、临时设施以及其他工程、设施、设备的排查，全面加强建筑工地防汛防台风安全管理。

(3) 一旦发生灾情或险情，必须做好建筑工地的应急救援和抢险救灾工作，立即启动应急预案，单位负责人要在第一时间到现场组织开展抢险救灾工作，及时疏散、撤离处于危险地段的人员，抢险救灾的人员和物资必须在30分钟内调度到位，并在第一时间上报三防指挥部和建设行政主管部门。

7.3 采暖与通风施工

一、工程概述

(一) 工程概况

新广州站站房通风与空调工程主要包括如下几个子系统：①通风设备与管道系统，②冷冻站设备与管道系统，③地源热泵设备与管道系统，④其他空调机组设备系统。

站房不同位置采用不同的空调方案，如表4-7-3-1所示。

站房空调通风方案　　　　　　　　表 4-7-3-1

序号	位置	空调通风方案	备注
1	高架候车大厅	变风量集中空调系统	
2	出站层	变风量集中空调系统（带转轮式热回收）	
3	出站层办公室	风机盘管＋独立新风系统	
4	消防值班控制室	可变制冷剂流量的空调系统＋新风空调系统	
5	变电所	全新风系统送排风	
6	地下车库	机械通风（送风5次，排风6次）	

1. 新广州站空调夏季设计温度：26～27℃，采用电动压缩式冷水机组，如图4-7-3-1所示。在出站层南北两侧各设置一处冷冻机房，分别担负本侧站房的空调负荷。每个机房安装冷冻机4台，其中：10kV电压高压型冷冻机组2台，以减少启动时对高压电网的冲击，并减少变压器的投资、安装、运行费用；另2台采用380V常压型螺杆式冷冻机组，满足小冷量时使用。

图 4-7-3-1　压缩式冷水机组

冷冻机组对空调冷冻水进行制冷，并通过空调水管道将冷冻水送至各空调机或风机盘管。冷冻机组通过冷却水和冷却塔进行散热。

冷冻水供回水温度：7/12℃，冷却水供回水温度：32/37℃。

冷却塔分别设在站房的南北两侧，与冷冻机组对应设置，如图4-7-3-2所示。

2. 冷冻机组共8台，其中4台高压离心式冷水机组，单台制冷量5626kW，功率1050kW，采用10kV/3相/50Hz电源。4台螺杆式冷水机组，单台制冷量1125kW，功率303kW，采用380V/3相/50Hz电源。

(a) 南侧冷却塔

(b) 北侧冷却塔

图 4-7-3-2 冷却塔

3. 针对新广州站的特点，候车和出站大厅采用空调分层设计，空调系统采用一次回风空调机组，划分多个送风区域，在高架和地面出站候车层设置多个"设备单元"，每个设备单元内有空调送回风道，以及消火栓箱、灭火器等装置，上部布置空调送风口。同时，候车大厅采用远程喷口送风、地面送风、集中回风。在 26m 商业夹层采用空调小送风单元，为循环送风的空调方式，如图 4-7-3-3、图 4-7-3-4 所示。

站房通风与空调工程施工单位：湖南省工业设备安装有限公司及北京市设备安装工程集团公司。

（二）施工及验收标准

施工及竣工验收中的相关规程规范如下：

(a) 21m层送风单元

(b) 21m层送风孔

图 4-7-3-3　空调送风设备单元（一）

(c) 00层送风单元

(d) 小送风单元

图 4-7-3-3 空调送风设备单元（二）

1. 《组合式空调机组》GB/T 14294—93
2. 《水泵隔振技术规程》CECS 59：94
3. 《供水用偏心信号蝶阀》CJ/T 93—1999
4. 《机械设备安装工程施工及验收通用规范》GB 50231—98
5. 《现场设备、工业管道焊接工程施工及验收规范》GB 50236—98
6. 《建筑给水及排水采暖工程施工质量验收规范》GB 50242—2002
7. 《通风与空调工程施工质量验收规范》GB 50243—2002

(a) 00层回风百叶

(b) 00层东西侧新风百叶

图 4-7-3-4　空调回风设备单元（一）

(c) 00层南北侧新风百叶

(d) 00层楼梯下部回风百叶

图 4-7-3-4　空调回风设备单元（二）

8.《工业设备及管道绝热工程施工及验收规范》GBJ 126—89
9.《工业金属管道工程质量检验评定标准》GB 50184—93
10.《工业设备及管道绝热工程质量检验评定标准》GB 50185—93
11.《工业安装工程质量检验评定统一标准》GB 50252—94
12.《制冷设备、空气分离设备安装工程施工及验收规范》GB 50274—98

13. 《压缩机、风机、泵安装工程施工及验收规范》GB 50275—98
14. 《现场设备、工业管道焊接工程施工及验收规范》GB 50236—98
15. 《通风与空调工程施工及验收规范》GB 50243—2002

(三) 主要工程内容

1. 通风设备与管道系统

主要工程内容如下：

(1) 地下层

① 正压送风机 24 台（11kW）。

② 送风机 82 台（0.5kW 1 台、0.75kW 5 台、2.2kW 1 台、3kW 6 台、4kW 3 台、5.5kW 4 台、11kW 42 台、15kW 20 台）。

③ 排风机 41 台（0.5kW 34 台、2.2 kW 1 台、3kW 2 台、5.5kW 4 台）。

④ 排烟兼排风机 64 台（15kW 居多）。

(2) 地面层

① 正压送风机 27 台（11kW）。

② 排风机 11 台（11kW 2 台、3kW 3 台、1.5kW 6 台）。

③ 新风机 1 台（7.5kW）

④ 排烟风机 34 台（11kW 4 台、30kW 30 台）。

⑤ 排烟兼排风机 20 台（11kW）。

(3) 贵宾候车厅

① 排风机 4 台（0.3kW 2 台、0.15kW 2 台）。

② 排烟风机 2 台（11kW）。

③ 惯流式风幕 11 台（300W）。

(4) 高架层夹层

送风机 37 台（15kW）。

(5) 各规格风管系统、风管支架、方形散流器、送风口、排风口、控制阀，保温、减振、消声系统等。

(6) 系统安装、检测、调试、试运行及验收。

2. 冷冻站设备与管道系统

主要工程内容如下：

(1) 10kV/1600TR/1050kW 高压水冷机组 4 台。

(2) 380V/470TR/303kW 低压水冷机组 4 台。

(3) 冷却水泵 220kW 8 台、75kW 4 台。

(4) 冷冻水一次泵 110kW 8 台、30kW 4 台。

(5) 低区冷冻水二次泵 110kW 6 台、75kW 6 台。

(6) 高区冷冻水二次泵 132kW 12 台。

(7) 全自动全效水处理器 790kW 6 台、430kW 2 台。

(8) 循环水物化处理装置 1500W 6 台、180W 2 台。

(9) 自动监控加药装置 200W 2 台。

(10) 软化水装置 15m³/h 2 套、软化水箱 10m³ 2 个。

(11) 变频补水定压装置（含水泵和气压罐）2 套。

(12) 真空脱气机 100m³ 2 台、150m³ 2 台。

(13) 370m³/h 冷却塔（含 11kW 风机）26 台。

(14) 空调管道系统、支架、阀门、风机盘管、出风口、调温开关、绝热（保冷）系统、降噪系统、设备自控与监测系统等。

(15) 风管制作、系统安装、设备系统调试与试运行、系统检测与验收。

3. 地源热泵设备与管道系统

主要工程内容如下：地下车库设地源热泵机组（制冷量 250kW，额定功率 60kW）2 套，主要用作贵宾室辅助空调系统。

4. 其他空调机组设备系统

主要工程内容如下：

(1) 地下层 68 台（18.5＋15kW）。

(2) 地面层 64 台（30kW 5 台、7.5kW 1 台、5.5kW 2 台、3kW 1 台、2.2kW 6 台、1.2kW 46 台、0.55kW 3 台）。

(3) 贵宾厅 11 台（30kW 4 台、22kW 2 台、18.5kW 1 台、11kW 4 台）。

(4) 高架层 84 台。

(5) 高架夹层 4 台（4kW）。

(6) 西北角售票厅 2 台（30kW 1 台、3kW 1 台）。

(7) 东南角售票厅 3 台（30kW 2 台、5.5kW 1 台）。

(8) 东北角商业一层 1 台（30kW）。

(9) 东北角商业二层 1 台（7.5kW）。

(10) 西南角商业一层 1 台（30kW）。

(11) 西南角商业二层 1 台（5.5kW）。

(12) 信号机房 1 台（7.5kW）。

(13) 城际进站 1 台（30kW）。

以上共计：217 台。有卧式组合机、天花吊装机，但未含分体机和柜式机。

（四）设备系统分布

1. 空调机组及风管系统分布

为保证空调系统施工的完整性，避免接错系统，要求空调系统安装以空调设备作为一个安装系统，一个综合作业组全面负责到底。排烟系统按区域分不同设备来安排作业组。空调系统设备分布情况，如表 4-7-3-2～表 4-7-3-5 所示。

新广州站中央空调工程南站房东区设备 1（LND-Ⅱ风机盘管系统）　　表 4-7-3-2

序号	立管编号	系统设备编号	设备名称	安装位置	服务区域	规格	单位	数量	备注
1	L10	LND-Ⅱ	风机盘管	门厅	门厅	FCU-08	台	2	
	出站层		风机盘管	过厅	过厅	FCU-08	台	1	
			风机盘管	卫生间	卫生间	FCU-06	台	2	
			风机盘管	办公室 1	办公室 1	FCU-06	台	3	
			风机盘管	售票机房	售票机房	FCU-06	台	2	
			风机盘管	办公室 2	办公室 2	FCU-06	台	1	

续表

序号	立管编号	系统设备编号	设备名称	安装位置	服务区域	规格	单位	数量	备注
			风机盘管	办公室3	办公室3	FCU-06	台	1	
			风机盘管	总账室	总账室	FCU-06	台	1	
			风机盘管	进账室	进账室	FCU-06	台	1	
			风机盘管	办公室4	办公室4	FCU-06	台	1	
			风机盘管	办公室5	办公室5	FCU-06	台	1	
			风机盘管	办公室6	办公室6	FCU-06	台	1	
			风机盘管	办公室7	办公室7	FCU-06	台	1	
			风机盘管	过厅	过厅	FCU-06	台	1	
		合计	风机盘管			FCU-08	台	3	
			风机盘管			FCU-06	台	16	

新广州站中央空调工程南站房东区设备2（LND-Ⅱ风机盘管系统）　　表 4-7-3-3

序号	立管编号	系统设备编号	设备名称	安装位置	服务区域	规格	单位	数量	备注
2	L10	LND-Ⅱ	风机盘管	办公室1		FCU-08	台	2	
	四角办公		风机盘管	过厅		FCU-06	台	1	
			风机盘管	卫生间		FCU-04	台	2	
			风机盘管	办公室2		FCU-08	台	2	
			风机盘管	办公室3		FCU-08	台	8	
			风机盘管	办公室4		FCU-08	台	8	
			风机盘管	办公室5		FCU-08	台	8	
			风机盘管	办公室6		FCU-06	台	2	
			风机盘管	办公室7		FCU-06	台	2	
			风机盘管	西区小办公室		FCU-08	台	10	
			风机盘管	过厅		FCU-06	台	5	
				电梯厅		FCU-06	台	2	
		合计	风机盘管			FCU-08	台	38	
			风机盘管			FCU-06	台	12	
			风机盘管			FCU-04	台	2	

新广州站中央空调工程南站房东区设备3（LND-Ⅱ风机盘管系统）　　表 4-7-3-4

序号	立管编号	系统设备编号	设备名称	安装位置	服务区域	规格	单位	数量	备注
3	L12	LND-Ⅱ	风机盘管	电梯厅		FCU-08	台	2	
	出站层		风机盘管	卫生间		FCU-08	台	2	
			风机盘管	卫生间		FCU-03	台	2	
			吊顶空调机组	过厅		BFP-4	台	3	
			风机盘管	05办公室		FCU-06	台	2	
			吊顶空调机组	05办公室		BFP-4	台	1	
			吊顶空调机组	行李托运		BFP-4	台	2	
			风机盘管	卫生间		FCU-08	台	2	
			吊顶空调机组	过厅		BFP-4	台	3	
		合计	吊顶空调机组			BFP-8	台	1	
			吊顶空调机组			BFP-4	台	9	
			风机盘管			FCU-08	台	4	
			风机盘管			FCU-06	台	3	
			风机盘管			FCU-03	台	2	

新广州站中央空调工程南站房东区设备4（LND-Ⅱ风机盘管系统）　　表 4-7-3-5

序号	立管编号	系统设备编号	设备名称	安装位置	服务区域	规格	单位	数量	备注
4	L13	LND-Ⅱ	风机盘管	配电间		FCU-04	台	2	
	信号机房		风机盘管	管理室		FCU-06	台	1	
			风机盘管	控制室		FCU-06	台	1	

续表

序号	立管编号	系统设备编号	设备名称	安装位置	服务区域	规格	单位	数量	备注
			风机盘管	办公室		FCU-06	台	1	
			风机盘管	卫生间		FCU-06	台	1	
			风机盘管	管理室		FCU-06	台	1	
			风机盘管	咨询		FCU-06	台	2	
			风机盘管	信号电源		FCU-06	台	1	
			风机盘管	客运电源		FCU-06	台	12	
			风机盘管	网管		FCU-06	台	1	
			风机盘管	值班休息		FCU-06	台	1	
			风机盘管	试验		FCU-06	台	1	
			风机盘管	卫生间		FCU-06	台	1	
			风机盘管	卫生间		FCU-06	台	2	
			风机盘管	前室		FCU-06	台	2	
			风机盘管	会议		FCU-08	台	2	
			风机盘管	办公室		FCU-8	台	1	
			风机盘管	维护		FCU-8	台	1	
			风机盘管	材料		FCU-8	台	3	
		合计	风机盘管			FCU-08	台	7	
			风机盘管			FCU-06	台	28	
			风机盘管			FCU-04	台	2	

2. 冷冻供回水管道系统分布

空调冷冻供回水共分为12个系统，施工时为确保系统不接错，安排施工班组时，以系统来划分。其供回水系统分布，如图4-7-3-5～图4-7-3-17所示；冷冻水供回水立管编号及所在位置，如图4-7-3-5所示。

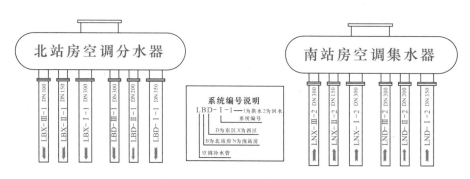

图4-7-3-5　空调水系统编号说明

3. 制冷站设备与管道系统

制冷站分布于站房一层南北两端中部。共有制冷机组8台，冷却水泵12台，冷冻水泵（U型双吸式离心泵）12台，全自动全效水处理器10台，循环水物化处理装置12台，自动监测加药装置2台，软化水装置2台，软化水箱2台，变频补水定压装置3套，真空脱气机4台，冷却塔12台（按设备表8台，但施工图中为12台），此制冷系统按机房分为两大块组织施工。

第 7 章 房屋建筑及给排水工程

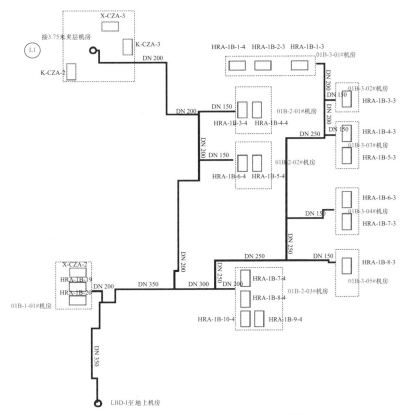

图 4-7-3-6 北站房东区 I 号空调水系统布置

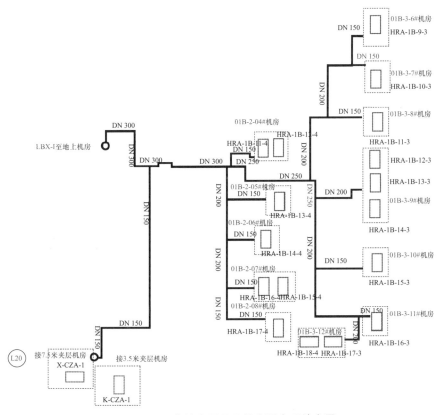

图 4-7-3-7 北站房西区 I 号空调水系统布置

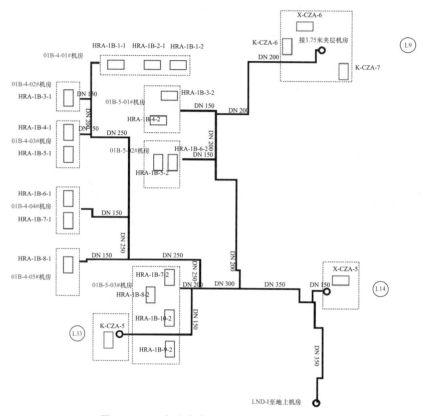

图 4-7-3-8　南站房东区Ⅰ号空调水系统布置

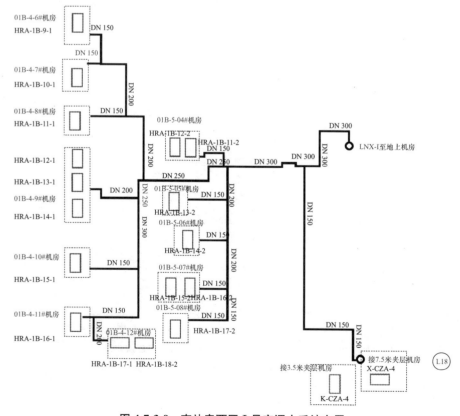

图 4-7-3-9　南站房西区Ⅰ号空调水系统布置

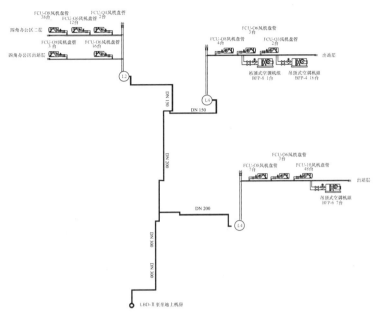

图 4-7-3-10 北站房东区Ⅱ号空调水系统布置

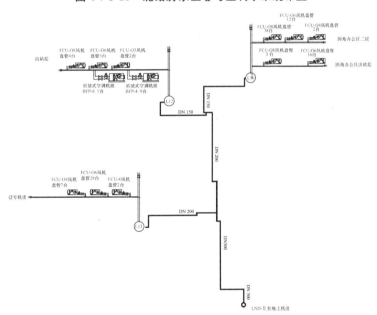

图 4-7-3-11 南站房东区Ⅱ号空调水系统布置

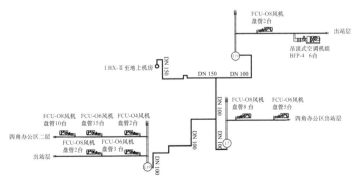

图 4-7-3-12 北站房西区Ⅱ号空调水系统布置

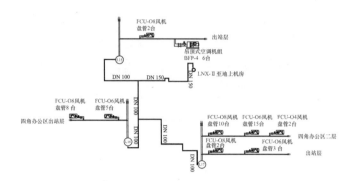

图 4-7-3-13　南站房西区Ⅱ号空调水系统布置

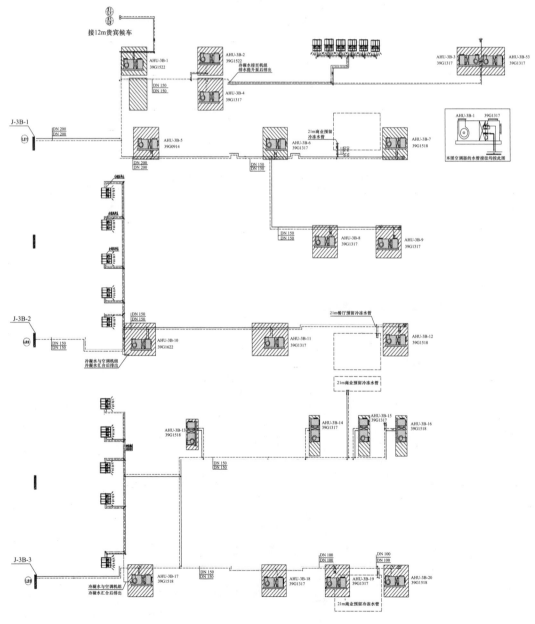

图 4-7-3-14　北站房东区Ⅲ号空调水系统布置

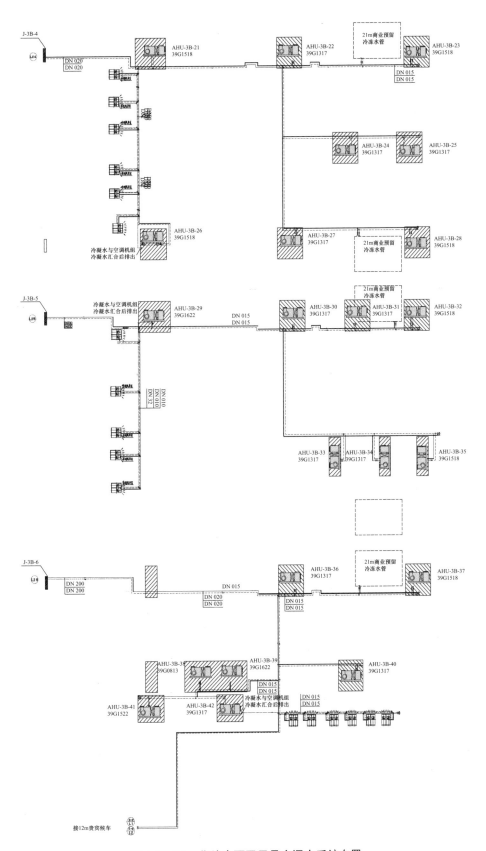

图 4-7-3-15 北站房西区Ⅲ号空调水系统布置

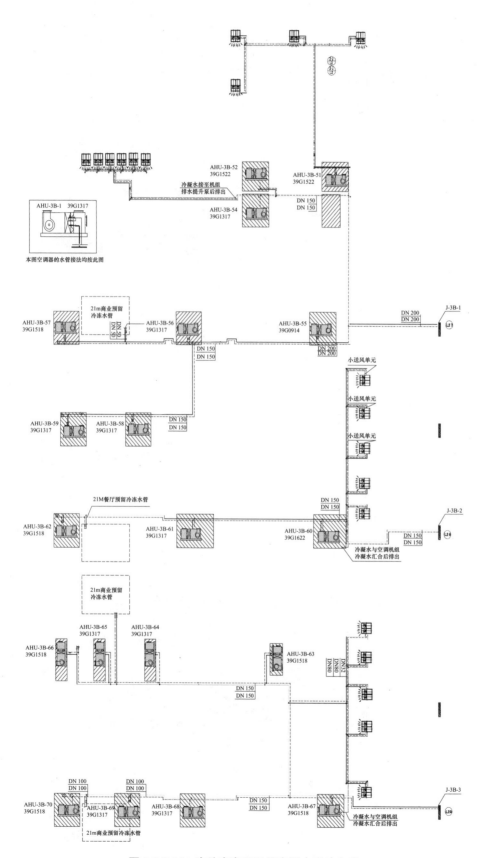

图 4-7-3-16　南站房东区Ⅲ号空调水系统布置

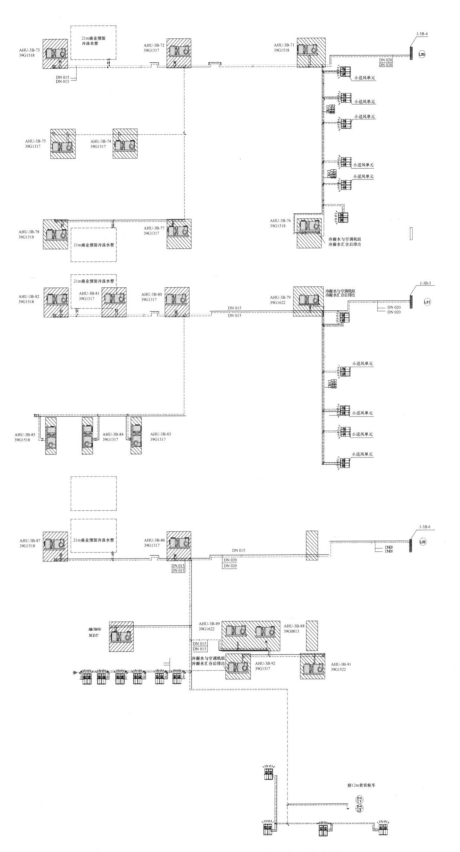

图 4-7-3-17　南站房西区Ⅲ号空调水系统布置

(五) 主要设备工程量

主要设备工程量，如表4-7-3-6所示。

主要安装工程量　　　　表4-7-3-6

序号	名称	型号规格	单位	数量	备注
1	空调机组（转轮热回收）		台	70	地下室
2	卧式组合空气处理机组		台	7	出站层
3	卧式组合空气处理机组		台	8	站台层
4	卧式组合空气处理机组		台	84	高架层
5	新风机组		台	6	出站层
6	送风补风风机		台	104	地下室
7	正压送风机		台	23	地下室
8	正压送风机		台	39	出站层
9	排风机		台	45	地下室
10	排风机		台	13	出站层
11	排风机		台	4	站台层
12	排风机		台	24	高架层
13	排烟兼排风风机		台	62	地下层
14	排烟兼排风风机		台	50	出站层
15	排烟兼排风风机		台	8	站台层
16	诱导风机		台	476	地下室
17	冷却塔		台	8	咽喉部铁路下
18	10kV高压直启冷冻机	$Q=5612kW$（1600RT）	台	4	出站层
19	380V制冷机组	$Q=1403kW$（400RT）	台	4	出站层
20	地源热泵冷水机组		台	2	地下室
21	冷冻水泵及循环泵		台	24	出站层
22	全自动软水器	$Q=10m^3/h$	台	2	
23	软化水箱	$V=20m^3/h$	台	2	出站层
24	补水定压设备	$Q=7m^3/h$ $H=60m$	台	2	出站层
25	真空脱气机	$N=3kW$	台	6	出站层
26	全自动全效处理器	$1500m^3/h$	台	4	出站层
27	全自动全效处理器	$450m^3/h$	台	4	出站层
28	循环水物化FS处理器	$Q=1500m^3/h$ $N=0.5kW$	台	4	出站层
29	循环水物化FS处理器	$Q=400m^3/h$ $N=0.5kW$	台	4	出站层
30	循环水物化CS处理器	$Q=12L/h$	台	2	出站层
31	分集水集	$\phi1600\times12m$	台	4	出站层
32	恒温恒湿机	室内机与室外机配套	台	22	出站层
33	风机盘管		台	357	
34	吊柜式空调器		台	46	
35	落地式风机盘管		台	114	
36	惯流式风幕		台	198	
37	分体式空调器	室内机与室外机配套	台	54	
38	窗式排风机		台	4	
39	卫生间通风器安装		台		
40	各种规格消声器		台		
41	各类型风口		个		

续表

序号	名称	型号规格	单位	数量	备注
42	通风空调管道		m²		
43	排烟管道				
44	各种类型防火阀、风阀		个		
45	风管、水管保温		个		
46	各种类型水系统阀门		个		

二、施工组织架构

针对新广州站站房通风与空调工程质量标准要求高、施工难度大、工期短等特点，本着精干、高效、结构合理的原则，组建项目经理部，实行项目经理全权负责制。各岗位既独立有效运行，又密切协作配合。组织项目生产要素合理投入和优化组合，管理层和各岗位以严谨的工作作风、合理的工作流程、到位的工作质量，确保一流的工程质量。

作业层按工艺系统配置综合班组，实行综合作业队长负责制。

站房通风与空调工程施工组织机构，如图4-7-3-18所示。

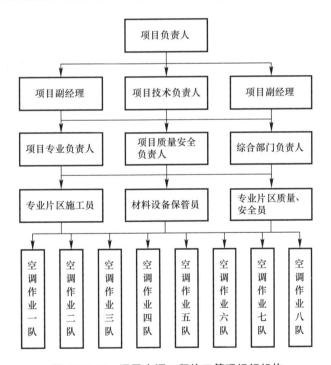

图 4-7-3-18　通风空调工程施工管理组织机构

三、施工总体安排

根据机电工程总的部署及总体安排，将站房分为八个施工区组织施工，如图4-7-3-19所示。先施工东边武广线施工区（南北），后施工站房中部的武广线两个施工区（南北）。

（一）施工总体安排

1. 工程施工分为四个阶段进行：

第一阶段完成A1、A2区域的空调及通风排烟系统和空调冷冻水系统（即武广线东边区域）。

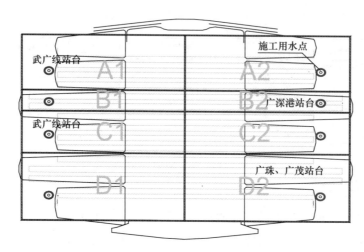

图 4-7-3-19 空调通风工程施工分区

第二阶段完成 C1、C2 区域的空调及通风排烟系统和空调冷冻水系统（即站房中部的武广线区域）。

第三阶段完成 B1、B2 区域的空调及通风排烟系统和空调冷冻水系统（即广深港线区域）。

第四阶段完成 D1、D2 区域空调及通风排烟系统和空调冷冻水系统（即广茂线、广珠线区域）。

2. 在站房北咽喉区铁路桥下设置一处设备堆放和临时小件加工场地，所有设备到货后进入该堆场内进行开箱检查验收，并临时存放，待安装时逐台运入现场安装。

3. 总体安装顺序是 A1 与 A2 区域、C1 与 C2 区域、B1 与 B2 区域、D1 与 D2 区域。各区域内先出站层，再高架夹层，然后高架层，最后安装地下室。从平面上从东向西，逐步推进。在同一楼层内，标高高的先施工，标高低的后施工，安装标高按深化施工图控制尺寸。

（二）施工人力配置

1. 空调风管采取按机组设备分系统安排施工综合班组，分区域投放施工力量。一个空调系统安排一个综合班组，每一综合班组配备三班人员，日夜三班倒施工。同时安排 8 个综合班组（南北各 4 组，共 24 班人员）、8 个系统同步施工。一个班组安装完一个系统后，转入另一系统施工。集中力量由东向西逐区推进，安排约 300~500 人，随施工作业面增多而逐步调整增加。

2. 空调设备按设备类型（空调机组、送排风及补风机、排烟风机三类）安排施工。每一类型的设备各安排 2 个综合班组（共 6 个综合组 18 班人员），每一综合班组配备三班人员，共组织 6 个综合作业组（18 班人员）进行施工，施工顺序由东向西逐区推进。安排约 150~280 人，随施工作业面增多而随时调整增加。

3. 预留预埋：空调水系统管道、冷却水系统管道有许多穿墙穿楼板的套管，需要在土建施工时配合预埋。在 -4.5m 层以上，各种管道安装的支吊架预埋板，由土建施工，为防止土建预埋出现偏差，必须派人跟踪检查。为确保预埋工作准确无误，预埋期间各工种安排 2 人，组成 12 人预埋班组，安排专人负责预埋工作。

4. 空调水系统管道：空调水系统安装按系统安排施工班组，共安排 6 个综合组 18 班人员，施工时顺管道系统由东向西逐步推进，先保武广线所在区域，后施工其他区域。安排

200～400人，随施工作业面增多而随时调整增加。

5. 油漆保温工程单独设立2个综合作业组，每组配备3班人员（共6班人员），与风管、管道安装穿插进行施工。安排80～120人，随安装施工进度随时调整增加人员。

6. 施工前期主要是进行出站层信号楼和四角办公楼的安装、预留预埋套管，此阶段视土建作业面的提供情况定，短时间约120人左右，按160人做好准备。

劳动力安排，如表4-7-3-7所示。

劳动力安排　　　　表4-7-3-7

工种	2009年								2010年		
	5月	6月	7月	8月	9月	10月	11月	12月	1月	2月	3月
管道工	20	60	40	40	148	168	168	168	156	90	20
电焊工	4	4	8	8	42	60	64	64	64	30	4
钳工	4	4	4	4	90	90	90	90	90	30	20
通风工	22	40	186	186	182	182	190	190	180	120	22
起重工	1	1	6	6	40	40	40	40	36	20	2
油漆工	4	4	30	30	40	40	50	50	46	35	6
保温工	6	8	50	50	70	80	90	90	80	45	8
临电工	1	2	2	2	4	4	4	4	4	4	2
测量工	1	1	2	2	2	2	2	2	2	2	2
架子工	3	8	20	20	50	50	60	60	60	30	6
辅工	8	20	40	40	50	60	80	80	80	60	30
合计	126	152	388	388	718	776	838	838	800	466	120

（三）主要施工机具

主要施工机具配置，如表4-7-3-8所示。

主要施工机具　　　　表4-7-3-8

序号	设备名称规格	单位	数量	规格型号	产地	生产能力	备注
1	全自动风管加工流水线	套	1		中国	500m²/d	
2	汽车吊	台	1	QY-30	中国	50t	
3	汽车吊	台	1	QY-8～16	中国	16t	
4	运输汽车	台	2	10t	中国	4t	
5	液压升降台	台	4	400kg $H=9m$	中国	$H=9m$	
6	移动式高空作业平台	台	14	500kg $H=6m$	中国	$H=6m$	
7	交流弧焊机	台	28	300A	中国	15kW	
8	氩弧焊机	台	2	500A	中国	18kW	
9	电动叉车	台	2	1～5t	中国	1～5t	
10	手推叉车	台	8	1～3t	中国	1～3t	
11	台钻	台	4	$\phi 12.7$	中国	$\phi 12.7$	
12	折边机	台	1	WS1.5×2000TFJ	中国		
13	固定式直角装订机	台	1		中国		
14	轻声合口机	台	1		中国		
15	移动式直角装订机	台	1		中国		
16	联合角咬口成型机	台	1	2mm		2mm	
17	弯头联合角雄法兰咬口成型机	台	1	1.5mm	中国	1.5mm	

续表

序号	设备名称规格	单位	数量	规格型号	产地	生产能力	备注
18	单咬口成型机	台	4		中国		
19	折方机	台	2	4×2000	中国		
20	激光测振仪	台	1		中国		
21	等离子切割系统	台	1	400A	中国		
22	电动绞丝机	台	4	SQ150 2.5″～4″	中国	2 1/2″～6″	
23	电动绞丝机	台	4	SQ25 4″～6″	中国	2 1/2″～6″	
24	风速仪	台	2		中国		
25	微压计	台	2		中国		
26	电动手剪	台	4		中国		
27	潜水泵	台	3-6		中国		
28	电动开孔器	只	3	ϕ114以下	中国	ϕ114以下	
29	冲击钻	把	20	FE22-ϕ22	中国	ϕ22	
30	冲击钻	把	20	FE22-ϕ16	中国	ϕ16	
31	薄板钻孔器	只	4	ϕ50	中国	ϕ50	
32	水准仪	台	2	NI00A	中国		
33	激光经纬仪	台	1		中国		
34	手提砂轮机	台	6	ϕ150	中国	ϕ150	
35	电动试压泵	台	6	ZDL-SY819/4	中国		
36	角向砂轮机	台	30		中国		
37	砂轮切割机	台	12	ϕ300	中国	ϕ300	
38	手动葫芦	台	2	5t	中国	5t	
39	手动葫芦	台	20	1～3t	中国	1～3t	
40	卷扬机	台	2	5t	中国	5t	
41	卷扬机	台	2	3t	中国	3t	
42	坡口机	台	1	ϕ426	中国	ϕ426	
43	方水平	只	6		中国		
44	百分表	只	6		中国		
45	千分表	只	6		中国		
46	型钢调平机	台	4		中国		
47	千斤顶	个	6	5t	中国	5t	
48	数码摄影机	台	1		中国		
49	台式电脑	单	10		中国		
50	手提电脑	台	2		中国		
51	传真机	台	1		中国		
52	复印机	台	1		中国		
53	自记录式风速仪	台	2		中国		
54	热球风速仪	台	1		中国		
55	倾斜式压力计	套	2		中国		
56	不锈钢管卡压钳	套	3		中国		
57	手提振动仪	支	2	Y800、800mm			
58	毕托管	支	4	HY-103、0.1～99.9mm			
59	普通噪声计	支	1	MODEL6511			
60	数字温度仪	套	1	Wap-211、-50～400℃			
61	智能型环境测试仪	套	2	MODEL4020、30～130dB			
62	干、湿球信号发送器	套	2	TH、温度0～40℃,湿度20%～100%			

（四）主要材料构件

主要材料、构件数量，如表 4-7-3-9 所示。

通风空调主要材料、构件数量　　　　表 4-7-3-9

序号	名称	型号规格	单位	数量	进场时间	备注
1	空调机组（转轮热回收）		台	70	2009.10.15	地下室
2	卧式组合空气处理机组		台	7	2009.09.15	出站层
3	卧式组合空气处理机组		台	8	2009.09.25	站台层
4	卧式组合空气处理机组		台	84	2009.10.05	高架层
5	新风机组		台	6	2009.09.15	出站层
6	送风补风风机		台	104	2009.10.15	地下室
7	正压送风机		台	23	2009.10.15	地下室
8	正压送风机		台	39	2009.09.20	出站层
9	排风机		台	45	2009.10.20	地下室
10	排风机		台	13	2009.09.20	出站层
11	排风机		台	4	2009.09.20	站台层
12	排风机		台	24	2009.10.10	高架层
13	排烟兼排风风机		台	62	2009.10.25	地下层
14	排烟兼排风风机		台	50	2009.09.30	出站层
15	排烟兼排风风机		台	8	2009.10.10	站台层
16	诱导风机		台	476	2009.10.30	地下室
17	冷却塔		台	8	2009.08.30	咽喉部铁路下
18	10kV 高压直启冷冻机	$Q=5612$kW（1600RT）	台	4	2009.09.10	出站层
19	380V 制冷机组	$Q=1403$kW（400RT）	台	4	2009.09.10	出站层
20	地源热泵冷水机组		台	2	2009.09.10	地下室
21	冷冻水泵及循环泵		台	24	2009.09.10	出站层
22	全自动软水器	$Q=10$m³/h	台	2	2009.09.10	
23	软化水箱	$V=20$m³/h	台	2	2009.09.10	出站层
24	补水定压设备	$Q=7$m³/h $H=60$m	台	2	2009.09.10	出站层
25	真空脱气机	$N=3$kW	台	6	2009.09.10	出站层
26	全自动全效处理器	1500m³/h	台	4	2009.09.10	出站层
27	全自动全效处理器	450m³/h	台	4	2009.09.10	出站层
28	循环水物化 FS 处理器	$Q=1500$m³/h $N=0.5$kW	台	4	2009.09.10	出站层
29	循环水物化 FS 处理器	$Q=400$m³/h $N=0.5$kW	台	4	2009.09.10	出站层
30	循环水物化 CS 处理器	$Q=12$L/h	台	2	2009.09.10	出站层
31	分集水集	$\phi1600\times12$m	台	4	2009.09.10	出站层
32	恒温恒湿机	室内机与室外机配套	台	22	2009.05.20	出站层
33	风机盘管		台	357	2009.09.10	
34	吊柜式空调器		台	46	2009.09.10	
35	落地式风机盘管		台	114	2009.10.10	
36	惯流式风幕		台	198	2009.10.05	
37	分体式空调器	室内机与室外机配套	台	54	2009.10.10	
38	窗式排风机		台	4	2009.10.10	
39	卫生间通风器安装		台	34	2009.09.20	

续表

序号	名称	型号规格	单位	数量	进场时间	备注
40	各种规格消声器		台	414	2009.09.20	
41	各类型风口		个	9577	2009.09.20	
42	通风空调管道	镀锌钢板	m²	85000	2009.06.30	
43	排烟管道	普通钢板	m²	90000	2009.06.30	
44	各种类型防火阀、风阀		个	985	2009.09.01	
45	风管、水管保温材料		m³	8500	2009.09.10	
46	水系统各类金属软接头		个	1780	2009.09.01	
47	水系统各类阀门		个	2500	2009.09.01	
48	冷冻水管管材及配件		m	65000	2009.06.30	
49	型钢		t	20	2009.06.30	

注：各类材料根据现场实际施工进度依次、依批到达现场。

（五）与土建、装饰工程相关工作的安排

1. 在土建、结构施工阶段的各种预留洞、预埋管、预埋铁件安装随土建施工同步进行。预留、预埋管件要做好标记，牢牢固定于钢筋上，土建施工时派专人监护，混凝土浇捣时，振动棒不能接触预埋件，避免其产生移位。

2. 地下室内隔墙、防火墙砌筑、风道竖井、管道竖井必须待风管和管道安装完后才能砌筑，最好是安装完成一部分砌筑一部分。地下室所有设备间必须待设备运入后才能砌筑。

3. 在出站层每一制冷机房各留一面外墙暂不砌，待设备运入后再砌墙。

4. 要求土建在如下四处的百叶窗先不做，待风道内大风机（4台）吊入风道内后，再做百叶风窗。其具体位置如下：

（1）1/1 轴与 2/1 轴交 1-1/G 轴之间的百叶窗。

（2）2/14 轴与 3/14 轴交 1-1/G 轴之间的百叶窗。

（3）1/1 轴与 2/1 轴交 1/A 轴之间的百叶窗。

（4）2/14 轴与 3/14 轴交 1/A 轴之间的百叶窗。

这四处位置留作大风机吊装孔，采用吊车将风机由此处放入风道内。

5. 地下室各空调机房的墙体暂不能砌筑，待空调设备运入机房内并落位后才能砌筑。

6. 各种风口、散流器的安装与装修工程配合进行，不能在装修后随意开孔。

7. 各类设备管道竖井内安装，要抢在竖井墙砌筑前，安装完管道、试压及绝热等工作。

8. 天花板吊顶内安装有设备、阀门、仪表等，天花板上相应位置需留检查口时，尺寸需告知装修施工单位。

9. 凡墙上或楼板留孔（包括竖井），除设计要求保留外，其余必须在管道施工完毕后，配合土建施工单位将孔洞封堵或做防火分隔处理。

（六）施工总体顺序

1. 空调通风系统施工顺序

施工准备及技术交底→各层配合预留预埋→施工设备安装及加工场地准备→风管及支吊架部分预制→空调通风设备基础检查验收→通风空调设备安装→空调分系统测绘配管图→风管制作及按系统编号、标示→地面出站层 1A 层（标高 0~6m）风管安装→二层东北角夹层、西北角夹层、东南角夹层、西南角夹层空调安装→地面出站层 1A2 层（标高 10m 以上）风管安装→地面出站层 1A1 层（标高 6～10m）风管安装→地下层风管安装→竖井内风管安装→进站厅和贵宾候车室空调安装→高架候车室夹层空调安装→高架候车层空调安装→配合装修进行各类型风口安装→风机单机试运行→空调设备单机试车→制冷系统试运→空调分系统运行及漏风量检测→配合总体投运→验收。

风管安装时同步进行风管漏光检测。风管保温随同风管安装同步穿插进行。空调通风设备安装与土建结构进度一致，每出来一处则跟进安装一处。

2. 制冷系统施工顺序

施工准备及技术交底→各层配合预留预埋→施工设备安装及加工场地准备→管道、支吊架及保温木垫加工预制→设备基础检查验收→制冷系统设备安装→测绘系统配管图→支吊架安装→出站层制冷系统管道安装→地下层制冷系统管道安装→进站层制冷系统管道安装→高架候车层制冷系统管道安装→管道分层分区试压→管道分系统试压→管道保冷施工→补水管道与给水管道连通→冷却水系统试运→制冷设备分单机试运→制冷系统试运→配合总体投运→验收。

3. 冷却水系统施工顺序

施工准备及技术交底→配合预留预埋→施工设备安装及加工场地准备→管道及支吊架预制→支吊架安装→凉水塔及冷却水泵安装→冷却水管安装→冷却水管试压→冷却水管与设备连通→设备单机试车→冷却水系统试运行→配合总体投运→验收。

4. 施工过程总控制程序

施工过程总控制程序，如图 4-7-3-20 所示。

四、主要施工方案

（一）空调通风系统材料选用

空调系统送回风管、新风管材料选用镀锌钢板，过防火墙套管及防火排烟风管材料采用普通钢板（厚 1.6～2.0mm），地下室部分送回风管、排风风管材料采用改性酚醛铝箔复合夹芯板风管，冷冻水系统管道采用焊接钢管。

为便于机械化加工和确保工期，防火排烟风管采用 1.5mm 厚镀锌钢板。

出站层与站台层空调送风、回风管及排风管采用改性酚醛铝箔单面彩钢板复合夹芯板风管。

根据设计要求，地下室空调送风管、回风管、排风管采用改性酚醛铝箔复合夹芯板风管，考虑到空中坠物会砸坏风管，经设计院确认，将此种风管改用改性酚醛铝箔单面彩钢板复合夹芯板风管。

高架层空调送风管、回风管及排风管因箱形梁留有圆洞，按设计采用镀锌板材。

综合支吊架采用成品万能组合式综合支吊架（镀锌）。

（二）镀锌板通风空调风管制作安装

通风空调风管、防排烟风管制作采用 2 套全自动风管加工生产线制，具体要求按照《通风与空调工程施工质量验收规范》GB 50243—2002、施工图纸和《通风空调管道通用制作、安装工艺》的要求执行。

1. 风管制作要求

（1）镀锌钢板风管制作前进行材料进场检验及验收，材料验收合格后，分类堆放在风管加工车间内，每种规格必须挂牌告示如下内容：

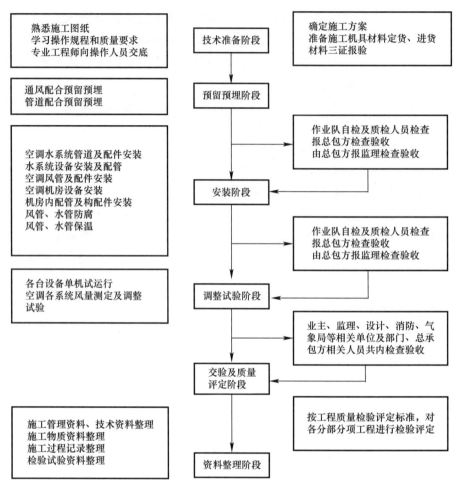

图 4-7-3-20 施工过程总控制程序

① 镀锌钢板公称厚度,低压系统使用范围,中压系统使用范围,高压系统使用范围。

② 型钢规格,加工法兰及加固框尺寸范围。

(2) 镀锌钢板风管选用厚度、法兰及连接螺栓选用,按照 GB 50243—2002 要求选择,消防排烟风管按设计选用厚度。

风管厚度规格,详见表 4-7-3-10 要求。

风管的厚度规格　　　　表 4-7-3-10

圆形风管直径 D 或矩形风管大边长 b (mm)	厚度				备注
	中、低压系统		高压系统		
	圆形	矩形	圆形	矩形	
$D(b) \leqslant 320$	0.5	0.5	0.5	0.75	空调系统的送回管及新风管按中压系统风管选。消防排烟风管采用普通钢板 $\phi=1.6\sim2.0$mm
$320 < D(b) \leqslant 450$	0.6	0.6	0.75	0.75	
$450 < D(b) \leqslant 630$	0.75	0.6	0.75	0.75	
$630 < D(b) \leqslant 1000$	0.75	0.75	0.75	1.0	
$1000 < D(b) \leqslant 1250$	1.0	1.0	1.0	1.0	
$1250 < D(b) \leqslant 2000$	1.2	1.0	1.2	1.0	
$2000 < D(b) \leqslant 4000$	按设计	1.2	按设计	按设计	
$D(b) > 4000$	按设计	按设计	按设计	按设计	

(3) 风管加工均采用车间制作，经检查验收合格后，运到施工现场安装。

(4) 风管加工车间环境要求：平整干燥的水泥地面，良好的防水屋盖及围护，下料地面另铺设 5mm 厚橡胶板，下料区域安装足够的照明。风管组装及铆接法兰在地面铺设有 10mm 钢板上操作。围隔 10m² 区域专门作为边角料堆放场地。

(5) 风管加工前，预先核对图纸与施工现场标高、位置，确认无误后进行加工清单的编制。

(6) 加工清单的编制需按设计及规范要求，考虑如下因素：支管或出风口位置、消声设备及各类阀门位置、曲管的弯曲半径、大小头根据上向流或下向流不同偏角要求确定其长度、变口径管的偏向等。

(7) 风管均采用咬缝，矩形风管低压系统咬缝采用按扣式咬口，中、高压系统采用联合角咬口，圆形风管采用平咬口，管件采用立咬口。对于矩形风管，小于或等于 900mm 的底面板不得有拼接缝，大于 900mm 的底面板不得有横向拼接缝。

(8) 高压系统风管组装前，在咬缝内需适当填充 8601 或相似功能的密封胶，以确保咬缝的严密。所有风管法兰连接四角处均用密封胶封堵。

(9) 风管加工其外径或外边长的允许偏差必须符合如下要求：当小于或等于 300mm 时，为 2mm；当大于 300mm 时，为 3mm。管口平面度的偏差为 2mm，矩形风管两条对角线的长度之差不大于 3mm。

(10) 矩形风管弯管的制作，一般采用曲率半径为一个平面边长的内外同心弧形弯管。当采用其他形式的弯管，必须设置弯管导流叶片。

(11) 根据现场条件风管可采用法兰连接或无法兰连接方式（详见国家建筑标准设计 07K133）。风管法兰加工采用工厂化生产，机械冲压断料，机械冲螺栓孔，机械倒角。法兰拼装采用焊接，中低压系统风管螺栓孔及铆钉孔间距不得大于 150mm，高压系统风管螺栓孔及铆钉孔间距不得大于 100mm。法兰防腐采用喷涂→烘干（阴雨天）及喷涂→晾干（晴天）方式。圆形法兰制作采用卷圆机弯曲成型，台钻钻孔。

(12) 连续热镀锌薄钢板应符合《连续热镀锌钢板及钢带》GB/T 2518 中的机械咬合 JY 的加工性能，镀锌层重量 275g/m²，正常锌花表面结构，B 级普通尺寸精度，厚度允许偏差详见表 4-7-3-11 要求。

厚度允许偏差　　　　　　　　　　表 4-7-3-11

公称厚度（mm）	公称宽度（mm）	
	≤1200	>1200～1500
0.5	±0.08	±0.09
0.6	±0.08	±0.09
0.75	±0.09	±0.10
1.0	±0.10	±0.11
1.2	±0.11	±0.12

2. 风管安装要求

(1) 风管制作清单编制完成以后，在施工图上进行支、吊架布置，然后对施工班组进行交底。施工班组根据布置要求，结合现场轴线、标高进行定位放线及支吊架划线，并按确定的位置安装。

(2) 风管安装时，大部分均需要搭设操作脚手架平台，尤其是出站层、站台层、高架层空间较高的位置。脚手架搭设采用钢架管双排架，架高超过 6m，均需要加设斜支撑。

(3) 不保温水平风管悬挂式吊架间距为：圆形风管直径或矩形风管大边长小于 400mm 时，间距不大于 4m；大于或等于 400mm 时，间距不大于 3m。每根主风管必须设防止摆动的固定支架。

(4) 保温风管水平风管悬挂式吊架间距为：圆形风管直径或矩形风管大边长小于 400mm 时，间距不大于 3.5m；大于或等于 400mm 时，间距不大于 2.5m。每根主风管必须设防止摆动的固定支架，设置的固定支架应做保温处理，防止因冷桥产生凝结水。

(5) 风管垂直安装：支架间距≤4m，但每根立管支架不得少于 2 个。风管转弯处两端必须加支架。

(6) 风管穿越非防火分区隔墙时，风管外要设钢板套管，风管的保温材料不得间断，保温层外与套管间的间隙用防火胶泥料封堵。

(7) 风管法兰垫料：一般空调与通风风管采用硅纤环保垫片，排烟系统使用耐高温硅纤环保垫片。设备与风管连接处用耐火衬胶帆布制作软接头连接。

(8) 主、支管走向和标高经测定后，配制吊杆。风管支吊架形式参照国标图集《风管支吊架》，其下端丝牙长度不少于 50mm，不得坏牙，保温风管吊杆长度根据其保温层厚度相应放长。吊杆采用镀锌通丝杆及成品连接丝套，采用外胀式金属膨胀螺栓固定。

(9) 风管运到安装点不得有碰坏、撞瘪现象，吊装前必须清除管内污杂物。

(10) 按设计图纸、支管走向和风口孔位尺寸进行准确的排管，须考虑垫料厚度，避免多口相接后，支管和风口位置偏移。

(11) 明装风管水平安装，水平度的偏差每米不大于 3mm，总偏差不大于 20mm，明装风管垂直安装，垂直度的偏差每米不大于 2mm，总偏差不大于 20mm。暗装风管位置要正确，无明显偏差。

(12) 风管支、吊、托架不得设置在风口、阀门、检视门处，吊架不得直接吊在法兰上，阀部件、消音器要有单独的支、吊架。

(13) 在地面组装较长的风管一般为 10～20m，采用捯链或滑轮将风管升至支架上的方法，即挂好捯链或滑轮，再用麻绳将风管捆绑结实（一般麻绳不直接捆绑在风管上，而是用长木板插入麻绳受力部位，或用长木板托住风管底部），四周用软性材料垫牢。起吊风管离地 200～300mm 时，仔细检查捯链或滑轮受力点和捆绑风管的麻绳是否牢靠，风管重心是否正确，再吊装。风管放在支架后，将所有托架和吊杆连接好，确认风管稳固后，方可解开麻绳。吊装时，操作人员不得站在风管顶上工作，严禁人在风管上走动，防止风管变形。

(14) 吊装到位后，及时装好支、吊、托架，吊杆下端必须加双螺母，以防丝杆滑牙。

(15) 风管与部件可拆卸搭接口，不得装在墙和楼板内，法兰垫料需搭接平整，不得凸入管内。

(16) 法兰螺栓的螺母必须在同一侧，紧固时受力均匀，两片法兰的间距要均匀。

(17) 高度 6m 以内的风管安装采用自制移动式井架和楼梯进行安装。而高度在 6m 以上 12m 以内的风管安装采用液压升降架或搭设双排钢管脚手架安装。风管在安装时，用低压灯光进行风管接口的漏光检查。

(三) 通风空调设备安装

1. 空调机组安装

利用拖拍或吊车将空调机逐台运入（吊入）各施工层面，为确保设备安装质量，设备开箱检查程序实施后，按照设备技术文件提供的参数，对设备进行电气、机械性能检测，合格后再进行设备吊装就位。

安装在站台层、高架候车层的设备采用吊车直接吊到相应的楼面层，然后采用手推叉车移动到安装位置安装。

通风空调系统的设备具体安装方法按照设计要求及设备厂家提供的技术要求，以及国家规范《组合式空调机组》GB/T 14294—93、《水泵隔振技术规程》CECS 59：94、《通风与空调工程施工质量验收规范》GB 50243—2002、《机械设备安装工程施工及验收通用规范》GB 50231—98、《压缩机、风机、泵安装工程施工及验收规范》GB 50275—98、《制冷设备、空气分离设备安装工程施工及验收规范》GB 50274—98 及设计选用的国家和地方标准图进行。

高架设备夹层的空调机组就位，采用在机位旁边的梁上支简易钢结构吊装，先利用小型卷扬机将设备吊起到基础面高，由一面挂手拉葫芦慢慢拖入机位内。

对于部分机房高度不够、尺寸偏小、空调机组不好安装的位置，则在机组订货时对其提出限高要求。

对于因机房尺寸限制，机组不能整体运进的，则在订货时要求加工成几段（按设计构成段），在现场拼装。

地下室空调机房需待设备就位后再砌筑。

空调机组安装要先进行设备开箱检查，对设备随带的技术资料和备品配件进行清点，并做好开箱检查记录。对设备基础按图纸或设备底座尺寸、地脚螺栓孔中心尺寸进行测量验收，合格后才能安装。设备安装时要加装橡胶减振垫。

2. 制冷机安装

冷水机组、循环泵运至施工现场后，再利用拖拍拖至设备基础旁，安装前要先设置好设备水平及垂直调整定位装置，再将设备落到基础上安装。施工时，结合现场实际情况，制定具体的运输方案，报现场监理批准后实施。由于冷冻机房主机设备体积、重量较大，制冷机房土建必须至少预留一面墙体后砌，待设备运入室内后再封堵。

3. 风机安装

一般风机安装可参照空调机组的吊装方法。对于大型风机则采取相应措施安装。出站层GYF型大厅排烟风机和HTF型车库等位置的排烟风机安装在轨道梁窝内，因风机的安装位置较高，需要设立吊装机具才能吊装，具体设立方法单独编制方案。地下层风道内风机尺寸较大（近2m直径），而且较重，运入风道内很困难，暂考虑位于风井位置上部的土建百叶窗先不做，在此竖向风道内设吊装机具，利用吊车将风机从百叶窗口放下支，然后设立吊装机具在风道内安装。

本工程风道内的风机（16台）按设计为4台并排安装，因受空间尺寸和结构承载力的限制，必须设计出具体安装大样图后，才能安装。

所有风机均采用悬吊安装，吊装方式可参照国家建筑标准设计图集91 SB6-1。但对于大型排烟风机则采用预埋长螺栓，在梁板下悬吊钢支座的方式安装，形式上是悬吊，但风机为座式安装。每一吊装支座上均安装设备配套弹簧减振器。

4. 水泵安装

系统使用的水泵规格、型号、技术性能必须符合设计要求，要有产品合格证和质量检验技术文件，并符合国家标准《机械设备安装工程施工及验收通用规范》GB 50231—98、《压缩机、风机、泵安装工程施工及验收规范》GB 50275—98 的有关规定。泵类设备安装时按产品说明书及相关工艺文件的规定要求执行。

（四）空调水系统管道安装

水系统竖井内立管安装采用在竖井口架设临机吊杆进行垂直提升安装。水平大管道根据各安装位置不同，采用液压升降平台或搭设脚手架进行安装。其他小型管道则采用楼梯辅助安装。具体安装方法及要求可按《民用建筑内制冷管道安装工艺》及《通风与空调工程施工质量验收规范》GB 50243—2002、《制冷设备、空气分离设备安装工程施工及验收规范》GB 50274—98、设计施工图及选用的相关标准图执行。

1. 管材及连接

空调供回水管管径大于 80mm 时，采用无缝钢管，焊接或法兰连接；管径小于 80mm 时为镀锌钢管，焊接或丝扣连接。冷凝水管采用镀锌钢管，丝扣连接。管径大于 350mm 时采用螺旋缝焊接钢管，焊接连接。

2. 管道冲洗、试压

管道安装结束后，在试压前，要关断设备进行管道水冲洗，直到将污物冲净为止。管冲洗后要做水压试验，试验压力为 1.0MPa，10 分钟内压力降不大于 0.02MPa，降至工作压力后检查，不渗漏为合格。冷凝水系统可做充水试验，无渗漏为合格。

3. 管道坡度

管道安装必须依据图示设置坡度。供回水管均抬头走，坡度为 3‰，不得小于 2‰。冷凝水管的水平管必须坡向排水口，坡度为 8‰，软管连接要牢固，不得有瘪管和强扭。冷凝水排放要安装水封弯管。

4. 阀门抽检

在主干道上起到切断作用的闭路阀门全数检查。同牌号、同规格、同型号数量中抽查 20%，且不少于 1 个。

5. 安装注意事项

(1) 供回主管在最高处需设排气阀。
(2) 供回水管其支架、吊架处必须垫大于或等于保温厚度的浸过沥青的弧形垫木。
(3) 管道支架、吊架的位置不允许妨碍水过滤器的拆除、安装，也不得占用设备的操作空间。
(4) 管道套管内径要比管道保温层外径大 20~30mm。
(5) 立管支架（轧箍）最大间距不超过 3m。
(6) 套管可用厚度为 0.8~1.0mm 的镀锌钢板或内径合适的钢管制作。

6. 管道焊接连接

空调供回水管的管径≤32mm 时，为螺纹连接；管径＞32mm 时采用焊接连接。冷凝水管采用镀锌钢管丝接。

(1) 钢材及焊接材料

焊接前，必须查明图样中规定的所焊材料的材质、相匹焊接材料。

(2) 焊接工艺评定

施焊前，根据焊接工艺评定，选定合适的工艺参数。

(3) 焊接材料的保管和领用

施工前，要对焊接材料进行验收，验收合格的焊接材料必须做合格标记并入库贮存，妥善保管。

当发现对合格证有怀疑或合格证遗失时，必须按标准进行复验，复验合格后方可入库。

施工现场要设立焊材库作为贮存和保管。现场设有专人负责焊材的保管、烘烤、发放和回收，且有详细记录。焊材库必须干燥、通风。焊材必须存放在架子上，架子离地面和与墙壁的距离不小于300mm，严防焊条受潮。

(4) 坡口加工和检查

焊接坡口形式及尺寸必须符合设计规定，若设计无规定时，要选用易于保证焊接质量、填充金属量少、熔合比小、便于操作的坡口形式。一般要求按《现场设备、工业管道焊接工程施工及验收规范》GB 50236 执行，一般坡口形式为 V 形，如图 4-7-3-21 所示。

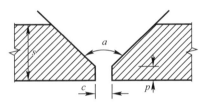

图 4-7-3-21　V 形坡口

手工电弧焊的坡口尺寸，如表 4-7-3-12 所示。

手工电弧焊坡口尺寸（mm）　　　　　表 4-7-3-12

厚度 s	3～9	9～26
角度 a	$70°\pm5°$	$60°\pm5°$
间隙 c	1 ± 1	2^{+1}_{-2}
钝边 p	1 ± 1	2^{+1}_{-2}

加工后的坡口母材不得有裂纹、重皮、毛刺等损伤缺陷。

(5) 管口组对与定位

管口组对前，采用手工或机械方法清理内外表面，在坡口边缘 20mm 范围内不得有油漆、毛刺及其他对焊接有害的物质。

壁厚相同的管子、管件组对，其内壁必须齐平。不同厚度的管子、管件组对前，必须进行壁厚差的加工。

管子、管件的组对定位焊，可采用根部定位焊缝。作为正式焊缝组成部分的定位焊，必须符合下列规定：

① 定位焊接工艺要与正式焊缝工艺相同。
② 定位焊缝长度为 10～15mm，厚度为 2～4mm，不得超过壁厚的 2/3。
③ 定位焊的焊点要均匀分布，一般不少于 2～3 点。正式焊接时，要在两焊点之间起弧焊接。
④ 定位焊缝必须保证焊透、无焊瘤，熔合良好，无焊接缺陷，并将焊点两端修磨成缓坡形状。
⑤ 组对焊口时不得强制配管，管口不得有错口现象，局部错口值不得超过壁厚的 25%。

7. 管道丝扣连接

(1) 指定专人套丝，管螺纹符合要求，如有断线或缺丝，不得大于螺纹全扣数的 10%。

管件紧固后，以外露2~3牙为准。

(2) 安装时，选用合格的管件，管牙上均匀地上好填料，拧上管件，用力均匀，并一次上到位。注意管口的方向要正确，必须将外露的填料清理干净，并及时涂刷防锈油漆。

(五) 恒温恒湿机系统安装

1. 设计方案

本工程通信机房有22台（套）恒温恒湿机组，分为室内机与室外机，室内机与室外机之间采用铜管连接。每台机组有3组或2组铜管，铜管超过万米。室外机安装在4.8m屋面上。铜管在4.8m层楼板铺设至集中预埋管位置，然后在吊顶内敷设到每一室内机所在位置，再沿墙面明敷至室内机下地板内，从侧面接入机组。凝结水管则在机组侧面的楼板处开孔，接至楼板下面（地下室）敷设。室内机采用侧送风，下面制作钢底座300mm高，室内机安装在钢底座上，机组底面与楼面齐平。恒温恒湿机加湿管由给排水专业接到各机组侧面。凝结水管与加湿给水管均沿地下室楼板下敷设，在地板上开孔穿管与室内机相接。

2. 施工顺序

先将铜管沿吊顶内敷设至各室内机位置的墙边，沿墙面敷设至相应位置的地下板。设备先做好底座，但不安装，待通信地下布线规划好后，再根据通信线路的空隙位置调整定位恒温恒湿机位置，然后将铜管与室内机接好，并进行铜管保温。室内安装好后，再安装室外机并对管路系统作强度试验，合格后做真空试验、冲氮、灌氟利昂。

通信设备进入前，在室内机所在位置钻好凝结水管排出洞与加湿水管洞，并将凝结水管和加湿水管与室内机连接好，最后安装地下层的凝结水和加湿水干管，并进行管路试压，合格后交付通信设备安装。

(六) 支架、吊架制作安装

1. 支架、吊架制作

支架、吊架的型式、材质、加工尺寸、精度及焊接必须符合设计要求和施工验收规范。支架底板必须平整，支、吊架的工作面必须平整。支、吊架焊缝要进行外观检查，不得有漏焊、点焊、裂纹咬肉等缺陷。焊接变形必须予矫正。支吊架检查合格后，方可进行防腐处理，妥善保管。如采用组合式综合支吊架则可按图进行组合，不需要加工。

2. 支吊架安装

(1) 支吊架的间距必须符合设计或规范要求。

钢管道支架的最大间距，如表4-7-3-13所示。

钢管道支架的最大间距　　　表4-7-3-13

公称直径 (mm)	15	20	25	32	40	50	70	80	100	125	150	200	250	300
支架最大间距 (m)	2	2.5	2.5	2.5	3	3	4	4	4.5	6	7	7	8	8.5

(2) 坡度、标高的确定：根据两点间距离的大小，算出两点间的高差，然后在两点拉一直线，按照支架的间距，在墙上画出每个支架的位置。

(3) 支、吊架固定和调整：管道安装时，要及时进行支、吊架的固定和调整工作，支吊架位置必须正确，安装要平整牢固，管子与支架接触良好，一般不得有间隙。

(4) 支、吊架安装：

① 预埋钢板焊接支架

钢筋混凝土构件上的管道支架，可在预制或现浇混凝土时，在各支架的位置预埋钢板后将支架横梁焊接在预埋的钢板上。

② 直接埋入预留洞槽内的管道支架

支架埋在墙内深度必须按设计要求而定，一般不小于 120mm，洞口不宜过大。埋设前，必须清除孔洞内的碎石及灰尘，并用水将其浇湿。用 1∶3 水泥砂浆，或细石混凝土填塞，将已防腐的支架插入，加入碎石卡紧支架，再填实水泥砂浆。注意洞口要稍低于墙面，以便修补饰面层时找平。

③ 膨胀螺丝栓固定

膨胀螺丝栓常用规格有 M8、M10、M12 三种，一般按受力情况选用。

钻孔可用冲击电锤或冲击电钻进行，钻成的孔必须与构件表面垂直，孔的直径与管外径相等，用手拧紧螺母，这样就可以在螺栓上安装支架横梁。

④ 支吊架安装注意事项

立管管卡安装，层高小于或等于 5m 时，每层须安装一个；层高大于 5m 时，每层不得少于 2 个。管卡安装高度为离开地面 1.5～1.8m，但每一楼层宜设在同一高度，两个以上管卡可对称安装。

管道的焊缝不得在应力集中的支架上，要离开一定距离（一般为 50～200mm）。

固定在建筑结构上的支、吊架安装高度，不得影响结构的安全。

各种支、吊架选择必须按设计要求和参照有关图集进行。

高空作业时，必须严格按照安全施工规范的要求进行施工。

除设计要求外，不得在承力建筑钢结构构件上采用熔焊法连接固定支架、螺栓等部件，且严禁热加工开孔。

在预应力梁上设置支架时，用冲击电锤钻孔的位置必须经监理确认。

(七) 酚醛铝箔复合风管制作和吊装

1. 施工流程

酚醛铝箔复合风管施工流程，如图 4-7-3-22 所示。

2. 风管制作

(1) 板材的放置

板材吊装时，绳索与板材或纸质包装盒接触处要垫垫木。

板材堆放场地必须干净、平整。堆放不宜过高，不超过八件为宜。不能露天存放，严防雨水淋湿。

板材不得甩、碰、砸、踏。不宜平抬，采用竖立搬运为佳。

(2) 操运刀具

刀片必须干净、锋利。刀具（尤其是底端）必须干净，无胶和其他污物。

刀片必须深度到位，90°刀片长度以切透板材而又不切伤下层铝箔为准。左、右 45°刀和直刀以切透板材和下层铝箔为准。

45°刀和 90°的刀，角度准确无偏差。

运刀用力均匀、速度平稳，且刀具底端不伤及与之相接触的上层铝箔。

(3) 裁板下料

下料裁板宜先裁成正方形或矩形（先制作直管），再尽量利用余料制作异形管。

板材切口要准确、平整、无破损，切线平直或照划线。

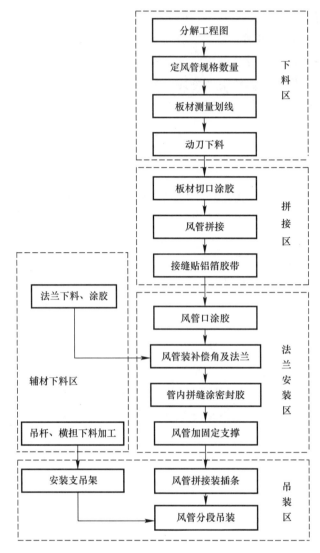

图 4-7-3-22 酚醛铝箔复合风管施工流程

矩（正方）形风管各对角线的尺寸必须一致，其误差≤1.5mm，风管相邻的两个面必须垂直成 90°，接缝无明显缝隙。

下料完弯头的内、外弧板后，在板面上压出横纹，该横纹要垂直于切口端面，宽窄一致，为 20～50mm，压完后，再按压线折出一定的弧度，弧度要均匀。

如下四种基本方法下料，可按照风管尺寸选择最适当的一种方法，可选择在纵向和横向上制作，这样每段直管的最大长度分别为 4000mm 和 1200mm。

一片法：风管内边宽度之和≤1040mm，可由一块板制成，如图 4-7-3-23 所示。

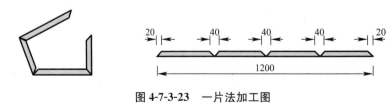

图 4-7-3-23 一片法加工图

U形法：风管三个内边长之和≤1080mm，采用"U"形加一个封口制成，如图4-7-3-24所示。

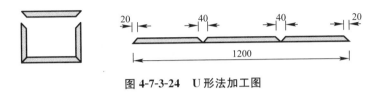

图 4-7-3-24　U 形法加工图

L形法：风管两个内边之和≤1120mm，可采用两块"L"形板材制成，如图4-7-3-25所示。

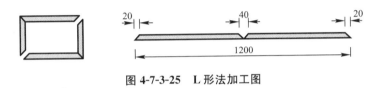

图 4-7-3-25　L 形法加工图

四片法：风管每个内边的长度≤1160mm，四面可单独切割，如图4-7-3-26所示。

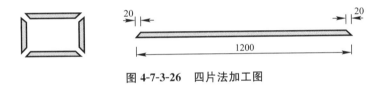

图 4-7-3-26　四片法加工图

（4）涂胶粘结

粘结前，要先进行检验，查看折后能否成90°。粘结表面必须清洁、干净、无污物。

粘结面涂胶要均匀，不堆集、无间断。涂胶后进行粘结前，必须先用手指检查胶的固化程度，然后进行粘结（夏天一般为2～5分钟、冬天一般为15～20分钟）。

粘结部位要对准，直管折角要平直，折后成90°。粘结弯管时，先粘结外弧板，再粘结内弧板，并用手摸压严实，使之粘结成型。

粘结部位要牢固、平整，无明显缝隙。

（5）密封

管外接缝处要粘贴铝箔胶带，在粘贴铝箔胶带前，用刮刀刮平接缝处，并将多余的胶及杂物去掉。

确定铝箔胶带的粘贴位置并画线定位。

铝箔胶带宽度为50mm，胶带密封的两边宽度要均匀一致，至少有20mm宽的搭接处。

铝箔胶带粘贴完后压平、压紧，无皱折和破损。

管内接缝处要填充密封胶，胶要填实、均匀、不堆集、不断线、美观。

（6）法兰安装

$L \geqslant 2000$mm或$L \leqslant 1200$mm的大风管连接、风管上开口与支管的直角连接、风管与阀门的连接、风管与弯头的连接、三通风管与软管的连接等，均必须有相应的法兰连接。

法兰的长度由风管外径确定，误差≤1mm。

法兰的内表面及与其相结合的风管端面要涂胶，胶要涂刷饱满、均匀、不间断。

法兰连接处的风管端面四个角要垫锌铁补偿角，且不得露出风管端面，其表面要涂一遍胶。

安装法兰时，F形法兰的长边紧贴管内壁，并与管壁铆紧。

法兰与风管粘结时，粘结面要贴紧管端面，法兰表面要平整，连接要牢固。

（7）风管加强

在一定的工作条件下，风管内必须加固定支撑，补强方法如表 4-7-3-14 所示。

风管内支撑补强方法　　　　　　　　表 4-7-3-14

类别		系统工作压力（Pa）						
		<300	301～500	501～750	751～1000	1001～1250	1251～1500	1501～2000
		横向加固点数						
风管边长 b(mm)	410<b≤600	—	—	—	1	1	1	1
	600<b≤800	—	1	1	1	1	1	2
	800<b≤1000	1	1	1	1	1	2	2
	1000<b≤1200	1	1	1	1	1	2	2
	1200<b≤1500	1	1	1	2	2	2	2
	1500<b≤1700	2	2	2	2	2	2	2
	1700<b≤2000	2	2	2	2	2	2	3
纵向加固点间距（mm）								
酚醛铝箔复合板风管		≤800			≤600			

当边长大于1200mm时，必须在法兰连接的单侧方向长度250mm内，设纵向加固。

固定支撑可利用 $\phi6\sim\phi8$ 的镀锌铁杆、铝质保护碟片、螺母垫圈等零部件组成。

（8）风管连接

当风管边长≤500mm时，可采用无法兰连接。连接步骤：管道的端面涂胶并粘贴铝箔胶带→铝箔胶带表面涂胶→管道粘结→管外拼接缝安装连接加固卡→用铝箔胶带密封管道拼接缝。

法兰连接：用平面接口法兰、工字形胶质插条、封口胶角、锌铁补偿角等可组成一套完整的隐形法兰系统，如图 4-7-3-27 所示。

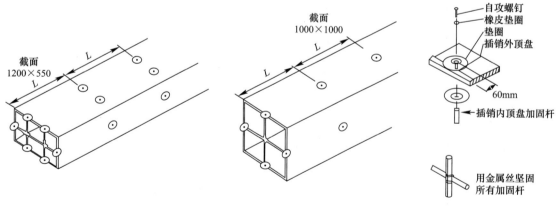

图 4-7-3-27　风管法兰连接

风管法兰之间用工字形胶质插条连接，胶质插条插入时要松紧适度，以用手按入或用木锤轻敲入为宜。

工字形胶质插条的长度由风管内径确定，按内径尺寸减少2mm进行切割。

法兰连接处的四角要用密封胶封堵，不得漏风和漏光。四角要加封口胶角。

两平面接口法兰连接处无明显的缝隙。

风管连接要平直、牢靠。

3．风管吊装

(1) 直径大于 2000mm 或边长大于 2500mm 的超宽特殊风管的支吊架要按设计规定。

(2) 支吊架下料宜采用机械加工，如采用气焊切割，则切割口要进行打磨处理。

(3) 吊杆要平直，螺纹必须完整、光洁。吊杆加长可采用以下方法拼接：

① 采用搭接双侧连续焊，搭接长度不小于吊杆直径的 6 倍。

② 采用螺纹连接时，拧入连接螺母的螺丝长度要大于吊杆直径，并有防松动措施。

(4) 矩形风管水平安装在最大允许安装距离下，其承重横担、吊杆直径及吊架的最大间距，必须符合表 4-7-3-15 的规定。

承重横担、吊杆直径及吊架的最大间距　　　　表 4-7-3-15

风管类别	角钢横担			
酚醛铝箔复合板风管	∟25×3	∟30×3	∟40×4	∟50×5
	$B \leqslant 630$	$630 < B \leqslant 1250$	$B > 1250$	—
	吊杆直径			
	$\phi 6$	$\phi 8$	$\phi 10$	$\phi 12$
	$B \leqslant 800$	$800 < B \leqslant 2000$	—	—
	水平安装支吊架最大间距			
	风管边长（B）			
	$B \leqslant 1000$	$B \leqslant 1600$	$B \leqslant 2000$	
	吊架的最大间距			
	$\leqslant 2000$	$\leqslant 1500$	$\leqslant 1000$	

(5) 当风管垂直吊装时：支架间距必须≤2.4m，每根立管支架不得少于 2 个。

(6) 风管长度＞10m 时，要设置防止风管摆动的加固支撑，单根直管，至少有 2 个固定点，每个系统不得小于 1 个。

(7) 吊杆位置必须准确，杆身垂直，横担平整，并在安装前做好防锈处理。

(8) 横旦与风管的接触面要加 3~5mm 耐磨橡胶板（防震垫）。

(9) 风管穿过需要封闭的防火防爆楼板或地面时，要设壁厚不小于 1.6mm 的预埋管或防护套管，风管与防护套管之间要采用不燃且对人体无害的柔性材料封堵。

(10) 风管穿出屋面要有防渗漏等保护措施。

4．风管与其他部件连接

(1) 与软接的连接：用金属条压紧软接，用铆钉将其固定在风管开口四周的 U 形法兰上即可。

(2) 与风口的连接：可采用软接或者"h"形法兰连接。

(3) 与有法兰设备的连接："F"形铝质法兰专用于风管与调节阀的连接。在"F"形法兰内侧和风管端部涂上胶水，将"F"形铝质法兰装在风管上，再用螺钉与调节阀连接即可。

5．风管检验

(1) 风管铝箔颜色一致，无破损。

(2) 风管拼缝要牢固，密封严实。

(3) 板材拼接宜采用专用的连接构件，连接后板面平面度的允许偏差为 5mm。

(4) 风管采用法兰连接时,其连接必须牢固可靠,法兰平面度的允许偏差为 2mm。

(5) 风管的加固,必须根据系统工作压力及产品技术标准的规定执行。

(6) 矩形风管断面对角线允许偏差≤1.5mm。

(7) 风管外径或外边长的允许偏差:当外径或外边长小于或等于 300mm 时,为 3mm。管口平面度的允许偏差为 2mm。

(8) 风管需进行漏光检测,具体方法如下:

对一定长度的风管,在周围漆黑的环境下,用一个电压不高于 36V、功率 100W 以上带保护罩的灯泡,在风管内从一端缓缓移向另一端,如图 4-7-3-28 所示。若在风管外能观察到光线射出,说明有较严重漏风,要对风管进行修补后再查。漏光试验必须经监理工程师确认,并做好记录。

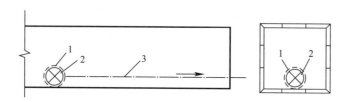

图 4-7-3-28　风管漏光检测
1—保护罩;2—灯泡;3—电线

(9) 风管吊装前,要对安装好的吊架进一步检查位置是否正确,安装的位置、标高及走向,必须符合设计要求。并清除风管内外杂物,做好清洁和保护工作。

(10) 横担排列整齐,分布均匀对称,水平成线。

(11) 连接短管要选用防腐、防潮、透气、不易霉变的柔性材料,其长度一般宜为 150~300mm,连接处要严密、牢靠。

(12) 两风管的连接段,接缝要牢固,无孔洞和开裂,接口匹配,无松动。

(13) 明装无吊顶的风口,安装位置与标示偏差不得大于 10mm。

(14) 风口与风管的连接必须严密、牢固,与装饰面紧贴,表面平整不变形。

(15) 风口水平安装,水平度的偏差不得大于 3/1000,风口垂直安装,垂直度的偏差不得大于 2/1000。

(16) 风管固定牢靠,无明显摆动。

(17) 明装风管水平安装,水平度的允许偏差为 3/1000,总偏差不得大于 20mm。明装风管垂直安装,垂直度允许偏差为 2/1000,总偏差不得大于 20mm。暗装风管的位置,必须正确,无明显偏差。

(18) 风管必须通过工艺性检测或验证,其强度和严密性必须符合设计要求或能满足在 1.5 倍工作压力下接缝处无开裂。漏风量必须符合设计与规范要求。

(19) 整个风管系统的检验必须符合《通风与空调工程施工质量验收规范》GB 50243—2002、《通风管道技术规程》JGJ 141—2004 的相关要求。

(八) 空调通风系统调试

1. 风管系统漏风量检测

(1) 测试原理和方法

利用风机向被测系统内鼓风,使系统内静压上升到额定工作压力并保持,此时该进风量等于漏风量。进风量用在风机与被测系统之间设置的孔板和压差计测量,被测系统的静压由另一台压差计测量。

(2) 试验步骤

将被测风管或空调机与系统分离,用盲板隔开堵牢密封,对风口也做同样处理。

将试验装置的软管连接到被测系统上,并加以密封。

关闭进风挡板,启动风机,逐步打开进风挡板,直到系统内静压升至额定工作压力并保持,对系统进行密封检查,注意检测风管所有接缝和孔洞处的漏风点,做出记号并用密封胶、胶粘带进行修补处理。

堵漏修补处理后,再次启动风机,逐步打开进风挡板,静压升至额定工作压力并保持,读取孔板两侧的压差。

(3) 漏风量 Q 和漏风率 ε 的计算

风管及部件安装完毕后,要按系统压力等级进行严密性检验。漏风量必须小于施工规范中规定的风管单位面积允许漏风量 ($m^3/h \cdot m^2$)

通风空调系统调试前,对系统安装连接严密性进行漏光检测,分系统建立漏光测试记录。

漏光检测采用分段进行、汇总分析的方法。漏光检测标准:低压系统风管每 10m 接缝,漏光点不超过 2 处,100m 接缝平均漏光点不得大于 16 处;中压系统风管每 10m 接缝,漏光点不得超过 1 处,100m 接缝平均漏光点不得大于 8 处。

2. 单机调试

(1) 试车前检查

① 单机调试前,空调机房必须先清洗干净。系统安装完毕,经检查符合质量验收评定标准的相应要求。电气设备及其主回路检查测定无误。

② 冷冻水泵、风机、柜式空调器及风机盘管由施工单位负责单机调试,供货商督导。

③ 冷水机组、空调自控系统配合厂家调试。

④ 试机前由机务人员做全面检查:

A. 对已安装好的机械零部件进行彻底检查和清理。

B. 清洗机械设备的油污,检查机械润滑部位是否清洁,并添足润滑剂,齿轮箱加润滑油,确保机械设备处于良好润滑状态。

C. 手动盘车、机泵转动部位必须灵活,无卡住阻滞现象,检查轴承及齿轮箱内的传动及润滑情况是否良好。

D. 做好机械部分检查调整工作,检查各机组及附属设备电机和机械联轴器的机械连接是否良好,机泵的同心度是否符合要求,机械设备若采用减速齿轮箱连接时,必须检查联轴器的连接并检查有无扎牢情况。

E. 对工艺管道供水系统检查,供水系统必须完善。所有供水阀门操作机械必须灵活可靠,管路畅通无阻塞现象,检查所有管道法兰接口、焊缝是否无渗漏。

F. 单机试运转时间不得少于 2h,风机轴承温升不超过 80℃,运转过程无异常振动,密封处不得泄漏,紧固连接部位不得松动,轴封填料的温升正常,电动机的电流和功率符合设备技术文件要求。

(2) 设备运转与检查

① 检查机组运转中有无异常振动、阻滞等不正常现象,齿轮箱传动不得有不正常的噪声

和磨损，检查风机叶轮有无与壳体碰擦。

② 试运行风机运转时，叶轮方向必须正确，经过不少于 2 小时运转后，一般情况滑动轴承温升最高温度不得超过 70℃。滚动轴承最高温度不得超过 80℃。

③ 运行过程如遇特殊情况，如电源中断、停水，压力、温度超过允许范围，或发生不正常的异响敲击声，必须做紧急停车处理。

④ 水泵、冷水机组等引进设备，在配合调试过程中，必须接受供货商督导工程师、驻地监理工程师的指导。

⑤ 观察记录机组在运转时检查的各项参数，作为日后交工验收的依据。

3. 人员及时间要求

(1) 时间要求

各通风空调系统全部完成，经检查均符合要求后即可进行单机调试，可分系统逐台进行。

(2) 人员要求

需业主、设计、监理、施工单位参加，成立试车小组，如属进口设备由供货商负责调试。

4. 调试内容

(1) 各项设备单机试运转

① 通风机的试运转按 GB 50275—98 的相关规定执行。

② 制冷机的试运转按 GB 50274—98 的相关规定执行。

③ 水泵的试运转按 GB 50275—98 的相关规定执行。

④ 冷却塔的试运转按 GB 50243—98 的相关规定执行。

⑤ 组合机、吊顶式风机、空调机、通风机的试运转按产品要求的相关规定执行。

(2) 系统阀门试验

① 空调水系统阀门：电动阀门安装前要进行单体压力试验，安装后系统通电前必须进行单体通电模拟动作试验。

② 风系统阀门：

A. 风量调节阀阀门安装前要逐个检查合格证及性能参数表，阀门安装后，在系统通电前必须进行单体通电模拟动作试验。

B. 防火阀安装前要逐个检查合格证，逐个进行性能试验。阀门安装完成后，在系统通电前必须进行单体通电模拟动作试验。

C. 所有手/电动风量调节阀、防火阀、排烟阀的动作状态经检查均已符合要求。

D. 所有送、回（排）风口已成开启状态。

(3) 管道系统

① 所有阀门检查确认安装方向和位置均正确并启闭灵活。

② 管道水压试验：水压试验要求先将有关机组的软接头拆开，用弯管连接进出管道，打开排气阀，灌水至有水出后再行关闭。水压试验必须缓慢升压，待达到试验压力后，稳压 10min，再将试验压力降至设计压力，停压 30min，以压力不降，无渗漏为合格。

各类管网的试验压力根据相应工作压力按照《通风与空调工程施工质量验收规范》GB 50243—2002 确定。

③ 管道清洗在压力试验合格后进行，利用冷冻泵和冷却泵对管道进行循环清洗后，打开 Y 形过滤器，清除杂物。水清洗需反复进行 3~5 次至管道干净。

④ 管道试压和清洗的用水由给水专业协助提供，水排放在最低管位处设排水阀，或利用分水器、集水器下的排水阀至机房内的地漏。

(4) 电气控制系统

① 电动机及电气箱盘内的接线必须正确。

② 电气控制系统已进行模拟动作试验。

(5) 自动调节系统

① 对敏感元件、调节器及调节执行机构等，确认安装位置正确，零件、附件齐备。

② 自动调节装置的性能已经过校验并达到有关要求。

③ 自动调节系统已进行模拟动作试验。

5. 调试用仪器仪表

调试用仪器仪表，如表 4-7-3-16 所示。

调试用仪器仪表　　　　　　表 4-7-3-16

编号	名称	单位	数量	生产厂家
1	液体膨胀式温度计 0~50℃，分度值 0.5℃	支	1	杭州仪表厂
2	干湿球温度计	支	2	天津气象海洋仪器厂
3	自记式叶轮风速仪	支	2	北京检测仪器厂
4	垫球风速仪	只	1	北京检测仪器厂
5	皮托管（测压管）	套	2	无锡前州测仪厂
6	倾斜式微压计	套	2	广州红星仪器厂
7	功率表、钳型电流表、电压表（由电气专业准备）			

注：常用工具，由调试人员自备。

6. 系统试运转

(1) 检查安全保护、压差继电器和压力继电器的整定值。

(2) 核对油箱的油面高度是否符合要求。

(3) 启闭系统中的相应阀门。

(4) 水系统设备启动程序：冷却水泵→冷却塔风机→冷冻水泵→冷水机组（关机程序反之）。

使冷却水、冷冻水系统正常运行。冷却水泵备用泵的投切依靠手动完成，当其替代某冷却水泵后，与其联动的阀门的控制模式与替代的冷却水泵及联动阀门模式相同。

非空调工况可将冷冻水泵人工开启，循环环路，防止管路生锈。

(5) 启动离心式冷水压缩机，经检查进入正常运转状后，再使油压、吸气压力、排气压力达到设备技术文件要求。（详阅水冷机组生产厂有关使用技术说明书）

7. 风机性能测试

(1) 风量测定（用风速仪）

① 吸入端风量测定

A. 吸入端连接风管较短的风机，在风管进风处用风速仪选上、下、左、右、中五个点进行定点测量（也可以用匀速移动测量法），测得的平均风量用 L_x 表示。

B. 吸入端连接风管较长的风机在入口直管段气流稳定处打测量孔，计算风量。

② 压出端风量测定

A. 在系统总管的各支管的气流稳定处选定测定截面位置，用测压管微压计进行测定。

B. 测定截面位置按气流方向，选在局部阻力之后、大于或等于 4 倍及局部阻力之前、大于或等于 1.5 倍圆形管径或矩形风管长边尺寸的直管上。测定的风量用 L_y 表示。

C. 风机的风量 $L=(L_x+L_y)/2$（m³/h），若 L_x 和 L_y 相差超过 5%时，就必须重测，即风机前后的风量之差不得大于 5%。

D. 大系统测试按设计"气流组织"确定的参数为测试依据。小系统按设备、管理用房风量分配表为测试依据。

③ 吸入端风压测定

A. 吸入端连接风管较短的风机在风管进风处用皮托管和微压计、U 形压差计测量。

B. 吸入端连接风管较长的风机在入口直管段气流稳定处打测量孔，用皮托管和微压计、U 形压差计测量。

(2) 风机电流测定

风机启动，测试启动电流，待运转正常后再测试运转电流。

(3) 送（回）风口风速的测定

用叶轮风速仪贴近格栅及网格采用匀速移动法（不少于 3 次）或定点测量法（不少于 5 个点）。

8. 系统调整步骤

(1) 按设计要求调整各系统送风和回风干、支管道的送（回）风口风量。

(2) 按设计要求调整空调机的风量。

(3) 在系统风量达到平衡后，进一步调整通风量，使其满足空调系统的要求。

(4) 调整后在调节阀开度不变的情况下重新测量，各处的风量作为最后实测风量，并在风阀手柄处做开度、指示、标记，并将风阀位置固定。试运转后，将空调系统所有的调节阀门和风口全部打开，空气混合阀和分配阀于中间位置，测得的风量和风压为通风机所能提供的最大功能。

9. 系统风量调整

采用"流量等比分配法"或"动压等比分配法"，从系统最不利的环路开始，逐步调向通风机。

10. 系统设计负荷联合试运转测试项目

(1) 室外新风的干、湿球温度，送风干、湿球温度，回风干、湿球温度，混合风干、湿球温度，室内各控制点干、湿球温度。

(2) 室内正压值。

(3) 冷冻水送、回水温度、流量。

(4) 室内气流组织的测定、调整。

(5) 各送风量的测定。

(6) 室内噪声测定，其中演播室、录音室等房间的噪声测定时，设计院、消声产品生产厂家必须参加。

(7) 自动调节系统的参数整定和联合调试。

11. 编制调整报告

(1) 空调机漏风检测记录。

(2) 设备单机试车记录。

(3) 系统联合试运转记录。

(4) 空调系统试验调整报告。

12. 事故通风系统调试

(1) 事故风机性能：风量、风压、转速及噪声的测定。

(2) 事故通风系统风量的测定与调整：事故通风风道、风口的风速和风量分配的调整与整定。

(3) 进行上述测定时，站台、站厅、疏散通道及区间通道等典型测点的静压、气流方向及流速的测定。

（九）重点难点分析及施工技术

1. 重点和难点分析

(1) 保温管套之间的连接密封不好，易形成结露。

(2) 穿过防火墙及变形缝的风管两侧采用不燃烧保温材料及粘结剂时，要注意将风管面清洁干净，粘结剂等待时间不能过长。

(3) 保温层外面的保护外壳，既要美观，也要起保护作用。因此要求用机械进行制作，精心施工。

2. 主要施工技术

(1) 绝热材料的选用：室内空调供回水管保温材料采用 B1 级橡塑保温，管径 $DN \leqslant 80$ 保温层厚度为 25mm，管径 $80 < DN \leqslant 125$ 厚度为 32mm，管径 $125 < DN \leqslant 200$ 厚度为 38mm。空调送、回、新风管及排风管采用橡塑保温，保温厚度为 25mm，空调房间厚度为 20mm，排烟风管为不燃 A 级铝箔加筋超细玻璃棉保温，保温厚度为 30mm；空调凝结水为 B1 级橡塑保温，厚度为 19mm。

(2) 绝热层的主要材料必须有合格证书，在材料保管中根据材料品种不同，要分别采取防潮、防水和防挤压变形等措施，其堆放高度不宜超过 2m，露天堆放时，必须采取防护措施。

(3) 绝热材料及其制品出库时，要再次进行外观检查。

(4) 设备、管道的支吊架及仪表接管等附件均已安装完毕。

(5) 被绝热设备、管道表面的油污、铁锈已清除。

(6) 空调水管水压试验合格、通风管道安装验收合格。

(7) 空调供回水管、冷凝水管绝热施工：

水平管道的纵向接缝必须错开，外层的水平接缝要设在侧下方，管道端部或盲板的部位敷设绝热层，并密封。

防潮层必须紧密粘贴在绝热层上，封闭良好，不得有虚贴、气泡、褶皱、裂纹等缺陷。

除设计规定外，管道必须单独进行保温，管道阀门、过滤器及法兰部位的绝热要能单独拆卸。

设备铭牌不得被绝热层覆盖，可将铭牌周围的绝热层切割成喇叭形开口，开口处要密封、规整。

难燃 B1 级橡塑保温时将开口处及端部两面满涂专用胶水，待 10~20min 不粘手时再进行保温，挤压粘结，使接缝处完全粘结一体，不得有张缝，用专用胶带粘贴。

托架、吊架、三通等处，橡塑管要加工与管道配件吻合，加工的橡塑管接缝处及端部用满涂专用胶水进行粘结，接缝处不得有空隙、空鼓、脱落现象。

阀门、法兰、伸缩节绝热施工时先将凹处填实，再进行下料，接缝处、端部满涂专用胶水进行粘结。接缝处粘结密实，铝箔胶带贴缝，外形要像原状，平整、光滑。

设备保温采用难燃 B1 级橡塑板材，保温时将设备表面、橡塑表面及端部两面满涂专用胶水，待 10~20min 不粘手时再进行保温，处用双手挤压粘结，使橡塑与设备完全粘结一体，不得有张缝，用宽 50mm 的专用胶带粘贴。

绝热管道经穿墙/穿楼板部位必须将套管塞实/封严，不得有漏保温现象。

(8) 镀锌钢板排烟风管绝热施工（超细玻璃棉板）：

镀锌钢板排烟风管采用铝箔加筋超细玻璃棉（$\delta=30mm$）。

风管表面清污垢，采用专用胶水粘贴保温钉，密度按规范要求，12h 后才允许粘贴超细玻璃棉板材保温，贴附板材后风管四角的端部采用宽度为 80mm 的铝箔胶带粘贴封闭。

绝热材料纵向接缝不宜设在风管底面，板材要放齐放正，板材与板材之间靠紧，不得有缝隙。

风管法兰处（凸形）采用同材质、同厚度、同密度、宽度为 150mm 的板材绝热，铝箔胶带贴缝，板材端部采用宽度为 80mm 的铝箔胶带粘贴封闭。

绝热层要平整、密实，不得有空隙，铝胶带粘贴在铝箔隔气层上要平整，不得有张裂和脱落现象，绝热隔气层要平整，封闭良好。

风管穿墙/穿楼板部位要塞实/封严，不得有漏保温现象。

绝热材料及专用胶水、铝箔胶带，必须符合环保要求，在施工过程中施工人员要配备相应的劳动保护用品，裁割下来的废料不得焚烧，必须集中处理。

保温钉与风管/部件及设备表面粘结牢固，不得有脱落。

矩形风管及设备保温钉必须均布，其数量底面不得少于每平方米 16 个，侧面不得少于 10 个，顶面不得少于 6 个，首行保温钉距离风管或保温材料边沿的距离要小于 120mm。

保温钉的长度要能满足压紧绝热层及固定压片的要求，固定压片要松紧适度，均匀压紧。

绝热材料纵向接缝不宜设在风管底面，棉板要放齐放正，棉板与棉板之间靠紧，固定压片，接缝处采用宽度为 50mm 的铝箔胶带粘贴，风管的四角棉板端部采用宽度为 80mm 的铝箔胶带粘贴封闭。

五、施工进度保证措施

（一）工期保证措施

1. 组织强有力的专业队，选派有高度责任心、技术全面的复合型人才作为管理人员。集中各专业技术骨干，组织素质过硬的专业队伍进场施工。

2. 安排专门计划人员进行计划管理，负责跟踪计划目标的执行和随时进行进度计划的生产调度、调整改进。全面推行方针目标管理。按照系统工程管理的方法，运用网络技术，强化组织协调，对整个工程实行动态管理。根据工程施工环境，随时优化施工方案，改进施工方法，为业主提供全方位的服务。

3. 为便于统一调度、协调管理，本空调通风工程专业队伍全部使用企业成建制的施工人员。

4. 筹集足够资金，保证按时发放参建人员的工资，以保证参建人员以充沛的精力、高度的热情投入工程施工，按预定工期完成工程施工计划。

5. 运用网络计划技术，倒排工期，优化施工组织，改善施工方法。将施工过程中的"人、机、料、法、环"诸要素纳入网络计划中，优化关键线路，优化资源配置，实现对工程全过程的动态控制和协调管理。

（二）施工技术措施

1. 所有生产机具、设备进场前必须严格检验，确保进入现场的设备都是性能优良、状况良好的设备。

2. 合理安排各施工项目的施工顺序，以倒排工期，层层分解的办法，在施工安全、保证工程质量的前提下，确保在计划工期内完成施工任务。施工过程中，严格控制各工序的质量，避免返工，以优良的工序质量保证施工进度。

3. 根据现场条件，争取提前进入施工场地，施工中采用交叉、平行施工方法，合理组织施工流程，采用"小班组，多个作业面"的施工方式施工。

（三）材料供应措施

1. 按各专业施工工序和设备材料的到货周期对物资申请采购工作进行合理安排。对于甲供材料设备，在开工前及时与业主沟通，确保设备、材料按时到货。

2. 自购材料必须对供应商严格考查，有条件的要到生产厂家进行实地考察，特别是主要材料要找产品质量信誉好、供货及时的供应商订货。

3. 安排施工生产计划时必须掌握好物资到货情况和供货时间，在不影响施工工序的情况下，合理安排施工生产，动态调整施工计划，灵活调度，合理做好各道工序施工的衔接工作。

4. 所有材料的验收与采购必须按铁道部的有关规定进行。

（四）劳动力组织措施

1. 根据工程量大小和施工进度计划配置施工力量，动态调整现场的劳动力配备，做到既能保证工程进度，又不窝工，最大程度地提高生产效率。

2. 所有职工上岗前必须经过岗前培训和技术交底，由责任心强、技术过硬的职工带班，并将各工序施工相对专业化。

3. 对各班组划分施工任务时，充分考虑人力、机具、材料资源等因素，做到施工任务均衡分配，并将任务详细落实到班组。

4. 根据工程特点，可安排多个作业面同时施工作业，并适量加班加点施工，以加快工程进度、缩短工期。

（五）施工工艺措施

1. 贯彻实施施工工艺管理检查验收制度，做到一次合格，力争一次成优，最大程度地提高劳动生产率和机械利用率。

2. 充分利用已有的、技术成熟的施工工艺，使安装工作程序化、规范化。

3. 根据工程施工环境，随时优化施工方案和改进施工方法。

（六）施工环境措施

1. 搞好施工组织工作，充分掌握好各道工序特点，解决与各专业协调交叉配合工序及互相干扰问题，使施工高效有序进行。工程中需在装修中或装修后才能进行施工的工序，严格按要求做好测量、预留及预埋工作。

2. 加强施工现场的安全和文明施工管理，为加快施工进度提供一个良好的施工环境。

3. 加强施工现场平面管理，以免造成各施工单位之间因物资堆放和设备、材料运输造成相互影响。

六、质量管理及保证措施

质量管理及保证措施，同本章 7.2 节"二十一、动力照明工程"。

七、安全管理及保证措施

安全管理管理及保证措施，同本章 7.2 节"二十一、动力照明工程"。

7.4 给排水工程施工

一、给水系统

新广州站给水系统包括：室外给水系统、站房生活给水系统、直饮水系统、空调冷却水冷冻水补水系统、屋面清洗给水系统、客车上水系统等。

主要设备数量，如表 4-7-4-1 所示。

主要给水设备数量　　　　　　表 4-7-4-1

序号	设备名称	型号规格	单位	数量	备注
1	无负压变频给水泵组	$G=25m^3/h$　$H=45mH_2O$　$N=5.5kW$	套	1	高区生活供水 3 泵 1 罐
2	无负压变频给水泵组	$G=15m^3/h$　$H=65mH_2O$　$N=7.5kW$	套	1	屋面清洗供水 3 泵 1 罐
3	纯净水装置		套	12	
4	热水器		台	12	
5	进口三偏心硬密封蝶阀阀门	DN100/DN200	个	82	
6	铜制止回阀	DN50/80	个	275	
7	不锈钢柱塞阀	DN15~DN100	个	800	
8	消声单向阀阀件	DN15~DN100	个	150	
9	给水镀锌钢管管件	DN15~DN100	组	768	
10	水表	DN15~DN150	组	13	
11	热浸镀锌钢管	DN15~DN100	m	12314	
12	热浸镀锌无缝钢管	DN100~DN200	m	4210	
13	给水铸铁进户管	DN150~DN400	m	1210	
14	直饮水机		台	42	
15	水表		只	24	客车上水系统
16	逆止阀		个	24	客车上水系统
17	上水控制机		台	288	客车上水系统

（一）室外给水系统

室外给水系统由给水加压站泵房、供水设备、清水池及给水管路组成。在车站的南侧引入市政自来水，并设有 2 个 2000t 清水池和加压泵站，自来水经加压后通过 DN400 环状管网引入车站大楼供大楼生活用水、客车上水、消防用水。新广州站昼夜最大用水量为 $6000m^3$，在城市 DN600 的供水管上驳接 DN400 的给水管，变频加压供水。给水加压泵房位于新广州站南咽喉区，用地面积 $6371m^2$。2010 年 1 月 28 日由水质检测部门根据用水要求确定取水检测点 6 处，2010 年 2 月 13 日正式检测报告结论：根据《生活饮用水卫生标准》GB 5749—2006，所检测项目检测结果符合标准要求。

1. 主要工程

加压泵房建筑面积 $267.3m^2$。包括给水加压泵房、配电值班室、消毒间、直饮水设备间、化验室、卫生间、2座1000m³清水池等建筑。给水管道21.95km，给水加压站设备包括变频供水设备主泵4台、变频供水设备稳压泵2台、变频供水设备变频柜2台、消毒设备2台、化验设备1套、给水加压站设备配管和电力配管及电力控制柜等。包括院内道路、围墙及硬质铺地。

2. 工艺流程

室外给水系统工艺流程，如图4-7-4-1所示。

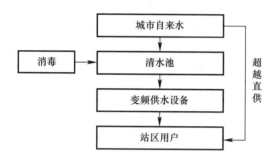

图4-7-4-1 室外给水系统工艺流程

（二）站房生活给水系统

生活给水系统从站房室外地下供水主干线φ400管线上引出多路给水管，供水压力为0.2～0.35MPa，生活给水平均日用水量1201.7m³/每日，全年每天24小时连续保证供水。根据需要引出多路给水管进入候车大楼，每个分路均安装计量水表。

地下层、1层（出站层）和站台层的生活用水，外网给水水压已满足各用水点水压要求，即可直接引至各用水点，包括各卫生间。

高架候车层生活用水，在地下层设置生活水泵房，对场外给水加压后供水。泵房内安装一套"无负压增压稳流供水装置"（三泵一罐，两用一备），根据外网供水压力和楼内用水点需求压力值，自动调节水泵运行工况，充分利用外网给水水压，节约能源。各系统分别安装水表，单独计量。

生活给水系统施工流程：施工准备及技术交底→各层配合预留预埋→管道支吊架预制→加压设备基础检查验收→加压设备安装→引入管安装→水平干管安装→立管安装→水平支管安装→管道分层分区试压→管道分系统试压→加压设备试运行→整个给水系统试压→冲洗、消毒→配合总体投产运行→验收，如图4-7-4-2所示。

给水管道的安装顺序要按引入管、水平干管、立管安装、水平支管安装，按给水的水流方向安装。

（三）室外直饮水系统

室外直饮水系统由直饮水设备及直饮水管路组成。直饮水设备间位于新广州站南咽喉区，主要用途为新广州站供水。进水设备处理量为2m³/h，水源来自给水加压站泵房。主要设备为：活性炭过滤器、原水箱、软水器、中间水箱、恒压泵、CFS超模反渗透主机、纯水箱、回水过滤膜装置、恒压供水系统、紫外线杀菌装置、压力液位变送器等设备，直饮水分供水管及回水管，管材为薄壁不锈钢管，管径为DN20～DN80不等，其中以DN50及DN80较多。

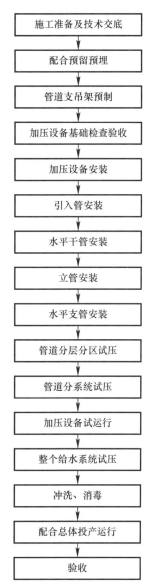

图 4-7-4-2 生活给水系统施工工艺流程

1. 主要工程

室外直饮水系统包括直饮水设备及直饮水管道两部分，其中直饮水设备包括活性炭过滤器1台、原水箱1台、软水器一套、中间水箱1台、恒压泵1套、CFS超模反渗透主机1套、纯水箱1台、回水过滤膜装置1台、恒压供水系统1套、紫外线杀菌装置2套、压力液位变送器1套。DN80直饮水管道共计3190m，DN50直饮水管道共计1309m，阀门井5座、阀门6个、波纹补偿器8个，如图4-7-4-3所示。

2. 新材料、新工艺

室外直饮水系统设备采用先进的FLECK全自动软水器、CFS超模反渗透主机、膜清洗系统、紫外线杀菌系统、回水过滤膜系统及恒压供水系统，全程自动化。具有水处理迅速、水质安全无化学副作用、先进的水位液位控制功能、声光报警功能、设备结构紧凑、占地面积小、运行稳定可靠、使用寿命长、方案设计灵活、供水压力可调、流量可大可小、高效节能、供水管网压力稳定、保护功能齐全、运行安全可靠、操作方便等优点。

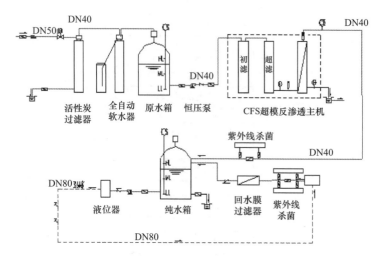

图 4-7-4-3 直饮水系统

室外直饮水系统管道采用锥螺纹接口的薄壁不锈钢管，锥螺纹不锈钢管具有以下特点：安装简易方便、密封效果好、强度高、抗震和抗弯曲性能良好、抗拉拔力强、水头损失小、卫生性能和外观效果好、使用成本低。

3. 施工流程

施工准备及技术交底→设备检查验收→安装→配合总体投产运行→验收，如图 4-7-4-4 所示。

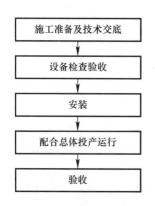

图 4-7-4-4 施工安装工艺流程

(1) 管材、管件不得抛、摔、托、压，施工现场必须防止与腐蚀性介质和污物的接触。

(2) 下料要准确，切割可用旋转砂轮切割机，切口要垂直，并去除关口内外毛刺，再使用专用扩孔头将管端扩涨为圆锥管。

(3) 使用专用啮入螺纹机具在管端啮入螺纹，内外螺纹接口配合尺寸，以手拧旋转 4～5 牙为宜。

(4) 清除螺纹端口的油污，螺纹接口密封可采用聚四氟乙烯生料带（缠绕时要加力捏紧）或采用毛笔将液态生料带均匀涂在外螺纹上（该方法效率高，连接牢固可靠，接口漏水率为零），再使用专用工具拧紧。成品直管分别具有内外螺纹，可直接相互旋合驳接。

(5) 管道与水嘴、阀门、水表和其他用水设备等附件螺纹连接时，必须采用支座固定。

(6) 采用管卡固定管道时，管卡设置距离为：DN15 以下，横管 1m，竖管 1.5m；DN20～

25，横管 1.5m，竖管 2m；DN30～40，横管 2m，竖管 2.5m；DN50～60，横管 2.5m，竖管 3m；DN80，横管 3m，竖管 3.5m。

（7）管径小于 DN25 的管道安装可用塑料管卡，管径大于 DN30 的管道宜用不锈钢管道，当采用其他金属管卡时，管卡与管道之间必须采用橡胶隔垫。

（四）屋面清洗给水系统

按照屋面设计方 TFP 提出的方案，建筑屋面（标高 52.0m）设置清洗用水取水点，在 1B 层给水泵房设置变频加压水泵组。加压水管经综合管井到达高架层（标高 21.0m）板下，再沿钢结构柱向上到达屋面结构下，布置水平管路到达各用水点。

屋面清洗给水系统施工流程：施工准备及技术交底→管道支吊架预制→加压设备基础检查验收→加压设备安装→引入管安装→水平干管安装→立管安装→水平支管及喷头安装→试压→加压设备试运行→冲洗→配合总体投产运行→验收，如图 4-7-4-5 所示。

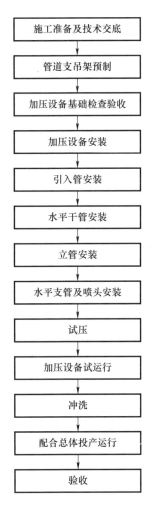

图 4-7-4-5 屋面清洗给水系统施工工艺流程

（五）局部热水系统

在所有饮水间设电热水器（电开水炉），供应开水。

贵宾休息室卫生间采用分散设置容积式电热水器提供生活热水。其他候车大厅卫生间不供给生活热水。

电热水器优选选用不锈钢内胆,强度高,耐高温、抗腐蚀,性能稳定。电热水器有接地保护、防干烧、防超温、防超压装置、漏电保护、无水自动断开以及附加断电指示功能。

施工流程同室外直饮水系统。

(六)客车上水系统

新广州站客车上水系统包括上水设备及上水管道,主要分布在站房 12m 层处:2 道、3 道、5 道、8 道、11 道、14 道、15 道、17 道、20 道、21 道、26 道、27 道,管道工程数量 8.328km,管径为 50~200mm,每排列车上水管道两端设立管,立管沿 0′轴及 17 轴桥墩安装,到地面以下分别安装阀门后与环状主干管相连。站场共设 12 排列车专用上水栓,均为单栓,按三排同时上水设计。上水栓设置位置:单线桥上水栓设在系梁平台走道板上,双线桥上水栓设在防撞墙一侧站场排水沟上,上水栓间距 20m。每股道内侧分别安装客车上水设备 22 套。客车上水设备具有满水箱后自动停水、自动脱离车厢和自动回收上水管的功能,如图 4-7-4-6 所示。

图 4-7-4-6　客车上水系统

1. 主要工程

客车上水系统管道为 8328m,从 0′轴及 17 轴处的供水主干管处接管并安装控制阀门 24 座。在桥上 12m 层接近 0′轴及 17 轴处安装水表及逆止阀,共计 24 套。上水控制机 288 台、股道管理机 12 台、列车上水监控中心软件及工控机 1 套。

2. 新材料、新工艺

新广州站工程采用的旅客列车自动上水控制系统及管理系统。该系统由"车站给水中央控制部分""股道给水控制部分"和"余水回收部分"构成,实现了上水管与列车注水嘴快速、紧密地连接,水阀的遥控开、关,水管与列车注水嘴的可靠、快速自动分离,余水的自动回收,自动/手动功能的灵活切换,水管的卷收,上水设备的状态等信息的网络传输等多项功能。该系统可以对客车上水运行状态进行实时监测和遥控,为上水管网设施的信息化管理提供了基础条件。

（1）主要技术性能及优点

① 能最大限度地利用列车的站停时间补水，上水效率高。与传统作业方式相比，约90%的作业省去了人工"开阀""关阀""拔管"及其往返奔跑的工作量。

② 实用性强。独创的自动/手动灵活切换功能最大限度地保证了上水作业的连续性。

③ 节水效果显著。最大限度地杜绝了传统作业过程中的"插管前浪费""拔管后浪费""非作业人员操作浪费"，以及为防止管冻结而常见的"长流水浪费"，"溢水浪费"也因遥控关断功能而大大减少。

④ 适用范围广，且安装、使用、维修方便，节能。

（2）主要优点

① 显著提高上水效率。

② 显著降低了上水工的劳动强度。

③ 显著减少了水资源的浪费。

旅客列车自动上水控制系统及管理系统经新广州站的实际运用表明：该系统设计合理，性能可靠，外表美观、使用方便，实用性强。与传统作业方式相比，提高了作业和上水效率，减轻了上水作业劳动强度，具有显著的节水效果。

二、排水系统

排水系统包括：污（废）水系统、桥梁排水（含客车上水设备排水、电扶梯坑排水）系统、雨水系统等。

主要工程数量：污水系统管道4500延长米，钢筋混凝土化粪池24座。雨水系统2400延长米。排水检查井338座，跌水井10座。管道工程：$d<200$采用UPVC管，$d\geqslant200$采用FRPP模压管，管道埋深1~6m不等，主管埋深以3~6m为多。FRPP模压管管道基础为200mm的碎石上铺200mm厚的中粗砂垫层。FRPP模压管管道设计采用橡胶圈"O"形接口。检查井为圆形砖砌检查井，高新复合材料井盖。

主要设备数量，如表4-7-4-2所示。

主要排水设备数量　　　　表4-7-4-2

序号	设备名称	型号规格	单位	数量	备注
1	污水泵	80JYWQ40-15-1600-4 $G=40m^3/h$ $H=15m$　$N=4kW$	台	24	地下风道排水
2	污水泵	50JYWQ25-22-1200-4 $G=40m^3/h$ $H=15m$　$N=4kW$	台	16	地下风道排水
3	污水泵	80JYWQ43-13-1600-3 $G=43m^3/h$ $H=13m$　$N=3kW$	台	274	地下停车层排水
4	污水泵	$G=50.4m^3/h$ $H=7mH_2O$ 罐体容积为1000L $N=3.5kW\times2$	套	12	18.4m高架设备夹层内，21m高架层卫生间泵坑内地面排水和商业排水，1套罐体内为双泵系统

续表

序号	设备名称	型号规格	单位	数量	备注
5	污水泵	$G=10m^3/h$ $H=6mH_2O$ $N=1.5kW\times2$	套	84	18.4m高架设备夹层内，高架层空调凝结水排水，1套罐体内为双泵系统
6	污水泵	$G=3m^3/h$ $H=8mH_2O$ $N=0.18kW\times2$	台	10	18.4m高架设备夹层内，21m高架卫生间泵坑内地面排水
7	柔性接口排水铸铁管	DN50~DN200	m	14780	
8	柔性接口铸铁管件	DN50~DN200	组	26200	
9	地面扫除口、地漏、排水栓	DN50~DN200	组	468	
10	卫生洁具		套	567	
11	压力排水镀锌钢管	DN100~DN200	m	14620	
12	配套压力排水镀锌钢管件	DN100~DN200	组	22600	
13	埋地UPVC塑料管	DN100~DN200	m	6852	
14	UPVC塑料管件	DN100~DN200	组	8648	
15	刚性穿墙防水套管	DN50~DN450	m	430	
16	管道支架制作安装		t	23.800	
17	管道及支架涂刷用油漆		t	10.12	
18	蹲便器		台	530	
19	坐便器		台	48	
20	小便器		台	308	
21	盥洗盆		只	356	
22	拖布池		座	38	
23	密闭污水提升装置		台	16	
24	冷凝水提升装置		台	80	
25	破真空器		台	16	
26	污水泵		台	288	
27	气压稳压罐		只	1	
28	各类阀门		个	2320	
29	虹吸管道		m	18200	
30	虹吸雨水斗		个	314	

（一）污水系统

整个站房建筑采用重力流加有压排水结合的污废合流系统。其中，在风道层的各排污点和地下停车层的各排污点就近布置集水井，从排污点到就近的集水井之间为重力排水，利用自然坡度排至集水井，再经过集水井的提升装置有压排水，有压排水经过地下停车层上空排入室外污水管网。

标高18.5m高架层下设备平台的排水，来源有高架候车层和高架夹层的卫生间、商业区等的排水和空调机组凝结水排水。其中在高架候车室的卫生间、商业区下的标高18.5m高架层下设备夹层（3B层）就近布置了污水提升泵房，从排污点到就近的污水提升泵房之间为重力排水，利用自然坡度排至污水提升泵房。空调机组凝结水的排出，每台空调机组设置凝结水提升装置一套，内安装小水泵2台（一用一备）。污水经过污水提升泵房提升高度后，采用普通重力流系统，污水经排水管道从地下层的上空排出站房。

污水提升装置包括储水箱、污水水泵、电控系统、报警系统，有污水泵2台，一备一用，均带有自动控制系统，如图4-7-4-7所示。

图4-7-4-7　污水提升装置

地面出站层和站台层的卫生间等排污点，利用高度差重力排水经过地下停车层上空排入室外污水管网。

站台层轨道桥梁雨水，通过轨道梁内的排水管，利用高度差重力排水经过地下停车层上空排入室外污水管网。

站台层四角种植区的排水管，利用高度差重力排水经过地下停车层上空排入室外污水管网。

高架层卫生间透气管道，采用向下透气至站台层上空，适当加大透气管径。

污水最后进入新广州站污水处理场进行处理。昼夜最大污水排放总量为2000m^3，处理达到国家二级排放标准后排入车站附近屏山河。

1. 压力排水系统施工流程

施工准备及技术交底→各层配合预留预埋→管道、支吊架预制→设备基础检查验收→提升设备安装→支吊架安装→地下停车层、高架设备层压力排水系统管道安装→管道分层分区试压→管道分系统试压→压力排水系统试压→整个压力排水系统试压→冲洗→配合总体投产运行→验收，如图4-7-4-8所示。

2. 重力排水系统施工流程

施工准备及技术交底→配合预留预埋→管道及支吊架预制→支吊架安装→排出管安装→立管安装→通气管安装→支管安装→卫生器具安装→灌水试验（通水试验）→配合总体投产运行→验收，如图4-7-4-9所示。

图 4-7-4-8 压力排水系统施工工艺流程　图 4-7-4-9 重力排水系统施工工艺流程

重力排水管道按排出管、立管、通气管、支管和卫生器具的顺序安装，同时结合土建施工的顺序进行排水管道的分层安装。

（二）雨水系统

室外雨水系统主要用于收集站房的雨水、空调水等，排入市政雨水管道，由市政统一收集后排入站房南、北两侧的规划河涌。

屋面雨水采用内排水系统，为密闭式系统，雨水经管道收集后引至室外。

雨水的排水流态采用虹吸式压力流系统，屋面的总排水面积为 20 万 m^2。

虹吸式雨水系统，从屋面天沟内的虹吸雨水斗开始，经虹吸排水悬吊管、立管、水平干管，直至室外第一个检查井。

雨水管自屋面下进入结构钢管柱，垂直进入钢筋混凝土桥墩，在地下室的上方通过水平管排出室外。

施工流程同重力排水系统。

（三）污水处理系统

污水处理系统包括污水管道和污水处理场。污水处理场位于广州市番禺区钟村镇石壁村新广州站北咽喉区，主要用途为收集新广州站的生活污水及列车卸污污水和广珠停车场的污水。昼夜最大污水排放总量为 2000m³，处理达到国家二级排放标准后排入车站附近屏山河。包括污水处理场附属房屋、污水处理场附属设备、电力配管和给排水配管等。基本风压值为 0.50kN/m²，屋面活载值为 0.50kN/m²，抗震设防烈度 7 度；设计地震分组为第一组，设计基本地震加速值 0.1g。地震设计特征周期值为 0.35s。抗震设防类别：根据建筑使用功能的重要性，该建筑的抗震设防类别为丙类。场地类别：Ⅱ类。建筑设计使用年限为 50 年，房屋耐火等级：该建筑的耐火等级为二级。房屋为框架结构填充墙，±0.000 以下墙体采用 M5 水泥砂浆砌 MU10 蒸压灰砂砖 240 厚，±0.000 以上墙体采用 Mb5 混合砂浆砌 MU10 加气混凝土 200 厚（重度 7.5kN/m³）砌体施工质量控制等级为 B 级。

1. 主要工程

污水处理系统包括污水管道及污水处理场。管道 4500 延长米，管道工程设计：$d<200$ 采用 UPVC 管，$d \geqslant 200$ 采用 FRPP 模压管，管道埋深 1~6m 不等，主管埋深以 3~6m 为多。FRPP 模压管管道基础为 200mm 的碎石上铺 200mm 厚的中粗砂垫层。FRPP 模压管管道设计采用橡胶圈"O"形接口。检查井为圆形砖砌检查井，高新复合材料井盖。

污水处理场院落用地面积 3092m²，房屋建筑面积 472.27m²。包括变电所、卫生间、化验间、消毒间、值班配电室、鼓风机房、污泥脱水间、真空中心、真空中心值班室等房屋建筑。污水处理场还包括化粪池 2 座、厌氧池 2 座、SBR 池 1 座、消毒池 1 座、污水提升井 1 座、污泥提升井 1 座、污泥浓缩池 1 座、明渠流量计 1 座等构筑物。污水处理厂设备为厌氧池 2 座、污水提升井设备 2 台、污泥提升井设备 2 台、SBR 池 1 套、明渠流量计 1 套、带式压滤机 1 台、罗茨鼓风机 3 台、消毒设备 2 套、化验设备 1 套、真空机组 2 套等设备及设备配管和电力配管及电力控制柜等。包括院内道路、围墙及硬质铺地。

2. 工艺流程

污水处理系统主要工艺流程，如图 4-7-4-10 所示。

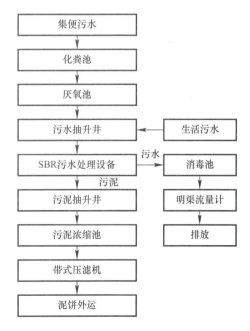

图 4-7-4-10 污水处理系统工艺流程

(四）列车卸污系统

新广州站真空卸污系统由三部分组成。第一部分为真空凸轮泵机组2套，用来产生真空并维持系统真空度，具有排送污物、自动控制及指示功能。第二部分为真空卸污管道3条，保持密闭状态，输送与排放污物。第三部分为盘绕式抽吸单元66套，与集便器污物箱连接，将集便器污物抽吸到真空管路的设备单元，如图4-7-4-11所示。真空卸污机组设备是按照四口同时卸污作业设计，抽吸单元适用于四种动车车型卸污端口及位置，共设三条卸污线，分别为7道、19道和25道。真空机组内设线型真空凸轮泵机组2套。抽吸单元：采用盘绕式抽吸单元，具有卸污功能。其主要工艺流程，如图4-7-4-12所示。

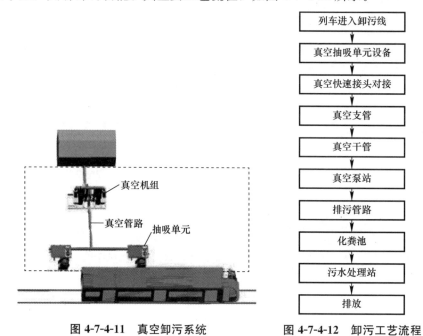

图4-7-4-11　真空卸污系统　　图4-7-4-12　卸污工艺流程

1. 主要工程

真空卸污系统管道2850m、疏通井3座、真空压力表6只、伸缩接头12个、真空凸轮泵机组2套、盘绕式抽吸单元66套。

2. 新材料、新工艺

新广州站工程采用真空卸污系统，该系统主要有三部分组成，分别为真空凸轮泵机组、真空卸污管道、盘绕式抽吸单元。具有以下优点：

（1）满足客站立折客车停时要求，16辆编组车污物排空时间在20分钟之内。

（2）600l污物箱排空时间不超过2分钟。

（3）系统保证主管道在1300m范围之内的卸污效率。

（4）系统真空度设定上下限为−40～−70kPa，在此范围可调整。卸污主管道末端真空度数值不大于−30kPa。

（5）系统的能力可以满足4个抽吸单元同时进行卸污作业。

（6）抽吸单元的布置能满足全条整备线进行卸污作业，单元间距20m，每个抽吸单元的标准作业半径为11m。

（7）真空泵站的控制系统基于PLC和触摸屏设计，全自动控制，具有完善的安全及警告措施，正常作业达到无人值守。

（8）真空泵站能够连续不间断作业，系统具有直吸直排功能。设备具有备用能力，其最小额定能力保证一台设备故障检修时不影响整个系统使用。

（9）系统密封性好，无污染物泄漏，无堵塞。设备全密闭无臭气排放。

三、施工组织机构

给水排水工程由中铁建二十二局集团有限公司承担施工，施工组织架构，如图4-7-4-13所示。

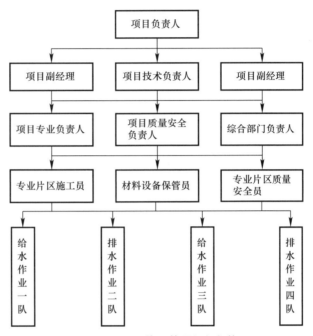

图 4-7-4-13　施工管理组织架构

四、施工总体安排

1. 施工总体安排

根据机电工程总的部署原则及安排，给水排水工程项目分为8个施工区域组织施工，如图4-7-4-14所示。重点放在东边武广线两个施工区（南北），然后施工站房中部的武广线两个施工区（南北），同时兼顾广深港城际线、广茂线与广珠城际线区域的施工，确保整体工程于2010年1月底前竣工投产。

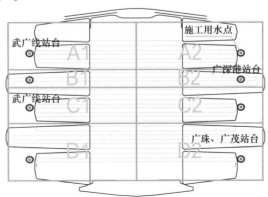

图 4-7-4-14　施工分区平面布置示意

(1) 工程施工分四个阶段进行：

第一阶段施工 A1、A2 区域的排水系统、给水系统（即武广线东边区域）。

第二阶段施工 C1、C2 区域的排水系统、给水系统（即站房中部的武广线区域）。

第三阶段施工 B1、B2 区域的排水系统、给水系统（即广深港线区域）。

第四阶段最后施工 D1、D2 区域排水系统、给水系统（即广茂线、广珠线区域）。

(2) 在每个施工区域划出 1000m² 作为材料设备临时堆放及临时作业场地，采用不燃材料围挡周边封闭（2m 高），其内设临时办公桌，配备干粉灭火器 4 具，动火地面铺垫石棉板垫，以防止下料时烧坏地面。

2. 施工部署重点

(1) 预留预埋：给水排水系统管道、卫生洁具等有许多穿墙穿楼板的套管，要在土建施工时配合预埋。

预留预埋：给排水系统在－4.50m 层以下，有 157 个集水井的进水、出水管套管（大小套管 980 个）。在－4.5～－4.0m 层，有 157 个集水井的进水塑料管道（D100，6852m）、地漏以及清扫口需要安装预埋，在－4.5m 层以上，各种管道安装的支吊架预埋板，这些都需要在土建施工时配合预埋。为防止土建预埋出现偏差，必须派人跟踪检查。预埋期间各工种安排 2 人，组成 12 人预埋班组，安排专人负责预埋工作。

(2) 根据施工进度安排，设备安装时间自 2009 年 9 月 15 日全面开始，但通信楼、四角办公楼于 5 月 15 日陆续开始安装。整体施工进度上考虑先满足通信楼（5 月底完工）和四角办公楼（6 月底完工）的进度要求，先集中安装该部分的给水排水管道，以为装修创造条件。同时进行其余部位的水管、支吊架加工和各种类型的阀门加工，在 9 月底完成所有加工任务，并按工艺系统编上号，在进入安装时按编号逐节进行安装。

(3) 根据工程内容按照系统分专业按分部、子分部、分项工程安排组织八个作业组进行施工，以确保实现计划工期。

(4) 总体安装顺序是 A1 与 A2 区域、C1 与 C2 区域、B1 与 B2 区域、D1 与 D2 区域。各区域内先出站层，再高架夹层，然后高架层，最后安装地下室。平面上从东向西，逐步推进。所有安装依次由下层往上逐层施工，在同一楼层内，安装标高高的先施工，安装标高低的后施工。各分部工程在施工平面位置上和标高上有冲突的则在深化施工图时预先提出并解决，各空间位置安装交叉进行。水管及配件、管道及配件预制加工与安装平行同步进行。

(5) 专门安排一名进度计划协调人员，随时跟踪掌握土建工程进度，及时调整安装工程进度和施工力量配置，协调施工力量在各区域内的分配，抓住土建施工的空隙时间进行穿插施工。

3. 施工力量配置

(1) 给水排水工程系统的施工配置按南北站房的给水系统、排水系统分为四个综合作业队，其中每个站房各两个综合作业队，南北站房人员可以根据实际情况实时调整，互相调配。

(2) 南北站房给水排水工程系统的施工配置如下：

① 生活给水系统（含屋面清洗给水系统）配置 2 个综合作业队（每一综合作业队可分设若干班组），南北各一个综合作业队。每一综合作业队配备三班人员，日夜三班倒施工。要求屋面清洗给水系统尽量白天施工，一个班组安装完一个系统后，转入另一系统施工。集中力

量由东向西逐块突击，确保 2009 年 12 月底武广铁路客运专线开通。施工力量 160～180 人，随施工作业面增多而逐步调整增加。

② 排水系统（含重力排水系统、压力排水系统）配置 2 个综合作业队（每一综合作业队可分设若干班组），南北各一个综合作业队。每一综合作业队配备三班人员，日夜三班倒施工。其中卫生间给排水系统由每班人员同时安装。一个班组安装完一个系统后，转入另一系统施工。集中力量由东向西逐块突击，确保 2009 年 12 月底武广铁路客运专线开通。施工力量 160～180 人，随施工作业面增多而逐步调整增加。

③ 南北站房直饮水系统、热水系统以及给排水系统的所有设备，专门安排一个作业队，配备 40 人全面负责设备及系统的安装。

（3）施工前期主要是进行出站层信号楼和四角办公楼的安装，此阶段安排施工力量视土建提供作业面的情况定，短时间约在 40 人左右，按 120 人做好准备。

（4）测量人员和机动车司机不配置到作业组，统一调度使用。

4. 与土建、装饰工程相关工作的安排

（1）在土建、结构施工阶段的各种预留洞、预埋管、预埋铁件安装工程随土建施工同步完成。预留、预埋管件要做好标记，牢牢固定于钢筋上，土建施工时派专人监护，混凝土浇捣时，振动棒不能接触预埋件，避免其产生移位。

（2）各种卫生洁具的安装与装修工程配合进行，不在装修后随意开孔。

① 小便器的全自动小便斗冲水器、给水管及排水管安装在墙里，要求装修工程砌墙时密切配合，边安装边砌墙。

② 洗面器的给水管安装在墙里，要求装修工程砌墙时密切配合，边安装边砌墙。

③ 大便器安装需要土建装修工程密切配合，先固定好位置，安装并密封包好后，土建装修工程再施工。

④ 排水通气管需要在建筑墙上做百叶，需先安装完通气管，再由装修工程安装百叶。

⑤ 竖井内各类设备管道安装，要抢在竖井墙砌筑前，安装完管道、试压及防水等工作。

⑥ 天花板吊顶内有设备、阀门、仪表等安装时，天花板上相应位置需留检查口的尺寸应及时告知装修单位。

⑦ 凡墙上留孔或楼板留孔（包括竖井），除设计要求保留外，其余要在管道施工完毕后，配合土建施工单位将孔洞封堵或做防火分隔处理。

⑧ 管道竖井及卫生间夹墙必须待管道安装完后才能砌筑，最好是安装完成一部分砌筑一部分。

五、施工方案

1. 给排水管道安装（不含直饮水）

管材选择和连接方式遵照设计说明，具体如表 4-7-4-3 所示。

管材选择和连接方式　　　　表 4-7-4-3

系统类别		管材		连接方式
生活给水	明设或暗设	DN<100	热浸镀锌钢管	螺纹连接
		DN≥100	热浸镀锌无缝钢管	法兰或沟槽连接
		进户管	给水铸铁管	承插连接

续表

系统类别	管材		连接方式
生活污水管、污水通气管	DN≤40	镀锌钢管	螺纹连接
	DN≥50 污水管、通气管	柔性接口排水铸铁管	法兰连接
	DN≥50 提升压力排水管	镀锌钢管	螺纹及法兰连接
	DN≥50 埋地排水管	排水铸铁管	承插连接

给排水管安装根据施工图及预留预埋的结果，考虑建筑初装修、精装修，进行现场管道的放线，并绘制管线图。放线前，和其他专业人员一道共同核查设计图纸的合理性，是否有位置重叠、空间打架等现象，发现问题请设计及时解决。放线时，对支吊架的位置要认真考虑，要尽可能利用柱或混凝土墙体边，依托柱或墙做支架。对吊顶下的明装支架、明装管道要与灯具、风口、探头、装饰等统筹考虑，合理布局，且必须得到设计单位的同意。

给排水管安装，根据安装进度分系统、分部位同步进行，注意与各专业交叉碰撞情况的协调处理。管道安装立管一般采取先下后上安装，管道、构配件、设备、支吊架制作安装以及系统试压冲洗等施工方法及要求，按相关设计施工图、《建筑给水排水及采暖工程施工质量验收规范》GB 50242—2002以及国家相关标准执行。管道各种连接方法按相关工法文件执行。

管道安装高度超过4.5m的采用楼梯或升降架配合安装，安装高度超过6m的需搭设双排脚手架进行安装，脚手架必须经检查合格后才能使用。竖井内立管安装采用在竖井口架设临机吊杆进行垂直提升安装。水平大管道根据各安装位置不同，采用液压升降平台或搭设脚手架进行安装。其他小型管道则采用楼梯辅助安装。

(1) 给水管制作要求

管网施工参照下列工序进行：

设计交底及图纸会审→编制施工方案→向班组交底→熟悉设计图纸、学习相关规范→施工机具准备→材料检查验收→支架制安→管道安装焊接→管道系统试验、吹洗→防腐→工程验收。

热浸镀锌钢管采用螺纹连接时，管节的切口断面要平整，并与管节中心垂直，偏差不得大于1扣。丝扣要光洁，不得有毛刺、乱丝，断丝，缺丝总长不得超过丝扣全长的10%。接口紧固后宜露出2~3个丝扣。

(2) 排水管制作要求

柔性接口排水铸铁管的法兰柔性接口按如下方法进行：

① 在插口上画好安装线，承插口端部的间隙取5~10mm，在插口外壁上画好安装线，安装线所在平面要与管的轴线垂直。

② 在插口端先套入法兰压盖，再套入胶圈，胶圈边缘与安装线对齐。

③ 将插口端插入承口内，为保持橡胶圈在承口内深度相同，在推进过程中，尽量保证插入管的轴线与承口轴线在同一直线上。

④ 紧固螺栓，使胶圈均匀受力，螺栓紧固不得一次到位，要逐个逐渐均匀紧固。

排水管严格按施工图示标高施工，没注明部分坡度不得小于规范规定的最小坡度，具体如表4-7-4-4所示。

排水管最小坡度　　　　　　　　　　　表 4-7-4-4

管径（mm）	DN50	DN75	DN100	DN150
污水、废水管标准坡度	0.025	0.015	0.012	0.007

（3）套管制作要求

管道穿钢筋混凝土墙和楼板、梁时，必须根据图中所注管道标高、位置，与土建和其他专业公司密切合作，合理安排施工进度，及时预留孔洞及预埋套管，以防碰撞和返工。安装在墙壁上的套管端头必须与饰面相平，套管与管道之间填实油麻或密封膏。管道穿地下防水墙体要做刚性防水套管，套管按设计要求 91 SB2-122 图集中防水套管做法。管道穿过建筑物变形缝处采用金属波纹管。

（4）管道防腐、涂漆制作要求

管道明显处注明介质流动方向的箭头及管道名称。明装给水管管道需涂识别色——绿色、黄环。暗装管道不涂识别色，但与阀门连接的两边管道部位标注色环以利识别。

焊接钢管、无缝钢管管件、支架等除锈后均涂防锈漆（樟丹防锈漆）二道，第一道防锈漆要在安装时涂好，试压合格后再涂第二道防锈漆。明设镀锌钢管不刷防锈漆，镀锌层破坏部分及管螺纹露出部分刷防锈底漆（红丹酚醛防锈漆）二道。上述管道及明管件、支架等再涂白色醇酸磁漆二道。设于管井内、管道间管道可不再刷面漆。埋设和暗设的给水、排水铸铁管、镀锌钢管均刷沥青漆二道，给排水铸铁管有漆者可不再刷漆。防腐与油漆的具体要求与施工做法详见《建筑给水排水及采暖工程施工质量验收规范》和《通风及空调工程施工质量验收规范》。

（5）试压要求

① 各系统管道试压必须严格按照施工验收规范执行。

② 重力流污水排出管须进行灌水试验，其灌水高度不低于底层卫生洁具的上边缘。污水立管及横支管只要进行通水试验即可。排水管道系统试压检验必须按《建筑给水排水及采暖工程施工质量验收规范》的要求执行。

③ 压力排水管按排水泵扬程的 2 倍进行水压试验，保持 30min，无渗漏为合格。

④ 水压试验的试验压力表要位于系统或试验部分的最低部位。

（6）冲洗

① 给水管投入使用前，必须冲洗。冲洗前必须将管道上安装的流量孔板、滤网、温度计、调节阀等拆除，待冲洗合格后再装上。

② 给水、热水给水管在系统运行前，必须用水冲洗，要求以系统最大设计流量或不小于 1.5m/s 的流速进行，直到出水口水色和透明度与入水口目测一致为合格。给水系统管道经过冲洗和消毒后，符合《生活饮用水卫生标准》GB 5749 方可交付使用。

③ 生活污水排水管冲洗以管道畅通为合格。

④ 冲洗的具体要求及施工做法详见《建筑给水排水及采暖工程施工质量验收规范》。

（7）管道支架、吊架制作要求

支架、吊架的型式、材质、加工尺寸、精度及焊接要符合设计要求和施工验收规范。支架底板要平整，支、吊架的工作面要平整。支、吊架焊缝要进行外观检查，不得有漏焊、点焊、裂纹咬肉等缺陷，焊接变形必须予以矫正。支吊架制作合格的，方可进行防腐处理，妥善保管。

(8) 管道支架、吊架安装要求

① 管道支架或管卡必须固定在楼板上或承重结构上。钢管水平安装支架间距，按《建筑给水排水及采暖工程施工质量验收规范》规定施工。柔性接口排水铸铁管的管道支架、吊钩或卡箍必须固定在承重结构上，固定件间距：横管不得大于 2m；立管不得大于 3m。层高小于或等于 4m 时，立管中部可安一个固定件。立管底部的弯管处应设支墩或采取固定措施。

② 支吊架的间距必须符合设计或规范要求，具体如表 4-7-4-5 所示。

钢管道支架的最大间距　　　　　　表 4-7-4-5

公称直径（mm）	15	20	25	32	40	50	70	80	100	125	150	200	250	300
支架最大间距（m）	2	2.5	2.5	2.5	3	3	4	4	4.5	6	7	7	8	8.5

③ 坡度、标高的确定：支吊架的坡度、标高必须符合设计要求，坡度要根据两点间的距离，算出两点间的高差，然后在两点拉一直线，按照支架的间距，在墙上画出每个支架的位置。

④ 支、吊架固定和调整：管道安装时，要及时进行支、吊架的固定和调整工作，支吊架位置必须正确，安装要平整牢固，管与支架接触良好，一般不得有间隙。

⑤ 支、吊架安装：

A. 预埋钢板焊接支架

钢筋混凝土构件上的管道支架，可在预制或现浇混凝土时，在各支架的位置预埋钢板后将支架横梁焊接在预埋的钢板上。

B. 直接埋入预留洞槽内的管道支架

支架埋在墙内深度要按设计要求而定，一般不小于 120mm，洞口不宜过大。埋设前，要清除孔洞内的碎石及灰尘，并用水将其浇湿。填塞 1:3 水泥砂浆，或细石混凝土，将已防腐的支架插入，加入碎石卡紧支架，再填实水泥砂浆。注意洞口要稍低于墙面，以便修补饰面层时找平。

C. 膨胀螺丝栓固定

膨胀螺丝栓常用规格有 M8、M10、M12 三种，一般按受力情况选用。

钻孔可用冲击电锤或冲击电钻进行，钻成的孔必须与构件表面垂直，用手拧紧螺母。

D. 支吊架安装注意事项

立管管卡安装，层高小于或等于 5m，每层须安装一个；层高大于 5m，每层不得少于 2 个。管卡安装高度，要离开地面 1.5～1.8m，但每一楼层宜设在同一高度，两个以上管卡可对称安装。

管道的焊缝不得在应力集中的支架上，要离开一定距离（一般为 50～200mm）。

固定在建筑结构上的支、吊架安装高度，不得影响结构的安全。

各种支、吊架选择要按设计要求和参照有关图集进行。

高空作业时，必须严格按照安全施工规范的要求进行施工。

除设计要求外，不得在建筑钢结构件上采用熔焊法连接固定支架、螺栓等部件，且严禁热加工开孔。

在预应力梁上设置支架时，用冲击电锤钻孔的位置必须经监理确认。

2. 水泵及无负压变频加压装置安装

(1) 水泵及无负压变频加压装置规格、型号、技术性能必须符合设计要求，有产品合格证和质量检验技术文件，泵类设备安装时按产品说明书及相关工艺文件的规定要求执行，并符合《机械设备安装工程施工及验收通用规范》GB 50231—98、《压缩机、风机、泵安装工程施工及验收规范》GB 50275—98 的有关规定。

（2）在集水井内安装设备及管道时，提前抽干井内渗水，再安装井内设备和管道。

（3）安装无负压变频加压装置时，需提前做好设备基础。

3. 卫生设备安装

（1）卫生间施工工艺流程

配合建筑预埋套管→镶贴墙砖→吊顶→铺设地砖→安装大便器、小便器、洗面器→安装连接给排水管→安装灯具、插座、镜子→安装毛巾杆等五金配件，如图 4-7-4-15 所示。

（2）卫生间施工注意事项

① 不得破坏防水层，已经破坏或没有防水层的，要先做好防水，并经 12 小时积水渗漏试验。

② 卫生洁具固定牢固，管道接口严密。

③ 注意成品保护，防止磕碰卫生洁具。

（3）与土建及装修施工的配合

为了配合土建及装修施工，卫生洁具遵照设计图及图集要求安装，其中：

① 大便器安装完后，用临时可拆支架固定住，用麻布袋装满沙子充满大便器槽，同时顶部用塑料套盖住。

② 小便器安装配合装修工程同时进行。

③ 为了方便地漏安装同时避免地漏预留洞被堵，采用向地漏预留洞里填充锯末粉，预留洞顶部及下部用胶带密封好，如图 4-7-4-16 所示。同时先不安装与地漏连接的存水弯，配合地板装修时同时安装地漏和存水弯。

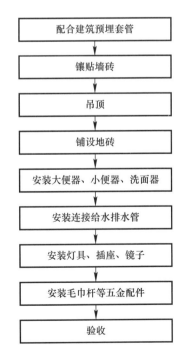

图 4-7-4-15　卫生间施工工艺流程

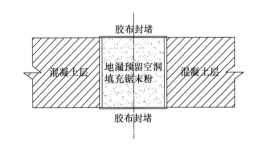

图 4-7-4-16　预留洞顶部及下部密封

(4) 卫生洁具的选型

选型要注意建筑专业的要求。卫生洁具均采用陶瓷制品,其选型及颜色由业主和装修设计确定。所有卫生洁具均配套节水型五金配件。卫生间采用铜防返溢地漏,箅子均为镀铬制品,地漏水封高度不小于50mm。地面清扫口采用铜制品,清扫口表面与地面相平。

4. 阀门等管道配件安装

(1) 在主干道上起到切断作用的闭路阀门全数检查。

(2) 同牌号、同规格、同型号数量中抽查20%,且不少于1个。

(3) 所有阀门经检查确认安装方向和位置均正确并启闭灵活。

六、工期保证措施

1. 管理措施

(1) 组织强有力的专业队,选派有高度责任心、技术全面的复合型人才作为管理人员。集中各专业技术骨干,组织素质过硬的专业队伍进场施工。

(2) 安排专门计划人员进行计划管理,负责跟踪计划目标的执行和随时进行进度计划的生产调度、调整改进。全面推行方针目标管理。按照系统工程管理的方法,运用网络技术,强化组织协调,对整个工程实行动态管理。根据工程施工环境,随时优化施工方案,改进施工方法,为业主提供全方位的服务。

(3) 为便于统一调度、协调管理,本工程专业队伍全部使用企业成建制的施工人员。

(4) 筹集足够资金,保证按时发放参建人员的工资,以保证参建人员以充沛的精力、高度的热情投入工程施工,按预定工期完成工程施工计划。

(5) 运用网络计划技术,倒排工期,优化施工组织,改善施工方法。将施工过程中的"人、机、料、法、环"诸要素纳入网络计划中,优化关键线路,优化资源配置,实现对工程全过程的动态控制和协调管理。

2. 技术措施

(1) 所有生产机具、设备进场前必须严格检验,确保进入现场的设备都是性能优良、状况良好的设备。

(2) 合理安排各施工项目的施工顺序,以倒排工期、层层分解的办法,在施工安全、保证工程质量的前提下,确保在计划工期内完成施工任务。施工过程中,严格控制各工序的质量,避免返工,以优良的工序质量保证施工进度。

(3) 根据现场条件,提前进入施工场地,施工中采用交叉、平行施工方法,合理组织施工流程,采用"小班组,多个作业面"的施工方式施工。

3. 材料供应

(1) 按各专业施工工序和设备材料的到货周期对物资申请采购工作进行合理安排。对于甲供材料设备,在开工前及时与业主沟通,确保设备、材料按时到货。

(2) 自购材料必须对供应商严格考查,有条件的要到生产厂家进行实地考察,特别是主要材料要找产品质量信誉好、供货及时的供应商订货。

(3) 安排施工生产计划时必须掌握好物资到货情况和供货时间,在不影响施工工序的情况下,合理安排施工生产,动态调整施工计划,灵活调度,合理做好各道工序施工的衔接工作。

(4) 所有材料的验收与采购必须按铁道部的有关规定进行。

4. 劳动力组织

(1) 根据工程量大小和施工进度计划配置施工力量，动态调整现场的劳动力配备，做到既能保证工程进度，又不窝工，最大程度地提高生产效益。

(2) 所有职工上岗前必须经过岗前培训和技术交底，由责任心强、技术过硬的职工带班，并将各工序施工相对专业化。

(3) 对各班组划分施工任务时，充分考虑人力、机具、材料资源等因素，做到施工任务均衡分配，并将任务详细落实到班组。

(4) 根据工程特点，可安排多个作业面同时施工作业，并适量加班加点施工，以加快工程进度、缩短工期。

5. 工艺措施

(1) 贯彻实施施工工艺管理检查验收制度，做到一次合格，力争一次成优，最大程度地提高劳动生产率和机械利用率。

(2) 充分利用已有的、技术成熟的施工工艺，使安装工作程序化、规范化。

(3) 根据工程施工环境，随时优化施工方案和改进施工方法。

6. 施工协调

(1) 加强各专业施工协调，减少交叉配合工序及互相干扰问题。

(2) 加强施工现场协调管理，避免造成各施工单位之间因物资堆放和设备、材料运输造成相互影响。

七、资源配置计划

1. 劳动力安排

根据给水排水系统工程高峰期投入各类作业人员总数达近400人，各类管理、技术人员20多人。

由于给水排水工程系统较多，工程总量较大，根据土建进度，安装施工高峰期集中在2009年8月～12月，为满足工期目标，特制定如下劳动力平衡措施：

(1) 根据工程量配置施工力量，按工程量、工期安排每个季度、每月、旬的施工计划，施工高峰期必须排出各种资源配置每周的详细计划，及时进行动调整。

(2) 安排技术过硬、责任心强的技师作为作业小组的带头人。

(3) 各作业组对各小组划分施工任务时，充分考虑人力、机具、材料资源等因素，做到施工任务均衡分配。

(4) 严把施工质量关，严格执行安全作业规则，杜绝一切由于施工质量问题出现的返工现象，杜绝由于安全事故造成的停工现象。

(5) 根据工程特点，安排多个作业面同时施工作业，并安排适量加班加点施工，以加快工程进度、缩短施工工期。

(6) 实施新工艺，做到一次合格，力争一次成优。使用新机具，降低劳动强度，减少作业人员，最大程度地提高各项资源的利用率。

(7) 搞好施工组织工作，充分掌握好各道工序特点和解决好交叉干扰问题，使施工平稳、有序地进行。

(8) 做好与设计单位、监理单位、其他施工单位以及地方的关系,争取良好的外部环境,创造并保持一种和谐、有序的施工局面。

2. 主要材料、构件

(1) 在本工程中,材料及设备种类多、用量大,要及时提交设备、材料计划,明确设备、材料到货时间并及时督办。由于本工程施工场所集中,安排在工地附近建一场地作为工地材料场地,按设备及材料的技术要求,分门别类进行保管。

(2) 为保证工程质量,工程的设备、材料由专业队安排专人,统一管理。自购材料按工程进展分期分批采购,一般情况下比施工计划提前 30 日到货,以满足施工需要,而且不造成材料积压。项目部采购设备及材料,由专业队按施工图和施工进度计划,在每周前 7 天向项目部上报需用计划,在安装前 7 日到项目部仓库提货。

(3) 为使该工程所用设备、材料质量处于受控状态,确保设备、材料在运输、装卸、储存中不受损坏,质量良好地提供安装使用,物资管理、施工人员要做好以下几方面的工作:

① 按《进货检验和试验工作程序》的要求,加强设备、材料的进货验收检查和仓储保管防护工作。

② 按《搬运、储存包装程序》和《产品标识和可追溯性程序》的要求,切实做好设备、材料搬运、存储及标识工作。

③ 自购物资按《采购控制程序》执行。

④ 按《顾客提供产品控制程序》的要求,做好顾客提供产品的管理工作。

⑤ 出现不合格品时,要执行《不合格控制程序》。

⑥ 严格执行限额领料制度,把限额领料作为提高经济效益的重要举措来抓。

⑦ 严把设备、材料申请订货关,力求最大限度地减少设备、材料的积压,要求基本上做到工完料净场地清。

⑧ 认真执行《文件和资料控制程序》和《质量记录控制程序》,收集并保管好设备、材料的产品合格证及说明书等资料,作为竣工资料移交业主。

3. 主要施工机具配置

投入本工程主要施工机具设备,如表 4-7-4-6 所示。

主要施工机具设备　　　　　　表 4-7-4-6

序号	设备名称规格	单位	数量	规格型号	产地	制造年份	备注
1	汽车吊	台	1	QY-30	中国		
2	汽车吊	台	1	QY-8~16	中国	1998.08	
3	运输汽车	台	2	10t	中国	1999.12	
4	液压升降台	台	2	400kg $H=9m$	中国	1999.12	
5	移动式高空作业平台	台	6	500kg $H=6m$	中国	1999.12	
6	交流弧焊机	台	12	300A	中国	1998.10	
7	氩弧焊机	台	2	500A	中国	2000.08	
8	电动叉车	台	1	1~5t	中国	1999.12	
9	手推叉车	台	2	1~3t	中国	1999.12	
10	台钻	台	4	ϕ12.7	中国	1999.12	
11	手摇式试压泵	台	10		中国	1999.06	
12	电动绞丝机	台	2	SQ150 2.5~4″	中国	1997.09	

续表

序号	设备名称规格	单位	数量	规格型号	产地	制造年份	备注
13	电动绞丝机	台	2	SQ25 4～6″	中国	2000.09	
14	潜水泵	台	3～6		中国	2001.09	
15	电动开孔器	只	3	φ114以下	中国	2002.03	
16	冲击钻	把	20	FE22-φ22	中国	2000.08	
17	冲击钻	把	20	FE22-φ16	中国	2000.03	
18	薄板钻孔器	只	4	φ50	中国	2002.03	
19	水准仪	台	2	NI00A	中国	2002.12	
20	激光经纬仪	台	1		中国	1999.12	
21	手提砂轮机	台	6	φ150	中国	2000.09	
22	电动试压泵	台	4	ZDL-SY819/4	中国	2000.09	
23	角向砂轮机	台	6		中国	2001.06	
24	砂轮切割机	台	4	φ300	中国	2001.06	
25	手动葫芦	台	2	5t	中国	2001.06	
26	手动葫芦	台	20	1～3t	中国	2001.06	
27	卷扬机	台	2	5t	中国	2000.09	
28	卷扬机	台	2	3t	中国	2000.09	
29	坡口机	台	1	φ426	中国	2000.09	
30	方水平	只	6		中国	2001.04	
31	百分表	只	6		中国	2001.04	
32	千分表	只	6		中国	2001.04	
33	型钢调平机	台	1		中国	2001.04	
34	千斤顶	个	6	5t	中国	2001.04	
35	不锈钢管卡压钳	套	3		中国		

八、质量管理及保证措施

质量管理及保证措施，同本章7.2节"二十一、动力照明工程"。

九、安全管理及保证措施

安全管理管理及保证措施，同本章7.2节"二十一、动力照明工程"。

第 8 章 通信工程

通信工程施工不在新广州站工程范围内。

第 9 章 信号工程

一、工程概况

新广州站设计里程 DK2216+000～DK2220+158（不含 DK2216+000～DK2217+302.98 范围内陈村桥和广茂正线站前工程）正线长 4.158km。新广州站设计 28 股道，112 组道岔，15 座旅客站台。其中：武广车场线路 19 股、站台 10 座。贵广及南广车场线路 9 股、站台 5 座。新广州站有南、北两个咽喉区分别连接武广、广深港、广珠、贵广、南广等线。整个站场全部采用高架桥梁模式。

1. 联锁设备

新广州站范围内采用一套高可靠多重冗余结构计算机联锁系统设备，联锁功能满足铁道部有关运营的要求。车站联锁系统内采用信号安全专用光纤局域网进行数据传输，网络采用专用 2×2 芯光纤及主备冗余结构。该网与地面列控中心（TCC）共用一个网络进行联锁-联锁、列控-列控、联锁-列控间信息传输。

联锁设备基本功能包括：进路建立、进路锁闭、进路解锁、信号机控制、道岔控制等车站控制功能。系统由联锁主机、电子终端、控制台、联锁电务维护机和电源五个部分组成。

2. 设备布置

DS6-K5B 计算机联锁设备分别安装在联锁机柜、电子终端柜、电源柜、监控机柜内。新广州站使用五个机柜：一个电源柜、一个监控机柜和三个联锁机柜，电子终端安放在联锁机柜内。

3. 系统安装

联锁系统各机柜安装于信号机械室机房（符合防静电、防尘、防雷要求），为下走线方式。

4. 输入输出接口

计算机联锁与室外信号设备之间的结合，采用继电电路，主要有信号点灯电路、道岔控制电路及其他结合电路。本系统从继电器的接点取得输入信息。每个被采集的继电器只占用一组接点。采集电压为 KZ24V，接在被采集接点组的中间接点。在计算机与继电器组合架之间设一"接口架"，作为计算机与继电器电路之间的连接界面。

5. 微机接口

(1) 2ZYJ7+3SH6 型转辙机

① 单动道岔：

微机驱动：DCJ、FCJ、YCJ、SJ、JGAJ、XGAJ。

微机采集：DBJ、FBJ。

② 双动道岔：

微机驱动：DCJ、FCJ、YCJ、SJ、1JGAJ（第一动）、1XGAJ（第一动）、2JGAJ（第二动）、2XGAJ（第二动）。

微机采集：DBJ、FBJ、1DBJ（第一动）、1FBJ（第一动）。

(2) 5 机 S700K 型转辙机

① 单动道岔：

微机驱动：DCJ、FCJ、YCJ、SJ、JGAJ、XGAJ。

微机采集：DBJ、FBJ。

② 双动道岔：

微机驱动：DCJ、FCJ、YCJ、SJ、1JGAJ（第一动）、1XGAJ（第一动）、2JGAJ（第二动）、2XGAJ（第二动）。

微机采集：DBJ、FBJ、1DBJ（第一动）、1FBJ（第一动）。

(3) 进站及进路信号机微机接口电路

微机驱动：KDJ、LXJ、YXJ、TXJ、SNJ、DXJ。

微机采集：DJ、2DJ、LXJ、YXJ、TXJ、SNJJ、DXJ。

(4) 出站及发车进路信号机微机接口电路

微机驱动：LXJ、YXJ（引导与调车共用）。

微机采集：1DJ、2DJ、LXJ、YXJ。

(5) 调车信号机机微机接口电路

微机驱动：DXJ。

微机采集：DJ、DXJ。

(6) 零散继电器微机接口电路

微机采集：RSBJ、DSBJ、XGDJ、SGDJ、ZDYJ、FDYJ。

6. 地面信号机设置

(1) 站内地面信号机设置

按照本线相关批复意见，站内信号机采用色灯信号机。

进、出站信号机及调车信号机采用传统的色灯信号机构。出站信号机采用红、绿、白显示的信号机构。

(2) 信号机点灯原则

① 排列自动闭塞进路

进站及出站信号机常态灭灯。

满足信号开放条件时，联锁不驱动信号继电器，室外灭灯，室内 CRT 按四显示自动闭塞点灯方式给出显示。

② 排列站间闭塞进路

相邻车站排列的发车进路为站间闭塞，本站相对应的进站信号机显示红灯。

接车进路的进站信号机开放，则与终端对应的出站信号机显示红灯。

列车信号开放后，若进路故障，信号机点红灯。

列车压入信号机内方，信号机点红灯，进路完全解锁，信号机灭灯。

列车信号机已经点亮红灯，排列以该信号机为始端的站间闭塞进路，满足信号开放条件，该信号机点亮允许灯光。

列车信号机已经点亮红灯，排列以该信号机为始端的自动进路，满足信号开放条件，室外灭灯。

③ 调车信号点灯

调车信号机显示与既有线调车点灯相同，无进路时点蓝灯，信号开放时点白灯。

7. 轨道电路

联锁所需要的轨道电路的占用和空闲由 TCC 传送，作为联锁逻辑运算的轨道输入条件。用于道岔控制电路锁闭的道岔区段所单独设置道岔区段，联锁不再采集。

8. 区间改方接口电路

两相邻车站均在客运专线的线路上的方向电路由列控中心控制，通过列控中心与联锁的专用网络通道，将方向电路信息传送给联锁，由联锁做逻辑运算处理。

9. 联锁系统与外部系统接口

联锁系统与外部系统接口主要有与 TCC、RBC、CTC、集中监测系统的接口。

（1）与 TCC 系统接口：

联锁系统通过专用以太网接口板分别与 TCC 建立安全网络通道进行连接，使用 RJ45 网线连接至 TCC 专用网络，作为联锁系统与 TCC 系统的专用数据通道，接收并发送与 TCC 有关的信息。同时，作为备选方式，联锁系统预留了 125M LAN 板与 TCC 进行连接。

（2）与 RBC 系统接口

联锁系统通过专用以太网接口板分别与 RBC 建立安全网络通道进行连接，使用 RJ45 网线连接至与 RBC 的安全网络通道，接收并发送与 RBC 有关的信息。

（3）与 CTC 系统接口

在联锁系统中，通过控显机与 CTC 系统的自律机 A 和自律机 B 连接。控显 A 机和控显 B 机均装有两块 10/100M 自适应专用网卡，通过 RJ45 网线分别接入 CTC 局域网，作为联锁系统与 CTC 的专用物理通道。

（4）与集中监测系统接口

在联锁系统中，通过联锁电务维护机将联锁的开关量信息和系统报警信息传至集中监测系。联锁电务维护机中安装有一块 10/100M 自适应专用网卡，通过 RJ45 网线与集中监测车站局域网连接，作为联锁电务维护机与集中监测的数据通道。

10. 道岔控制

道岔转辙机：正线道岔全部采用 S700K 型转辙机，侧线道岔采用 2ZYJ7＋3SH6 型转辙机。

道岔控制方式：采用继电器接口直接控制道岔转辙机。

11. 电线路

干线电缆采用铝护套综合扭绞信号专用电缆或内屏蔽数字信号电缆，分支电缆采用综合护套综合扭绞信号专用电缆或内屏蔽数字信号电缆。有源应答器采用点式应答器专用数据传输电缆。

二、开竣工日期

根据现场的实际情况，新广州站车站联锁工程于 2009 年 6 月 15 日开工，于 2010 年 9 月 30 日竣工。

三、变更设计说明

新广州站车站联锁工程对信号点灯方式进行变更设计。由于信号机常态灭灯，故在信号机点灯电路里增加 KDJ。

四、施工工艺流程及安全质量措施

新广州站是我国目前规模最大的铁路客运专线高架车站，线路多、工作量大、要求高，为确保工程质量目标，制定了严密的施工组织设计和施工技术标准、创优规划和措施，做到质量保证体系详细，质量责任明确。挑选出具有客专铁路施工经验，管理能力强，技术过硬的人员组成施工项目经理部。在施工过程中，严格按照施工规范、施工技术标准和质量保证体系的要求进行施工，认真做好"首件、首段定标"，严格控制施工作业工序，使全线的设备安装质量及工艺达到一个标准。严格执行质量监督检查制度，施工过程严格执行班组自检、工序互检、质量工程师和监理工程师专检的质量检查制度，确保工程质量优良。制定严密、详细的成品保护制度，对完成的产品进行严格的保护，不使之受到损坏。进行质量跟踪和检查，保证了分部、分项工程的质量。

五、施工中的重点问题及处理结果

由于工期紧迫，采取提前介入，有些地段电缆槽未完成，采取悬挂方式进行电缆敷设。

新广州站部分电缆的损伤，是一次惨痛的教训，电缆损伤尽管有客观上的原因，站前单位施工人员缺乏电缆保护的安全意识，站台雨棚焊接、大量水泥盖板的起吊和安装过程中的野蛮操作，导致电缆大面积烧伤、砸伤，不仅增加了后期查找电缆故障的工作量，而且造成较大的经济损失。

这一教训也促使我们在以后的工程中，从施工组织方案上必须采取果断的措施，避免类似事情的再次发生。

六、工程质量评价

该工程质量合格，联锁关系正确，安全优质顺利地交付使用。设备性能稳定，可靠、效率高。

第10章 信息工程

信息工程施工详见本书第四篇第 7 章 7.2 节"二十、楼宇自控工程"及后述"第 15 章 客运服务系统"。

第11章 电力工程

一、工程简介

1. 工程概况

新广州站工程站房内共设 10kV 配电所两座，分别位于地下车库南北两侧。10kV 侧主接线采用单母线分段接线方式，规模为二进十四出。

站房内设 10/0.4kV 变配电室十座，总负荷 27065kVA。其中：A（5000kVA）、B（5000kVA）、C（5000kVA）、D（5000kVA）四座变配电室设于地下车库层，供地下层、地面层、站台层用电，均设应急变压器和低压柜应急母线段。E（2500kVA）、F（2500kVA）、G（2500kVA）、H（2500kVA）四座变配电室设于高架层，供高架层、站台层雨棚、贵宾候车区域用电。J（2000kVA）、K（2000kVA）两座设于地面出站层，专供高压冷冻机房用电。

根据负荷特点，站房内采用柴油发电机组与 EPS 相结合作为应急电源的方案。

2. 系统构成

高压配电及高低压变电系统分为南北两个系统，以南北中心为界分别独立供电。南、北站房高压配电及高低压变电系统均由一个 10kV 开闭所和五个高低压变电所组成。

3. 工程特点及对策

新广州站工程的特点主要是边设计、边施工、边修改且同时施工面积大、工程量大、施工配合和技术要求复杂、施工质量要求高等，具体体现在以下几点：

（1）工程量大、配合面广。由于新广州站工程的安装工程量大、工期紧，土建、装修及机电等专业同时施工，出现大面积、多专业、多人数同时施工的场面。针对此种状况，在做好详尽而周密的施工计划和组织安排的同时，组织足够的人力与物力，并认真做好内部统筹，积极加强外部协调。

（2）新广州站工程是典型的边设计、边施工、边修改的"三边工程"。做到提前与设计单位的技术人员交流、沟通，同时抓紧与其他施工单位的配合工作，协调好各工序的衔接过程，抢时间、增进度、保质量、保安全。

4. 高压配电及高低压变电系统工程量

（1）10kV 开闭所两座。

（2）10/0.4kV 变电所 10 座，其中高压配电柜 52 台，高压环网柜 18，电力变压器 18 台，低压配电柜 189 台，控制柜 26 台，动力及照明配电箱 790 台，封闭母线 150m，电力电缆约 25 万 m，电线约 340 万 m，各种管线约 6.5 万 m，电缆桥架约 8 万 m。

（3）各种型钢支架、支座约 260t。

电力工程主要设备安装工程量，如表 4-11-0-1 所示。

电力工程主要设备安装工程量　　　　表 4-11-0-1

序号	名称	数量	备注	序号	名称	数量	备注
1	封闭干式变压器	25		9	GPRS 对时装置	2	
2	高压配电柜环网柜	90		10	交换机、服务器	6	
3	低压柜	178		11	发电机组	4	
4	交、直流屏	9		12	储油罐	1	
5	UPS 不间断电源带箱	12		13	低压配电箱	433	
6	后台设备工作站	3		14	照明配电箱	274	
7	各类保护装置	36		15	商业配电箱、柜	96	
8	机柜屏	2		16	冷冻机启动柜	8	

续表

序号	名称	数量	备注	序号	名称	数量	备注
17	EPS应急电源柜	90		21	开关、插座	1650	
18	金卤投光灯、筒灯	10070		22	等电位箱	365	
19	节能筒灯、荧光灯	31510		23			
20	LED灯、指示灯	2110		24			

5．执行标准

（1）《电气装置安装工程高压电器施工及验收规范》GBJ 147—90
（2）《电气装置安装工程电力变压器、油浸电抗器、互感器施工及验收规范》GBJ 148—90
（3）《电气装置安装工程母线装置施工及验收规范》GBJ 149—90
（4）《电气装置安装工程电气设备交接试验标准》GB 50150—2006
（5）《电气装置安装工程电缆线路施工及验收规范》GB 50168—2006
（6）《电气装置安装工程盘、柜及二次回路接线施工及验收规范》GB 50171—92
（7）《电气装置安装工程低压电器施工及验收规范》GB 50254—96
（8）《电气装置安装工程接地装置施工及验收规范》GB 50169—2006
（9）《建筑工程施工质量验收统一标准》GB 50300—2001
（10）《建筑电气工程施工质量验收规范》GB 50303—2002
（11）《建筑电气通用图集》
（12）《建筑电气工程施工工艺标准》

二、高压配电及高低压变电系统

根据工期要求，需先行开通部分线路。为此，项目部调整施工方案，采取跳跃式施工方案，发扬"有条件要上，没有条件创造条件也要上"的铁人精神。在时间紧、任务重、现场施工干扰大、场地复杂等重重困难条件下，创造性地完成了施工任务。

（一）成套配电柜安装

高压配电系统分别由南、北两个10kV开闭所及十座10/0.4kV变电所组成。两个开闭所分别设有高压配电柜22台及控制柜和直流操作电源等。

1．施工工艺

成套配电柜安装工艺流程，如图4-11-0-1所示。

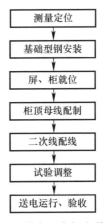

图4-11-0-1　成套配电柜安装工艺流程

2. 基础型钢安装

根据设计图纸配合土建进行基础预埋件的预埋。按图纸要求制作加工基础型钢,并刷好防锈漆,与预埋铁焊接,用水平尺找平找正。

在基础型钢内预留出接地扁钢端子。基础型钢必须有明显的可靠接地,接地点不得少于两点。

高压成套柜安装完成后,用接地线与柜内接地排连接好。

3. 开箱检查

按照设备清单、施工图纸及设备技术资料,核对设备本体及附件的规格、技术资料、说明书必须齐全。外观无损伤及变形,油漆完整。柜内电器装置及元件、器件齐全,无损伤。做好检查记录。

4. 设备运输

设备的运输主要由人工配合机械进行。由起重工作业、电工配合。设备吊运时,要防止柜体变形或损坏部件。

根据高低压变配电所平面布置图,按先里后外的原则,搬运进场,在搬运吊装配电设备过程中要特别注意产品的保护,不得有严重的冲击和振动,防止倾倒损坏设备。

5. 成套柜安装

按施工图纸的布置,顺序将柜体置放在基础型钢上,单列柜体只测柜面和侧面的垂直度。

成列柜体就位后,先找正两端的柜体,再从柜体下至上三分之二高的位置绷小线,逐台找正,柜体不标准的以柜面为准。找正时垫入 0.5mm 厚的铁片进行调整,每处垫片最多不能超过三片。然后按柜体固定螺孔尺寸,在基础型钢上钻孔,分别用 M12 镀锌螺栓固定高压柜,成列柜的柜体之间必须使用镀锌螺栓连接。

盘柜安装的允许偏差范围:

(1) 垂直度:各柜为每米 1mm。

(2) 水平度:相邻两柜顶部为 2mm,成列柜顶部为 5mm。

(3) 不平度:相邻两柜面为 1mm,成列柜面为 5mm,柜间缝隙为 2mm。

6. 母线安装

根据生产厂家提供的安装图纸核对母线尺寸,母线安装前必须进行平直调整,然后按图纸尺寸安装,母线钻孔直径宜大于螺栓直径 1mm,螺孔边缘的毛刺必须锉掉,以免影响接触面,接触面的加工主要是消除金属表面的氧化膜、气孔、皱折和隆起部分,使接触面平整而略呈粗糙。母线接触面必须涂有导电膏,母线连接采用 M16 镀锌螺栓,使用力矩扳手紧固,拧紧力矩为 120N·m。母线接触面要严密,用 0.05×10mm 塞尺检查,插入深度不得大于 6mm。

母线的涂色要与柜内母线涂色相一致。

7. 二次接线

按原理图逐台检查柜上全部电气元件是否相符,其额定电压和控制操作电源电压必须一致。按图敷设柜与柜之间、柜与现场操作按钮之间的控制连接线。控制线校线后,将每根芯线连接在端子板上,一般一个端子压一根线,最多不能超过两根。多股线必须涮锡,不准有断股。其线径电压回路不得小于 1.5mm² 铜线,电流回路不小于 2.5mm² 铜线。

8. 试验调整

将所有的接线端子螺丝再紧固一次,用 500V 兆欧表在端子处测试各回路绝缘电阻,其值必须大于 0.5MΩ。将正式电源进线电缆拆除，接上临时电源，按图纸要求，分别模拟试验控制、连锁、操作、继电保护和信号动作，必须正确无误、灵敏可靠，完成后拆除临时电源，并入正式电源恢复供电。

9. 送电运行验收

在安装作业全部完毕，质量检查部门检查全部合格后，按程序送电。

(1) 合进线柜开关，测量电压互感器柜三相电压是否正常。

(2) 合变压器柜开关，检查变压器运行是否正常。

(3) 合低压柜进线开关，检查三相电压是否正常，正常后给其他柜送电。

(4) 空载运行 24h，若无异常现象，办理交接验收手续。

10. 注意事项

(1) 配电柜在装卸、运输、保管及安装中，不得使其框架变形和漆面受损。

(2) 配电柜在装卸、运输、保管及安装过程中，不要忽视设备的防震、防潮、防火、防倾倒。不要忽视制造厂对产品的有关规定的要求。

(3) 柜上母线的颜色标志清晰，A 相—黄色，B 相—绿色，C 相—红色。不得违反规程规定。

(4) 基础型钢安装允许偏差，如表 4-11-0-2 所示。

基础型钢安装允许偏差　　　　表 4-11-0-2

项目	允许偏差	
	mm/m	mm/全长
直线度	<1	<5
平面度	<1	<5
位置误差及平行度		<5

(5) 基础型钢与接地干线必须可靠焊接。

(6) 配电柜要采用镀锌的标准紧固件紧固，不得焊死。

(7) 配电柜安装时，其垂直度、水平偏差以及柜面偏差和柜间接缝的允许偏差，如表 4-11-0-3 所示。

配电柜安装允许偏差　　　　表 4-11-0-3

项目		允许偏差（mm）
垂直度（每米）		<1.5
水平偏差	相邻两盘顶部	<2
	成列盘顶部	<5
盘面偏差	相邻两盘边	<1
	成列盘面	<5
盘间接缝		<2

(8) 装有电气元件的柜门必须采用有足够机械强度的多股软裸铜线与柜体连接接地。

(9) 端子排对地距离不宜小于 350mm，正负电源之间及经常带电的正电源与合闸或跳闸回路之间，要隔开一个端子。

(10) 柜内二次回路接线导线不得有接头，导线绝缘良好，无损伤。

(11) 柜内各电气元件必须按规范要求做好电气交接试验，并做好详细记录。

(12) 电源配电柜在制作电缆头时，注意主回路与备用回路的顺序。

(13) 使用临时电调试时，必须将正式进线电源的零、地线同时拆除，否则可能出现临电开关频繁跳闸。

(14) 对于易松动的空气开关手柄连接杆，必须经常检查，旋紧，以免脱落、遗失。

(15) 做好配电柜接地排与进线桥架及基础型钢的地线连接。

(16) 送电调试前，必须将柜上、柜内的杂物、尘屑清除干净。

(17) 送电调试时，必须提前准备一些保险管、盘面信号灯罩等易坏易损件。

11. 成品保护

(1) 设备运到现场后，必须保护好其原有包装，存放于干燥的能避雨雪、沙尘的场所。

(2) 安装过程中，要注意对已完工项目及设备配件的成品保护，防止磕碰，不得利用开关柜支撑脚手架。

12. 施工记录

施工人员要及时详细地记录好各项技术组织措施、重要的调整、试验方法、试验数据及设备缺陷处理方法及结果等。

13. 盘柜试验调整

盘柜试验标准必须符合国家规范、当地供电部门的规定及产品技术资料的要求。

(二) 干式电力变压器安装

1. 施工工艺

干式电力变压器安装工艺流程，如图 4-11-0-2 所示。

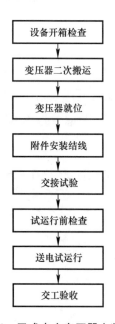

图 4-11-0-2 干式电力变压器安装工艺流程

2. 设备开箱检查

设备开箱检查必须由安装单位、供货单位，会同建设单位代表和监理共同进行，并做好开箱记录。

开箱后按照设备清单、施工图纸及设备技术文件，核对变压器本体附件、备件的规格型号是否符合要求，是否齐全，有否损坏。

变压器本体外观检查必须无损伤及变形，油漆完好，绝缘件及环氧树脂铸件必须无损伤，无缺陷及裂纹。

3. 变压器二次搬运

变压器二次搬运必须由起重工作业，电工配合。

变压器搬运过程中，不得有冲击或严重震动情况，并注意保护变压器本体。利用机械牵引时，牵引的着力点要在变压器重心以下，运输倾斜角不得超过15°，以防变压器内部变形。

4. 变压器就位

由于受施工场地限制，不能使用吊车等起重机械，只能采用手动葫芦吊装，给变压器就位造成一定的困难。先用枕木搭设临时轨道，用捯链拉入预设位置，再用手动葫芦吊装就位。由起重工操作，电工配合。

变压器就位时，注意其方向和距墙尺寸必须与图纸相符，变压器就位后将其滚轮用能拆卸的制动装置加以固定。

变压器的低压侧中性点必须直接与接地干线进行可靠连接。干式变压器的支架及外壳必须至少两点明显可靠接地，且有明确标识。

5. 变压器送电前检查试验

（1）变压器的交接试验

① 测量绕组连同套管的直流电阻。

② 检查所有分接头的变比。

③ 检查三相接线组别。

④ 测量绕组连同套管的绝缘电阻吸收比。

⑤ 绕组连同套管的交流耐压试验。

（2）变压器送电前的检查

变压器试运行前必须做全面检查，确认符合试运行条件时方可投入运行，其检查内容如下：

① 各种交接试验资料齐全，数据符合要求。

② 变压器本体要清理、擦拭干净。

③ 变压器一、二次引线相位正确、绝缘良好。

④ 接地线连接良好。

⑤ 变压器通风设施安装完毕，工作正常。

⑥ 变压器温度控制系统指示正常，控制有效。

⑦ 分接头位置放置在正常电压档位。

⑧ 保护整定值符合设计要求，操作及联动试验正常。

（3）变压器送电试运行

① 变压器第一次投入时，可全压冲击合闸，第一次受电后，持续时间不得少于10min，且无异常情况。

② 变压器必须进行3~5次全压冲击合闸，并无异常情况，励磁涌流不得引起保护装置误动作。

③ 变压器试运行要观测冲击电流、空载电流、一次二次电压，并做好记录。

三、低压配电设备安装

1. 配电箱、柜安装工艺流程,如图 4-11-0-3 所示。

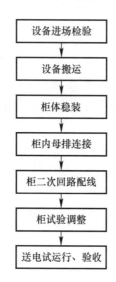

图 4-11-0-3　配电箱、柜安装工艺流程

2. 配电箱、柜(明装),根据设计要求加工订货。明装箱、柜量好尺寸,用膨胀螺栓固定,不破坏箱、柜面油漆。

3. 配电箱、柜进场时,设备必须有铭牌,并注明厂家名称,附备件及资料齐全,设备开箱检查由业主、监理、施工单位及供货单位共同进行,并做好检查记录。

4. 基础型钢安装时,必须将型钢调直,然后按图纸要求加工基础型钢架,并刷好防锈漆,按图示位置把基础型钢架设在预留铁件上,用水平尺找正,电焊固定,将接地扁钢与基础型钢两端焊牢,焊接长度为扁钢宽度的 2 倍。

5. 柜安装必须按图纸布置摆放,就位后先找正两端的柜,再在柜高 2/3 处绷小线找正,垫入 0.5mm 厚的铁片调整,最后用 M12 镀锌螺栓固定。柜体与柜体,柜体与挡板,均用镀锌螺丝连接,每台柜必须单独与接地干线连接。

6. 盘内配线必须按设计要求,接线正确、排列整齐,绝缘良好,连接牢固,不得有中间接头。送电空载运行 24h,无异常现象,办理验收手续。

四、电缆桥架及电力电缆敷设

(一)电缆桥架安装

1. 桥架由厂家按要求加工好后,按规定时间进场,并经现场专业人员会同监理检验合格后方可使用。

2. 作业条件:桥架安装在其安装部位的土建装修工程完成后进行,吊顶内桥架安装必须在吊顶之前进行。

3. 电缆桥架安装工艺流程,如图 4-11-0-4 所示。

4. 桥架安装进度对变配电工程安装工期影响较大,因此在施工中必须将电缆沟、电气室等处的施工尽量提前安排,确保工期按期实施。

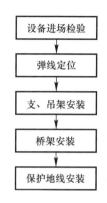

图 4-11-0-4　电缆桥架安装工艺流程

5. 安装前进行各专业联检，以确定桥架的安装位置和走向，要注意与工艺管道的避让，避免相碰。

6. 桥架立柱间距符合设计和规范要求，在转弯处及立上、立下处适当增加立柱，以增加桥架承载力。立柱安装必须垂直，偏差小于2‰。

7. 托臂安装必须一致，在同一平面上的高低偏差不大于±5mm，并与立柱垂直，不得有左右倾斜或上翘下塌现象。

8. 桥架与托臂连接紧固，中心线左右偏差不大于±10mm，高低偏差不大于±5mm。

9. 桥架的延续接缝一般放在立柱间的1/4处，避免在1/2处做头，连接螺帽必须放在桥架外侧，连接板的尺寸必须与桥架配套。

10. 桥架接头间隙不大于12mm，在沉降缝、伸缩缝处桥架必须断开，断缝为15～20mm。

11. 桥架接地必须符合设计要求，各层间每隔30～50m做一次电气连接，两端与接地干线连通。接地线过伸缩缝时必须留余量（做成Ω形）。接地干线采用35mm²裸铜线通长设置，每隔40m与桥架连接一次。

12. 成品保护：

(1) 桥架的运输和堆放必须符合有关规定，注意防潮防污。

(2) 对易发生受污生锈部位的桥架，必须注意检查，有污锈要及时除锈补漆。

（二）电力电缆敷设

1. 作业条件：变配电室内全部电气设备及配电箱、柜安装完毕，电缆桥架安装完毕，且检验合格，电缆检测合格后，即可进行电缆敷设工作。

2. 电力电缆敷设工艺流程，如图4-11-0-5所示。

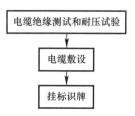

图 4-11-0-5　电力电缆敷设工艺流程

3. 根据设计图要求选择电缆。施工前必须对电缆进行详细检查，并做绝缘摇测。用1kV兆欧表摇测，线间及对地的绝缘电阻不得低于10MΩ。

4. 电缆敷设前，必须事先画出电缆排列图，防止电缆交叉，拐弯处以最大截面电缆最小允许弯曲半径为准，同等级电压的电缆支架敷设时水平净距不得小于35mm，标志牌必须注明电缆编号、规格、型号及电压等级，沿支架桥架敷设电缆，在其两端拐弯交叉处必须挂标志牌。

5. 新广州站工程的电缆既有沿桥架敷设，也有穿保护钢管敷设，做法参照电气规范及相关工艺标准要求执行。

6. 根据电缆敷设顺序排列图，确定每种规格电缆的堆放场地，并根据到货电缆清单和长度，对电缆盘进行分割，确保每盘电缆使用率达到最优化。

7. 检查电缆的外观有无破损，扭曲、压扁现象，高压电缆必须按规范要求做直流泄漏试验，低压电缆用1kV兆欧表测量其绝缘情况，合格后方可敷设。

8. 电缆敷设根据本标段工程情况采用人力和机械辅助敷设。电缆运输到达目的地后，不允许将电缆从车辆上推下，必须使用吊车或将其沿着斜板渐渐滚下（用麻绳或钢丝绳在相反的方向拉住慢慢送下）。

9. 电缆敷设排列要整齐，尽量避免电缆交叉，动力、控制电缆必须分层放置。在终端及转弯处要留有余量。电缆的弯曲半径要符合规范要求，如表4-11-0-4所示。

电缆敷设的最小弯曲半径   表4-11-0-4

电缆型式		多芯	单芯
控制电缆	非铠装型、屏蔽型软电缆	6D	—
	铠装型、铜屏蔽型	12D	
	其他	10D	
塑料绝缘电缆	有铠装	15D	20D
	无铠装	12D	15D

10. 垂直敷设或超过45°倾斜敷设的电缆在每一个支架上加以固定，水平敷设的电缆，在电缆首末两端、转弯处及当对电缆间距无要求时，每隔5～10m处要加以固定。

11. 电缆敷设后必须及时挂上标志牌，标志牌上必须注明线路编号、规格、型号及电压等级，并联使用的电缆必须有顺序号，字迹清楚，不易脱落。

12. 电缆穿管前对钢管要进行清扫，清除管内积水或杂物，并用引线器牵引电缆，电缆敷设完管口要及时封堵。

13. 在电缆穿过竖井、墙壁、楼板或进入电气盘、柜的孔洞处，采用防火堵料封堵。封堵必须严实可靠。

14. 阻火包的堆砌必须密实牢固，外观整齐，不透光。

五、主要施工机具配置计划

主要施工机械设备，如表4-11-0-5所示。

主要施工机械设备　　　　　　　　　　　　　　　　　　　表 4-11-0-5

序号	机械设备名称	型号规格	数量	国别产地	额定功率	用于施工部位	备注
1	汽车	5~10t	2台	国产		运输	
2	吊车	8~20t	2台	国产		装卸	
3	叉车	5t	1台	国产		运输	
4	卷扬机	3t	4台	国产		吊装	
5	电动切割机		5台	国产		安装	
6	台钻	φ12.7	6台	国产		加工	
7	砂轮切割机	φ300	10台	国产		加工	
8	手电钻	φ6~13	12台	国产		加工	
9	手推液压叉车	1t	5台	上海		安装	
10	角向磨光机		20台	国产		加工	
11	交流电焊机	21kW	8台	国产		焊接	
12	液压千斤顶	5t	4台	国产		安装	
13	液压千斤顶	3t	2台	国产		安装	
14	手拉葫芦	5t	4台	国产		安装	
15	冲击钻	FE22φ22	15台	国产		安装	
16	缆线放线架		12套	自制		施工	
17	水准仪	DZS3-1	2台	国产		测量	
18	经纬仪	TDJ2E	1台	国产		测量	
19	液压压线钳	YQK-240	10套	国产		测量	
20	机械压线钳		10套	国产		测量	
21	兆欧表	ZC25-3	5台	国产		测量	
22	接地表	ZC-8	2台	国产		测量	
23	水平尺	60mm	20支	国产		测量	
24	数字万用表	DF900	15台	国产		测量	
25	万用表	500型	5台	国产		测量	
26	钳形电流表	1000A	4台	国产		测量	
27	电脑		6台	国产		办公	
28	打印机		2套	国产		办公	
29	其他工具		20套	国产		安装	
30	交直流电源	YST-1A	3套	国产		调试	
31	单相、三相调压器		5台	国产		调试	
32	试验变压器	TSB-50/3	3台	国产		调试	
33	开关机械特性测试仪	KJTC-11A	2台	国产		调试	
34	回路电阻仪	HLDZ-1	2台	国产		调试	
35	互感器校验仪		1台	国产		调试	
36	电缆故障探测仪		1台	国产		调试	
37	交直流电压电流表		18台	国产		调试	
38	导线压接钳		5把	国产		调试	
39	高压试验设备		2套	国产		调试	
40	电气调试设备		2套	国产		调试	
41	对讲机		10对	国产		管理	

六、质量管理及保证措施

1. 质量管理网络

每个作业队（组）设专职质检员，各操作班组设兼职质检员，具体对施工质量、安全进行管理、监督检查。专业队长是分部工程的质量、安全第一责任人，质量管理网络，如图 4-11-0-6 所示。

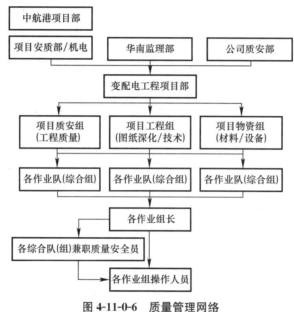

图 4-11-0-6　质量管理网络

2. 质量管理目标

(1) 杜绝重大质量事故和设备事故。

(2) 工程合格率100%，争创样板工程。

(3) 故障返修率低于0.5%。

(4) 一次调试成功，顺利通过各级相关部门、项目部、监理、业主检查验收。

3. 质量管理原则

(1) 根据岗位责任制，将质量责任分解到相关人员，各质量控制点落实到人，及时考核各专业工作质量和工程质量。

(2) 开工前，对参与施工的全体员工，进行有针对性的安全、质量培训教育，培训完考试，不合格者不予上岗。

(3) 按照项目的质量管理要求，组织相关人员，定期或不定期地进行安全、质量检查。

(4) 隐蔽工程在施工班组自检合格，并经专业队检查合格后，报机电部检查验收，然后由机电部及时报监理工程师，保证提前48小时通知监理工程师到现场检查确认，并对施工安装记录予以签认，以保证工程的可追溯性。

(5) 坚持以自检、互检、专业检查及共同检相结合的质量"四检一评"制度和工前试验、工中检查、工后检验的工作制度。每一分项、分部工程均由班组质检员自检，下道工序确认，队部质量员终检后报机电部，请监理工程师验收、签认，确保各工序、各分部、各分项工程质量达标。

(6) 实行"三个服从、五个不施工、二个坚持"制度。

三个服从：进度服从计划，计量服从工程质量，质量否决服从监理工程师。

五个不施工：施工图没有会审不施工，现场没有技术交底、重难点项目没有《作业指导书》不施工，施工方案和质量保证措施未完善不施工，施工准备不充分不施工，监理工程师未下达指令不施工。

二个坚持：坚持质量一票否决制，坚持不合格工程坚决返工。

4. 质量控制程序

质量控制程序，如图 4-11-0-7 所示。

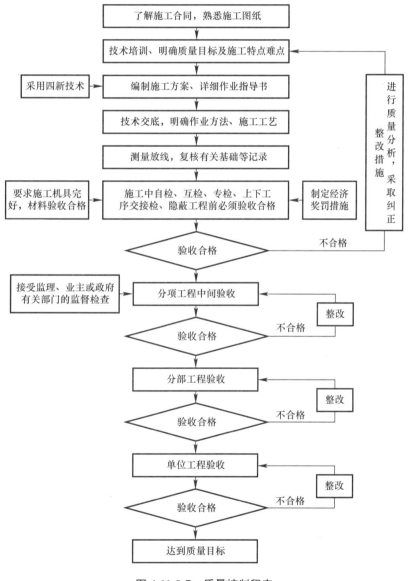

图 4-11-0-7　质量控制程序

（1）在每道工序施工前，使作业人员做到"五个清楚"：作业内容清楚、分工清楚、施工流程清楚、施工配合清楚、操作安全注意事项清楚。

（2）重点、难点工序施工前，要编制《作业指导书》，并组织技术交底和样板施工，然后全面施工。

(3) 严格实行"四检一评及工序交接卡"制度,每道工序必须经监理工程师检验签证后,才能进行下道工序。

(4) 建立完善的物资采购和管理措施。自购材料、零配件及设备要确保符合规定要求。对有特殊仓储或保养要求的设备,必须按产品规定的条件妥善管理。

(5) 对不合格品,安全质量工程师严格执行《不合格品的控制程序》,填写不合格品报告通知单和纠正预防措施,并督促各专业队和施工班组及时予以纠正。

七、安全管理及保证措施

1. 安全管理目标

安全管理是项目管理重要组成部分,贯穿于施工的全过程,关系着现场施工全体人员的人身安全。本项目安全管理目标是:

(1) 杜绝人身伤亡事故发生。

(2) 轻伤负伤率控制在1‰。

(3) 车辆交通事故为零。

2. 安全保证体系

为把安全工作落到实处,在按照项目的安全管理体系的基础上,建立健全以项目负责人为首的安全保证体系。

项目负责人为工程安全生产的第一责任人,配备专职安全员,同时,各专业技术人员为兼职安全员。从项目负责人到现场安装作业人员层层落实安全消防责任体系,各尽其职,各负其责。

安全管理网络,参见图4-11-0-6。

3. 安全保证措施

(1) 设备安装施工过程的安全控制

① 大型设备的转运与吊装:统一思想、统一指挥,特别要注意滚杠滚动时,脚不得在滚杠的前方和靠近滚杠,以避免产生伤害。

② 其他小型设备(如:配电柜、动力箱等)的现场转运过程中,当设备无包装箱时,吊装用钢丝绳必须套装橡胶保护套管,装车后必须将设备绑扎固定好,以避免发生倾倒和相互碰撞及滑移。

③ 设备吊装就位时,不得随意在楼板上打孔,确需打孔时,必须事先征得监理工程师的同意,工作完成后及时将孔眼封堵。

④ 在利用站内的墙柱作为固定卷扬机和固定转向开口滑轮时,围抱墙柱的钢丝绳与墙柱之间必须加保护垫板,不得损伤墙柱。

⑤ 吊装用的起重机具在使用前必须经质量工程师和吊装工程师仔细检查确认合格并贴有"合格"。

(2) 施工安全规定

严格执行《建筑安装工程安全技术规定》和《建筑安装工人安全操作规程》以及项目部的各项安全管理规定。

(3) 安全消防培训教育

① 凡进入施工现场人员必须进行安全消防意识、操作规程、消防常识方面的教育。同时

进行安全消防设施正确使用方法的培训，以增加全员的自我保护意识，使全体员工自觉、认真、严格地按规程施工。培训教育时间每人不少于 4 小时，并做好培训内容、地点、时间、人数、次数方面的记录。

② 进场作业人员必须进行安全消防规章制度方面的学习，包括国家、广州市、企业的有关规定、标准。使全员自觉遵守施工现场的各项安全消防规章制度。

③ 专业技术人员在班组作业前根据现场具体情况及专业特点进行施工组织设计、施工方案、作业指导书中的安全技术措施相对应的安全消防技术交底，使每位作业人员心中警钟长鸣，确保在安全消防技术指导下施工。

④ 开展特殊季节施工的安全教育。冬季、雨季变化等特殊季节，对每位现场施工人员进行安全消防交底，搞好特殊季节的安全施工生产。

⑤ 安全教育的内容，如表 4-11-0-6 所示。

安全教育内容　　　　　　　　　　表 4-11-0-6

类别	安全教育的主要性	内容
安全思想教育	安全生产的思想基础	尊重人、关心人、爱护人的思想教育，国家安全生产劳动保护方针，政策安全与生产辩证关系教育，协作风格教育、职业道德教育
安全知识教育	安全生产的重点内容	施工生产一般流程，环境、区域概括介绍，安全生产一般注意事项，企业内外典型事故案例简介与分析，工种岗位安全生产知识
安全技术教育		安全生产技术、安全技术操作规程
安全法制教育	安全生产的必备知识	安全生产法规和责任制度，法律上有关条文，安全生产规章制度，摘要介绍受处分的先例
安全纪律教育		职工守则、劳动纪律、安全生产奖惩制度

⑥ 施工现场安全教育程序，如图 4-11-0-8 所示。

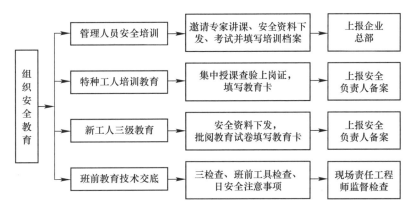

图 4-11-0-8　施工现场安全教育程序

（4）有效实施安全消防管理制度

① 通过对员工的培训与教育，规范员工的日常行为，使员工增强安全意识，具有自我保护能力，变被动管安全为人人主动遵守安全。

② 对电工、电焊工、起重工等特种作业人员，必须经过本工种的安全消防技术培训，经考试合格，持有劳动部门核发的操作许可证后，方可上岗，严禁无证操作。

③ 安全消防检查制度：施工过程中，班组每日进行检查，安全员每日进行巡检。区域施

工段每周进行一次安全检查，项目部每半月进行一次安全检查，对查出的安全消防隐患立即下发整改通知单，并及时组织有关人员进行整改。

接受业主、现场监理、上级有关部门及监督站，以及消防大队对工程安全消防生产定期或不定期指导、监督和检查。

④ 安全消防例会制度：区域施工段每周召开一次安全消防例会，项目部每半月组织召开一次安全消防例会，听取安全消防汇报，通报安全消防情况，分析近期的安全消防状况，布置下期的安全工作，针对出现的安全消防隐患，采取预防措施，并做好记录。

⑤ 班前安全活动制度：施工班组每天进行安全消防活动，时间不少于15分钟。班组长组织班组成员进行安全学习、日常安全教育，检查个人劳保用品的穿戴是否齐全，是否符合要求。查找安全消防隐患，进行规范、规程的学习等。

(5) 伤亡事故的调查和处理制度

调查处理伤亡事故，要做到"四不放过"，即事故原因没有查清不放过，事故责任者没有严肃处理不放过，广大职工没有受到教育不放过，防范措施没有落实不放过。

(6) 配置各种安全消防设施

安全工作做到首位，就必须把消防设施配置做到前面，所有消防设施必须按照有关规范规定执行。

① 施工现场入口处及危险作业区，必须挂有安全生产宣传画、大型标语和安全色标，随时提醒职工注意安全生产。

② 现场施工人员一律配发安全帽、劳保鞋、防护眼镜。电焊工、电工等特殊工种必须配备齐安全防护用品，一旦发现防护用品破损要及时更换。

③ 高空作业必须系安全带，设立防护栏杆，脚手架、安全网的架设必须符合标准。从事高空作业人员定期进行体检。

④ 配电箱、开关箱处悬挂安全用电警示牌及安全危险标志，禁止他人随意开、合闸和动用带电设施。所有用电施工设备传动部位必须设防护罩，配电箱内装漏电保护器，并做保护接地，保证用电设备一机一闸等。机械设备、配电箱等采用雨棚等遮盖措施，确保设备正常运转。

⑤ 施工中，在楼梯口、电梯井口、机电井口设置临时护栏、工具防护门或挂立网。在预留洞口设固定盖板，建立洞口防护的管理办法。

⑥ 防腐作业必须在通风和光线良好的区域进行，操作人员要穿戴好胶皮手套、胶鞋和口罩。

⑦ 施工现场的临时设施、仓库、木材、油类、易燃易爆物品存放及加工场地，包括需动火作业上下周围，悬挂安全标志牌，设置消防设备，配备兼职消防人员，以防止或控制火灾。

⑧ 施工现场备有足够的灭火器材，消防栓周围5m范围内不准堆放物料。

4. 安全技术措施

(1) 高空作业

新广州站工程的施工存在着较多的高空作业，在按照各专业方案所选择的施工工艺进行施工的同时，要从以下几方面进行安全管理工作：

① 高空作业人员必须严格按施工技术交底和安全技术交底进行施工，同时必须先进行安全防护，认为安全可靠时，再进行作业。

② 从事高空作业人员必须先进行身体健康状况检查，符合条件时，才允许从事高空作业。

③ "三宝"防护，进入高空作业区必须戴安全帽、系安全带，在主体外侧施工，必须设置安全网。"三宝"的质量须经专业人员检查合格后方可使用。

④ 登高用爬梯底部必须有防滑措施，有专人在地面保护。人字梯必须有拉索。

（2）洞口临边作业

① 所有洞口临边均需进行围挡，并挂有警示标记。

② 所有洞口上面均需用木板铺盖。

③ 洞口临边作业均需有两人以上方能作业。

④ 洞口临边作业人员有条件均需挂好安全带。

（3）施工设备

① 所有设备操作人员必须进行专门培训，特殊设备的操作人员必须持证上岗，并在进场前向现场经理部提供操作证复印件。

② 进入施工现场的机械设备（包括工机具）必须有出厂合格证，同时进行安全状况的检查，严禁使用无安全防护装置的机械设备。

③ 施工现场的起重机械必须对其性能进行检查鉴定，经过当地劳动部门鉴定合格后方可使用。

④ 严禁不按产品说明书、设备操作规程，严禁超负荷违章使用、操作施工机械设备。

⑤ 施工设备与起重机械必须按规定进行维修、保养。

⑥ 氧气、乙炔瓶必须相距10m，且各自存放在氧气、乙炔瓶车内，距明火25m以上，同时有防爆、防晒措施及防火安全装置。

⑦ 安全管理部门必须定期对施工现场的机械设备进行运行状态的安全检查，发现存在问题，及时整改，杜绝安全事故的发生。

（4）吊装作业

① 根据施工方案选择匹配的起重设备及机具等，禁止超载吊装。

② 吊车的站位及支支撑必须严格按施工方案中的规定进行，切勿因站位不正、支撑不足而造成歪拉斜吊，违章作业。

③ 设备起吊前要找准吊物的重心和吊点，并对起吊物的捆绑绳索，按要求严格检查，各捆绑点不得有松动、打滑现象。对贵重和精密设备，吊运绳索使用尼龙带或在钢丝绳外面套上胶皮套管，防止损伤设备表面。

④ 起重作业的卷扬机在使用时要严格检查刹车装置、联锁装置，并专人操作、专人维护，确保安全可靠。

⑤ 大风和雨天等恶劣天气不准进行吊装作业。雨天过后，重新检查并加固地锚、钢丝绳、地基等，保证吊装作业的安全。

⑥ 起吊时起重机臂必须先伸至合适位置，角度、回转半径等符合施工方案及操作规程的要求，严禁超负荷起吊。

⑦ 正式吊装前必须先进行试吊装，将起吊物吊离地面10~15cm，停滞5分钟，检查所有捆绑点及吊索具工作状况，确认无误后，进行正式吊装。

⑧ 在吊装区域内必须设置安全警戒线，非工作人员严禁入内，同时起吊过程必须由专人

指挥，统一行动。起重臂下严禁站人。

⑨ 起重机驾驶员，起重工等必须持证上岗，严禁无证操作。

(5) 防火措施

① 实行动火证制度，施工后期装修进场后，在需要动火的部位由施工班组提出申请，经专业工程师确认，由质安部批示报监理审批后，呈报业主和总承包管理部备案，在周围设立必要的防范措施，配备足够的灭火器材，并在专人监护下动火作业，动火完毕，认真检查彻底清除隐患。

② 施工现场和生活区内的电源，必须采取分级管理的控制方法，办公生活区内严禁私拉电线和灯头。

③ 施工班组长对其负责施工的作业范围内的潜在火灾因素保持高度警惕，发现火灾险情，必须立即排除，做到预防为主，杜绝火灾隐患。

④ 施工现场配消防接头及灭火器，生活、办公区配灭火器、设置水池等。

5. 各项应急措施

(1) 疫情的预防和控制

现场施工人员密集，在一定条件下易产生疫情。因此，在施工过程中，按照"突发公共卫生事件应急条例"所规定的要求进行现场疫情的预防和控制管理。

① 建立疫情控制体系，与广州市有关卫生部门建立有效的联系。

② 在卫生部门的监督和指导下进行预防工作。

A. 改善现场施工人员的生活条件，合理安排施工作业时间，避免疲劳作业，以增加人员的疾病抵抗能力。

B. 加强监督检查，纠正施工人员的不良生活习惯，提高卫生意识。

③ 建立疫情通报制度

现场一旦发现疫情或疫情迹象，立即与卫生管理有关部门联系，通报情况，及时控制。

(2) 安全应急措施

① 一旦发生事故，现场人员要进行紧急抢救，并立即通知项目领导和在4小时内汇报上级有关主管部门。

② 现场设一医务急救站，配备医务人员1名，负责一般轻伤的处理。遇有重伤人员，由现场目击者或医生根据伤员的不同伤势采取急救措施，并立即拨打"120"进行紧急呼救，护送医院。

③ 迅速弄清事故和现场情况，采取相应措施，防止伤害进一步扩大。

④ 当现场危险或伤害将进一步扩大时，要及时稳妥地安排伤员脱离危险区，并请医生立即检查伤情进行救护。

⑤ 事故发生后，必须严格按住建部颁发的有关文件规定进行程序报告。

⑥ 成立现场事故调查领导小组，查清事故原因及事故责任。

⑦ 对施工人员进行教育，召开各种形式的事故分析会，组织有关人员参观事故现场，了解事故经过及原因，使大家受到教育。

⑧ 事后对事故责任者进行严肃查处。

(3) 防洪与防台风应急措施

① 遇到四级风时，建筑工地一律停止大型设备拆装作业。六级风或暴雨时，一律停止大

型垂直运输设备作业，保证大型机械设备安全。遇到暴雨、六级以上强风，一律禁止进行攀登、悬空露天作业，确保人员安全。必须安排专人收看气象部门发布的天气预报，当气象部门发布红色、黑色暴雨信号或台风预警信号时，立即停止施工。

② 成立防汛防台风工作领导小组，组织开展对深基坑（高边坡）、脚手架、大型机械设备、临时设施以及其他工程、设施、设备的排查，全面加强建筑工地防汛防台风安全管理。

③ 一旦发生灾情或险情，必须做好应急救援和抢险救灾工作，必须立即启动应急预案，单位负责人要在第一时间到现场组织开展抢险救灾工作，及时疏散、撤离处于危险地段的人员，抢险救灾的人员和物资必须在 30 分钟内调度到位，并在第一时间上报三防指挥部和建设行政主管部门。

第12章 电气化工程

电气化工程施工不在新广州站工程范围内。

第13章 综合接地系统

1. 工程概况

(1) 武广客运专线弱电系统采用综合接地贯通地线，各设备接地时，单独与接地母线端子连接接地。

(2) 综合接地体采用沿铁路全线上下行贯通两根地线方式，贯通地线采用无护套的多股铅包铜绞线，截面暂按上行线 95mm²、下行线 35mm² 设计。

(3) 贯通地线置于信号电缆槽内，并采用阻燃 PVC 塑料管防护，PVC 内管径为贯通地线直径的 1.5 倍以上。

(4) 贯通地线的综合接地电阻值不大于 1Ω。贯通地线需打接地极，其位置、数量及工艺必须满足贯通地线接地电阻值的要求。

(5) 电气化自耦变压器处接触网保护线的接轨线必须接至扼流变压器或空心线圈中心点，其余则接至独立接地极上。钢轨接地必须通过扼流变压器或空心线圈中心点接地，并采用单独地线。

(6) 避雷器接地必须引出距最外侧线路 5m 以外，并设置独立接地极单独接地，接地电阻值≤10Ω。

(7) 10kV 电力、电气化等强电接地（不含防感应接地）及避雷器接地，设置独立接地极，其接地体距弱电系统综合接地贯通地线接地体的距离不得小于 20m，当埋入地中的接地体及引接线与贯通地线交叉时，必须进行绝缘防护。电气化、电力的防感应及低压接地和其他专业接地均可接至贯通地线。

(8) 根据试验段工程试验验证结果，弱电系统与强电系统共地无影响，强电接地直接接入贯通地线，即采用大综合方案。

2. 综合接地系统施工

按每一个桥墩设置一个单独的接地体，其接地电阻不大于 10Ω。原则上，按每间隔一个桥墩的接地体作为贯通地线的接地，其余桥墩处可用于电气化、10kV 电力的接地。

上下行信号电缆槽内的贯通地线分别经 70mm² 和 35mm² 带塑料护套的软铜绞线引至梁体外的专用接地套筒，该套筒再通过带塑料护套的 70mm² 软铜绞线顺序引接至墩台外的专用接地套筒和接地体，实现接地连接。

梁体及墩台外的专用接地部件不得与结构物内外的其他金属部件连接。从梁体至接地体间的软铜绞线必须采用阻燃 PVC 塑料管防护，PVC 管内径为软铜绞线外径的 1.5 倍以上。

金属桥栏杆必须保持金属体良好连通。在每座桥的每一侧两端必须接地，超过 500m，每 250m 增加一处，并接至贯通地线。

桥梁专业负责桥梁金属构件间的连通，负责将地线引至电缆槽内露出 300mm。

综合接地系统具体施工详见本书第四篇相关章节。

第14章　防灾安全监控工程

防灾安全监控工程施工不在新广州站工程范围内。

第15章　客运服务系统

一、工程概况

1. 旅客服务信息系统

新广州站新设综合管理信息系统（车站局域网）、CATV（有线电视）系统、列车到发通告系统、综合信息显示系统、旅客引导显示系统、客运自动广播系统、电视监控系统、计算机售票及预定系统、计时系统、旅客问询系统。主要工程数量，如表 4-15-0-1 所示。

主要工程数量　　　　　　　　　　表 4-15-0-1

编码	名称	单位	工程数量
1	一、票务系统		
1.1	售检票系统车站处理平台（含服务器及基础系统软件）、系统应用软件（含接入既有路局地区票务中心）、网络设备、管理终端、存储设备、打印机、桌椅、机柜等	套	1
1.2	标准通道进站检票机	套	130
1.3	宽通道进站检票机	套	40
1.4	标准通道出站检票机	套	86
1.5	宽通道出站检票机	套	45
1.6	自动售票机	套	124
1.7	票房售票机（双屏，含窗口对讲、桌椅等配套设备）	套	134
1.8	补票机（双屏，含窗口对讲、桌椅等配套设备）	套	16
2	二、旅客服务系统		
2.1	（一）车站级旅服系统设备集成平台设备		
2.1.1	旅客服务系统车站集成处理平台（含服务器及基础系统软件、系统应用软件（含接入路局调度所）、网络设备、管理终端、存储设备、打印机、控制台桌椅、机柜等）	套	1
2.1.2	DLP 大屏幕拼接屏（含大屏控制器、RGB 矩阵、机架等）	套	1
2.2	（二）车站级导向揭示系统		
2.2.1	导向揭示系统车站处理平台（含服务器及基础系统软件、系统应用软件、控制工作站、管理终端、存储设备、打印机、桌椅、机柜等）	套	1
2.2.2	到发通告终端	套	60
2.2.3	LED 双基色高亮度显示屏（含终端接口控制设备、支架、挂件等安装附件）	m^2	1258
2.2.4	LED 双基色超高亮度显示屏（含终端接口控制设备、支架、挂件等安装附件）	m^2	1099
2.2.5	LED 全彩色高亮度显示屏（含终端接口控制设备、支架、挂件等安装附件）	m^2	238
2.2.6	候车室 PDP 屏（含终端接口控制设备、支架、挂件等安装附件）	套	220
2.3	（三）车站级广播系统		
2.3.1	数字式自动广播控制系统设备（包括服务器及基础系统软件、系统应用软件、信源及采集设备、数字音频矩阵、网络音频输入/输出设备、管理工作站、功放、噪声检测、插播控制、消防接口、机柜等）	套	1
2.3.2	人工呼叫站	套	50
2.3.3	30W 挂式扬声器（含支架）	套	260
2.3.4	15W 挂式扬声器（含支架）	套	340
2.3.5	5W 吸顶扬声器（含支架）	套	1800
2.3.6	3W 壁挂扬声器（含支架）	套	160
2.3.7	噪声探测器	套	50
2.3.8	音量控制器（含电源）	套	4
2.4	（四）视频监控系统		
2.4.1	视频管理站（含应用软件）	套	1

续表

编码	名称	单位	工程数量
2.4.2	CCTV超级客户端工作站（含工作站及应用软件，智能键盘等）	套	2
2.4.3	公安监控终端（含工作站、42英寸PDP、智能键盘、机架等）	套	4
2.4.4	一体化快球摄像机	套	480
2.4.5	彩色摄像机+自动光圈+镜头	套	202
2.4.6	入侵报警设备（含报警双鉴探头、报警按钮、报警联动控制、警灯、警号等）	套	4
2.4.7	视频编码设备与存储设备	套	1
2.4.8	拾音器	套	67
2.4.9	光端机	对	96
2.5	（五）时钟系统		
2.5.1	车站母钟设备（1主1备，含管理工作站及应用软件、GPS天线、机柜等）	套	1
2.5.2	NTP服务器	套	1
2.5.3	双面站台指针式子钟（含安装件）	套	45
2.5.4	单面指针式子钟（含安装件）	套	100
2.6	（六）自助查询系统		
2.6.1	自助查询设备（含应用软件）	套	50
2.6.2	人工查询终端（含应用软件）	套	4
2.7	（七）小件寄存系统		
2.7.1	主柜体	套	8
2.7.2	副柜	套	32
2.7.3	控制终端（含应用软件）	套	2
2.7.4	控制中心设备（含应用软件）	套	1
2.7.5	打印机	套	1
2.8	（八）求助系统		
2.8.1	求助主机（含应用软件）	套	1
2.8.2	应急求助呼叫分机	套	30
2.8.3	招援按钮	套	145
2.8.4	值班分机	套	4
2.8.5	维护终端	套	1
2.8.6	录音工作站（含录音卡）	套	1
2.9	（九）站台票系统		
2.9.1	自助站台票设备	套	24
2.10	（十）安全检查系统		
2.10.1	安检仪（单通道）	套	34
2.10.2	安检宣传屏（42英寸PDP和控制设备及软件）	套	34
2.10.3	安检记录设备（彩色定焦摄像机2套和7×24小时存储设备及软件）	套	34
2.10.4	稳压电源	套	34
2.11	（十一）一卡通管理系统		
2.11.1	一卡通管理站	套	1
2.11.2	一卡通管理软件	套	1
2.11.3	卡片印刷机	套	1
2.11.4	发卡读写器	套	1
2.11.5	数码相机	套	1
2.11.6	IC卡	张	2000
2.11.7	考勤站	套	11

续表

编码	名称	单位	工程数量
2.11.8	区域控制器	套	265
2.11.9	读卡器	套	480
2.11.10	密码盘读卡器	套	50
2.11.11	锁具与出门按钮	套	530
3	三、车站级客服系统安全保障平台		
3.1	票务系统安全保障平台	套	4
3.2	旅客服务信息系统安全保障平台	套	2
4	四、电源、防雷与接地		
4.1	电源设备（含 UPS 电源、交流稳压电源、配电柜等）	站	1
4.2	防雷设备（含通信防雷、电源防雷）与接地	站	1
5	五、线缆与防护		
5.1	电源线缆及防护（含线缆、铺设钢管、钢槽等防护材料、打楼板洞、墙壁与地面开槽等）	站	1
5.2	票务系统设备信号线缆及防护（含线缆、铺设钢管、钢槽等防护材料、打楼板洞、墙壁与地面开槽等）	站	1
5.3	旅客服务集成平台信号线缆及防护（含线缆、铺设钢管、钢槽等防护材料、打楼板洞、墙壁与地面开槽等）	站	1
5.4	导向揭示系统设备信号线缆及防护（含线缆、铺设钢管、钢槽等防护材料、打楼板洞、墙壁与地面开槽等）	站	1
5.5	广播系统设备信号线缆及防护（含线缆、铺设钢管、钢槽等防护材料、打楼板洞、墙壁与地面开槽等）	站	1
5.6	视频监控系统设备信号线缆及防护（含线缆、铺设钢管、钢槽等防护材料、打楼板洞、墙壁与地面开槽等）	站	1
5.7	时钟系统设备信号线缆及防护（含线缆、铺设钢管、钢槽等防护材料、打楼板洞、墙壁与地面开槽等）	站	1
5.8	求助系统设备信号线缆及防护（含线缆、铺设钢管、钢槽等防护材料、打楼板洞、墙壁与地面开槽等）	站	1
5.9	安全检查系统设备信号线缆及防护（含线缆、铺设钢管、钢槽等防护材料、打楼板洞、墙壁与地面开槽等）	站	1
5.10	一卡通管理系统设备信号线缆及防护（含线缆、铺设钢管、钢槽等防护材料、打楼板洞、墙壁与地面开槽等）	站	1
6	六、车站办公自动化系统		
6.1	车站办公自动化微机服务器（含基础系统软件）、应用软件（含接入既有路局办公网、机柜等）	套	2
6.2	双机容错软件	套	1
6.3	防火墙设备	套	1
6.4	网络设备（含交换机、路由器等）	套	1
6.5	防毒软件	套	1
6.6	办公自动化微机	套	50
6.7	系统设备维护工作站	套	1
6.8	彩色 A3 打印机	台	1
6.9	激光打印机 A4 黑白	台	15
6.10	签名系统设备套装软硬件	套	1

续表

编码	名称	单位	工程数量
7	七、公安管理信息系统		
7.1	微机服务器（含基础系统软件）、应用软件移植（含接入既有路局公安网、机柜等）	套	2
7.2	网络设备（含交换机、路由器等）	套	2
7.3	电源、防雷与接地（含UPS电源、配电柜、电源线缆及防护、电源防雷、通信防雷、接地等）	套	2
8	八、OA及公安管理综合布线系统		
8.1	信息点（含线缆、铺设钢管、钢槽等防护材料、打楼板洞、墙壁与地面开槽等）	点	6000

2. 其他客运服务系统设计

详见本书第三篇第9章"第9.4节区域性枢纽站房设计"之"三、（十）标识系统"。

二、施工管理组织机构

施工管理组织机构，如图4-15-0-1所示。

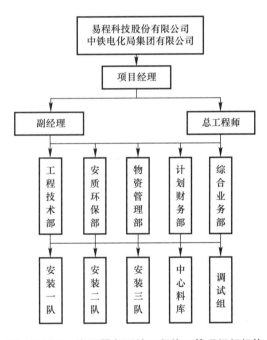

图4-15-0-1 客运服务系统工程施工管理组织机构

三、施工及设备安装

（一）总体要求

1. 根据现场情况核查施工图纸。

2. 设备到货后进行检验、点收，按照施工顺序的先后分类存放或运输，并收集好各类设备软件、合格证明文件、质量证明和操作手册等随机文件，并做好开箱检查记录。运输过程严格按照安全施工规范进行，对特殊设备制定专门运输方案，充分保障设备运输过程的安全。

3. 机房设备底座、机架安装严格按照《铁路运输通信工程施工质量验收标准》，控制设备安装的水平度、垂直度、设备间缝隙。参照安装手册安装各类设备内部模块,安装时必须戴好防静电护腕。

4. 配线绑扎美观、整齐,连接可靠,标记正确清楚。

5. 各类控制台安装在便于操作维护的位置,接线保证正确性。

(二) 控制机房

1. 施工准备

现场调查和测量,结合实际情况做好施工图纸会审,确定设备的布置,联合厂家做好效果图。

2. 方案确认

根据效果图及设计图纸,及时调整设备的安装位置,综合考虑装修效果。提交设计院审核,确定最终实施方案。

3. 现场培训

指派专业技术工程师对技术工人进行现场培训。

4. 设备安装

(1) 根据审批方案,严格按照施工工艺安装。

(2) 设备机柜必须严格按照设备平面图进行安装,安装时充分利用水平尺,定位仪反复量测保证垂直度和水平度,机柜内元器件安装必须考虑防滑和加固处理,以防造成位移。机柜底部采用绝缘处理,保证设备的整体绝缘效果。

(3) 使用钻孔定位模板进行钻孔、安装螺栓。根据车站的具体情况,抽测螺栓强度。

(4) 独立设备安装完毕及时进行检查,检查设备的水平、垂直偏差、安装强度等。设备安装完毕,会同建设单位、供货商、监理进行设备安装检查验收,做好检查记录。

(5) 设备安装总体原则是设备型号、规格符合设计及供货合同规定,内部设备接(插)件(盘)完整,符合施工图设计要求。

(6) 设备安装必须小心轻放避免震动及划漆,交叉施工时必须具有防尘设施。

(7) 机房设备以及各系统终端设备安装时,统一考虑安装位置,做到协调一致。避免位置冲突。

(8) 设备配线,包括:地面电缆槽的安装、配线电缆的布放、电缆头的制作、电缆的绝缘、对号测试、做好电缆名牌并标记、电缆与设备的连通、与相关专业接口的对接,同时做好防雷接地装置。配线时,必须遵照设备内部配线图及设备连接图的规定。进行防水处理时,用防水胶密封终端盒、出线管孔、设备底座。综合布线必须平直、扎把方正、标识清晰、弯度适中。

5. 子系统调试

制定应急方案。在设备加电之前,仔细检查各回路、支路线缆的连接,确认无误后方可合闸加电。设备正常运行以后,配合做好设备的性能测试及参数试验。当出现意外情况时必须及时采取应急方案,以保证设备的安全。

(三) 网络系统

对机房条件进行确认,检查机房面积、机房高度、沟、槽、管、洞等是否符合设计要求和设备安装条件。确定设备的安装位置和安装方式。检查机房交流电源是否到位,是否满足设备使用,设备用电与空调用电是否分开,电源电压是否稳定。检查地线是否已经引入,阻值是否符合要求。落实确定各种配线的长度和布线方式。

1. 设备安装

设备机架固定方式必须符合设计或厂家规定，防震加固措施符合设计要求，各紧固部分必须牢固无松动现象，各种零件不得脱落或碰坏，机架安装采用整体连接固定方法，即制作与机架相符和与静电地板高度相等的安装底座，采用调平调直导轨进行安装、连接和固定，如此可对设备前后、左右、高矮平面进行调整，保证设备整体稳固和整齐美观。

2. 缆线布放

电缆的规格、路由等必须符合施工设计规定，电缆排列必须整齐，外皮无损伤，电缆转弯均匀圆滑，弯弧外部保持垂直或水平成直线，电缆转弯的最小曲率半径大于60mm，布放走道电缆必须绑扎，绑扎后的电缆要互相紧密靠拢，外观平直整齐，线扣间距均匀，松紧适度，布放槽道电缆时可以不绑扎，但要求槽内电缆顺直，尽量不交叉，电缆不溢出槽道，在电缆进出槽道部位和电缆转弯处必须进行绑扎或用塑料卡捆扎固定，电缆两侧必须在距端头2.0cm处粘贴标识标签，标明去向和用途。

3. 缆线接续

信息模块的压接一般有2种：①用打线工具压接，②不用打线工具直接压接。根据工程实施经验，采用打线工具进行压接模块。

对信息模块压接时要注意以下几个问题：

（1）双绞线是成对相互拧在一起，按一定距离拧起的导线可提高抗干扰的能力，减少信号的衰减，压接时一对一对拧开放入与模块相对的端口上。

（2）在双绞线压处不能拧、撕开，并防止有断线的伤痕。

（3）使用压线工具压接时，要压实，不能有松动的地方。

（4）双绞线开绞不能超过要求。

其他各种线缆的接续必须符合设计和规范要求。

（四）导向系统

1. 严格按图纸施工，在保证系统功能质量的前提下，提高工艺标准要求，确保施工质量。

2. 管路两端设备处导线必须根据实际情况留有足够的冗余。导线两端必须按照图纸提供的线号用标签标识，根据线色来进行端子接线，并在图纸上加以标识，作为施工资料存档。

3. 设备安装牢固、美观，顶装设备横、竖成列，墙装设备端正一致，资料整理正规、完整无遗漏，各种现场变更手续齐全有效。

（五）广播系统

1. 扬声器、噪声检测器安装

（1）配合车站装修单位在车站顶棚开始封顶时进行扬声器的安装，扬声器安装必须牢固，整体效果美观，扬声器、噪声检测器安装位置上还需考虑距喷淋口、广告、导向牌等影响声音传播的物体有一定的距离。

（2）需现场组装的喇叭，线间变压器、喇叭箱必须按设计图要求预制组装好。

（3）明装声柱：根据设计要求的高度和角度位置预先设置胀管螺栓或预埋吊挂件。

（4）具有不同功率和阻抗比的成套喇叭，事先按设计要求将所需接用的线间变压器的端头焊出引线，剥去 10～15mm 绝缘外皮待用。

（5）明装壁挂式分线箱、端子箱或声柱箱时，找准标高进行钻孔，埋入胀管螺栓进行固定。要求箱底与墙面平齐。

（6）设置在吊顶内嵌入式喇叭，将引线用端子与盒内导线接好，再用手托着喇叭使其与顶棚贴紧，用螺丝将喇叭固定在吊顶支架板上。当采用弹簧固定喇叭时，将喇叭托入吊顶内再拉伸弹簧，将喇叭罩勾住并使其紧贴在顶棚上，找正位置。

（7）紧急广播系统，按设计说明（产品说明书）正确连接。

（8）大型组合声柱箱安装时，必须按图挂装并有一定的倾斜角度。

（9）外接插座面板安装前，盒子要收口平齐，内部清理干净，导线接头压接牢固。面板安装平整。

（10）音量控制器安装时必须将盒内清理干净，再将控制器安装平整、牢固。

2. 广播用扩音机及机房设备安装

（1）当大型机柜采用槽钢基础时，必须先检查槽钢基础是否平直，其尺寸是否满足机柜尺寸。当机柜直接稳装在地面时，必须先根据设计图要求在地面上弹线。

（2）根据机柜内固定孔距，在基础槽钢上或地面钻孔，多台排列时，要从一端开始安装，逐台对准孔位，用镀锌螺栓固定。然后拉线找平直，再将各种地脚螺栓及柜体用螺栓拧紧、牢固。

（3）设有收扩音机、录音机、电唱机、激光唱机等组合音响设备系统时，必须根据提供设备的厂方技术要求，逐台将各设备装入机柜，上好螺栓，固定平整。

（4）采用专用导线将各设备连接好，各支路导线线头压接好，设备及屏蔽线必须压接好保护地线。

（5）当扩音机等设备为桌上静置式时，先将专用桌放置好，再进行设备安装，连接各支路导线。

（6）设备安装完后，调试前必须将电源开关置于断开位置，各设备采取单独试运转，然后整个系统进行统调，调试完毕要经过有关人员验收后交付使用，并办理验收手续。

（六）监控系统

1. 设备安装

（1）设备机柜必须严格按照设备平面图进行安装，安装时利用水平尺、定位仪反复量测保证垂直度，水平度，机柜内维护监视器安装要考虑防滑和加固处理，以防位移。

（2）摄像机安装分专用支架安装和摄像机安装。专用支架一般安装高度在 2.5～3.5m，室外距地面 3.5～10m，并不得低于 3.5m，必须安装牢固平直，支架固定螺丝外露部位用金属圆头螺丝进行防护处理。站台摄像机安装要平衡，根据需要镜头向下倾斜 5°～12°，以保证最佳图像效果。监视器安装时要轻拿轻放，安装完成后必须做好临时性保护措施和醒目标志。

（3）摄像机宜安装在监视目标附近不易受外界损伤的地方，安装位置不得影响现场设备运行和人员正常活动。

（4）摄像机安装前必须按下列要求进行检查：将摄像机逐个通电进行检测和粗调，在摄像机处于正常工作状态后，方可安装；检查云台的水平、垂直转动角度，并根据设计要求定准云台转动起点方向；检查摄像机防护罩的雨刷动作，以及摄像机在防护罩内紧固情况；检查摄像机机座与支架或云台的安装尺寸。

（5）在搬动、架设摄像机过程中，不得打开镜头盖。

（6）从摄像机引出的电缆宜留有1m的余量，不得影响摄像机的转动。摄像机的电缆和电源线必须固定，并不得和插头承受电缆的自重。

（7）电梯轿厢内的摄像机安装在电梯轿厢顶部，电梯操作面板的对角处。摄像机的光轴与电梯的两截面成45°，且与电梯天花板成45°。

（8）先对摄像机进行初步安装，经通电试看，细调，检查各项功能，观察监视区域的覆盖范围和图像质量，符合要求后方可固定。

（9）按摄像监视范围来决定云台的旋转方位，其旋转死角必须处在支、吊架和引线电缆的一侧，要保证支架安装牢固可靠，并考虑电动云台的转动惯性，在其旋转时不发生抖动现象。

（10）根据产品技术条件和系统设计要求，检查云台的转动角度范围是否满足要求。

（11）支架的安装一般由螺栓固定在支架上，摄像机方向的调节有一定的范围，调整方向时可松开方向调节螺栓进行，调好后旋紧螺栓。

（12）摄像机镜头必须避免强光直射，保证摄像管靶面不受损伤，镜头视场内，不得有遮挡监视目标物体。

（13）摄像机镜头必须从光源方向对准监视目标，并避免逆光安装，当需要逆光安装时，要降低监视区域的对比度。

（14）同一区域内摄像机标高不一致。在安装前必须找准位置，如标高的差距超出允许偏差范围必须调整到规定范围。

2. 四种摄像机安装方法

（1）壁装方法：如图4-15-0-2所示。

（2）吊装方法一：如图4-15-0-3所示。

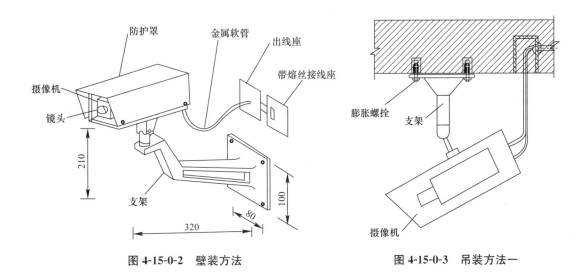

图4-15-0-2 壁装方法　　　　图4-15-0-3 吊装方法一

（3）吊装方法二：如图4-15-0-4所示。

（4）带云台壁装方法：如图4-15-0-5所示。

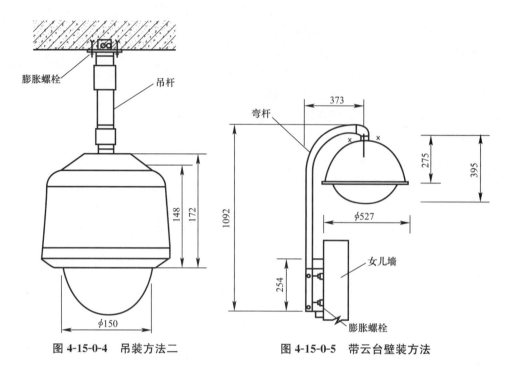

图 4-15-0-4 吊装方法二　　图 4-15-0-5 带云台壁装方法

3. 控制室设备安装工艺

(1) 机架安装必须符合下列规定：机架的底座要与地面固定；机架安装要竖直平稳，垂直偏差不得超过1‰；几个机架并排在一起，面板在同一平面上并与基准线平行，前后偏差不得大于3mm；两个机架中间缝隙不得大于3mm，对于相互有一定间隔而排成一列的设备，其面板前后偏差不得大于5mm，机架内的设备、部件的安装，必须在机架定位完毕并加固后进行，安装在机架内的设备必须牢固、端正；机架上的固定螺丝、垫片和弹簧垫圈必须按要求紧固不得遗漏。

(2) 控制台安装必须符合下列规定：控制台位置符合设计要求，控制台要安放竖直，台面水平，附件完整，无损伤，螺丝紧固，台面整洁无划痕，台内接插件，与设备接触要可靠，安装牢固，内部接线符合设计要求，无扭曲脱落现象。

(3) 监控室内，电缆的敷设必须符合下列要求：采用地槽或墙槽时，电缆要从机架、控制台底部引入，线路要理直，按次序放入槽内；拐弯处必须符合电缆曲率半径要求；线路离开机架和控制台时，要在距起弯点10mm处捆绑，根据线路的数量每隔100～200mm捆绑一次；当为活动地板时，线路在地板下可灵活布放，并理直，线路两端留适度余量，并标示明显的永久性标记。

(4) 监视器的安装必须符合下列要求：监视器可装设在固定的机架或台上，安装位置使屏幕不受外来光直射，当不可避免时，必须加遮光罩遮挡；监视器的外部可调节部分，要暴露在便于操作的位置，并可加保护盖。

(5) 控制台下面与墙的净距不得小于1.2m，侧面与墙或其他设备的净距，在主要走道不得小于1.5m，次要走道不得小于0.8m。机架背面和侧面距离墙的净距不得小于0.8m。

(6) 设备及基础、活动地板支柱要做接地连接。

(7) 机架在活动地板上安装时，可选用50×50×50角钢制作机架支架，几台机架成排安装时必须制作连体支架。支架与活动地板要相互配合进行施工。

（七）UPS 电源及接地防雷系统

1. 机架、设备安装

（1）机架的底座必须与地面固定。机架安装要竖直平稳，垂直偏差不得超过 1‰。几个机架并排在一起，面板在同一平面上并与基准线平行，前后偏差不得大于 3mm。两个机架中间缝隙不得大于 3mm，对于相互有一定间隔而排成一列的设备，其面板前后偏差不得大于 5mm，机架内的设备、部件的安装，要在机架定位完毕并加固后进行，安装在机架内的设备必须牢固、端正。机架上的固定螺丝、垫片和弹簧垫圈按要求紧固不得遗漏。机柜接地体接入机房内的接地极，并最终接入综合接地网。

（2）在主配电箱、各终端分配电箱、各重要的子系统信号设备前端安装电源避雷器。

（3）在重要设备终端安装 D 级电源浪涌防雷器，选用电源防雷插座产品。

（4）对于固定式电源防雷器 SPD，常规安装要遵循下述步骤：

① 确定放电电流路径。

② 在设备终端引起的额外电压下降的导线，限制电压。

③ 为避免不必要的感应回路，必须标记每一设备的 PE 导体。如果不可能进行单一接地则需要两个防雷器 SPD。

④ 设备与防雷器 SPD 之间建立等电位联结。

⑤ 对机房内部信号线（与室外设备相连的部分）进行过电压的保护，并安装信号防雷器。

2. 信号防雷器的安装

（1）安装在信号线路与被保护设备相应端口之间，串联连接。注意不要将同一根信号线未被保护电缆与保护电缆并行敷设。

（2）接地导线尽可能短，并尽量避免与其他导线并行走线。主地线要求就近与建筑物的主钢筋相连。要求导线截面为 2.5mm² 以上。地线连于信号防雷箱中地线接线排处。

（3）室内所有设备金属外壳做等电位联结。

（4）沿室内四周设置闭合的接地母线（紫铜带），将此接地母线通过引下线连接到地网上，将室内设备的电气接地以最短的距离与网格相连。

（八）时钟系统

1. 车站设备安装，包括子钟驱动器、子钟安装、缆线敷设。子钟安装牢固、美观，周围无遮挡物。

2. 设备机柜安装，注意机柜垂直度、水平度、设备间隙符合规范。

3. 布放控制电缆，从分路输出接口箱到传输设备及控制中心的各子系统设备。

（九）求助系统

1. 招援按钮及求助分机壁挂安装，底边离地 1.2m，电梯里面的视具体情况确定。求助系统就近引自相邻配线间。值班分机、招援按钮、求助分机与语音交换机之间、语音交换机与管理工作站之间、管理工作站与值班员监控工作站之间均采用超 5 类屏蔽双绞线，RJ45 接口。

2. 对站台上的求助点，做网络信号线防雷。在连接求助点与配线架的信号线两端安装网络信号线防雷器，有效防止感应雷的影响。

（十）查询系统

1. 自动查询终端采用靠墙直接立于地面的安装方式。

2. 自动查询终端采取就近取电，引自相邻配线间，电源线采用 RVV3×2.5，通信线采用超 5 类屏蔽双绞线从终端自动查询机引至配线间交换机。

(十一) 小件寄存系统

1. 自助寄存主柜及寄存附柜采用靠墙直接立于地面的安装方式，高度 1.8m。主寄存柜供电采取就近取电方式，引自相邻配线间，电源线采用 RVV3×2.5，通信线采用超 5 类屏蔽双绞线，从自助寄存柜引至各配线间交换机。

2. 主寄存柜、附寄存柜的外壳可靠接地，单体接地电阻小于 1Ω。

(十二) 安检系统

根据设计图纸及厂家的要求，在准确、合适的位置安装安检仪。在既有线槽内布放配线电缆，保证布线平直、扎把方正、标识清晰、弯度适中。设备供电方式为就近取电。

(十三) 门禁系统

在读卡器及门磁锁的布点位置上安装相应的设备，保证与门体的结合安装效果美观。在指定的机械室及配线间内安装网络适配单元及服务器，保证网络的畅通。通过网络系统接入综合监控系统，做好几个系统之间的硬件衔接工作。

(十四) 自动售检票系统

1. 终端安装工艺要求

(1) 各类终端设备周围要留足够的操作和维护空间。

(2) 设备、底座安装牢固，底座与地面间要做防水处理。设备安装必须垂直水平。

(3) 服务器、工作站、交换机、打印机安装稳定、牢固，位置准确，符合设计要求，通风散热符合设计要求。

(4) 机柜固定牢固、垂直、水平，同列机柜正面位于同一平面。

2. 自动检票机安装工艺

(1) 将闸门放置在地面保证平稳。

(2) 用粉笔线在地面上定位闸门阵列安放的位置（闸门阵列的中间必须被定位。标记第一个闸门垂直中线）

注意：第一个闸门一定要准确地垂直并水平中间，因为其他闸门定位是基于第一个闸门。

(3) 从一个极点开始，在第一个闸门位置安放闸门钻孔模板。确定与粉笔线水平并垂直。

(4) 在闸门模板旁边，定位一个合适的间隔区。

(5) 在通道模板旁放置另一个闸门模板。确定与粉笔线水平。

(6) 使用在闸门模板上的孔口，为模板的锚栓在地面上选择四个参照点，左边两个右边两个。

重复 (4)~(6) 直到所有的孔被标记。

(7) 用锤钻通过钻孔模板向地面钻 12 个孔（用 12mm 的金刚石钻头或 Hilti 硬质合金 TE 钻头）。确保每个锚栓进入混凝土至少 120mm（根据现场情况，如果达不到 120mm 必须与闸机厂家确认后调整打孔深度）。

(8) 清除孔内的灰土。

(9) 移除钻孔模版安置闸门。

(10) 用化学锚栓物质填充孔并把螺纹棒放入孔中。

(11) 检查闸门是否平衡。如果需要加钢质垫片。垫片不能超过 9.5mm 厚，且必须放在地面与闸门框架底部顶角处。

(12) 等待 20min 化学锚栓物质凝固。

(13) 使用扳手拧上螺母确保闸门与地面安全固定。

(14) 使用密封剂将每个闸门底部封好（推荐 3M 5200 Marine Adhesive）

(15) 安放斜坡，方法同上。

(16) 钻孔位置，如图 4-15-0-6 所示。

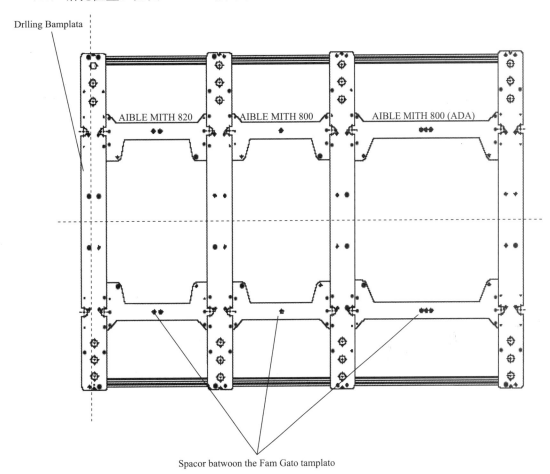

图 4-15-0-6　钻孔位置示意

3．线缆

(1) 闸门供电：单相 230VAC（-10%）；3 线电缆。50/60Hz（-10%）；2400W（最大）。控制和信号线必须离电源线至少 0.3m。每一个闸门的服务电源插座是 230V AC，6A 带一个分离的断路开关。

(2) 火线接到 L，零线接到 N。

(3) 地线-安全的地线必须连接到一个系统地线上。地线电阻必须遵守本地工业安全规则和或电气规程的要求。所有地线连接的完整性必须进行阶段性的检查。为了安全，地线连接点必须连接到邻近的建筑物钢铁上（如钢桁的支架，托梁）。

（十五）一卡通系统

(1) 终端设备安装前要与相关施工单位配合在门框开孔。

(2) 读卡器、出门按钮、电控锁等终端设备的安装位置必须符合设计及产品说明书的要求，一般读卡器、出门按钮的安装高度距地面为 1.4m，与门框边沿水平距离为 0.1m，电控锁的安装高度宜为 1.1m。读卡器安装在室外，出门按钮安装在室内，如图 4-15-0-7 所示。

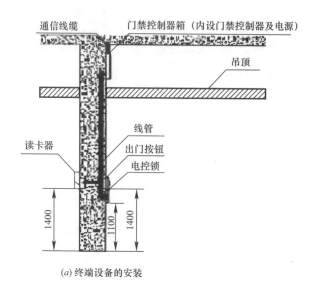

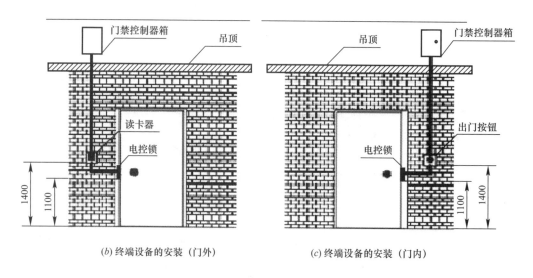

图 4-15-0-7 终端设备安装

(3) 读卡器的安装要紧贴墙面,安装牢固,面板端正,一般通过螺丝直接固定在暗装86底盒上。

(4) 接线:接线前,要对已布放好的线缆进行对地和线间的绝缘测试。按产品说明书的接线要求,将盒内引出的导线与读卡器的接线端子连接。

(5) 电磁锁的安装接线,首先将电磁锁的固定平板和衬板分别安装在门框和门扇上,然后将电磁锁推入固定平板的插槽内,固定螺丝,并按接线图进行接线连接。

(6) 接线时,严格按照设备接线图接线,接完后需校对,确认准确无误。

(7) 机房设备的安装:按设计图和产品说明书安装门禁系统主机,机房设备、屏蔽线必须压接好屏蔽地线,接地电阻符合设计要求,接至联合地或综合地线网的接地端子上,防止造成干扰。设备加电后,安装门禁系统管理软件,并进行初始化操作。按照系统软件说明书的操作步骤对系统软件的各项功能进行测试。

（十六）客运服务安全保障平台

机柜安装的位置必须符合设计要求，注意机柜垂直度、水平度、稳定度、设备间隙等符合规范要求。系统设备安装依照经批准的设计文件设备布置图，合理分配柜内空间。

（十七）其他系统

包括办公自动化、公安管理信息、综合布线系统、仪器仪表。

1. 后台设备安装

交换机、服务器安装采用19″机柜安装。机柜安装的位置必须符合设计要求，注意机柜垂直度、水平度、稳定度、设备间隙等符合规范要求。系统设备安装依照经批准的设计文件设备布置图，合理分配柜内空间，在插拔电路板、单元盘时必须戴防静电手环。

2. 设备配线

配线时要争取一次性敷设完所有的配线电缆。根据机柜内设备布置情况合理安排配线走向。配线前电缆必须对号，配线完成后芯线必须复测，且必须加注明显清晰的线缆标识，表明线缆用途、起始位置等。

3. 终端设备软、硬件安装

为各业主安装终端设备、PC机和打印机等设备，安装相关路局统一版本办公应用软件。

第16章 工程接口

一、概况

新广州站是一项多专业、多单位的系统工程。该项工程技术复杂,涉及面广,结合部多。为了确保工程质量,必须推行和加强工程接口管理,新广州站的工程接口管理涉及设计、施工、安装和调试等各阶段,包含土建/设备的工程接口、土建/土建的工程接口,设备/设备的工程接口等。工程接口主要有站前工程与站前工程、站前工程与房建工程、站前工程与四电工程、房建工程与四电工程、房建工程与信息工程、房建工程与地方配套工程等之间的接口,具体主要工程接口如下:

1. 桥梁工程与房建工程接口。
2. 桥梁工程与地铁工程接口。
3. 桥梁工程与四电工程接口。
4. 房建工程与四电工程接口。
5. 房建工程与机电工程接口。
6. 房建装饰装修工程各专业接口。
7. 房建工程与地铁工程接口。
8. 房建工程与给水、排水、排污、外部电源引入工程接口。

二、接口管理

（一）作用与意义

1. 保证工期

通过工程接口管理,超前协调管理各参建单位工程接口方面的任务,使各参建单位责任明确,边界清楚。在总工期计划要求下,分解各自的任务目标期限,通过工程接口管理,形成优化治理的系统工程实施的网络规划。

2. 提高管理效率,控制系统质量

通过工程接口管理,协调管理各参建单位的技术接口问题,并指导督促工程接口的实施,科学的工程接口管理程序和高效的工程接口管理的实施有利于控制系统质量。

3. 规范设计变更,减少投资浪费

通过工程接口管理,涉及工程接口问题,选择优化的接口处理方法或设计变更,可避免不必要的重复工程,节省投资。

4. 统筹规划,明确责任和任务

工程接口管理依托于技术接口管理,但不限于工程本身,接口的出现很多情况下产生于管理模式、管理方法和管理水平。工程接口,必须未雨绸缪,通过统筹规划,制定规则和任务计划督促各参建单位按计划履行职责。

5. 提供科学决策的客观环境

工程接口管理的各参建单位处于平等的地位,利于工程接口实施方案的科学决策,形成和谐、协调,"工程利益第一"的共同目标,做到各工程接口的动议方、监督方、执行方及审查验收方责任、任务明确。此外,决策的时效性也能够加强。

（二）实施关键

新广州站工程接口管理实施,着重协调土建/设备接口方面的问题,重视以下工作的开展，使工程接口管理的起步阶段落在实处。

1. 建设指挥部主持协调，形成高效的决策系统，加快机电设备招标投标进程，以解决设备/土建施工中常见的设备安装图滞后的问题。

2. 加强合同管理。在合同上，明确各参建单位是接口实施工作的执行主体，使其在组织、技术、设备、人员方面予以保证。

3. 发挥设计总体的作用。技术接口文件是开展工程接口管理的基础。

4. 针对具体工程着手制定并批准工程接口管理程序。

5. 组织工程各参与方编制工程接口管理手册，编制并明确各系统间的接口任务。

6. 由建设指挥部组织，确定设备内部运输组织的接口管理方式、方法，重视并加强动态接口的管理。

（三）接口管理组织

工程接口是实现新广州站大系统使用功能的基石和关键，通过高效、强力的组织体系，保证接口管理的权威性，顺利实施各项工程接口任务。

1. 建设指挥部。建设指挥部内部形成强有力的工程接口管理的指挥机构，决策及时、高效、明确。其主要职责为：确定工程接口参与各方的职责；合同确认各承包、承建商的重要接口任务；组织各工程参与方制定接口管理程序和编制接口管理手册；批准接口管理程序和接口管理手册；重大接口问题的决策指挥；审批涉及接口问题的重要设计变更；处理外部接口；负责审查并申报涉及工程接口实施的设计变更；指导监理单位监督、检查各承包、承建商的工程接口任务的实施。

2. 设计总体。设计总体单位对各系统工程接口问题了解深入具体，是技术接口文件的制定者，是工程接口的重要动议方，其主要职责是：参与编制工程接口管理手册；解决涉及设计方面的工程接口技术问题；负责涉及工程接口的设计变更。

3. 监理。监理单位在工程接口管理方面，开展监理职责范围内的监督、检查，实施接口管理的日常协调、管理；负责督促、监控工程接口的实施；组织必要的试验、测试和调试；监理单位同时也是工程接口的动议方。

4. 承包、承建商。涉及工程接口的工程承建、承包商和系统承包商以及设备安装商，在监理单位日常管理下开展工程接口的实施工作。其职责为：动议其所负责的系统或工程的工程接口任务；执行接口管理服务商通过监理传达的各项工程接口方面的指令；承包、承建商是工程接口任务的实施完成执行方。

（四）接口管理的实施

工程接口管理的实施，需要在组织体系上、技术分析上和合同约束上具备条件。合同约束是指对承包、承建商必须提出其所承担的系统对外部相关系统的要求与配合。合同约定承包、承建商设置接口管理员负责有关接口问题的一切事宜。承包、承建商在组织、技术、装备、人员方面保证其所负责的工程接口任务的实施执行。

1. 工程接口管理程序

工程接口管理程序规范并约束工程接口各参与方的职责、任务、流程。建设指挥部制定的工程接口管理程序适应业已存在的反映具体新广州站建设特点的工程管理模式，调动参建各方的积极性，使之成为规范各方的工程接口管理方面的工作准则。工程接口管理程序主要包括：接口管理的组织结构、责任确定、工程接口确认、工程接口任务的实施（包括工程接口单、接口矩阵表、接口实施记录）及工程接口任务完成的检查。

2. 工程接口管理手册

工程接口管理手册是为解决和超前处理工程接口问题而特别制定的。由工程建设指挥部组织设计、监理、主要设备承包及安装商等工程参与方共同编制，以适应新广州站工程要求的特点，具有可操作性、规范性和针对性。工程接口管理手册由两部分构成，一部分为涉及各系统和各承包、承建商的接口矩阵表，它在宏观形成后，可以进行动态微观调整；另一部分是技术接口文件的接口任务单和各系统工程接口清单。

（五）实施保障体系

1. 建设指挥部强有力的组织。
2. 各参加方联络制度的建立。
3. 人员组织到位、胜任并有足够数量的专业人员。
4. 信息沟通的畅通。
5. 会议制度，如可在调度例会上，通报与协调接口管理任务。
6. 任务执行操作程序的规范化、制度化。

三、桥梁与房建、四电接口管理

新广州站采用特殊的"站桥合一"结构，专业多、技术复杂，是一个大型复杂的系统工程，其中桥梁与房建、四电等专业接口多、交叉作业严重，主要有：综合接地系统、钢结构立柱、主体站房立柱钢筋、上水设备、排污系统、照明管线、消防管线、桥墩虹吸管预埋、桥面接触网立柱基础、电缆上桥爬架、上下桥锯齿形槽道、桥上电缆管沟等。

（一）接口管理工作原则

1. 接口管理工作必须按规定的程序办理。
2. 接口管理工作涉及不同单位或部门时，各单位或部门不得以惯例、内部的特殊性或其他理由拒绝接口事项的落实。
3. 接口管理工作从接口的提出、讨论、处理、实施到反馈等过程必须形成一个信息的闭环，避免造成接口的遗漏。
4. 接口管理的过程和结果必须以正式的书面形式进行记录并签认，不得以口头或非正式的方式作为依据。

（二）落实各单位接口管理

1. 监理单位接口管理职责

（1）监理单位必须成立相应的接口管理领导机构，由监理单位主管领导和总监对接口管理负责。

（2）制订监理单位的接口管理原则、程序和流程等细则。

（3）配备接口部分的监理人员，制订相应的制度，落实检查手段、方法和程序等，配置检测仪器。接口的施工过程必须有监理检查记录。

2. 施工单位接口管理职责

（1）施工单位必须成立相应的接口管理领导机构，由施工单位主管领导对接口管理负责。

（2）制订施工单位的接口管理原则、程序和流程等细则，接口作业指导书、技术交底等。

（3）严格按照有关接口的图纸、纪要等进行施工，不得无视或忽略接口，擅自施工，防止施工过程中各专业接口预留、预埋出现错漏以及工序衔接不紧密、移交不及时等现象。

3. 设计单位接口管理职责

(1) 加强各专业协调，及时提供各专业接口设计文件。

(2) 做好接口设计交底工作。

4. 咨询单位接口管理职责

切实履行咨询的职责，针对图纸的不足提出重要的技术建议。

5. 明确各专业接口实施的责任主体

(1) 各专业的预留、预埋已纳入结构或建筑主体图纸中；结构或建筑主体图纸已明确的，由结构或建筑主体实施单位负责实施。

(2) 已纳入各专业图纸中或在专业图纸中已明确，但需在结构或建筑主体中预埋的，由各专业负责实施。

(3) 图纸有交叉的，原则上由各专业负责实施。

(4) 各专业可委托结构或建筑主体实施单位负责实施，但责任主体不变。

(5) 施工合同已划分或明确的，按合同执行。

(三) 明确有关施工衔接和交接、验收

1. 预留、预埋工作必须有专人负责，对口交接。各专业的预留、预埋由结构或建筑主体实施单位负责实施的，或由各专业委托结构或建筑主体实施单位负责实施的，必须严格执行"四方联签"制度。

2. 由各专业负责实施的，各专业必须对结构或建筑主体实施单位进行预留、预埋位置等技术交底。结构或建筑主体实施单位必须在有预留、预埋的主体部位开始施工时，提前3天通知各专业，各专业必须及时进行预留、预埋工作。

3. 各单位必须加强沟通配合，做好过程管理。

4. 成品、半成品保护在移交之前，由负责实施单位负责。委托实施的，由委托单位负责。移交后由各专业负责。

四、房屋结构与机电、装修接口管理

详见本篇相关章节。

五、房建装饰装修各专业接口管理

详见本篇相关章节。

六、建筑接近限界各专业接口管理

新广州站限界各接口管理主要有：房建建筑接近限界和牵引供电设备安全限界等，为加强建筑接近限界各专业接口管理，主要做法是：

1. 成立限界管理领导小组，明确管理职责。由建设指挥部安质部牵头，由监理、各相关施工单位有关人员组成，负责限界管理的统一协调、监督、检查等管理工作。

2. 强化限界变化报告制度。制定专门部门、专人对限界进行检测，限界变化时，责任管理部门及时上报。

3. 建立完整的档案资料，绘制平面示意图，标明各建筑物、构筑物的相对位置、高度、

形状及监测点等。

4. 设备管理单位提前介入，对限界管理进行指导和监督检查。

5. 建立施工管理制度。施工需要临时改变原限界时，除办理正常手续外，还需将施工地点、项目名称、工期、拱架轮廓尺寸、线路情况（曲线半径、外轨超高、加宽值折减等）等报告所在铁路局超限运输主管部门上报铁道部批准，经批准后方可施工。

第17章　高性能混凝土及耐久性施工

一、高性能混凝土与混凝土耐久性的关系

高性能混凝土是一种新型的高技术混凝土,是在大幅度提高普通混凝土性能的基础上,以耐久性为主要设计指标,针对不同用途和要求,采用现代技术制作的低水胶比的混凝土。其可将耐久性概括为混凝土能够满足各种设计使用性能,并在使用期间混凝土的各项设计指标没有明显降低的长期性能。即必须将耐久性与结构设计使用期紧密联系在一起,根据使用要求,考虑环境条件和结构劣化以至失效的各种原因与过程,对材料、结构形式、构造细节、施工工艺、养护措施等进行综合选择,从设计、施工、养护等各方面来加以保证。

二、混凝土原材料选择及控制

1. 水泥宜选用低水化热和低碱含量的水泥(硅酸盐水泥或普通硅酸盐水泥),避免使用早强水泥和高 C3A 含量的水泥。

2. 为降低混凝土的水化热,使混凝土内部形成紧密填充,增强混凝土的致密性和耐久性,混凝土中宜适量掺加符合技术要求的粉煤灰、磨细矿渣粉等矿物掺合料或复合矿物掺合料。

3. 细骨料要选用级配合理、质地均匀坚固、吸水率低、空隙率小的洁净天然河砂,也可选用采用专门磨机机组生产的人工砂,不宜使用山砂,在不具备可靠冲洗条件的情况下不得使用海砂。

4. 粗骨料要选用级配合理、粒形良好、质地均匀坚固的洁净碎石,不得使用具有碱-碳酸盐反应活性的骨料。

5. 外加剂的性能品质、匀质性和与水泥的相容性是成功配制高性能混凝土的基本条件,对混凝土具有良好的改性作用,要采用减水率高、坍落度损失小、适量引气、质量稳定、能满足混凝土耐久性能的产品。

6. 混凝土所使用的原材料必须按品种、规格和检验状态分别标识存放,原材料进场后,必须及时建立"原材料管理台账"。台账内容包括进货日期、材料名称、品种、规格、数量、生产单位、供货单位、"质量证明书"编号、"试验检验报告"编号及检验结果等。台账的填写必须正确、真实、项目齐全。

三、混凝土配合比配制

混凝土配合比必须根据强度等级、结构部位、耐久性等要求和原材料品质及施工工艺等进行配合比设计。配合比要通过计算、试配、试件检测后经调整确定。配制成的混凝土要能满足设计强度等级、耐久性指标、清水 F5 级、F6 级饰面混凝土和施工工艺等要求。根据设计要求,新广州站站房桥工程中墩身及梁部为清水混凝土,F5 级为典型光滑清水饰面混凝土、F6 级为精细光滑清水饰面混凝土。既要满足施工工艺泵送的要求,还要满足耐久年限(100 年)的要求,对混凝土的技术指标要求非常严格。在配合比试配过程中要考虑混凝土的综合指标使其具有绝对的稳定性。一是具有足够的流动性,二是控制适度的黏聚性,三是要有较好的均匀性,四是有足够的砂浆量和水泥浆量,五是控制适度的含气量。

清水混凝土配合比是在专家的指导下经过大量试验,不断试配、不断调整,通过批量试验块、试验墩模型的试验,经过建设、设计及专家的现场确认,最后确定。满足表面无明显

色差、必须光滑均一的饰面、物理性异常方面 F6 级气孔小于 2mm、F5 级气孔小于 3mm 的要求。

四、混凝土拌和控制

1. 混凝土拌和前，必须测定砂、石含水率，并根据测试结果和理论配合比调整材料用量，提出施工配合比。

2. 混凝土拌和前必须有试验室下发的混凝土施工配合比通知单，才能据以施工，并严格计量。

3. 搅拌机操作人员要预先检查机器设备是否运转正常，检验电子称量设备称量误差是否符合要求，认真核对输入电脑的配合比数据是否正确。

4. 严格控制混凝土的坍落度、含气量符合设计配合比要求。

5. 严格控制原材料每盘称量偏差，胶凝材料和水及外加剂为±1%、骨料为±2%。

6. 混凝土搅拌时，先投入细骨料、水泥、矿物掺合料和专用复合外加剂，搅拌均匀后，再加入所需用水量，待砂浆充分搅拌后再投入粗骨料，并继续搅拌至均匀为止。每阶段的搅拌时间不少于 30s，总搅拌时间 2~3min。

7. 在皮带输送设备上加装喷淋装置，既能保证混凝土的耐久性，减少砂石料中含泥量和粉尘，又能有效延长皮带使用寿命。在夏天可考虑搅拌用水加冰，降低混凝土入模温度。

五、混凝土运输控制

1. 混凝土运输设备的运输能力必须适应混凝土凝结速度和浇筑速度的需要，应采用搅拌罐车运输，混凝土输送泵或泵车施工，以保证浇筑过程连续进行。

2. 运输道路要平坦畅通，保证混凝土在运输过程中保持均匀性，运到浇筑地点时不分层、不离析、不漏浆，并具有要求的坍落度和工作性能。

3. 尽量减少混凝土的运输时间，从搅拌机出盘到浇筑完毕的延续时间以不影响混凝土的各项性能为限。严禁在运输过程中往混凝土罐车内加水。

4. 罐车到达浇筑现场时，使罐车高速旋转 20~30s，再将混凝土拌和物喂入泵车受料斗。

5. 混凝土灌注可铺设斜坡道，或采用滑槽输送。底板及垫层、基础混凝土采用滑槽输送。

6. 泵送混凝土时，除了按 JGJ/T 10—95 的规定进行施工外，还要特别注意以下事项：

（1）在满足泵送工艺要求的前提下，泵送混凝土的坍落度尽量小，以免混凝土在振捣过程中产生离析和泌水。

（2）泵送混凝土时，输送管路起始水平管段长度不小于 15m。除出口处采用软管外，输送管路的其他部位均不采用软管。高温环境下，输送管路分别用湿帘和保温材料覆盖。

（3）混凝土在搅拌后 60min 内泵送完毕，且在 1/2 初凝时间前入泵，并在初凝前浇筑完毕。

（4）因各种原因导致停泵时间超过 15min 时，每隔 4~5min 开泵一次，使泵机进行正传和反转两个方向的运动，同时开动料斗搅拌器，防止斗中混凝土离析。

六、混凝土浇筑控制

1. 混凝土浇筑前，模板钢筋上杂物必须清除干净，并洒水润湿，模板接缝严密、平整无错台，经经理部质检工程师自检合格，报请监理批准后方可浇筑混凝土。

2. 浇筑混凝土前，针对该标段工程特点、环境条件与施工条件设计浇筑方案，混凝土浇筑过程中，不得无故更改确定的浇筑方案。

3. 混凝土入模前，再次测定混凝土拌和物的温度、坍落度、含气量和泌水率等工作性能，满足其要求的混凝土方可入模浇筑。

4. 混凝土浇筑时的自由倾落高度不大于2m，当大于2m时，采用滑槽、串筒、漏斗等器具辅助输送混凝土，保证不出现分层离析现象。

5. 混凝土的浇筑采用分层连续推移的方式进行，浇筑间隙时间不超过90min，不得随意留置施工缝。

6. 混凝土分层厚度不大于300mm，浇筑墩台混凝土前，底部先浇入50mm厚、水灰比略小于混凝土的水泥砂浆。

7. 箱梁混凝土浇筑采用连续整体灌筑，灌筑时水平分层，连续推移方式进行，分层厚度25～30cm，浇筑时间控制在6h以内。同一断面混凝土灌筑顺序为先腹板根部后底板，再腹板上部，最后顶板，由一端向另一端进行。

8. 箱梁混凝土布料采用混凝土泵车或预先在梁顶布设输送管道，使箱梁整体在覆盖范围内。混凝土泵送作业时，先采用水泥砂浆湿润管道，再进行混凝土输送，待混凝土连续不断地输出，均匀且不产生气泡时才开始布料。

9. 浇筑大体积混凝土前，根据结构截面尺寸大小预先采取必要的降温防裂措施，主要有搭设遮阳棚、预设循环冷却水系统等。

10. 夏季施工时，避免模板和新浇筑混凝土直接受阳光照射，保证混凝土入模前模板、钢筋及附近的局部温度均不超过35℃。在相对湿度较小、风速较大的环境下浇筑混凝土时，采取挡风措施，防止混凝土失水过快。新浇混凝土与邻接已硬化混凝土或岩土介质间的温差不得大于20℃。宜安排在傍晚或夜间浇筑混凝土。

七、混凝土振捣控制

1. 混凝土振捣按规定的工艺路线和方式进行，在混凝土浇筑过程中及时将浇筑的混凝土均匀振捣密实，不得随意加密振点或漏振，每点的振捣时间以表面泛浆或不冒大气泡为准，一般不超过30s，避免过振。

2. 混凝土振捣采用插入式高频振动棒、表面平板高频振捣器等振捣。

3. 采用插入式高频振捣器振捣时，采用垂直点振方式振捣。若需变换振捣棒位置，首先竖向缓慢将振捣棒拔出，然后再将振捣棒移至新的位置，不得将振捣棒放在拌和物内平拖，也不得用插入式振捣棒平拖驱赶下料口处堆积的拌和物。

4. 在振捣过程中，加强检查模板支撑的稳定性和接缝的密实情况，安排专人负责监视模板、管道、钢筋和预埋件，防止螺栓松动、模板变形及漏浆。

5. 箱梁顶板混凝土采用混凝土整平机进行标高控制，最后赶压成型。

八、混凝土养护控制

1. 混凝土浇筑完成后，要在12h内采取保温保湿措施对混凝土进行养护。

（1）浇水养护的时间：对采用硅酸盐水泥、普通硅酸盐水泥或矿渣硅酸盐水泥拌制的混凝土，不得少于7d。对掺用缓凝型外加剂或有抗渗等要求的混凝土，不得少于14d。

(2) 当新浇混凝土具有暴露面时，先将暴露面抹平，再用土工布、麻布、草帘等将暴露面覆盖，并及时采取喷雾洒水等措施对混凝土进行保湿养护 7d 以上。待喷雾洒水养护 7d 以上且水泥水化热峰值过后，拆除土工布、麻布或草帘，再用塑料薄膜将暴露面紧密覆盖 14d 以上。

(3) 当混凝土采用带模方式养护时，必须保证模板接缝处混凝土不失水干燥。新浇立面混凝土 24～48h 后，且强度发展至对结构安全无不利影响时，松开模板，并对模内混凝土进行浇水养护。

(4) 混凝土表面不便浇水或使用塑料布时，宜涂刷养护剂。

2. 混凝土养护期间，对有代表性的结构进行温度监控，定时测定环境温度、混凝土芯部温度、表层温度、相对湿度、风速等参数，并根据混凝土温度和环境参数的变化情况及时调整养护措施，严格控制混凝土的内外温差满足要求。

3. 新浇筑的混凝土与流动的地表水相接触前，采取临时保护措施，保证混凝土达到 75% 以上的强度为止，且同时采取上述保温保湿措施对混凝土进行养护。养护结束后及时回填。

4. 在任一养护时间，淋洒于混凝土表面的养护水与混凝土表面之间的温差不得大于 15℃，洒水次数以混凝土表面湿润状态为准。白天 1～2h 一次、晚上 4h 一次。当日平均气温低于 5℃时，不得浇水。

5. 当混凝土强度满足拆模要求，且芯部混凝土与表层混凝土之间的温差、表层混凝土与环境之间的温差均不大于 15℃时，方可拆模。拆模后，迅速采取措施对新暴露混凝土进行后期养护。

6. 在混凝土进行洒水养护的同时，对随养护的混凝土试件进行洒水养护，使试件与结构在同等条件下养护，准确进行结构物的强度监控。

第18章　经验体会与问题探讨

一、经验体会

新广州站是一项涉及三十多个专业的庞大系统工程,是科技含量最高、施工难度最大的站房工程之一,建设施工过程中遇到的问题特别突出:工期紧,工程量巨大,技术复杂;多工序交叉,施工相互干扰;工作区狭窄,施工条件困难;质量要求高,安全压力大,等等。在建设过程中,参建各方以铁路工程建设标准化管理为抓手,精心打造世界一流的精品工程,探索了一条具有中国特色的铁路站房建设新模式,努力实现新广州站工程安全、质量、工期、投资效益、环境保护、技术创新"六位一体"建设目标,经验体会总结如下:

(一)科学组织、优化创新是建设精品客站的重要法宝

特大型站房,特别是结构复杂、技术创新的"站桥合一"特大站房,涉及站前、站房结构、建筑装饰装修等专业,各专业工程施工之间交叉又相互制约和紧密衔接,必须研究制定科学合理的施工组织,不断优化施工方案和工法,努力缩短施工工期,实现建设目标。结合新广州站工程特点,主站房结构采用逆作法施工,施工顺序为:桩→地下室底板及风道结构施工→钢结构屋面吊装→12m 站台层施工→21m 层"跳仓法"施工→±0.00 层结构施工,实践证明是最优化施工方案。21m 高架候车层采用"跳仓法"施工工法,突破了既有规范的限制,推进了混凝土施工规范的创新,解决了超长、超宽、超厚、大面积混凝土裂纹控制和防渗漏难题。高架站台梁板创造性采用"吊模法"施工,不占用桥下空间及地面面积,使得地面层和站台层可大面积同时施工,提高了施工效率,为确保工期提供了有力保障。新广州站能够按期开通,与科学的组织是分不开的,实践证明施工组织是科学、合理的,针对性强,施工方案是最优化的和创新的。

(二)安全质量是建设精品站房的核心

质量是工程的生命,安全是建设的前提。安全质量关系工程建设的成败,必须把安全质量作为客站建设最关键、最重要、最核心的任务抓细抓实抓好,时刻做到"如坐针毡,如履薄冰,如临深渊"。在新广州站建设施工中,参建单位牢固树立"百年大计,安全第一,质量至上"的思想,建立健全完善施工安全控制体系,严格落实施工安全逐级责任制,把安全责任落实到每一项工程、每一个环节、每一个岗位,加强施工全过程的安全控制,努力提高施工安全管理水平。建立健全质量管理制度,完善工艺标准体系、规章制度体系和质量评价体系,严格落实参建单位的质量管理责任,努力实现分部工程验收合格率达到100%、消灭不合格工程,实现主体工程"零缺陷"。新广州站工程建设之所以能够顺利完成,最关键、最核心、最本质的问题在于加大了对安全质量管理的力度。实践证明,只有确保工程质量和施工安全,才能又好又快地推进工程建设进度,确保实现工程建设目标和打造精品工程。

(三)标准化管理是建设精品站房的重要抓手

铁路建设项目标准化管理是科学有序推进铁路建设的基本方法,是实现项目建设目标的科学管理体系,具有先进性、科学性、统一性、文化性。在新广州站建设施工过程中,各参建单位深入推进铁路建设项目标准化管理,积极开展标准化工地建设,创建标准化指挥部、标准化设计、施工、监理项目部,标准化试验室、拌和站等达标活动。实现了事事有标准、事事有流程、事事有责任人,以及工作有目标、实施有规范、操作有程序、过程有控制、结果有考核的标准化管理。施工单位固化施工操作规程,严格按作业指导书施工,牢固树立了

"让标准成为习惯，习惯符合标准，结果达到标准"的理念，为新广州站打造成精品站房打下坚实基础。实践证明，铁路建设标准化管理是建设精品站房的重要抓手，只有在工程的全过程中推进和加强标准化管理，才能确保工程质量和施工安全，又好又快地推进工程建设，确保实现建设目标和打造精品工程。

（四）机械化、工厂化、专业化、信息化是建设精品站房的重要支撑

新广州站工程全面采用机械化施工，站房桥桩基施工采用了大桩径旋挖钻机和套管钻机钻挖成孔设备，桥梁及站房施工设置了两座大型混凝土搅拌站，共配置 HZS180 混凝土搅拌楼 4 座、HZS120 混凝土搅拌楼 5 座，理论混凝土生产能力达到 $1320m^3/h$。站房钢结构施工使用了 4 台德马格 500t、2 台国产 400t、3 台德马格和 2 台国产 350t、4 台神钢和 2 台国产 250t 等 17 台大吨位履带吊，10 台塔式起重机，2 台 QY16、4 台 QY25、5 台 TG500E 和 3 台 TL800E 等 14 台汽车起重机进行吊装作业。

新广州站工程混凝土拌和站、钢筋加工制作、500m 工厂焊接长钢轨、道岔、钢结构构件、玻璃幕墙、石材幕墙、不锈钢天沟、天窗玻璃、室内吊顶板、侧封板、ETFE 膜结构等实现了工厂化生产。

钢结构工程由全国著名的钢结构施工企业沪宁钢机专业分包，金属屋面由上海精锐金属建筑，玻璃幕墙由北京江河幕墙专业分包，垂直电梯工程由三菱电梯、自动扶梯由西子奥的斯电梯专业分包。新广州站工程建设通过专业化施工和专业化管理，推动了技术创新，实现了流程化、规模化生产，提高了生产效率。

新广州站工程建设积极采用计算机、网络、通信等现代信息技术，有效提高施工过程现场控制水平，实现管理的数字化、可视化、实时化。两座拌和站均引进了信息化监控系统，对投料过程进行全过程监控，有效保证了混凝土质量。

实践证明，机械化、工厂化、专业化、信息化"四化"支撑手段，为提高工作效率和工程实体质量，确保工期和施工安全，降低了生产成本，实现建设目标发挥了积极作用。

（五）专业分包是建设精品站房的重要保障

铁路客站建设具有要求高、技术新、涉及专业多、管理难度大等特点，必须强化铁路客站建设专业化管理和施工。总包单位中航港项目部以建设精品站房为目标，按照铁道部关于装修专业施工企业准入的有关规定，引入国内有资质、有实力、有经验、有信誉的优秀专业公司承担装饰装修工程。承担钢结构、玻璃幕墙、金属屋面安装专业施工的沪宁钢机、江河幕墙、金锐等企业，都表现了较高的企业管理和专业施工能力，使新广州站工程中最重要、数量最大的专业工程质量得到了保证。站房工程专业化施工，可以吸引优质施工资源，更好地发挥专业分包队伍施工水平、人才队伍与管理经验等方面的优势，为打造精品客站提供重要保障。

（六）样板引路、精心施工是建设精品客站的重要制度

站房的装饰装修是建筑和艺术的结合，站房装修的质量，特别是各部位装修细部的质量直接关系到站房的总体品质，样板引路，可以最大程度达到工程效果等方面最优的目标。根据铁道部站房建设总指挥部关于做好装饰装修样品的规定和要求，必须实行样板引路制度。在新广州站建设过程中对钢结构、金属屋面、幕墙、吊顶、雨棚檐口、楼地面石材等施工安装工艺实施样板引路，在工序控制和细节管理上精雕细琢、精益求精，以追求卓越的工匠精神，铸就精品客站。实践证明，只有高品质的样板才能引领出高品质的站房装饰效果。

（七）积极推进征地拆迁是建设精品站房的重要前提

新广州站工程采取省部合作建设模式，由广东省（广州市）政府负责征地拆迁工作，对于充分发挥铁路与地方各自的资源和优势，实现铁路与地方经济发展的"双赢"有着得天独厚、无可比拟的优势。但由于征地拆迁难度大、工作进展缓慢，成为制约工程建设的瓶颈。新广州站红线内建设用地面积共1167亩，无房屋拆迁。为保证重点工程的开工，2006年12月提供了第一批用地，全部建设用地在2008年8月提交完毕。在工程范围内的两路220kV高压架空电力线路由西南至东北穿过车站的核心区，严重影响站房桥基础钻孔桩的施工，经过2年多的艰难工作，直到2009年9月才完成迁改。由于征拆工作往往难以按计划兑现，建设单位、施工单位承受着巨大的工期压力，被迫投入大量的人力、物力协调并配合地方征拆部门加快推进征拆进度。为顺利推进征地拆迁工作，确保征地拆迁计划落实，必须围绕实现项目总体工期目标，积极、主动推进征地拆迁工作，按照工程关键线路和重点工程的工期，分期分批提供建设用地。

（八）加强现场协调是建设精品站房的重要手段

新广州站建设涉及的专业多，并与地铁、市政配套密切相关，存在大量的不可避免的内、外部协调工作。指挥部结合工程实际，寻找解决问题的方法和途径，以达到加快进度、提高质量、确保安全、和谐建设的目的。坚持协调工作到现场，协调到细部，协调到关键处所。各参建单位要有大局意识，既坚持原则，又有灵活方式，在可能的条件下为配套工程提供便利，以促进地铁、市政等配套工程的建设，实现同步投产。实践使我们认识到，必须积极加强沟通协调工作，才能建立顺畅的沟通和协调机制、充分调动方方面面的积极性，为高品质站房建立宽松和谐的建设环境。新广州站工程根据特大型客站及"站桥合一"结构站房各专业施工单位多、工序衔接复杂、工序衔接对工程质量影响大的特点，重点加强了各个工序验收和衔接的标准化制度，如为了防止钢筋混凝土结构的预埋、预留孔洞的遗漏，制定了混凝土施工四方（混凝土施工方、需要预埋预留方、设计、监理）联签制度、建筑结构与装修工序交接制度、装修与机电、综合管线、信息工序交接制度。特别是在"1.30"部分投产后，为了确保既有线行车和已开通运营设备的施工安全，重点制定了统一标准的施工计划要点审批制度、工程线轨道运输审批制度、进入施工区域许可证制度等。

（九）集中力量、组织施工大会战是建设精品站房的重要措施

在2009年决胜会战阶段，为确保部下达的"1.30"投产工期目标，各参建单位有针对性地组织开展了施工大会战，有效推进了工程进度。中国铁建集团发挥整体优势，抽调下属14个工程局的精兵强将，集中展开32m挂孔连续梁的攻坚战，仅用22天和12天，就分别完成了20联3×32m现浇连续箱梁和576m站台梁板的施工任务。在咽喉区桥梁大会战施工中，中铁二十二局创造了月完成32m简支箱梁118孔的记录。中铁大桥局抽调36名桥梁技术人员和200名专业张拉人员，承担部分桥梁预应力张拉任务和现场指导，为提前完成武广场V构梁、挂孔梁施工给予了有力支援。中铁建工集团集中力量，采用"跳仓法"，开展高架候车层预应力钢筋混凝土大会战，仅用了42天，提前5天保质保量地完成了21m高架层第一阶段共3.6万m²的混凝土浇筑施工。中航港总公司在最后不到2个月的时间里，精心组织、全力以赴、超常施工，在确保施工安全的前提下，保质保量完成了1~7道00层、站台层及21m、26m层共9.2万m²的石材铺装和大规模的机电设备安装调试任务，经过各参建单位的共同努力，胜利实现了铁道部确定的"1.30"投产工期目标。

二、问题探讨

（一）铁路大型枢纽客站建设工期应科学合理

新广州站总建筑面积61.3万 m^2，站房建筑面积48.6474万 m^2，属超大型公共建筑，是集铁路、城市轨道交通、公交等多种交通方式于一体的地上、地下五层立体综合交通枢纽，涉及专业广、结构复杂、技术先进、功能齐全、工程浩大，国、地铁和市政配套工程同时施工，受施工场地限制，建设施工、管理和协调的难度，超出常人想象，远远大于普通公共建筑。新广州站在设计和建设过程中，对新技术、新材料、新结构作了大量探索和实践，使用了大量的新技术、新材料、新结构、新设备和新工艺，对设计、施工质量要求十分严格，而建设总工期只有3年，时间短，工期紧迫。新广州站建设3年总工期是基于可研报告10台20线工程规模批复的，后由于贵广、南广铁路的引入，施工图设计调整为15台28线，规模增加了近50%，但建设工期仍旧为3年，不予调整，实际上是对工期进行了压缩，造成在新广州站建设施工中，抢工期的现象比较普遍。在工程实施最紧张的时候，为确保按期建成开通，各参建单位不得不投入大量的人力和物力，有针对性地组织开展施工大会战，来有效推进工程进度。在确保"1.30"工期目标施工大会战中，中铁建筑总公司成立了中铁建筑总公司新广州站指挥部，总公司副总裁坐镇施工现场，举全总公司之力，组织所辖的14家集团公司前来支援建设。中铁工程总公司部分集团公司也应急前来支援建设，形成了新广州站施工大会战。一个单体项目上聚集了30家施工单位，其中17家具有施工特级资质，近2万名施工人员、1500多台（套）机械设备24小时连续施工，这是建设史上从未有过的。为了抢工期，大大增加了建设施工成本。客站施工如果没有合理工期，施工阶段往往会处于极其被动的局面，创建精品就会成为空谈，这也是新广州站建设中存在的薄弱环节，建议今后新建铁路大型枢纽客站，建设工期必须科学合理。

（二）铁路大型枢纽客站建设应积极推行专业分包

铁路大型枢纽客站建设具有要求高、技术新、涉及专业多、管理难度大等特点，必须积极推行专业分包。新广州站钢结构工程由全国著名的钢结构施工企业沪宁钢机专业分包，金属屋面由上海精锐金属建筑，玻璃幕墙由北京江河幕墙专业分包，垂直电梯工程由三菱电梯、自动扶梯由西子奥的斯电梯专业分包，都表现了较高的企业管理和专业施工能力，使新广州站工程中最重要、数量最大的专业工程质量得到保证，推动了技术创新，实现了流程化、规模化生产，提高了生产效率。建议今后新建铁路大型枢纽客站，专业分包不只限于房建工程，在站前工程也应积极推行专业分包，如允许桥梁桩基础、墩台、现位制梁、轨道工程等专业分包。

科研与技术创新

第五篇

第 1 章　科研项目的立项与组织实施

新广州站具有规模巨大，功能齐全，空间宏伟，装饰新颖，站房、站场、桥梁建筑合一等特点，同时还必须满足高速列车通过的要求，是一种全新类型的车站，在国内外站房建设中没有相似的经验可供借鉴，因此，有多个专题需要进行技术研究和探讨。2006年5月铁道部工程设计鉴定中心召开的"广州枢纽新广州站及枢纽相关工程新广州站补充初步设计审查会"上及其后下发的《关于广州枢纽新广州站及枢纽相关工程新广州站补充初步设计的批复》（铁鉴函〔2006〕971号）鉴定意见中，明确指示要求开展与桥梁、结构设计相关的以及涉及车站节能、舒适度等课题的专题技术研究，并在设计概算中专项批复专题试验费用800万元。

新客站指挥部根据会议精神及鉴定意见，组织设计单位就如何开展站房工程的专题研究项目进行研究讨论，经过多轮研讨和比选，于2007年3月基本确定了需开展的四个专题及拟合作单位，分别由中国建筑科学研究院、同济大学、中南大学、清华大学、东南大学承担风工程、抗震、列车走行性及振动试验、建筑热环境及节能、大跨度空间结构体系的研究，如图5-1-0-1所示。另外，设计联合体还根据自己设计中的实际情况自行或委托科研单位进行了一些专题研究，如正线轨道结构形式、高大空间照明、大空间室内声环境、幕墙体系、建筑节能设计等研究。这些研究成果为项目的设计提供了强有力的依据和保障。

图 5-1-0-1　钢结构大跨度索拱桁架结构试验现场

第 2 章　科研项目对工程的指导作用和成果的工程化应用

一、结构抗震性能研究

新广州站主站房采用站桥合一的结构体系,结构空间立体效应非常明显,主要体现在:

① 各层结构的柱网不同。高架候车层的柱,部分落在站台层的桥墩上,部分落在站台层轨道梁上,部分直接穿过站台层落在桥梁承台上。

② 各层结构的形式不同。站台层由桥墩和变截面预应力混凝土轨道梁组成,高架候车层由钢管混凝土柱、混凝土柱、预应力钢筋混凝土大梁和钢桁架组成,屋顶主要由钢管柱和预应力索拱结构组成。

③ 各层结构的材料不同。站台层为混凝土结构,高架候车层主要为混凝土结构,含一部分钢桁架,支撑屋顶的柱为钢管混凝土柱,其余为混凝土柱,屋顶层为钢结构。

④ 各层结构的质量和刚度相差悬殊。站台层质量和刚度最大,其次是高架候车层,屋顶最轻、刚度最小。

根据《建筑抗震设计规范》GB 50011,对这种复杂结构体系进行结构动力性能分析时,按两阶段设计以达到"三水准"设防的目的,即"小震不坏,中震可修,大震不倒"。因此,新广州站除进行多遇地震、设防地震下的结构弹性分析和承载力验算外,还进行了结构在罕遇地震作用下的结构弹塑性分析。另外,站房属于超长型结构,地震作用的时滞效应明显,因此进行了多点地震输入的分析以研究结构在地震运动中的空间变化。

1. 结构自振特性

自振特性的分析结果不仅是振型分解反应谱法和时程分析法等进一步分析的基础,同时也是了解结构特性的重要途径。新广州站结构空间立体效应非常明显,各部分之间刚度、质量差异较大,不同部分之间协同工作,相互影响。因此,对这种多塔连体结构,进行整体结构的动力特性性能研究是十分必要的。采用基于Ritz向量的Rayleigh-Ritz法,对新广州站的自振周期和振型进行计算,选取了前100阶振型。有代表性的结构振型及周期,如图5-2-0-1所示。

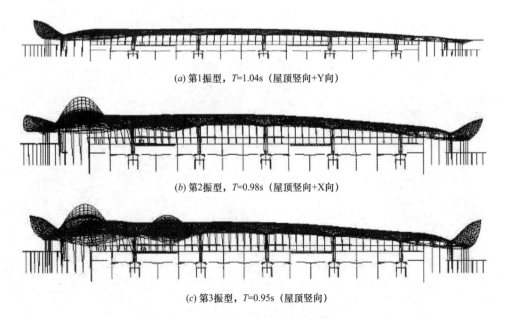

(a) 第1振型,$T=1.04s$(屋顶竖向+Y向)

(b) 第2振型,$T=0.98s$(屋顶竖向+X向)

(c) 第3振型,$T=0.95s$(屋顶竖向)

图 5-2-0-1 有代表性的结构振型及周期(一)

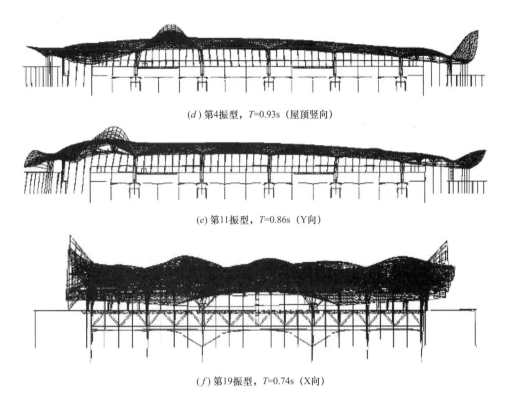

(d) 第4振型，$T=0.93s$（屋顶竖向）

(e) 第11振型，$T=0.86s$（Y向）

(f) 第19振型，$T=0.74s$（X向）

图 5-2-0-1 有代表性的结构振型及周期（二）

结构第一振型周期为 1.04s，主要为屋顶悬挑部位竖向振动和整体沿 Y 向振动。结构的振型特点为：

(1) 谱非常密集。

(2) 以钢屋顶的振型为主，绝大多数振型表现在结构的上部，站台层部分可以作为上部结构的嵌固层。

(3) 局部振型明显，大多数振型在刚度较弱的部位出现。

(4) 站台层局部振动很少，整体性好，面内刚度很大的高架层对站台层有一定的约束作用，特别是站台层单独分析中体现出的端榀扭转效应，由于上部结构的约束作用，在整体分析中未出现。

2. 抗震设防目标

对于新广州站结构，小震下要求结构保持弹性，中震下要求构件不屈服，在罕遇地震作用下其主要构件和次要构件可以部分屈服，但支撑屋顶的钢管混凝土柱作为主要的支撑构件，要具有足够的残余强度，以保证遭遇大震后其仍有足够的能力支承整体结构而不倒塌。

依据设防目标，采用小震和中震反应谱进行抗震设计，保证小震弹性和主要构件中震不屈服，然后进行弹塑性时程分析，研究了结构在大震作用下的非线性性能，对主要构件的变形形态、构件的塑性发展、最大位移及其损伤情况等给出定量解答，找出结构的薄弱部位。

3. 多遇地震、设防地震下的结构弹性分析

采用 MIDAS 整体计算模型，对结构进行了多遇地震下的反应谱分析、弹性时程分析和设防地震下的反应谱分析，依据我国相关规范，对结构的多遇地震下承载状态进行校核，依据抗震性能指标，对结构的设防地震下承载状态进行检验。

(1) 多遇地震下的反应谱分析

多遇地震下的反应谱计算结果,如表 5-2-0-1 所示。

多遇地震下的反应谱计算结果　　　　　　　　表 5-2-0-1

性能指标	X 向		Y 向	
	剪重比（%）	Δ_{max}/H	剪重比（%）	Δ_{max}/H
站台层	4.3	1/6529	4.0	1/5122
高架层	4.1	1/3600	2.9	1/3000
屋顶	6.0	1/2392	4.3	1/2173

经验证,结构满足规范剪重比（7 度小震最小剪重比 1.6%）、最大层间位移角（混凝土部分小于 1/550,钢结构屋顶小于 1/300）的要求。校核结果表明,各类构件均满足规范抗震承载力的要求。

(2) 多遇地震下的弹性时程分析

采用 MIDAS 程序进行多遇地震下的弹性时程分析,根据地震安评报告,选择了中国建筑科学研究院提供的三组地震波（一组人工波,两组天然波）作为非线性动力时程分析的地震输入,人工地震波为与设计目标反应谱相符的人工模拟地面加速度时程。每组地震波由两条水平方向（X,Y）和一条竖向（Z）波组成,三向同时输入,根据《建筑抗震设计规范》的建议,这三个分量峰值加速度的比值符合以下比值要求：X:Y:Z=1.0:0.85:0.65,多遇地震条件下水平方向加速度峰值为 45gal。

主要计算结果,如表 5-2-0-2 所示。经验证,所选时程波满足每条时程波计算得到的基底剪力不小于反应谱法计算值的 65%,三条时程波的平均基底剪力不小于反应谱法计算值的 80% 的要求。

基底剪力对比（单位：kN）　　　　　　　　表 5-2-0-2

性能指标	X 向		Y 向	
	基底剪力	与反应谱法比值	基底剪力	与反应谱法比值
人工波	286572	0.99	271437	1.00
天然波 1	340198	1.17	281981	1.04
天然波 2	393373	1.35	265252	0.98

结果表明,结构层间位移角均满足规范要求,如表 5-2-0-3 所示。三组时程波中,人工波的地震反应与反应谱法计算值接近,两组天然波的地震反应均大于反应谱法的计算值。将反应谱法和时程分析法的计算结果进行比较,对混凝土构件,按照最不利内力进行配筋。

层间最大位移角　　　　　　　　表 5-2-0-3

结构层	X 向			Y 向		
	站台层	高架层	屋顶	站台层	高架层	屋顶
人工波	1/4122	1/2143	1/1474	1/4200	1/2093	1/1519
天然波 1	1/5113	1/2368	1/2347	1/4353	1/1800	1/1662
天然波 2	1/5314	1/2500	1/2353	1/4724	1/1957	1/1130

(3) 设防地震下的反应谱分析

设防地震下的反应谱计算结果,如表 5-2-0-4 所示。

设防地震下的反应谱计算结果　　　　　　表 5-2-0-4

性能指标	X向		Y向	
	剪重比	Δ_{max}/H	剪重比	Δ_{max}/H
站台层	11.7%	1/2214	10.7%	1/1961
高架层	13.6%	1/1071	8.8%	1/909
屋顶	18.7%	1/754	13.4%	1/696

经验证，结构最大层间位移角和各类构件均满足中震条件下抗震性能指标要求。

4. 多点输入地震反应分析基本参数

新广州站的站房属于超长型结构，且空间关系和结构体系复杂，上部钢结构和下部混凝土结构分缝不对应。现有研究成果表明，对于桥梁、大型场馆等超长型结构，地震作用的时滞效应明显，要考虑地震运动的空间变化，进行多点地震输入的分析比较。

根据国内外目前对于多维多点输入地震反应分析的研究，得到的一致结论是：一致地震动激励下的结构响应是高于或是低于空间相关地震动（多维多点输入）激励下的响应，取决于结构的动力特性、截面形式、位置、反应类型以及地震动变异性的大小等，即使是最简单的结构形式也无法确定何种激励会引起最大的响应。因此对于实际结构工程，计算时只能针对具体问题进行具体分析。新广州站主站房和雨棚结构动力特性复杂、振型密集，截面规格和刚度分布也很复杂，需要合理选择多点输入的分析方法和各项参数，以保证结果的可靠性。

(1) 分析方法选择和分析模型

多维多点地震反应分析的方法有时程分析法、随机振动法、反应谱法等，各有优势和不足。选用时程分析法作为本工程多维多点输入地震反应分析的主要方法。时程分析法属于确定性方法，该法在计算上能很好地解决多点输入问题，具有技术成熟、结果稳定可靠、对设计有指导意义等优点。

多点地震输入主要考虑地震动空间变异性，其本质就是相关性的降低，根据实际工程经验及以往的研究成果，导致相关性降低的原因主要在于行波效应。相对于一致地面运动而言，考虑行波效应产生的计算修正占主导地位，因此本工程的多点地震输入分析主要考虑行波效应。

多维地震输入分析主要考虑水平双向地震输入。

(2) 计算参数

根据地震安全性评价报告的设计地震动参数，采用中国建筑科学研究院提供的大震下的地震波，人工波1条，天然波2条。根据模态分析的结果以及地震波的波形，本工程时程分析持续时间选择为15~25s，时间步长为0.02s。地面最大加速度为200cm/s²。

在进行考虑行波效应的多点输入时程地震反应分析时，通常假定地震波沿地表面以一定的速度传播，各点波形不变，只是存在时间的滞后。地震波在上部软土层传播速度较慢，可近似取为剪切波速。根据地震安评报告，对新广州站及周边区域的钻孔数据显示，上部覆盖土层等效剪切波速为192~253m/s，因此偏安全地取地震波波速的下限为200m/s。波速的上限参考简化算法，考虑地震波的入射角度，根据场地的土层厚度和浅表地震的震源深度，根据本工程的规模尺度，确定地震波波速的上限为800m/s。

多维多点输入需要确定地震波的传播方向和输入方向，两者是相互独立的。由于结构关于东西、南北两主轴方向基本对称，故考虑了0°、45°和90°三种地震波传播方向，对于每种地震波传播方向，考虑两种地震动输入方向，即顺传播方向和横传播方向。首层的轨道桥梁均为沿0°方向，各轨道之间由多道结构缝分开，故90°方向为垂直分缝方向。为将结果同地震动单点输入的结果进行比较，还进行了同样方式的一致激励输入计算。

(3) 多点输入地震反应分析结果

主要以地震波波速200m/s为例，介绍多点输入地震反应分析的主要计算结果。以人工波反应分析为例进行比较，其他地震波也有类似的结论。

① 基底剪力

根据时程结果和反应谱结果的比较，选取的地震波输入下的基底剪力可以满足规范要求。

站房结构在不同视波速的多点地震输入下和一致激励地震输入下的基底总剪力典型计算结果，如图5-2-0-2所示。由图中可见，多点输入下的剪力峰值出现时间滞后于一致激励，体现出时滞效应。多点输入的基底剪力最大值也小于一致激励，这主要是由于地震输入的非同步性，导致各支座反力峰值的出现存在时间差异而造成的。总体来说，多点输入的非同步性引起结构整体平动反应的减小。

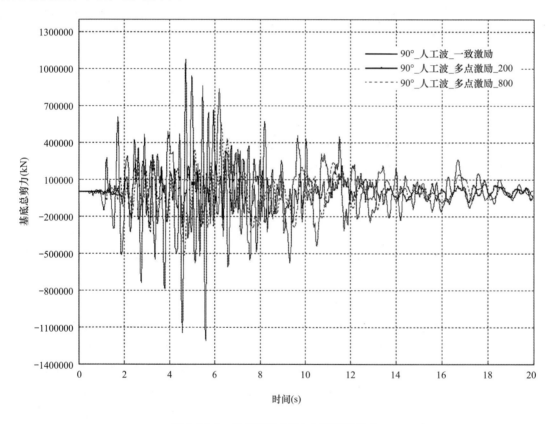

图 5-2-0-2 站房结构90°方向基底总剪力

② 扭转效应

将多点输入与单点输入情况下的扭转效应进行比较，采用特征点的相对位移反映扭转效应。对站房结构，在屋盖长向两端分别选A和B两点，点A和B的连线在初始模型中平行于总体坐标系的Y方向，计算点A、B在X轴向的相对位移，以此来分析结构在多点输入下的扭转效应。对雨棚结构，在屋盖的长向两端分别选C和D两点，原则同站房。

站房结构的扭转效应比较典型结果，如图5-2-0-3所示。

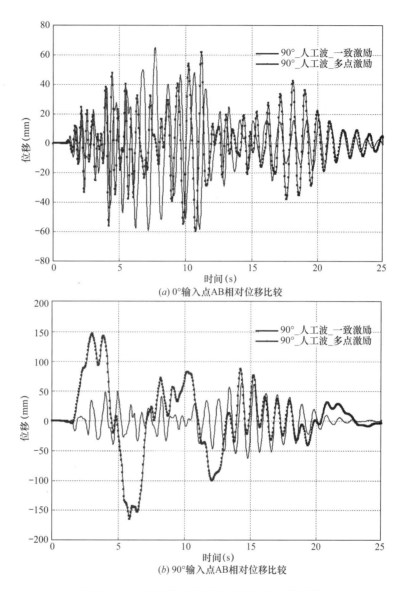

图 5-2-0-3 站房结构的扭转效应比较典型结果

雨棚结构的扭转效应比较典型结果,如图 5-2-0-4 所示。

由一致激励和多点输入激励的结果对比可见:

对于站房结构,一致激励下,屋盖长向两端的相对位移最大 13.9mm,多点输入激励下,屋盖长向两端的相对位移最大 37.2mm,多点输入激励的扭转位移是一致激励的 2.68 倍。对于雨棚结构,一致激励下,屋盖长向两端的相对位移最大 28.1mm,多点输入激励下,屋盖长向两端的相对位移最大 33.8mm,多点输入激励的扭转位移是一致激励的 1.20 倍。

在多点激励下的扭转反应,站房结构明显大于雨棚结构,这主要是由于站房和雨棚不同的结构体系造成的。站房结构的二层楼盖为面内刚度很大的混凝土体系,平面布置在 X 向、Y 向均基本对称,刚度和质量分布均匀,结构整体性好,故在一致激励下扭转效应很小,多点激励影响效果明显。雨棚屋盖结构直接支承于其桥墩上,且平面不规则,屋面桁架、索拱交错布置,平面刚度分布也不均匀,故在一致激励下扭转效应已经比较大,多点激励影响效果不明显。

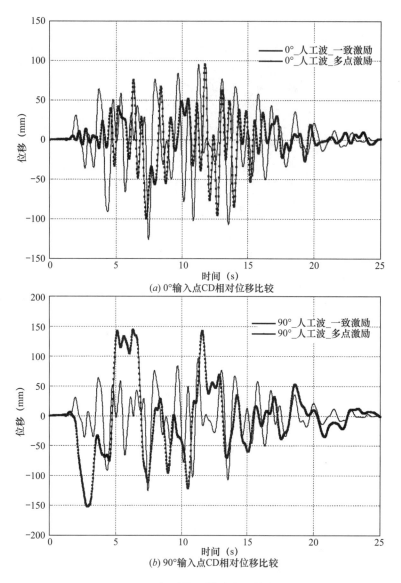

图 5-2-0-4 雨棚结构扭转效应比较典型结果

0°输入时，多点激励下扭转位移增加不大。比如站房结构一致激励下的屋盖长向两端相对位移最大 12.8mm，多点激励下相对位移 13.9mm，多点输入激励的扭转位移是一致激励的 1.09 倍。这是因为在 0°输入时，地震波传播路径较短，且主传播方向平行于结构缝。45°和 90°输入时扭转位移增幅较大。90°输入时，屋盖长向两端连线扭转位移最大，X 向相对位移可以达到 37.2mm。

虽然多点输入使扭转位移增大，但绝对数值不大，即使在 90°输入时，X 向的最大位移和平均位移的比值约为 1.05。

③ 主要构件内力

根据多点分析结果，分析竖向构件和屋盖结构的行波效应影响。构件内力采用三条地震波时程分析结果的平均结果进行计算。

站房结构构件的平均行波效应影响系数也较大，这与扭转角度分析结果基本一致。以下重点介绍站房构件的内力影响结果。

多点输入对竖向构件的轴力影响较小，对剪力影响较大。同一致输入相比，有的构件剪力减小、有的构件剪力增加。大多数构件的平均行波效应影响系数都小于1，最大的平均行波效应影响系数为1.35，柱的行波效应影响系数分布，如图5-2-0-5所示。内力最大值由多点输入控制的单元在平面位置分布上有明显的规律，行波效应影响系数大于1的构件均出现在结构的周边。

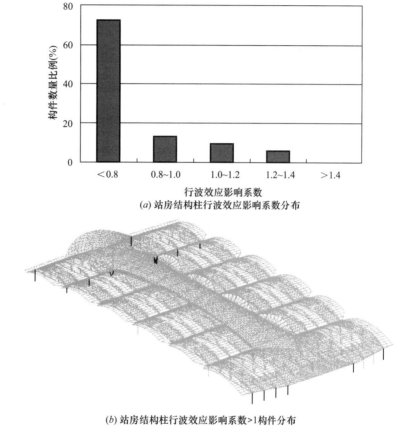

(a) 站房结构柱行波效应影响系数分布

(b) 站房结构柱行波效应影响系数>1构件分布

图 5-2-0-5　站房结构柱行波效应影响系数

屋盖结构构件以桁架、拱、壳为主，故取其轴力作为统计指标。多点输入对屋盖结构主要构件的内力有比较大的影响。行波效应影响系数大于1的构件大约在40%以上，影响系数大于1.5的构件占10%左右（这部分构件的一致激励地震内力比较小），屋盖构件行波效应影响系数分布，如图5-2-0-6示。一致激励下地震轴力大于200kN的构件中，最大平均行波效应影响系数为1.43。多点激励比一致激励轴力计算结果大的构件主要分布在屋盖中部的采光带网壳上，图5-2-0-6 (b) 为行波效应影响系数数值超过1.2的屋面主要构件在整体结构中位置的示意。

根据各分组考虑了多点输入的地震作用调整系数，对主要竖向构件和屋面主要构件，按照相应比例对反应谱内力计算结果放大相应比例，进行构件设计。

(4) 不同波速下地震反应分析结果比较

以站房结构为例，比较一致激励地震反应和视波速200m/s、800m/s下多点输入地震反应的分析结果，研究基底剪力、扭转效应、构件内力的变化规律。

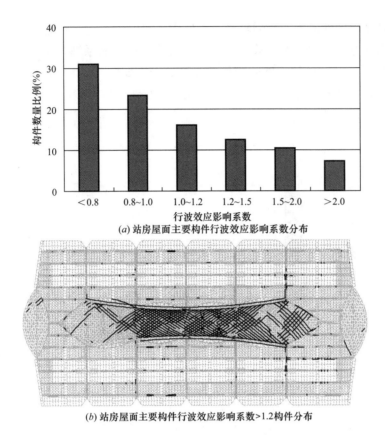

(a) 站房屋面主要构件行波效应影响系数分布

(b) 站房屋面主要构件行波效应影响系数>1.2构件分布

图 5-2-0-6　站房屋面主要构件行波效应影响系数

① 基底总剪力

在不同地震输入条件下的结构基底剪力。由分析结果可见，随着视波速的减小，地震输入时间差导致结构反应的非同步性逐渐增加，从而使得结构整体平动效应减小，基底总剪力峰值减小，基底剪力的波形与一致激励输入的基底剪力波形差异也更大。一致激励、视波速 800m/s、视波速 200m/s 地震输入下的基底总剪力峰值比值为 1：0.75：0.61。

② 扭转效应

站房结构在不同波速条件下的水平双向多点输入的扭转角度比较，如图 5-2-0-7 所示。由分析结果可见，在 2s 以内，扭转角度没有明显的变化趋势。随着时间推移，低波速的扭转角度增大趋势就逐渐出现，波速越低，扭转效应越大，尤其是波速由 800m/s 减小到 200m/s 时，扭转效应的提高非常明显。低波速情况下，扭转角度变化的波形也表现出较大差异，角度峰值由正到负的时间周期远长于高波速或者一致激励输入的情况。在 15s 以后，随着地震激励输入的减小，扭转角度峰值减小，扭转角度变化的波形也逐渐趋于一致。

可见，视波速越小，由多点输入引起的地震反应非同步性越明显，扭转效应偏离一致激励输入也就越大。反之，则结果越接近。此结构具有一定的普遍性，但也可能会根据结构形式的不同而存在一定的差异。

③ 构件内力

站房结构在不同波速条件下的水平双向多点输入的内力计算结果比较，部分结果如表 5-2-0-5 所示。可以看出其规律基本一致，随着波速的降低，由多点输入地震工况控制的构件数量增加，行波效应影响系数也逐渐增大。

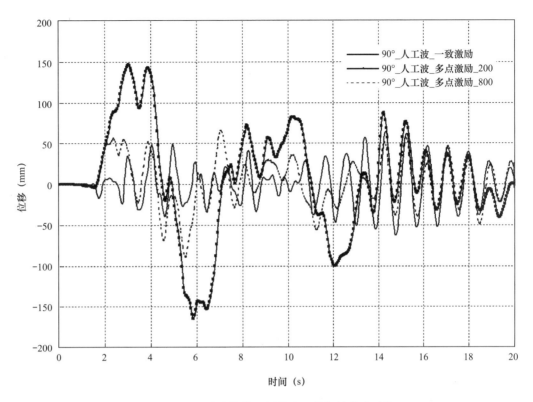

图 5-2-0-7 站房结构不同波速下的扭转效应对比

不同视波速下重要构件行波效应影响系数统计　　表 5-2-0-5

地震视波速 (m/s)		800		200	
行波效应	内力类别	行波效应影响系数>1的构件数量	行波效应影响系数最大值	行波效应影响系数>1的构件数量	行波效应影响系数最大值
柱	V_y	12	1.62	48	2.21
	V_z	6	1.15	19	1.33
屋面构件	N	1725	2.35	5358	3.62

5. 罕遇地震下的结构受力分析

新广州站主站房结构体系复杂，上下层刚度差异大，钢屋盖为复杂大跨度空间结构。对于这种复杂、重要的结构，不仅需要按照规范要求控制结构的弹塑性位移以满足大震不倒的抗震目标，更需要清楚地了解结构的薄弱环节、结构的塑性发展过程，以对结构的关键构件在大震下的性能进行控制。因此，对新广州站主站房结构进行了弹塑性时程分析，研究其在罕遇地震作用下的性能。

分析选用由中国建筑科学研究院提供的 2 组天然波和 1 组人工波。地震波参数均满足地震安全性评价报告的要求。每组地震波包括主水平方向、次水平方向及竖向三条加速度时程曲线。计算时地震波三向同时输入，其中主水平方向、次水平方向和竖向的峰值加速度按 1∶0.85∶0.65 的比例进行调整。输入地面加速度曲线的持续时间统一取为 20s，主水平方向的加速度曲线峰值调整为 220gal。分析时，分别以 X 向和 Y 向为主水平方向进行计算。

分析时采用弹塑性时程分析方法。结构的动力平衡方程建立在结构变形后的几何状态上，考虑了"$P\text{-}\Delta$"效应及杆件的非线性屈曲。材料的非线性特性则直接在材料的纤维应力-应变关系水平上模拟。动力方程积分方法采用隐式积分法。

（1）节点位移计算结果

模型在施加地震荷载前已加预应力并施加竖向恒载和活荷载，静力荷载下的最大竖向位移为355mm。

在各组地震波作用下，屋顶钢结构X向最大位移为162.3mm，最大层间位移角为1/389。Y向最大位移314.3mm，最大层间位移角为1/113，均满足规范关于弹塑性层间位移角1/50的限值。Z向最大竖向位移为1265mm，发生在端部悬挑网壳处。

（2）高架层塑性发展情况

在罕遇地震作用下，大部分矩形混凝土柱已经屈服，少数柱中钢筋的塑性变形已超过极限应变。而支撑屋顶钢结构的钢管混凝土柱则仅有几根屈服，且塑性程度较轻。大多数混凝土梁已经屈服，少量梁已破坏。钢桁架的弦杆在竖向地震的作用下，大部分构件屈服。

（3）屋顶钢结构塑性发展情况

绝大部分预应力索拱构件mises应力小于屈服强度值345MPa，处于弹性工作状态。最大应力为373MPa，出现在构件端部连接处。最大塑性应变为0.006586，小于限值0.023。

绝大部分支撑索拱的桁架及拱、壳结合部位的桁架的mises应力小于屈服强度值345MPa，处于弹性工作状态。最大塑性应变值很小，为0.0004501。

绝大部分采光带网壳构件未屈服，最大应力为370MPa，发生在端部连接处，最大塑性应变为0.003822，小于限值0.023。而端部悬挑网壳的大部分构件也未屈服，最大塑性应变为0.0009432。

预应力拉索的最大应力为1121MPa，均处于弹性状态。

6. 总结

通过多遇地震、设防地震下弹性分析和罕遇地震下弹塑性分析，得出如下结论：

（1）结构自振频谱非常密集，频谱变化均匀，无频率的跳跃现象，体现了新广州站结构动力特性的复杂性。

（2）采用了"站桥合一"的结构形式，经过计算，站台层、高架层及屋顶的质量和刚度相差悬殊，绝大多数振型表现在刚度小的结构上部，站台层可以作为上部结构的嵌固层。

（3）对结构进行了多遇地震下的反应谱分析和弹性时程分析，结构的剪重比和位移角均满足规范要求，时程分析中人工波的地震反应和反应谱法比较接近，两条天然波的计算地震反应均大于反应谱法的计算值，按照时程分析的结果对结构构件进行了校核，满足"小震不坏"的抗震性能目标要求。

（4）对结构进行了设防地震下的反应谱分析，结构的最大层间位移角满足预定的抗震性能目标要求，各个构件满足"中震不屈服"的抗震性能目标要求。

（5）对结构进行了罕遇地震作用下的弹塑性时程分析，高架层钢桁架在竖向地震作用下多数构件屈服，需要在设计过程中考虑竖向地震对钢桁架的影响。屋顶钢结构大部分构件仍保持弹性，局部构件屈服，但塑性程度较低，屈服构件多位于不同结构体系的连接部位或几何突变位置；所有拉索在罕遇地震作用下保持弹性。部分高架层混凝土梁屈服、柱屈服且破坏，个别支撑屋顶的钢管混凝土柱屈服，但未引起结构较大的整体变形，最大层间位移角远小于1/50，结构的整体刚度和整体承载能力没有明显下降，故结构设计达到了预定的"大震不倒"的抗震设防性能目标。

二、大跨度结构研究

1. 大跨度屋面不均匀温度作用分析

新广州站采用大跨度钢屋盖结构。温度应力的分析是大跨度钢结构设计中不可回避的问题。温度作用下,结构将产生变形。对于如此庞大的超静定结构,多余约束阻止结构变形产生的温度次应力将引起温度次内力。计算表明,温度作用是其结构设计的控制荷载之一。

当前,大跨度钢结构工程在设计计算时一般只考虑年温差(整体均匀升、降温)的影响。但对于新广州站主站房如此大跨的钢结构屋面,在日照作用下必然会呈现不均匀温度分布。而且,整体均匀升温的计算并不能控制不均匀升温计算。因此,需进行结构的不均匀温度分析计算。而结构的不均匀温度分析计算最重要的是不均匀温度场的确定。

本研究以英国注册工程师协会(CIBSE)所核定的准入法为理论基础,运用英国 Square One 公司开发的生态建筑设计软件 Ecotect 求出新广州站主站房不均匀温度分布,并用结构分析软件 SAP2000 计算不均匀升温对结构的影响,与整体均匀升温对结构影响进行了比较,得出了计算不均匀升温的重要性等结论。

(1) 计算不均匀温度的假定

不均匀温度计算是采用 ecotect 软件,而 ecotect 的热环境分析功能是基于一套成熟的热环境计算方法——英国工程师协会的准入法。

本工程热环境分析考虑的是外部环境(日照辐射)对建筑物的影响,而内部环境(譬如空调、每个区域的人数等)的影响并没有考虑,只考虑室温,故柱升高的温度均为 10℃。

按屋面的形状分为平屋顶和弧形屋顶两种情况。而温度区域的划定主要考虑两个因素:一是索拱所划分的不同区域;二是不同屋面板材料所覆盖的范围。暂未按建筑功能划分不均匀升温的区域。

(2) 站房整体均匀温度计算

新广州站主站房采用大跨度钢屋盖结构,温度作用下,结构将产生变形。对于如此庞大的超静定结构,多余约束阻止结构变形产生的温度次应力将引起温度次内力。

在结构分析软件 SAP2000 中建立主站房模型,如图 5-2-0-8 所示,计算整体均匀升温这一工况,得出的计算结果,如图 5-2-0-9~图 5-2-0-12 所示。

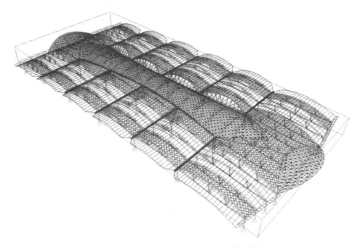

图 5-2-0-8　SAP2000 主站房模型

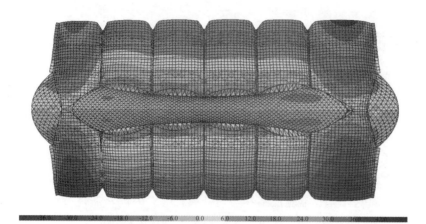

图 5-2-0-9　SAP2000 主站房 X 向位移云图（整体均匀升温工况下）

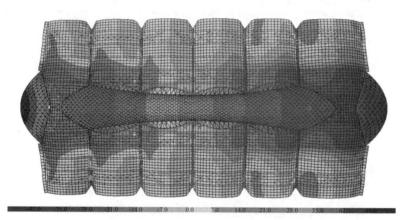

图 5-2-0-10　SAP2000 主站房 Y 向位移云图（整体均匀升温工况下）

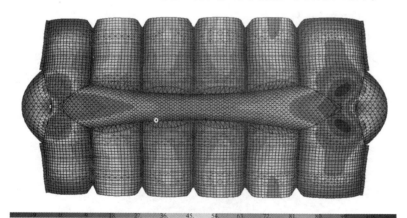

图 5-2-0-11　SAP2000 主站房 Z 向位移云图（整体均匀升温工况下）

由位移云图可以看出，在整体均匀升温这一工况下，Z 向的位移最大值达到 108mm。由应力比图可以看出，局部应力比达到 0.9。可见，温度作用对结构的影响很大，温度作用是其结构设计的控制荷载之一，在结构设计中要引起充分的重视。

（3）主站房不均匀温度计算

依照 ecotect 的计算结果，按屋顶的形状分为平屋顶和弧形屋顶两种情况，且合拢温度取

21℃和24℃两种情况，每种情况与整体均匀升温30℃进行比较。具体的实现方法为：在SAP2000定义两种荷载组合：comb1与comb2。comb1只有不均匀升温工况，comb2只有整体均匀升温30℃工况。运行计算后进行设计，最后按两种组合控制结构杆件的数量进行比较。

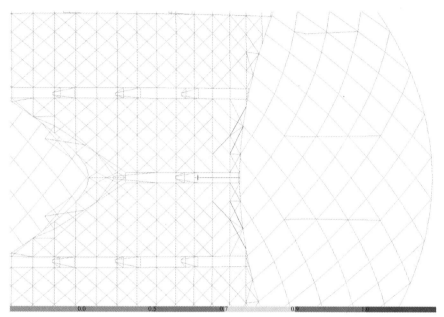

图 5-2-0-12　SAP2000 主站房局部应力比图（整体均匀升温工况下）

屋顶不均匀升温的选取，如表 5-2-0-6 所示。SAP2000 中主站房杆件升温值，如图 5-2-0-13～图 5-2-0-15 所示。

弧形屋顶区域升温取值　　　　　表 5-2-0-6

区域	升温（℃）		区域	升温（℃）	
	合拢温度为21℃	合拢温度为24℃		合拢温度为21℃	合拢温度为24℃
1	19.5	16.5	14	20.1	17.1
2	19.6	16.6	15	26.2	23.2
3	20.2	17.2	16	25.9	22.9
4	19.4	16.4	17	20.1	17.1
5	19	16	18	19.6	16.6
6	19.3	16.3	19	17.2	14.2
7	18.7	15.7	20	18.1	15.1
8	19.3	16.3	21	18.2	15.2
9	17.5	14.5	22	19.1	16.1
10	17.8	14.8	23	17.8	14.8
11	17.5	14.5	24	18	15
12	17.8	14.8	25	19.5	16.5
13	25.1	22.1	26	18.6	15.6

注：1. 柱均取升温 10℃。
　　2. 广州番禺年平均气温 22.2℃。
　　3. 合拢温度＝基准温度＋4℃。

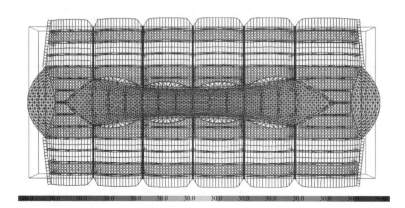

图 5-2-0-13　SAP2000 主站房整体均匀升温示意图

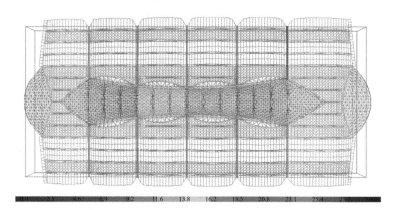

图 5-2-0-14　SAP2000 主站房不均匀升温示意图（弧形屋顶合拢温度为 21℃）

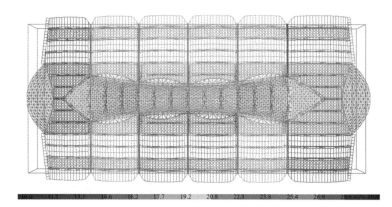

图 5-2-0-15　SAP2000 主站房不均匀升温示意图（弧形屋顶合拢温度为 24℃）

（4）不均匀升温与整体均匀升温的比较

从两者的计算结果对比可以看出：即使取合拢温度为 24℃，按弧形屋顶的不均匀温度分布进行计算，仍有 35.9% 的杆件是由不均匀升温控制的。因此，整体均匀升温是不能涵盖不均匀升温的，在设计与分析的时候必须考虑不均匀升温的影响。

（5）结论

本研究采用 ecotect 进行新广州站主站房各区域的温度分布分析，并用 SAP2000 计算不均匀温度对结构的影响，且与常规的整体均匀升温进行比较，得到以下结论：

① 温度作用对结构的影响很大，温度作用是结构设计的控制荷载之一，在结构设计中要引起充分的重视。

② 整体均匀升温不能完全反映结构实际经历的最不利温度工况，在本结构中，采用不均匀升温进行结构分析是必要的。

③ 本研究的不均匀温度分析已经是在有屋面板遮盖的情况下进行的。在施工过程没有屋面板遮盖的情况下，构件的温度将会更高，温度作用对结构的影响会更加不利。

2. 大跨预应力空间结构找形分析

新广州站主站房长398m、宽192m。整个屋盖形式采用大跨预应力空间结构，主要可以分为以下两个区域：①中央采光带单层网壳，该区域单层网壳主要由13根预应力拉索以及端部的两榀三向张弦梁支撑，并将荷载传递给柱。②中央采光带两侧的屋盖为索拱、檩条以及水平斜向支撑共同组成的空间结构，其主要的受力构件为索拱。

对于如此复杂的预应力空间结构，其找形分析对整个结构的承载力极限状态、正常使用极限状态以及结构整个施工过程都是至关重要的。本报告基于刚度法理论，采用影响矩阵迭代法对主站房屋盖结构的各个区域进行找形分析。

单层网壳的中间区段大体呈柱面，横断面为圆弧。当承受竖向荷载时，单层网壳根部会产生较大的侧向推力，这不仅会使网壳下方支撑柱的剪力增大，而且会影响单层网壳两侧屋盖的受力性能。因此，将单层网壳找形分析的目标确定为：在目标状态下（即自重和恒载共同作用下），网壳根部侧向推力为零。所选取的13个目标控制点，如图5-2-0-16所示。

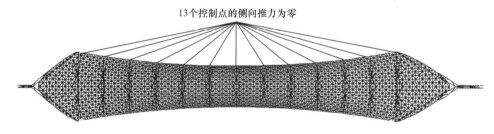

图 5-2-0-16 单层网壳找形分析目标控制点示意图

单层网壳两端的两榀三向张弦梁主要承受中央采光带外伸部分以及两侧屋面传来的竖向荷载，该区域的竖向位移比较大。因此，将三向张弦梁找形分析的目标确定为：在目标状态下，三向张弦梁的拱顶竖向位移接近于零。所选取的控制点，如图5-2-0-17所示。

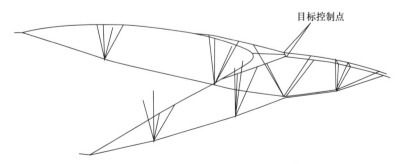

图 5-2-0-17 三向张弦梁找形分析目标控制点示意图

由于索拱的拱脚落在桁架上，连接方式为铰接，拱在承受竖向荷载时，拱脚会出现较大的侧向推力。因此，将索拱找形分析的目标确定为：在目标状态下，以索拱的拱脚推力为零。

运用影响矩阵迭代法，在 ANSYS 有限元分析软件中进行找形分析。使用 ANSYS 计算时，单层网壳钢构件采用梁单元模拟，节点刚接。拉索采用索单元（仅受拉，不受压和不受弯）模拟。撑杆采用拉压二力杆单元。为了能更准确地模拟拉索张拉，考虑了结构的大变形和应力刚化的影响。计算表明，这样模拟具有很高的精度。

新广州站所采用的大跨预应力空间结构是将大跨空间结构与现代预应力技术相结合的一种结构形式。在空间结构施加预应力能够改善结构的受力状态，使结构产生反向变形，降低结构在荷载作用下的最大挠度，提高结构刚度。可见预应力在大跨空间结构中起着相当大的作用，因此，确定合理的初状态的几何和预应力分布以及零状态的放样几何十分重要。

分析结果表明，在大跨桥梁索力优化上有较久应用历史、在力学上理论比较完善的影响矩阵法，结合循环迭代逼近方法，形成的影响矩阵迭代法，弥补了影响矩阵法和迭代法各自的缺点，它既充分考虑了结构的非线性影响因素，又考虑各段拉索索力之间的相互影响，在半刚性空间结构找形中，能够得到较为满意的结果。由于索拱结构的刚度较大，所以结构零状态和初状态的几何相差较少。由计算结果可知，索拱结构的索力大致与其跨度成正比。

3. 索拱结构试验

索拱结构是雨棚结构的关键构件，其受力性能也比较复杂，为进一步了解索拱结构特性，验证设计的正确性，对索拱结构进行了 1∶3 模型加载试验。

试验目的在于：

(1) 构件张拉成形施工阶段的特点，实施步骤的合理性。

(2) 结构在设计工况下的行为特点。

(3) 结构在最不利工况下的实际行为特点、破坏模式，特别是失稳模态、安全储备，结构实际（考虑索拱材料和几何非线性）的承载能力和安全储备，找到结构的薄弱环节。

(4) 验证模型实际受力行为是否符合计算模型的假定。

(5) 考察结构关键部位连接形式的合理性。

测试中主要量测的数据有：关键点位移、关键杆（索）应力、支座反力。索拱结构的各节点位移测试采用机械电荷式变形计进行位移观测，同时在主拱上选 5 个节点调挂钢尺以备测量荷载后期有可能较大的位移。对于关键杆件的应力，采用应变片进行监测，为了分离其轴力引起的应变与弯矩引起的应变，每根杆件截面按环向三等分布置三个应变片，其中一个应变片布置在杆件上方，这样可以通过平截面假定推知整个杆件的应力分布，进行数据处理。

弹性阶段加载-卸载试验表明，各测点的荷载-位移关系曲线在加载阶段呈直线状态，位移呈线性变化趋势。卸载阶段荷载-位移关系呈一斜率逐渐降低的曲线。完全卸载后，结构位移基本能够恢复到 0，表明此时索拱仍处于弹性状态，并没有塑性区的发展。

加载至破坏阶段试验表明，在加载到约 5 倍设计荷载时，荷载难以继续增加，之后索拱结构失稳破坏，加载系统卸载至某较低荷载后，结构变形趋于稳定，此时竖向位移增大很多，荷载-位移曲线出现明显的下降段。经检查发现索拱在右拱脚附近发生局部突起屈曲，导致主拱破坏，即宣告整个结构失效。

经过分析索拱结构静力试验实测数据及其与理论结果的对比，主要得到如下几点结论：①预应力索拱引入拉索和拉杆，有效地改善了普通拱结构的缺陷和荷载分布方式敏感问题，尤其是半跨荷载。控制了结构变形的发展，提高结构的稳定性和极限承载力。②张拉成形阶段张拉方法简单易行，索力能够有效建立，基本达到目标位形，说明设定的张拉原则可行。

③设计工况下结构表现出良好的线性力学特征,说明在结构设计时采用线性分析方法是可行的。④两种极限工况破坏试验表明,结构具有很好的承载能力和延性,由其组成的屋盖结构有足够的安全度。⑤索夹的处理是该结构的关键点之一。

三、高速列车对建筑结构的振动影响研究

新广州站是由高架铁路桥与高架车站主体结构连成的一个有机整体,在运营期有高速列车从正线通过,列车高速通过高架桥时所引起的振动有可能导致整个建筑结构物的无法正常使用或引起使用者(例如车站人员)的不安甚至恐慌,因此为确保这一重大建设工程的结构安全和经济,营造一个安全舒适的车站建筑环境,结合高速铁路站房的结构特点,对高速列车通过时对结构的振动影响规律及控制技术进行了专项研究。

新广州站高速列车通过时对结构的振动影响研究主要包括以下内容:建立桥梁-站房结构的力学计算模型,在桥梁轨道上各节点输入行驶车辆引起的各节点激励力时程,进行桥梁-站房结构的动力时程计算,得到桥梁-站房结构各部分的反应,对计算结果进行综合分析,对站房结构的安全性和舒适度进行评价。

1. 结构动力分析模型简介

整体模型采用 ANSYS 通用有限元软件建立,包括约 33223 个节点,83000 多个单元。材料均假设为弹性,梁、柱均以实际截面建模,采用 BEAM 44 单元,桁架考虑端部释放。楼板采用 shell 181 面单元建模。节点质量采用 MASS 21 单元,单元质量通过密度输入。轨道梁墩底节点及所有落地支撑底部节点均在所有方向固结。新广州站结构模型,如图 5-2-0-18~图 5-2-0-21 所示。

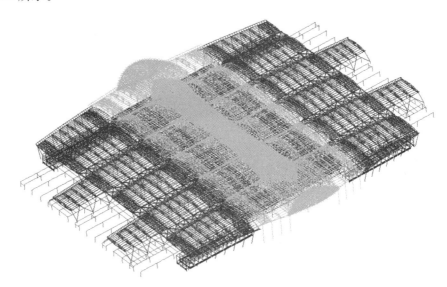

图 5-2-0-18 新广州站整体结构模型

模型包括轨道、站房候车大厅、南北两侧无站台柱雨棚及中央顶棚四部分,其中轨道和候车大厅为混凝土结构,雨棚和顶棚为钢结构。如图 5-2-0-18 所示,南北向锯齿状部分为雨棚部分,两侧各有六个锯齿,到锯齿的根部雨棚部分结束,两片雨棚中间的部分为中央顶棚,顶棚最大标高达到 50.00m,包括主站房屋顶、中央采光带和东西主入口屋顶三部分,图中中央东西向的细长部分为中央采光带拉索结构,东西两侧眼睛状的部分为东西主入口屋顶,也

采用拉索结构，其他部分为主站房屋顶，采用钢结构。中央顶棚下部为主站房候车大厅，结构缝将楼板分成三大部分。

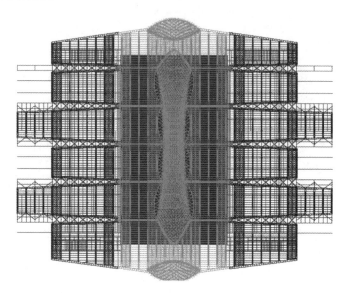

图 5-2-0-19　新广州站整体模型俯视图

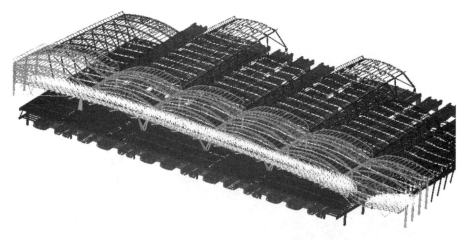

图 5-2-0-20　整体模型（半边）

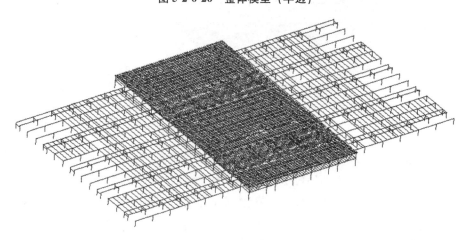

图 5-2-0-21　新广州站轨道及主站房侧视图

由于整体模型分析计算量庞大，在多工况计算时，极其耗费时间和资源，而根据理论分析和计算经验，雨棚和顶棚部分通过数量不多的竖向支撑与候车大厅楼板连接，这些竖向支撑只在连接处增强了楼板的局部刚度，对于楼板整体的位移和加速度影响不大，所以拟去掉雨棚和顶棚部分，单独计算轨道和候车大厅部分的分模型，经过实际计算，分模型中候车大厅楼板的计算结果与整体模型相差不大，所以在后续计算中主要采用分模型进行计算。

轨道与站台梁及上部结构的关系有以下三种：

(1) 双梁双线到发线轨道

如图 5-2-0-22 所示，它由两根单独的轨道梁组成图中①，设置在 C、D、E、F、G 主轴线上，按照实际截面建立模型，采用六边形单元划分网格。图中②为站台梁，站台梁与轨道梁分步现浇成整体。轨道梁下设置现浇连体支墩，支墩承受上部结构的所有荷载，故截面很大。图中③为站房结构柱，柱采用钢骨混凝土，圆柱支撑在轨道桥的支墩上，并排方柱直接落地，在站房轨道的中部设置 V 构，以增大下部空间，有一类并排方柱在 V 构的支墩位置合并为一根单柱，放在 V 构的 Y 形支墩中部。图上部④为站房候车大厅楼面梁，采用预应力混凝土梁。图中⑤为楼板，采用 220mm 厚现浇混凝土楼板。上部桁架部分即为正线上方的钢桁架，是为了实现正线上方的大跨度空间而采用的。

站房轨道梁顺轨道方向共分三段，中间由温度缝断开，V 构是站房轨道梁的中间段，是为了增加下部柱距，增大下部出站广场的空间。双梁双线轨道梁两条轨道的 V 构通过横梁连接在一起，上部结构柱放在该梁的中间位置，如图 5-2-0-23 所示。

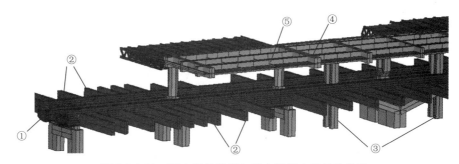

图 5-2-0-22 新广州站轨道与站台梁及上部结构关系

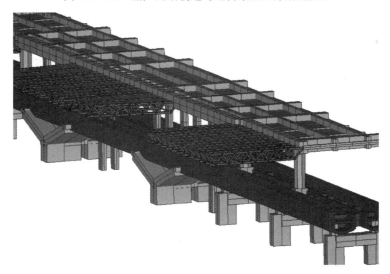

图 5-2-0-23 轨道与下部支墩和上部结构的关系

(2) 到发线单梁双线轨道梁

设置在次轴线上，一根轨道梁，行驶两辆列车，采用单支墩，在两股轨道中部有突起部分，用来支承上部结构柱，如图 5-2-0-24 所示。

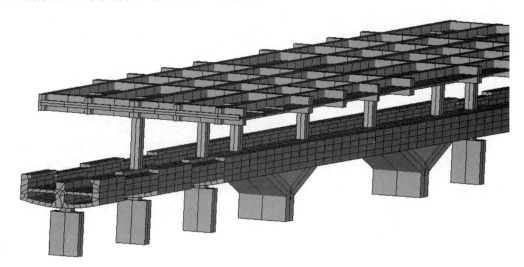

图 5-2-0-24　单梁双道轨道梁支墩-轨道-上部结构关系示意

(3) 高速正线单梁双线轨道梁

由于高速正线上不设置上部结构的竖向支撑，所以轨道梁两轨中间是平的（不似单梁双线到发线中间有突起放置竖向支撑）。高速正线也采用单支墩，在中部设 V 构，具体形式如图 5-2-0-25 所示。

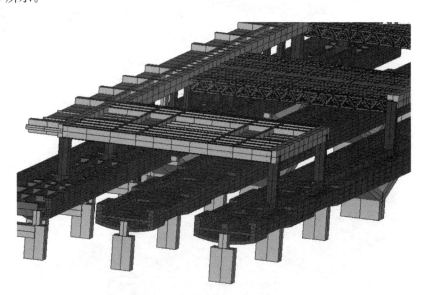

图 5-2-0-25　高速正线的轨道设置及其与下部支墩和上部结构的关系示意

2. 计算工况和参数设定

(1) 站场轨道设置

新广州站轨道梁采用箱形轨道梁，既可减少材料用量，也可减轻自重。轨道形式包括三种，其中正线轨道梁和到发线线轨道梁不同，如图 5-2-0-26 所示。

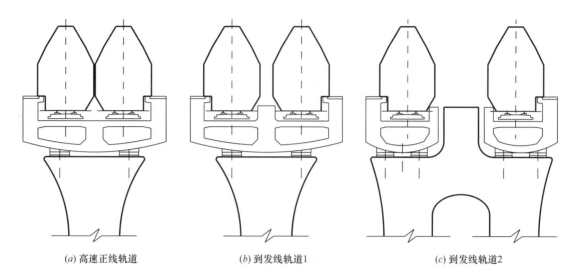

(a) 高速正线轨道　　　　(b) 到发线轨道1　　　　(c) 到发线轨道2

图 5-2-0-26　新广州站轨道形式

在所有轨道中包括三种形式的轨道，它们的分布和作用如下所述：

① C1 线和 E2 线为高速正线，列车通过速度可达 200km/h。高速正线轨道行驶两辆列车，两轨之间没有柱支撑上部结构，这样设置减少了高速列车行进过程中与结构之间的气流对撞影响，也减小了列车行进对上部结构的振动影响。

② C、D、E、F、G 为到发线，通过列车速度为 120～160km/h。这种到发线轨道行驶两辆列车，两轨之间有柱支撑上部结构。

③ C2、D1、D2、E1、F1、F2 也为到发线，这种到发线采用双轨道，每条轨道行驶一辆列车，轨道支墩采用现浇连体支墩，支墩顶部有柱支撑上部结构，这样设置可以减少列车双向进站的摩擦力对轨道本身的影响。另外，这种到发线的设置主要是为了利用较大的支墩结构承担上部结构主支撑构件的传力。

在确定研究的目标轴线时结合了结构布置及初步计算结果，考虑桥梁反应最大及对结构影响最大的部位，最终选取了 B1、C1、D1、E1、E2、F2 线，具体原因如下：

① C1、E2 线为高速正线，列车行驶速度可达 200km/h，蛇形运动和对轨道瑕疵的放大作用较大，对桥梁和站房结构造成的振动较大。

② B1 线比较靠近站房结构的边缘部分，位置具有特殊性。

③ D1 线位于站房结构的中间位置，具有特殊性。

④ E1 线位于伸缩缝下部，处于结构的薄弱位置。

⑤ F2 线位于东部平台下部，可以研究列车高速通过对于东平台的影响。

(2) 计算列车选择

通过多方面比较，采用两种列车进行计算：德国 ICE3 高速列车和国产 CRH2 动车组列车。分别对应的车型如下：

① 德国 ICE3 高速列车

2003～2005 年的京沪高速桥梁动力计算研究项目中，对德国 ICE3 动力分散式高速列车、法国 TGV 动力分散式高速列车以及日本 500 系动力分散式高速列车 3 种国外高速列车的车桥动力响应进行了对比，其中德国 ICE3 动力分散式高速列车的车桥系统响应较大，故选用德国 ICE3 动力分散式高速列车进行计算。

② 国产 CRH2 动车组列车

第六次铁路大提速后，国内最常见的达到 200km/h 速度级的客运列车为和谐号动车组，即 CRH2 列车。故本次计算亦采用动车组 CRH2 列车进行计算。

两种列车的外形，如图 5-2-0-27 所示；列车的基本参数，如表 5-2-0-7 所示。

(a) 德国ICE3型高速列车

(b) 国产CRH2型高速列车

图 5-2-0-27　列车外形

列车基本参数　　　　　　　表 5-2-0-7

列车	类型	全长（m）	定距（m）	轴距（m）	轴重（kN）
CRH2	动车	25.000	17.500	2.500	135.00
	拖车	25.000	17.500	2.500	120.00
ICE3	动车	24.775	17.375	2.500	160.00
	拖车	24.775	17.375	2.500	146.00

(3) 计算参数选取

阻尼比：一般情况下，在结构反应谱分析和时程分析中都需要考虑阻尼项，按照规范要求，阻尼对于混凝土结构取 0.05，对于钢结构取 0.02。本次计算统一取阻尼比为 0.03。

在进行时程分析时，采用 Rayleigh 阻尼，ω_1 和 ω_2 可采用轨道梁的第一阶振型和第一阶竖向振型所对应的 ω_1 和 ω_2，继而求得结构的质量比例阻尼 α 和刚度比列阻尼 β。本次计算中，第一阶振型对应的频率 $\omega_1=1.2111\times2\pi=7.610\mathrm{rads/s}$，第一阶竖向振型取第 19 阶振型，对应频率 $\omega_2=1.7546\times2\pi=11.024\mathrm{rads/s}$，设各阶振型的阻尼比均为 0.03，代入下式：

$$\begin{cases}\alpha+\beta\omega_1^2=2\omega_1\zeta_1\\ \alpha+\beta\omega_2^2=2\omega_2\zeta_2\end{cases}$$

解得 $\alpha=0.2701$，$\beta=0.00322$。

材料参数设定：钢材和混凝土的密度、重量以及强度均按照规范选取，在考虑动力荷载的影响时，对混凝土的弹性模量乘以 1.2 的增大系数。

质量源设定：质量源的选取与结构的峰值响应有较大关系。本次计算中，对站房楼面结构，按照抗震规范，质量源取 1 倍的恒荷载和 0.5 倍的活荷载。

时间和空间设定：为方便结构计算，在综合考虑力学模型大小、计算时间、存储空间与精度要求后，计算采用的激励时间间隔设定为 0.005s，轨道梁上的空间间隔设定为 4m。

3. 候车大厅楼板全范围内的位移和加速度最大值

计算得到各工况下楼板全范围内的最大位移和加速度，如表 5-2-0-8 所示。竖向最大加速度为 $75.98\mathrm{mm/s^2}$，折合 $0.77\%g$，远远小于规范规定的 $1.5\%g$ 的限值。

各种工况下候车大厅楼板全范围内最大位移与加速度　　　　表 5-2-0-8

计算工况	车型	速度（km/h）	U_Z(mm)	U_Y(mm)	U_X(mm)	a_z(mm/s^2)	a_y(mm/s^2)	a_x(mm/s^2)
C1 轴单线行车	ICE3	160	0.011	0.0037	0.00091	4.12	0.529	0.221
		200	0.013	0.0049	0.0011	5.31	0.665	0.267
		240	0.017	0.0064	0.0015	6.81	0.862	0.354
	CRH2	160	0.013	0.0042	0.0010	4.74	0.598	0.265
		200	0.016	0.0055	0.0013	5.93	0.764	0.317
		240	0.022	0.0075	0.0019	7.35	1.017	0.421
C1 轴双线行车	ICE3	160	0.010	0.0018	0.0013	6.94	0.545	0.271
		200	0.013	0.0024	0.0016	8.65	0.686	0.328
		240	0.018	0.0031	0.0022	10.81	0.889	0.435
	CRH2	160	0.012	0.0019	0.0015	8.83	0.616	0.325
		200	0.016	0.0030	0.0018	10.57	0.764	0.394
		240	0.023	0.0039	0.0027	13.59	1.049	0.517
C1 轴双线行车＋E2 轴双线行车	ICE3	160	0.012	0.0013	0.00082	7.84	0.908	0.359
		200	0.015	0.0017	0.00099	9.81	1.141	0.434
		240	0.019	0.0022	0.0013	12.29	1.479	0.575
	CRH2	160	0.014	0.0015	0.00091	10.86	1.026	0.431
		200	0.018	0.0019	0.0011	12.86	1.312	0.521
		240	0.024	0.0026	0.0016	16.42	1.745	0.684
C1 轴双线行车＋E2 轴双线行车＋部分到发线双线行车	ICE3	正线 200 到发线 160	0.658	0.0536	0.0280	60.11	3.88	4.10
	CRH2	正线 200 到发线 160	0.717	0.0629	0.0338	70.96	4.38	4.69

续表

计算工况	车型	速度（km/h）	U_Z(mm)	U_Y(mm)	U_X(mm)	a_z(mm/s^2)	a_y(mm/s^2)	a_x(mm/s^2)
C1轴双线行车＋E2轴双线行车＋全部到发线行车	ICE3	正线240到发线100	0.834	0.0701	0.0356	32.67	3.99	2.08
	CRH2	正线240到发线100	0.908	0.0818	0.0429	39.54	4.75	2.37
C1轴双线行车＋E2轴双线行车＋全部到发线行车	ICE3	正线240到发线160	0.852	0.0749	0.0358	64.37	5.41	4.27
	CRH2	正线240到发线160	0.928	0.0874	0.0432	75.98	6.11	4.87

在C1轴双线行车＋E2轴双线行车工况下，楼板三向位移响应，如图5-2-0-28～图5-2-0-30所示，该典型变形取自第8.500s，此时列车恰好行至候车大厅楼板正下方，响应最大。

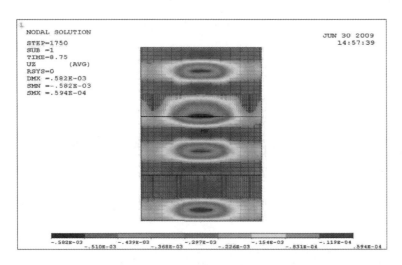

图 5-2-0-28　C1轴双线行车＋E2轴双线行车楼板竖直Z向典型变形

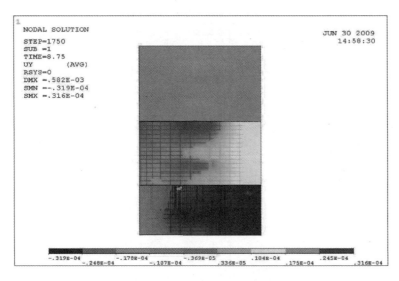

图 5-2-0-29　C1轴双线行车＋E2轴双线行车楼板水平Y向典型变形

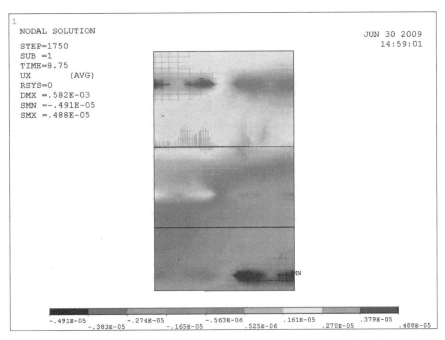

图 5-2-0-30　C1 轴双线行车＋E2 轴双线行车楼板水平 X 向典型变形

4. 列车激励下候车大厅楼板振动安全性及乘客人体舒适性分析

（1）基于德国《DIN4150 规范》建筑物安全的振动控制标准

德国 1996 年颁布的 DIN4150 规范的第Ⅲ部分规定了防止建筑物振动破坏的峰值振动速度限值。该标准根据建筑物对振动的灵敏性将其分为三类，并对每类建筑物给出了 PPV 上限对于建筑物振动频率的函数曲线，如图 5-2-0-31 所示。所考虑的建筑物振动速度在其基础处测得，并选用三个速度分量中的最大值。所考虑的建筑物振动频率一般是结构的卓越频率。显然站房结构属于第 2 类建筑，所以我们的控制曲线是第 2 类曲线。

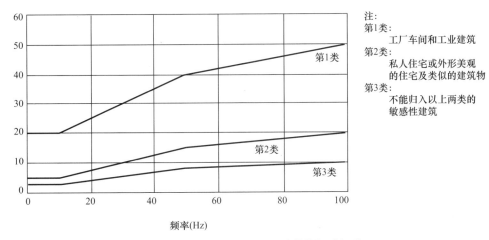

图 5-2-0-31　德国 DIN4150 建筑物振动标准

候车大厅楼板的卓越频率为 0.8585Hz，其振型如图 5-2-0-32 所示。

① C1 轴单线行车

计算得到的楼板峰值速度为 0.486mm/s。频率和峰值速度对应的点位于第二条线下方，即这样的振动满足站房结构的安全性要求。

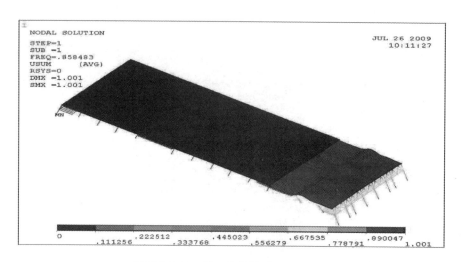

图 5-2-0-32　第一阶振型（0.8585Hz）

② C1 轴双线行车

计算得到的楼板峰值速度为 0.941mm/s。频率和峰值速度对应的点位于第二条线下方，即这样的振动满足站房结构的安全性要求。

③ C1 轴双线行车＋E2 轴双线行车

计算得到的楼板峰值速度为 0.994mm/s。频率和峰值速度对应的点位于第二条线下方，即这样的振动满足站房结构的安全性要求。

④ C1 轴双线行车＋E2 轴双线行车＋部分到发线双线行车

计算得到的楼板峰值速度为 1.081mm/s。频率和峰值速度对应的点位于第二条线下方，即这样的振动满足站房结构的安全性要求。

⑤ C1 轴双线行车＋E2 轴双线行车＋全部到发线 100km/h 行车

计算得到的楼板峰值速度为 1.012mm/s。频率和峰值速度对应的点位于第二条线下方，即这样的振动满足站房结构的安全性要求。

⑥ C1 轴双线行车＋E2 轴双线行车＋全部到发线 160km/h 行车

计算得到的楼板峰值速度为 1.499mm/s。频率和峰值速度对应的点位于第二条线下方，即这样的振动满足站房结构的安全性要求。

综上所述，参考德国 DIN4150 规范，上述各工况引起的振动均不足以引起站房部分安全问题。

(2) 基于 ISO 2631/1—1985 人体舒适的振动控制标准

按 ISO 2631/1—1985 规定的全身振动不同频率计权因子修正后得到的振动加速度级，简称振级，记为 VL，单位为 dB。振动级 VL 的计算公式为：

$$VL = 20\lg(a'_{\text{rms}}/a_0)$$

式中，a_0 为基准加速度，取 10^{-6}m/s^2；a'_{rms} 为修正的振动加速度有效值（m/s²），可通过下式计算得到：

$$a'_{\text{rms}} = \sqrt{\sum a_{\text{frms}}^2 \cdot 10^{0.1c_f}}$$

式中，a_{frms} 表示频率为 f 的振动加速度有效值；c_f 为振动加速度的感觉修正值。

振动加速度的感觉修正值，如表 5-2-0-9 所示。

振动加速度的感觉修正值　　　　　表 5-2-0-9

频率或 1/3 倍频带的中心频率（Hz）		1	2	4	6.3	8	16	31.5	63	90
垂直方向	修正值（dB）	−6	−3	0	0	0	−6	−12	−18	−21
	容许偏差（dB）	+2 −5	±2	±1.5	±1	0 −2	±1	±1	+1 −2	+1 −3
水平方向	修正值（dB）	3	3	−3	−7	−9	−15	−21	−27	−30
	容许偏差（dB）	+2 −5	±2	±1.5	±1	±1	±1	±1	+1 −2	+1 −3

国家环境保护局于 1988 年 12 月 10 日制定并批准的国家标准《城市区域环境振动标准》GB 10070 规定，如表 5-2-0-10 所示。

《城市区域环境振动标准》（Z 振级 VLZ/dB，$a_0 = 10^{-6} \text{m/s}^2$）　　　　　表 5-2-0-10

适用地带范围	昼间	夜间	适用地带范围的划定
特殊住宅区	65	65	指特别需要安宁的住宅区
居民、文教区	70	67	指纯居民和文教、机关区
混合区、商业中心区	75	72	指一般工业、商业、少量交通与居民混合区
工业集中区	75	72	指在一个城市或区域内规划明确定的工业区
交通干线道路两侧	75	72	指车流量每小时 100 辆以上的道路两侧的区域
铁路干线两侧	80	80	指距每日车流量不少于 20 列的铁道外轨 30m 外两侧的区域

① C1 轴单线行车

当 ICE3 列车经过时，经插值计算得到车速为 160、200、240kM/h 时，分别可得：$a'_{\text{rms}} = 1.623\text{e}-4、2.014\text{e}-4、2.547\text{e}-4$，$VL = 20\lg(a'_{\text{rms}}/a_0) = 44.21、46.08、48.12\text{dB}$，均满足表 5-2-0-10 中混合区、商业中心区昼间和夜间对环境振动的规定标准。

当 CRH2 列车经过时，经插值计算得到车速分别为 160、200、240kM/h 时，$a'_{\text{rms}} = 1.913\text{e}-4、2.197\text{e}-4、2.896\text{e}-4$，$VL = 20\lg(a'_{\text{rms}}/a_0) = 45.63、46.84、49.24\text{dB}$，均满足上表中混合区、商业中心区昼间和夜间对环境振动的规定标准。

因此，C1 轴单线行车时各个速度工况下，舒适度均满足要求。

② C1 轴双线行车

当 ICE3 列车经过时，经插值计算得到车速为 160、200、240kM/h 时，$a'_{\text{rms}} = 2.463\text{e}-4、2.916\text{e}-4、3.702\text{e}-4$，$VL = 20\lg(a'_{\text{rms}}/a_0) = 47.83、49.30、51.37\text{dB}$。满足表 5-2-0-10 中混合区、商业中心区昼间和夜间对环境振动的规定标准。

当 CRH2 列车经过时，经插值计算得到车速为 160、200、240kM/h 时，$a'_{\text{rms}} = 2.812\text{e}-4、3.297\text{e}-4、4.325\text{e}-4$，$VL = 20\lg(a'_{\text{rms}}/a_0) = 48.98、50.36、52.72\text{dB}$，均满足表 5-2-0-10 中混合区、商业中心区昼间和夜间对环境振动的规定标准。

因此，C1 轴双线行车时，舒适度满足要求。

③ C1 轴双线行车＋E2 轴双线行车

当 ICE3 列车经过时，经插值计算得到车速为 160、200、240kM/h 时，$a'_{\text{rms}} = 3.596\text{e}-4、4.328\text{e}-4、5.479\text{e}-4$，$VL = 20\lg(a'_{\text{rms}}/a_0) = 51.12、52.73、54.77\text{dB}$。满足表 5-2-0-10 中混合区、商业中心区昼间和夜间对环境振动的规定标准。

当 CRH2 列车经过时，经插值计算得到车速为 160、200、240kM/h 时，$a'_{\text{rms}} = 4.229\text{e}-4$、

5.125e-4、6.513e-4，$VL=20\lg(a'_{rms}/a_0)=52.52$、54.19、56.28dB，均满足表 5-2-0-10 中混合区、商业中心区昼间和夜间对环境振动的规定标准。

因此，C1 轴双线行车＋E2 轴双线行车时，舒适度满足要求。

④ C1 轴双线行车＋E2 轴双线行车＋部分到发线双线行车

当双线 ICE3 列车以 200kM/h 通过正线、双线 ICE3 列车以 160kM/h 经过到发线 B1、D1、E1、F2 时，经插值计算得到 $a'_{rms}=8.254e-4$，$VL=20\lg(a'_{rms}/a_0)=58.33dB$，满足表 5-2-0-10 中混合区、商业中心区昼间和夜间对环境振动的规定标准。

当双线 CRH2 列车以 200kM/h 通过正线、双线 CRH2 列车以 160kM/h 经过到发线 B1、D1、E1、F2 时，经插值计算得 $a'_{rms}=10.127e-4$，$VL=20\lg(a'_{rms}/a_0)=60.11dB$，满足表 5-2-0-10 中混合区、商业中心区昼间和夜间对环境振动的规定标准。

因此，C1 轴双线行车＋E2 轴双线行车＋部分到发线双线行车时，舒适度满足要求。

⑤ C1 轴双线行车＋E2 轴双线行车＋全部到发线 100km/h 行车

当 ICE3 列车经过到发线时，经插值计算得到车速 $a'_{rms}=6.894e-4$，$VL=20\lg(a'_{rms}/a_0)=56.77dB$，满足表 5-2-0-10 中混合区、商业中心区昼间和夜间对环境振动的规定标准。

当 CH2 列车经过到发线时，经插值计算得到 $a'_{rms}=8.137e-4$，$VL=20\lg(a'_{rms}/a_0)=58.21dB$。满足表 5-2-0-10 中混合区、商业中心区昼间和夜间对环境振动的规定标准。

C1 轴双线行车＋E2 轴双线行车＋全部到发线行车时，舒适度满足要求。

⑥ C1 轴双线行车＋E2 轴双线行车＋全部到发线 160km/h 行车

当 ICE3 列车经过到发线时，经插值计算得到车速 $a'_{rms}=11.356e-4$，$VL=20\lg(a'_{rms}/a_0)=61.11dB$，满足表 5-2-0-10 中混合区、商业中心区昼间和夜间对环境振动的规定标准。

当 CH2 列车经过到发线时，经插值计算得到 $a'_{rms}=13.489e-4$，$VL=20\lg(a'_{rms}/a_0)=62.61dB$。满足表 5-2-0-10 中混合区、商业中心区昼间和夜间对环境振动的规定标准。

C1 轴双线行车＋E2 轴双线行车＋全部到发线行车时，舒适度满足要求。

综上所述，各个工况下，舒适度均满足要求。

5. 总结

通过对新广州站整体建模计算，进行了高速列车对建筑结构的振动影响计算与分析、列车激励下雨棚网壳位移和加速度响应、列车激励下雨棚网壳位移和加速度响应、列车激励下站房结构内力与应力幅值、高速列车对建筑结构的振动影响计算与分析，可得出以下结论：

基于德国《DIN4150 规范》中建筑物安全的振动控制标准，列车激励下候车大厅楼板、雨棚网壳、中央网壳的振动小于控制标准值，且安全裕量较大，不会引起车站结构的安全问题。

基于 ISO 2631/1—1985 人体舒适的振级计算方法及《城市区域环境振动标准》GB 10070—88 中关于混合区、商业中心区昼间和夜间对环境振动的控制标准（昼间 75dB，夜间 72dB），对前述 22 种计算工况的分析结论如下：

（1）正线 C1 轴单线行车工况，计算得到的候车大厅楼板的最大振级为 44.21～49.24dB，均满足人体舒适性要求。

（2）正线 C1 轴双线行车工况，计算得到的候车大厅楼板的最大振级为 47.83～52.72dB，满足人体舒适性要求。

(3) 正线 C1 轴双线行车＋E2 轴双线行车工况，计算得到的候车大厅楼板的最大振级为 51.12～56.28dB，满足人体舒适性要求。

(4) 正线 C1 轴双线行车＋E2 轴双线行车＋部分到发线双线行车工况，计算得到的候车大厅楼板的最大振级为 58.33～60.11dB，满足人体舒适性要求。

(5) 正线 C1 轴双线行车＋E2 轴双线行车＋全部到发线 100km/h 行车工况，计算得到的候车大厅楼板的最大振级为 56.77～58.21dB，满足人体舒适性要求。

(6) 正线 C1 轴双线行车＋E2 轴双线行车＋全部到发线 160km/h 行车工况而言，计算得到的候车大厅楼板的最大振级为 61.11～62.61dB，满足人体舒适性要求。

综上所述，新广州站建筑结构具有良好的动力特性，当高速列车通过时对建筑结构的振动影响远不足以引起车站结构的安全问题，并能满足乘客候车时人体舒适度的要求。

四、风洞试验和风环境数值模拟

新广州站屋顶结构主要由南北两侧无站台柱雨棚、主站房屋顶、中央采光带、东西主入口屋顶四部分组成，分别有索拱、张弦梁、索壳、网壳和桁架等多种结构形式。如上所述，新广州站的建筑造型新颖独特，结构跨度、高度尺寸均较大，结构极其复杂，因此需就结构抗风及风环境问题开展以"大跨屋盖风荷载""大跨屋盖结构风振响应""高速列车过站"和"建筑风环境"为主要内容的如下四个方面风工程研究专题。

1. 风洞试验及数值模拟

（1）风洞试验

新广州站模型风洞试验在同济大学土木工程防灾国家重点实验室风洞试验室的 TJ-3 大气边界层风洞中进行，如图 5-2-0-33 所示。在风洞试验中使用了风速测量系统和风压测量、记录及数据处理系统这两套测量系统。

根据新广州站周围数公里范围内的建筑环境，确定本试验为 B 类地貌风场，风洞中以 1/200 的几何缩尺比模拟了 B 类大气边界层风场。

风洞测压试验模型为刚体模型，如图 5-2-0-34～图 5-2-0-36 所示，用有机玻璃板和 ABS 板制成，具有足够的强度和刚度，在试验风速下不发生变形，并且不出现明显的振动现象，以保证压力测量的精度。考虑到实际建筑物和风场模拟情况，选择模型的几何缩尺比为 1/200。模型与实物在外形上保持几何相似。试验时将模型放置在转盘中心，通过旋转转盘模拟不同风向。根据对称性，测点按对称轴布置在一半模型上。

按照《建筑结构荷载规范》GB 50009—2001 的规定，广州市在 B 类地貌 50 年重现期的基本风压为 $w_{0.50}=0.50$kPa，相应的基本风速为 $U_{10}=\sqrt{1600w_{0.50}}=28.3$m/s；100 年重现期的基本风压为 $w_{0.100}=0.60$kPa，相应的基本风速为 31.0m/s。

（2）数值模拟

数值模拟计算软件采用大型通用 CFD 软件 Fluent。

首先按照本工程建筑设计方案的实际尺寸建立几何实体模型，如图 5-2-0-37 所示。在建立 3D 几何模型过程中考虑了对计算结果有显著影响的建筑构造细节。计算域的尺度满足数值模拟外部绕流场中一般认为模型的阻塞率小于 3% 的原则。

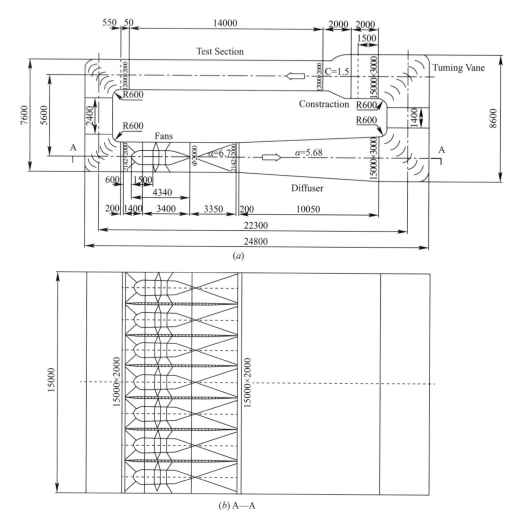

图 5-2-0-33　同济大学 TJ-3 大气边界层风洞（单位：mm）

(3) 数值模拟计算结果及比较分析

图 5-2-0-38 列出了 0°风向角下屋盖结构的平均风压系数的数值模拟结果与风洞试验结果，参考压力为实际场地 10m 高度对应的来流高度处的压力。从图中可以看出，数值模拟预测的平均风压分布整体趋势与风洞试验结果较为吻合，大部分区域的数值模拟计算平均压力值与风洞试验结果也比较接近。在局部区域，两者所得的平均风压值差别略大。主要原因在于建筑结构钝体绕流，来流风在建筑的尖锐棱边处即出现大范围的流动分离，发生冲撞、分离、漩涡等异常复杂的流动现象。

从数值计算和风洞试验结果来看，屋盖结构的最不利风荷载发生在候车大厅前后立面悬挑结构的前缘、屋盖屋脊的中央部位，以及屋盖各敞开式悬挑雨棚的端部，在结构设计中必须对这些部位特别加以注意。对于敞开式悬挑雨棚设计，要考虑上下表面的合力作用。

在进行本项目风洞试验之前，数值模拟计算结果直观地给出了结构整体风荷载分布的趋势和数值。参考了数值模拟计算结果，引导进行刚性模型风荷载风洞模拟试验的测点布置方案，使得测点布置能全面反映和捕捉结构的不利风荷载分布，提高风洞试验的针对性和科学合理性，保障结构抗风的安全。

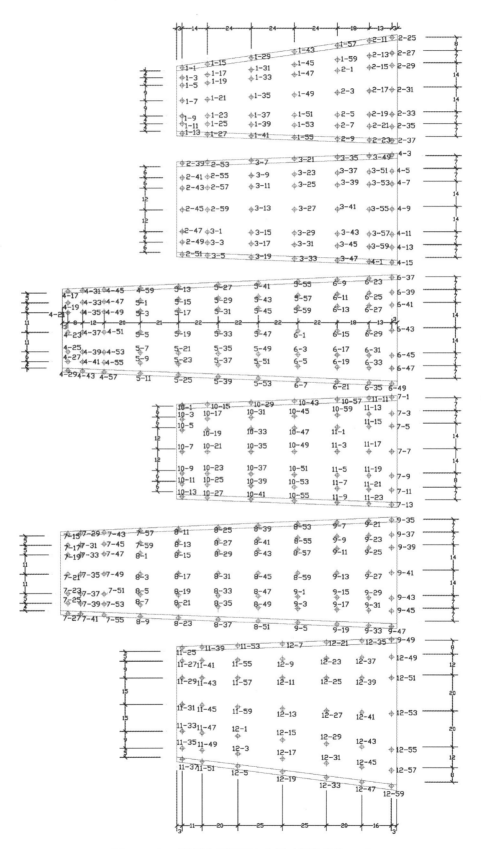

图 5-2-0-34 雨棚上表面测点布置（标注单位：m）

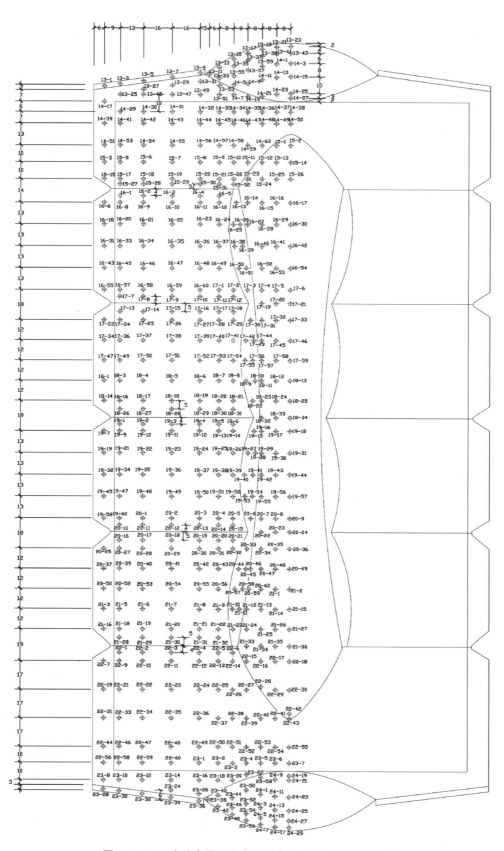

图 5-2-0-35　主站房屋面上表面测点布置（标注单位：m）

图 5-2-0-36　新广州站刚性测压模型风洞试验

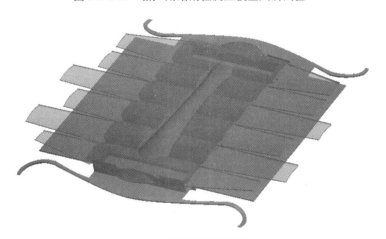

(a) 数值计算几何模型

(b) 整体网格

图 5-2-0-37　数值模型网格示意（一）

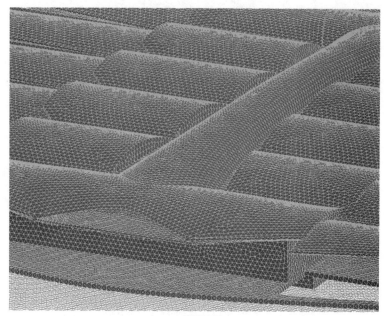

(c) 局部网格

图 5-2-0-37 数值模型网格示意（二）

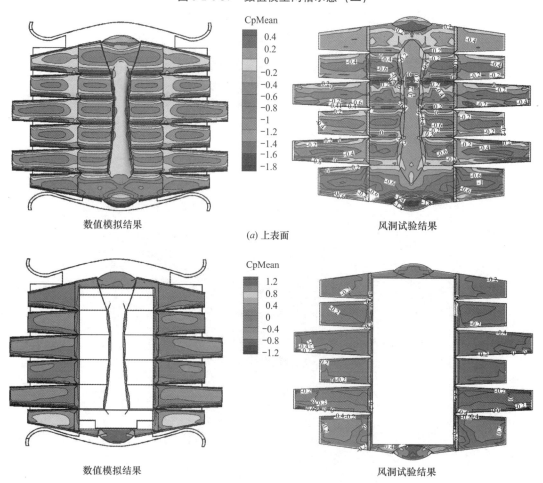

图 5-2-0-38 0°风向角下屋盖平均风压系数分布数值模拟和风洞试验结果比较

2. 结构风振分析

本专题采用阵风荷载因子法来确定等效静力风荷载。阵风荷载因子法定义峰值响应与平均响应之比为"阵风荷载因子",以此来表征结构对脉动风荷载的放大作用。

(1) 结构风振计算参数及计算工况

分别对主站房和无柱雨棚进行风振响应计算,计算所取的参数,如表 5-2-0-11 所示。

风振计算参数取值   表 5-2-0-11

参数名称	参数取值	
	主站房	无柱雨棚
地面粗糙度类别	B 类	B 类
基本风压(50年重现期)	0.50kPa	0.50kPa
基本风压(100年重现期)	0.60kPa	0.60kPa
阻尼比	0.02	0.02
峰值因子	3.5	3.5
参振模态数目	30 阶	58 阶

根据结构的对称性、周边环境的特点以及对风洞试验结果的分析,选取了 13 个典型风向角下的工况进行风振计算。风向角为:0°、15°、30°、45°、60°、75°、90°、105°、120°、150°、165°、180°。

(2) 风振分析及计算结果

模态参数由结构动力分析得到,图 5-2-0-39 和图 5-2-0-40 分别为主站房屋盖结构和无柱雨棚结构的主要振型。由结构的模态参数可知,主站房屋盖结构在 0.9~1.5Hz 范围内分布了近 20 阶振型,无柱雨棚结构在 0.7~1.6Hz 范围内也分布了近 20 阶振型,可见结构的振型非常密集。

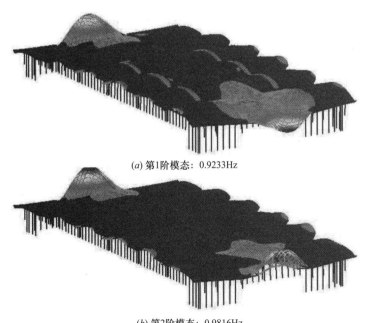

(a) 第1阶模态:0.9233Hz

(b) 第2阶模态:0.9816Hz

图 5-2-0-39 主站房振型(一)

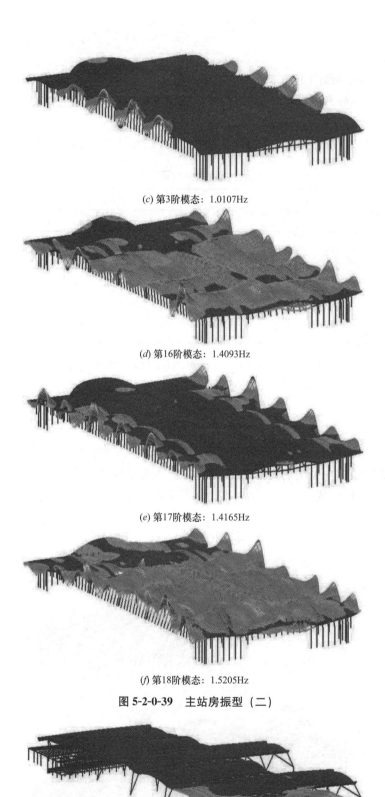

(c) 第3阶模态：1.0107Hz

(d) 第16阶模态：1.4093Hz

(e) 第17阶模态：1.4165Hz

(f) 第18阶模态：1.5205Hz

图 5-2-0-39 主站房振型（二）

(a) 第1阶模态：0.7721Hz

图 5-2-0-40 无柱雨棚振型（一）

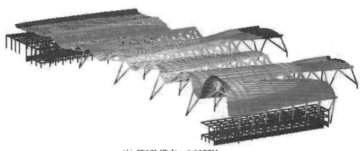

(b) 第2阶模态：0.9377Hz

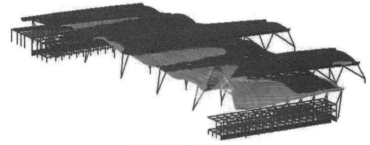

(c) 第3阶模态：1.1840Hz

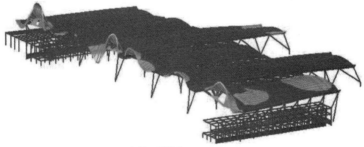

(d) 第16阶模态：1.5537Hz

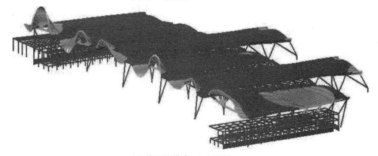

(e) 第17阶模态：1.5660Hz

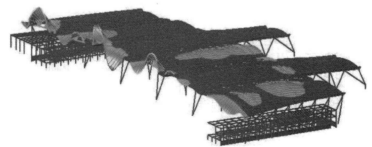

(f) 第18阶模态：1.5837Hz

图 5-2-0-40　无柱雨棚振型（二）

为得到便于设计人员使用的等效静力风荷载，分析了结构在不同风向角下的位移响应，并选择较为不利的响应情况进行等效。对于主站房屋盖结构，在 0～60°风向角范围内，取 7068 号节点（主站房南挑檐边缘）的法向位移进行等效，在 75°～105°风向角范围内，取 6969 号节点（与雨棚相接的主站房西侧边缘）的法向位移进行等效，在 120°～180°风向角范围内，取 2511 号节点（主站房北挑檐边缘）法向位移进行等效。对于无柱雨棚结构，在 0～180°风向角范围内均取 12411 号节点（南侧无柱雨棚边缘）的法向位移进行等效。

计算得到阵风荷载因子 G，乘以平均风压就得到等效静力风荷载，即《建筑结构荷载规范》式（7.1.1-1）的风荷载标准值 ω_k，如图 5-2-0-41 和图 5-2-0-42 所示。

3. 高速列车过站数值模拟

由于新广州站本身体量巨大，而高速列车过站数值模拟采用的动网格技术，要求在列车周围布置很小尺度的网格，为了提高数值计算的效率和可靠性，在选择站房及列车的数值模型时采用了整体和局部相结合的处理方法，模型分别如图 5-2-0-43、图 5-2-0-44 所示。通过计算可以看出，高速火车过站对屋顶结构的影响范围主要为列车经过上方的那片雨棚屋顶，对其他的屋顶部分几乎没有影响。对周围风环境的影响为：当列车通过时距离列车侧壁 30m 位置的行人高度风场风速已经降低为 0.1m/s 以下。

本项研究基于先进的 CFD 数值仿真平台计算，采用"动网格"技术对火车高速过站进行数值模拟研究，给出高速列车通过时站台区域风速场和风压场的空间分布。根据数值模拟计算结果，结合人员活动的安全性和风环境舒适性评估标准，评定站台区域人员活动安全和舒适的范围。对高速列车经产生的压力波对屋盖结构的影响进行了定量评估，得出以下结论：

（1）高速列车在进入和离开无柱雨棚时，最大正压 14.4Pa，最大负压达到 −35.8Pa，屋顶的风压变化绝对值很小。高速列车在通过三楼楼板下方时，最大正压 90.2Pa，最大负压 −149.2Pa。列车高速过站时无柱雨棚的风压变化绝对值很小，而三楼楼板结构对风压变化不敏感，因此主结构设计时可以不考虑压力变化的影响。在天花板以及吊顶等装修装饰设计时，正负压力极值的变化必须引起设计人员的注意。

（2）站台区域距离车壁 2m 开外处的最大风速可达 5m/s，小于我国列车人员安全退避距离规定的风速标准，满足列车人员和旅客的安全要求。根据国外有关行人舒适度的评估标准，5m/s 的风速会使旅客行人感到不适，因此在列车高速通过时，建议旅客行人不要在靠近列车的区域休息和逗留。

4. 风环境数值模拟与评估

通过建立适当的数值风洞模型，对这一复杂的大型建筑的室外风环境问题进行数值模拟计算和分析，结合当地气象统计资料和国际常用的舒适度评估标准，得到如下结论：

（1）站台行人高度风场绕流场呈现复杂的钝体绕流特性，两端主站房对来流的影响非常显著，主站房迎风面的前端，位于中央部分流体的流动因受建筑阻滞，出现回流涡漩。两侧的流体受挤压作用加速向下游泻出，在主站房侧面的尖角位置出现流动分离，此部位的风速明显增大。在分离的后缘，流动充满了复杂的分离漩涡，流动淤滞，风速缓慢，这个区域风环境复杂，不利于污染空气的扩散与排遣。0°和 180°风向角时分属主站房两侧的分离流动下泻到了主站房的背风面重新汇合，出现两个沿纵轴线对称的、规则的分离涡，涡漩尺度巨大，最大尺度达到结构宽度的 1/2 左右，这个区域由于出现大尺度的强涡漩，对行人活动不利。

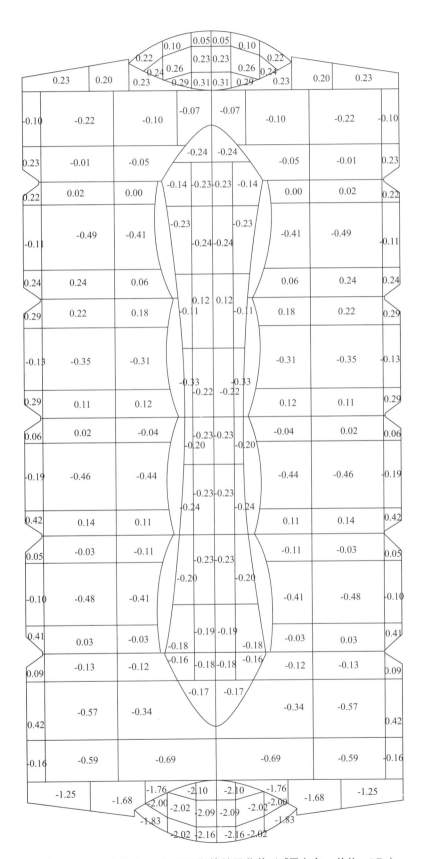

图 5-2-0-41 主站房 50 年重现期等效风荷载（0°风向角，单位：kPa）

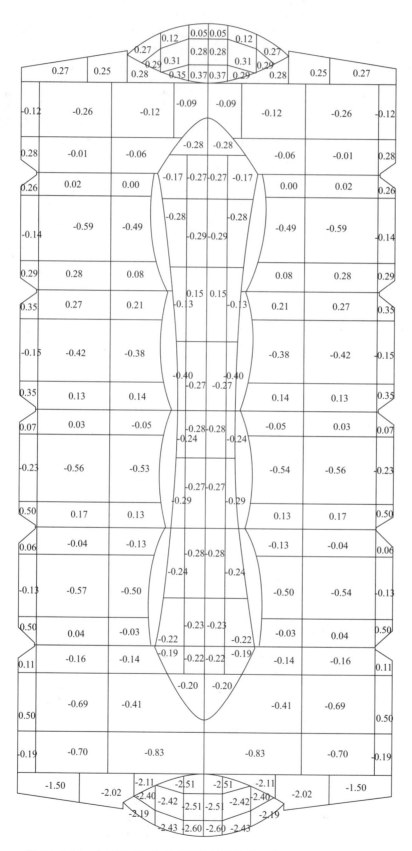

图 5-2-0-42　主站房 100 年重现期等效风荷载（0°风向角，单位：kPa）

(a) 全尺度数值模型

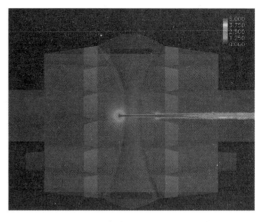
(b) 全尺度数值模型计算结果示意

图 5-2-0-43　新广州站列车过站全尺度数值模型

(a) 局部度数值模型

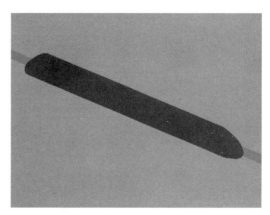
(b) 列车模型

图 5-2-0-44　新广州站列车过站局部数值模型

（2）大跨度屋盖、三楼的候车大厅和二楼的站台区域为来流风形成了天然通道，尤其是侧向风向时，来流风受到大跨度屋盖和三楼候车大厅的阻挡，使得二楼站台区域的风速明显增加，最大风速比达到1.39，意味着这个区域的风环境在此风向下将对人员活动造成不利影响，尤其是大风天气，容易造成局部区域风速过大造成行人不适甚至危险，需要引起有关部门的注意。

（3）根据数值模拟计算得到新广州站在16个方位风向角下的速度场分布，并基于大概率发生事件的风环境品质评估标准，按照行人的坐、站立、行走等活动类别舒适性评判标准，对新广州站的站台和主出入口区域行人风环境品质进行了评估，通过对453个行人高度风速测点进行统计后可以看出，主出/入口区域49个测点中风环境品质评定为1级（适于行人坐）的为44个，评定为2级（适于行人站立）的5个，考虑到主出/入口区域行人的活动主要是站立和行走，因此从风速测点的评估结果来看，主出/入口区域的风环境是满足行人活动要求的。站台区域404个测点中风环境品质评定为1级（适于行人坐）的为201个，评定为2级（适于行人站立）的203个，考虑到站台区域行人的活动主要是站立和坐着候车，因此从风速测点的评估结果来看，站台区域的风环境是满足行人活动要求的，新广州站工程总体建筑风环境品质较好。

五、正线轨道结构形式研究

(一) 研究范围

新广州站高架车站设计范围为 DK2218+220~DK2218+880，正线全长 660m，如图 5-2-0-45 所示。车站正线中间设交叉渡线，咽喉区全部采用有砟轨道。

正线站台范围为 DK2217+283~DK2217+833，长 550m。

车站雨棚的设计范围为 DK2218+268~DK2218+848，长 580m。

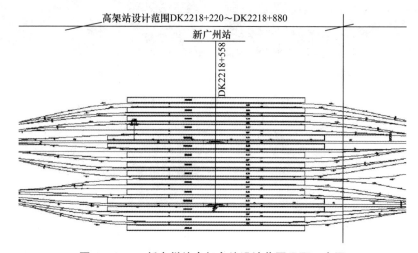

图 5-2-0-45　新广州站高架车站设计范围平面示意图

(二) 任务来源

根据"铁鉴函〔2006〕971号"文，"结合正线间设置构、建筑物以及防噪、防震等设施，细化车场路基及轨道结构设计，报部专题审查。"

(三) 方案研究

新广州站为高架车站，铁路桥梁与站房结合为一体，站台面以下的桥梁结构与上部大型建筑结构共同作用。上部大型建筑结构柱或候车层楼面柱没有单独基础而是直接落于桥梁主跨的桥墩或梁体上，成为典型的建桥合建体系。

正线轨道设计速度为 200km/h，新广州站建桥合一，当列车以 200km/h 的速度通过时，列车引起的振动将通过桥梁和房屋等结构物进行传递和辐射，从而引起二次振动和噪声。为最大限度地减少站内的环境噪声和振动，不仅要求在钢轨轨腰敷设约束型复合高阻尼材料，在车站站台侧墙、股道间结构梁侧墙进行吸声处理，敷设吸声材料，还要求采用合适的减振型轨道和其他措施。

正线轨道类型的选择，要求考虑全面，考虑轨道所处的位置、环境以及影响轨道使用和寿命的诸多因素，所选轨道不仅要具有一般客运专线轨道的功能，还必须具有较长的使用寿命和较强的减振降噪能力。

经过比较、分析和研究，着重对减振降噪性能较好的有砟轨道、减振型板式轨道、弹性支承块式无砟轨道和钢弹簧浮置板轨道进行分析研究。

1. 有砟轨道方案（Ⅰ方案）

正线有砟轨道标准为：采用Ⅲ型无挡肩钢筋混凝土轨枕，每公里铺设 1667 根。扣件采用弹条Ⅲ型扣件，轨下垫板与扣件配套使用，静刚度 55~75kN/mm。道砟采用特级碎石道砟，单线道床顶面宽度 3.6m，道床厚度为 35cm，道床边坡 1∶1.75，砟肩至挡砟墙间以道砟填平，双线道床顶面宽度按单线设计。道床顶面低于轨枕承轨面 4cm。

正线轨道位于桥上，根据《京沪高速铁路设计暂行规定》，为防止道砟粉化，采用弹性轨枕或砟下胶垫。采用弹性轨枕和砟下胶垫都可增大轨道的弹性，降低钢轨支点上的作用力，从而减小列车荷载对轨道的破坏作用，减少养护维修工作量。同时由于它们具有一定的隔振作用，可降低二次结构噪声的传递。根据国外的研究报告，采用砟下胶垫的轨道，其自振频率（≥15Hz）比采用弹性轨枕轨道的自振频率（≥24Hz）要低，减振效果可达 10～15dB 甚至更高。经济性方面，高架正线范围内全部采用弹性轨枕，按每根枕增加 200 元计，费用增加 44 万元左右，而采用砟下胶垫，按每单线公里 500 万元计，费用需增加 660 万元左右。因此综合考虑，新广州站采用弹性轨枕方案。

此方案需在整个高架站范围内采用弹性轨枕，共 1.32 单线公里，另需在站台范围内修筑混凝土挡砟墙 1100m。有砟轨道按每单线公里 180 万元、弹性轨枕每单线公里另外增加 33.4 万元、钢筋混凝土挡砟墙按每公里 15 万元计，高架站范围内正线轨道共需 298 万元。

2. 有砟轨道＋橡胶盖板方案（Ⅱ方案）

新广州站作为华南地区的大型客站，车站建筑设计在保证安全、可靠的前提下追求景观设计的协调。有砟轨道显然与新广州站的整个结构并不协调，因此借鉴铁路平交道的形式，拟在有砟轨道的轨枕及道砟上铺设橡胶盖板，以遮盖道砟及轨枕，从而达到整洁、美观、协调的效果，如图 5-2-0-46～图 5-2-0-48 所示。

虽然采用橡胶盖板增大了桥梁上的二期恒载，但同时也由于采用橡胶盖板使参振质量增加、板下的部分噪声被封闭于道砟内无法释放，也间接起到了一定的减振降噪作用。

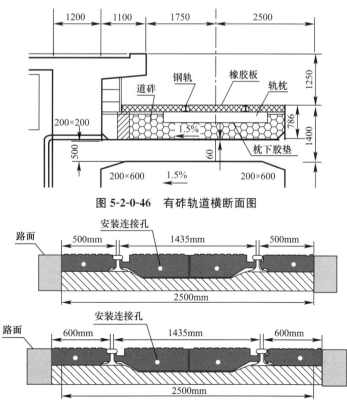

图 5-2-0-46　有砟轨道横断面图

图 5-2-0-47　橡胶板铺设横断面示意图

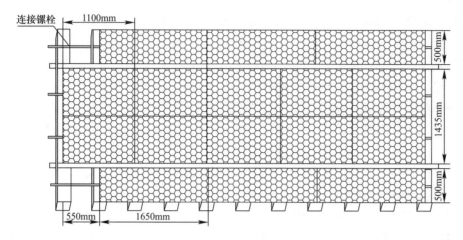

图 5-2-0-48　橡胶板铺设平面效果图

本方案道砟、弹性轨枕及混凝土挡砟墙同Ⅰ方案。为节省费用，仅在站台范围内采用橡胶盖板，共需铺设约 $4.0 \times 2 \times 550 = 4400 m^2$，橡胶板按 $2800/m^2$ 元计算，该项费用约为 1232 万元。本方案高架站范围内正线轨道共需 1530 万元。

3. 减振型板式轨道（Ⅲ方案）

减振型板式轨道与普通板式轨道的不同是在板下粘贴一层微孔橡胶，增加轨道弹性，起到隔振的效果，如图 5-2-0-49 所示。轨道板一般长 4930mm，宽 2400mm，厚 190mm。CA 砂浆厚 40mm。橡胶垫板和泡沫层厚 20mm。底座厚 300mm，宽 2600mm，长度与轨道板基本一致。底座与桥面板之间以门型钢筋相连。在赣龙线枫树排隧道洞口过渡段处铺设了减振型板式轨道，遂渝试验段路基上也铺设了减振型板式轨道。

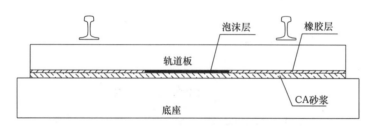

图 5-2-0-49　减振型板式轨道横断面图

根据日本有关测试资料，在高架桥的正下方，减振型板式轨道的降噪量只有 1dB。该型轨道的作用以减振为主。由于其具有一定的减振作用，一定程度上也可以减小二次噪声的传递。

由于板式轨道无法应用于中央渡线区，必须另外采用有砟轨道或复合轨枕，存在过渡问题。

减振型板式轨道按单线 500 万元/km 计算，本方案总概算为 660 万元，考虑到岔区采用复合轨枕及板式轨道与有砟轨道的过渡，造价会更高，总概算按 750 万元计。

4. 弹性支承块式无砟轨道（Ⅳ方案）

弹性支承块式无砟轨道由弹性支承块（支承块、橡胶套靴、块下大橡胶垫板）、道床板、底座等构件组成，如图 5-2-0-50 所示。弹性支承块式无砟轨道由于其特有的减振、降噪、减磨等优越性而被世界上许多国家所采用，如瑞士、丹麦、英国等。设计时速 200km/h 的英吉利海底隧道通过多种无砟轨道结构比选，采用了该种结构形式，并于 1993 年 6 月开通运营，美国成立的 Sonneville 国际集团公司还对该轨道系统提供成套技术咨询服务，其技术已相当成熟。我国的 18km 长秦岭隧道,也采用了这种结构形式。

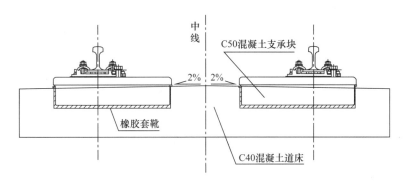

图 5-2-0-50 弹性支承块式无砟轨道横断面图

在铁流网《高速铁路无砟轨道结构的试验研究》一文中,对弹性支承块式和板式两种无砟轨道进行了对比分析,如表 5-2-0-12、表 5-2-0-13 所示。

轨道弹性系数及阻尼系数　　　　表 5-2-0-12

轨道结构形式	弹性系数 K(kN/mm)	阻尼系数 C(kN/mm)	附注
弹性支承块式	59～72	85～98	
板式	87～105	63～87	

振动加速度　　　　表 5-2-0-13

轨道结构形式	钢轨加速度（m/s²）		轨道各部分加速度比值
	范围	平均值	
弹性支承块式	1107.4～1715.0	1494.5	钢轨：支承块：道床板　1：0.23：0.02
板式	1548.4～2067.8	1825.7	钢轨：轨道板：底座　1：0.12：0.04

从上述两表可以看出,弹性支承块式无砟轨道的减振性能比板式轨道要好。

拟在站台范围内采用弹性支承块式无砟轨道,其他地段采用有砟轨道。弹性支承块无砟轨道均位于雨棚范围内,可保证轨道不会受到雨水的侵害。

据初步测算,弹性支承块式无砟轨道的每单线公里造价约为 370 万元左右,因而,考虑这种轨道与有砟轨道的过渡,其总造价在 550 万元左右。

5. 钢弹簧浮置板轨道（Ⅴ方案）

自 1965 年科隆地铁首次采用浮置板式轨道结构以来,德国、英国、美国、日本、韩国、新加坡等国家的大多数城市轨道都采用了这一轨道结构,其减振、降噪的效果得到普遍的认同,如图 5-2-0-51、图 5-2-0-52 所示。

钢弹簧浮置板轨道的优点是减振效果好,一般可减 20～40dB,养护维修工作量小,其缺点是造价高,因此城市轨道交通中,只在减振降噪要求很高的地段采用它,如北京 13 号线的西直门车站、上海明珠线等。

根据新广州站的实际情况,进行了简单初步设计,如图 5-2-0-53 所示。

经初步询价,钢弹簧浮置板轨道的造价基本上是无砟轨道基础上再增加 800 万元/km。如无砟轨道按单线 400 万元/km 计算,则钢弹簧浮置板轨道为单线 1200 万元/km,再考虑浮置板轨道与有砟轨道的过渡,高架站范围内轨道总造价为 1700 万元。

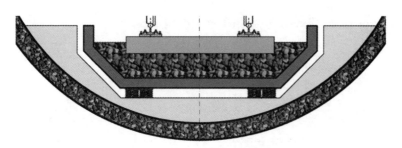

图 5-2-0-51 橡胶支座浮置板轨道

图 5-2-0-52 钢弹簧浮置板轨道

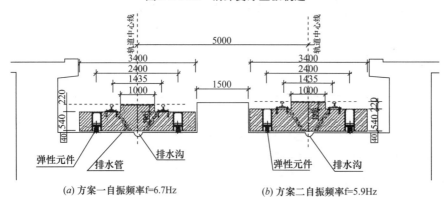

(a) 方案一自振频率f=6.7Hz　　(b) 方案二自振频率f=5.9Hz

图 5-2-0-53 设计方案

(四) 研究结论

以上各方案的技术经济比较，如表 5-2-0-14 所示。

各方案的技术经济比较　　　　表 5-2-0-14

序号	方案编号	总概算 (万元)	减振效果 (与普通无砟轨道相比)	主要优点	主要缺点
1	Ⅰ	298	6~8dB	弹性好、易维修、减振降噪性能好	不美观、维修费用高
2	Ⅱ	1530	7~9dB	弹性好、易维修、减振降噪性能好、美观	造价高、维修费用高

续表

序号	方案编号	总概算（万元）	减振效果（与普通无砟轨道相比）	主要优点	主要缺点
3	Ⅲ	750	3～5dB	美观、具有减振性能、维修费用低	减振性能一般、需设过渡段，与岔区轨道过渡困难
4	Ⅳ	550	<8dB	美观、减振性能好、维修费用低	需设过渡段，与岔区轨道过渡困难
5	Ⅴ	1700	20～40dB	美观、减振性能极好、维修费用低、无需过渡措施	需设过渡段，与岔区轨道过渡困难、造价过高

注：未计列道岔的费用。

2006年初与日方专家进行合同谈判时，日方专家认为减振型板式轨道的减振能力有限，最多只能减3～5dB。另外，板式轨道无法用于道岔区段，在岔区需采用复合轨枕或有砟轨道，轨道需另外采取过渡措施，结构复杂。显然，新广州站不适合采用减振型板式轨道，舍弃该方案。

弹性支承块式无砟轨道一般用于隧道内，在我国秦岭隧道和乌鞘岭隧道内都已经铺设过，且已经在乌鞘岭隧道内进行了速度为200km/h的列车行车试验，不存在技术上的问题。弹性支承块式用于新广州站正线，虽然不在露天地段，但由于车站有上水作业，水和杂质可能进入橡胶套靴，影响其使用寿命。橡胶套靴使用寿命30年，与混凝土使用寿命不同步，橡胶套靴失效后如何更换存在很大困难。综合考虑后舍弃该方案。

浮置板轨道减振降噪效果明显，技术上成熟，已经得到世界公认，但浮置板轨道目前主要用于城市轨道交通，且造价过高，采用该种轨道会增大桥梁上的二期恒载，对已完成的高架站设计造成很大影响，因而舍弃该方案。

有砟轨道覆盖橡胶盖板，橡胶板造价较高，按普通道口板的价格计列，单此一项即增加费用1232万元。如果不采用橡胶板进行覆盖，铺设有砟轨道仅需300多万元，费用最低，具有最大的价格优势。

综合考虑以上几种轨道的优缺点，鉴于车站正线列车通过最大速度仅为200km/h，车站咽喉区采用有砟轨道，为避免设置过渡段，新广州高架站正线采用有砟轨道，同时，考虑到车站的美观，建议铺设橡胶盖板。

第 3 章　申报科研成果奖

在新广州站工程建设过程,各参建单位针对实际情况,申报了多项科研成果奖,如建设指挥部根据新广州站工程特点,申报了《新广州站站房钢结构安装施工关键技术研究》《新广州站工期网络动态过程技术的研究》两个科研成果奖,如表5-3-0-1所示。

申报科研成果奖汇总　　　　　表5-3-0-1

序号	申报单位	名称	获奖等级	附注
1	广州新客站工程建设指挥部、中铁二十二局	复杂条件下大型站房桥合建综合施工技术创新研究及其在新广州站中的应用	广铁集团公司科学技术进步一等奖	广科委〔2011〕132号
2	广州新客站工程建设指挥部、北京市建筑设计研究院等	广州新客站站房钢结构安装施工关键技术研究		广铁科委〔2012〕92号
3	广州新客站工程建设指挥部、中铁四院等	广州新客站工期网络动态过程技术的研究		广铁科委〔2012〕94号
4	广州新客站工程建设指挥部	新广州站工程	广州铁路(集团)公司2011年度优质工程一等奖	广州铁路(集团)公司
5	中航港集团有限公司	新广州站钢结构工程	中国钢结构金奖(国家优质工程)	中国钢结构协会

第4章 技术创新

在新广州站工程建设过程，各参建单位取得了一大批科研成果、专利、工法及优秀论文等，如表 5-4-0-1 所示。

科研成果、专利、工法、优秀论文等汇总　　　　表 5-4-0-1

序号	名称	单位	作者	附注
一	科研成果			
1	风工程数位模拟分析技术应用	中国建筑科学研究院		
2	高速列车对建筑结构的振动影响及列车走行性动力分析	中南大学		
3	抗震性能及减震构造措施研究	同济大学		
4	建筑热环境及节能专题研究	清华大学		
5	太阳能光伏发电技术应用研究	中铁四院、多家太阳能单位共同试验		
6	正线轨道结构形式研究	中铁四院		
二	工法			
1	大跨度空间结构的应用	北京建筑设计研究院、中铁四院		
2	高性能混凝土及耐久性施工技术	中铁二十二局		
3	V构连续梁施工技术措施	中铁二十二局		
4	承台大体积混凝土施工技术措施	中铁二十二局		
5	站房桥施工交通组织及材料运输	中铁二十二局		
6	精密测量控制系统	中铁二十二局		
7	"跳仓法"施工高空薄型钢筋混凝土楼板	中航港	梁洪敏	
8	钢筋混凝土楼板高空高支架模板	中航港	梁洪敏	
9	大型吊机高空钢结构安装施工	中航港	王永贵	
三	优秀论文			
1	实行精细化管理，建造高品质的广州新客站	广州铁路（集团）公司	赵利民、陈树青、蔡惠华、唐重平、姜子强、江明、潘濬源	
2	"桥建合一"型站房施工技术难点处理	广州铁路（集团）公司	卢达蝶、陈树青、陈锡民等	
3	特大型站房建设管理过程中重点环节的探讨和研究	广州新客站工程建设指挥部	谢有宁	
4	广州新客运站建设施工管理实践与探索	广州新客站工程建设指挥部	苏伟清	
5	高支模、大跨度、超大面积楼板"跳仓法"施工技术	广州新客站工程建设指挥部	蔡惠华	
6	多方协调、精心谋划、打造系统性综合交通枢纽	中铁四院	黄波	
7	广州新客站工程施工质量安全监理控制对策及工作探讨	华南监理公司	周生文	
8	广州新客站工程21米高架候车层大体积混凝土"跳仓法"施工监理要点	华南监理公司	周生文	
9	广州新客站混凝土结构墙体裂缝监理要点	华南监理公司	宏伟	
10	广州新客站防水工程监理要点	华南监理公司	汪永良	
11	广州新客站膜结构监理要点	广州建筑工程监理公司	王永权、谢耀泉	
12	广州新客站钢结构涂装监理要点	广州建筑工程监理公司	张立龙	
13	"跳仓法"施工监理要点	广州建筑工程监理公司	黄泉坤、练苏辉	

续表

序号	名称	单位	作者	附注
14	大型铁路建设项目安全监理要点	广州建筑工程监理公司	罗立、黄广标	
15	新广州站特大型钢结构的设计与施工	广州新客站建设指挥部、北京建筑设计研究院、中铁四院、中航港公司、沪宁钢机公司、华南监理联合体		
16	新广州站桥建合一结构的设计与施工	广州新客站工程建设指挥部、中铁四院		
17	新广州站的指导性施工组织的编制与应用	广州新客站工程建设指挥部		
18	ETFE采光膜在新广州站站房建设中的应用	中铁四院		
19	梁柱式支架纵横移施工工艺	中铁二十二局	谢芳君